KB191092

이 책은 김상현 목사 가족 석좌 기금의 후원으로 출판되었습니다.

공감,
교회역사
공부

공감,
교회역사
공부

임희국 지음

장로회신학대학교출판부

　　이 책은 최근 십수 년 동안 이곳저곳에서 발표했던 교회사 논문 18편과 강연 4편을 한데 묶어서 정리한 것입니다.

　　제가 스위스 바젤(Basel)에서 유학을 시작한 1980년대 후반부에는 여러 곳에서 시대의 징표(Zeichen der Zeit)가 터져 나왔습니다. 먼저, 독일의 통일은(1989년) 세계 냉전 체제의 종식을 선포했습니다. 과학과 기술의 발전이 인류를 편하고 편리하게 살도록 기여했으되 그 발전의 짙은 그림자인 핵무기 위협, 유전자 조작, 환경 오염과 생태계 위기 등은 인류의 미래를 불안하게 했습니다. 이 상황에서, 유럽의 전통 종교이자 정신적 지주인 기독교는 그 위상이 크게 흔들렸습니다.

　　몇몇 유럽 기독교 신학자들은—서양의 기독교가 선교를 통해 오대양 육대주로 두루두루 확산된 현실에서—이제는 서양 중심의 기독교 세계관에서 벗어나 전 세계의 교회를 골고루 탐구해야 한다고 주장했습니다. 유럽 중심의 기독교 인식을 탈피하자는 주장이었습니다. 이때 부각된 포스트모던 시대의 상대화, 다양화, 그리고 학문의 소통 원리가 그 주장에 힘을 실었습니다.

　　1995년에 귀국하면서 영남신학대학교(경북 대구)에서 가르치게 된 저는 '세계화 시대에 상응하는 영남 지역 교회사 탐구'에 착수했습니다. 이때 지역 교회사 탐구는 책상에서 시작되는 것이 아니라 역사의 현장(field)을 먼저 찾아야 한다고 보았습니다. 그리고 제가 찾아 나선 역사의 현장은 경상북도 안동이었습니다. 그 현장에서 역사의 실을 뽑아 내고(자료 수집), 그 실로 역사의 천을 짜서(자료 정리), 그리고 역사를 서술했습니다. 세계 기독교의 '보편성'과 안동 기독교의 '지역적 특성'을 함께 살펴보고자 했습니다 (global+local). 이를 위하여 미시사(micro history)와 구술사(oral history) 연구 방법을 적극적으로 받아들였습니다. 그 연구의 결실이 여러 권의 단행본으로 출간되었습니다. ●

이 연구 과정에서 틈틈이 한국(지역) 교회사에 관한 다수의 논문을 발표했는데, 이것이 이번에 이 책으로 엮어졌습니다. 또 한국 장로교회 130년의 역사를 성찰하다 보니, 지난해(2013)에 단행본 『한국 장로교회 130년, 기다림과 서두름의 역사』(장로회신학대학교출판부)를 발간했습니다.

이 책의 출판은 전적으로 '김상현 목사 가족 석좌 기금'으로 이루어졌습니다. 석좌 기금을 출연하신 김재형 장로(동신교회)께 진심으로 감사드립니다. 김권수 목사께도 감사드립니다. 출판을 맡아 주신 장로회신학대학교 출판부장 김도훈 교수와 연구지원처 김영미 실장께 감사드립니다. 원고를 교정해 주신 이종순 목사께 깊이 감사드립니다. 제작을 맡아 주신 생각비행 손성실 대표께 감사드립니다.

2014년 2월에
임희국

● 2001년도에 기독교문사에서 『봉경 이원영 목사 유고 설교』, 『선비 목회자 봉경 이원영 연구』, 『사진 속의 이원영 목사』, 『영원한 스승 이원영 목사』가 출판되었고, 2003년도에 한들출판사에서 『김수만 장로, 절면서 열(개) 교회를 세우다』가 출판되었으며, 2009년도에 『하늘의 뜻, 땅에 심는 (풍기) 성내교회 100년사』가 출판되었다. 그리고 2012년도에 이원영 연구가 영어로 번역되어서 Peter Lang(스위스 베른)에서 출판되었다. *Legacy and Portrait of Early Church History in Korea. Scholar Minister Yi Won-Young.*

I

세계화 시대,
지역 교회사 연구

세계화 시대,
지역 교회사 연구[1]

1. 기독교의 세계화에 상응하는 교회사 연구

1) 변화된 기독교의 현실

교회사 공부는 성경에 증언된 하나님의 계시 곧 예수 그리스도 안에서
성취된 하나님의 계시가 2,000년 기독교의 역사에서 말씀 사건으로 일어
난 점을 숙고하고 되새기는 작업이라 볼 수 있다.[2] 기독교의 역사 속에서,
근세 시대 이전의 기독교(개신교)는 유럽의 종교였다.[3] 대략 18세기 이래로

---

1) 이 글은 단행본 『신학이란 무엇인가?』(김동건 엮음, 대한기독교서회, 2010)에 "21세기의 상
   황에서 다시 묻는 '교회사란 무엇인가?'"라는 제목으로 실렸다.
2) G. Ebeling, Wort Gottes und Tradition: Studien zu einer Hermeneutik der
   Konfessionen 2. Aufl., (KiKonf 7, 1966), 9-27: W. Werbeck, *Bibliograhie G.
   Ebeling*(in: E. Jungel (Hg.), Verifikationen. Festschrift fuer G. Ebeling zum 70.
   Geburtstag), 523-542.
3) 이 서술은 서유럽에서 전개되어 온 기독교 교회사를 반영한 것이다. 여기에는 편의상

기독교는 선교를 통해 유럽 바깥 대륙으로 확산되었고,[4] 특별히 19세기는 유럽 기독교가 실천한 "위대한 선교의 세기"였다(라투렛, K. S. Latourette).[5] 그 결과 기독교는 서양의 종교에서 전 세계로 확장된 세계 보편 종교가 되었다. 이것이 기독교의 세계화(globalization)이다.

20세기 중반 이래로 세계 기독교 안에서 새로운 변화가 일어났다. 지금까지 선교의 대상이던 아시아와 아프리카 등 여러 대륙의 신생 교회들이 그들에게 복음을 전해 준 서양 교회를 향해 자기 자신의 목소리를 내기 시작했다. 이 현상은 1938년 탐바람(Tambaram) 국제선교대회에서 뚜렷하게 나타났다. 이제까지 선교의 대상이라고 여겨 오던 아시아와 아프리카의 교회들이 이제부터는 스스로 복음의 주체라는 자의식을 가졌다. 이 교회들은 서양 교회로부터 기독교 진리를 일방적으로 배우던 시대는 지나갔다고 보았다.

20세기 후반에 유럽과 북미의 교회가 빠른 속도로 쇠퇴했고, 이와 대조적으로 아프리카와 아시아의 교회들이 크게 발전했다. 이에 따라 세계 기독교의 무게 중심이 '북(北)에서 남(南)으로' 옮겨졌고,[6] 유럽과 북미의 교회가 세계 기독교의 중심이던 시대는 이제 지나간 옛날이 되었다고 평가

초대 기독교 시대 이래로 아시아 대륙 등지로 확산된 동방 교회의 역사를 제외했다.

4) 17세기에 유럽 여러 나라의 개신교 교인들이 개별적으로 다른 대륙의 원주민들에게 기독교 신앙을 전파했다. 18세기 초엽에 와서야 비로소 여러 선교회가 조직되어서 선교사를 파송하였다. 1706년에 덴마크의 어느 개신교회는 선교사 찌겐발크(Ziegenbalg)를 인도 트란쿠에바(Tranquebar)에 파송했다. 독일에는 1732년부터 헤른후터 형제단(Herrnhuter Brudergemeine)이 정기적으로 해외에 선교사를 파송했다. 해외 선교가 본격적으로 확산된 때는 18세기 말 신앙 각성 운동(Erweckungsbewegung)이 일어난 시기였다.

5) K. Latourette, *A History of the Expansion of Christianity*, 7 Vol.(New York: Harper & Brothers, 1937-1945).

6) K. Koschorke, "Kotextualität und Universalität als Problemstellung der Kirchengeschichte," in: Evangelische Theologie(52. Jg., Heft 3): 209-224.

된다. 더욱이 오늘날 수평적인 상호 대화를 추구하는 다양성의 포스트모
던(post-modern) 시대에는 기독교의 중앙이 어디에 있는지 또 기독교의 중
심 지역이 어느 곳인지 묻는 질문은 별로 의미가 없다. 그 대신 전 세계 각
지역의 교회들이 저마다 저 나름의 중심이라는 인식이 확산되었다. 이에
상응하여, 교회사 공부에도 전 세계 기독교의 다양성을 인식하는 가운데
서 자기 자신의 정체성을 확립하며 일치를 추구하는 에큐메니칼 교회사
연구를 상정한다.

2) 변화를 반영하는 교회사 연구

(1) 유럽의 경향

20세기 중반까지만 해도, 변화되는 기독교의 현실을 유럽의 교회사 연
구자 대다수가 제대로 파악하지 못했다. 이들의 교회사 연구와 서술은 여
전히 유럽과 북미의 범주 안에 머물러 있었고 서양 바깥의 교회와 기독교를
향해 눈길을 돌리지 않았다. 1963년 캐나다 몬트리올(Montreal)에서 개최된
세계교회협의회(WCC)에서 비로소 전(全) 세계 교회의 에큐메니칼 운동을
위하여 세계 교회사 연구가 유럽과 북미 중심의 연구에서 벗어나야 한다는
점이 논의되었다. 문자 그대로 전 세계의 교회 역사를 골고루 파악하자는
논의였다. 그 이후로, 연합과 일치의 에큐메니칼 정신에 따라 '다양한' 세계
교회 역사 속에서 '일치되는 점'을 찾자는 연구 구상을 하게 되었다.

이 논의를 1970년대 후반에 스위스 개혁교회 신학자 루카스 피셔(L.
Vischer)가 주목했다. 그는 이 논의를 진전시키고자 교회사 연구를 위한 국
제학술대회를 개최하기로 기획했다. 그러면서 그는 에큐메니칼 관점에서
본 교회사 비망록(Memorandum)을 썼다.[7] 그 내용에 따르면, 오대양 육대
주에 흩어져 있는 기독교의 다양한 교회들이(특별히 유럽의 교회들은) 각자

자신의 전통과 신조를 소중히 지켜 나가야 하는데 그러나 이제는 자기 것만 절대화시키지 말고 하나의(일치된) '우주적 공동체'로 나아가야 한다고 주장했다. 이 주장은 전 세계 교회들의 다양성을 인정하는 가운데서 일치로 나아가자는 의도에서 비롯되었다.

1981년 피셔의 노력에 결실이 맺혀서 스위스 바젤(Basel)에서 세계 교회사 연구를 위한 국제 학술대회가 개최되었다. 이 학술 대회에 가톨릭 교회의 교회사 연구자들도 참석했다. 유럽 바깥(예, 남미)의 개신교 교회사 연구자들도 초청했다. 그리하여 이 국제학술대회에서는 문자 그대로 '전 세계 기독교(개신교 다양한 교파, 가톨릭 교회, 세계 정교회 등)의 역사 연구'에 관한 활발한 토의와 논의를 기대하게 되었다. 실제로 이번 대회에서는 '다양'한 세계 교회의 다양한 역사 속에서 어떻게 하면 하나의 '일치점'을 찾아 낼 수 있겠는지, 또한 어떻게 하면 교회사를 바라보는 서로 다른 관점을 하나로 '통일'시킬 수 있겠는지 논의했다.

바젤 국제학술대회 직후, 스위스에서는 개신교(개혁 교회)와 가톨릭 교회가 함께 이 대회의 가시적인 성과를 위해 노력했다. 1984년 가톨릭 교회의 교황 바오로(Johannes Paul) 2세가 스위스를 방문했다. 이를 계기로 스위스의 가톨릭 교회와 개신교(개혁교회)가 공동으로 교회사 집필에 착수하기로 했다. 그 기초 작업으로서, 1988년 양편 교회사 교수들이 베른(Bern) 대학에서 함께 스위스 교회사(가톨릭 교회와 개혁교회의 교회사)를 강의했다. 그리고 가톨릭 교회와 개혁교회가 각각 집필진을 파송하여 스위스 에큐메니칼 교회사를 집필하는 공동의 집필위원회를 조직했다. 이 집필 작업에 좋은 결실이 맺혔는데, 1994년 단행본『스위스 에큐메니칼 교회사』

---

7) L. Vischer, "Kirchengeschichte in ökumenischer Perspektive. Ein Memorandum," in: Theologische Zeitschrift (38. Jg., Heft 5, 1982):263-271.

(Oeumenische Kirchengeschichte der Schweiz)가 출판되었다.[8] 이 작업을 통하여 스위스의 가톨릭 교회와 개혁교회는 서로의 차이를 이해하고 존중하게 되었다. 차이를 인정하고 다양성을 존중하면서 일치를 향해 함께 나아가게 되었다. 그러나 이러한 일치 추구가 16세기 종교개혁 이래로 양편이 지금까지 논쟁하고 갈등하며 싸우던 일을 잘 극복했다는 뜻이 결코 아니다. 오로지 상호 존중 속에서 대화를 통하여 에큐메니칼 교회사를 서술했다는 역사적 사실에 커다란 의미를 두었다.

(2) 아시아 교회사 연구의 배경

아시아 대륙의 교회사 연구자들도 1960년대 아시아 교회의 역사 연구에 대한 자각 의식을 가졌다. 이들은 이 역사 연구가 아직도 여전히 주체적으로 추진되지 못하고 있다는 점을 반성했다. 그 이유와 까닭은 소위 '주입된 선교사관'(missionsorientierte Perspektive) 때문이라고 보았다. 즉 세계 기독교를 유럽 중심의 세계관으로 바라보는 것이다.[9] 이제부터는 이러한 선교사관에서 벗어난 아시아 교회사 연구자가 스스로 창의적으로 연구를 개척해야 한다고 보았다. 이를 위한 우선적인 과제는 아시아의 일반 역사 속에서 생성되어 자라 온 기독교의 정체성(Identity)을 파악하는 작업이라 보았다.

자신의 정체성 파악을 위한 아시아 교회사 연구는 아시아의 종교 역사가 유럽의 그것과 다르다는 전제 아래 구상되어야 했다. 유럽에서는 약 2,000년 동안 단일(單一) 종교인 기독교의 역사로 일관된 반면, 아시아 대

---

8) L. Vischer, L. Schenker. and R. Dellsperger(Hg.), *Ökumenische Kirchengeschichte der Schweiz*(Freiburg; Paulusverg, 1994).
9) J. Hough, *"The History of Christianity in India. Aims and Methods"*, in: Bangalore Theological Forum(Nr.10, 1978):110–148.

류에서는 각 나라와 지역마다 다양한 종교가(불교, 유교, 힌두교, 이슬람교, 기독교 등) 일정 기간 그 나라의 정신 세계를 지배했다. 지금도 여러 종교가 병존(並存)해 있는 나라들이 있다. 어떤 나라에서는 다양한 종교가 시대별로 각각 거쳐 지나간 뒤에, 기독교가 가장 최근(나중)에 선교되었다. 이렇게 아시아 대부분의 나라와 지역에는 유럽의 종교 역사와 달리 다양한 형태의 다(多)종교 상황을 거쳐 왔다. 이에 따라 아시아 교회의 역사 연구는 다(多)종교 상황(역사적 경험, 현재의 상황)과 연계하여 추진되어야 할 것이다. 또한 아시아 여러 나라와 민족에서는 서양 제국의 식민 통치 기간에 기독교가 선교되었기에, 아시아 교회의 역사는 이와 관련된 역사적 배경(정치, 경제, 사회, 문화 등)을 함께 연구해야 할 것이다. 이런 점에서 아시아 교회의 역사 연구는 매우 포괄적이고도 다양하게 상정되어야 할 것이다.

서양 제국의 식민 통치를 경험한 아시아 여러 나라에는 식민 정책과 선교 정책이 서로 맞물려 교회가 생성되기도 했다.[10] 스리랑카의 교회가 이 경우에 해당된다. 이 나라가 포르투갈의 식민 통치를 받는 기간에(16-17세기) 가톨릭 교회의 예수회 선교사들이 이곳으로 왔고, 그 다음 네덜란드의 식민 통치 기간에(17-18세기) 칼뱅주의 개혁교회가 이곳에 선교되었고, 또 그 다음 영국 선교사들이 교파별로 18-20세기 중반(1948년)까지 다양한 교회를(성공회, 감리교회, 침례교회 등) 이곳에 세웠다. 이렇게 서양 제국들의 시대별 식민 통치를 받은 스리랑카에는 그 시대마다 다양한 기독교 교파들이 선교했다. 그런데 19세기 후반에 이 나라가 독립 운동을 시작했고 이 운동이 민족의 자각 의식을 일깨웠다. 이때 국민 다수는 기독교를 지배자(식민 통치)의 종교라고 인식했다. 때문에 국민들이 기독교를 배척하기

---

10) K. Hammer, *Weltmission und Kolonialismus: Sendungsideen des 19. Jahrhunderts im Konflikt*(München: Kösel-Verlag, 1978), 24-136.

시작했고, 이에 따라 19세기 후반에서 20세기 초반 사이에 스리랑카 교회들이 위기 상황에 처했다. 이 교회들은 이에 매우 당황했고, 이때 교회 지도자들은 민족을 위한 교회가 무엇인지 고민하게 되었고 또 교회가 전통 문화 속으로 뿌리를 깊이 내려야 한다는 점을 깨달았다. 이런 경험 속에서, 스리랑카의 교회는 지금까지 모든 것을 외국 선교회에 의지해 오던 관행에서 벗어나 홀로 서기를 시도했다.[11]

19세기 후반에 기독교가 선교된 한국은, 스리랑카의 경우와 달리, 서양 제국의 식민 통치를 받지 않았기에 서양(미국) 선교사들의 선교 사역이 민족 정서의 반감을 거의 일으키지 않았다고 본다.[12] 그런데 한국은 1910년부터 35년 동안 일본 제국의 식민 통치를 받았는데, 그 통치를 거부하는 인물들이 기독교(개신교) 교회에서 배출되었다.[13] 또한 한국에는 1885년 미국 선교사가 공식적으로 입국하기 전에 이미 자생적으로 교회가 설립된 특별한 사건이 있었다. 선교사들이 입국하기 2년 전 황해도 소래에서 토착 교인에 의해 교회가 설립되었다.[14]

(3) 아시아에서 진행된 교회사 연구

1975년 아시아교회협의회(CCA)가 주관하여 홍콩에서 아시아의 교회

---

11) 지리적으로 스리랑카와 가까이 있는 인도의 도마교회는, 스리랑카의 교회와 달리, 서양의 기독교 선교와 아무런 관련 없이 오래 전에 스스로 세워지고 발전해 왔다.

12) "Nationalismus," *RGG*, Aufl. 4. Bd. 6, 77.

13) 예를 들어 일제의 한일병합 직후인 1911년, 일제는 한국의 항일 세력을 제거할 목적으로 합법성을 가장한 재판 제도를 채용하여 대대적인 탄압 사건을 조작하였다. 이때 서북 지역의 개신교 지도자 다수가 체포되어 투옥되었다(105인 사건). 1919년 민족의 독립을 위해 일어난 3·1 만세 운동에는 민족 지도자 33명 가운데서 16명이 개신교 교인이었다.

14) 김인수, 『한국 기독교회의 역사』(서울: 장로회신학대학교출판부, 1997), 42-44, 54-59, 134-139.

사 연구자 모임을 가졌다. 이 자리에서는 아시아의 상황에서 아시아인의 관점으로 에큐메니즘에 입각하여 아시아의 기독교 역사를 논의했다.[15] 1984/1985년에는 인도 봄베이에서 아시아 교회사 연구자들의 협의회가 열렸다. 이번 회의에서 아시아의 상황에 부합하는 교회사 연구와 서술을 위한 기본 골격을 세우고자 했다.[16]

　　인도의 교회사 연구 진행을 살펴보면, 이 나라의 기독교는 매우 깊은 역사를 갖고 있고 또 그 만큼 다양한 기독교 전통이 공존해 있다. 1959년 '인도교회사협의회'(Church History Association of India)가 창립되었고, 몇 년 뒤부터 교회사 연구에 새로운 변화가 일어났다. 바고(Kaj Baago)와 필립 (T.V. Philip)의 주도 아래 진행된 교회사 연구는 인도의 민족사와 문화사 연구와 연계되었다. 이 연구는 인도 기독교의 토착화 작업이라고 볼 수 있다. 지금까지는 서양의 신학과 교리의 관점에서 인도의 기독교 연구가 진행되어 왔는데, 이제부터는 이 관점에서 벗어나고자 했다. 1980년대 초반부터 교회사 연구자들은, 인도의 아주 다양한 종교 문화를 고려하면 좀 애매모호한 표현이긴 하지만, '인도의 관점'에서 이 나라의 다양한 교회 역사를 연구해 오고 있다.[17]

　　한국에서는 한국 교회사 연구가 1990년대에 제3세대까지 진행되었다.[18] 제1세대는 백낙준의 연구가 주축이었다. 그의 박사 학위 논문("The

---

15) T. K. Thomas and Christian Conference of Asia, *Christianity in Asia: North-East Asia*(Singapore: Christian Conference of Asia, 1979).

16) 일년 뒤에(1986년 3월에) 독일 백림에서 아시아·아프리카·남미의 교회사를 다루는 교회사학회가 열렸는데, 그 주제는 '제3세계의 교회사'(Kirchengeschichte in der Ditten Welt)였다.

17) 작업 중인 책의 제목은 다음과 같다고 한다. *History of Christianity in India*(인도 기독교의 역사).

18) 이 이후의 서술은 다음의 책 머리말에 크게 의존했다. 한국기독교역사연구소, 『한국 기독교의 역사 II』(서울: 기독교문사, 1990), 1-14.

History of Protestant Missions in Korea, 1832-1910", 1927)이 한국 교회사 연구의 출발점이라고 보는데, 이 과정에서 이룬 방대한 자료 수집과 객관적인 분석이 주목을 받았다.[19] 그는 제1세대 한국 교회사 학자로서 '선교사관'을 정립했다.[20] 그러나 이 선교사관을 그 다음 세대(제2세대) 교회사 연구자들이 비판하며 극복하고자 했다.[21] 이를테면 민경배는 선교사관이 외국(미국) 선교사들의 활동만 부각시켰으므로 한국인의 신앙 체험과 신앙고백이 선교사의 그늘에 가려져 있다고 비판했다. 그래서 그는 선교사관을 극복하려는 '민족 교회사관'을 내세웠다.[22] 그는 한국 교회사의 주체를—선교사가 아니라—한국 교회로 보는 데서 시작하였다. 그러한 사관의 설정 근거를 '내연-외연'의 원리로 풀었다. 또 주재용은 민족 교회사관이야말로 '민중이 소외된 사관'이라며 그것의 한계성을 지적했다. 그러면서 그는 '민중 교회사관'을 내세웠다.[23] 이만열의 '기독교 수용사관'도 백낙준의 선교사

---

19) 이 논문이 1929년 평양 숭실전문학교에서 발행되었다. 8·15 광복 이후 이 책은 다시 『한국개신교사』(연세대학교출판부, 1973)로 간행되었다.

20) 백낙준은 선교사관의 핵심을 이렇게 서술했다. "외국 선교사에 의한 피선교의 과정으로 해석하는 것이 아니라, 기독교 2,000년 역사에서 교회의 흥망성쇠는 교회에서 행한 전도 활동의 消長에 있었고, 전도 활동의 소장은 신도들의 信仰虛實에 좌우. … 한국 기독교의 역사는 2,000년 선교 역사의 연장 선상에서 보아야 한다."

21) 백낙준의 다음 세대에, 1930년대 오문환이 토마스 목사의 순교 사적지를 발굴하고 이와 관련된 한국측 자료를 수집했다. 장정심은 한국 기독교 여성사를 포함시켜 『조선기독교 50년사화』(1934)를 저술했다. 채필근은 탐문과 문헌 자료를 통해 "조선 기독교 발전사"를 신문에 연재했다(1938). 김양선은 한국사 특히 고고학에 조예가 깊었고 이북에서 수집한 상당수의 귀중한 기독교 사료를 서울로 무사히 옮겨서 오늘날 숭실대학교 '한국기독교박물관'의 기초 자료가 되게 했다.

22) 민경배, 『한국기독교회사』(서울: 대한기독교서회, 1973), 20-21, 최근에 다시 출판. 『한국기독교회사: 한국 민족 교회 형성 과정사』(서울: 연세대학교출판부, 2007). 이때는 일반 역사학계도 민족 주체성을 회복하고 식민사관을 비판하는 과정에 있었다.

23) 주재용, "한국 기독교 백년사: 민중사관의 입장에서의 분석과 비판", 『신학연구 21』(1979, 12).

관에 대비되는 것으로 발표되었다.[24] 이와 별도로, 1990년대에 김인수는 '구속사관' 내지 '섭리사관'을 내세웠다.[25] 그 다음 한국 교회사 연구의 제3세대 교회사 학자들은 좀 더 많고도 풍부한 자료를 발굴하는 데 힘쓰면서 실증적이고도 객관적인 사료 분석에 힘썼고, 1945년 8·15 해방 이후의 한국 교회사 연구를 개척하고자 했고, 또 연구의 폐쇄성(교단이나 개인 중심)을 극복하고자 하면서 연구의 공동체성을 중요하게 생각했다. 그리하여 연구 모임인 '한국기독교사연구회'가 결성되었다. 그리고 이 연구회는 꾸준히 연구 성과를 내었다.[26]

(4) 정리

세계 보편 종교가 된 기독교의 변화에 상응하여, 유럽에서는 20세기 중반 이래로—아직은 그리 활발하지 않지만—[27] 전 세계로 확산된 기독교의 현주소를 인식하고 이를 바탕으로 하여 교회사를 새로이 서술하려는 움직임이 일어나고 있다. 그 움직임이 유럽 기독교 안에서는 교리·신조·교파의 벽을 허물고 하나의 통합 교회사(interkonfessionell)를 서술하려는 실천으로 나타났다. 또한 아시아에서는 1960년대 중반부터 서양의 신학과 교리의 틀에서 벗어나서 아시아인의 관점에서 교회사를 연구하고 서술하고자 시도했다. 일부 교회사 연구자들은 유럽의 교회사도 이제는 아

---

24) 이만열, 『한국 기독교 수용사 연구』(서울: 두레시대, 1998).

25) 김인수, 위의 책.

26) 대표적인 단행본을 소개하면, 한국기독교역사연구소, 『한국 기독교의 역사 II』(서울 : 기독교문사, 1990). 한국기독교역사학회 편, 『한국 기독교의 역사 III: 해방 이후 20세기 말까지』(한국기독교역사연구소, 2009).

27) 변화된 기독교의 세계를 잘 인식하는 유럽의 교회사 학자들은 이제부터 유럽 바깥 대륙의 교회사를 유럽 신학자들도 연구해야 한다고 강조하고 있다. 그러나 아직도 많은 사람들의 의식 속에 남아 있는 유럽 중심의 역사 인식은 이러한 강조를 받아들이는 데 걸림돌로 작용하고 있다.

시아의 시각에서 다시 해석해야 한다고 주장한다. 아시아 대륙에는 나라와 지역마다 다양한 전통 문화와 다양한 민족(interkontextuell)을 배경으로 역사가 진행되어 왔기에, 이를 반영하려는 교회사 연구가 조금씩 활기를 띠고 있다. 이에 아시아 교회사 학자 다수는 지역·민족 교회의 정체성(Identitaet)을 모색하는 교회사 연구에 관심을 갖고 있다.

3) 세계 교회사 인식의 새 패러다임 모색

오늘의 우리에겐 세계 보편 종교가 된 기독교의 역사를 새롭게 이해하고 서술해야 할 과제가 주어져 있다. 이 과제를 실천으로 옮기기 위하여 교회사 인식에 새로운 패러다임을 모색해야 한다.[28] 그런데 어떻게 해야 하나? 세계 여러 대륙과 여러 지역에 흩어져 있는 다양한 교회의 역사를 빠짐없이 서술하고, 그 다양성 속에서 공통분모를 찾아 내는 역사적 작업을 상정한다. 이것은 세계 교회 역사의 다양성과 통일성을 추구하고 또 다양한 특성과 통일된 보편성을 추구하는 작업이다.

이것을 파악하기 위하여 신학자 에벨링(G. Ebeling)과 판넨베르그(W. Pannenberg)의 견해를 살펴보고자 한다. 에벨링은 교회 역사를 "성경 해석(Auslegung der hl. Schrift)의 역사"로 파악했다. 그가 말한 성경 해석의 근거는 일차적으로 예배에서 선포되는 하나님의 말씀(설교) 사건에 있으며, 또 교회가 일상적으로 경험하는 일들이 모두 다 이 말씀 사건에 포함되므로, 이 모든 교회의 경험이 성경 해석에 속한다. 마치 연못에 돌을 던지면 그

---

28) 이형기, 『21세기를 향한 새로운 신학적 패러다임의 모색』(서울: 장로회신학대학교출판부, 1997). H. Küng and D. Tracy(Hg.), *Theologie wohin? Auf dem Wege zu einem neuen Paradigma*. Ökumenische Theologie no.11(1984). Ders. *Das neue Paradigma von Theologie: Strukturen und Dimensionen*. Ökumenische Theologie no. 13(Benziger verlag: Gutersloher verlagshaus gerd moh, 1986).

돌이 떨어지는 곳을 중심으로 연못물이 동심원을 계속 그려 가듯이, 교회 안에는 말씀 선포를 중심으로 예배와 성만찬 또 신학사상과 교리 그리고 교직 제도가 동심원을 그리듯이 발전해 갔고, 이 발전의 역사가 쌓여서 교회사로 형성되었다고 말할 수 있다. 여기에서 세계 교회 역사의 보편성과 유일성을 상정해 볼 수 있다. 즉 예배와 성만찬 또 신학사상과 교리 그리고 교직 제도는 말씀 사건을 중심으로 서로 연속성을 가지면서 발전해 왔으며, 이 발전 과정에서 언제나 그 중심에 있는 말씀 선포는 교회사의 유일성에 해당된다(고전 8:6).

그런데 우리는 여기에서 두 가지 문제점을 지적할 수 있다. 에벨링의 교회사 이해가 이론적으론 분명한데 그렇지만 유럽 교회사의 발자취를 되돌아보면 이론과 발자취가 동일하지 않다는 점이 노출된다. 유럽 교회의 발자취가 말씀 사건에 상응해서 바람직하게 나아간 경우가 매우 드물었다는 뜻이다. 고대 시대에 이미―하르낙의 지적을 진지하게 받아들이면―기독교는 교리 형성 과정을 거치면서 말씀 선포의 진리가 아주 단단한 '교리'의 껍질에 둘러싸여(포위되어) 버렸다. 또한 4세기(로마 제국 콘스탄틴 황제 시대)의 교회는 하나의 '제도'로 정착되어 갔다. 그리하여 교리 껍질에 둘러싸여 제도로 정착된 교회의 현실은 말씀 선포와 불연속 선상에 있었다고 본다. 결국 사도 시대 초대 교회에서 흥왕했던 말씀 사건이 그 이후에 전개된 기독교 역사 속에서 점차 왕성하지 못하였다.

두 번째 문제점은, 에벨링의 동심원적 교회사 이해가 유럽 바깥 교회사 연구자의 눈에는 유럽 중심의 '일방 통행'으로 비쳐진다. 그의 생각대로라면, 유럽의 기독교가―마치 동심원을 그리듯이―선교의 이름으로 다른 대륙으로 전파되어 곳곳에 유럽식 교회가 세워졌어야 할 것이다. 실제로 아시아에서는 그런 경우가 허다했다. 이렇듯이 동심원적 교회사 이해는 유럽 중심 세계관으로 세계 교회를 파악하는 것인데 이것은 수직적이고 일방적인 교회 이해이며 전 세계 교회의 수평적인 상호 관계를 인식하지 못하게 한다.

이와 달리 판넨베르그는 기독교 역사의 보편성을 강조한 반면 유일성에 대해서는 별로 무게를 두지 않았다.[29] 그는 기독교를 일반 여러 종교들 가운데 하나라고 보면서 기독교의 역사를 그냥 종교사로 이해했다. 이러한 인식은 에벨링의 견해와 달리 일방 통행 유럽 중심의 교회사 이해로 나아가지 않는다. 그러나 이 인식은 기독교 진리의 유일성에 대해선 침묵하게 한다. 그래서 결국 판넨베르그의 견해도 세계 교회사 서술의 보편성과 유일성을 동시에 수렴할 수 없게 한다.

세계 교회사의 유일성과 보편성을 동시에 수렴하는 과제를 생각하면서, 우리는 바르트(K. Barth)가 신약성경 로마서(1판, 1918)를 주석하면서 이 책의 서문에 쓴 역사 이해를 음미해 볼 필요가 있다. "바울은 한 시대의 자녀로서 자기 시대의 사람들에게 선포했다. … 이보다 더 중요한 점은 그가 하나님 나라의 예언자와 사도로서 모든 시대의 모든 사람에게 선포했다. … 내가 주목해서 보는 점은 역사의 한복판을 꿰뚫고 지나가는 성경의 정신을 보고자 하는 것이다. 이 정신은 영원한 정신이다. 과거 한순간에 일어났던 사건은 오늘에도 역시 (일어난다). 그리고 오늘 (우리 가슴에) 진지한 의미로 와 닿는 그 일은 단지 그저 엉뚱하게 일어난 우연이 아니라 과거 어느 한때에 진지하게 다가왔던 그 일과 직접 연결된다. … 역사를 이해한다는 뜻은 … 어제의 지혜와 내일의 지혜 사이에서 일어나는 대화이다. (어제의 지혜와 내일의) 지혜는 하나이며 동일하다."[30] 이 말은 우리에게 교회

29) W. Pannenberg, *Grundfragen systematischer Theologie*, 3. Aufl.(Göttingen: Vandenhoeck & Ruprecht, 1979).
30) K. Barth, *Der Römerbrief: Erste Fassung*(1919), (Hg.) H. Schmidt(Zürich: Theologischer Verlag, 1985), 3.

사 서술의 보편성·유일성의 원리를 찾아가는 실마리를 제공한다고 본다.

전 세계 각 지역의 유일한 특성, 모든 세계에 편재해 있는 보편성, 이 둘을 동시에 수렴하는 교회사 서술을 모색하면서 다음의 과제를 상정한다.

4) 과제

변화된 세계 기독교의 현주소에 상응하는 교회사 연구의 새 패러다임을 모색하면서, 우리나라 교회사 연구는 어떠한가? 아마도 이 나라의 교회사 연구는 아직도 크거나 작게 구미(歐美) 신학을 소개하는 데(수입) 머물러 있다고 본다. 그 내용은 물론이고 연구 방법론도 그 신학에 의존하고 있다고 본다. 현실이 이러하다 보니 한국 개신교의 교회사 연구는 많은 경우 세계 보편 종교로 변화된 기독교의 현실을 제대로 반영하지 못하고 있다고 본다.

앞에서 밝힌 대로, 몇몇 아시아 교회사 연구자들은 구미 중심의 역사 인식에 거리를 두면서 유럽·미국 중심의 세계관에서 벗어나 아시아 교회사를 다시 보고 아시아의 전통 문화를 새로이 인식하면서 아시아의 교회 정체성(Identity)을 세워 가려고 구상 중이다. 여기에서 우리에겐 '진리의 보편성과 상황적 특성'을 변증법적으로 동시에 충족시켜야 할 과제가 있다. 성경에 증언된 예수 그리스도 복음의 진리가 서양 교회의 역사에서 어떻게 이해되었는지 그 시시비비를 가려 낸 다음, 만약 혹시라도 복음 진리가 그곳 교회의 상황에서 곡해된 내용이 있거나 뿌리를 잘못 내린 것이 있다면, 이를 수정해서 복음 진리와 구미 신학(교리)을 구별해 내고, 복음의 보편적 진리를 아시아의 토양(상황)에 뿌리를 내리게 해야 할 것이다.

이와 함께 기독교의 세계화에 상응하는 지역(한국) 교회사의 연구 과제를 정리해 보고자 한다.

① 지역 교회 연구자는 복음 진리의 눈으로 서양 교회사 및 세계 교회

사를 새로이 해석해야 할 과제가 있다. 한국 교회(기독교)의 관점에서 서양 교회사와 세계 교회사를 해석해야 할 때가 이르렀다. 이를 위하여 한국의 교회사 연구자는 서양 교회사 및 신학사상사 연구와 단절되어서도 안 되고 거기에 매여 있거나 푹 빠져 있어도 곤란할 것이다. 양자가 서로 긴장 관계를 유지하면서 끈기 있게 대화하는 일이 중요하다고 본다.

② 지역 교회사 연구자는 그 지역의 역사 전통(정치, 경제 등 포함)과 문화(예술)의 특성을 파악하면서 교회 역사 연구에 착수해야 할 것인데, 이와 관련된 인접 학문과 소통하며 대화해야 할 것이다.

③ 비슷한 연구 경험을 갖고 있는 아시아 교회사 연구자들이 그 경험을 나누어서 공유하는 에큐메니칼 연구 모임을 자주 가지는 것이 바람직하다고 본다.

④ 연구와 서술을 위하여, 교회사 사료를 모으고 정리하는 것이 한시 바삐 시급하다고 본다. 한국 교회사 자료실은 서양 교회사 연구자에게도 큰 도움이 될 것이다.

2. 지역 교회사 연구와 서술의 실제

1) 일반 역사학의 연구 방법과 대화

필자는 1997년 이래로 약 15년 이상 세계화 시대에 상응하는 지역 교회사 연구에 착수했다. 연구의 현장(field-work)은 경상북도 북부 지역이었다. 연구를 진척하면서, 필자의 관심이 이미 교회사 바깥 일반 역사학계에서 담론으로 정착되었음을 알게 되었다. 예컨대 1970-1980년대에 일본, 인도, 남미 등지에서 '새로운 역사'(The new History)라는 이름 아래 전통적 역사 연구의 패러다임(Paradigm)을 바꾸는 시도가 시작되었다.[31] 20세기에 아프리카와 아시아의 여러 나라들이 정치적으로 서양의 식민 지배에서 해방되어 독립하였고, 또 서양에서도 페미니즘(Feminism) 운동이 활발하게 일어났는데, 그러한 변화가 '새로운 역사'에 대한 연구를 자극했다는 점을 파악했다. 또한 여러 역사가들의 자성(自省)과 대안모색 속에서, 문화적으로는 아래로부터의 역사, 교육적으로는 엘리트의 관점이 아니라 학력이 높지 않은 보통 사람의 눈으로 본 역사, 거대담론의 역사가 아니라 일상사(Alltagsgeschichte), 남성이 아니라 여성의 관점에서 본 역사, 인간 중심의 역사가 아니라 인간과 자연의 관계에 대한 인식이 역사적으로 어떻게 변천해 왔는지 살펴보는 환경 역사, 개념 정의를 통해 파악하는 역사가 아니라 이야기로서 역사 연구가 활발하게 시작되고 있다는 점을 파악했다.

이러한 역사 연구는 포스트모던(post-modern) 시대에 새롭게 시작된 연구 방법이었다. 부르케(Peter Burke)는 이 연구 방법을 다음과 같이 정리하였다.[32] ① 승리자의 역사, 거대담론의 역사, 서양 중심, 남성 중심, 엘리트 중심, 기득권층 중심으로 진행되어 온 역사 연구와 역사 서술을 지양하고, 이제는 그러한 중심의 '해체'를 통하여 새로이 시작해야 한다. 이와 더불어 다양한 사람, 다양한 역사, 다양한 관점 등 다양성을 존중하는 역사 연구를 시작해야 한다. ② 정치적 이데올로기의 관점에서 역사를 정리하는 대신, 이제는 문화의 관점에서—소위 아래로부터의 문화를 중시하면서—역사를 정리해야 한다. ③ 또 이제는 역사 기록을 바탕으로 한 역사 연구

---

31) Peter Burke, 'The New History: Its Past and Its Future,' *New Perspectives on Historical Writing*, Peter Burke(ed.)(The Pennsylvania State University Press, 2001), 6 –7.

32) Peter Burke(ed), 위의 책, 20. 그가 이 책을 편집하면서 소개한 '역사 서술의 새로운 관점'은 다음과 같다. 여성사, 미시사, 구술사, 영상 역사, 환경사, 내러티브(Narrative) 역사 등.

에 대한 물음표를 던져야 하는데, 기록으로 남겨 전해지는 문헌 자료는 대부분 엘리트 기득권층 특권층 중심의 기록물이며 심지어는 그러한 기록물의 다수가 허구(fiction)로 판명되는 경우도 있다.

역사학자 김기봉은 포스트모던 시대의 역사학은 지나간 과거에 대하여 인식하면서도 현재와 미래를 포괄하는 진보로서 역사 인식이 종말을 고했다고 보았다.[33] 이제는 하나의 획일적인 역사 인식이 아니라 다양한 계층이 복합적으로 어우러져서 다양성이 생성되고 다층적으로 전개된 역사를 인식하는 시대라고 그가 주장했다. 예를 들어 지배 세력의 담론에 의해 배제되어 소외된 계층의 역사를 새롭게 발견하고 발굴하게 된다(푸코의 계보학적 방법). 또 과학으로서 역사를 대신하여 문학으로서 역사가 부각되고, 문학으로서 역사는 언어로 전환된 역사 곧 문학적 구성물로 환원된 역사로 파악된다(데리다의 해체론). 그리하여 이제 역사학은 과거에 실제로 일어났던 역사(fact) 그 자체일 수가 없고 기껏해야 그 역사를 재현하려는 역사가의 노력일 뿐이며, 그가 기록으로 남아 있는 역사의 사실을 선택하고 또 선택된 사실의 순서를 배열할 때 담론이 형성되는 것이다. 담론은 객관적 지식을 찾아 내기 위한 합리적 절차이다.

이렇게 포스트모던 시대에 일반 역사학에서 논의되는 새로운 연구 방법을 필자가 살펴가면서 지역 교회사 연구를 진척시켰다.

---

33) 김기봉, 『'역사란 무엇인가'를 넘어서』(서울: 푸른역사, 2000), 162-172, 195. 서양에서는 예를 들어 1986년에 일어난 체르노빌 사태가 공산주의와 자본주의 사이의 냉전 이데올로기의 대립을 한 방에 날려 버리면서 인류 전체가 하루 아침에 멸망할 수 있다는 위기 의식을 심어 주었으며, 이와 함께 인류 문명의 위기를 각성시켰다. 근대 문명이 쌓아 올린 바벨탑에 대한 위기 의식은 근대의 진보적 역사관에 대한 근원적인 반성을 촉구했다.

2) 한국 교회사 연구의 새로운 동향

한국 교회사 연구 분야의 몇몇 연구자들이―스스로 의식하든 그렇지 않든 간에―포스트모던 시대 역사 연구 방법에 동참하고 있다는 점을 발견했다. 이덕주는 그의 박사 학위 논문에서[34] 이제까지 한국 교회사 연구가 "구미 기독교를 '수입하고 모방하는 단계'에서 벗어나지 못했다는 비판을 겸허하게 경청하면서 '한국 기독교의 특성'을 찾아 세계 기독교의 보편성과 대비"하고자 했다.[35] 또한 "기독교 수용 100여 년에 즈음하여 한국 기독교의 역사를 밝히되 한국 기독교 문화도 정리"하고자 했다. 이상규는 세계 기독교 "역사의 강줄기를 따라가며 그 역사의 본류와 지류를 헤아려야 하는데, 강줄기가 지류로 흩어지다가 다시 그 지류가 합류하여 대하를 이루는 유수의 긴 여정처럼, 서양 교회사를 한국 교회사의 눈으로 인식하고, 한국 교회사를 서양 교회적 전통으로 헤아리는 원근법적 안목을 갖게 되었다."고 하였다.[36] 그는 이것을 '통합사적 접근'(integrative Approach to History)으로 지칭하면서 지역 교회사의 "특수성은 (세계 기독교) 보편성의 한계 안에 있고, 보편성은 개별 교회의 특수성을 내포하고 있다는 점"을 인식하였다. 그래서 한국 교회사를 서양 교회의 눈으로 읽고, 서양 교회의 유산을 한국 교회의 눈으로 해독하는 이른바 '비교적 시각'(comparative perspectives)를 제시했다. 탁지일과 유영식도 지역 교회사 연구에 주목하면서 "한국 선교의 역사에서 부산의 의미를 재발견"하였다.[37] 내한 선교사들이 항구 도시 부산에서 시작하였으니, 이 도시에 서울·평양과 함께 미국

---

34) 이덕주, 『한국 토착 교회 형성사 연구: '한국적 기독교'의 뿌리를 찾아서』(한국기독교역사연구소, 2000).

35) 이만열, "간행사", 위의 책, 3-4.

36) 이상규, 『한국 교회 역사와 신학』(생명의 양식, 2007), 서문.

37) 유영식 외 3인, 『부산의 첫 선교사들』(한국장로교출판사, 2007).

교회의 초기 선교가 집중되었음을 부각시켰다.

3) 미시사 연구 방법 – 이원영 연구[38]

필자의 지역 교회사 연구는 경상북도 안동 지역의 제1세대 장로교 목회자였던 이원영의 생애(1886-1958) 탐구로 시작되었다. 그는 1886년 7월 3일 경상북도 안동군 도산면 원촌동에서 퇴계 이황(1501-1571)의 제14대 손으로 태어났다. 문중의 교육 전통에 따라 그는 약 16년 동안 한문을 사숙하였고 또한 문중이 설립한 신식 사립 학교(봉성측량강습소, 보문의숙)를 졸업하였다. 1919년 3월 예안의 3·1 운동을 주도한 그는 서울 서대문 형무소에서 1년 동안 복역했다. 이때 함께 수감된 이상동의 전도로 그는 기독교 신앙인이 되었다. 출감 후에 고향으로 돌아와서 선교사 권찬영에게 세례 받았다. 인노절 기념성경학교를 졸업한(제1회) 다음, 그는 1926년 봄에 장로회신학교(평양)에 입학했다. 졸업한(제25회, 1930년) 직후, 그는 목사로 안수 받고 경상북도 영주에서 잠시 동안 교역했고 그리고 한평생 안동에서 교역했다. 그는 1930년대 경안노회의 농촌 운동에 헌신했고, 일제의 황민화 정책(신사참배 포함)에 순교를 각오하며 거부하다가 일제 당국의 강제적 강압으로 담임하던 안기교회(현재 서부교회)에서 쫓겨났다. 1945년 8·15 광복 이후에 그는 일제 강점기에 무너진 교회들과 경안노회를 복구하였고, 지역의 목회자를 양성하고자 경안고등성경학교를 설립했다. 광복 직후의 교단 분쟁과 혼란의 와중에서 그는 교계의 화해를 위해 헌신했다.

---

38) 이 연구가 단행본 4권으로 그 결실을 맺었다(2001년). 『봉경 이원영 목사 유고 설교』, 『선비 목회자 봉경 이원영 연구』, 『사진 속의 이원영 목사』, 『영원한 스승 이원영 목사』. 이 중에서 두 번째 책이(선비 목회자…) 영어로 번역되어 스위스에서 출판되었다. Hee-Kuk Lim, Tr. by Hoyeon Choi, *Legacy and Portrait of Early Church History in Korea: Scholar Minister Yi Won-Young*(Bern: Peter Lang, 2012).

1954년 장로교회 제39회 총회에서 총회장으로 선출된 그는 분열된 장로교회의 일치를 위해 노력했다. 1958년 6월 21일 그는 세상을 떠났다.

필자는 이원영의 생애를 시대 상황에 따라 선비, 독립 운동가, 목회자, 산 순교자, 그리고 교육자로 그릴 수 있었다.[39]

이원영의 생애 연구에는 오늘날 포스트모던 시대에 부각되는 미시사 연구 방법을 적용하였다. 이것은 한국 교회사 연구에서 그동안 거시적 연구의 뒤에 가려져 있던 역사를 찾아 내는 작업이었다. 특히 한국 장로교 역사에 대한 연구는 최근까지 평안도 서북 지역의 교회사에 대한 연구가 양적으로나 질적으로나 단연 주류였다. 그렇게 된 이유 가운데 하나는 그 지역의 교회가 역사 속에서(한국 전쟁 시기까지) 여타 다른 지역에 비하여 두드러지게 부흥 발전하였고 이를 통해 다른 지역의 교회를 이끄는 지도자 노릇을 했기 때문이다. 예를 들어 교단 목회자를 양성하는 신학교가 평양에 있었고, 교수들과 학생들이 평양 시내와 근교의 여러 교회에서 봉사하면서 새로운 프로그램을 시작하면 이 프로그램이 전국으로 파급되었다. 평양의 장로교회는 이리하여 전국의 교회들이 본받고 따라가야 할 모본이었다.

그런데 경상북도 북부 지역의 장로교회는 한편 서북 지역의 교회와 연

---

39) 임희국, 『선비 목회자 봉경 이원영 연구』(서울: 기독교문사, 2001).

계되어 그 영향을 받았고 또 다른 한편 영남의 유림 전통 문화를 선별적으로 계승하면서 발전하였다. 서북 지역은 조선 시대에 중앙 정부로부터 홀대를 받았기에 정치 권력에 대한 반감이 있었고, 이 지역은 중국에 인접해 있으므로 무역에 종사하는 상인층을 중심으로 쉽게 대륙의 문물을 잘받아들였다. 결정적으로 이 지역의 주민들은 청일 전쟁(1894년)을 겪으면서 일본이 서양 문물을 받아들인 명치유신 덕택에 국력이 크게 신장하여중국(청)을 군사력으로 이겼다고 판단하였기에, 이 지역에는 서양의 종교인 기독교를 보다 쉽게 받아들일 수 있는 환경이 마련되었다. 이에 비하여경상북도 북부 지역에는 조선 시대의 지배 이념인 성리학 전통이 뿌리 깊게 자리잡았으므로 서양 종교와 문명이 쉽게 발을 붙이지 못했다. 더욱이1880년대 체제 개혁과 더불어 외세를 배격하는 위정척사(衛政斥邪) 운동이안동 유림의 영남만인소(嶺南萬人疏)를 시작으로 전국 유생의 호응을 받으며 확산되었다. 이처럼 경상북도 북부 지역은 여러 가지 면에서 평안도 서북 지역과는 다른 환경이었다. 그런데 안동의 유생 가운데서 일부가 나중에 기독교 신앙을 받아들였다. 여기에 관한 연구가 이제까지ー이 지역의교회사 연구가 잘 진척되지 않았기에ー잘 진행되지 않았는데, 이원영 연구를 통하여 이 점을 비교적 자세히 파악할 수 있었다. 또한 안동의 유생들 가운데는 기독교 서적을 정독하는 가운데서 스스로 기독교인이 된 경우가 더러 있었다. 와룡면 지내동(장수골)에 살았던 홍재삼이 그러했다. 그는 선교사 안의와(James E. Adams)가 자기 동네를 다녀간 직후에 이웃에게 기독교신앙 서적을 빌려 읽는 가운데서 스스로 기독교 신앙 진리를 깨달았다.[40]

---

40) Harry A. Rhodes & Archibald Campell(ed), *History of the Korea Mission Presbyterian Church U. S. A.* Vol. 1:1884-1934(Seoul: The Chosen Mission Presbyterian Church U. S. A., 1934), 348 이하. 또한 고성 이씨 집안의 양반 선비들이 안동의 임청각에 모여서 기독교 서적을 연구하다가 신앙의 진리를 깨달았는데, 여기

이원영 생애 연구와 겸하여 착수한 경상북도 북부 지역의 교회사 연구는 이제까지 그늘에 가려져 있던 지역 교회사의 한 부분을 들추어 내는 작업이었다. 이원영 연구가 시작되면서 일차적인 관심은 안동 유림 전통과 기독교의 만남이었다. 그는 일생 동안 이 지역을 오랜 기간 결코 떠나 본 적이 없었다. 평양장로회신학교에서 공부하던 기간(5년, 방학을 제외)말고는 일평생 이 지역에서만 살았다. 이 지역에서 시작한 그의 교역도 약 25년 동안 이곳에서 활동하다가 이곳에서 마쳤다. 8·15 광복과 더불어 일제의 탄압으로 무너진 교회를 다시 일으켜 세우고자 목회자 양성을 위해 그가 설립한 경안고등성경학교 역시 안동이었다. 이 학교에서 그는 교장 선생님으로 수백 명의 교역자를 길러 내었다. 그는 철두철미 '안동 사람'이었다. 이러한 점에서 이원영 연구는 미시사 연구 방법으로 연구하기에 적합하였다.

이원영 연구를 위하여 일차 문헌 자료를 백방으로 찾아다녔는데, 등잔 밑이 어둡다는 속담처럼, 경안성서학원(경안고등성경학교)의 도서관에서 그의 유고(遺稿)인 자필 서책 약 20권과 약 300여 권의 장서 유품(遺品)을 발견하였다. 이렇게 많은 문헌 자료가 여기에서 잠자고 있다니?! 꼭 필요했던 귀중한 자료가 40년 동안 여기에 고스란히 보존되어 있었다. 이 가운데는 이원영이 붓글씨로 쓴 '섬촌교회당 설립 일기'(1921년)와 이 교회의 교인 명부인 '생명록'(1921년)을 비롯하여서 평양장로회신학교에서 수업 시간에 필기한 '강의록'과 그가 설교했던 '설교 목록'과 '설교 원고' 그리고 '성경 강해 공책' 등이 잘 보존되어 있었다. 아무리 많은 돈을 들여도 구입할 수 없는 희귀한 골동품 같은 자료였다.

약 40년 동안 한 점도 손상되지 않고 잘 보존되어 온 자료를 수집한 덕택에[41] 미시사 연구 방법의 특징인 한 개인의 구체적인 삶을 그려 낼 수 있

에 이상동 장로와 그의 아들 이운형 목사가 포함되었다'고 한다.

었다. 그동안 세상에 잘 알려지지 않았던 경상북도 북부 지역의 교회사도 파악하게 되었다. 그리고 이원영 연구는, 미시사 연구 방법의 또 다른 특징인 '부분의 인식을 통하여 전체를 해명할 수 있는 바', 그의 생애 연구를 통하여 한국 교회사 전체를 새로이 파악하도록 했다. 예컨대 일제 강점기 말기에 시행된 신사참배 강요에 대한 인식이다. 한국 장로교회는 여러 차례 신사참배의 과오를 청산하는 데 소극적이나마 관심과 노력을 기울였다. 그런데 이원영의 신사참배 강요에 대한 거부는 신사참배에 국한되지 않았고 일제의 황민화 정책 전반을 거부하며 저항했다. 다시 말해서 조선교육령 개정, 신사참배 강요, 창씨개명으로 구성된 황민화 정책에 대한 저항이었다. 이 점은 주기철 목사와 구별되는 행위였다. 신사참배 강요를 거부하여서 감옥에서 순교한 주기철 목사는 신천(新川)기철로 창씨개명을 하였다.[42] 아마도 신사참배 강요를 거부하고 창씨개명에 순응했던 교인들은 전자는 제1계명을 범하는 죄라고 확신했던 반면에 후자는 신앙이 아니라 개인 양심의 차원으로 간주했던 것 같다.[43] 아무튼 간에 주기철 등 이미 널리 알려진 순교자를 통하여 신사참배 문제를 파악하는 대신에 이원영을 통하여 이 문제를 살펴보면 일제의 신사참배 강요가 황민화 정책의 범주에서 집행되었다는 점을 포착하게 된다. 또한 주기철은 감옥에서 신사참배 강요를 거부하다가 죽임을 당한 순교를 하였는데, 이원영 역시 유치장에 갇혀서 신사참배 강요를 거부하며 갖은 고초를 당하는 가운데서 순교

---

41) 그런데 2-3개월 정도 늦게 경안성서학원을 찾아갔더라면 이러한 자료를 영원히 잃어버릴 뻔했다. 그 사이에 성소병원이 이 학원을 인수하여 건물을 대대적으로 수리하면서 도서관의 내부를 완전히 치워 버렸기 때문이다.

42) 민경배, 『순교자 주기철 목사』(서울: 대한기독교출판사, 1984), 228 이하. 이 밖에도 한상동은 서원상동으로, 주남고는 신무남고로, 안이숙은 안천이숙으로 창씨개명하였다.

43) 최훈, "신사참배와 한국 재건교회의 역사적 연구", 『한국 기독교와 신사참배 문제』, 김승태 엮음(서울: 한국기독교역사연구소, 1991), 140.

를 원했으나 8·15 광복을 맞아 살아서 돌아왔는데, 그를 교인들이 '산 순교자'로 환영하였다. 그리하여 우리는 죽은 순교자 이외에 살아 있는 순교자를 생각해 보게 되었다. 산 순교자 이원영은, 약 10년 뒤에, 1954년 장로교회 제39회 총회에서 총회장으로 선출되어서 총회가 '신사참배 취소 성명서'를 발표하는 데 중심 역할을 하였다.[44] 그리하여 이원영이 일생 동안 경상북도 북부 지역을 좀체 떠나지 않았는데도, 그는 나중에 장로교회의 총회장이 되어 교단의 중심 인물로 우뚝 섰고, 그가 일제의 신사참배 강요를 순교하기로 각오하며 거부하였기에 장로교회의 총회가 신사참배한 죄를 회개하고 그 죄를 완전히 해결하는 데 역사적인 소임을 다하였다. 1954년의 경상북도 안동은 장로교회의 중심지였다. 이로써 이원영의 생애와 삶을 통하여 한국 장로교회 전체의 역사를 일정 부분 파악하게 되었으므로 미시사 연구 방법이 잘 적용되었다고 본다.

이원영 연구의 또 다른 결실은 초창기의 한국 장로교회에 형성된 '성경 기독교'를 확인했다는 점이다. 1870년대에 만주에서 스코틀랜드 연합 장로교회 파송 선교사 로스(J. Ross)와 매킨타이어(J. MacIntyre) 그리고 한국인 동역자 이응찬·서상륜 등이 성경을 번역하게 되면서 한국 선교의 씨앗이 뿌려졌다. 한국 정신 문화의 토양에서, 이 씨앗이 성경을 배우는 '사경회'(査經會)를 통해 싹트고 자랐고 이것이 한국 장로교회의 특성으로 자리잡았다. 사경회가 특별히 서북 지역에서 왕성하였다. 사경회가 발전하여서 자연스럽게 이 지역 평양에 교단의 신학교가 설립되었다. 세월 따라, 1920년대 경상북도 북부 지역에서도 사경회로 말미암아 성경 기독교가 잘 정착되었다. 사경회, 주일학교 진흥 운동, 면려회 운동, 권서인의 활동이

---

44) 제39회 총회는 부총회장인 한경직 목사가 총회장으로 선출되도록 준비했는데, 한 목사는 스스로 자기를 낮추면서 한 회기 더 부회장으로 일하기를 자청했다고 한다.

한데 엮어져서 성경 기독교가 형성되었다. 이원영은 1921년에 선교사 권찬영(John Y. Crothers)에게 세례를 받고 나서 1년 만에 신구약성경을 통독했다. 안동의 선교부는 그에게 '신구약 1독 증서'(1922년)를 수여했다. 그런데 안동의 성경 기독교는 이 지역의 문화 유산인 경전 공부와 결코 무관하지 않을 것이다. 유교 주자학 경전을 숙독해 오던 문화 유산이 기독교 안에서 성경 기독교의 형태로 되살아나서 이 지역의 교회들이 성경 읽기 운동을 시작했다고 본다. 초창기 한국 장로교회의 여러 지역에 정신 문화가 성경 기독교로 정착되었다.

이런 식으로 이원영의 생애와 경상북도 북부 지역의 초창기 장로교회사를 함께 살펴볼 수 있는 부분이 자주 등장한다. 하나 더 소개하자면, 1919년 안동 지역에서 일어난 3·1 만세 운동 기간에 같은 마을에 사는 유생들과 기독교인들이 함께 협력하여 만세 시위를 계획하고 실행한 일이 일어났다. 당시의 이원영은—아직 기독교 신앙인이 아니었고—유생으로서 예안의 만촌교회에서 만세 시위를 함께 준비했다. 14회에 걸쳐 일어난 안동의 3·1 운동 가운데서 적어도 6회 이상을 기독교인들이 주동했다고 한다.[45] 결과적으로 안동의 3·1 운동은 지역의 장로교회에게 아주 중요한 계기로 작용했는데, 교회가 자기 몸을 던져 헌신하여 나라와 민족의 독립을 위해 투쟁하자 지역 사회의 신뢰를 얻었고 또한 기독교는 유림 전통을 대처할 수 있는 새로운 사회적 대안으로서 그 가능성을 보이기 시작했다.[46]

또한 이원영의 생애 연구를 진행하면서 그의 등 뒤에 가려져서 이제까지 전혀 주목을 받지 못했던 인물을 찾아보게 되었다. 그의 부인 김기출이

---

45) 김희곤, 『안동의 독립 운동사』(안동: 안동시, 1999), 246.
46) 임희국, 『선비 목회자 이원영 연구』, 71. 김희곤, 『안동 사람들의 항일 투쟁』(파주: 지식산업사, 2007), 317, 320, 특히 325-326.

었다. 이원영이 일제의 신사참배 강요를 비롯하여 황민화 정책 모두를 거부하며 저항하자, 그는 일제의 강압으로 교역하던 안기교회(지금의 안동 서부교회)에서 쫓겨났고 그와 가족은 인적이 드문 오복사골로 들어갔다. 사회적으로도 단절되어 고립된 상태에서 어린 딸 여섯과 젖먹이까지 부양해야 하는 가장인 그는 걸핏하면 일제의 소위 '예비검속'으로 체포되어 유치장에 구금되었다. 혹독한 고문이 뒤따랐다. 이때마다 그의 부인 김기출이 자녀 양육과 남편의 옥바라지를 도맡아야 했다. 문자 그대로 초근목피(草根木皮)의 생활이었다. 육체적 정신적 과로에 영양실조까지 겹쳐서 병을 얻은 김기출은 1950년 2월 52세의 나이로 세상을 떠났다. 이러한 여성의 삶은, 이원영에 대한 기록이 거의 완벽하게 보존되어 있는 것과 달리, 어느 곳에서도 기록 한 줄조차 남아 있지 않았다. 관심을 갖고 찾아보려는 이도 없었다. 김기출은 전적으로 '망각 속에 파묻혀 있는' 또 다른 의미의 순교자로 볼 수 있다. 그래서 그의 생애를 재구성하고자 역시 미시사 연구 기법을 적용하기로 했다.

다행히도 김기출의 삶을 아직도 잘 기억하고 있는 사람들이 있었다. 일제 강점기 말기에 그녀의 어린 딸 여섯이 이제는 건강한 노년을 지내고 있었다. 80대에서 60대의 나이였다. 이분들을 한자리에 모이게 하고 집단 인터뷰를 했다(1998년 12월 28일). 인터뷰는 여섯 자매가 오복사골에서 살던 그 시절을 기억 속으로 살려 내어 구술하게 하고 이것을 녹음기에 담는 것이었다. 여섯 자매는 머릿속에 잠자고 있는 과거의 기억을 깨우기에 앞서 가슴 깊숙이 담겨 있던 기억을 먼저 쏟아 내었다. 그때 그 시절에 대한 기억이 새롭게 살아나면서 모두가 한 목소리로 "어머니!"를 외치며 눈물을 쏟아 내었고 그 눈물이 수건을 적셨다. 그리고 나서 회고를 시작했다. 이리하여 김기출의 생애 일부분을 재구성하게 되었다.[47]

이런 식으로 이원영 연구에는 주로 미시사 연구 방법으로 진행되었고,

그 결과 그의 생애와 경상북도 북부 지역의 초창기 장로교회사를 정리하였다.

4) 구술사 연구 방법-김수만 연구

필자가-이원영 연구를 마치고-경상북도 북부 지역의 장로교회사를 살펴본 두 번째 작업은 김수만 연구였다. 이번에도 인물 연구이다. 김수만은 1901년에 태어나서 1971년에 세상을 떠난 장로교 평신도 장로였다. 1946년부터 세상을 떠나던 때까지 그는 약 25년 동안 안동 지역의 남후면, 임하면, 길안면의 동네를 찾아다니며 복음을 듣지 못하고 깨닫지 못한 주민들에게 이 기쁜 소식을 전하였다. 그가 생애 마지막 시간에 세운 묵계교회에 가 보면, 그의 주도로 시작된 예배당 건축이 그가 세상을 떠난 후에 안동교회의 재정 지원으로 완공되었는데, 교회의 머릿돌에는 "1975, 절면서 열 교회를 세운 고 김수만 장로를 기념하여 이 예배당을 짓는다."는 글귀가 새겨져 있다. 그는 장애인이었다. 40대 초반에 사고로 오른쪽 무릎 위(대퇴부)를 절단하였고, 그 이후에 그는 손수 나무로 제작한 의족을 끼고 목발에 의지해서 쩔뚝쩔뚝 살아가야 했다. 불편한 몸에 고통스런 발걸음으로 한 발짝 두 발짝 비포장 시골길을 걷고 또 물살이 빠른 개울을 어렵게 건너가서 이 마을 저 마을 돌면서 복음을 전했다. 강물에 휩쓸려 떠내려가기도 했고, 눈길에 미끄러져 자빠지기도 했고, 전염병에 걸려 길가에 쓰러지기도 했다. 목발 짚고 쩔뚝쩔뚝 절면서 한복 차림으로 걸어오는 그의 모습은 동네 사람들에게 조롱과 놀림감이었다. 장난기 심한 짓궂은 아이들

---

47) 임희국, 『선비 목회자 봉경 이원영 연구』, 195-200.

은 그를 일부러 넘어뜨리며 손뼉을 쳤다. 이 모든 것을 그는 웃음으로 받아 넘기며 복음을 전했다. 그런데 시간이 지나고 세월이 흐르면서 차츰차츰 사람들은 그의 내면에서 우러나오는 열정과 사랑에 감동되었고 그의 유머에 마음을 열었고 그의 복음 전파에 귀를 기울였고, 그리고 그는 권위 있는 복음 사역자로서 존경받았다. 대체로 한 마을에서 교회가 설립되기까지 약 2-3년 정도의 세월이 걸렸다.

김수만이 복음을 전하고 교회를 설립했던 마을들을 돌아보면 사람들이 여전히 그를 또렷하게 기억하고 있었다. 그가 세상을 떠난 지(1971년) 30여 년이 지났는데도 아직도 많은 이들이 그를 잘 기억하고 있었다. 게다가 마음 깊이 존경하는 인물로 남아 있었다. 그러한 그를 역사적으로 정리하기 위하여 기록으로 남겨진 문헌 자료가 있는지 찾아보았다. 그가 남긴 자필 서책(설교, 성경 강해 등) 몇 권이 유품으로 전해 오고 있으나 그의 생애를 파악할 수 있는 자료가 되지 못했다. 1954년에 안동교회의 담임 목사 김광현이 그를 '길안면의 전도인'으로 파송했으므로 그 당시의 교회 '당회록'과 '제직회의록' 그리고 '주보' 등을 살펴보았다. 그 결과 안동교회의 문헌 자료는 김수만의 생애와 교역을 파악하는 데 그다지 도움이 되지 않는다고 판단되었다. 분량이 너무 적었다. 그 모든 조각 자료를 다 끌어모아도 불과 몇 쪽밖에 되지 않았다. 김수만이 설립한 9개 교회를 방문해서 자료를 뒤져 보아도 역시 그의 생애와 교역을 재구성하기엔 어림도 없었다. 그런데 아직도 그를 기억하는 사람들이 그의 발자취가 남아 있는 마을마다 많았다. 어림잡아 헤아려도 200명 이상이 되었다.

김수만의 생애와 교역에 대한 '흐릿한 기록'과 '또렷한 기억'의 대조를 보면서 이것이야말로 구술사(口述史, oral History) 연구 방법을 적용하기에 적합하다고 보았다. 교인은 물론이고 일반 사람들이 집단으로 잘 기억하고 있는 인물인 김수만이야말로 구술사 연구 방법에 적합하다고 보았다.

마을 사람들의 '망탈리테'를 재구성하는 교회사 연구 기법일 것이다.[48) 기억 속에 뚜렷이 남아 있고, 비록 기록되지는 않았으나, 입에서 입으로 전해질 수 있는 집단적 기억, 이것이야말로 '아래로부터의 역사' 작업을 실험적으로 해 볼 수 있겠다고 전망했다.[49) 실제로 일반 역사학에서는 최근에 작은 규모의 지역(동네) 역사 연구에 구술사를 도입하고 있다.[50) 이 점에 착안하여 김수만 연구를 착수할 수 있는 근거는 같은 동네 사람(교인)들이 동일한 인물(김수만)을 공동으로 기억하고 있는 것이라 보았다.

그런데 구술사가 교회사 연구에서 연구 방법론에 도입된 사례는 이제까지 거의 없었다. 그 까닭은 역사 연구는 객관적인 기록 자료에 근거하여 진행되어야 하는데 구술 자료(oral Date)를 신뢰하기에는 망설여지는 부분이 많다고 보는 것이 관례이기 때문이다. 구술자의 단편적인 경험, 이 경험에 근거한 주관적이고 자의적인 판단, 과거에 대한 부정확한 기억이 포함된 구술 자료를 신뢰하기가 어렵다는 것이다. 이 점을 의식한 필자는 김수만 연구에 구술사 연구 방법을 사용하려면 신뢰받을 수 있는 구술 자료를 구축하는 일이 선행되어야 한다고 생각했다. 구술 자료가 신뢰를 얻으려면 적어도 몇몇 조건을 충족해야 할 것이다. 과거에 일어난 한 사건에 대하여 적어도 두 사람 이상이 동일한 내용으로 구술해야 할 것이고, 또 시차(時差)를 달리하여 받아 낸 첫 번째 구술과 두 번째 구술의 내용이 동일해야 할 것이다.

김수만 연구를 위한 구술사 작업이—책상 위에서가 아니라—역사의 현장에서 시작되었다.[51) 그가 세운 교회가 있는 9개 마을로 찾아갔는데,

---

48) 김기봉, 『'역사란 무엇인가'를 넘어서』, 199.

49) 위의 책, 241.

50) Gwyne Prins, *"Oral History"*, Peter Burke(ed.), *New Perspectives on Historical Writing*(Pa: Pennsylvania State University Press, 2001), 140.

녹취 장비(캠코더, 녹음기, 사진기, 스캐너, 노트북)와 필기 도구를 미리 준비하였다. 2002년도 여름 내내 우리는 구술 자료를 채집하였다.[52] 먼저 우리는 인터뷰에 초청할 구술자를 선정하였는데, 김수만의 삶과 신앙 행적에 관하여 증언할 수 있는 사람으로 한정했다. 그 다음 구술자에게 무엇을 물어 볼 것인지 인터뷰 내용을 만들었다. 구술자의 이름과 나이, 출석 교회와 직분, 김수만과의 관계를 먼저 밝히게 하고, 그러고 나서 김수만의 삶과 전도 활동 및 교회 설립 등에 관하여 물어 보기로 했다. 또한 그 당시의 마을 환경(농산물과 특산물)과 전해 오는 전통 종교와 전래 문화에 관하여 문의하기로 했다. 그런데 인터뷰를 해야 할 사람들이, 그동안 30년 이상 세월이 흐르면서 다른 지역이나 대도시로 이사한 자들이 적지 않았으므로, 전국에 흩어져 있었다.

더위와 싸우고 구슬땀을 닦아 내면서 진행된 인터뷰였다. 구술자들이 대략 200명 안팎이었다. 이제는 녹취한 인터뷰를 글로 옮기는 타이핑 작업을 해야 했다. 이 작업은 아무나 할 수 있는 일이 아니었다. 녹취된 언어는 표준말이 아니라 투박한 지역 사투리였으므로, 타이핑 작업을 하려면 사투리를 몸으로 잘 이해해야 했고 또 자판을 두드리는 속도가 빨라야 했다. 안동대학교의 재학생들이 이 작업을 맡아 주었다. 우리는 사투리를 그대로 살리기 위하여 구술자가 말한 그대로 문어체로 종이에 옮기기로 했다. 그래야만 역사적 '사실'(史實)이 되는 '사실(事實)의 현장성'과 그 '증언의

---

51) 지금부터의 서술은 필자가 지은 책 『김수만 장로, 절면서 열 교회를 세우다』를 재구성하고자 한다. 임희국, 『김수만 장로, 절면서 열 교회를 세우다』, 김수만장로기념사업회 간행(서울: 한들출판사, 2004), 19 이하.

52) 이 작업에 참가한 사람들은 김수만의 사위 문원순(서울 승리교회 담임 목사)과 김석구(김수만이 세운 개곡교회 출신, 장로회신학대학교 신학대학원 2학년) 그리고 강정구(장로회신학대학교 신학대학원 2학년)였다. 이들은 모두 이 지역에서 자랐으며 지역의 사정을 훤히 잘 알고 있었다.

역동성'이 훼손되지 않는다고 보았다. 문자로 고착되어서 마치 무덤 속에 묻혀 있는 시체 같은 언어가 아니라 '아직도 살아서 숨쉬고 있는 역사적 언어'로 기록하고 싶었다. 그해 여름의 끝자락에 시작된 타이핑 작업은 초겨울이 되어서야 완성되었다. 이렇게 작성된 구술 원고를 묶어 보니 A4 용지 420여 쪽의 분량이 되었다. 이 원고에 작성된 구술자의 인원이 72명으로 줄어들었다.

2002년도 12월 말부터 구술 원고를 편집하고 정리하는 작업에 들어갔다. 적어도 여섯 차례 이상 원고를 반복해서 읽으며 정리했다.[53] 그리고 나서 정해 놓은 편집 원칙에 따라 구술 원고를 최종 편집하고 정리했다. 그리하여 원고의 분량이 이제 A4 용지 230여 쪽으로 줄었다. 이제 마지막 작업으로서 구술자들이 저마다 서로 다르게 발음한 고유 명사(예, 사람 이름)를 바로잡았다.

이 모든 작업이 잘 마무리되어서 '김수만 장로, 절면서 열 교회를 세우다'라는 제목을 붙여 단행본으로 출판(한들출판사)하였다. 이번에 시도한 구술사 역사 작업을 다음과 같이 결산하였다.

① 구술사 연구 방법은—이제까지 역사 기록의 바깥에 있으나—많은 사람들의 기억 속에 남아 있는 역사적 인물을 발견하여 발굴해 낼 수 있다.

② 구술사 연구 방법은 현장 중심의 생생한 역사, 곧 현장에서 길어 올

---

53) 1차 정리: 녹취록을 들으며 타이핑 작업. 2차 정리: 1차 정리에서 빠뜨린 부분이 있는지 확인하면서 녹취록을 다시 들었고, 그러면서 구술자가 의미 없이 반복하는 간투사를 생략. 3차 정리: 인터뷰 구술자의 인적 사항을 확인, 구술자를 교회(마을)별로 분류, 사투리에 각주 붙이는 작업. 4차 정리: 질문자 괄호 처리 작업. 5차 정리: 원고의 내용 확인, 사투리 교정 작업. 6차 정리: 사투리 교정 작업, 내용 편집 작업 등 마을의 지명 등 고유 명사의 표기를 김영식(개곡교회 장로)과 임승우(금소교회 장로)에게 의뢰했다. 사투리의 뜻을 풀이하는 작업을 안귀남 교수(안동대학교 국문학과)에게 의뢰했다.

리는 역사의 생명력과 역동성을 채집할 수 있다. 구술사는 또한 지역 사투리를 그대로 살려 낼 수 있으므로 토착 정서를 그대로 담아 낼 수 있다.

③ 구술자들은 모두 다 하나같이 이야기를 풀어 내는 사람들(story Teller)이었다. 이들은 자기 자신이 경험했던 과거 사건에 대하여 이야기하였는데, 이 이야기를 녹취하여 종이에다 옮겨 기록했다. 이 작업은 역사 서술의 주체가 누구인지 새롭게 생각해 보게 했다. 이제까지는 역사를 쓰는 역사가가 역사 서술의 주체이고 역사 현장의 주인공들은 역사 서술의 대상이었다. 그런데 이번의 구술사 작업을 통하여 새롭게 파악한 점은 구술자들이 직접 경험한 역사에 관하여 스스로 구술하였는데, 이 점에서 현장의 주인공인 구술자는 역사 서술의 대상이 아니라 주체라고 파악하게 되었다. 이러한 역사 기술은 이제까지 소수 엘리트(역사가) 중심으로 진행되어 온 역사 서술을 재고해 보게 했다. 이제는 일방 통행의 역사 서술이 아니라—디지털 시대에 상응하는—쌍방 통행의 역사 서술이 시작되었다고 본다.

④ 구술자들의 구술을 글로 옮겨 적은 구술 원고는 구술 모음집(Collection)이 되었다. 즉 동일한 사건에 대하여 다양한 사람들이 각각 자신의 경험과 이해에 따라 구술한 원고 모음이다. 이렇게 다양하게 쏟아 놓은 구술은 하나같이 김수만을 향해 그 초점이 모아져 있었다. 다양성 속에서 일치. 구술 모음의 주인공은 김수만인데 그러나 정작 자기 자신의 목소리는 거기에 없었다.

⑤ 구술사 작업을 마무리지으면서 해결해야 할 문제점이 많다고 보았다. 기억의 한계에서 오는 문제점이 가장 심각했다. 객관성이 결여된 구술이 흔했고, 기억 속에 남아 있는 과거사는 이미 기억하는 사람의 주관적 해석과 뒤섞여 버린 경우가 허다했고, 시시콜콜한 잡담 수준의 구술도 적지 않았고, 구술의 주인공보다는 자기를 자꾸 들추어 내려는 구술이 많았고,

연대와 수치에 대한 기억은 매우 불분명하고 부정확했으며, 사건의 앞뒤 순서가 뒤바뀐 기억이 적지 않았고, 세월 따라 사건의 내용은 기억에서 희미해졌고 그 이미지만 크게 남아 있기에 몇 마디의 구술로 수년을 건너뛰기도 했다.

⑥ 구술사 작업을 통하여 문헌 자료의 중요성을 다시 확인하게 되었다. 구술하는 사건의 정확한 연도와 날짜를 문헌 자료에서 확인할 수 있기 때문이다. 이러하므로 구술 자료와 문헌 자료의 상호 보완이 바람직하다고 본다.

5) 개(個) 교회사 연구 – 풍기 성내교회 100년사(1907–2007)

경상북도 북부 지역 장로교회사 연구의 세 번째 과제로서 필자는 개 교회의 역사를 정리하였다. 소백산 기슭 풍기읍내에 있는 성내교회인데, 1907년에 창립된 이 교회의 100년사를 서술했다.[54] 2007년도 가을부터 작업이 시작되었는데, 담임 목사 최갑도의 교회사에 대한 관심과 열정으로 이미 교회 안에서 자료 정리가 꽤 진척된 상황에서 시작되었다. 교회의 교육관에 역사 박물관을 개관하였고(2004년 11월 7일), 교회사 정리를 위해 많은 자료를 모아 놓았다. 성내교회는 첫 번째 당회(1920년 3월 17일)부터 현재까지의 당회록을 완벽하게 보존하고 있다. 정말 찾아보기 힘든 당회록으로서 성내교회가 자랑할 만한 역사 기록물이다.

성내교회 100년(1907–2007)의 역사를 정리하면서 주안점을 두었던 작

---

54) 임희국, 『하늘의 뜻, 땅에 심는 성내교회 100년사』, 100년사편찬위원회 편(서울: 성내교회100년사편찬위원회, 2009).

업을 소개한다. ① 한 번 더 '아래로부터의 역사' 작업을 하였다. 즉 성내교회 100년의 역사에서 전해 내려오는 '특성'이 무엇인지 찾아 내는 작업에 우선하였다. 한국의 수백 수천의 교회들 가운데서 성내교회의 독특함과 유일성을 찾아 내고자 했다. 또한 지역의 토착 문화와 호흡하고 일상 생활과 소통하는 가운데서 빚어진 교인들의 신앙 양태가 무엇인지 살피는 데 주력했다. ② '살아 숨쉬는 역사' 작업을 위해 노력했다. 즉 박제로 제작하여 진열대의 전시용으로 장식하려는 작업이 아니라 언제든지 다시 살아나서 재현되는 '부활의 역사'를 서술하고자 했다.[55] ③ '미래를 위한 역사'를 상정했다. 100년의 역사를 정리하려는 주요한 목적이 다음 세대에게 신앙 유산을 물려주는 데 있으므로, 지금의 청소년 세대가 '쉽고도 재미있게' 읽을 수 있어야 한다고 보았다.[56] 그래서 영상 세대의 청소년이 감성으로 역사를 느끼도록 책의 디자인과 사진 편집에 공을 들였다.

풍기의 '어머니 교회'인 성내교회는 100년의 역사를 지내오면서 중요하고도 의미가 있는 족적(足跡)을 남겼다. 이 가운데서 한두 가지만 소개하고자 한다. 성내교회의 창립은 19세기 말부터 유행했던 정감록의 승지신앙(勝地信仰)에 그 배경이 있다. 이 신앙은 피난(避亂)이나 보신(保身)과 깊이 관련되어 있는데, 내우외환(청일 전쟁, 러일 전쟁 등)의 큰 사건이 터지면 화를 피하고 재앙을 면코자 승지로 피난을 떠나가는 것이다. 19세기 중반 이래로 풍기는 정감록에 기록된 피난처 10승지 가운데서 가장 으뜸의 장소

---

55) 필자는 동신교회(서울 종로구 창신동)와 소망교회(서울 강남구 신사동)의 역사를 정리하면서 동일한 관심을 갖고 서술했다. 참고, 임희국, 『동신교회, 겨자씨 신앙 운동 50년』, 50년사출판분과위원회 편(서울: 대한예수교장로회동신교회, 2007). 임희국, 『예수 구원 세상의 소망 30년』, 소망교회30주년준비위원회 편(서울: 은성출판사, 2007).
56) 이 점은 역사 서술의 대중화를 염두에 둔 것이다. 오늘날 영상 세대의 청소년과 코드를 맞추는 교회사 서술을 위해 필자는 성내교회사를 정리하면서 사진 자료를 본문에 집어넣었다.

로 널리 알려져 있었다. 여기에 영향을 받은 서북 지역(평안도, 황해도)의 주민 가운데서 다수가 풍기로 이주하였다.[57] 이들 가운데서 한두 사람이 아마도 이미 기독교 신앙인이었을 것으로 짐작하는데, 1907년 성내교회의 창립에 참여했다. 서북 지역에서 온 이주민들이 풍기의 인삼 재배가 한층 더 발전하게 했고 또 과수 재배와 직조업을 시작했다. 이것이 지금처럼 그때에도 지역 경제의 기반이 되었다. 1945년 8·15 해방 직후에 또 한 번 더 서북 지역의 주민들이 풍기로 이주해 왔고, 한국 전쟁 기간에도 다수가 풍기로 이주해 왔다. 이들의 피나는 노력에 기초하여 다소 침체되었던 풍기의 특산물이 되살아나고 번창하게 되었다. 1960년대 이후로 우리나라의 산업화 과정에서 농어촌 지역의 인구가 도시로 이동하고 농촌 경제가 몰락할 정도로 타격을 입었는데, 풍기는 특산물 덕택에 농촌 지역에 있지만 도시의 경제력을 유지하였다.

성내교회의 당회록을 신학적으로 분석해 보았는데, 초창기부터 이 교회는 개혁교회의 유산을 잘 계승하였다. 칼뱅 개혁교회가 창시한 목사, 교사, 장로, 집사의 직제가 정착되었고, 목사에게 위탁된 말씀 선포(설교)와 성례 집례가 자리잡았고, 목사와 평신도 대표(장로)로 구성된 당회가 성도의 삶을 치리하는 역할에서부터 교회의 행정 전반을 감독하는 기능까지 담당했다. 특별히 당회는 성도의 도덕성과 윤리 의식을 바로잡아 주었다. 성도의 경건한 삶을 위하여 당회가 치리를 엄정하게 시행했다. 옛 생활(술과 담배, 노름, 축첩, 횡령 등)을 청산하게 하고 거듭난 생활을 살게 했다. 그 당시 선교사의 눈에 비친 한국인의 도덕성은 형편없었고 윤리 의식도 매우 해이하였음을 떠올리면, 당회의 치리 기능이 공중 도덕과 사회 윤리에 영향을 끼치는 공공성(公共性)을 띠었다. 그때의 당회 역할과 기능은 오늘날

---

57) 成炳禧, "豊基에 定着한 西道民의 移住過程", 『民俗研究』 제3輯(1993), 5-22.

의 교회를 비추는 거울이 될 것이다.

성내교회는 개혁교회의 유산인 '교회 곁에 학교'를 계승하여서—주일학교 이외에—일반 학교를 설립하였다(영신학교, 기독교여자야학회, 박애(신)유치원 등). 여성에게 학교 교육의 기회를 마련해 준 점은, 우리나라의 전통 가부장적 사회 질서에 비추어 볼 때, 하나의 혁명이었다고 볼 수 있다. 학교 교육을 통하여 교회는 사회를 계몽하고 한글을 널리 보급하고 특히 서양 음악을 소개하고 발전시켰다. 교회가 서양 음악을 받아들이는 통로였다. 이와 관련하여 우리나라의 한글을 발전시키는 데 담임 목사 강병주가 크게 공헌하였다. 이러한 성내교회에서 다양한 인재가 배출된 것은 결코 우연이 아니었다고 본다.

성내교회 초창기의 역사가 사회를 향해서 분명하게 말해 주는 내용이 있다. 교회는 사회의 정신 문화를 창달하였는데, 예를 들어 당회가 사회에 정직성과 바른 생활 윤리를 반듯하게 세워 주는 역할을 했고 또 민주주의 (대의 제도)를 훈련하게 하면서 민주 시민 의식을 심어 주었다. 교회가 설립한 학교는 사회의 계몽 운동에 기여했고 또 그 다음 세대의 나라와 민족을 위한 인재를 양성하였다.

6) 나가는 말

이 글은 지난 15여 년 동안 진척해 온 필자의 지역 교회사 연구에 관한 보고서이다. 이 연구 여정은 19세기 이래로 기독교가 서양 지역의 종교에서 세계 보편 종교로 변화된 점에 상응하는 지역 교회사를 연구해야 한다는 의식으로 추진되었다. 또 이 연구는 경상북도 북부 지역을 역사 탐구의 현장(field-work)으로 삼아 시작되었다. 때마침 일반 역사학계에서 포스트모던 시대의 역사 연구 방법론이 다양하게 등장하였는데, 이러한 연구 방법을 지역 교회사 연구에 적용하였다. 그러면서 미시사 연구 기법과 구술사 연구 방법을 적용했다. 풍기 성내교회 100년사 서술을 마치면서, 필자는 한국 교회사 연구는 개 교회사 연구에서 시작되어야 하고, 이것이 모아져서 지역 교회사 연구로 정리되고, 또 이것이 모아져서 비로소 한국 교회의 통사(通史)로 정리될 수 있다고 본다. 그런 점에서 이제까지의 한국 교회사 연구는 탄탄한 기초가 결여된 건축 공사처럼 진행되었다고 본다.

오늘날 세계 기독교의 현실을 살펴볼 때, 지난날 세계 기독교의 중심축이었던 서양 기독교가 날로 쇠퇴하는 상황이다. 탈(脫)-근대 시대에 기독교의 탈-서양 중심 또 탈-국가 교회를 겪고 있다. 이러한 현실에서 세계 기독교의 중심축이 '북쪽에서 남쪽으로' 옮겨 갔다는 평가를 확인했다. 세계 기독교의 중심축이었던 서양 기독교가 쇠퇴했다는 뜻이다. 지난 100여 년 동안에 세계 보편 종교가 된 기독교는 각 대륙과 지역마다 다양한 역사가 축적되었다. 이러한 다양성을 반영할 수 있는 교회사 연구 방법이 계속 창의적으로 개발되어야 할 것이다.

| 참고 문헌 |

단행본, 논문

김기봉. 『'역사란 무엇인가'를 넘어서』. 서울: 푸른역사, 2000.

김인수. 『한국 기독교회의 역사』. 서울: 장로회신학대학교출판부, 1997.

김희곤. 『안동 사람들의 항일투쟁』. 파주: 지식산업사, 2007.

_____. 『안동의 독립운동사』. 안동: 안동시, 1999.

민경배. 『순교자 주기철 목사』. 서울: 대한기독교출판사, 1984.

_____. 『한국 기독교회사: 한국 민족교회 형성과정사』. 서울: 연세대학교출판부, 2007.

_____. 『한국 기독교회사』. 서울: 대한기독교서회, 1973.

백낙준. 『한국 개신교사』. 서울: 연세대학교출판부, 1973.

成炳禧. "豊基에 定着한 西道民의 移住過程". 『民俗研究』제3輯. 1993.

유영식 외 3인. 『부산의 첫 선교사들』. 서울: 한국장로교출판사, 2007.

이덕주. 『한국 토착 교회 형성사 연구: '한국적 기독교'의 뿌리를 찾아서』. 한국기독교역사
연구소, 2000.

이만열. 『한국 기독교 수용사 연구』. 서울: 두레시대, 1998.

이상규. 『한국 교회 역사와 신학』. 서울: 생명의 양식, 2007.

이형기. 『21세기를 향한 새로운 신학적 패러다임의 모색』. 서울: 장로회신학대학교출판부,

1997.

임희국. 『김수만 장로, 절면서 열 교회를 세우다』. 김수만장로기념사업회 간행. 서울: 한들
출판사, 2004.

＿＿＿. 『동신교회, 겨자씨 신앙운동 50년』. 50년사출판분과위원회 편. 서울: 대한예수교
장로회동신교회, 2007.

＿＿＿. 『봉경 이원영 목사 유고 설교: 이원영 목사의 생애와 사상』. 서울: 기독교문사,
2001.

＿＿＿. 『선비 목회자 봉경 이원영 연구』. 서울: 기독교문사, 2001.

＿＿＿. 『예수 구원 세상의 소망 30년』. 소망교회30주년준비위원회 편. 서울: 은성출판사,
2007.

＿＿＿. 『하늘의 뜻, 땅에 심는 성내교회 100년사』. 100년사 편찬위원회 편. 성내교회
100년사 편찬위원회, 2009.

주재용. "한국 기독교 백년사. 민중사관의 입장에서의 분석과 비판". 『신학연구 21』. 1979. 12.

최　훈. "신사참배와 한국 재건교회의 역사적 연구". 『한국 기독교와 신사참배문제』. 김승
태 엮음. 서울: 한국기독교역사연구소, 1991.

한국기독교역사연구소. 『한국 기독교의 역사 II』. 서울: 기독교문사, 1990.

＿＿＿＿＿＿＿＿＿＿. 『한국 기독교의 역사 II』. 서울: 기독교문사, 1990.

한국기독교역사학회 편. 『한국 기독교의 역사 III: 해방 이후 20세기 말까지』. 서울: 한국
기독교역사연구소, 2009.

외국어 자료

Barth, K. Der Römerbrief: Erste Fassung(1919). (Hg.) H. Schmidt, Zürich:
Theologischer Verlag, 1985.

Burke, Peter. *"The New History: Its Past and Its Future"*. *New Perspectives on
Historical Writing*. Peter Burke(ed.), The Pennsylvania State University Press,
2001.

Ebeling, Gerhard. Wort Gottes und Tradition: Studien zu einer Hermeneutik der

Konfessionen 2. Aufl., (KiKonf 7, 1966).

Hammer, Karl. Weltmission und Kolonialismus: Sendungsideen des 19. Jahrhunderts im Konflikt. München: Kösel-Verlag, 1978.

Hough, J. *"The History of Christianity in India. Aims and Methods."* in: Bangalore Theological Forum(Nr.10, 1978).

Jüngel, Eberhard; J. Wallmann und W. Werbeck. Verifikationen. Festschrift für G. Ebeling zum 70. Geburtstag. Tübingen: Mohr Siebeck, 1982.

Koschorke, K. "Kotextualität und Universalität als Problemstellung der Kirchengeschichte," in: Evangelische Theologie(52. Jg., Heft 3).

Küng, H. and Tracy D.(Hg.). Das neue Paradigma von Theologie: Strukturen und Dimensionen. Ökumenische Theologie. Benziger Verlag: Gütersloher Verlagshaus, 1986.

Latourette, Kenneth S. *A History of the Expansion of Christianity,* 7 Vol., New York: Harper & Brothers, 1937–1945.

Lim, Hee Kuk. Tr. by Choi, Hoyeon. *Legacy and Portrait of Early Church History in Korea: Scholar Minister Yi Won-Young,* Bern: Peter Lang, 2012.

Pannenberg, W. Grundfragen systematischer Theologie. 3. Aufl. Göttingen: Vandenhoeck & Ruprecht, 1979.

Prins, Gwyne. *"Oral History".* Peter Burke(ed.). New Perspectives on Historical Writing. Pa: Pennsylvania State University Press, 2001.

Rhodes, Harry A. and Campell, Archibald (ed). *History of the Korea Mission Presbyterian Church U.S.A. Vol. 1: 1884–1934.* Seoul: The Chosen Mission Presbyterian Church U.S.A., 1934.

Thomas, T. K. *Christianity in Asia: North-East Asia.* Singapore: Christian Conference of Asia, 1979.

Vischer, Lukas. Schenker, L. and Dellsperger, R. (Hg.). Ökumenische Kirchengeschichte der Schweiz. Freiburg; Paulusverg, 1994.

Werbeck, W. Bibliograhie G. Ebeling(in: E. Jüngel (Hg.), Verifikationen. Festschrift fuer G. Ebeling zum 70. Geburtstag),.

Ⅱ
지역 교회사
연구 논문

1

19세기 말 외국인 선교사들이 이해한 한국의 대중 생활 문화[1]

1. 시작하면서

이 글은 19세기 말 한국에 첫발을 디딘 외국 선교사들이 당시의 대중 생활 문화를 어떻게 이해했는지 살펴보고자 한다. 1884년에서 1910년 사이에 한국에 들어온 미국 개신교 선교사가 500명 조금 모자라는데 이 가운데서 장로교 북(北)장로회에 소속된 선교사는 165명(약 33.1%)이었다.[2] 이선교사들이 제각기 이해한 한국 문화에 관하여 낱낱이 살펴보기는 매우어렵다. 이 글은 그 당시 한국 문화에 관하여 비교적 소상하게 기록한 선교사들의 보고서를 살펴보고자 한다.

선교사 호레이스 알렌(Horace N. Allen, 1858-1932),[3] 제임스 게일(James

---

1) 이 글은 장로회신학대학교 논문집『선교와 신학』제13집(2004) 53-84에 실렸다.
2) 류대영,『초기 미국 선교사 연구: 선교사들의 중산층적 성격을 중심으로』(서울: 한국기독교역사연구소, 2001), 27.

Scanth Gale, 한국 이름은 기일(奇一), 1863-1937),[4] 그리고 릴리아스 언더우드 (Lillias H. Underwood, 1851-1921, 선교사 언더우드의 부인)[5]의 선교 사역을 살펴보려고 하는데, 이 세 선교사는 비슷한 시기에 서울에서 일한 공통점이 있고 또 각자 서로 다른 영역에서 일한 차이점도 있다. 게일은 목회자로 일하였고, 알렌과 릴리아스는 의료 선교사로 일하였다. 또 알렌은 재한 미국 공사관에서 외교관으로 근무했다. 이 점에 착안하여, 이 글은 세 선교사가

---

3) 알렌(H. N. Allen)은 미국 북장로교회가 최초로 파견한 의료 선교사이다. 그는 1883년에 마이애미 의과대학에서 의학박사 학위를 받았다. 그해 10월에 그는 의료 선교사로 중국 상해에 파송되었다. 그러나 준비 없이 시작된 의료 선교사의 사역은 순탄하지 못하였다. 그러다가 그는 미국 북장로교회 해외선교부의 허락을 받아 선교지를 조선으로 옮기게 되었고, 1884년 9월 20일 제물포에 도착하였다. 서울에 도착한 지 2개월 뒤에, 그는 갑신정변에서 중상을 입은 민영익을 살려 낸 공로를 인정받아 왕의 시의(侍醫)로 일하게 되었다. 1887년 8월에 그는 주한 한국 공사관의 참찬관으로 임명받아 미국 워싱턴으로 떠났다. 1890년 6월에 그는 미국 북장로교회의 선교사로 재임명을 받아 내한하였고, 그리고 제중원의 원장으로 임명되었다. 그런데 그는 1890년 7월에 주한 미국 공사관 참찬관으로 임명받아서 선교사직을 사임하였다. 그리고 1905년까지 그는 미국의 외교관으로 서울에서 일하였다. 그가 한국에서 머문 세월은 20년 6개월이었다.

4) 게일(J. S. Gale)은 캐나다 출신으로 미국 북장로교회의 내한 선교사로 일하였다. 그는 1888년에 토론토 대학을 졸업하고 한국으로 왔다. 1889년부터 해주(海州) 일대에서 선교 활동을 하다가, 1892년에 미국 북장로교회로 소속을 옮겼다. 이때부터 그는 서울, 송도, 평양, 의주, 봉천, 동만주 고려촌, 함흥, 원산 등지로 옮겨다니며 순회 선교를 하다가 원산에 정착하였다. 1897년에 안식년을 맞아 일시 귀국한 그는 미국에서 정식으로 목사 안수를 받았다. 1898년에 한국에 다시 들어온 게일은 서울로 자리를 옮겼고, 1900년에는 연못골교회(지금의 연동교회)에서 목회하면서 연동여학교(지금의 정신여자중고등학교)와 예수교중학교(지금의 경신중고등학교)를 설립하였고, 1903년에는 황성기독청년회(YMCA)의 창립 위원으로 초대 회장으로 일하였다. 1928년에 은퇴할 때까지 그는 연못골교회, 평양신학교, 피어선 성서학원에서 목회하고 가르쳤다.

5) 릴리아스 언더우드(Lillias H. Underwood)의 결혼 전 이름은 릴리아스 호턴(Horton)이었다. 릴리아스는 시카고 여자의과대학(지금의 노스 웨스턴 대학교 의과대학)을 졸업하였고, 이와 함께 1888년 봄에 미국 북장로교회의 파송을 받아 의료 선교사로 한국으로 왔다. 그 이듬해(1889)에 릴리아스는 선교사 언더우드(Horace G. Underwood, 1859-1916)와 결혼하였다. 그녀는 한국에서 33년 동안 남편과 함께 일하다가 1921년에 세상을 떠나서 양화진 외국인 묘지에 묻혔다.

각각 남긴 회고의 글에서 공통점과 차이점이 무엇인지 살피며 분석하고자한다.

이 글은 거시(巨視)적 관점이 아니라 미시(微視)적 관점에서 세 명의 선교사가 각각 자기 입장에서 바라보고 느낀 한국 문화에 관하여 서술하고자 한다. 세 사람이 서로 다른 입장에서 한국 문화를 어떻게 이해하였는지 알아보는 데 이 글의 우선적인 관심이 있다. 그리고 '밖에서 안을 바라보는 것'(멀리 미국에서 한국을 바라보는 것)이 아니라 '안에서 밖을 바라보는'(선교 현장 안에서 토착 문화를 바라보는) 선교사의 문화 이해를 서술하고자 한다. 게일의 『전환기의 조선』(Korea in Transition),[6] 알렌의 『알렌의 조선 체류기』 (Things Korean),[7] 릴리아스 언더우드의 『상투의 나라』(Fifteen Years among the Top-Knots or Life in Korea)[8]를 이 글의 제1차 문헌으로 선택했다.

최근 인문학 분야의 연구에서는 일상 생활 문화에 대한 연구가 점점 활발해지고 있는데, 이 같은 흐름에 호응하여 19세기 말 내한 선교사들의 한국 일상 생활 문화에 대한 이해를 살펴보는 일에 기대가 된다. 그 당시의 일상 생활 문화는 사회 계층별로 적어도 세 가지로 나뉘어 있었다고 본다. 궁중 문화, 양반 문화, 평민 문화이다. 이 가운데서 우리는 평민 문화를 선택하여 그들의 일상인 의(衣), 식(食), 주(住) 문화를 선교사들이 어떻게 이해하였는지 살피고자 한다. 그렇게 선택하려는 이유는, 1890년 봄 서울을 방문한 중국 선교사 네비우스(John L. Nevius)가 선교사들에게 제안한 선교 원리를 받아들여서 한국 선교 정책으로 채택했는데,[9] 그 이후로 전개된 선

---

6) J. S. Gale, *Korea in Transition*. 신복룡 역, 『전환기의 조선』(서울: 집문당, 1999).

7) Horace N. Allen, *Things Korean*. 윤후남 역, 이순자 감수, 『알렌의 조선 체류기』(서울: 예영커뮤니케이션, 1996).

8) Lillias H. Underwood, *Fifteen Years among the Top-Knots or Life in Korea*. 신복룡 역, 『상투의 나라』(서울: 집문당, 1999).

교는 네비우스 선교 원리에 따라 일반 평민과 여성에게 집중되었기 때문이다.[10]

이제까지의 한국 교회사 연구에서 초기 내한 선교사들에 관한 연구가 크게 미흡하다고 류대영이 지적했는데,[11] 이 점을 극복하려는 연구 결과물이 조금씩 나오고 있다. 예를 들어 이향순의 서구 중심적 선교에 대한 반성,[12] 미국 선교사들의 오리엔탈리즘적 한국관 등이다.[13] 이 글은 이러한 연구를 살피면서 서술하고자 한다.

2. 선교사들이 이해한 한국의 일상 생활 문화

미국을 떠나 약 25일 동안 거친 파도가 일렁이는 태평양을 항해하고 일본 요코하마에 들렀다가 다시 배를 타고 부산을 거쳐 제물포(지금의 인천) 항구에 도착한 내한 선교사들, 이들의 눈에 들어온 첫 인상은 대체로 그리 밝지 못하였다. 알렌은 "배의 갑판에서 볼 때 조선의 해안은 황량하고 메마르며 대체로 매력이 없어 보인다."고 하였다.[14] 릴리아스 언더우드도 "제

---

9) 미국 장로교회가 파송한 선교사 네비우스(1829-1893)는 1854년에 중국에 도착하여 영파, 항주, 상해에서 활동하다가 산동으로 옮겨서 선교하였고, 말년에는 지부(芝罘)에서 일하였다. 1890년에 그는 내한 선교사들의 초청을 받아 한국으로 와서 소위 '네비우스 선교 정책'을 제시하였다.

10) 윤철호, "네비우스 정책에 대한 고찰을 통해 본 한국 교회 선교 정책의 방향", 서정운 명예총장은퇴기념 출판위원회 편, 『하나님 나라와 선교: 서정운 명예총장은퇴기념논문집』(서울: 대한기독교서회, 2001), 143-144.

11) 류대영, 위의 책, 24.

12) 이향순, "서구 중심주의에 대한 반성과 아시아 선교", 『선교와 신학』 제11집(2003), 13-46.

13) 이향순, "미국 선교사들의 오리엔탈리즘과 제국주의적 확장", 『선교와 신학』 제12집(2003), 209-255. 류대영, 위의 책.

물포 항에 도착하여 해안을 바라보니 … 휑한 풍경(에다) … 황량한 갯벌이 불쾌한 악취를 풍기고 있었다."고 회상하였다.[15] 3월의 바닷가 언덕에는 나무 한 그루 보이지 않았고 언덕 자락엔 아직도 겨울에 내린 눈이 희끗희끗 덮여 있었다. 이러한 첫 인상은 선교사들이 이 땅에서 겪어야 할 문화 충격을 예고하는 것이었다. 선교사의 첫 인상에 상응하여, 토착 주민들(한국인들) 또한 서양 선교사의 낯선 피부색과 우스꽝스러운 옷차림에 이상한 행동을 호기심 있게 쳐다보았다. 선교사는 토착인들의 구경거리였고, 가끔은 놀림감이 되었고, 간혹 겁을 주는 무서운 이방인이었다.[16]

선교사와 토착 주민들이 상호 낯설고 어색한 가운데서, 선교사는 낯선 땅 선교 현장의 일상 생활 문화에 충격을 받고 이로 말미암은 문화 투쟁 속에서 선교 사역을 담당해야 했다. 이 점을 살펴보고자 한다.

1) 음식 문화

세 선교사는 하나같이 자기네 입맛에 익숙한 서양(영미) 음식 문화를 표준삼아 선교 현장의 음식에 관하여 평가하였다. 한국에서는 고기, 감자, 빵을 먹지 않고 밥과 소금에 절인 배추(김치)를 날마다 먹는 점을 이들이 자주 언급하였다. 이 나라에는 설탕이 없고 그 대신에 꿀을 쓰거나 곡물에서 얻는 조청이 있음을 경험했다. 이제까지 서양 음식 문화에만 익숙한 릴리아스 언더우드는 이 나라에 우유가 없다는 점에 고개를 갸우뚱거렸다.[17] 그녀는 미국에서 구경조차 할 수 없었던 한국의 잔치 문화를 경험했다. 평소에 잘 먹지 못하는 좋은 음식(떡, 과일, 고기 등)이 잔칫상에 오르자 손님들

---

14) Horace N. Allen, 60.

15) Lillias H. Underwood, 25.

16) Horace N. Allen, 25-27.

17) Lillias H. Underwood, 114.

은—이 음식을 기대하며 며칠 동안 기다렸기에—엄청난 양을 먹어치우고 또 먹다 남은 음식을 옷소매에 가득히 담아 가는 것이었다. 참으로 기이하고도 흥미로웠다. 게일은 한국 음식 문화의 특징이 매운맛에 있다고 말하면서, 고추장과 고춧가루가 들어간 음식에 적응하기가 매우 힘들고 고통스럽다고 토로하였다. 그러면서 그는 깡마른 체구에 키도 작아서 가냘프게 보이는 한국 사람들이 날마다 밥과 김치만 먹는데도 지게로 무거운 짐을 나르는 괴력을 발휘한다는 점을 언급하였다.[18] 알렌은 김치 담그는 방법을 자세히 기록했는데, 그는 자신이 "김치를 즐겨 먹는 극소수의 외국인"이라 밝히면서 고약한 김치 냄새에 적응하기까지 상당한 노력을 들였다고 하였다.[19] 그렇지만 그는 아직도 마늘을 넣은 김치에 적응할 수 없다고 털어놓았다.

세 선교사의 한국 음식에 대한 경험담은 이들이 선교 현장의 일상 생활 문화에 관하여 어떤 자세로 대였는지 알게 한다. 김치의 경우를 놓고 살펴보면, 알렌은 한참 노력한 끝에 이 문화에 잘 적응해 나갔고, 게일은 고통과 괴로움 속에서 계속 노력하였고, 릴리아스 언더우드는 적응해 보려는 노력 없이 팔짱끼고 관망하는 자세였다. 그녀는 한국인들의 지나친 음주 문화(술주정)를 빈정댔고, 가난에 찌들어 한숨만 쉬는 이 사람들에게 술 말고는 달리 마실 거리(차, 커피)가 없는 탓이라고 말하며 은근히 한국 대중의 음식 문화를 폄하했다.[20]

18) J. S. Gale, 31.
19) Horace N. Allen, 133.
20) Lillias H. Underwood, 114.

2) 의복 문화

릴리아스 언더우드가 제물포에 도착하던 3월의 하늘은 구름으로 잔뜩 찌푸려 있고 바람도 거세게 불었다. 썰렁한 날씨 때문인지 항구에 도착하면서부터 눈에 띄는 주민들의 흰 옷이 '더럽고' 추하게 비쳐졌다. 그녀는 이들이 한 달에 한두 번 옷을 제대로 갈아입는지 의아해했다.[21] 이와 달리 게일은 발목까지 오는 '깨끗한 흰 옷'(두루마기, 도포)을 입은 이 나라의 대중을 언급하면서 흰색이 한국에서 일반적으로 통용되는 색깔이라고 말하였다.[22] 알렌도 흰색이 한국 민족의 색깔이라고 평하면서 '백의(白衣) 민족'이라 하였다.[23]

이처럼 선교사들에게 한국의 의복 문화는 그 색깔이 먼저 보였는데 그것은 흰색이었다. 릴리아스 언더우드는 그 흰색을 '추하고 더럽다'고 평가하였고, 게일은 '깨끗하다'고 얘기하였으며, 알렌은 주관적인 판단을 유보하고 보이는 그대로 담담하게 서술했다.

3) 주택 문화

그 당시 대중의 일반 주택인 초가(草家)는 선교사에게 너무나 낯선 문화 체험이었다. 주택의 규모와 구조 및 실내 생활 공간까지 서양에서 전혀 경험하지도 알지도 못했다. 황토로 외벽을 바르고 짚으로 지붕을 이은 집, 방 안의 천장이 낮아 어른은 똑바로 설 수가 없으며, 실내가 매우 어두운데 창문인 듯 아닌 듯 흰 종이로 바른 작은 봉창, 벽지는 흰 종이로 바르고 방바닥은 노란 기름종이로 바르고, 또한 방바닥에는 구들을 놓아 온돌로 난

---

21) 위의 책, 25.
22) J. S. Gale, 116.
23) Horace N. Allen, 89.

방 장치를 해 놓았으므로, 선교사에게는 이 모든 것이 대단히 신기할 따름
이었다. 릴리아스 언더우드는—여성의 눈으로—가옥의 구조에 남성들이
거처하는 '사랑방' 공간과 여성들이 거처하는 '안방' 공간이 따로 분리되어
있는 점을 크게 보았다.[24] 그리고 여성들의 생활 공간은 집 바깥에서 들여
다볼 수 없게 되어 있고, 가족이나 친척 이외의 남성들은 이곳으로 들어올
수가 없으며, 이 공간에는 여성들의 활동을 위한 작은 뜰이 있다는 점을 언
급했다.

3. 일상 생활 문화와 투쟁한 선교사

19세기 말 대중의 일상 생활 문화를 경험한 세 선교사는 '불편함', '불
결함과 비위생적', 그리고 대중의 '가난함'을 토로했다. 이 문화는 이들에
게 일차적으로 투쟁의 대상이었다. 즉 선교 현장의 문화와 충돌하면서 이
문화와 투쟁해야 했다. 투쟁하는 가운데서 그 문화를 이해해야 했다. 여타
다른 선교사들도 마찬가지였다. 이들은 선교 현장 대중의 일상 생활 문화
와 동떨어져서 서양(미국)식 일상을 그대로 영위하였다.

게일이 얘기한 문화 투쟁에 관하여 좀 더 자세히 살펴본다.[25] 본국(서
양)에서 날마다 빵과 고기를 먹고 커피와 우유를 마시던 선교사가 선교 현
장(한국)에서 밥과 소금절인 배추와 고추장으로 끼니를 해결하는 수고는
매우 힘든 일이었다. 또 의자와 침대 생활에 익숙해 있는 서양 사람이 이곳
에서 방바닥에 다리를 꼬고 앉아 있는(양반다리) 일은 마치 고문처럼 느껴

---

24) Lillias H. Underwood, 28.
25) J. S. Gale, 128.

졌다. 무릎과 엉덩이뼈 그리고 발목뼈가 끊어지듯 아파 오기 때문이었다. 온돌방 체험은 더욱 견뎌내기가 어려웠다. 방바닥이 마치 "빵 굽는 오븐"처럼 달구어져서 잠자는 사람이 "빵으로 구워지는" 느낌이었다.[26] 밤새도록 뜨거운 방에서 시달리며 악몽으로 뒤척이고 몸부림치는데, 실내 환기조차 잘 되지 않아 맥박은 뛰고 머리는 곤두서고 숨이 막혀서 질식할 것 같은 느낌이었다.

의료 선교사 알렌과 릴리아스 언더우드는 그 당시의 주택 환경이 매우 비위생적이며 불결하다는 점을 자주 언급했다. 알렌은 일반 대중의 주택에 위생 시설이 없다면서, 대문을 열고 마당에 들어서면 내년 농사에 쓸 오물과 쓰레기를 한데 모아서 발효시키는 퇴비 구덩이가 있는데 이 구덩이에서 악취가 뿜어 나온다고 했다. 그러나 그는 의사로서 이 악취가 사람의 건강을 해치지는 않는다고 진단했다.[27] 그런데 릴리아스는 불결하고 비위생적인 생활 환경을 보다 더 심각하게 보았다. 생활 하수인 구정물이 사람 다니는 길 양편의 좁은 도랑으로 흘러가는데, 이 불결한 도랑에는 해충이 우글거린다고 했다. 더욱이 이 도랑이 종종 마구 버린 쓰레기 더미에 막히면, 더러운 도랑물이 넘쳐서 길바닥으로 흘렀다. 생활 오수가 땅 속으로 스며들어 우물이 오염되어 있으며, 주택 곁 길바닥에는 썩어 냄새나는 야채들이 수북이 버려져 있어 불쾌한 냄새를 풍긴다고 했다. 고인 물 웅덩이에는 녹조가 끼어 있고 거기에서 독성이 있는 수증기가 피어난다고 하였다.[28]

의료 선교사 알렌과 릴리아스 언더우드가 불결한 위생 상태와 열악한 주택 환경을 예민하게 관찰한 것은 그 당시 여름철에 발생하는 전염병과

---

26) 위의 책.
27) Horace N. Allen, 121.
28) Lillias H. Underwood, 29, 70, 168-169.

관련되어 있다. 해마다 여름이면 천연두와 콜레라가 전국으로 번져서 수많은 사람들이 앓아 눕고 사망했다. 특히 1887년에는 콜레라가 온 나라를 휩쓸어서 수천 명이 쓰러졌다. 이 전염병의 기세가 얼마나 대단하였던지 아침에 건강했던 사람이 낮에 사망하였고 또 한 가족 몇 명이 같은 날에 사망하는 경우도 발생했다. 부모가 전염병으로 사망하자 하루 아침에 고아가 된 아이들이 속출하는 상황에서, 환자를 돌보다가 지쳐서 털썩 주저앉은 의료 선교사들은 "하나님의 응징(전염병)이 속히 멈추어지기"를 간절히 기도할 수밖에 없었다.[29]

　선교사 자신들도 이 전염병에 걸릴까 봐 무서워 벌벌 떨었다. 한번은 게일이 천연두의 발진으로 온몸이 부르튼 환자의 가정을 심방하였는데, 예배드리는 시간 내내 이 질병이 자기에게 옮을까 봐 무섭고 떨었다고 했다.[30] 이처럼 유행성 질병과 전염병은 선교사에게 두려움과 공포의 대상이었다. 마치 죽음에 포위된 듯한 느낌이었다. 질병 퇴치와 생활 환경 개선(위생)이 중요한 선교 활동이었다.

4. 선교사들의 일상 생활 문화 이해와
　　오리엔탈리즘 논의

　일상 생활 문화와 투쟁한 선교사들의 모습은 오늘날 논의되는 오리엔탈리즘(Orientalism)을 떠올리게 한다. 에드워드 사이드(Edward W. Said)에 따르면,[31] 오리엔탈리즘이란 19세기에 서양인들이 집단으로 자기 정체성

---

29) 위의 책, 169-171.
30) J. S. Gale, 129-130.

을 의식하는 가운데서 스스로를 '우리'로 표현하고 서양 바깥의 다른 모든 세계를 '그들'로 표현한 데서 시작된다. 이 표현에는 동양에 대한 서양(백인, 기독교)의 자기 중심적인 태도와 자기 우월 의식이 깔려 있다. 따라서 서양은 스스로를 문명으로 파악하면서 자신의 바깥 세계를 야만으로 가공(架空)하여 규정하였고, 자기네 멋대로 만들어 낸 가공의 규정을 소위 동양 사람들에게 주입시켜서 그들로 하여금 스스로 야만이라 이해하게 하였다. 따라서 동양 사람들은 서양이 만들어 준 가공의 자기를 참된 자기라고 받아들였다. 이 이론을 내한 선교사들이 이해한 토착 일상 생활 문화에 반영해 본다면, '우리'인 미국 선교사들이 '그들'의 세계인 한국으로 들어와서 받은 첫 인상은 불편함, 불결함과 비위생적, 가난함이었다. 이 인상은 그들의 의식 속에 잠재해 있던 오리엔탈리즘을 반영한 것이 아닌지 살피게 한다.

류대영과 이향순은 첫 내한 미국 선교사들이 갖고 있던 한국 인식은 오리엔탈리즘에서 벗어나지 않았다고 지적하였다.[32] 19세기 말 미국에서 소개된 한국의 별칭이 '은둔의 나라'(The Hermit Nation)와 '고요한 아침의 나라'(The Land of the Morning Calm)인데, 이것은 오리엔탈리즘을 함축한 두 권의 책에서 가져온 것이라 한다. 즉 은둔의 나라는 그리피스(William E. Griffis)가 지은 『은둔의 나라 한국』(Corea, the Hermit Nation, 1882)에서 가져왔고, 고요한 아침의 나라는 퍼시벌 로웰(Percival Lowel)이 지은 『조용한 아침의 나라 조선』(Chosen: The Land of Morning Calm, 1886)에서 가져왔는데,[33]

---

31) Edward W. Said, *"From Orientalism"*, *Colonial Discourse and Post-Colonial Theory*, ed. Patrick Williams & Laura Chrisman(New York: Columbia University Press, 1994), 135. Edward W. Said, *Orientalism*. 박홍규 역, 『오리엔탈리즘』(서울: 교보문고, 1999), 67-98.
32) 류대영, 203-204. 이향순, "미국 선교사들의 오리엔탈리즘과 제국주의적 확장", 213.

이 책에서 묘사된 한국 이미지는 대체로 부정적이었고 또 많은 점에서 편협하고 터무니가 없다는 것이다. 그러나 이것말고는 한국에 관하여 소개된 책이 미국에 거의 없었다고 한다. 또한『은둔의 나라 한국』을 지은 그리피스는 사회적 신뢰를 받고 있었으므로, 미지(未知)의 나라인 한국에 관심을 가진 미국 사람들은 이 책을 신뢰하며 정독했다는 것이다. 그렇다면 필자가 생각하기에, 알렌, 게일, 릴리아스 언더우드도 이 책을 읽었다고 짐작한다. 왜냐하면 이들이 쓴 기록물에 드문드문 '은둔의 나라'라는 표현이 나오고 또한 그 책의 내용도 조금씩 인용되었기 때문이다.[34] 또한 앞에서 언급한 첫 인상, 곧 알렌과 릴리아스가 한국에 도착하던 날 받은 부정적인 첫 인상 역시 이 책의 영향이 반영된 것이 아닌가 짐작된다.

---

33) 『은둔의 나라 한국』(Corea, the Hermit Nation)은 1882년에 미국인 윌리엄 그리피스 (William E. Griffis)가 지은 책이다. 그는 한국에 한 번도 와 본 적이 없는 일본 전문가인데, 그곳에서 제2차 자료를 근거로 자신의 저술 목적에 맞게 한국의 역사와 정치 그리고 사회에 걸쳐 방대하고도 자세히 서술하였다. 당시에 이 책은 한국에 대한 가장 권위 있는 개론서로 인정받았다. 그러나 이 책에 서술된 한국에 대한 이미지는 대체로 부정적이고 편협하며, 그 무엇보다도 기록의 많은 부분이 부정확하다는 지적을 받는다. 문호 개방(1876) 이후 한국에 관한 최초의 목격담인『조용한 아침의 나라 조선』 (Chosen: The Land of Morning Calm)은 1886년에 출판되었다. 이 책을 지은 퍼시벌 로웰은(Percival Lowel)은 문호 개방 이래로 가장 먼저 한국을 방문한 서양인 가운데 하나였다. 그는 1883년과 1884년 사이의 겨울에 미국 특별 사절단의 한 사람으로 한국을 방문하였다. 그가 목격한 서울은 더러운 오물로 뒤덮여 있는 도시였다. 악취로 진동하는 큰길에는 효수당한 사람의 머리가 수십 개씩 전시되어 있는 무시무시한 세계였다. 그의 눈에 보이는 것들은 한국이 비문명적인 세계라는 분명한 증거뿐이었다. 이러한 그의 목격이 위의 제목으로 출판되었는데, 이렇게 피상적인 여행기에 불과한 책이 큰 영향을 끼쳤다.

34) 『은둔의 나라 한국』에는 여러 터무니없는 주장이 등장하는데, 이를테면 "서양 사람이 아기를 유괴하여 잡아먹는다."는 소문이 나돌았다. 이 이야기를 릴리아스 언더우드가 인용하였다(Lillias H. Underwood, 40). 게일도 조선 사람은 세상을 등지고 사는 '은사' (隱士)를 이상적 인간형으로 꼽고 있다는 점을 지적하였다(J. S. Gale, 102-103). 알렌 역시 조선이 외부 세계에 대하여 문을 닫고 살면서 자족적으로 은둔하고 있다고 묘사하였다(Horace N. Allen, 60-63).

이 글에서 다루는 세 선교사의 서울 생활에 관한 기록이 그들의 오리엔탈리즘을 확인하게 한다. 서울에 도착한 릴리아스 언더우드는 선교사들이 선교 현장에서 서양식 생활을 유지하고 있는 점에 놀랐다. 이곳에서는 한국에 대한 첫 인상을 심어 준 제물포의 황량하고 을씨년스러움과는 전혀 다른 분위기가 눈에 들어온 것이었다. 서울의 선교사들은 "전통 한옥을 수리하여 내부를 다소 서양식으로 개조하고 벽은 아름답게 치장하고 융단과 안락한 가구들을 구비하여 잘 살고 있었다."[35] 비문명 세계(사막)의 한 가운데서 문명 세계(오아시스)의 생활을 즐기는 문명인처럼 선교사 대다수가 서울 중심가에서 토착 주민들과 동떨어져 서양식(미국) 생활을 영위하였다. 알렌 스스로도 선교사들의 생활이 넉넉하고 부유한 수준을 유지할 뿐만이 아니라 편리하게 살고 있다고 말하였다. "미국 돈으로 월 3달러에 식생활을 스스로 해결하는 하인들을 구할 수 있으므로" 선교사 가정이 아주 적은 비용으로 쾌적한 일상을 지낸다고 했다.[36] 그리하여 선교사들의 일상은 가난하고 비참한 '그들의(토착인) 세상' 속에서 윤택하고 부유한 '우리의(미국, 백인) 세상'을 구축하여 '그들과는 별개로' 살아가는 '우리'였다.[37] 이런 식으로 관찰하면, 19세기 말의 내한 선교사들에게 오리엔탈리즘이 적용될 수 있다고 본다.

오리엔탈리즘 논의가 보다 더 설득력 있게 다가오는 것은 19세기 한

---

35) Lillias H. Underwood, 29.

36) Horace N. Allen, 192.

37) 류대영이 이 점에 관하여 자세히 설명하였다. 그의 견해에 따르면, 당시에 한국으로 온 주류 교단의 선교사들은 대부분 미국 중산층 이상의 가정에서 자라나서 신학교나 의과대학을 졸업한 젊은이(25-30세 사이)들인데, 이들은 한국에서 서양식 생활을 그대로 유지하면서 상류 지배층적인 생활을 하였다. 이들이 그렇게 살아간 이유는 크게 보아서 두 가지인데, 먼저 자신들의 안전과 건강을 위해서였고, 그 다음엔 선교 현장의 토착 주민들에게 문명 세계를 보여 주기 위함이었다고 한다. 류대영, 46-47, 56-58, 64-65.

국 선교를 통해 실행된 서양 문명화 과정 때문이다. 문호 개방(1876) 이래로 한국(조선)은 근대화의 길로 들어섰고, 이 과정의 초입(初入)에서 미국 선교사들이 이 나라에 들어왔으며 또 당시의 정부는 이를 위하여 선교사의 입국을 허락했다. 그리하여 첫 내한 선교사들은 서양 의술을 한국에 이식하고 또 서양식 학교 교육을 통하여 서양 문명을 가져왔다. 그 이후의 한국은 점차 근대화의 이름으로 서양 문명을 받아들이고 그 문명에 영향을 입었다. 이러한 현상은 사이드가 주장한 오리엔탈리즘에게 설득력을 부여한다. 즉 문화란 그 문화가 지니고 있는 힘(Force)에 따라 생성하거나 쇠퇴한다는 것이다.[38] 서양과 동양의 관계도 힘의 상관 관계에 따라, 곧 힘센 (서양) 문명이 힘 약한 (동양) 문명을 삼킨다는 주장이다. 이것을 한국의 근대화 과정에 대입시켜 보면, 선교사의 선교 활동을 통하여 낡아서 그 수명이 다한 한국 전통 문명이 근대화의 이름으로 힘센 서양 문명에게 잠식되어 가는 과정을 경험했다고 본다. 오리엔탈리즘은 이렇게 힘의 논리를 바탕으로 한 서양 문명의 제국주의적 패권주의가 한국 전통 문명을 잠식했다고 설명한다.

그러나 이 글에서 다루는 세 선교사의 기록을 계속 읽어 보면 오리엔탈리즘이 적용될 수 없는 부분이 나타난다. 먼저 릴리아스 언더우드의 태도 변화에서 나타난다. 그녀의 기록을 읽어 보면, 선교 현장의 주민들을 업신여기며 무시하던 그녀의 태도에 조금씩 변화가 일어났는데, 특별히 동료 선교사 매켄지(W. J. McKenzie)의 선교 활동 곧 '타자를 위한' 복음 증언을 지켜보면서 커다란 변화가 일어났다.[39] 매켄지는 황해도 장연의 소래

---

38) Edward W. Said, "From Orientalism," 133. 참고, 류대영, 216.
39) Lillias H. Underwood, 157 이하.

교회에서 사역했다. 그는 여타 다른 내한 선교사들과 달리 1894년 가을에 서울을 떠나서 오지(奧地) 마을인 소래로 들어가서 토착 주민들과 더불어 살며 토착 언어(한글)를 배우고 그들과 꼭 같은 생활 방식(음식, 잠자리)으로 살았다. 주민들은 그가 엉터리 한국어로 복음을 전하기 이전에 이미 그의 아름다운 삶을 통해 감동을 받았으므로 하나씩 둘씩 복음을 받아들였다. 매켄지처럼 그렇게 서양식 일상을 포기하고 토착인들과 더불어 먹고 함께 지내면서 삶으로 그리스도를 증언한 경우가 드물었다. 대부분의 선교사는 선교 현장의 주민들을 타자로 인식하고 이들과 별도로 살았는데, 매켄지는 주민들과 더불어 살며 복음을 전하였다. 이러한 삶이 릴리아스 언더우드에게 커다란 충격을 주며 자신의 선교 활동을 반성하게 했다. 그 충격은 매켄지가 갑자기 사망했다(1895)는 소식을 접하자 절정에 달했다. 릴리아스는 그 충격을 다음과 같이 서술하였다.[40] "7월의 어느 슬픈 날 … 매켄지가 심하게 앓고 있다는 전갈이 왔다. … 편지가 온 후 곧이어 그가 사망했다는 충격적인 소식이 뒤따랐다. 천둥 번개 치듯 바람이 몰아쳤다. 그렇게 열성적이고 헌신적이며 유능한 사람을 그토록 빨리 앗아갔는가!"

릴리아스 언더우드는 남편의 사역에서도 타자를 위한 선교가 엿보인다고 했다.[41] 앞에서 언급한 대로, 1887년 여름 콜레라가 전국을 휩쓸자 수천 명이 쓰러졌다. 이 병에 대처하고자 급히 의료 선교사들이 응급 조직을 짰다. 의사 애비슨(O. R. Avison)이 응급 병원과 위생 업무의 총책임을 맡았고 그의 지휘 아래 의사들과 간호사들이 조별로 여러 지역에 검역소를 설치하여 전염병 퇴치에 나섰다. 물론 토착인 교인들도 자원 봉사에 나섰다. 이들은 검역소에 입원한 환자들을 치료했고 또 가가호호(家家戶戶) 방

---

40) 위의 책, 160.
41) 위의 책, 171, 175-178.

문하여 전염병 예방과 위생에 관하여 교육했다.[42] 이것은 자기 몸을 내던 진 희생적 행동이었다. 그러자 "환자가 기독교 병원에 가면 죽지 않고 살아 난다."는 벽보가 성벽에 나붙었다. 콜레라와 목숨 걸고 싸우며 희생적으로 환자를 돌보는 선교사들에게 감동받은 서울 주민들은 "이 외국인들이 우 리를 얼마나 사랑하는지! 그들이 이방인을 위해 하는 것만큼 우리는 우리 가족 중 하나(환자)를 위해서 그만큼 희생하려고 할까?"라고 말했다.[43] 어 느 날 이른 새벽에 천막 진료소로 들어가는 선교사 언더우드를 본 주민들 이 "저기 인간 예수가 가는군. 그는 쉬지도 않고 밤낮 환자 곁에서 일한다 네!"라며 탄복하였다.[44] 이들에게 감동을 준 언더우드의 선교 활동이었다. 이러한 경험 속에서 릴리아스 언더우드는 "사람들이 우리의 봉사를 통하 여 주 예수를 발견하게 되는 것보다 더 달콤한 보상이 있을 수 있겠는가?" 라고 스스로 반문하면서 감격하였다.[45] 이러한 사례는 선교사와 토착 주 민들이 이제는 상호간에 더 이상 타자로 인식하지 않았음을 반증해 준다. 오히려 양자가 함께 힘을 합쳐 전염병과 싸우는 가운데서 하나가 되었다. 여기에서는 오리엔탈리즘이 끼어들어올 자리가 없었다고 본다.

---

42) 릴리아스 언드우드는 당시에 감염된 환자의 2/3가 사망했다고 말하면서 자신이 진료 한 내용을 다음과 같이 자세히 기록하였다. "우리는 모두 173명의 환자를 받았으며 그 중 61명이 사망하였다. 우리가 받은 환자 가운데서 18명은 죽은 것이나 다름없는 상 태에서 왔으며 몸이 굳어진 상태로 왔던 95명 중 42명이 사망하였고, 완전히 쓰러지 기 직전에 왔던 35명 중 2명이 사망하였다. 그리고 반쯤 쓰러져 왔던 4명 중 사망자는 없었으며 초기 증세를 보였던 20명 중 사망자는 없었다. 사망자들 가운데서 25명은 전혀 반응을 나타내지 않았고 2명은 산욕(産褥)의 합병증을 갖고 있었으며 2명은 이미 결핵에 걸려 있었다. 3명은 뇌막염을 일으켰고, 1명은 만성 방광염의 합병증을 갖고 있었고, 1명은 만성 신장염에 걸려 있었고, 그리고 2명은 진료를 거부하였다. Lillias H. Underwood, 177.
43) 위의 책, 177-178.
44) 위의 책.
45) 위의 책.

게일에게서도 태도 변화를 살필 수 있다. 선교 활동의 초기에 그는 한국의 일상 생활 문화가 불편하고 불결하며 비위생적이라며 불평했는데, 그러나 차츰 한국 정신 문화의 수준이 대단히 높다는 점을 알아채게 되었다. 겉으로 보이는 생활 문화는 하잘것 없지만, 속에 들어 있는 정신 문화가 매우 높다는 것이다. 그는 한국인이 본래 "책 읽기를 좋아하는 민족"이고 "학문을 좋아하는 심성"과 "높은 교육열"을 갖고 있는 점을 파악하였다. 그는 이어서 이 나라 전통 학문의 깊이와 넓이를 인정하고 존중하면서 "학문적 성과로 따져본다면 조선의 (유)학자들의 수준이 예일 대학이나 옥스포드 대학 또한 존스 홉킨스 대학 출신보다 높다."고 평가했다.[46] 이 말 속에는 적어도 동양에 대한 서양의 우월감을 찾아볼 수가 없다.

게일은 한국의 예절 문화가 성경 시대의 히브리 문화와 아주 친화력이 있다는 점을 발견했고, 그는 이 땅에서는 마치 자신이 다윗, 다니엘, 베드로, 그리고 바울 시대의 문화를 경험하는 것 같다고 말했다.[47] 이를테면 다윗이 사울 앞에서 고개 숙여 경배했듯이(삼상 24:8) 한국 사람들도 그렇게 인사한다. 성경의 히브리 사람들이 "샬롬" 하며 인사하는데 한국 사람들도 비슷한 뜻을 가진 "안녕" 하며 인사한다. 그는 또한 성경의 내용이 "서양 사람에게보다도 한국 사람에게 훨씬 더 명료하게" 이해될 수 있다고 보았다.[48] 예를 들어 예수께서 중풍병자에게 "일어나 침상을 들고 집으로 가라"로 명하셨는데(마 9:5-7), 이 구절을 게일은 캐나다에서 잘 이해할 수 없었다고 한다. 서양의 침상은 침대인데, 방금 중병에서 놓임받은 연약한 사람이 어찌 다리가 넷 달린 무겁고 큰 침대를 들고 갈 수 있겠는지 의아했

---

46) J. S. Gale, 위의 책, 111.
47) 위의 책, 114-115.
48) 위의 책, 115.

다. 그런데 한국에서는 그 구절을 훤히 이해할 수 있게 되었다. 이곳의 침상은 서양식 침대가 아니라 아침 저녁으로 간단히 개고 접는 이부자리이기 때문이다. 게일은 한국 사람의 생활 관습에 배어 있는 체면 문화도 잘 파악했다. 그는 요한복음의 니고데모가 체면치레에 젖어 있는 한국형 인간이라고 보았다. 그는 예수님을 낮에 찾아오다가는 체면에 손상을 입을까 봐 캄캄한 밤에 찾아왔다는 점을 짚었다.

이러한 문화 인식에서는 오리엔탈리즘에 채색된 태도를 찾아볼 수가 없고 오히려 선교 현장의 문화를 존중하는 자세를 파악하게 한다.

5. 복음이 토착 문화 속으로 성육신(Inkulturation)

1) 한글의 가치를 발견, 사전 편찬, 성경 번역

(1) 선교사로서 한글의 가치를 발견

선교사 게일이 한국의 정신 문화를 발견하여 그것의 가치를 인정하고 존중하게 되었는데, 이 과정에서 그는 오랜 세월 한국에서 그 가치를 제대로 인정받지 못한 한글을 발견하였다. 한글이야말로 누구에게나 "배우기 쉽고" 익히기에도 "간단한" 글인데, 이렇게 너무 쉽고 간단한 까닭에 오히려 이 글이 잘 사용되지 않았고 멸시를 당해 왔는데, "서기 1445년에 발명되어 조용히 먼지투성이를 (뒤집어쓰고) 자신의 때가 오기를 기다리고 있었으니", 이 사실이야말로 "하나님의 신비한 섭리 가운데서" 선교를 위해 "준비된" 아주 훌륭한 언어라고 감탄하였다.[49]

---

49) 위의 책, 108.

한글의 가치를 새롭게 발견한 점은 내한 선교사들에게 하나의 획기적인 사건이었다고 본다. 토착 언어로 복음을 증언하여 그 정신 문화 속으로 복음이 성육신했기 때문이다. 이것은 복음이 토착 문화 속으로 성육신(Inkulturation)하여 그 속에서 새로운 형체(Gestalt)를 갖는 점을 뜻한다.[50]

그러나 한글 배우기가 선교사에게 결코 쉬운 일이 아니었다.[51] 내한 선교사들은 선교 사역을 시작하면서 토착 언어(한글)를 배우느라 곤욕을 치러야 했다. 선교사의 한글 학습을 위하여 매년 1단계에서 3단계에 이르는 학습 과정이 개설되었고, 모든 내한 선교사는 반드시 일 년에 3차례 아주 엄격한 한글 시험을 통과해야 했다. 이와 관련하여서 게일은 한글 문법을 연구하여 『문법책』(Grammatical Forms)을 출판하였고 또 『한영자전』(Korean-English Dictionary)도 출판하였다.

(2) 사전 편찬

선교사 언더우드도 게일처럼 내한 선교사들이 한글을 배우는 데 꼭 필요한 사전을 만들었다. 부인 릴리아스는 남편이 1885년부터 5년 동안 한글 사전을 제작하고자 이른 새벽부터 늦은 밤까지 열정을 다해 힘을 쏟은 과정을 자세하게 기록하였다. 당시에는 『한불자전』(韓佛字典)이 선교사의 한글 학습에 큰 도움을 주고 있었는데,[52] 언더우드는 이 사전의 한계점 곧

---

50) *Lexikon Missionstheologischer Grundbegriffe*, s. v. "Inkulturation." by K. Mueller.
51) Lillias H. Underwood, 31-32.
52) 이만열에 따르면, 『한불자전』은 1880년에 한국에서 일하던 프랑스 신부들이 중심이 되어 간행하였다. 이 사전은 개신교 선교사들에게 큰 영향을 끼쳤고 특히 성경 번역에 큰 도움을 주었다. 이 사전 편찬에 한국인 천주교 신자 송덕조가 참여하였으며, 그는 나중에 언더우드의 한국어 선생과 번역 조사로 일하였다. 이만열, 『한국 기독교와 민족 통일 연구』(서울: 한국기독교역사연구소, 2001), 37.

한국어를 외국어 발음으로 표기한 점을 뛰어넘는 완벽한 사전을 만들되 『영한(英韓)자전』과 『한영자전』을 동시에 만들기로 하였다. 그는 5년 동안 한글 단어를 수집하고 체계적으로 정리하였다. 다른 선교 업무 때문에 바빠서 이 일에만 집중할 수가 없었으며, 틈틈이 짬을 내어 작업하되 해마다 여름 휴가 기간 동안에 이 일에 몰두할 수 있었다.

언더우드는 아직도 한글 맞춤법이 제대로 정리되지 않은 점을 파악했다. 사람마다 한글을 소리나는 대로 제각기 표기해 왔으므로, 모든 사람이 각기 자기 나름의 한글 맞춤법을 갖고 있던 셈이었다. 두 사람이 한자리에 함께 있어도 한글 쓰기 규칙이 제각기 서로 달라서 맞춤법 때문에 자기가 맞다며 서로 우기는 상황이었다. 이 점을 고려한 언더우드는 『전운옥편』(全韻玉篇)을 표준으로 삼아 맞춤법을 통일시켜 나갔다. 그러나 옥편에 없는 글자 곧 중국에서 빌어오지 아니한 순 우리말이 대부분이었으므로 이 단어들을 다른 사전과(『한불사전』) 대조하면서 맞춤법을 고안하고 만들어 나갔다. 이 과정에서 송순용(宋淳容)이 언제나 그와 함께 일하였다. 그가 없었더라면 사전 제작이 불가능하였다. 언더우드는 맨 먼저 모음과 자음의 차례와 받침의 차례를 만들어서 사전에 들어갈 단어 순서를 체계적으로 배열했다. 그리고 모음의 순서에 따라('ㅏ'부터 시작) 단어를 배열하되, 한글 단어를 먼저 적고 이에 상응하는 한자를 적고 그 다음에 영어로 그 뜻을 적었다. 가령, "아오, 弟, A younger brother of a brother, a younger sister of a sister"로 적었다. 또한 한자(漢字)에서 온 '초목'(草木)이란 단어는 『전운옥편』에 있으므로 그대로 받아썼으나, 순 우리말인 '나무'란 단어는 당시에 '나모'라고도 하고 '나무'라고도 했다. 이 경우에 습관적으로 '나모 목'이라 하니 '나모'라 쓰는 것이 옳다고 판단하였다. 또한 한문(漢文)에 젖은 사람들이 '의'를 뜻하는 '지'(之)와 '에'를 뜻하는 '어'(於)를 서로 분간하지 못하고 혼용하고 있는 형편이어서 이것을 바로잡고자 하였다. 가령 "입어목(入

於目) 재어가(在於家)"로 쓰고 나서 "눈에 티가 들었소. 집에 있소."라고 말하기도 하고 "눈의 티가 들었소. 집의 있소."라고 말하는데 이 경우에는 '에'로 쓰는 것이 옳다고 판단하였다. 또 "타인지가(他人之家) 공자지언(孔子之言) 인지수(人之手)"로 쓰고 나서 "타인의 집 공자의 말씀 사람의 손"이라 말하기도 하고 "타인에 집 공자에 말씀 사람에 손"이라고도 말하는데 이 경우에는 '의'로 쓰는 것이 옳다고 보았다. 이런 식으로 언더우드는—여러 선교사들이 앞서 해놓은 작업을 바탕으로—사전을 만들면서 맞춤법의 표준도 만들었다. 그는 낱낱의 단어를 일일이 『한불사전』과 대조하여 권위 있는 표준 맞춤법을 만들었다. 이 사전이 완성되자 일만 개의 단어와 동의어가 정리되었다. 물론 이 방대한 작업을 혼자서 해낼 수가 없었다. 게일이 『한영자전』을 만드는 작업에 동참하였고, 헐버트는 『영한자전』을 만드는 일에 동참하였다. 드디어 1890년 4월 26일에 『한영문법』과 『한영자전』이 완성되었고,[53] 이것을 일본 요코하마에서 출판하여 국내로 들여왔다.

사전 편찬은 우선적으로 내한 선교사의 한글 학습을 위해 제작된 것인데, 이와 동시에 이 작업은 한글의 발전과 한국 정신 문화의 발전에 크게 기여하였다고 본다. 특별히 사전 편찬 작업은 성경 번역 작업과 연계되어 있었다. 1887년 2월에 본격적으로 성경을 번역하기 위한 공식 기구가 언더우드의 집에서 구성되었다.[54] 그가 회장으로 선출되었다. 그해 4월에

---

53) 『한영문법』(韓英文法)(*An Introduction to the Korean Spoken Language*), Horace Grant Underwood, Yokohama; Shanghai; Hongkong; Singapore, 1890. 『한영자전』(韓英字典)(*A Concise Dictionary of the Korean Language in two Parts Korean-English & English-Korean*), Horace Grant Underwood, assisted by Homer B. Hulbert & James S. Gale, Yokohama; Shanghai; Hongkong; Singapore, 1890. 이 두 권의 책을 언더우드가 졸업한 뉴브룬스위크 신학교의 도서관에서 발견하였다. 이 책을 소개해 주신 윤여희 목사님에게 지면을 빌어 감사드린다.

54) 언더우드는 만주에서 일한 선교사 로스(J. Ross)가 신약성경의 번역을 마쳤다는 소식

성경 번역을 위하여 '한국상임성서위원회'(The Permanent Bible Committee in Korea)가 발족되었고, 이 위원회 안에 번역위원회와 개정위원회를 두었다.[55] 1900년에 신약성경의 번역이 완성되었다.[56] 구약성경은 아직 번역 중에 있었고 앞으로 일 년 뒤에 이 작업이 끝날 것으로 예상되었다. 그런데 이미 『창세기』, 『출애굽기』, 『사무엘서』, 『열왕기』, 『시편』, 『이사야서』는 이미 번역 출판되어 서점에서 팔고 있다.

2) 토착 교회 설립

릴리아스 언더우드에 따르면,[57] 그녀가 한국에 도착하던 때(1888) 의료 선교가 정부와 왕실의 높은 호감 속에서 잘 진행되고 있었다. 한 해 뒤에 그녀의 남편이 될 호레이스 언더우드의 선교 사역은 고아원 설립과 학교 설립을 중심으로 전개되었고, 교회 설립을 위하여 그는 이제까지 약 30명 정도 세례를 주었다. 그는 언제 어디서나 기회가 주어지면 기독교 신앙 서적을 팔고 복음을 전하고자 애썼다. 그러나 선교사인 그의 신분이 아직도 안정되지 못한 상태였다. 언제든지 선교사들과 한국 정부 사이에 마찰이 일어나게 되면, 선교사들은 본국으로 귀환 조치를 당할 수가 있었다. 이렇게 어려운 상황이 수년 동안 지속되었다. 이러한 상황에서 언더우드는 종종 당혹스러운 일을 겪었다. 자주 사람들이 신앙적인 동기가 아니라 생계

을 들었다. 그렇지만 이 성경이 한국의 북부 지역과 만주에서만 통용되는 언어로 번역되었다고 생각하였다. 또한 그는 이수정이 번역한 『신약마가전복음서언해』도 그 자신과 아펜젤러가 공동으로 번역한 『마가의전한복음서언해』의 간행으로 별 쓸모가 없게 되었다고 생각하였다. 이만열, 33-34.

55) 이 점과 관련된 자세한 내용은 다음의 책을 참조. 옥성득, 이만열, 『대한성서공회사』 (서울: 대한성서공회, 1993), 203-207.

56) Lillias H. Underwood, 286. J. S. Gale, 133.

57) Lillias H. Underwood, 29-30.

와 보수를 위하여 교인이 되려고 하였기 때문이다. 좋은 보수를 바라며 선교사의 조수 노릇을 하려고 신앙이 있는 척하는 경우나 혹은 선교사들이 세운 기독교 학교에서 교사로 일하려고 지원하면서 많은 보수를 요구하는 경우는 그를 곤혹 속으로 빠뜨렸다. 그래서 그는 기독교인이 되려는 사람을 쉽게 신뢰하지 않고 최소한 며칠 동안 함께 지내면서 그의 신앙을 여러 가지 측면으로 시험해 보았다.

이러한 상황에서 언더우드는 도대체 어떻게 선교해야 할 것인지 여러 가지로 고민에 빠졌다. 그는 선교에 대한 "대단한 책임감과 더불어 느껴지는 무지함, 무능력, 무경험의 자각" 속에 빠져 있었다.[58] 그러면서 그는 중국에서 일하고 있는 선교사 네비우스(Nevius)의 저서를 꼼꼼하게 읽으며 그의 선교 방법에 흥미를 가지게 되었다. 1890년 봄에 언더우드 부부는 서울에 온 네비우스 부부를 방문하였다. 곧 이어서 네비우스와 내한 선교사들이 여러 차례 회합을 가졌다. 그는 그의 선교 방법을 제시하고 설명하였다. 내한 선교사들이 "오랫동안 기도하며 숙고한 끝에" 그가 제시한 소위 '네비우스 방법'을 선교 정책으로 채택하였다.[59] 이때 언더우드가 요약 정리한 네비우스 방법은 다음과 같다.[60] ① 모든 사람(토착인) 각자는 그리스도를 위한 교역자이며, 자기의 생업을 가지고 스스로 생계를 해결한다.

---

58) 위의 책, 129.

59) Allen D. Clark, *A History of the Korean Church*(Seoul: Christian Literature Society of Korea, 1971), 86. 윤철호, 위의 논문, 130에서 재인용.

60) 이 문장을 게일이 옮겨 적었는데, 그것을 다시 요약해서 옮겨 적었다. J. S. Gale, 123-124. 그런데 네비우스 방법 안에는 성경 공부 및 사경회에 대한 조항이 있는데 언더우드의 기록에는 이상스럽게도 이것이 빠졌다. 윤철호의 논문에는 보다 더 자세하고 정확하게 네비우스 정책이 수록되어 있다. 윤철호, 130-132. 백낙준은 네비우스 방법을 세 등분으로 나누어서 自進傳道(self-propagation), 自力運營(self-support), 自主治理(self-government)로 정리하였다. 백낙준, 『한국개신교회사』(서울: 연세대학교출판부, 1973), 169-170, 303-311.

② 토착인들이 교회를 돌볼 수 있고 운영할 수 있는 범위 안에서만 교회 조직을 만든다. ③ 자질이 훌륭한 토착인들을 뽑아 이웃에게 사랑으로 복음을 전하게 한다. ④ 토착인들로 하여금 그들 자신의 교회당을 짓게 한다. 교회당은 토속적인 건축술과 건축 양식에 따라 지음으로써 토착 교회의 모습을 띠게 해야 한다.

언더우드 부부는 최초의 토착 교회인 소래교회(황해도 장연에 소재)를 자주 찾아갔다.[61] 이미 그와 선교사들이 한국으로 오기 전에 토착인 교회 지도자 서상륜(徐相崙)이 이 교회를 세웠고(1883), 네비우스 선교 정책을 도입한 내한 선교사들이 이제부터 이 교회에 특별한 관심을 가지고 돌보기 시작하였다. 1894년에 선교사 매켄지가 소래 마을로 들어와 이 '타자들과 더불어 살며 그들을 위해' 선교하는 동안에 소래교회는 토착 교회로서 날로 발전하고 번창하였다. 릴리아스 언더우드의 기록에 따르면,[62] 교인들 스스로가 가난한 중에도 힘껏 헌금하여 교회 운영비를—선교사의 힘을 빌리지 않고—스스로 지불하였다. 매켄지의 장례를 치른 1895년 여름에는 예배당 안에 교인들이 가득히 모였다. 그 이후에도 언더우드 부부는 자주 소래로 찾아가서, 남편은 성경 공부를 인도하였고 부인은 진료도 하고 여성 교인들과 신앙에 관하여 얘기하고 아이들에게 찬송을 가르쳤다. 1900년 추수 감사절에 이 부부가 방문하였을 때에는, 예배에 참석한 교인들이 너무 많아서 교회 마당에 대형 천막을 쳤다. 이 당시에 이 교회의 교세는 세

---

61) 이미 언더우드는 3년 전(1887)에 이 교회의 교인 3명에게 세례를 베풀었고, 그 이듬해에는 이 교회를 세운 토착인 지도자 서상륜의 부탁으로 소래를 방문하여서 7명에게 세례를 베풀었다. 이때 그는 이 마을에서 열흘 이상 지내며 세례 청원자들과 신앙에 관하여 얘기하고 그리스도교의 진리에 관하여 문답하였다.

62) Lillias H. Underwood, 158, 164-167, 221 이하, 283. 게일도 토착 교회의 정착과 발전에 관하여 비슷한 내용으로 서술하였다. J. S. Gale, 146-150.

레 교인 수만 250명 이상이었다. 또한 성경 공부 교실이 확장되었고, 주일 예배 참석을 위해 멀리서 오는 교인들이 편히 쉴 곳도 마련하였다.

릴리아스에 따르면, 토착 교회로 정착된 소래교회 교인들의 신앙 형태는 엄격한 예배 참석, 부지런하고 규칙적인 성경 공부, 그리고 실천적 신앙이었다. 가령 1899년 주변 지역에 극심한 기근이 왔을 때에, 교인들이 주변의 여러 마을을 도와 주었다. 또 인도에 기근이 심하게 들었다는 소식을 듣고서 이를 위해 교인들이 헌금하여 50원을 거두었다. 헌금할 수 없는 교인들 가운데는 유일한 장신구인 은반지를 바치기도 하였다. 이렇게 소래교회가 발전을 거듭하자, 선교사들은 다른 교회들도 이 교회를 본받게 하였다. 이것을 따르게 된 다른 지역의 토착 교인들은 평신도 가운데서 교역자 노릇을 하며 교회를 이끄는 토착인 지도자를 위하여 쌀과 땔감을 지급하였다. 토착인 지도자는 선교사에 의해 발탁되었는데, 선교사는 열정적인 신앙과 교양 있고 학식이 풍부한 지도자를 선발하여서 그로 하여금 예배를 인도하게 하고 교인들을 돌보도록 했다. 토착인 지도자(평신도 교역자)들은 성경을 깊이 연구하고(사경회) 교회의 역사를 배우고 교회를 조직하고 운영하는 방법을 배우고 그리고 교인들에게 성경을 가르치는 훈련을 했다.

1896년 8월 미국 장로교 북장로회 해외선교부 총무 스피어(Robert E. Speer)가 한국을 방문하였다. 그는 부산, 제물포, 평양, 그리고 서울을 두루 방문하면서 선교 사역을 둘러보았다. 미국으로 돌아온 그는 한국 선교 현장 답사에 관한 보고서 47쪽을 작성하였는데,[63] 내한 선교사들이 네비우스 선교 방법을 도입하여 '토착 교회'(The Native Church)를 정착시켜 가

---

63) Robert E. Speer, *Report on the Mission in Korea of the Presbyterian Board of Foreign Missions*(The Board of Foreign Missions of the Presbyterian Church in the U.S.A., 1897).

는 상황을 자세히 보고하였다. 그는 이 보고서를 다음과 같이 마무리지었다.[64] "(선교 현장에서) 우리들의 교회를 설립하는 것이 아니라 오로지 그들의 교회를 설립해야 한다.[65] … 우리는 모세와 예언자에 관하여 선포하는 자들이며, 그 무엇보다도 그리스도에 관하여 선포하는 자들이다. 그래서 우리는 그리스도의 교회를 세우는 자들이며, 이 교회는 결코 제도로서의 교회 곧 미국의 제도 교회가 확장되는 것이 아니다. … 그리스도의 몸 된 교회란 어떤 이념이나 제도로서의 교회가 아니며 사랑의 법으로 역사하시는 그분의 능력 안에서 세워지는 교회를 뜻한다." 이 말을 나름대로 풀이해 보면, 선교는 미국 교회의 제도와 이념(신학)을 선교 현장으로 가져가서 그대로 옮겨 심는 것이 아니라 성경에 증언된 그리스도의 몸 된 교회가 새로운 토양(문화)에서 새로운 형체로 자라나는 토착 교회를 뜻한다고 본다.

6. 정리, 연구 과제

이제까지 19세기 말 내한 선교사들 가운데서 미국 장로교 북장로회 소속 선교사 알렌, 게일, 그리고 릴리아스 언더우드의 기록을 살펴보면서 이들이 한국의 일상 생활 문화(衣, 食, 住)를 어떻게 경험하였는지 살펴보았다. 세 선교사의 이해가 각자 조금씩 서로 달랐다. 그런데도 세 사람 모두 공통적으로 불편하고 불결하고 비위생적인 토착 생활 문화를 경험하였다. 이

---

64) 위의 책, 46-47.
65) 이와 관련하여 선천에서 일한 미국 북장로교회 소속 의료 선교사 샤록스(Alfred M Sharrocks)가 다음과 같이 기록하였다. "초창기부터 한국인들은 복음의 전파와 교회의 성장이 우리(미국 선교사)의 일이라기보다는 그들 자신의 일이라고 받아들였다. 우리는 지금 그들로 하여금 앞으로 나아가게 하고, 그들이 그렇게 노력하도록 안내하지만, 일을 하는 사람들은 그들 자신이다." J. S. Gale, 149.

문화는 이들에게 투쟁의 대상이었다. 특별히 해마다 전국적으로 휩쓸는 무서운 전염병(특히 콜레라)은 이들로 하여금 공포 속에서 투쟁하게 했다. 죽임의 힘으로 무장한 전염병에 둘러싸인 선교사들은 위생과 청결을 중요한 선교 사역으로 보았다.

일상 생활 문화에 대한 선교사들의 이러한 인식과 태도와 관련하여 우리는 그들의 오리엔탈리즘을 살펴볼 수 있었다. 이들의 의식이 서양 중심적 문명관에 배어서 한국 문화를 낯선 타자로 인식하며 불편하고 불결하여 비위생적인 생활 문화를 업신여긴 점, 이들 대부분이 선교 현장에서 서양식 생활을 그대로 영위하면서 선교 현장의 주민들과 동떨어진 화려하고 편리한 생활을 했다는 점에서 그렇게 볼 수 있다고 본다. 더욱이 당시에 이들을 통해 뿌려진 서양 문명이 싹트고 자라서 열매 맺힌 결과로 오늘날의 서구화된 한국 사회를 바라보면, 문명들 사이에 패권주의 힘의 논리가 작용한다는 에드워드 사이드의 견해를 수긍할 수 있다. 선교의 역사에서 흔히 볼 수 있듯이, 복음 전파는 곧 서양 문명의 확장이란 등식도 수긍할 수 있다. 그러나 세 선교사의 기록을 꼼꼼히 읽어 보면서 이들의 선교 활동에 오리엔탈리즘이 적용될 수 없다는 점도 발견했다. 그 당시에 드문 경우이긴 하지만, 선교사 매켄지가 소래 마을에서 보여 준 타자를 위한 사역이 그러하였다. 또 전염병 콜레라와 목숨의 위험을 무릅쓰고 싸운 선교사들의 자기 희생적 자세가 선교지의 주민들에게 감동으로 전해진 사실은 오리엔탈리즘을 적용시킬 수 없다고 본다.

이와 같은 관찰을 통하여 우리는 그 당시 내한 선교사들의 사역에 대한 서로 상반된 평가를 재고해야 할 것이다. 선교사들의 사역을 무비판적으로 수용해 온 자세를 다시 살펴보아야 하고, 반면에 선교사는 서양 제국주의의 첨병이었다는 평가도 재고해야 할 것이다. 이 글을 통하여 파악된 점은, 선교사들 각자의 견해와 사역이 크거나 작게 서로 다르다는 점이다.

따라서 이제부터는 낱낱의 선교사를 각각 구분하여 개별적으로 연구해야 할 것이다.

우리는 세 선교사가 체험한 한국의 일상 생활 문화와 관련하여 그들이 물질 문명의 차원에서는 대부분 부정적인 견해를 갖고 있었던 점을 파악했다. 그러나 이들은 한국의 정신 문화를 발견하고 그 가치를 인정하고 존중했다. 예를 들어 예절 문화, 높은 교육열, 그리고 글 읽기를 즐기는 문화 등이다. 특별히 선교사 게일이 한국의 예절 문화와 생활 관습이 성경 시대의 히브리 문화와 친화력이 있다는 점을 발견한 점에 흥미롭다. 이러한 문화 이해를 바탕으로 선교사들은 사전을 편찬하고 또 성경을 한글로 번역하는 데 착수했다고 본다. 이를 통하여 이들은 한국의 정신 문화의 발전에도 기여하였다고 본다.

토착 문화 속으로 복음이 성육신(Inkulturation)되었다는 관점에서 초기 내한 선교사들의 사역을 앞으로도 계속 파악할 필요가 있다고 본다. 1890년 이래로 시행된 네비우스 선교 정책에 따라 한국에 토착 교회가 어떻게 뿌리를 내리고 자랐는지 새롭게 살펴볼 필요가 있다는 뜻이다.[66] 이 연구를 위하여 반드시 찾아내야 할 자료가 있는데, 그것은 초창기 한국 개신(장로)교회의 토착 교회 형성을 위하여 지대한 역할을 한 권서(勸書 혹은 賣書)와 조사의 활동을 광범위하게 밝혀 내는 일이다.[67] 이 점에서 이 글은 '미완(未完)의 반쪽 논문'이다. 왜냐하면 토착 교회 형성 과정에 관하여 선교사들의

---

66) 네비우스 선교 정책과 토착 교회의 형성에 대한 이제까지의 연구는 긍정적인 평가와 함께 부정적인 평가도 있다. 참고, 이덕주, 『한국 토착 교회 형성사 연구』(서울: 한국기독교역사연구소, 2000), 35-39. 윤철호, 위의 논문, 133-138.

67) 권서들의 활동에 관한 기초 자료를 모아 정리한 책. 류대영, 옥성득, 이만열, 『대한성서공회사II』(서울: 대한성서공회, 1994). 가족 신앙의 역사를 정리하는 차원에서 권서 소요한의 활동을 정리한 글. 소기천, "초기 한국 교회의 권서인 소요한(蘇堯翰) 장로", 『성경원문연구』제10호(2002. 2), 110-123.

기록만 살펴보았고 반드시 살펴보아야 할 토착인 지도자들(권서, 조사)의 목소리를 전혀 담아 내지 못하였기 때문이다. 이 점은 앞으로의 연구 과제로 남아 있다.

| 참고 문헌 |

1차 문헌

Allen, Horace N. *Things Korean*. 윤후남 옮김. 이순자 감수. 『알렌의 조선체류기』. 서울: 예영커뮤니케이션, 1996.

Gale, J. S. *Korea in Transition*. 신복룡 역주. 『전환기의 조선』. 서울: 집문당, 1999.

Underwood, Lillias H. *Fifteen Years among the Top-Knots or Life in Korea*. 신복룡 · 최수근 역주. 『상투의 나라』. 서울: 집문당, 1999.

『한영문법(韓英文法)』(*An Introduction to the Korean Spoken Language*), Underwood, Horace Grant. Yokohama; Shanghai; Hongkong; Singapore, 1890.

『한영자전(韓英字典)』(*A Concise Dictionary of the Korean Language in two Parts Korean-English & English-Korean*), Underwood, Horace Grant. assisted by Hulbert Homer B. & Gale, James S. Yokohama; Shanghai; Hongkong; Singapore, 1890.

사전

Lexikon. Missionstheologischer Grundbegriffe, s. v. "Inkulturation," by K. Mueller.

단행본, 논문 및 보고서

백낙준. 『한국개신교회사』. 서울: 연세대학교출판부, 1973.

류대영, 옥성득, 이만열. 『대한성서공회사』 II. 서울: 대한성서공회, 1994.

옥성득, 이만열. 『대한성서공회사』 I. 서울: 대한성서공회, 1993.

이덕주. 『한국 토착 교회 형성사 연구』. 서울: 한국기독교역사연구소, 2000.

이만열. 『한국 기독교와 민족통일연구』. 서울: 한국기독교역사연구소, 2001.

Said, Edward W. *Orientalism*, 박홍규 옮김, 『오리엔탈리즘』. 서울: 교보문고, 1999.

소기천. "초기 한국 교회의 권서인 소요한(蘇堯翰)장로". 『성경원문연구』 제10호. 2002.

윤철호. "네비우스 정책에 대한 고착을 통해 본 한국 교회 선교정책의 방향". 『하나님 나라
    와 선교. 서정운 명예총장은퇴기념논문집』. 서정운 명예총장은퇴기념 출판위원회. 서
    울: 대한기독교서회, 2001.

이향순. "서구 중심주의에 대한 반성과 아시아 선교". 『선교와 신학』 제11집. 2003.

_____. "미국 선교사들의 오리엔탈리즘과 제국주의적 확장". 『선교와 신학』 제12집.
    2003.

Said, Edward E. *From Orientalism, Colonial Discourse and Post-Colonial Theory*,
    ed. by Patrick Williams & Laura Chrisman, New York: Columbia University
    Press, 1994.

Speer, Robert E. *Report on the Mission in Korea of the Presbyterian Board of
    Foreign Missions*, The Board of Foreign Missions of the Presbyterian Church
    in the U.S.A., 1897.

2

1890년대 한국의 사회 상황에 대한 외국인 선교사들의 이해, 동학 농민 운동과 단발령을 중심으로[1]

1. 들어가는 말

이 글은 1890년대 한국(조선)의 사회 상황을 경험한 외국인 선교사들이 이 현실을 어떻게 이해했는지 살펴보는 데 우선적인 관심이 있다. 그 당시의 한국에는 동학 농민 운동, 갑오개혁(을미개혁 포함), 을미사변, 을미의병, 그리고 아관파천으로 이어지는 사건들이 꼬리에 꼬리를 물고 일어났는데, 이때 자주 선교사들이 그 사건의 현장을 목격했고 또 사건에 참여하기도 했다.

동학 농민 운동으로 촉발된 청일 전쟁은 청(중국)과 일본 사이에 한반도에서 벌어졌다. 승전국 일본은 청국의 요동 반도와 다른 지역을 차지함으로써 대륙 침략의 기회를 잡았다. 일본은 그 여세를 몰아 대륙 진출의 발

---

1) 이 글은 장로회신학대학교 선교신학 논문집 『선교와 신학』 제23집(2008)에 실렸다.

판을 구축하려고 한국에서 여러 가지 개혁을 추진했다. 일본의 이러한 움직임을 예의주시한 서양 제국들이 일본에게 제재를 가했다. 이와 함께 한반도는 세계 강대국들의 세력 다툼이 벌어지는 각축장으로 되었다. 한국은 국제 정치 세력의 경쟁에 휩싸였고, 국내에서는 옛 것을 굳게 지키려는 수구 세력과 새 시대로 진입하려는 개화파의 분규가 반복되었다. 이에 오랜 전통의 사회가 크게 흔들렸다.

이러한 사회 상황을 외국인으로서 관찰하며 때때로 관여했던 선교사들이 있었다. 이를테면 의료 선교사로서 자주 국왕(고종)을 만났던 에비슨(O. R. Avison, 1860-1956)[2]과 명성 황후 가까이에 있었던 릴리아스 언더우드(Lillias H. Underwood, 1851-1921, 선교사 언더우드의 부인)[3] 등이다. 또한 황해도 소래에서 복음을 전하며 7개월 동안 동학군 속에서 지낸 매켄지(William John McKenzie, 1861-1895)[4]도 목격자였다.

---

2) 에비슨은 1890년 캐나다 토론토 대학교 의과대학을 졸업했다. 1892년 6월 미국 북장로교 선교사로 내한하였고, 그해 11월부터 제중원 의사로 일했다. 그는 1904년 세브란스의 기금으로 병원을 준공하고 병원장으로 일했다. 1913년에 사임한 그는 세브란스 의학전문학교의 교장으로 일하였다. 1934년에 은퇴한 그는 곧 이어서 귀국하였다.

3) 릴리아스 언더우드의 결혼 전 이름은 릴리아스 호턴(Horton)이었다. 릴리아스는 시카고 여자의과대학(지금의 노스 웨스턴 대학교 의과대학)을 졸업하였고, 이와 함께 1888년 봄에 미국 북장로교회의 파송을 받아 의료 선교사로 한국으로 왔다. 그 이듬해(1889)에 릴리아스는 선교사 언더우드(Horace G. Underwood, 1859-1916)와 결혼하였다. 그녀는 한국에서 33년 동안 남편과 함께 일하다가 1921년에 세상을 떠나서 양화진 외국인 묘지에 묻혔다.

4) 매켄지는 1888년 봄에 캐나다 달하우지 대학 문학부를 졸업했다. 그리고 북극으로 가서 18개월 동안 선교 활동을 했다. 선교사가 되는 훈련 과정이었다. 1891년 봄에 그는 할리팩스에 있는 신학교를 졸업하였다. 재학 중에 그는 선교사가 되기 위하여 의학 과목을 선택하여 공부했다. 그리고 병원에서 인턴으로 수련했다. 1893년 늦가을에 그는 선교사로서 캐나다를 떠나 한국으로 출발하여 12월 12일에 입국했다. 1894년 1월부터 평양과 황해도 지역을 두루 답사하다가 소래에 정착하여 선교 사역을 하였다. 소래에서 11개월 동안 헌신적으로 사역해 온 그는 갑작스런 병을 얻었다. 발병한 지 불과 7일 만인 1895년 6월 23일에 그는 세상을 떠났다.

이 글은 이들의 관찰 기록 가운데서 당시의 동학 농민 운동과 을미개혁 단발령에 집중하고자 한다. 특별히 동학군의 움직임에 관하여는 선교사 매켄지가 황해도 소래 마을에서 그날 그날 기록한 일기를 중심으로 살펴보고자 한다.[5] 단발령에 관하여는 당시에 국왕을 자주 접견하며 대화를 나눈 선교사 에비슨과 또 다른 선교사들의 글을 살펴보고자 한다.[6] 또 1892-1898년까지의 조선 사회를 다룬 영문 잡지 *The Korean Repository*도 글쓰기에 중요한 자료가 될 것이다.[7] 이로써 이 글은 미시사 역사 연구의 기법, 곧 작은 창문을 통해 전체를 파악하는 기법을 사용하고자 한다. 그러면서 외지인(선교사)의 관점에서 동학 농민 운동과 단발령을 살필 것이다.[8]

---

5) Elizabeth McCully, *Corn of Wheat or The Life of Rev. W. J. McKenzie of Korea*. 유영식 역, 『케이프브레톤에서 소래까지: 윌리엄 존 매켄지 선교사의 생애와 황해도 선교기』(서울: 대한기독교서회, 2002).

6) Isabella Bird Bishop, *Isabella Bird. Korea and Her Neighbors*. 신복룡 역, 『조선과 그 이웃 나라들』(서울: 집문당, 2006). Lillias H, Underwood, *Fifteen Years among the Top-Knots or Life in Korea*. 신복룡 역, 『상투의 나라』(서울: 집문당, 1999). Oliver R. Avison, *Memoires of life in Korea*. 『구한말비록』(대구대학교출판부, 1986). Ellasue Canter Wagner, *Children of Kore*. 신복룡 역, 『한국의 아동생활』(서울: 집문당, 1999). George W. Gilmore, *Korea from its capital: with a chapter on mission*. 신복룡 역주, 『서울 풍물지』(서울: 집문당, 1999) 외 다수.

7) 이 영문 잡지에는 당시 한국의 정치·외교·사회·문화·민속 등이 다양하게 서술되었다. 선교사들이 효과적이고 효율적인 선교를 위하여 한국 사회를 이해하고자 이 잡지를 발간하였다고 한다. 이 잡지는 19세기 말 내한 선교사들이 그들의 시각으로 격동하는 한국 사회를 생생하게 기록해 놓은 1차 사료이다. 이 잡지에 관하여 소개하고 정리해 놓은 단행본이 출판되었다. 유영렬, 윤정란, 『19세기 말 서양 선교사와 한국 사회』(서울 : 경인문화사, 2004).

8) 이와 관련하여 이 논문은 두 개의 논문을 하나로 합친 것이다. 장로회신학대학교 대학원 석사과정 역사신학 전공 제2학기 학생인 류상미가 필자의 세미나 '역사연구방법론'에 수강하고 학기말 보고서를 "조선의 근대화와 상투"라는 제목으로 서술하였는데, 이 보고서는 미시사적 연구 방법을 적용하여서 작성되었다. 이 기말 보고서가 필자의 논문 계획과 여러 모로 잘 부합되므로, 필자는 자신의 논문과 류상미의 기말 보고서를 하나로 합쳤다. 그리고 한 개의 논문으로 최종 작성하였다.

2. 1890년대 조선의 상황[9]

1860년 최제우가 동학(東學)을 창시했다. 서학(西學)으로 이해된 천주교를 골똘히 연구하던 그가 유교·불교·도교 등을 기초로 『동경대전』을 집필했다. 그는 자신에게 새로운 종교를 세우라는 (하늘의) 계시가 내렸다고 확신했다. 그러나 그의 사상은 정치적으로 용납되지 못하였고, 결국 그는 천주교도로 고발당하여 혹세무민의 죄로 참수형을 당했다(1864년). 그 이후 제2대 교주 최시형이 동학의 조직을 다시 정비하고 확대하였다. 교세가 확산되자 동학교도들은 교조 신원("억울하게 죽은 교조 최제우의 억울한 누명을 풀어 달라")을 통해 공인받으려는 운동을 시작했다. 삼례에서 가진 첫 번째 집회(1892년)를 기점으로 동학교도는 대규모 집회를 개최했다. 세 번째로 모인 보은 집회(1893년)에서 동학교도의 교조 신원 운동은 정치적 색채를 띠었다.

교조 신원 운동이 정치적 성격을 띠게 된 계기는 1894년 1월 전라도 고부에서 일어난 혁명에서 비롯되었다.[10] 고부 군수 조병갑의 학정을 참고 견뎌 온 농민들이 동학 접주 전봉준의 지휘 아래 1월 10일 새벽에 관아로 밀어닥쳤다. 여기에는 외세(外勢) 곧 일본의 경제 침탈(쌀 반출, 어업 위협, 해운 운송업 몰락)에 항거하는 목소리도 담겨 있었다. 그러나 농민들은 정부의 무마책으로 자진 해산하게 되었는데, 새로 부임한 안핵사 이용태가 민란의 모든 책임을 동학교도와 농민에게 떠넘기려 들었다. 여기에 농민들

---

9) 이 부분의 서술을 위해 *The Korean Repository*를 정리한 책 『19세기말 서양 선교사와 한국 사회』 39~97쪽을 참조하였다.
10) 동학 농민 운동이라고 부르기도 하지만 규모와 이념적인 면에서 농민 봉기로 보지 않고 정치 개혁을 외친 하나의 혁명으로 간주하며, 또 농민들이 궐기하여 부정부패와 외국 세력(일본)에 항거하였으므로 갑오 농민 전쟁이라고도 한다.

이 반발하며 다시 무장하고 일어섰다. 동학군은 황토현에서 승리한 다음 호남 일대를 휩쓸었고, 4월 27일 전주성을 점령하였다. 사태가 여기에 이르자 정부는 동학군에게 탐관오리를 처벌하고 폐정을 시정하겠다고 약속했다. 동학군은 폐정 개혁 12개조를 요구하면서 전주성에서 철병하였다. 그리고 폐정 개혁의 실시와 교세 확장을 위해 전라도 53주에 집강소[11]를 설치했다. 폐정 개혁 12개조를 살펴보면, 부정부패를 척결하고 탐관오리를 처벌하는 것뿐만이 아니라 봉건 신분 제도를 무너뜨리고 봉건 폐습을 폐지하라고 요구했다. 예를 들어 "불량한 유림과 양반을 징벌, 천인 차별을 개선, 청상과부의 재가를 허용, 무명의 잡세 폐지" 등이었다.

부패 척결과 폐정 시정을 넘어 봉건 사회 질서를 개편하려 했던 동학 농민 운동은 그러나 외국 군대의 힘에 꺾이고 말았다. 정부가 청(중국)과 일본에게 파병을 요청했던 것이다. 양국의 군대가 한반도에 도착했을 때에는 국내 정세가 상당히 안정을 되찾았으므로, 외국 군대가 이 나라에 주둔할 필요가 없었다. 청이 일본에게 공동 철병을 제안했으나 일본이 거부하였다. 양국(청·일)의 회담이 여러 차례 결렬되었다. 그러다가 청일 전쟁이 일어났다. 1894년 7월 한반도에서 일어난 양국의 전쟁은 단숨에 일본의 승리로 돌아갔다. 그 이후 조선(한국) 관군과 일본군이 동학군을 토벌하러 나섰다. 동학군 20만은 우금치에서 결정적으로 패배하였다. 순창에 숨어서 재기를 꾀하고 있던 전봉준이 체포되었고, 그가 1895년 3월 서울에서 처형되었다.

청일 전쟁에서 승리한 일본은 조선 정부가 추진하는 갑오개혁에[12] 커

---

11) 어느 정도 자치 정부의 성격을 띠었다.
12) 갑오년 청일 전쟁 직후인 1894(고종 31) 7월 초부터 1896년 2월 초까지 약 19개월간 3차에 걸쳐 추진된 일련의 개혁 운동이며, 이것을 넓은 의미에서 갑오개혁(甲午改革)이라고 한다. 그러나 을미사변(1895.10.8) 이후에 추진된 개혁을 따로 분리하여 을미

다란 영향력을 끼치게 되었다. 이제부터 일본은 청국의 눈치를 볼 필요 없이 조선에서 세력을 확장할 수 있게 되었다. 친일 내각인 제1차 김홍집 내각은 군국기무처(軍國機務處)를 개혁의 주체 세력으로 삼아 정치 제도를 비롯하여 경제, 사회, 문화 풍습까지 폭넓은 변혁을 도모했다. 그러나 프랑스·러시아·독일 등의 유럽 3개국(대륙 세력)은 일본의 대륙 침략을 저지하기 위해 규합했다. 세 나라는 일본에게 요동 반도(遼東半島)를 청국에 반환할 것을 요구하였다. 요동 반도는 일본이 청국과 전쟁하여 승리한 결실로 차지한 땅이었다. 이것은 일본의 세력 확장에 제동을 거는 요구였다. 일본이 이에 굴복하여 그 땅을 반환했다. 그러자 그동안 일본의 강제적 강압으로 내키지 않는 개혁을 추진해 온 정부는 러시아 공사 베베르(Waeber)와 손을 잡고 친일 세력을 제거하고자 했다. 세력이 위축된 일본은 이를 만회하고자 명성 황후를 시해할 계획을 세웠다. 그리고 그 계획이 '여우사냥'이란 이름으로 10월 8일 새벽에 결행되었다. 을미사변(乙未事變)이었다.

을미사변을 순식간에 성공시킨 일본은 조선 정부로 하여금 갑오개혁을 계속 추진하게 했다. 이것이 을미개혁(乙未改革)이었다. 일본은 김홍집 내각을 통해 개혁을 계속 추진하되 조선의 사회 체제를 일본의 그것과 동일하게 만들려고 하였다. 이것은 일본이 훗날 조선을 침략했을 때를 대비한 사회적 기초를 구축하려는 구상이었다. 개혁의 내용은 다음과 같았다. 태양력 사용(음력을 폐지하고 양력을 사용하여 일반 백성들의 불편 가중), 종두법 시행, 우체사 설치(국내 통신망으로 개성·수원·충주·안동·대구·동래에 우체사 설치), 소학교 설치(소학교령을 공포하여 서울에 관립 소학교 설립), 일세일원(一世一元)의 연호 사용(1896년 1월 1일부터 '건양'/建陽이라는 연호 사용), 군제 개혁, 단발령(斷髮令, 상투와 망건을 제거하고 외국 의복 착용 허용) 등이었다. 을미개혁

개혁이라고 부른다.

은 조선의 역사와 문화적 배경을 고려하지 않았고 또 국민적 합의가 없이 외세에 의해 강제력으로 진행되었으므로 대다수 국민이 반발하였다. 더욱이 국민 대다수가 '국모'로 존경하는 황후를 살해한 일본이 친일 정권을 앞세워 개혁을 추진한 것이라 파악되었기에 반일 감정이 하늘로 치솟았다. 전국 여러 지역에서 유생을 중심으로 의병 운동이 일어났다. 이것이 을사의병(乙巳義兵)이었다.

을사의병을 진압하기 위해 정부는 중앙의 친위대 군사까지 지방에 파견하였고, 일본군도 의병을 진압하기 위해 지방으로 내려갔다. 서울의 병력이 지방으로 빠져나간 틈을 이용하여서, 그동안 신변에 불안감을 느끼던 고종과 친러파 대신들이 러시아와 협의하고 또 미국의 협조로 고종의 거처를—신변 안전이 보장된다고 본—러시아 공사관으로 이전하였다. 아관파천(俄館播遷)이었다. 이로부터 약 1년 동안 고종은 러시아 공관에서 지냈다. 아관파천 직후에 고종은 친일파를 파면하고 친러파를 각료로 임명하였다. 그날로 김홍집 내각은 붕괴되었고, 약 두 달 동안 추진되어 온 을미개혁도 중단되었다.

3. 캐나다 출신 선교사 매켄지가 경험한 동학군

1) 1894년 가을

매켄지가 황해도에서 선교 사역을 시작하던 1894년 10월에 동학 농민 전쟁이 이미 남쪽 지역에서는 종결되었다. 그러나 북쪽 지역에서는 아직도 여전히 동학군이 활발하게 활동하고 있었다. 일본군과 조선의 관군이 합세하여 동학군을 진압하던 상황이었다. 동학군이 황해도 여러 마을에 흩어져 있었다. 이 군대는 대체로 교육받지 않은 자들과 가난하고 거친 무리로 구성되었다. 이 때문인지 동학군은 경제적으로 부유한 자를 증오했다. 그렇지만 동학군은 부지런히 농사를 지어서 먹고 살 생각은 하지 않고 사람들이 애써 지어 놓은 한 해 농산물을 강제로 빼앗아 갔다.

약탈군인 동학군을 진압해야 할 정부의 관군 또한 백성들에게 매우 포악했다. 성격이 엇비슷한 양쪽(동학군과 관군)이 자주 전투를 벌였다. 매켄지가 마주쳤던 동학군 10여 명은 "하전 군수를 체포하러 가는 길이었는데", 그들의 행색에서 도무지 무장한 군인의 모습을 찾아볼 수가 없었다. 그저 "열흘 분의 식량, 두 켤레의 짚신, 그리고 평소의 복장이 전부였다." 그런데 들리는 바로는, 이러한 동학군에게는 숨겨진 무기가 있다고 하였다. 그들이 적을 대적할 때에 총과 칼로 싸우는 것이 아니라 신비한 요술을 부려서 적을 물리친다는 것이다. "동학군은 절대로 병들지 않으며, 총알이 날아오다가 물로 변해 버리기 때문에 전쟁에서 총에 맞지 않으므로, 따라서 전쟁에 대한 아무런 공포를 느끼지 못한다."는 소문이 파다했다.

2) 선교사의 목숨을 위협하는 동학군

10월부터 매켄지는 동학군의 영향력이 엄청난 소래 마을에서 지냈다. 맨 먼저 그는 마을 주민들 속에서 살며 그들과 친근하게 지내고자 한복을 입었다. 또 그는 하루 세끼 한국 음식만 먹기로 결심했다. 이것은 대단한 결심이었고, 외국인에게는 커다란 고통이 수반된 실천이었다. 그렇지만 그는 서양 음식을 완전히 끊어 버리고 마을 주민들과 꼭 같은 토착 음식을 먹었다.

이 마을에는 동학군의 약탈 행위로 말미암아 고통을 받은 선량한 주민이 적지 않았다. 이러한 약자에게 선교사 매켄지는 친절한 손을 내밀었고, 그러면서 '무법한' 동학군에게 담대히 비난의 화살을 쏘아 댔다. 이러한 외국인(매켄지)을 동학군이 좋게 볼 리가 없었다. 동학군은 매켄지를 위협하면서 계속 이런 식으로 나오면 이곳에서 "추방시키거나 죽이겠다."[13]고 협박했다. 아슬아슬 위험한 장면을 곁에서 지켜보며 마음 졸이던 매켄지의 어학(한국어) 선생이 1894년 11월 25일 그에게 "목숨이 위험하니 곧 마을을 떠나 서울로 가라."고 충고했다.[14] 매켄지는 두 차례 살해당할 뻔했다.[15]

동학군은 기독교를 대단히 싫어하고 미워했다. 이들은 "성경은 미국 사람들이 만든 것이지 하나님이 주신 것이 아니라."고 주장했다.[16] 그리고 "기독교의 교리는 모두가 무(無)로 돌아갈 것이며 종래(從來)에는 어느 누구도 이 종교에 남아 있지 않을 것이라."고 단언했다. 이러한 동학군을 기독교인들도 역시 적대시하면서 사악한 무리라고 욕하였다.

선교사 매켄지는 수시로 목숨을 위협하는 동학군에게 직접 맞상대하려 들지 않았다. 그는 오히려 그들에게 그리스도의 온유와 관용으로 대함으로써 예수의 사랑을 증언하고자 노력했다. 그를 첩자로 의심하여 집을 수색하러 온 동학군도 친절하게 맞이했고, 온갖 욕설을 퍼붓는 동학군에게도 지혜롭게 대응하였다. 이러한 매켄지를 관찰한 마을 사람들이 은밀하게 그를 찾아왔다. 그들 역시 매켄지처럼 동학군에게 목숨을 위협당하고 또 재산도 약탈당하였다. 동학군에게 시달려 마음이 심히 불안한 그들과 달리 매켄지는 전혀 그런 기색이 없어 보이므로, 그들은 담대한 매켄지를 의지하며 이것저것 하소연했다. 이러한 주민들을 매켄지는 그리스도의 평안으로 위로했다.

매켄지는 만나는 사람 누구에게나 복음을 전하고자 했다. 마을 주민에게 복음을 전했고, 동학군에게도 복음을 증언했다. 소래교회의 교인들이

---

13) Elizabeth McCully, 141.
14) 위의 책, 128.
15) 위의 책, 155.
16) 위의 책, 128.

늘어났다. 새로운 신자가 늘어난 것이었다. 동학군에 가담하도록 압력받으며 시달리는 주민들이 예배에 참석했다. 주일에는 두 차례 예배드렸고 수요일 저녁에는 기도회로 모였다. 동학군들이 차츰 이중적인 자세를 취했다. 이들이 한편 외세 배척의 관점에서 매켄지가 전하려는 기독교를 의심했고 또 다른 한편 소래교회 지도자 서경조를 은밀하게 찾아와서 그에게 기독교의 평안이 도대체 무엇이냐고 물어 보았다.

3) 소래 마을의 '선한 청지기'

매켄지는 소래에서 그리스도의 양 무리를 돌보는 '선한 청지기'였다.[17] 그는 자신의 목숨을 위협하는 동학군을 피하지 않았다. 그가 동학을 어떻게 이해했는지 알 수 없으되, 그는 "동학 군인들이 낡은 구습과 해묵은 폐습을 타파하는 효시"[18]라고 보았다. 그리고 나서 "조선 사람들이 서서히 자율적인 백성이 될 것"[19]이라 확신했다. 그렇지만 그러한 자율 백성이 되기까지는 아주 비싼 대가를 치러야 하겠는데, 혁명의 대가를 치를 수밖에 없을 것이라 내다보았다.

그해 12월이 되자 동학군의 행위가 더욱 대담해졌고 또 포악해졌다. 며칠 전에는 동학군이 장연 근처 어느 마을에서 전직 지방관을 추방시켰고 또 사악한 향리 4명을 투옥시켰다. 동학군은 부자들이 소유한 재물, 총, 화약 등 전쟁에 필요한 모든 물건을 몰수했으며 쌀을 외부로 방출하지 못하도록 선박을 묶어 놓았다. 이들은 아무런 망설임 없이 사람을 죽였고 또 지극히 사소한 일에도 트집을 잡아 폭력을 가했다. 하전 마을의 동학군은

---

17) 위의 책, 131.
18) 위의 책, 141.
19) 위의 책.

심지어 여성들도 납치하였다. 겁에 질린 주민들, 특히 교인들은, 선교사 매켄지가 그들의 피난처인 줄 알고 그에게 더욱 매달렸다. 드러내 놓고 동학군에 대하여 반대 의사를 표명한 서경조가 생명의 위협을 받았다. 그는 맞아죽을 뻔했으나 구사일생으로 모면했다. 매켄지의 목숨도 위태롭긴 마찬가지였다. 동학군이 그의 서적을 빼앗아서 불에 태워 버렸다. 주민들 가운데서 더러는 동학군의 요구를 거절하면 보복을 받을까 봐 무서워서 할 수 없이 동학군에 가담하기도 했다.

소래의 주민들은 동학군의 위협에 둘로 나뉘어 반응하였다. 기독교 교인이 되든지 아니면 동학군에 가입하든지, 둘 중 하나를 선택했다. 이런 상황에서 매켄지는 "오로지 그리스도를 믿는 믿음만이 이 모든 어려움을 이겨 낼 수 있는 유일한 길"이라고 강조하며 주민들을 위로했다.[20] 상황이 더욱 어려워지자, 매켄지 역시 두려운 마음이 생겨 마을에서 서울로 가는 것을 궁리해 보았다. 그렇지만 마을을 탈출할 수 있는 방법이 없었다. 이튿날 매켄지는 언제 목숨을 빼앗길지 모른다는 생각에 소지품을 상자에 담아서 다른 곳으로 옮겨 놓았다. 서경조가 동학군으로 있는 친구의 아들에게 사람을 보내어 매켄지의 탈출을 위해 도움을 요청했다.

4) 기독교와 선교사에 대한 동학군 지도자의 태도 변화

그런데 12월 3일(주일)에 전혀 예기치 못했던 변화가 발생했다. 그 변화를 매켄지가 서경조에게서 전해 들었다. "어떤 동학군 지도자와 면담하였는데 그가 놀랍게도 신약성경을 품에 안고 있다."는 전갈이었다. 더욱더 놀라운 것은 "이 지도자가 동학의 교리를 가르칠 때 신약성경의 가르침을 기본으로 하여 강의한다."는 점이었다.[21] 그가 기독교의 교리에 관하여 전

---

20) 위의 책, 133.

혀 알지 못함이 분명한데, 그렇지만 그는 동학의 하나님과 기독교의 하나님이 동일하다고 확신하고 있었다.

그 지도자는 서경조의 옛 친구였다. 두 사람이 밤새도록 대화를 나누었다. 서경조는 그에게 성경을 펴놓고 기독교 신앙의 진리에 관해 설명해 주었다. 예수 그리스도를 통한 하나님의 구원을 증언했고 또 성경은 하나님의 영감으로 기록된 책이라 설명하였다. 이틀 뒤(12월 5일) 서경조의 아들이 동학의 접주와 대화를 나눈 다음 좋은 소식을 전해 주었다. 둘이 헤어질 때, 그 접주가 친구의 가르침에 감사하며 이제부터 매켄지의 신변을 보호해 주리라 약속했다는 것이다. 한 걸음 더 나아가서, 그가 매켄지에게 한 가지 협조를 바란다고 전했다. 즉 매켄지에게 신속히 전달되는 정보 곧 서울의 동정을 알려 달라는 주문이었다. 그 이후에 신약성경을 들고 있는 동학군이 자주 눈에 띄었다. 매켄지는 이에 "동학의 가르침 속에는 기독교의 요소가 많이 들어 있다."고 짐작했다.[22]

이 무렵에 일본군이 동학군을 진압하기 위해 한반도 서북 지역으로 올라왔다. 12월 7-8일에 양쪽이 교전한 끝에 일본군이 크게 승리했다. 일본군이 대포를 쏘자 많은 동학군이 총을 버리고 도주해 버렸다. 동학군의 세력이 흔들리기 시작했다. 심지어는 동학군 안에 내분이 일어났다는 소문도 들렸다. 그 달 말까지 일본군과 동학군이 여러 차례 전투하였는데, 전세가 일본군 쪽으로 기울었다. 일본군은 야간을 이용하여 동학군의 마을을 습격하고 많은 사람을 사살했다. 이에 대응한 동학군은 반역자의 마을을 공격하여 모든 주민을 사살해 버렸다.

---

21) 위의 책, 144, 146, 147.
22) 위의 책, 155.

5) 일본군에 쫓기는 동학군

1895년 새해가 밝았다. 동학군을 격퇴시키는 일본군의 기세가 더욱 거세졌다. 이에 덩달아 전적으로 일본군의 지원을 받는 관군의 사기도 올랐다. 1월 22일에 일본군이 장연 근처 여러 마을에서 동학군과 교전한 끝에 크게 승리했다. 약화된 세력을 만회하기 위하여 동학군이 소집령을 내렸으나 소수의 사람들만 응하였다. 이렇게 동학군이 궁지에 몰리는 상황에서, 그들의 일부가 성경과 기독교 서적을 읽는다는 소문이 들렸다.

매켄지는 사기가 떨어진 동학군을 찾아갔다. 1월 26일에 그는 다리에 창을 맞고 부상당하여 온몸에 피투성이가 된 동학군의 상처를 싸매 주었다. 이틀 뒤 근처에 있는 여러 명의 동학군이 이번 사태가 끝나면 예수교인이 되겠노라고 약속했다. 이런 식으로 예수교인이 되겠다는 동학군이 점점 늘어났다. 심지어는 지도자들도(접주, 영수 등) 개종하겠다는 의사를 밝혔다.[23] 그런데 전세(戰勢)는 동학군에게 점점 불리해졌다. 동학군이 드디어 일본군을 무서워했다.

3월 이후엔 일본군이 황해도 전도(全道)를 휩쓸고 있었고, 동학군은 한 차례 대규모로 장연시를 공격하였다. 이때 시가지의 가옥 1/3이 불에 타 버렸다. 물자 공급이 전혀 없는 동학군은 시골 마을로 들어가 닥치는 대로 마구 약탈했다. 그러한 행위를 관군도 역시 꼭 같이 자행했다. 애꿎은 백성들만 공포에 떨고 있었다. 큰길가의 집들은 사람이 살지 않아 텅텅 비었고 마당엔 잡초가 무성하였다.

6) 기독교인이 된 동학군들, 소래 마을 교회 건축, 첫 예배

4월 15일(월), 전투하다가 도망치던 동학군들이 서경조가 인도하는 예

---

23) 위의 책, 158.

배 처소에 나타났다. 이들이 예배에 참석하여 서경조의 설교를 경청했다. 서경조는 담대히 하나님의 말씀을 선포했다. 그 달 하순이 되자, 동학군은 뿔뿔이 흩어졌고 그 가운데 일부가 산 속으로 숨어 버렸다. 그들은 일본군에게 사로잡히거나 사살되었다.

이렇게 어렵고 험악한 상황 속에서, 그해 3월 소래 마을에 교회 건축이 시작되었다. "조선 사람들의 헌금으로만 세워지는 최초의 조선인 교회"였다.[24) 건축을 위하여 교인들은 이미 헌금 '1,000량'을 약정하였다. 이 밖에도 어떤 이들은 목재를 희사하고 또 어떤 이들은 무보수로 노동하겠다고 스스로 나섰다. 놀라운 점은 "세 명의 동학 영수가 교회 건축을 위해 헌금하였다."[25) 그들은 매켄지가 사는 집에서 예수교(기독교) 교리를 배우던 중이었다. 건축이 약 석 달 뒤에 완공되었다. 6월 9일(주일) 신축한 예배당에서 첫 예배를 드렸다.[26) 80명이 예배에 참석하였다.

이 무렵에 매켄지는 관군과 동학군의 화해를 위해 큰 역할을 해냈다. 그는 새로 부임한 군수와 동학군의 황해도 접주가 만나도록 주선했다. 맨 먼저 그는 이쪽과 저쪽에다 동시에 편지를 보냈다. 그리고 양쪽 모두에게서 '좋다'는 회신을 받았다. 드디어 그의 중재로 군수와 접주가 만났다. 그러고 나서, 이 접주의 명에 따라 동학군 1만 명이 창과 총을 버렸다. 그 접주는 장차 좋은 기독교인이 될 것이라 예견되었다.

---

24) 위의 책, 169.
25) 위의 책.
26) 위의 책, 183.

4. 을미개혁 단발령

1) 단발령 포고에 대한 상반된 기록

1895년 12월 30일(음력 11월 15일) 정부는 새해부터 건양(建陽)을 연호로 사용하고 역법(曆法)을 음력에서 양력으로 변경한다는 조칙을 내렸다. 이른바 을미개혁이 공포되었다. 이와 함께 정부는 국왕의 명령으로 '단발령'(斷髮令)을 선포하며 『관보』에다 실었다. 그 전문이 다음과 같았다. "짐(朕)이 발(髮)을 단(斷)하여 신민(臣民)에게 선(先)하노니, 이유중(爾有衆)은 짐(朕)의 의(意)를 극체(克體)하여 만국(萬國)으로 병립(並立)하는 대업(大業)을 성(成)케 하라." 이어서 정부는 단발령을 공포한 목적과 그것을 실시하려는 이유를 밝히고자 '내부고시'를 두 차례 발표했다. 단발의 우선적인 목적은 국민(백성)의 "위생(衛生)에 이롭고 일하기에 편하기 위함"이며 또한 임금으로서는 "정치 개혁과 민국부강을 위함"이라고 밝혔다. 그리고 모든 백성에게 본을 보이기 위하여 왕이 "솔선하여 단발을 단행했다."고 밝혔다.

관보와 내부고시를 통해서 얼핏 생각되는 것은, 갑오개혁으로 시작한 여러 가지 개혁 조처를 계속해서 추진하는 차원에서 단발령이 시행되었고, 이 단발령을 임금이 솔선하여 자발적으로 시행하였다고 비쳐진다. 그러나 왕궁에서 자주 고종을 만났던 선교사 에비슨의 보고는 전혀 그렇지 않았다. 임금이 솔선하여 자발적으로 단발을 실시한 것이 아니라 어쩔 수 없이 '단발을 당한 것'이었다. 그의 기록에 따르면,[27] 고종은 단발령이 실시된다는 점을 미리 알고는 있었으나 정확하게 언제부터 실시되는지 알지 못했다. 개혁의 주도권이 왕에게 있지 않았다는 뜻이다. 고종은 단발하기 하루 전에야 비로소 통고를 받았다. 고종이 단발을 '당한' 그 이튿날 에비

---

27) Oliver R. Avison, 148.

슨을 만났을 때 다음과 같이 말했다고 한다. "보시오. 그들이 우리 모두를 중으로 만들어 놓았소." 이때 에비슨은 이 말이야말로 "폐하께서 쓸 수 있는 가장 모멸적인 말"[28]이라 이해했다. 왜냐하면 조선 시대 300년 동안 머리 깎은 불승들은 사회적으로 천민 대접을 받았고 또 서울로 들어오는 것조차 허락받지 못했기 때문이다. 따라서 고종이 내뱉은 한 마디 말은 강제로 단발을 당한 처지에서 자괴감과 자기 모멸감에 빠져 있는 것으로 비치었다.

이처럼 상반된 두 개의 기록, 곧 1895년 12월 30일에 공포된 정부의 관보와 선교사의 기록이 서로 상반된 점을 살펴보았는데, 도대체 어느 쪽이 정확한 내용인지 우리가 판단해야 한다. 여기에 대한 선교사 비숍(Isbella Bird Bishop)의 기록을 살펴보았는데, 이 기록이 당시의 정황을 정확히 증언해 주고 있다고 본다. "사실상 구금 상태에 있던 왕이 단발령에 서명하도록 강요받았다."[29]는 것이다. 단발을 강요한 세력은 을미개혁을 집행하는 내각의 대신들이었다. 만일 현장에서 직접 목격한 선교사들의 기록이 아주 정확하다면, 고종의 단발은 개혁 의지를 담아 솔선하여 실시한 것이 아니라 어쩔 수 없이 떠밀려서 강제로 단발당한 것이라 파악된다.

2) 단발령의 집행, 백성의 반응

단발령이 집행되었다. 서울에서 시작하여 전국으로 확대되었다. 단발은 관(官)이 주도하여 강제로 집행하였다. 이것을 목격한 비숍의 기록에 따르면,[30] 단발령은 백성에게 상상 밖의 일이 벌어진 엄청난 충격이었다. 서

---

28) 위의 책, 149.
29) Isabella Bird Bishop, 351.
30) 위의 책.

울의 경우, 각 지방에서 다양한 목적으로 서울에 볼일 보러 왔던 많은 사람들이 강제로 상투를 잘렸다. 잘린 상투를 종이에 싸들고 통곡하는 자, 상투가 잘려서 땅을 치며 통곡하는 자, 이제는 고향에 돌아갈 수 없게 되었다고 엉엉 우는 자 등 서울 장안이 충격에 휩싸여서 정신적 공황 상태였다. 집 바깥으로 나가면 상투가 잘릴까 봐 아예 집안에 꼭꼭 숨어 있는 자들도 적지 않았다.[31] 단발령 소문이 전국으로 확산되었고, 서울로 들어오는 사람의 발길이 뚝 끊어졌다. 생필품을 공급하는 상인들의 발걸음도 끊어졌다. 그러자 서울의 물가가 천정부지로 껑충 뛰어올랐다.

단발령이 전국적으로 집행되면서 많은 가정이 무너지고 파탄했다. 두 아들의 상투가 잘리자 모욕감을 견디지 못한 그 아버지가 자살했다. 많은 경우에 상투를 잘린 당사자인 남편보다도 부인이 더 절망감 속으로 빠져들었다. 집안의 제사를 책임지고 가계의 전통을 이어가는 종가의 맏며느리에게 상투 잘림은 곧 집안이 망하는 것으로 받아들여졌다. 그래서 적지 않은 여성들이 자결을 선택했다.[32]

조선 시대에는 결혼한 남성이 상투를 틀어 올렸다. 길가는 성인 남성 모두가 상투를 틀고 있기에, 내한 선교사의 눈에는 조선이 '상투의 나라'로 비치었다.[33] 이 시대에 상투는 3가지 의미를 품고 있었다.[34] 첫째, 상투

---

31) 이이화, 『오백년 왕국의 종말』(서울: 한길사, 2007), 64.

32) 함양 정여창의 후손인 정순철에게 시집간 창녕 조씨는 남편이 할아버지 밥상머리에서 상투를 자르겠으니 허락해 달라고 말하는 걸 엿듣고 그럴 수는 없다며 식칼로 자기 목을 찔렀다. 홍산 조씨 가문에 시집간 김씨 부인은 열여섯의 나이였음에도 남편이 상투를 자르고 들어오자 난신적자(亂臣賊子)의 아내로 살 수 없다는 유서를 남기고 자결했다. 이순신의 후예인 보은 현감 이규백의 부인 창녕 성씨는 남편에게 단발을 거부하고 귀향할 것을 요구했다가 거절당하자 목매어 죽었다. 그녀가 남긴 유서는 그 후 명문 가문에서 여인네들을 가르치는 교재가 되었다고 한다. 강준만, 『한국 근대사 산책 2』(서울: 인물과사상사, 2007), 338.

33) Lillias H, Underwood, 78.

는 효(孝)를 상징하였다. 『효경(孝經)』에 실린 공자의 가르침대로 "身體髮膚 受之父母"(신체발부 수지부모)라 하여 "신체와 터럭과 살갗은 부모에게서 받은 것"이니 부모에게서 물려받은 몸을 소중히 여기는 것이 효의 시작이라 가르쳤다. 둘째, 상투는 성인 남성을 상징하였다. 상투는 결혼한 남자이거나 관례(冠禮)를 마친 남성만이 할 수 있는 것이었다. 어린이가 자라 성인이 되는 과정에 꼭 통과해야 하는 의례였다. 나이가 들었으나 장가들지 못해 상투를 틀지 못한 사람은 나이가 많아도 어린아이로 취급되어 하대를 받았다. 셋째, 조선인의 상투는 신분의 상징이었다. 상투 끝에 장식을 위해 꽂는 동곳은 신분에 따라 금·은·동 등으로 종류가 달라졌다. 아울러 망건과 갓의 재료도 다양해서 귀한 것과 그렇지 않은 것 등 여러 종류가 있다. 상민(常民)의 경우에는 망건 대신 수건을 동이기도 했다.

상투의 기원을 살펴보면,[35] 상투는 이미 고조선 시대에 복식 문화로 자리를 잡았고 그 이후로 계속해서 삼국 시대, 통일 신라 시대, 그리고 고려 시대에도 그 복식 풍습이 계승되었다. 조선 시대에서는 이 풍습이 외형적 문화 차원에서 더 깊이 내려가서 사회 질서의 기초가 되는 효(이데올로기)의 상징이 되었고 그 질서를 유지하는 가부장적 사회와 신분의 상징으로 자리잡았던 것이다. 이러한 상투의 나라에 1895년 12월 말 그것을 하루 아침에 싹둑 잘라 버리는 단발령이 내렸으니, 대다수 백성에게 이것은 이 나라의 전통을 잘라 버린 것이고 사회의 질서를 무너뜨리는 행위로 받아

---

34) 이민원, "상투와 단발령", 『史學志』 제31호(1998. 12).

35) 유희경, 김문자, 『한국 복식 문화사(개정판)』(서울: 교문사, 2006). 이 책에 따르면, 고조선 시대에는 상투를 추결(魋結)로 표현했는데 그 모양이 방망이처럼 삐죽하다는 뜻이 담겨 있다. 삼한 시대에는 마한인들이 머리에 상투를 틀었다고 한다. 삼국 시대 고구려의 고분벽화에서, 또 신라의 경주 금영총에서 출토된 기마 인물에서도 상투 튼 남성을 쉽게 찾아볼 수 있다고 한다. 고려 시대에도 결혼한 남성이 속발(상투)을 했다고 기록되어 있다.

들였다.

3) 단발령에 대한 편지글 논쟁: 유길준, 최익현

개화파 관료들이 앞장서서 단발령 시행을 거세게 밀어붙였다. 그러자 서울과 전국이 단숨에 혼란 속으로 빠져들었고 민심이 크게 요동쳤다. 단발령 시행에 앞장선 유길준이 유림의 거두(巨頭)이자 백성의 존경을 받는 최익현을 단발에 참여하도록 설득하려 했다. 두 사람 사이에 편지글로 논쟁이 오갔다. 유길준이 먼저 편지를 보냈고, 최익현이 "괴변을 논하지 말라"는 제목으로 회신하였다.[36]

편지글 논쟁을 살펴본다. 유길준은 상투가 조선 시대의 뿌리 깊은 전통이요 효의 상징임을 잘 알고 있었다. 그래서 그는 효에 대한 원리를 필두로 삼아 단발의 당위성을 피력했다. "부모의 병환이 위독하면 손가락을 끊고 다리를 잘라" 부모의 목숨을 구하는 것이 "효자의 떳떳한 도리"인데, 나라 역시 병들어 위독한 상태가 되면 손발을 잘라서라도 나라를 구해야 하는 법인 바 "어찌하여 한 줌의 머리털을 그리도 아끼느냐?"고 했다. 이에 대하여 최익현은 효의 원리로 맞받아치지 않았다. 그 대신에 그는 어떤 전통이 낡은 관습의 껍질로만 남아 있다면 그 전통을 마땅히 "변혁해야 할 것"이라고 말하면서, 그러나 우리나라는 유사 이래로 중국에 버금가는 찬란한 문화 유산을 쌓아 왔는데 지금 이 시점에 와서는 "왜(일본)·양(서양)의 무리들이" 그 기세를 떨치면서 "적의 꼭두각시가 되어 그 흉악을 떨치고" 있는 현실이라 지적했다. 이 말 속에는 우리나라가 일본과 서양에 비하여 정신 문화적으로 훨씬 앞서 있고 또 우월한데 왜 그들처럼 머리를 깎아야

---

36) 김상웅, "단발령 논쟁에 담긴 보수: 개화의 시대 인식", 『인물과 사상』(2007. 7). 213, 216–217.

하는지 은근히 반박하였다.

유길준은 단발령이 임금(국왕)의 명에 따라 내린 조칙이므로 고위 관료들부터 솔선하여 모범적으로 그것을 실행해야 하는데, 그런데 왜 그러한 위치에 있는 선생(최익현)은 그 조칙을 수행하지 않고 도리어 "무리를 이끌고 성묘에 나아가서 통곡을 했느냐?"고 질책성 질문을 던졌다. 이에 대하여 최익현은 몇몇 현실을 예로 들어 개탄하였다. 먼저, 지금 임금 주변에 있는 자들이 모조리 "적(일본)의 꼭두각시가 되어 그 흉악을 떨치고 있으며 위로는 임금을 속이려 (눈을) 가려 버리고 아래로는 (정직한) 충언을 막아 버렸다."는 것이다. 그 다음, 이러한 상황이 지속적으로 전개되면서 석 달 전(10월 8일)에 황후가 시해되었고 또 방금 단발령이 공포되었다고 보았다. 그러면서 "이 겨레 모든 신하들은 모두 난적(亂賊)의 죄인이 되었고, 이 나라 천지에는 다시 회복될 수 있는 모든 기미가 사라졌다."고 개탄했다. 또 그 다음, 단발령은 임금이 내린 명(命)이 아니라 그 주변의 신하들이 "외세(일본)의 위협과 제재를 받아 부득이하게 내린" 명이므로 이것을 잘 따르는 것이 임금을 존경하는 것도 아니요 또 거기에 따르지 않는 것이 결코 임금에 대한 역적 행위가 아니라는 것이다. 역적은 바로 단발령을 사주하고 집행하는 저 신하들이며, "내(최익현)가 그 역적들을 죽여 없애지 못하였은즉 나는 마땅히 그 역적들의 손에 죽는 것이 이치에 당연하다."고 주장했다.

4) 단발령을 거부하며 일어난 을미의병[37]

편지글에 나타난 최익현의 입장은 대다수 유생들의 견해와 일치했다.

---

37) 이긍연·김희곤·권대웅 역,『한말의병일기: 을미의병일기·적원일기』(서울: 국가보훈처, 2003), 127-129, 218. 임희국,『선비 목회자 봉경 이원영 연구』(서울: 기독교문사, 2001), 26-29.

이에 전국의 유생들, 특히 경상북도 북부 지역과 충청북도의 유생들이 의병을 일으켰다. 을미의병(乙未義兵)이었다. 을미개혁의 단발령에 대한 정부의 고시가 을미의병을 일으킨 촉발점이었고, 이 의병이 일어나게 된 계기는 명성 황후 시해 사건(을미사변)이었다. 국모(國母)인 황후를 시해한 일본 세력에게 격분한 전국의 유림이 서원이나 향사(鄕祠)에서 이에 대한 대책을 논의했다. 그러나 적절한 방책을 마련하지 못하고 논의만 거듭하고 있었는데, 그러던 차에 단발령이 공포되었고, 이에 곧바로 의병이 일어났다. 을미의병의 일차적인 목표는 단발령을 철폐케 하고, 을미개혁을 집행하는 친일내각을 몰아내고, 을미사변을 일으키고 을미개혁을 조종하는 일본 세력을 나라 밖으로 쫓아 내는 데 있었다. 따라서 의병 지도부는 단발령을 집행하는 지방 관리에 대항하여 군이나 부 단위로 의진을 결성했다. 친족문중과 집성촌 그리고 서원 조직이나 향약을 기반으로 의병을 일으켰다. 경상도 지역 각 의진의 의병장은 김도현(金道鉉, 영양), 이강년(李康年, 문경), 김도화(金道和, 안동), 이상의(李象義, 이후에는 상룡(相龍), 안동) 등이었다. 안동에서는 이항노의 학통과 유치명의 학통에 속한 유림들이 의병을 일으켰다.

을미의병이 일어나게 된 사상적 배경은 위정척사론(爲政斥邪論)이었다. 이 이론을 따르는 유생들은 갑오개혁 및 을미개혁에 반대하는 복고주의 이념에 집착하였다. 이들이 의병을 일으키게 된 현실적인 이유도 있었다. 갑오개혁 이래로 과거 제도가 철폐되어서 출세의 길이 막히고 또 반상 제도의 폐지로 기득권에 손상을 입었기 때문이다. 또한 을미개혁으로 관제와 행정 구역 및 역법이 바뀐 데 대한 거부감도 강했다. 경상북도 안동의 경우엔, 일본의 간섭을 받은 중앙 정부가 지역 행정 제도를 개편해서 향청을 세무소로 바꾸고 이를 통해서 재지사족이 향촌을 지배하는 체제를 폐지하려 들었다. 위기감을 느낀 이 지역은 유림은 자신들이 향촌 지배를 유지하려는 의지를 강하게 드러냈다. 이러한 상황에서 척사유생들은 조선이야말로 이 세상에서 유일하게 남은 성리학 국가이므로 이것을 긍지로 삼아 주자학을 보전하고 발전시켜야 한다고 확신했다.

을미의병은 1896년에 해산되었다. 그 이후에 유림 가운데서 일부가 변화된 세상을 파악하기 시작했다. 위정척사론이 이제 그 수명을 다했고 또 무력 항쟁에 한계가 있음을 알아챘다.

5) 단발령을 수용한 개화 지지파와 기독교인

대다수 백성과 구별되게, 신문물(서양 문명)을 받아들이려는 개화 지지파와 기독교인들은(천주교와 개신교) 단발령에 참여하려는 입장이었다. 백성들과 엇비슷한 감정을 갖고 있지만 단발을 거슬릴 수 없는 시대의 대세라고 판단한 개화 지지자들이 있었다. 예를 들어 당시에 배재학당에서 서양 문물을 배우고 익히던 이승만은 단발이 새 시대를 위한 큰 흐름이라고 판단하여 내키지는 않지만 상투를 잘랐다. 선교사 에비슨이 그의 상투를 잘랐다. "나(에비슨)는 시약소(施藥所)에서 그의 상투를 단번에 잘라 테이블 위에 얹어 두고는 남은 머리카락을 내 기술껏 조발해 주었다. … 이발이 끝나자 리씨(이승만)는 상투를 집어 가제에 쌌는데 두 뺨에 눈물을 흘리면서 집에 가져가 어머님께 드리겠다고 했다."[38] 그런데 상투를 잘라 버리고 서양식 조발을 하는 것은 낡아빠진 구식 생활을 던져 버리는 행위이므로 기꺼이 받아들이려는 사람들도 많았다. 적지 않은 기독교인들이 "상투를 자르는 것이 구식 생활 관습과 미신적 행위를 아주 효율적으로 타파하는 적절한 조치"라고 받아들였다.[39] 이것을 이들은 미성숙에서 성숙으로 깨어나는 의식 개혁의 행위로 간주하였는데, 마치 아이가 자라서 어른이 되면

---

38) Oliver R. Avison, 『구한말비록』, 150.
39) Lillias H, Underwood, 202.

부모의 슬하에서 떨어져 나와 독립된 성인이 되는 것처럼, 상투를 자르는 단발을 그렇게 생각했다.

이처럼 기독교인들은 기꺼이 상투를 잘라 전통과 단절하고 개화의 길을 선택했고, 그들은 외세(일본)의 강요나 친일 정부 권력의 강제적 집행에 복종한 것이 아니라 스스로 자발적으로 단발을 시행하였다.

6) 단발령에 대한 선교사의 입장

그런데 다수의 선교사들이 기독교인의 단발 참여에 대해서 신중하라고 충고했다. 릴리아스 언더우드를 비롯한 몇몇 선교사들은 상투를 자르는 한국인들에게 "과거의 관습을 불필요한 것으로 팽개치는 것이 보기에 좋지 않다."고 충고했다.[40] 이와 더불어 릴리아스는 상투가 조선의 전통이라 파악하면서, 이 상투는 가족과 사회가 결혼한 성인에 대하여 존경을 표현하는 상징이며 또 존경받는 본인에게는 조상 제사와 가족을 부양하는 책임감을 의식하게 하는 상징이라 보았다. 이와 함께 상투 틀기가 아예 불가능한 사회 계층을 예로 들면서 상투의 중요성을 설명했다. 즉 머리를 삭발한 불승(佛僧)은 아예 상투를 틀 수 없는 계층으로서 날마다 짐승의 피와 살을 만지는 백정보다도 더 심한 사회적 냉대를 받아 왔으며 서울의 4대문 안으로 들어올 수도 없는 계층이라는 것이다. 이러한 의식에 젖어 있는 조선 사회에 충격을 가한 단발령은 모든 성인에 대한 "잔인한 공격"이며 "국가의 주체성을 말살하는" 행위이며 또한 "조선을 일본에 합병하려는" 획책이라고 보았다.[41] 그러므로 기독교인이 상투 자르는 행위에 대하여 선교사들은 오히려 신중하라고 권면했다. 그렇지만 단발에 참여한 기독교인들

---

40) 위의 책.
41) 위의 책, 203.

은 그 어떠한 외부의 압력이나 요청에 상관없이 그들 스스로 판단하여 자발적으로 참여했다고 보았다.[42]

선교사 에비슨은 단발령을 정치 외교적인 관점에서 파악하였다. 즉 단발령은 일본이 조선 백성을 지배하려는 핵심 요소라고 파악했다. 조선의 모든 성인에게 조선인이라는 의식이 상투에 있으므로, 먼 훗날을—일본이 조선을 식민 지배하는 날을—대비하여 단발령을 공포하여 시행한다고 보았다. 조선의 전통 문화 의식과 (민족) 정체성이 결집되어 있는 상투를 싹둑 잘라 버려서 그 정신도 없애 버려야 나중에 원활하게 식민 지배를 할 수 있다고 보았다는 것이다. 그런데 단발령을 시행하자마자 조선 사람에게 참을 수 없는 모욕감을 주었고 또 일본에 대한 심한 적개심을 불러일으켰다고 보았다.

7) 단발령을 뒤엎으려는 고종

명성 황후 시해 사건과 단발령이 불러일으킨 을미의병은 신변에 불안을 느끼고 있던 고종과 정권을 빼앗긴 친러파 인사들에게 세력을 만회할 수 있는 좋은 기회였다. 1896년 2월 11일 새벽에 단행된 아관파천 이후, 고종은 즉시 친일파 관료인 김홍집(총리 대신)·유길준(兪吉濬)·정병하(鄭秉夏, 농상공부 대신)·조희연(趙羲淵)·장박(張博)을 역적으로 규정하고 그들을 체포하여 처형하도록 명령하였다. 백성들을 자극하는 방(榜)이 나붙고, 거기에 역적들을 거명하며 참수하라는 내용을 담았다. 흥분한 군중들은 퇴청하던 김홍집·정병하를 체포하여 바로 타살하였고, 피신한 어윤중(魚允中, 탁지부 대신)은 다음날 지방에서 붙잡혀 살해되었다. 유길준·조희연·권영진(權濚鎭)·우범선(禹範善) 등은 일본의 보호 하에 일본으로 망명하였다.

---

42) 위의 책, 202.

한동안 잠적했던 김윤식(金允植, 외부 대신)은 결국 체포되어 다음해에 제주도로 종신 유배당하였다. 이로써 단발령 시행이 약 두 달 만에 철회되고 친일내각이 몰락하였다.

5. 정리

19세기 말의 조선은 봉건 사회 질서가 와해되면서 엄청난 변혁 속에 있었다. 봉건 시대의 낡은 제도와 관습을 폐지하려는 사회 정치적 혁명으로 동학 농민 운동이 일어났다. 그러나 정부의 파병 요청으로 들어온 외국(일본) 군대와 정부의 관군이 동학군을 무력으로 격파함으로써 '아래로부터의 자생적 변혁 운동'이 좌초되었다. 이제부터는 외세(일본)와 결탁한 친일내각이 정치 제도로부터 생활 관습까지 개혁하기 시작했다. '관(官) 주도로 추진된 위로부터의 개혁'이었다. 이것이 이른바 갑오개혁의 성격이었다. 이 개혁의 과정에서 을미사변, 을미개혁, 을미의병, 아관파천이 일어났다. 수구 세력과 개화파 세력이 반전에 반전을 거듭하는 가운데서, 을미의병은 척사 유생들이 주도하여 개혁을 거부하고 옛 사회 질서를 유지하려는 무력 행동이었다.

이러한 일련의 사회 변혁 과정을 몸소 겪으면서 외국 선교사들이 선교 활동을 본격적으로 시작했다. 선교사들은 각자의 선교 현장에서 복음을 전하였다. 선교 현장은 매우 다양했다. 서울의 궁궐에 자주 드나들면서 의료 선교 사역을 한 선교사들이 있는가 하면, 황해도 소래 마을에서 주민들과 더불어 살면서 서양의 의식주를 끊어 버린 채 복음을 몸으로 증언한 선교사가 있었다.

사회 변혁의 과정에서 몰아치는 역사의 소용돌이에서, 여기에 전혀 영향을 받지 아니하는 하나님의 역사가 일어났다. 그것은 선교사 매켄지의 선교 사역에서 살펴볼 수 있다. 그는 소래 마을에서 7개월 동안 동학군과 이웃으로 살았다. 처음에는 그가 동학군에게 생명의 위협을 받으며 몇 차례 아슬아슬한 위기를 넘겼는데, 차츰차츰 만남의 횟수가 쌓이면서 서로 친해졌다. 동학군에게 열린 마음으로 쉼없이 따뜻한 손을 내민 매켄지는 그들의 친구가 되고자 했다. 동학군 역시 차츰차츰 매켄지의 친구가 되었다. 그 이후에 기독교 신앙과 동학의 신념 체계가 상호 소통하는 단계로 이르렀다. 동학군 가운데서 하나씩 둘씩 기독교 신앙인이 되는 사람들이 나타났다. 소래 마을에 최초의 예배당이 건축되었고, 건축을 위하여 동학의 지도자들이 헌금하였다. 마지막에는 선교사 매켄지는 동학의 접주와 관군의 지휘자가 만나게 하는 중재의 역할도 하였다. 복음의 능력으로 화해의 역사가 일어났던 것이다.

을미개혁의 단발령을 거부하는 백성을 지켜보던 선교사들 대다수는 상투를 조선의 전통 문화로 인정하였다. 그러면서 그들은 단발령을 선뜻 받아들이는 조선 기독교인들에게 오히려 신중하라고 충고했다. 이를 바탕으로 판단하면, 선교사들은 조선의 전통 문화를 존중하는 가운데서 복음을 전파했다고 본다.

| 참고 문헌 |

강준만. 『한국 근대사 산책 2』. 서울: 인물과사상사, 2007.

유영렬, 윤정란. 『19세기말 서양선교사와 한국사회』. 서울: 경인문화사, 2004.

유희경, 김문자. 『한국복식문화사(개정판)』. 서울: 교문사, 2006.

이긍연, 김희곤, 권대웅 역. 『한말의병일기: 을미의병일기·적원일기』. 서울: 국가보훈처, 2003.

이이화. 『오백년 왕국의 종말』. 서울: 한길사, 2007.

임희국. 『선비 목회자 봉경 이원영 연구』. 서울: 기독교문사, 2001.

McCully, Elizabeth. 유영식 옮김. 『케이프브레톤에서 소래까지. 윌리엄 존 매켄지 선교 사의 생애와 황해도 선교기』. 서울: 대한기독교서회, 2002.

Bishop, Isabella Bird. 신복룡 역주. 『조선과 그 이웃 나라들』. 서울: 집문당, 2006.

Underwood, Lillias H. 신복룡 역주. 『상투의 나라』. 서울: 집문당, 1999.

Avison, Oliver R. 『구한말비록』. 출판지 불명: 대구대학교출판부, 1986.

Wagner, Ellasue Canter. 신복룡 역주. 『한국의 아동생활』. 서울: 집문당, 1999.

Gilmore, George W. 신복룡 역주. 『서울 풍물지』. 서울: 집문당, 1999.

김상웅. "단발령 논쟁에 담긴 보수·개화의 시대인식". 『인물과 사상』. 2007. 7.

이민원. "상투와 단발령". 『史學志 제31호』. 1998. 12.

3

19세기 말 경상북도 대구, 미국 선교사들의 복음 전파: 열정, 문화 충격, 헌신, 소통[1]

1. 시작하면서

이 글은 19세기 말부터 20세기 초반까지 경상북도 대구에서 일한 미국 장로교 북장로회 소속 선교사들의 선교 사역과 그 사역의 성격을 파악하는 데 집중하고자 한다. 1893년 선교사 베어드(William M. Baird, 裵偉良)가 복음을 전하려는 뜻을 품고 대구에 도착했다. 그 이후에 다른 선교사들이 이곳에서 학교 설립과 병원 설립 그리고 교회 설립을 통하여 복음을 전했다. 그런데 이들은 초창기에 토착 문화와 충돌하며 문화 충격을 경험했다. 이들은 대구의 대중 문화에 이중적으로 반응했는데, 이 문화가 한편으로는 격렬하게 투쟁해야 할 대상이었고 또 다른 한편으로는 선교에 활용해야 할 수단이었다. 이 글은 이 점을 눈여겨보고자 한다. 이와 함께 그 당

---

1) 이 글은 장로회신학대학교 교수 논문집 『장신논단』 제33집(2008) 63-90쪽에 실렸다.

시에 대구의 장로교회들이 어떤 배경에서 어떤 과정으로 창립되었는지 살펴보고자 한다. 이를 통하여 이 글은 대구 지역 장로교회의 초창기 역사를 연대기적으로 정리하게 될 것이다.

이 글을 쓰기 위하여 로즈(Harry A. Rhodes)가 엮은 단행본 *History of the Korea Mission* vol. 1을 참고했다.[2] 대구의 향토 사학자 이재원이 지은 단행본과 연구 논문집도 참고했다.[3] 그리고 미국 장로교 북장로회 대구 선교지부의 연례 보고서와 지역 노회(경북노회)의 회의록 등도 참조했다.

2. 미국 장로교 북장로회 선교지부가 대구에 설립되기까지

1) 호랑이 굴속으로 뛰어든 선교사

미국 선교사들이 대구로 와서 이곳에서 본격적으로 선교하기에 앞서, 19세기 후반에 이들이 여행객으로 이 지역에 찾아왔다. 이들이 대구를 방문한 까닭은 크게 보아 두 가지였다. 서울이나 부산으로 여행하던 길에 하룻밤 묵어 가고자 들른 경우, 또는 이곳에서 선교하려는 뜻을 품고 지역의 물정을 알아보고자 찾아온 경우였다. 전자의 경우로는 1889년 12월 31일 방문한 선교사 게일(J.S. Gale)과 그 이듬해 봄에 찾아온 호주 장로교 선교사 데이비스(J. Henry Davies)를 꼽을 수 있다. 후자의 경우로는 선교사 베

---

2) Harry A. Rhodes, *History of the Korea Mission* vol. 1: 1884-1934(Seoul: Chosen Mission Presbyterian Church U. S. A).

3) 이재원, 『대구 장로교회사 연구: 1893-1945』(대구: 도서출판 사람, 1996). 이재원, 『대구 기독교역사 논문집』(2006). 박창식 목사의 논문도 살펴보았다. 박창식, "미국 북장로교 회의 영남지방 선교와 교회형성(1893-1945)", 『제233회 학술발표회 주제발표: 한국기 독교역사연구소 소식』 제71호(2005. 4), 3-10.

어드(William M. Baird, 裵偉良)의 대구 방문으로 볼 수 있다. 그는 1893년 봄(4월 22일) 대구에 찾아왔고, 정확하게 일 년 뒤에(1894년 4월 30일과 5월 12일 사이) 또다시 대구를 방문했다. 첫 번째(1893) 방문은 동래를 출발하여 경상도 북쪽 지역으로 선교지 답사 여행을 하면서 대구를 찾아온 것이었고, 두 번째(1894) 방문은 선교지부(Station, 선교 기지Mission Compound)를 물색하려는 목적으로 방문한 것이었다.[4]

대구에 선교지부를 개척하려는 베어드의 구상은 여러 차례 폭넓게 현장 답사를 한 끝에 내린 결론이었다. 그동안 선교지부의 개척을 위하여 진주를 방문했고 상주도 방문해 보았고, 울산에다 선교지부를 개척하려는 구상을 구체적으로 세워 보기도 했다. 이렇게 경상도 여러 곳을 두루 다니며 각 지역을 답사한 끝에, 선교지부를 대구에 개척하기로 최종 결정을 내렸는데, 결정의 근거를 여섯 가지로 밝혔다.[5] ① 지리적으로 대구는 경상도의 중심부에 있다. ② 인구가 많다(약 7만 5천 명의 인구). ③ 교통이 좋다. 서울-부산으로 가는 큰 육로가 있고, 경상도 어디에서나 대구로 통하고, 낙동강 뱃길이 가깝다. ④ 대구는 경상도의 행정 중심 도시이다. ⑤ 대구는 상업이 크게 발전했다. '령'이라 불리는 대규모 시장이 해마다 봄과 가을에 선다. 이 시장이 전국의 수많은 사람들을 이 도시로 불러들인다. ⑥ 이미 우리가 이 도시에 들어와 일을 시작했다.

1895년부터 베어드는 대구에서 선교지부를 개척하기 시작했고, 11월에 선교 본부로부터 승인을 얻었다. 그러나 독립적인 선교지부가 아니라

---

4) 이재원, 『대구 장로교회사 연구: 1893-1945』, 58-59. 로즈(Rhodes)에 의하면, 베어드는 첫 번째 대구 방문이 정확하게 언제였는지 표기하지 않았다고 한다. 1892년이거나 그 이듬해였다고 추정한다. Harry A. Rhodes, 174-175.

5) Richard H. Baird, *William M. Baird of Korea*. 김인수 역, 『배위량 박사의 한국 선교』 (서울: 쿰란출판사, 2004), 94-95.

부산 선교지부의 감독을 받는 내륙지회로 개척해도 좋다는 조건부 승인이었다. 조건부 승인이란 무슨 뜻인지 우리로 하여금 당시의 정황을 살펴보게 한다. 그 당시의 사정으로는 내륙 지역(대구 포함)에다 선교지부를 개척하는 것은 법을 어기는 불법 행위였다. "서울과 개항장(부산 포함) 밖에서 외국인들이 거주하는 것은 한국(조선)과 미국 사이에 맺은 조약을 어기는 위법"이었다.[6] 예컨대 1893년 3월에 선교사 마펫(Samuel A. Moffett)이 평양에 선교지부를 개척하고자 땅을 매입했을 때, 서류에다 한국인 한석진의 이름으로 구입했다. 그러나 이 땅의 매입에 외국인(마펫)이 관여했다는 점을 파악한 관청이 땅을 판 사람을 체포하여 매매 계약을 취소하도록 종용했다.[7] 이러한 사례를 잘 알고 있던 미국 외교 공무원이자 의료 선교사인 알렌(Horace Allen)은 한국의 내륙 지역에 선교지부를 개척하는 것을 반대하며 극구 만류했다. 현행법을 어기면서 굳이 대구에다 선교지부를 만들지 말라는 것이다. 그런데 이보다 좀 더 깊이 고려해야 할 이유가 있었다. 대구에 선교지부를 개척하는 것은 매우 위험하다는 판단 때문이었다. 배타적인데다가 외국인에게 적개심을 가진 지역의 주민들이 선교사의 안전을 해칠까 봐 염려했다. 실제로 얼마 전에 대구에서 충격적인 사건이 일어났는데, 수년 동안 이곳에서 지내던 프랑스 가톨릭 교회 성직자가 주민들에게 사로잡혀 밧줄로 꽁꽁 묶여서 턱수염을 뽑히는 봉변을 당했다.

이런 상황에서는 현행법 준수와 복음 전파의 사명 사이에서 양자택일을 해야 했는데, 베어드는 비록 법을 어기는 행위라고 해도 복음 전파에 우선해야한다고 판단했다. 그는 마치 호랑이 굴속으로 뛰어들듯 대구로 갔

---

6) Richard H. Baird, 96.
7) 그런데 1894년 청일 전쟁에서 중국이 패하고 일본이 승리하게 됨에 따라 평양을 중심으로 한 북부 지역 수구 세력이 무너졌다. 이에 마펫은 1895년 1월에─2년 전 매입하고자 했으나 실패했던─그 부동산을 매입하였다.

다. 그는 이곳에서 선교지부 개척을 강행하기로 작심했다.[8] 가족을 데리고 가서—현행법을 어기는 행위이지만—'땅을 매입하여'—외국인에게 적개심을 드러내는—대구 주민들 사이에서 살며 자신을 드러내어 '공개적으로' 선교지부를 개척하겠다고 결심했다. 그는 1895년 12월에 대구로 왔다. 부동산을 물색하였고, 1월에 사람들의 왕래가 많은 남문 안 정완식 소유의 땅 420평과 초가 다섯 채와 기와집 네 채를 매입했다.[9] 이 과정에서—예상 밖으로—지역(대구) 관청이 외국인(베어드)의 거주를 허락했다.[10] 베어드는 매입한 집을 조금 수리하였고, 4월에 부인(Annie L. Adams)과 한 살 반이 된 어린 아들(John)을 데리고 이 집으로 이사 왔다.

그러나 얼마 지나지 않아서, 베어드는 대구를 떠나 서울로 옮겨 가야 했다. 그해 10월 서울에서 열린 선교사 연례 모임에서 그가 서울 지역 교육 담당 자문(Educational Adviser)으로 발령을 받았기 때문이다. 이제 막 대구 선교를 시작하려는 그가 이 사역을 중단해야 했다. 그와 가족은 12월에 서울로 이사했다. 서울에서 그는 학원 사역(언더우드 학당)을 시작했고 또 연못골교회(연동교회)에서 교역했다. 또한 그는 평양의 선교사 마펫이 휴가를 떠나면 그곳으로 가서 복음을 전했다.[11]

---

8) 이러한 선택은 중국에서 선교한 허드슨 테일러(Hudson Tayler)의 사역에도 종종 나타났다고 한다. 참고, Richard H. Baird, 99.

9) 이상근, 『대구제일교회 90년사』(대구: 대구제일교회 100년사 출판위원회, 1983), 63. 이재원, 『대구 장로교회사 연구』, 61에서 재인용. 현재 약전 골목에 있는 구 제일교회의 부지이다. 당시 대구의 집값이 떨어지고 있었다. 지난해 가을에 황후(민비)가 살해당했고, 왕은 궁궐에 갇힌 신세가 되었으며, 농민 반란(동학 혁명)으로 민심이 흉흉하고, 서울과 도시의 양반들이 집을 팔아 시골로 슬그머니 잠적하는 경우가 흔했다고 한다. 이런 상황에서 베어드의 대구 집 매입은 중개인을 통해 이루어졌는데, 집 주인은 자기 집을 사려는 사람이 외국인인 점을 알고도 계약을 취소하지 않았고 또 높은 가격을 부르지도 않았다고 한다. Richard H. Baird, 위의 책, 98.

10) Richard H. Baird, 101.

2) 대구에 선교지부(Station) 설립

베어드는 대구를 떠났고, 이제 이 도시에서 선교지부를 개척하는 일이 그의 손아래 처남인 아담스(James E. Adams=안의와)에게 인계되었다. 1895년 5월 29일 부산에 도착한 아담스는 한국어를 배우면서 선교 사역을 준비하고 있었다. 베어드의 후임으로 대구 선교를 맡게 된 그는 어학(한국어) 공부를 위해 약 1년간 더 부산에 머물렀다. 1897년 가을(11월 1일) 그는 가족(부인 Nellie Dick, 아들 Edward)을 데리고 어학 선생 김재수(金在洙)와 보모 체이스(Miss Marie Chase)와 함께 대구에 도착했다.[12] 그해 성탄절(12월 25일)에 의료 선교사 존슨(Dr. W. O. Johnson=장의사)과 그의 부인(Edith Parker)이 대구로 왔다. 결혼한 지 이제 겨우 두 달이 된 신혼 부부였다. 존슨 부부는 아담스 가족과 합류했다.

1899년 5월 1일 선교사 브루엔(Hernry Munro Bruen=부해리)이 대구 선교사로 임명받았다. 이로써 대구에서 일하는 선교사가 3명이 되었는데, 이와 함께 대구는 공식적인 선교지부가 되었다.[13] 그리고 브루엔은 10월 26일

---

11) 1897년 10월 2일 선교사 연례 모임을 마친 후, 베어드 가족은 서울을 떠나 평양으로 이사했다. 그는 숭실학당(숭실대학)의 전신인 학당(Preacademy Class)을 시작했다.

12) Clara Heldberg, 40 Years in Korea, 8. 이재원, 『대구 장로교회사 연구: 1893−1945』, 62에서 재인용. 김재수는 상주 출신이며 부산에서 세례를 받았다.

13) 대구 선교지부의 개설 연도를 1897년으로 보는 견해가 빈번하다. 예를 들면 L. George Paik, The History of Protestant Mission in Korea 1832−1910(Pyeng Yang: Union Christian College Press, 1929), 274. 곽안련 편, 『장로교회사 전휘집』(경성: 조선예수교서회, 1918), 177. 그리고 1899년으로 보는 견해 또한 강하다. H. G. Underwood, The call of Korea: political, social, religious(New York, 1908), 162; H.A. Rhodes, 177. 그런데 Hedberg는 아담스와 존슨이 부산 선교지부의 감독 아래 1897년 이래로 대구에서 이미 사역을 시작했으나 브루엔이 대구 선교사로 임명된 1899년 5월 1일에 대구 선교지부가 공식적(officially)으로 개설되었다고 설명했다. Clara Hedberg, 위의 책, 서문. 이러한 설명을 바탕으로 이재원은 선교지회가 공식적으로 출발하려면 최소한 3명 이상의 선교사가 구성되어야 한다는 내규가 있었던 것으로 짐작하였다. 이재원, 『대구 장로교회사 연구: 1893-1945』, 64.

대구에 도착했다. 또한 11월에 선교사 사이드보담(Sidebotham＝史普覃) 부부가 대구에 도착했다. 1902년에는 7명의 선교사가 대구 선교지부에서 일했다.

3. 선교사들의 선교 사역

1) 문화 충격의 첫 만남

1896년 4월 선교사 베어드 가족이 대구에 도착했을 때, 백인 여성이 어린 아기를 안고 부산에서부터 100마일(160km) 거리를 가마 타고 왔다는 소문이 주민들 사이에서 쫙 퍼졌다. 그러자 난생 처음 보는 서양 사람을 구경하려고 주민들이 가마 주변으로 와글와글 몰려왔다. 어떤 이는 가마 속 서양 사람을 보기 위하여 가마 뒤편 휘장을 잡아당겨 보기도 하고 또 어떤 이는 집 안뜰까지 뒤따라 들어왔다. 하루 온종일 구경꾼들이 대거 대문을 밀쳐 안뜰로 들어와서 소란을 피웠고, 이들이 서로 밀치고 당기면서 물독을 건드려 넘어뜨리기도 했고, 호기심을 참지 못한 이들이 안방 문창호지에 손가락으로 구멍을 뚫고 들여다보기도 했다. 이에 베어드 부인이 공포에 질려 버렸다. 베어드는 이 귀찮은 무리를 내쫓기 위하여 관청에다 군인들을 요청하여 자기 집을 지켜 주도록 요청했다.

이것이 첫 만남, 곧 선교사 가족과 대구 주민들의 첫 만남이었다. 선교사는 복음을 전파하기 위하여 대구에 왔는데, 주민들에게는 선교사의 낯선 얼굴과 낯선 옷이 먼저 눈에 띄었다.

1898-1999년 사이에 아담스가 선교지부의 부지를 매입하였다. 아마도 지금의 제일교회가 있는 언덕이라 짐작된다. 그 당시 이곳에는 옹기

장이들이 옹기를 굽는 가마가 있었다. 언덕 한쪽의 기슭에는 연못이 있었다.[14] 1900년 가을에 벽돌로 집을 신축하기 시작했다. 대구 주민들에게는 서양식 건축이 난생 처음 보는 신기한 구경거리였다. 건축 자재부터 그러했다. 엄청난 목재를 약 40km 떨어진 곳에서 실어 왔고, 외관 벽돌 공사를 위하여 중국인 기술자를 서울에서 데려왔고, 일본인 목수를 부산에서 데려왔고, 문짝은 미국 시카고에서 생산된 것이었고, 건축용 철재는 샌프란시스코에서 생산된 것이었다.

건축이 완성되어서 집 안에 가구를 들여놓을 때였다. 피아노를 옮겨 오는 일은 정말 구경할 만한 장관이었다. 부산에서 뱃길로 대구 근처의 나루까지 피아노를 실어 왔고, 그 다음 약 16km 육로를 짐꾼들이 직접 지고 날라야 했다. 20명의 짐꾼들이 꼬박 이틀 동안 피아노를 지고 날랐다. 이 가운데 한 사람이 앞장서서 종을 치며―마치 장례 행상꾼처럼―일행을 인도했다.

이것은 서양 문명(건축, 가구, 악기 등)의 일부를 대구로 실어 오는 작업이었다. 그런데 선교사들은 이 과정에서 매우 조심스러워했다고 한다. 본업인 선교 사역은 뒤로 제쳐놓고 건축에 매달리고 있으니, 자칫 토착 주민들에게 '도대체 저 양반들이 여기에 무엇 하러 왔는지 알 수 없다.'며 서양 선교사들에 대한 나쁜 인상을 심어 주지나 않을지 우려했다.[15]

2) 토착 문화를 활용한 선교

선교사들은 당시의 한국 사회에 사람들이 항상 자연스럽게 모이는 '사랑방'과 '장날'(주로 5일장)을 잘 파악했다. 그들은 이곳에서 복음을 전하는

---

14) Harry A. Rohodes, 178.
15) 위의 책, 179.

선교 전략을 마련했다. 이리하여 사랑방과 장날은 토착인(한국인)들이 자연스럽게 모이는 장소로서 복음 전파에 꼭 필요한 선교 현장이었다.

사랑방

사랑방은 남자들의 장소였다. 사랑방의 위치는 주인이 거주하는 안채와 멀리 떨어져 있고 또 집 바깥으로 통하는 출입구에 있었다. 길 가던 나그네가 저녁이 되면 마을에서 제법 번듯한 집을 찾아 주인에게 사정을 얘기하고 하룻밤 묵어 가는 사랑방이었다. 며칠씩 묵어 가기도 했다. 대중매체가 없던 그 당시에 세상 돌아가는 소식을 사랑방에서 들었고 또 마을의 정보를 공유하고 또 동네 여론을 형성하던 사랑방이었다.

이러한 공간을 선교사들은 복음 전파의 현장으로 활용했다. 사랑방 문화를 잘 파악한 선교사들은 나중에 선교지부의 건물에도 사랑방을 만들었다. 이 방은 선교 사역의 중심(Center)이었다. 이 방에서 선교사가 조사들을 만나서 사역에 관하여 의논했고, 기독교 신앙에 관심을 가진 이웃 사람들이 사랑방을 기웃거렸고, 멀리서 온 길손을 이 방에서 재웠고, 손님들의 점심 식사를 이 방에서 제공했다. 이 방에는 기독교를 소개하는 소책자, 쪽복음, 그리고 리플릿이 비치되어 있었다. 이 방에서 선교사가 토착인들과 대화를 나누며 복음을 전했고 또 기독교 서적을 한글로 번역했다.

자주 선교지부의 사랑방은 성경을 가르치는 교실로 사용되었다. 예컨대 선교사 베어드가 평양으로 가서 미국 장로교 선교지부의 사랑방을 숭실학당 교실로 사용하였고 또 외국인 학교로도 사용했다.

대구 선교지부의 사랑방은 지역에서 교회가 설립되기까지 복음 전파의 현장이었다.

대구 약령시(藥令市)

이 약령시는 본래 봄(2월)과 가을(10월)에 열렸다. 그런데 동학 농민 혁명 이후에 그 전통이 쇠퇴했고, 선교사 브루엔이 대구에 왔을 시점에는 가을 시장만이 활기를 띠었다.[16] 선교사들은 약 6주간 동안 열리는 가을 시장이 복음을 전하는 최적의 기간이라 보았다. 이 기간에는 대구 근처뿐만이 아니라 전국 각처에서 상인들과(약재를 채취한 사람, 재배 농민, 의생(醫生), 약종상 등) 소비자들이 모여들므로 남성로의 도로는 온통 노점상으로 가득 메워졌다. 브루엔과 아담스는 약령시를 적극 활용하여 전도했다. 시장 중간 정도의 위치에 방 한 칸을 빌려 기독교 서적을 판매하였다. 그리고 저녁에는 그 방에서 전도 집회를 열었다.[17]

이러한 선교 전략이 복음 전도의 전통으로 자리를 잡았다. 나중에 1930년대에 대구제일교회 남전도회, 대구부 도당회, 교남 기독교청년회(YMCA), 그리고 경북노회 청년면려회(C.E)가 각각 약령시장 기간에 복음 전도를 위해 나섰다.[18]

3) 토착인의 서양 문명에 대한 관심을 활용한 선교

선교사의 낯선 얼굴과 낯선 옷차림은 호기심 많은 청소년에게 커다란 자극을 주었다. 특별히 선교사 브루엔에게는 이들의 관심을 끄는 서양 물건(문명)이 적지 않았다. 그가 타고 다니는 자전거, 그가 어깨에 걸친 사냥총과 날쌘 사냥개가 항상 아이들을 줄줄 달고 다녔다.

자전거가 대구에 등장했을 때, 사람들이 그것을 '안경 말'이라 불렀다

---

16 Harry A. Rhodes, 180.

17) Clara Hedberg, 9. 이재원, 『대구 장로교회사 연구: 1893-1945』, 86에서 재인용.

18) 위의 책, 87-89.

고 한다.[19] 브루엔이 자전거를 타고 골목길을 요리조리 달리고 울퉁불퉁한 길을 시원하게 빠져 나가면, 동네 사람들이 정신이 팔린 사람처럼 그를 쳐다보았다. 이렇게 자전거에다 관심을 집중시킨 브루엔이 자신에게 몰려든 사람들에게 이것을 만져 보라고 선보였다. 구경꾼들이 자전거를 요모조모 살펴보고 안장 위에 걸터앉아 보기도 했다. 분위기가 무르익자, 브루엔이 전도하기 시작했다. 자전거 얘기로 시작되었다. "이런 물건 본 적이 없지요?"—"없습니다." "조선 사람들은 이런 물건 만들 수 없습니까?"—"없습니다." "왜, 없습니까?"—"기술이 없으니까 그렇지요." "그러면 내가 기술이 어디에 있는지 가르쳐 드릴까요?"—"예!" "물을 얻기 위해선 물이 있는 우물로 가야 하듯이, 기술을 얻기 위해서는 그 기술이 있는 곳으로 가야 합니다. 이 기술은 하나님을 공경하는 사람들에게서 나옵니다. 사람은 자기가 믿는 대로 됩니다. 쓸모없는 막대기를 숭상하는 사람은 막대기가 되고 반대로 하나님을 믿는 사람은 하나님처럼 기술 있는 사람이 됩니다."[20]

선교사 브루엔은 '마크'(Mark)라 부르는 사냥개를 언제나 데리고 다녔다. 한국의 토종개와는 모습이 전혀 다른 서양 사냥개(포인트나 스파니엘)였다. 그가 어느 날 사냥개를 데리고 경산의 어느 마을로 전도하러 나갔다. 잠시 쉬면서 점심으로 싸간 빵을 꺼내 먹을 참인데, 동네 어른들과 아이들이 몰려왔다. 이들의 관심은 낯선 서양인의 우스꽝스런 옷차림과 사냥개에 집중했다. 브루엔이 이런 기회를 놓칠 수 없어서 복음을 전하고자 일어서면서 빵 조각을 아래로 떨어뜨리고 개에게 "앉아!" 하고 명령했다. 그 개는 즉시 두 다리를 쭉 뻗고 머리를 다리에 얹은 채 조용히 앉았다. 브루엔은 빵 조각을 개의 머리 앞에 놓았다. 그리고 사람들에게 성경 이야기를 들

---

19) 위의 책, 79.
20) Clara Hedberg, 184, 이재원, 위의 책, 79-80에서 재인용.

122 공감, 교회 역사 공부

려 주며 전도했다. 개는 여전히 꼼짝도 하지 않고 얌전히 앉아 있었다. 얘기가 다 끝난 다음에, 브루엔이 개에게 "이제 다 됐다."고 말하는 순간, 개는 그제야 빵을 넙죽 집어 삼켰다. 이러한 모습을 본 구경꾼들 가운데는 개가 엎드려 있는 것은 식사 기도를 하는 것이라 생각하였다.[21] 그래서 그는 "미천한 개도 음식을 앞에 놓고 저렇게 기도하는데 하물며 만물의 영장이라는 인간이 기도하지 않고 음식을 먹을 수 있단 말인가?" 이 질문이 하나님의 은혜를 깨닫고 예수 믿게 된 계기가 되었다.[22]

이런 식으로 브루엔은 종종 사냥총을 어깨에 메고 사냥개(마크)를 데리고 나갔다. 그러면 사내아이들이 그의 뒤를 줄줄 따라 나섰다. 브루엔은 그 아이들에게 성경 이야기를 들려 주며 전도했다. 얼마 지나지 않아서, 그 아이들이 교회에 나오기 시작했다. 브루엔은 그들을 모아서 찬송을 가르치고 성경을 자세히 가르쳤다. 1900년 2월 1일 4명으로 시작된 이 성경반은 얼마 지나지 않아서 30명으로 늘어났다.[23]

이런 식으로 서양의 문명과 문화(특히 근대 스포츠인 야구, 농구, 축구, 테니스 등)가 복음 전파에 좋은 수단으로 사용되었다.

4) 교회 설립

대구 선교지부의 뚜렷한 목표는 복음 전파를 통한 교회(신앙 공동체) 설립이었다. 이를 위한 첫 번째 사역이 기독교 신앙인을 낳고 양육하는 일이었다. 즉 건물(교회 건축)을 세우기 전에 예수 믿는 사람을 낳고 키우는 일이

---

21) Clara Hedberg, 47, 위의 책, 81에서 재인용.
22) 이 사람이 나중에 대구 서문교회의 초대 담임 목사가 된 정재순이라고 한다. 이런 사연 때문에 친구들은 정 목사를 개한테 전도받은 목사라고 놀렸다고 한다. 그리고 선교사들은 정 목사가 목회하는 서문교회를 '마크(Mark)의 예배당'이라 불렀는데, 여기에 예수의 제자 마가(Mark)의 이름을 덧씌우면 '성 마가의 예배당'이 된다. 이재원, 81-82.
23) Rhodes, 181.

었다. 이를 위하여 선교사는 토착인(한국인)들에게 성경 이야기를 들려 주고 찬송을 가르쳤다. 차츰 이들 가운데서 원입교인이 되고, 학습교인이 되고, 그리고 세례교인이 되었다.

아담스의 선교 사역을 살펴보면, 그는 1897년 대구에 도착하자 곧바로 거리와 시장으로 나가 전도하며 쪽 복음(성경)을 팔고 또 사랑방에서 복음을 전하였다. 시장에서 쪽 복음 700권을 팔았다. 추운 겨울에도 그는 조사 김재수와 함께 대구 근처를 두루 다니면서 노방 전도를 했고 또 장이 서는 마을을 찾아다니며 쪽 복음을 팔았다. 그의 부인 넬리는 남자 아이들을 모아서 찬송을 가르치고 성경 이야기를 들려 주었다. 이러한 사역에 결실이 맺혀서, 1899년 선교 보고에 따르면, 기독교 신앙인이 약 20명 가량 되었다. 이 가운데서 세례교인 2명, 학습교인 5명이었다. 로즈에 따르면,[24] 신앙을 고백하는 신자의 수가 1897-1898년에 2명이었고, 1898-1899년에 20명이었다. 20명 가운데서 1명이 세례를 받았고, 5명이 학습을 받았다. 1899-1900년에는 3명이 세례를 받았고, 6명이 학습을 받았다.

원입교인에서 세례교인으로 나아가는 단계에서 삶에 변화가 일어났다. 로즈가 몇몇 경우를 기록하였다.[25] 대구 근처의 한재에서 첫 세례식이 1902년 1월에 있었다. 세례 받는 한국인은 여성 1명과 소년 1명이었다. 그런데 이 여성은 이제까지 자기 이름(호적에 오르는 이름)이 없이 살아왔다. 그 당시 대다수 여성들은 이름 없는 무명(無名)의 생애를 살았다.[26] 이제 세

24) 위의 책, 180.
25) 위의 책, 184.
26) 정대위, 『하늘에 총총한 별들이: 북간도 정재면의 독립 운동사』(서울: 청맥, 1993), 164. 1899년 함경북도 종성에서 간도 화룡면 장재촌으로 이주한 한인들이 이곳에서 논밭을 사들여 명동촌을 일구었다. 이 마을 주민들이 기독교 신앙인이 되었다. 이들은 "사람이 천하보다 귀한 목숨을 가졌으며 모든 사람이 차별 없이 모두 귀하다."는 신앙의 진리를 깨달았다. 그러면서 여성의 사회적 신분에 대한 자각 의식이 생겼다. 이제까

례를 베푸는 선교사가 이 여인에게 이름을 지어 주었는데, '명성'(明星, 밝은 별)이라 붙여 주었다. 그 이름에는 세례 받는 여성의 소명이 담겨 있었는데 "明星 곧 복음의 빛을 많은 사람들의 가슴에 비추어서 이들을 그리스도에게로 인도하라."는 것이었다. 이에 이 여성의 삶이 이제부터 소명을 따라 새롭게 탄생했다. 그해 5월에 같은 장소에서 브룬엔이 2명의 남성에게 세례를 베풀었다. 어떤 젊은이는 지난날 거의 날마다 술독에 빠져 있었고 노름을 일삼으며 예수 믿는 자기 부인을 툭하면 두들겨 패고 머리채를 휘어잡아 길거리로 질질 끌고 나갔다. 그러했던 그가 예수를 믿어 변화되었고, 1903년에 선교사 바렛(Barrett)의 어학 선생이 되었다.

이렇게 예수 그리스도의 복음으로 거듭난 신앙인들이 신앙 공동체를 이룬 다음, 그들이 예배당 건물을 지었다. 대구 최초의 교회인 대구제일교회(당시 '남문안예배당')가[27] 1897년에 창립되었는데,[28] 이때까지 건물은 없

___

지는 여자 아이에게 정식 이름을 지어 주지 않았는데, 모든 마을 처녀에게 믿을 신(信)자를 돌림자로 써서 각각 이름을 지어 주었다(예, 김신묵).

27) 대구제일교회의 초창기에 붙여진 이름이 다양했다. 이재원에 따르면, 첫 이름은 '야소교회당', 그 다음 '남문안예배당', '감영예배당', '성안예배당', '대구읍예배당'으로 불리다가 '-예배당'과 '-교회'가 혼용되었다. 경상노회록에 기재된 공식 이름은 '남문안(내)예배당(교회)'과 '대구읍예배당(교회)'이었다. 한일합방 이후에는 '남성정예배당(교회)'으로 바뀌었고, 1930년대 세 번째 교회(붉은 벽돌)를 짓고 '제일예배당'으로 고쳤다. 그런데 이미 초창기부터 선교사들이 The First Church라고 불렀다 한다. 이것은 아마도 이 교회에서 '제2교회'(서문교회, 1912)와 '제3교회'(남산교회, 1915) 등이 계속 분립되었기 때문이라고 본다. 이재원, 『대구 장로교회사 연구: 1893-1945』, 83-84. 이재원, 『대구 기독교역사 논문집』, 61-63. 선교사들은 이 교회를 Central Church라 부르기도 했다.

28) 대구제일교회 역사편찬위원회 편, 『대구제일교회백년사: 1893-2003』(대구: 대구제일교회 100년사 편찬위원회, 2004), 96-105. 대구제일교회의 창립 연도에 대하여 이재원이 연구하였는데, 창립 연도가 1897년 11월 1일이라고 고증하였다. 이날에 선교사 아담스 일행이 대구에 도착한 즉시 예배드렸다고 한다. 이재원, 『대구 장로교회사 연구: 1893-1945』, 90-96. 이재원, 『대구 기독교역사 논문집』, 1-8.

었고 신앙 모임만 있었다. 약 10년이 지난 다음에야 비로소 예배당 건축이 시작되었다. 교회의 창립 당시에 한국인 신자는 김재수 한 사람뿐이었고, 이 숫자는 향후 3년 동안 거의 변화가 없었다. 그러다가 1900년 봄에 서자 명이(의료 선교사 존슨의 조수이자 전도인) 세례를 받아서 한국인 신자가 2명이 되었다. 그해 7월에 정완식과 김덕경이 세례를 받음으로써 4명이 되었다. 1901년부터 교인 수가 급증했다. 여성 20명 남성 25명이 예배를 드렸다. 1902년과 1903년에 교인 수가 100명으로 늘어났고, 1904년에는 150명, 1905년에는 225명, 1906년에는 500명, 1907년에는 800명으로 불어났다.

이에 따라 예배당 건축이 교인들의 과제로 다가왔다. 1907년 예배당 건축을 시작하여 그 이듬해(1908)에 거의 완공 단계에 들어갔다. 그런데 여름(8월)에 몰아친 태풍으로 말미암아 건물이 폭삭 무너져 버렸다. 망연자실한 상황에서, 교인들의 신앙이 오히려 더욱 강해졌다. 예배당 건축을 다시 하기 위하여 모든 것을 바쳤다. 시계, 반지, 은장구, 머리에 꽂고 있던 비녀를 바치고, 심지어는 머리카락을 잘라서 팔아 헌금했다.

이렇게 제일교회가 부흥하였고, 이에 따라 분가(分家) 형식으로 여러 교회들이 분립되었다.[29] 가장 먼저 1912년에 서쪽으로 분립되었는데, 그 교회를 '서(西)교회'(The West Church) 또는 '제2교회'(The Second Church)라고 불렀다. 이 교회가 오늘날 서문교회이다. 그 다음 1915년에 남쪽으로 분립 되었는데, 그 교회를 '남(南)교회'(The South Church, 오늘의 남산교회) 또는 '제3교회'(The Third Church)라고 불렀다. 이 교회의 첫 담임 목회자는 선교사 브루엔(Bruen, 부해리)이었고, 특이한 점은 여성 주일학교를 시작했다. 제3

---

29) 대구제일교회에서 분립된 교회들의 창립일에 대한 기록은 해당 교회의 서술마다 제 각각이다. 이 점에 관하여 이재원 선생이 문제 의식을 갖고 자세히 정리했다. 이재원, 『대구 기독교역사 논문집』, 25-46.

교회인 남산교회는 설립되자마자 크게 부흥하였다. 남산교회의 교인 수가 1930년대에 1,000명을 넘었다. 예배당이 협소해져서 교회 건축을 새로 하게 되었다. 담임 목사도 서양 선교사에서 한국인 목회자로 바뀌었는데, 그는 이문주 목사였다. 이에 따라 남산교회 첫 담임 목회자 선교사 브루엔은 계속 협동 목사로 일했다. 대구의 네 번째 교회는 북쪽으로 분립되었는데, 1921년 칠성정교회가 창립되었다. 이 교회는 1915년 이래로 기도실로 모이다가 이제 정식으로 교회가 창립되었다. 이 교회의 목회자는 선교사 인노절(G. H. Winn)이었다. 대구의 다섯 번째 교회로 중앙교회가 창립되었고, 여섯 번째는 동쪽으로 분립되어서 동웅정교회가 창립되었다. 이리하여 동서남북 사방으로 제일교회가 분립되어 여러 교회들이 창립되었다.

교회 부흥에 따른 교회의 분립은 교회 지도자 양성과 병행하여 진행되었다. 교회 지도자란 평신도 지도자를 뜻하는데, 이 지도자 양성 과정이 성경을 배우는 사경회로 시작되었다. 사경회가 발전하여 성경학원 설립에 이르게 되었다. 교인들 가운데서 선택되어 훈련받은 평신도 지도자들이 선교사의 동역자가 되었다.

1901년 1월에 열린 사경회(Bible Class)는 15명이 참석하여 보름 동안 진행되었다. 참석자 가운데서 11명이 학습을 받았다. 참석자 수가 해마다 껑충 뛰듯 증가하였다. 1902년에는 14명, 1903년에는 30명, 1904년에는 200명, 1905년에는 400명, 1908년에는 900명이 참석했다. 이와 더불어 성경과 쪽 복음이 날개 돋친 듯 팔렸는데 1910년에는 마가복음이 1,600권 팔렸다.

이러한 과정에서 아담스가 1903년에 남자 조사(助事)반(Helpers' Class for men)을 시작했다. 그 이듬해에는 브루엔이 이 반을 맡아 가르쳤다. 또 그 이듬해(1905) 4월에는 부산 선교지부와 호주 장로회 선교부가 연합하여 대구에서 이 반을 가르쳤다. 강사로는 사보담(Sidebotham), 엥겔(Engel=王吉志), 아담스, 브루엔이었다. 이 반이 복음 전도자 훈련 과정(Training Class of Evangelistic Workers)으로 발전되었고, 또 그 다음 1912년 가을 남자 성경학원(Men's Bible Institute)으로 발전되었다.[30] 이 학원은 32명의 참석자가 어도만의 지도 아래 11월 한 달 동안 진행되었다. 1914년부터는 봄에도 성경학원이 진행되었다. 성경학원 재학생 수가 날이 갈수록 크게 늘어났고, 기숙사도 마련되었다.

1907년 12월에 교회의 제직을 훈련시키는 반(Church Officer's Class)이 열렸는데, 이때 135명이 참석했다. 해마다 12월에 제직 훈련반이 개설되었는데, 1910년에는 500명이 참석했다.

여성 사경회는 1902년에 시작되었다. 이때 6명의 부인과 2명의 처녀가 참석했다. 참석자들은 70리에서 120리나 떨어진 먼 동리에서 모두 다 애기를 등에 업고 왔다. 배우려는 열망이 대단했던 이 여성들은 열흘 동안 열심히 배웠다. 1903년부터는 매년 평균 600-700명이 참석했다. 이처럼 많은 여성들이 사경회에 참석하자, 대구 선교지부는 여러 지방으로(16개 지방) 분산하여 사경회를 운영했다. 이와 함께 교회 지도자를 위한 사경회(1911년 1월), 주일학교 교사 사경회(1911년 6월)를 따로 운영하였다. 특히 농촌에는 겨울을 제외한 봄, 여름, 가을에 남자는 논밭으로 일하러 나갔고 부인들이 대부분 집에 있으므로, 농촌 선교를 위한 여성 훈련이 강조되었다.

이러한 맥락에서 1913년 남자 성경학원과 나란히 여자 성경학원이 설립되었다.[31] 첫해(1913) 첫 학기에 56명이 입학했고, 1917년에 79명이 등

---

30) Rhodes, 189.
31) 경북 안동에서는 여자 성경학원이 1912년에 설립되었다. 임희국, 『선비 목회자 봉경 이원영 연구』(서울: 기독교문사, 2001), 98 이하.

록했다. 1917-1918년에는 162명이 등록했다.

5) 학교 설립

대구제일교회가 창립된 지 3년이 되던 1900년에, 지극히 적은 수의 교인들이 스스로 힘을 내어 남자 소학교를 설립했다. 이 학교의 이름이 대남학교였고, 대구에서 최초로 설립된 신식 학교였다. 학교의 공식 이름이 사립 대남학교(私立 大南學校) 또는 예수교 대남소학교(耶蘇敎 大南小學校)였다.[32] 여자 소학교도 함께 설립되었고, 그 이름이 신명여자소학교였다. 그런데 이 학교를 선교사들이 주축이 되어 설립했다고 볼 수가 없다. 왜냐하면 학교 설립에 필요한 재원의 절반을 한국 교인들이 마련했고 나머지 절반의 재원을 선교사들이 개별적으로 헌금했기 때문이다. 아마도 한국 교인들이 선교사들보다 더 적극적으로 학교 설립에 발벗고 나섰을 가능성이 짙다.

창립 이후 초창기의 학생 수가 10-15명이었다. 첫 5개월 동안 선교부 건물에서 가르치고 배웠다. 계속해서 학교 운영을 위하여 교인들 스스로 헌금했고, 이들이 재정의 절반 정도 담당했다. 당시의 교과 과정을 잘 파악할 수가 없다. 그러나 로즈의 기록을 살피며 짐작되는 바는,[33] 지성-인성-

---

32) 이 학교는 지금의 종로초등학교의 전신이다. 1981년 종로국민(초등)학교 교감 이두수 선생이 교무과에 보관된 기록을 조사한 바에 따르면, 종로초등학교는 대남학교가 희도학교를 거쳐 지금의 학교로 바뀌었다. 기록을 옮기면, 1900년 11월 1일 제일교회 구내에서 소학교 남자부 대남학교와 여자부 신명여자소학교를 개교했다. 1914년 5월 제일교회 서희원 등의 헌금으로 학교 시설을 정비하였고, 5월 10일자로 대남학교를 喜媛학교로 신명여자소학교를 順道학교로 각각 교명을 바꾸었다. 1926년 4월 1일 남녀 두 학교를 병합하여 희도보통학교로 교명을 바꾸었고, 1938년 4월 1일 희도심상소학교로, 1941년 4월 1일 희도국민학교로, 1955년 3월 28일 종로국민학교로 바꾸었다. 이재원, 『대구 장로교회사 연구: 1893-1945』, 116

33) Rhodes, 190.

도덕성-건강한 몸을 위한 전인 교육과 함께 성경 이야기를 가르쳤다고 본다. 아이들이 성경 인물의 이름에 익숙해지도록 베드로, 안드레, 야고보, 요한 등의 별명을 가졌다. 놀이로 배우는 성경 이야기였다. 학생 수가 점점 늘어나서 1904년에는 학생 수가 28명이었고, 1905년에 47명, 1908년에 167명이었다. 기하급수적으로 불어났다.[34]

학생 수뿐만이 아니라 학교 수도 크게 늘어 갔다. 1927년에 대구 선교지부 안에 초등학교가 22개 있었다. 이 학교들이 대남학교에 그 뿌리를 두고 있는지 파악할 수는 없다. 그러나 모두 다 대구 선교지부에 소속되어 있었다는 점에서, 이 학교들 사이에는 최소한 깊은 연계성이 있었다고 본다.

1906년에 즈음하여 교회가 경영하는 소학교의 졸업생(교인 자녀)들을 상급 학교로 진학시키는 일이 시급한 과제로 대두되었다. 이때 대구 지역의 교회가 운영하는 소학교의 수가 49개였고[35] 재학생 수는 433명이었다. 이 사안을 협의하기 위하여 대구 선교지부와 부산 선교지부의 선교사들이 대구에서 모였다. 이 모임에서 아담스가 대구에서 남자 중학교를 설립하도록 위임받았다.

이에 따라 아담스는 대남소학교 졸업생들을 중심으로 27명의 학생을 모아 1906년 5월 1일 대구 선교지부의 행랑채 흙벽돌 초가집에서 4년 과정의 남자 중학교(Boys' Academy)를 개교했다.[36] 학생들 가운데서 절반 정

---

34) 위의 책 191. Rhodes가 기록을 남기던 1932년에는 학생 수가 600명이었고 재정 자립도는 여전히 높았다.
35) 전국에 239개의 초등학교가 있었다.
36) 『계성학보』 창간호(1913)는 계성학교가 1906년 3월 24일 학생을 모집하여 수업이 시작되었다고 한다. 또한 제1회 졸업생 12명 중 조기철과 이재인의 학적부에 1906년 2월 입학이라는 기록이 있다. 이를 근거하여 계성학교 100년사는 개교의 일자를 1906년 1월로 잡을 수 있다고 보았다. 계성 100년사 편찬위원회 편, 『계성 100년사: 1906-

도가 결혼을 한 기혼 남성이었다. 처음 4주간 동안 아담스가 가르쳤고, 이어서 6주간 동안 사이드보담(Sidebotham=史普覃)이 가르쳤다. 여름에는 방학으로 쉬었다. 10월에 다시 개학했다. 중학교는 당시에 최고학부였다.

학교의 이름을 남문안예배당 장로 박덕일이 지었는데, 계성(啓聖)이라 했다. 계성은 '거룩한 시작' 또는 '영적인 출발'(spiritual Beginning)을 뜻하였다. 박덕일은 이 학교에서 산술과 성경을 가르쳤다. 대구 선교지부는 미국 장로교 북장로회 선교부에 건축비로 5천불을 요청했다. 신축 교사는 1908년 가을에 완공되었고, 학교가 선교부에서 이곳으로 이사했다. 서양식 2층 붉은 벽돌 건물(대구 최초의 양옥 2층)이었다. 5개의 교실에 예배실이 있었다. 이 건물의 이름을 학교 설립자 이름을 따라서 '아담스관'이라 붙였다. 계속해서 기숙사를 지어서 1910년에 완공했다.

1911년 5월 계성중학교 제1회 졸업생 12명이 배출되었다. 1931년까지 졸업생 154명이 배출되었는데, 이 가운데서 17명이 안수 받은 목사가 되었고 30명이 조사나 전도사가 되었고 50명이 교회학교 교사로 일했다. 이로써 계성학교는 졸업생 10% 이상을 목사로 배출했고 또 전체 졸업생 60% 이상을 평신도 지도자로 배출했다.

1907년 10월 15일 선교사 브루엔의 부인 마르다 스콧 브루엔(Martha Scott Bruen=傳馬太)이 여자 중학교(Girl's Academy)를 개교했다. 이 학교는 신명여학교(信明女學校)였다. 브루엔은 1902년 소녀들에게 가사(家事, 집안 살림살이)를 가르치던 바느질학교(Sewing School)를 맡아서 신명여자소학교로 개편하였고, 이 소학교를 1907년에 여자 중학교로 확대 개편하였다. 선교사 브루엔이, 아담스가 남자 중학교 설립의 위임을 받았을 때, 같은 시기

2006』(서울: 계성학원, 2006), 42.

에 여자 중학교의 설립에 대한 위임을 받았다고 추정한다.[37] 그런데 이 학교가 선교부로부터 정식으로 승인받은 때는 1910년이었다.

1912년에 신명여학교의 학생 수는 80명이었다. 1931년까지 졸업생 118명이 배출되었다. 이 가운데서 9명이 전도부인(Bible Women)으로 일했고, 37명이 교회가 세운 학교에서 교사로 일했고, 30명이 교회의 주일학교에서 교사나 사무원으로 일했다. 또한 46명이 결혼하여 교회에서 성실히 봉사했다. 이처럼 신명여학교도—계성학교처럼—지역의 교회를 섬기는 지도자를 양성하였다.

이와 관련하여 대구에서 수개월 동안 사역을 준비했던 베어드의 교육 정책을 살펴볼 필요가 있다고 본다. 그가 대구에서 설립되는 초등학교와 중등학교에 관여했는지를 살펴보려 한다. 아마도 그가 아담스와 처남매부 사이였으므로 대구 학교 설립에 관하여 자문을 했으리라 짐작하면서, 그가 제시한 교육 정책에 관하여 서술하고자 한다. 1897년 8월에 미국 북장로회 선교부 연례 모임이 개최되었을 때, 베어드가 입안한 교육 정책(우리의 교육 정책, Our Educational Policy)이 채택되었다. 그는 선교부가 채택한 네비우스 선교 정책을 교육 정책에다 적용하고자 했다. 그 내용을 요약해 본다. "기독교 학교 설립과 운영의 기본 이념은 학생들에게 유용한 지식을 다양한 방법으로 가르쳐서 실제 생활에 기여하고 더 나아가서 이들이 장차 책임 있는 일꾼으로 자라게 하는 것이다. 이를 위하여 학교는 학생들의 신앙 증진과 정신 함양을 위해 교육시켜야 할 것이며, 그 무엇보다도 이 학생들이 교회의 주류가 되어서 토착 교회(native church)를 형성하게 해야 한다고 보았다." 이 학생들이 장차 "농부나 대장공이 되건, 의사나 교사

---

37) 이재원, 『대구 장로교회사 연구: 1893-1945』, 122.

가 되거나 혹은 정부의 관리가 되든 간에 복음을 전하는 능동적인 복음 전도자가 되어야 한다."고 마무리지었다.[38] 이 교육 정책 아래 구체적인 방안을 마련하였다. "① 각 지교회 지역구의 초등학교를 발전시킨다. ② 이 초등학교 교원의 확보를 위하여 특별 단기 사범과를 두어서 재직 교원(在職敎員)과 기타 유망한 사람들을 모아 교원을 양성한다. ③ 특별히 선발한 학생들을 중학교와 나아가서는 전문학교에서 철저한 교육을 받도록 한다. ④ 교과서를 준비한다."[39]

6) 병원 설립

의료 선교사 존슨(Woodbridge O. Johnson)은 미국 장로교 북장로회 소속 선교사로서 한국으로 왔다. 1897년 12월 22일에 아내(Edith M. Parker)와 함께 부산에 도착한 그는 곧바로 대구를 향해 떠났다. 3일 후(12월 25일) 존슨 부부가 대구에 도착했다. 1899년 성탄절 직전에 그는 대구 선교지부 안에 있는 작은 초가에서 진료소를 개원하였다. 진료소 문 앞에 '濟衆院'(제중원)이라는 간판을 내걸었다.[40] 제중원 내부는 작은 진찰실(2.7m×1.5m), 약제실과 수술실 그리고 작은 창고가 있는 큰 병실(9m×3.6m)로 되어 있었다. 개원하자마자 환자들이 몰려왔다. 그 이듬해 여름까지 1,700명의 환자를 치료했다. 이 가운데서 수술 환자가 50명이나 되었다. 이 과정에서 그의 의술이 지역의 주민들에게 신술(神術)로 소문이 났다. 그래서 건강한 사람들도 서양 의사가 치료하는 장면을 구경하려고 병원을 찾았다. 몰려오는 사람들을 통제할 수밖에 없어서 병원 주위에다 철망 울타리를 둘러쳤다.

---

38) 숭실대학교 90년사편찬위원회, 『숭실대학교 90년사』(서울: 숭실대학교출판부, 1987), 60–61; Richard Baird, 169 이하.

39) 위의 책.

40) 이 진료원이 오늘날 동산의료원의 모체가 되었다.

1901년과 1902년 사이 치료한 환자 수는 약 2,000명이었다.[41]

대구 선교지부가 입지 조건이 좋은 언덕으로 옮겨 갔다. 제중원도 이곳에다 병원을 신축하였다. 1903년에 공사를 시작했는데, 설계의 결함 때문에 건물 구조가 약해서 1905년 태풍으로 무너졌고, 1906년에 다시 건축하였다. 신축한 제중원에 환자들이 몰려왔다. 1907년과 1908년 사이에 진료한 환자 수는 5,000명이었다.[42] 1909년 6월 27일에는 대구에서 처음으로 제왕절개 수술을 시도하여 성공했다. 당시에는 산모들이 출산 후 자궁이 탈출되는 경우가 많았다. 이러한 탈출 현상이 재발되는 것을 막기 위하여 당시 사람들은 자궁에 질산 용액을 바르거나 뜨거운 인두 또는 불에 달군 기왓장으로 자궁을 지지는 민간요법을 썼다. 그러나 이 요법은 자궁을 폐쇄하여 자연 출산을 못하게 하는 부작용을 낳았다. 이런 형편에서 존슨이 획기적인 제왕절개 수술을 한국에서 처음으로 시술하였다.[43] 이로 말미암아 그의 명성이 더욱 높아졌다.

존슨의 의료 선교는 환자 치료에 궁극적인 목적을 두지 않았다. 치료를 통한 복음 전파가 언제나 사역의 최종 목적이었다. 그는 환자에게 복음을 전하는 길을 모색했다. 그는 조수이자 병원 전도인(hospital Evangelist) 서자명을 통해 사람들에게 전도지를 나누어 주었고 또 약 봉투에도 전도문을 실었다. 그 전도문에 그의 의료 선교 정신이 잘 드러났다.[44] "이 약을 조심해 드시면 당신의 병은 반드시 고칠 수 있습니다. 그러나 당신이 아무

---

41) H. A. Rhodes, 194.

42) 위의 책.

43) 계명대학교 동산의료원, 『동산의료원 100년: 1899-1999』(대구: 계명대학교 동산의료원, 1999), 12.

44) 이재원, 『대구 장로교회사 연구: 1893-1945』, 148. 그 이후에 계속 전개된 제중원(동산의료원)의 전도회 선교 활동은 보기 드문 결실을 거두었다. 이 주제에 관하여 이재원 선생이 정리했다. 이재원, 위의 책, 149-155.

리 많은 약을 드신다 해도 당신은 언젠가는 죽어야 합니다. 자! 당신에게 영생을 줄 수 있는 약이 있습니다. 그 약은 어떤 것인지 남문 안에 있는 예수교리 병원(=Jesus Doctrine Dispensary)에 가서 물어 보십시오." 병원 전도는 수십 개의 교회를 설립하고 또 수많은 사람들을 결신시키는 큰 역할을 했다.

이러한 선교 정신으로 존슨은 나환자(한센병 환자) 보호소(Leper Asylum)를 설립했다. 1909년 그는 끊임없이 찾아오는 나환자들을 위해 병원 근처에다 작은 초가집을 매입하여 나환자 보호소를 설립했다.[45] 일 년 전 어느 날 손가락·발가락이 다 떨어져 나간 한 젊은 나환자 스님이 그를 찾아왔다. 스님은 존슨에게 "내 병을 고쳐 주든지 아니면 죽여 달라."고 호소했다. 당시의 나환자 사정은 치료가 전혀 불가능했고, 가족과 생이별하여 홀로 외롭게 지내야 했을 뿐만이 아니라 사람의 눈을 피해 그늘에 살며, 일평생 구걸하는 떠돌이 신세였다. 존슨은 이러한 처지의 환자 10여 명이 지낼 주택을 마련하고 의식주까지 돌아보며 치료하였다.[46]

의료 선교사 존슨은 또한 선진 의료 기술을 한국에 옮겨 심고자 의학 교육을 시도했다. 대구에서 현대 의학과 서양 의술 교육을 시작한 것이었다. 1908년과 1909년 사이에 그는 제중원에서 일하는 청년 가운데서 7명을 선발하여 그들에게 의학을 가르쳤다. 해부학, 생리학, 약품 조제, 치료학, 내과학, 산과학, 외과학 그리고 영어 등을 가르쳤다. 전문 의료인을 양성하고자 했다.

---

45) Clara Hedberg, 147. 이재원, 『대구 기독교역사 논문집』, 77에서 재인용. 이 보호소는 오늘날 대구 애락보건병원의 모체가 되었다.

46) 존슨의 후임자인 플레처 박사가 1917-1918년 사이에 병원에서 약 2마일 떨어진 곳에 (내당동) 요양원 부지를 확보하고 그 땅에 100명의 나환자를 입원시킬 수 있는 병원 시설(Leper Hospital)을 마련하였다. 오늘날 대구애락보건병원의 시작이었다.

이렇게 자기 몸을 돌보지 않는 헌신적인 사역으로 존슨의 몸에 탈이 났다. 과로로 말미암아 그는 1901년 발진티푸스에 걸려 드러눕게 되었다. 그의 몸이 몹시 쇠약해졌다. 환자를 진료하고 수술하고 또 약을 처방할 때 곁에서 돕는 전문 간호사나 약사가 없어서 병원의 모든 일을 혼자서 도 맡아 해야 했고, 게다가 병원 운영까지 신경을 써야 했다. 약해진 몸으로 1903년에는 환자 진료 외에 병원 신축 공사를 지휘 감독했다. 건강을 회복하기 위하여 안식년 휴가를 1905년에 받았다. 1906년에 돌아와서 일을 시작하자 병이 다시 도졌다. 선교부는 그에게 의료 사역을 중단하고 쉬도록 권고했다. 존슨은 육체적으로 너무 힘이 들어서 의료 선교사를 포기하고 그 대신 목사 안수를 받아 복음을 전하고자 했다. 그의 뜻이 잘 받아들여졌다. 1912년 제4회 경상노회(8월 31일)에서 브루엔이 그의 안수를 발의하고 총회에 헌의되었다.[47] 그해 제1회 장로회 총회에서 그의 목사 장립을 허락받았다. 그러나 그의 병세가 악화되어서 결국 뜻을 이루지 못하고 귀국하고 말았다.[48]

4. 정리와 제언

이제까지 1893년 이래로 대구에 온 초창기 선교사들의 선교 사역을 살펴보았다. 사역을 시작하기에 앞서 이들은 한국 토착 생활 문화부터 이해하고 소화해야 했다. 한국인들 역시 선교사가 들고 온 복음보다는 얼굴 생김새와 옷차림새 그리고 그들의 생활 방식이 먼저 보였다. 양자의 만남

---

47) 『조선예수교장로회 경상로회 제4회 회록』, 35.
48) 『조선예수교장로회 제1회 총회록』(1912), 30.

은 우선 문화 충격이었다. 그렇지만 대구의 토착 문화를 잘 파악한 미국 선교사들은 사랑방이나 5일장 그리고 대구 약령시장을 선교 현장으로 잘 활용했고, 또한 그들의 생활 문화(자전거, 엽총, 사냥개 등)에 관심과 호기심을 보이는 토착인들에게 복음을 효과적으로 전했다. 세월 따라, 한국인은 선교사를 통하여 복음과 함께 서양 문명도 받아들였다.

당시 선교사들의 사역은 크게 보아 세 가지 분야로 전개되었다. 복음 전파를 통한 교회 설립, 교육 선교를 통한 학교 설립, 의료 선교를 통한 병원 설립으로 정리된다. 그런데 이 세 분야가 각기 따로따로 전개된 것이 아니고 서로 유기적인 관련 속에서 복음 전파라는 하나의 목적 아래 전개되었다. 이를테면 계성학교(남자 중학교)와 신명학교(여자 중학교)의 졸업생 가운데서 10% 이상이 교역자가 되었고 나머지 대다수도 교회의 평신도 지도자가 되었다. 의료 선교 역시 존슨의 사역에서 보았듯이, 환자 치료의 궁극적인 목적은 영·육의 전인 치료를 통한 복음 전파에 있었다.

교회 설립, 학교 설립, 병원 설립을 좀 더 자세히 정리한다. 교회 설립은 복음 전파의 가시적인 열매였고, 그 첫 단계에서는 이제 막 믿기 시작한 결신자를 성경과 찬송으로 신앙 훈련을 시켰고, 그 다음엔 원입교인, 학습교인, 세례교인으로 거듭나게 했다. 이 과정에서 삶의 변화가 일어났고 이어서 기독교 신앙 공동체가 형성되었다. 그러고 나서 예배당 건물을 신축하였다. 교회가 부흥하게 되자 대구의 동서남북 등 여러 지역에 교회를 설립(건축)하여 교인들을 분가시켰다. 결국 교회 분립을 통한 새로운 교회의 설립은 복음을 널리 전하는 사역이었다. 이 과정에서 평신도 지도자 양성이 필요하였고, 이에 성경학원(신학교)이 설립되었다.

학교 설립은 교회의 학교 설립이라는 점을 우선적으로 보아야 한다. 특별히 1905-1907년 사이에 전국적으로 수많은 장로교회들이 학교를 설립하였다.[49] 이것은 그 당시 애국 계몽 운동과 관련된 일반 사립 학교 설립 운동과도 맞물려 있다고 본다. 여기에 대한 연구는 앞으로의 연구 과제로 상정하고자 한다. 당시의 교회는 초등학교, 중학교, 대학교의 설립을 통하여 장차 교회와 사회에 봉사할 인재를 양성하고자 했다. 그러나 이미 일제의 식민 지배 야욕이 뻗어 오던 1908년에 선포된 '조선 교육령'으로 말미암아 이러한 학교 설립 정신이 꺾이고 말았다.

의료 선교사 존슨의 제중원 설립은 대구와 경상북도 지역 현대 서양 의술의 효시가 되었다. 그는 이와 함께 1909년 나환자 보호소를 설립했고, 의학 교육을 시작했다. 그가 이룬 중요한 공헌은 의료 사역을 통한 복음 전파였다. 그의 동역자 서자명의 역할도 지대했다. 그 이후에 계속해서 동산의료원이 추진한 교회 개척은 대구·경북 지역 교회의 역사에서 아주 중요하게 살펴보아야 할 주제라고 본다.[50]

---

49) 임희국, "한국 교회 초기 기독교 학교 설립: 토착 교회의 기독교 학교 설립 운동을 중심으로", 기독교학교교육연구소, 『평양 대부흥 운동과 기독교 학교』(서울: 예영커뮤니케이션, 2007), 107-158.

50) 이재원, 『대구 장로교회사 연구: 1893-1945』, 250-254. 앞으로의 대구 지역 선교사의 사역과 삶에 대한 연구를 위하여 이재원 선생이 정리해 놓은 대구 선교사 일람표에 따라서 하나하나 짚어 가며 연구하는 작업이 요청된다.

| 참고 문헌 |

곽안련 편. 『장로교회사 전휘집』. 경성: 조선예수교서회. 1918.

『계성 100년사: 1906-2006』. 학교법인 계성. 2006.

『대구제일교회백년사: 1893-2003』. 대구제일교회. 2004.

『동산의료원 100년: 1899-1999』. 대구: 계명대학교 동산의료원. 1999.

『숭실대학교 90년사』. 숭실대학교. 1987.

이상근. 『대구제일교회 90년사』. 대구. 1983.

이재원. 『대구 장로교회사 연구: 1893-1945』. 대구: 도서출판 사람. 1996.

이재원. 『대구 기독교역사 논문집』. 개인출판. 2006.

임희국. 『선비 목회자 봉경 이원영 연구』. 서울: 기독교문사. 2001.

정대위 엮음. 『하늘에 총총한 별들이. 북간도 정재면의 독립운동사』. 서울: 도서출판 청맥.
    1993.

Baird, Richard H. *William M. Baird of Korea*. 김인수 옮김. 『배위량 박사의 한국 선교』.
    서울: 쿰란출판사. 2004.

Paik, L. George. *The History of Protestant Mission in Korea 1832-1910*. 평양.
    1929.

Rhodes, Harry A. (ed.). *History of the Korea Mission* vol. 1(1884-1934). Seoul.

1934.

Underwood, H. G. *The Call of Korea*, New York, 1908.

『조선예수교장로회 경상로회 제4회 회록』.

『조선예수교장로회 제1회 총회록』.

박창식. "미국 북장로교회의 영남지방 선교와 교회형성(1893-1945)". 제233회 학술발표회 주제발표. 한국기독교역사연구소 소식 제71호. 2005. 4. 2.

임희국. "한국 교회 초기 기독교 학교 설립. 토착 교회의 기독교 학교 설립 운동을 중심으로". 기독교 학교교육연구소. 『평양 대부흥 운동과 기독교 학교』, 서울: 예영커뮤니케이션, 2007.

4

숭실대학교 초대 학장
윌리엄 베어드(William M. Baird)의 에큐메니칼 활동[1]

1. 시작하면서

숭실대학교의 졸업생이자 학교 재건의 주인공으로 존경받는 목사 한경직(1902-2000)은 구술 자서전에서 "내 인생에 가장 큰 영향을 미친 곳은 평양 숭실대학"이라고 회고했다. 그는 이 대학의 교가(校歌) 가사에 나오는 '합성 숭실학교'는 이 학교의 창학 정신을 알리는 표현인데 그것은 연합과 일치의 정신 곧 '에큐메니칼 정신'이라고 회고했다.[2]

한경직의 회고에 착안하여서 이 글은 숭실대학교의 설립 정신을 파악하는 데 초점을 맞추고자 한다. 또한 그 정신의 정초를 놓았다고 짐작되는

---

1) 이 글은 숭실대학교 학술세미나(2012년 11월 2일)에서 발제한 원고이다.
2) 한경직, 『한경직구술자서전 나의 감사』(서울: 두란노서원, 2010), 86-87. 이 책은 한경직 목사의 구술 노트(1975년)와 구술 녹음 자료(1981년)를 정리해서 펴냈으며, 한경직목사 기념사업회의 김은섭 목사가 이 책을 감수하였다.

초대 학장 선교사 윌리엄 베어드(William M. Baird, 배위량, 裴緯良, 1862~1931)의 에큐메니칼 활동을 살피고자 한다. 그는 숭실대학이 기독교연합대학(The Union Christian College)으로 발전하는 데 헌신한 인물이었다.

이 글의 작성에 필요한 일차 자료로 윌리엄 베어드의 후손인 리처드 베어드(Richard H. Baird)가 서술하여 1968년에 발간한 *William M. Baird, a Profile*[3]을 선택했다.[4] 이와 관련하여, 이 글은 글쓴이의 주장을 펼치는 논문이 아니라 리처드 베어드의 서술에 기초하여 윌리엄 베어드의 에큐메니칼 활동을 정리하는 데 초점을 맞추고자 한다.

2. 내한 선교사들의 상호 협력과 연합 사업(에큐메니칼 협력)

19세기 후반에 스코틀랜드, 미국, 캐나다, 호주, 영국 등지에서 개신교가 파송한 선교사들이 각각 만주와 한국(조선)으로 왔다. 이들 대다수는 선교 현장에서 서로 협력하고 연합했다. 그들의 출신 배경을 파악하면 이들이 함께 협력한 동기를 쉽게 짐작할 수 있다. 선교사들 다수가 최소한 2개국 이상의 나라에서 살아 본 경험이 있었다. 이를테면 미국 장로교 북장로회 파송 선교사 언더우드(Horace Underwood)는 영국 출신인데 미국의 화란

---

3) 윌리엄 베어드의 전기인 이 글을 'Profile'(단편)이라 제목을 붙인 이유는 완전한 전기(생애 연대기에 맞추어 객관적으로 서술한 전기)가 아니라 개략적인 전기(지은이의 관점에 따라 생애 주요한 사건을 크게 강조한 전기)라는 뜻이라고 한다.

4) 이 원고가 우리말로 번역되어서 단행본으로 출판되었다. Richard H. Baird, *William M. Baird of Korea: a Profile*. 김인수 역, 『배위량 박사의 한국 선교』(쿰란출판사, 2004). 그런데 번역 단행본에는 원본에 있는 많은 사진과 삽화를 옮겨 오지 못했다. 그 이유는 사진의 상태가 썩 좋지 못한 점 때문이라고 한다.

개혁교회 소속이었고 또 이 교단에 속한 뉴브룬스위크(New Brunswick) 신학교를 졸업했다. 미국 감리교 파송 선교사 아펜젤러(Appenzeller)는 스위스 출신인데 독일에서 교육받고 미국 감리교 소속 신학교를 졸업하였다.

내한 선교사들의 상호 협력은 성경번역위원회를 구성하면서 시작되었다. 1887년 4월에 성경을 한글로 번역하기 위한 공식 기구인 '재한상임성서위원회'(The Permanent Bible Committee in Korea)가 발족되었다. 위원회는 장로교와 감리교 선교사들로 구성되었다. 위원회의 산하 조직에 번역위원회와 개정위원회를 두었는데, 그러나 이들의 활동이 거의 없었다. 선교사들이 개별적으로 성경 번역을 진행하였다. 새로이 1893년 5월에 '상임성서실행위원회'가 조직되었다(1903년까지 존속). 위원회는 미국 성서공회, 영국 성서공회 및 스코틀랜드 성서공회에 성경 출판을 의뢰하였다. 이렇게 성경 번역과 출판을 위하여 여러 나라 여러 교단에서 온 선교사들이 상호 협력했다. 1900년에 신약성경의 번역이 완성되어 한국에 있는 3개 성서공회가 연합하여 출판하였다. 구약성경은 1910년에 번역을 완성하여 그 이듬해에 출판하였다.[5]

1889년부터 1897년 사이에 입국한 내한 선교사들은 교단별로 감리교, 장로교, 침례교, 성공회 등이었다. 장로교 선교사들은 3개국(미국, 캐나다, 호주) 4개 교단에서 파송되었다. 이들이 공의회(Council)를 조직했다(1893년). 1905년[6] 캐나다 감리교 파송 선교사 에비슨(O.R. Avison)이 한국에서 하나의 단일 개신교를 만들자고 제안했다. 장로교 공의회가 이 제안에 화

---

5) 이때부터 한국 개신교의 모든 교파와 교단이 '공통된 하나'의 한글 성경을 사용하는 전통을 갖고 있다. 이 전통이야말로 한국 개신교 교단들이 언제든지 상호 소통·교류·연합할 수 있는 기반이라고 본다.

6) 1905년에 윌리엄 베어드가 감리교 내한 선교부의 연례회의에 참석해서 고등 교육 분야에서 상호 협력하자고 제의했다. 이 점에 관하여는 뒤에서 자세히 언급하려 한다.

답했다. 그해 9월 15일에 '재한 개신교 선교부 공의회'(The General Council of Evangelical Missions in Korea, 이하 공의회)가 조직되었다. 이 공의회의 헌장에서 "선교 사업에 서로 협력하고 궁극적으로 단일 개신교를 조직한다." 고 명시하였다. 이에 따라 단일 개신교의 명칭을 '대한예수교회'로 정하였다. 양측 선교부는 내한 선교부들이 각기 설립한 기독교 학교를 공동으로 운영하고, 기독교 병원도 공동으로 운영하고, 주일 교회학교 교재와 찬송가 그리고 선교 잡지(『The Korea Mission Field』)를 공동 발간하기로 했다. 장로교의 『그리스도신문』(1897년 4월 창간)과 감리교의 『조선그리스도인회보』(1897년 2월 창간)를 합쳐서 『대한그리스도신문』으로 발간하였다. 1908년에 장로교와 감리교가 합동하여 『합동찬송가』를 출간하였다. 같은 시기에 일어났던 신앙 각성 운동도 그러했다. 교회사가들이 '대부흥 운동'이라 일컫는 이 신앙 각성 운동은 1903년에 원산에서 시작되어 1907년 '평양 대부흥 운동'으로 절정을 이루었고 또다시 전국으로 파급되었고, 그리고 중국으로 확산되었다. 이 신앙 각성 운동의 과정에서, 특별히 감리교와 장로교 선교사들이 상호 협력했다.

　　그러나 단일 개신교 설립을 위한 시도가 제자리에 맴돌았다. 공의회는 1910년에 "한국에서 하나의 (범 개신교) 교단이 조직되어 완벽한 정치 체제를 제시하기보다는 실제적인 면에서 가능한 것부터 조화를 추구해 나가기로" 결정했다. 이에 한국 개신교의 단일 교단을 설립하고자 추진하던 일이 중단되었다. 공의회 제7차 회의(1911)는 그 이름을 '재한 개신교 선교부 연합공의회'(The Federal Council of Protestant Evangelical Missions in Korea)로 바꾸었다. 그러면서 그 성격도 바뀌었는데, 각 교단별로 선교부의 독자 활동이 크게 강화되었다. 이제부터는 개신교 단일 교단 설립에 대한 꿈을 접었고, 그 대신에 여러 교단 선교사들의 상호 협력에 힘쓰게 되었다. 새로 조직된 연합공의회(1911년)의 권한은 "자문 역할에 있고 신조와 치리 기구,

또 예배에 관해 (명령할) 권한은 없다."고 명시하였다.

그런데 내한 선교사들의 선교 사역이 확산되면서 서로 경쟁하고 충돌하며 갈등하는 경우가 종종 일어났다. 이 문제를 해결함과 동시에 효과적인 선교 사역을 위해 내한 선교부들이 의논하여 선교 지역 분할 협정을 맺었는데, 이것을 '교계예양'(教界禮讓, Comity Agreements)이라 부른다. 이 작업이 결코 수월하게 추진되지는 않았다. 1888년에 시작되었고, 여러 차례 우여곡절을 겪은 끝에, 1909년에야 비로소 내한 6개 선교부(장로교 4개, 감리교 2개)가 교계예양에 최종적으로 합의했다. 10년 이상의 세월이 소요된 선교 지역 분할 협정이었다.

3. 미국 북장로교 내한 선교부의 선교 정책 수립 과정

1) 한국 실험(The Korea Experiment)

미국 장로교 북장로회는 한국(조선)에 파송한 첫 선교사들이 이 나라에서 선교를 어떻게 시작하게 해야 할지 매우 고심했다. 1885년 내한(來韓)한 언더우드의 고뇌를 살펴보기로 한다. 그의 선교 사역은—한국(정부) 정부가 직접 선교인 교회 설립을 허용하지 않는 상황이었으므로—우선 고아원 성격을 띤 학교를 설립하여 운영했다(예수교학당, Jesus Doctrine School). 그러면서 그는 항상 기회만 닿으면 기독교 서적을 팔며 복음을 전하고자 애썼다. 선교사들의 신분이 아직도 보장되지 않은 상태였기에, 만일 어느 선교사가 한국 정부와 마찰을 빚으면, 그 선교사는 본국으로 귀환 조치당할 수가 있었다. 그런데 가끔씩 토착인이 생계를 위해 기독교인이 되어 보려고 선교사를 찾아왔다. 좋은 보수를 바라며 선교사의 조수 노릇을 하고자 신앙이 있는 척하는 경우도 허다했고, 선교사가 세운 기독교 학교에서 교

사로 일하려고 지원하며 좋은 보수를 요구하기도 했다. 선교사 언더우드
는 이 점을 파악하고서 토착인을 선뜻 받아들이지 않고 며칠 동안 함께 지
내면서 그를 여러 가지 측면으로 시험해 보았다.

이런 상황에서 언더우드는 한국 선교의 가능성과 방법에 대해 고민했
다. 그는 근원적으로 선교에 대한 "대단한 책임감 속에서 느껴지는 무지함,
무능력, 무경험의 자각"에 빠져들었다.[7] 그러면서 그는 중국 산동에서 일
하고 있는 선교사 네비우스(Nevius)의 글을 정독하며 그의 선교 방법에 흥
미를 갖게 되었다. 1890년 봄, 서울을 방문한 네비우스와 내한 선교사들이
여러 차례 회합을 가졌다. 전자(前者)는 자신의 선교 방법을 설명했고 이에
후자(後者)는 "오랫동안 기도하며 숙고한 끝에" 소위 '네비우스 방법'을 선
교 정책으로 채택하였다.[8] 이때 언더우드가 요약 정리한 네비우스 방법은
다음과 같다.[9] ① 모든 사람(토착인) 각자는 그리스도를 위한 교역자이며,
자기의 생업을 가지고 스스로 생계를 해결한다. ② 토착인이 교회를 돌볼
수 있고 운영할 수 있는 범주 안에서 교회를 조직한다. ③ 자질이 훌륭한
토착인을 선출하여 그의 이웃에게 복음을 전하게 한다. ④ 토착인으로 하
여금 그들 자신의 예배당을 짓게 한다. 예배당은 토속적인 건축 양식을 따

---

7) Lillias H. Underwood, *Fifteen Years among the Top-Knots or Life in Korea*. 신복룡
역, 『상투의 나라』(서울: 집문당, 1999), 129.

8) Allen D. Clark, *A History of the Korean Church*(Seoul: Christian Literature Society of
Korea, 1971), 86. 윤철호, "네비우스 정책에 대한 고착을 통해 본 한국 교회 선교 정책의
방향", 서정운 명예총장은퇴기념 출판위원회 편, 『하나님 나라와 선교: 서정운 명예총
장은퇴기념논문집』(서울: 대한기독교서회, 2001) 130에서 재인용.

9) 이 문장을 선교사 게일이 옮겨 적었는데, 그것을 필자가 다시 요약해서 옮겨 적었다.
J. S. Gale, *Korea in Transition*. 신복룡 역, 『전환기의 조선』(서울: 집문당, 1999), 123-
124. 백낙준은 네비우스 방법을 세 등분으로 나누어서 自進傳道(self-Propagation), 自力
運營(self-Support), 自主治理(self-Government)로 정리하였다. 백낙준, 『한국개신교회사』
(서울: 연세대학교출판부, 1973), 169-170, 303-311.

라 지어서 토착 교회의 모습으로 형성되어야 한다.

이로써 미국 장로교 북장로회 내한 선교부는 한국에서 이제 막 시작한 선교를 위해 네비우스 방법을 채택했다. 리처드 베어드(Richard H. Baird)에 따르면,[10] 그러나 내한 선교부는 네비우스 방법을 문자적으로 적용하지 않았으며 이 방법을 한국의 실정에 맞게 창의적인 선교 방법을 고안했다. 그 고안 과정이 1890년부터 1930년대까지 약 40년 동안 진행되었는데, 이를 두고 '한국 실험'(The Korea Experiment)이라고 했다.

2) 선교 철학

리처드 베어드에 따르면, 네비우스 방법과 관련된 한국 실험의 첫 번째 단계는 선교 철학을 수립하는 일이었다. 이 철학에 따르면, 선교 현장에서는 토착 교회의 설립이 우선이고 그 뒤를 따라 고아원, 학교, 병원 등 기독교 기관을 설립해야 하는데 또 이 기관을 교회의 필요에 맞추어서 교회의 발전과 성장에 기여한다는 전제 아래 설립한다는 것이다. 그런데 네비우스 방법과 아주 상반되는 선교 철학이 아시아 여러 나라(인도, 버마, 일본 등)에서 이미 상당 기간 시행되었는데, 이 선교 방법은 교회와 기독교 기관을 동시에 설립하는 것이었다. 인도 등지에 파송된 선교사들은 엄청난 재원을 투입하여 아주 멋진 기독교 학교를 설립하고 또 최고 시설의 병원을 세웠다. 이렇게 투자한 목적은 토착인(아시아인)이 선교사 설립 병원에서 치료받으며 기독교가 아주 좋은 종교라는 인상을 갖게 하고 또 토착인 아동이 선교사 설립 학교에서 배우며 서양 문명의 우수함을 배우고 익히게 한다는 것이다. 이를 통해 토착인(아시아인)으로 하여금 서양 기독교와 서양 문명을 동일시하게 하며 서양 문명의 우수함과 우월성을 각인시키고자

---

10) Richard H. Baird, *William M. Baird of Korea: a Profile*, 103–112.

했다. 서양(미국) 선교사들은 이처럼 아시아 여러 나라에서 서양의 제도, 기관, 문화를 이식시켰다. 이 선교 사역의 이론적 배경이 되는 선교 철학은 이교도 국가를 기독교 국가(Christendom)로 바꾸는 것이었다.

그러나 19세기 후반 아시아에 선교사를 파송하는 책임을 맡은 미국 장로교 북장로회의 엘린우드(F. F. Ellinwood)는 그곳 여러 나라에서 시행된 선교 철학이 성공하지 못하고 실패했다고 판단했다.[11] 그래서 그는 한국에 파송되는 선교사들이(알렌, 언더우드, 마포삼열, 베어드, 아담스 등) 이러한 실패를 되풀이하지 말도록 당부했다. 한국에 파송된 선교사가 해야 할 최우선 사역은 서양 문명(과학 기술, 공학, 제도, 기관)을 전달하고 문명을 그 나라에 이식시키는 일이 아니라 복음의 기쁜 소식을 전파하는 것이라 강조했다. 예를 들어 주후 1900년경 루이스 세브란스(Louis H. Severance)가 병원을 짓는 재정을 기부하려 했는데, 내한 선교부는 그의 제안을 사양했다.[12]

3) 선교 방법

한국 실험의 두 번째 단계는 1890년 네비우스가 서울에서 소개한 '신계획'(New Plan)이었다. 교회에 나오게 된 토착 교인이 교회 생활에 자발적으로 참여하도록 인도하는 것이었다. 이것은 주로 개 교회를 발전시키는 선교 방법이었다. 네비우스 방법의 원리는 자전(自傳, self-Propagation), 자립(自立, self-Support), 자치(自治, self-Government)를 통한 토착 교회의 형성

---

11) 위의 책, 104.
12) 그러나 예외는 있었다. 의료 선교사 알렌이 운영하는 제중원은 한국(조선) 정부의 재정 지원으로 설립되어 운영되는 기관이므로 예외가 허용이 되었다. 또한 미국 북장로회 내한 선교부는 언더우드가 세운 예수교학당(Jesus Doctrine School, 1886 설립)과 여학생을 위한 학교(1888)를 운영하고 있었다. 이것은 비록 사회 구호 차원의 성격을 띤 학교이지만 선교부의 선교 철학에 위배되는 사역이었다.

이었다. 스스로 자원하여 전도하고, 자비량으로 복음을 전하며 자립 경제의 정신으로 스스로 자급 부담하여 교회와 학교를 설립하고, 독자적이고 독립적인 교회 치리가 네비우스 방법의 중심 알맹이였다.[13] 그런데 이 당시 중국에서 사역하는 대다수 선교사들은 네비우스 방법을 반대했다. 심지어는 네비우스 자신이 사역하는 산동에서도 그의 방법이 거부되었다.

4) 교육 정책

한국 실험의 세 번째 단계는 1897년 미국 북장로교 내한 선교부가 채택한 교육 정책이었다. 그런데 네비우스가 교육 정책에 관하여는 구체적으로 제안하지 않았는데, 그래서 이 교육 정책은 내한 선교부가 창의적으로 고안해 낸 것이었다. 이때 윌리엄 베어드가 내한 선교부의 교육 자문(Educational Advisor)으로 일했고, 이 일을 위하여 그는 대구에서 이제 막 시작한 복음 전도 사역을 중단하고 서울로 왔다. 그는 내한 선교부의 교육 정책을 수립하는 작업을 했다. 그는 1897년 내한 선교부 정기 연례 모임에서 '우리의 교육 정책'(Our Educational Policy)이라는 제목으로 그동안의 작업을 제출했다. 그 내용의 골격은, 내한 선교부가 가장 우선해야 할 선교 사역은 토착 교회의 설립이고, 그 다음에 교회의 필요에 따라 교회 발전에 기여할

---

13) 한국 교회사 연구 분야에서 네비우스 방법에 대한 긍정적인 평가와 부정적인 비판이 나란히 양립하고 있다. 백낙준은 이 선교 방법이 한국 교회 토착화의 '주춧돌'이라 보았고, 박순경은 그러한 해석이야말로 한국 교회가 서양 기독교의 연장이라는 사실을 말해 주는 것일 뿐이라고 비판하였다. 평양 선교사 마포삼열(S. A. Moffett)의 아들 마펫(S. H. Moffett) 교수는 양쪽의 입장을 골고루 경청하고, 네비우스 방법이 자립 경제를 지나치게 강조한 나머지 자립 재정(돈)을 교회 성장과 성숙의 척도로 삼았다는 비판에 공감하면서, 그렇지만 이 선교 방법이 전 세계에서 '유일하게 한국에서만' 성공하였다는 점을 강조했다. 임희국, "신앙 각성 운동을 통한 갱신과 부흥, 토착 교회의 형성: 1907년 평양 대각성 운동을 중심으로", 『한국 교회의 영적 부흥과 리더십』(서울: 장로회신학대학교 출판부, 2006), 466.

수 있는 학교, 병원, 고아원 등의 기독교 기관을 설립해야 한다는 것이었
다. 또 학교 설립의 주된 목적은 토착 교회의 교인을 가르치고 양육하는 것
이라고 보았다. 학생들이 자라나서 장차 "농부가 되고 대장장이가 되고 의
사가 되고 교사가 되고 국가 공무원이 되고 … 모두 다 복음을 전파하는 전
도자가 될 것"인데, 교회가 설립한 기독교 학교의 우선 목적은 장차 교회를
섬길 교인 자녀의 교육이라 보았다. 이 제안을 내한 선교부가 선교 정책으
로 채택했다.

5) 결실

한국 실험의 첫 번째 단계는 선교 철학을 수립하는 것이었고, 두 번째
단계는 선교 방법론을 정립하는 것이었고, 세 번째 단계는 이 방법을 시행
하는 교육 정책을 만드는 것이었다. 한국 실험을 시작한 직후부터 내한 선
교부의 사역이 괄목할 만한 성과를 거두었다. 당장에 토착 교회들이 전국
20-30곳에서 초등학교를 설립했다. 학교 설립과 학교 운영을 토착 교회가
자발적으로 주도했다. 내한 선교부가 하는 일은 교재 만들기와 교사 훈련
이었다. 네비우스 방법이 선교 현장의 학교 교육에 정착되고 토착화되었
다. 리처드 베어드에 따르면, 그 절정에 숭실대학의 설립과 발전이 있었다.

4. 윌리엄 베어드와 숭실대학

1) 1897년 평양으로 전임(轉任)

네비우스가 한국을 방문한 1890년에 윌리엄 베어드는 미국 장로교 북
장로회 해외선교부로부터 한국 선교사로 임명받았다.[14] 그는 아내와 함
께 그 이듬해 1월 25일 부산항에 도착했고, 2월 2일 서울에 도착했다. 그

는 부산 영선현(지금의 코모도호텔 근처)에 설립된 부산 선교지부에서 '사랑 방' 형식으로 전도를 시작했고, 1895년 1월 한문학교를 시작했으며(5명 소 년 학생), 1896년 대구에서 선교지부를 개척했다. 내한 선교부의 연례 모임 (1896)에서 그는 선교부의 교육 자문(Educational Advisor)을 맡게 되어 가족 과 함께 서울로 이사했다. 이때부터 그는 네비우스 방법에 기초하여 선교 부의 선교 정책을 세우는 작업에 들어갔다. 그 이듬해(1897) 그가 작성한 선교 정책이 선교부의 연례 모임에서 받아들여졌고, 그는 10월에 평양으 로 전임(轉任)되었다.

월리엄 베어드가 평양에 도착하던 때, 이곳의 선교 상황이 크게 호전 되던 중이었다. 청일 전쟁(1894) 이전의 평양은 기독교에 관하여 언급하 기조차 두려운 박해 상황이었다. 일 년 전(1893) 미국 북장로교 파송 첫 평 양 선교사 마포삼열이 3월에 성벽 바깥에 있는 토지를 매입했을 때, 관청 이 그에게 매입을 취소하도록 종용했다. 마포삼열은 그 이듬해 1월까지 겨 우 7명에게 세례를 베풀었다. 그러다가 기독교 선교를 거부하는 여론이 지 배하던 평양 민심을 바꾸는 결정적인 사건이 터졌는데, 그것이 바로 청일 전쟁이었다. 여기에 두 가지 요소가 중요하게 작용했다. 전쟁 중에 선교사 마포삼열이—딴 곳으로 피난가지 않고—목숨 걸고 환자를 돌보며 치료하 자, 그의 희생적 돌봄을 목격하며 감동을 받은 주민들이 외국인 선교사에 대한 인식을 바꾸게 되었다. 보다 더 크게 작용한 계기는, 일본이 서양 문

---

14) 그가 한국 선교사로 지원하는 과정에 맥코믹 신학교의 절친 마포삼열이 크게 조언했 다. 두 사람은 1870–1880년대 무디의 시카고 신앙 부흥 운동에 영향을 받았고 또 그 가 지원한 학생 자원 운동(Student Volunteer Movement)에 열정적으로 참여했다. 1888 년 신학교 졸업 후 마포삼열은 한국에 선교사로 나갔고, 월리엄 베어드는 콜로라도주 Del Norte에 있는 교회에서 목회했다. 그러다가 한국 파송 미국 북장로회 소속 선교사 언더우드의 형(John)이 한국 선교사에게 재정 지원하겠다고 나섰는데, 서울에서 이 소 식을 들은 마포삼열이 월리엄 베어드에게 한국으로 와서 함께 사역하자고 제안했다.

명을 수용하여 근대화를 이룬 결과 세계의 중앙에서 호령하던 중국(청)을 군사력으로 물리쳤다고 평양 주민들이 해석했다. 이 도시의 대중은 이제 일본의 근대화에 주목하게 되었고 또 서양 문명을 소개하는 기독교에 대하여 호기심을 가졌다. 상황이 바뀌었고, 마포삼열이 1895년 선교부 부지를 마련하였다. 그 이듬해부터 교인 수가 급격히 늘어나면서 거대한 '토착 (신앙) 운동'(Indegenous Movement)이 진행되기 시작했다.[15] 이 운동을 서북 지역 첫 의료 선교사 웰스(G. Hunter Wells)가 감지하였고, 그가 이것을 1896년 내한 선교부 연례 모임에서 보고했다. 그의 보고에 감동을 받은 모임 참석자 모두 다 자리에서 벌떡 일어나 하나님을 찬양했다. 이와 더불어 이들은 이 토착 (신앙) 운동의 지도자를 훈련시킬 프로그램을 구상할 때가 이르렀음을 공감했다. 이 목적을 위해 일할 수 있는 선교사로 윌리엄 베어드가 지목되었다.[16]

---

15) 1896년에 평양의 선교사들은 이 도시에서 거주지를 확보하였고, 이때부터 이곳의 선교 사역은 안정 속에서 발전해 갔다. 같은 해 7월에 널다리교회가 예배당을 마련하여서 300명이 들어갈 수 있는 규모로 교회를 건축하였다. 당시에 수요일 저녁 기도회에 참석하는 교인 수가 150명 이상이었다. 주일 오전에 모이는 성경공부반이 두 개로 늘어났다. 이 교회는 계속해서 늘어나는 교인들의 앉을 자리를 위하여 건물을 확장하였는데, 그렇지만 이 확장 공사가 교인의 증가를 따르지 못하여 예배를 두 번으로 나누어 드렸다. 이러한 추세 속에서 널다리교회는 1900년 6월에 새 예배당을 신축하여 봉헌하고 교회 이름을 장대현교회로 바꾸었다. 7명의 교인으로 시작된 이 교회가 이제는 세례교인 386명에 교인 총수가 약 1,200명으로 부흥하였다. 왕성한 장대현교회의 성장은 자녀 교회 분립으로 이어졌다. 1903년 가을에 남문밖교회를 자녀 교회로 분립하였고, 1905년 12월에 사창골교회를 분립하였고, 곧 이어서 1906년 1월에 산정현교회를 분립하였다. 이러한 부흥 발전의 과정 속에서 1907년 1월에 평양의 4개 교회가 연합하여 장대현교회에서 집회를 가졌고 또 이 집회에서 강력한 성령의 역사가 일어났다. 그 이후에 장대현교회는 1909년에 서문밖교회를 자녀 교회로 분립하였고, 1911년에 외성(성문밖)교회를 자녀 교회로 분립하였다. Robert E. Speer, *Presbyterian Foreign Missions. An Account of the Foreign Missions of the Presbyterian Church in the U.S.A.*, (Philadelphia; Presbyterian Board of Publication and Sabbath-School Work, 1901), 168.

2) 평양에서 '학당' 설립

평양에 온 윌리엄 베어드는 여러 마을을 돌며 순회 전도를 하면서 토착 교회들이 운영하는 교육 사업도 감독했다. 이미 1895년에 '토착 (신앙) 운동' 차원에서 평안도 용천군 신창(新倉)교회, 정주군 정주읍(定州邑)교회, 박천(博川)군 남호(南湖)교회가 초등 교육 기관인 '사숙'(私塾)을 설립했다.[17] 또한 내한 선교부 연례 모임(1896) 이후, 1898년에 평양 장대현(널다리골) 교회와 의주군 남산교회가 사숙을 설립했다. 1900년에는 의주읍교회, 선천읍교회, 황해도 황주군 용연교회가 각각 사숙을 설립했다. 교회들이 학교를 설립한 동기는 하나같이 "교인 자녀들을 교육하기 위함"이었다. 학교 운영과 교육을 대다수 토착 교회 교인들이 주관했고, 선교사들은 그 곁에서 협조하고 지원하였다.

윌리엄 베어드가 평양에서 일하기 시작하던 때에, 미국 북장로회 평양 선교지부는 초등학교 졸업생을 위한 그 다음 단계(중등학교)의 교육 기관을 설치해야 할 필요가 있었다. 이와 관련하여, 1895년 우리나라에서 근대 중등학교가 시작되었는데 그해 4월에 서울에서 소(초등)학교 교사 양성을 위한 한성사범학교가 설립되었다.[18] 이 무렵에 교회에서도 나날이 증가하는 초등학교에서 가르칠 교사를 서둘러 양성해야 한다는 여론이 대두되었다. 1897년 10월, 윌리엄 베어드는 평양에 도착한 직후 선교지부의 사랑방에

---

16) Richard H. Baird, 61. 김인수 역, 102–103.

17) 동일한 차원에서 서울의 새문안(신문내)교회가 '영신학당'(永信學堂)을 세웠다. 『朝鮮예수教長老會史記 上』(京城: 朝鮮예수教長老會總會, 1926), 81.

18) 1899년에 한성중학교가 설립되었다. 중등 교육 과정에는 외국어 학교(일어·중국어·영어·러시아어·독어·불어 등)와 실업 학교가 포함되었다. 이러한 중등 교육은—오늘날처럼—그 다음의 상급 학교로 진학하기 위해 준비하는 과정이 아니라 최종 단계의 학교였다. 즉 그 이상의 상급 학교가 없는 최종 과정이었고 졸업과 함께 직업을 찾아나갔다.

서 중등교육반을 발족했다. 흔히 '사랑방학급'으로 알려진 이곳이 '숭실학당'의 모체가 되었다. 그런데 숭실이란 학교 이름을 창립 당시엔 사용하지 아니했다. 그 무렵에는 그냥 '학당' 또는 '중학교'라 불렀다. 영어 표기에도 'Pyeng Yang Academy'(평양학당)로 기록되었다.

윌리엄 베어드는 한학자(漢學者)이며 교인인 박자중(朴子重)과 함께 학생들을 지도했다. 학생들은 초등학교를 졸업했거나 이에 상응하는 실력을 가진 젊은이들이었다. 이들은 학교가 정식으로 개교하기까지 예비 교육을 받았다. 사랑방 중등교육반은 이듬해(1898년) 가을에 정식으로 학생 모집을 공고했다. 약 60여 명이 지원하였고, 윌리엄 베어드는 이 가운데서 학력, 건강 상태, 가정 환경 등을 고려하여 18명을 선발하였다.

윌리엄 베어드는 계속 여러 마을을 돌며 순회 전도를 했고 또 학당에서 가르쳤다. 1901년에 그는 한국인 동료들에게 새 학교의 이상(Ideals)을 담아 낼 학교 이름을 지어 달라고 부탁했다. 며칠 뒤 최광옥이 '진리를 숭상한다'(Venerate Truth)는 뜻과 일반적으로 보통 부르는 학교 이름을 합친 '崇實學堂'(숭실학당)이라 적은 종이 한 장을 들고 왔다.[19] 이로써 중학교의 정식 이름이 생겼다. 그해 가을에 숭실학당이 정식으로 개교했다. 개교할 때부터 토착인(평양 교회의 교인)들이 학교의 운영과 후원에 참여하도록 했고, 구체적으로 실행위원회(executive Committee) 5명에 토착인 2명이 참여했다. 1902/1903년 무렵 윌리엄 베어드는 지리학, 세계사, 한국어 문법과 철자법 교재를 제작하여 인쇄했다. 산수, 대수학, 천문학 교재는 아직 제작 중이었다. 그의 부인은 식물학, 동물학, 생물학 등의 교재를 준비했다.

1904년에 미국 북장로교 내한 선교부는 윌리엄 베어드를 교육 전임 선교사로 임명했다. 그해에 숭실학당이 첫 졸업생을 배출했다.

---

19) Richard H. Baird, 135. 김인수 역, 220.

3) '기독교연합대학'(The Union Christian College)으로 발전한 숭실대학

숭실학당의 첫 졸업생 배출과 더불어 그 다음 단계의 고등 교육 기관 (대학)을 설립해야 한다는 요청이 대두되었다. 학교 당국은 1905년 대학부를 설치하여 대학 교육 과정을 시작했다. 평양에 정식 대학을 설립하는 일은 지역 장로교회의 염원이었다. 이를 뒷받침하는 신문 기사를 소개하고자 한다. 1906년 음력 5월(6월경)에 평양의 교회 지도자들이 장대현교회에 모여서 숭실대학의 건축을 위해 즉석 모금한 기사이다.[20]

음력오월 초오일에 이곳서(평양에) 대학당을 설립ᄒᆞᆯ 일을 의론ᄎᆞ로 쟝딕지 례빅당에 모혀서 례빅졀ᄎᆞ를 ᄒᆡᆼᄒᆞᄂᆞᆫ딕 찬미ᄒᆞ고 긔도ᄒᆞᆫ후에 방목ᄉᆞ 연셜ᄒᆞ고 대한 ᄒᆡᆼ뎨중 ᄒᆞᆫ사ᄅᆞᆷ이 대학당이 엇더케 긴요ᄒᆞᆫ ᄯᅳᆺ슬연셜ᄒᆞᆫ후에 연보를 ᄒᆞᄂᆞᆫ딕 신화 수빅원자리 뎐답을 밧친 사ᄅᆞᆷ이 류칠인이되고 혹 칠팔빅원 자리집도 밧친이도 잇고 ᄆᆡ년 신화 오원식만코 ᄆᆡ일 십젼식 셰샹ᄯᅥ나ᄂᆞᆫ 날ᄭᆞ지 배기로 쟉뎡ᄒᆞᆫ이도 만코 지목을 밧친이도 잇고 쥬초돌 밧친이도 잇고 교의를 밧친이도 잇고 시계를 밧친이도 잇고 대못슬 여러근 밧친이도 잇고 몸으로 품삭을 밧친이도 잇고 혹 신화ᄉᆞ오십원 일이삼십원 밧친이도 만코 즈민들은 은퇴와 은지환과 은장도 밧친이도 만ᄉᆞ오니 그날 쥬를 위ᄒᆞ야 여러 형뎨즈민가 열심쓰ᄂᆞᆫ거슬 가히 알바로소이다 당일연보난거시 신화 ᄉᆞ쳔 수삼빅원이옵고 ᄯᅩ 남북 평안도와 황ᄒᆡ도 각쳐 교회에서도 이ᄀᆞᆺ치 열심으로 홀모양이오니 우리나라 대학교가 쟝ᄎᆞᆺ 잘될줄을 밋ᄉᆞ온즉 여러 형뎨즈민들은 대학교를 위ᄒᆞ여 열심고도 ᄒᆞ시기를 ᄇᆞ라ᄂᆞ이다.

---

20) 『그리스도신문』, 1906. 7. 19.

월리엄 베어드는 숭실을 감리교와 연합하여 운영하려는 뜻을 가졌다. 이때 평양에서는 장로교와 감리교가 종종 상호 협력했지만 연합하려는 노력은 아직 없었다. 그는 1905년 감리교 내한 선교부의 연례 회의에 참석해서 고등 교육 분야에서 연합하여 일할 것을 제안했고, 이 제안을 감리교가 받아들였다. 감리교는 그러나 대학 설치 자본금과 운영 재정 1/3을 책임지되 학교 경영과 관리에서는 동등한(1/2) 권리를 달라고 요구했다. 책임은 가볍게 지고 권한은 크게 달라는 요구였는데, 장로교의 통큰 양보를 요구한 것이었다. 장로교 내한 선교부는 감리교의 요구를 받아들였다. 그리하여 평양에 감리교와 장로교가 연합한 '기독교연합대학'(The Union Christian College)으로서 숭실대학이 조성되었다.[21] 감리교는 학교 안에 2층 벽돌 건물을 건축했고 또 교수를 파송했다. 이에 독립된 과목(역사·수학·자연과학 등)이 개설되었다. 물리학과 화학을 벡커(A.L. Becker), 역사학을 빌링스(Bliss Billings), 수학을 러프스(Carl W. Rufus)가 담당했다. 학장은 장로교의 월리엄 베어드였다.

1909년부터 2년 동안 월리엄 베어드는 내한 선교부들이(4개 장로교 선교부, 2개 감리교 선교부) 상호 협력하여 교육연합회(Educational Association)를 조직하는 데 앞장섰다. 교육연합회는 공동으로 교과 과정을 만들고, 공동으로 교과서를 제작하며, 그리고 교육 사업 관련 다양한 문제를 공동으로 대응하려는 목적으로 조직되었다. 1912년에 내한 선교부들은 연합 교육 사업을 전국 규모로 확대하고 또 교육의 수준을 한 단계 더 끌어올리고

---

21) 박용규, "월리엄 베어드와 한국 선교", 『베어드와 한국 선교』, 한국기독교문화연구소 편(서울: 숭실대학교출판부, 2009), 69-70. 김명배, "월리엄 베어드와 숭실대학", 앞의 책, 118-123. 리처드 베어드에 따르면, 이때 중등 교육 수준에서도 연합 교육 사업이 이루어졌다. 서울에서는 장로교의 경신학교와 감리교의 배재학교가 연합했다. 평양에서는 장로교의 남학교(Boys School, 숭실)와 여학교(Girls School, 숭의)의 운영에 감리교가 동참했다. 그러나 배재와 경신의 연합이 1년 만에 종식되었다.

자 교육연합회를 재정비했다. 우선 교육연합회를 교육위원회(Educational Senate)로 개편하고 규약을 새로 만들었다. 6개 내한 선교부는 각각 본국 (미국)의 교단 선교 본부에게 이 규약을 승인받았다.[22] 본국의 해외 선교 본부는(감리교, 장로교) 한국의 교육위원회를 지원하기 위한 합동위원회(Joint Committee)를 구성했다(1912년 4월).[23]

1900년에 전교생이 30여 명이었던 (숭실)학당의 학생 수가 1905년에 102명으로 늘어났고 또 1910년에 498명으로 늘어났다. 숭실대학은 1908년 학생 수가 18명이었고, 1910년 첫 졸업생을 배출했는데 이때 전교생이 54명 이었다. 2년 뒤 장로교회는 총회를 조직했다(1912). 총회의 교세는 10만 여 명의 교인 수에, 전국에 총회 산하 노회가 조직되었고, 재정 자립도 거의 완벽했다. 평양에서 실천한 장로교 내한 선교부의 교육 정책, 윌리엄 베어드가 세운 그 정책이, 괄목할 만한 결실을 거두어서 서북 지역에 약 100여개 이상 초등학교가 설립되었고 이 학교의 재정을 토착(한국) 교회가 전적으로 담당했다. 고등 교육 기관인 숭실대학도 나날이 발전했다. 숭실대학의 발전은 평양과 서북 지역 교회의 부흥 성장에 힘입었다. '한국 실험'은 그리하여서 특별히 교육 분야에서 굉장한 성공을 거두었다.

4) '대학 문제' 발생(1912)

그런데 1912년 3월에 열린 감리교 내한 선교부 연례 모임에서 전혀 뜻밖의 결정이 내려졌다. '하나'의 기독교연합대학을 '서울'에다 설립하자는

---

22) 이 규약은 한국의 교육위원회가—교육(선교)의 현장에 있으므로—학교 설립에 필요한 학교 위치, 학생 정원, 선발 방법 등 모든 결정권을 가지도록 했다.

23) 미국 북장로회는 스피어(Speer)와 브라운(A. Brown)을 파송했고, 남장로회는 체스터(S.H. Chester)를 파송했고, 북감리회는 노스(Frank Mason North)와 가우처(John Goucher)를 파송했으며, 남감리회는 쿡(E.F. Cook)을 파송했고, 캐나다 장로교회는 맥케이(R. P. Mackay)를 파송했다.

결정이었다. 그 취지는 한국의 수도가 서울이기에 이 나라 전국을 대상으로 하는 기독교 대학을 이곳에 설립하는 것이 마땅하다는 것이었다. 그러나 이 결정은 곧 '평양'의 숭실대학을 폐교하자는 뜻으로 내비쳤다.[24] 감리교는 이 결정을 교육위원회(Educational Senate)에 제출했다.

교육위원회가 이 제안에 대한 장로교 내한 선교부의 견해를 듣기로 했다. 미국 북장로교와 남장로교 내한 선교부 그리고 호주 장로교 선교부는 하나의 기독교연합대학이 평양에 계속 있어야 한다고 반응했다. 호주 장로교 선교부는 "서울을 제외시키자"는 추가 의견을 덧붙였다. 호주 장로교와 미국 남장로교 선교부는 한반도 남쪽 지역에서 일했는데, 이 선교부들의 결정이 평양이냐 서울이냐 지정하는 데 매우 중요했다. 호주 장로교의 선교 구역은 부산과 경상남도 지역인데, 이 선교부에겐 서울이 평양보다 지리적으로 훨씬 가깝고, 그러하기에 만일 서울에 기독교대학이 설립되면 유리한 점이 많을 것인데 그럼에도 불구하고 호주 장로교는 평양을 선택했다. 호남 지역에서 일하는 미국 남장로교 선교부도 마찬가지였다. 그래서 교육위원회는 감리교의 제안을 받아들이지 않았다. 감리교는 그렇지만 재차 동일한 제안을 했다. 10월에 소집된 교육위원회는 또다시 이 제안을 수락하지 않으면서 서울과 평양에 각각 1개의 대학(합쳐서 2개)을 설립할 필요는 없으며 전국에 1개의 기독교대학으로 충분하다고 확인했다.

그러나 감리교는 그 제안을 포기하지도 수정하지도 않았고 오히려 더욱 강경한 입장을 내보였다. 감리교는 만일 교육위원회가 그 제안을 받아들이지 않는다면, 이제까지 평양에서 해 오던 교육 사업을 철수하고 또 교

---

24) 숭실대학교100년사편찬위원회, 『숭실대학교100년사: 평양숭실 편(1)』(서울: 숭실대학교출판부, 1997), 175.

육위원회에서 탈퇴하겠다고 결의했다. 12월 20일 교육위원회가 또다시 소집되었고 감리교의 제안을 놓고 투표했다. 그 결과 서울 지지 6표 평양 지지 7표였다. 그런데 교육위원회는 투표의 결과에 상관하지 않고 본국(미국)의 합동위원회에다 모든 결정을 위임하기로 했다. 이것은 매우 납득하기 어려운 결정이었고, 또 교육위원회가 감리교에 끌려다닌다는 인상을 강하게 심어 주었다.

그러면 감리교 내한 선교부는 무슨 까닭으로 기독교연합대학을 서울에다 설립하자고 주장하였는가? 이 질문에 대하여 리처드 베어드가 그 과정을 분석했다. 가장 큰 이유는 평양 지역에서 감리교의 교세가 장로교의 교세보다 너무나 열세하다는 점이었다(장로교 5 : 감리교 1). 장로교와 감리교의 연합 교육 사업이 시작되던 1905년에 학생 수를 계수해 보니, 전체 학생 수가 160명이었는데 이 가운데서 감리교 소속은 불과 15명이고 나머지 모두는 장로교 소속이었다.[25] 이 수치는 장로교의 선교가 감리교보다 훨씬 더 효과적으로 열매를 맺고 있다는 점을 증빙하였다. 양 교단의 선교 열매가 현격하게 차이를 보이는 이유는 네비우스 방법의 수용 여부에서 비롯되었다고 보았다. 장로교 내한 선교부는 네비우스 방법을 받아들여 선교를 시작했고 그것의 제3단계(최종 단계)에서 교육 정책을 세워 실천하고 있었다.[26] 그런데 감리교는 1890년에 네비우스 방법을 따르지 않기로 했다. 그래서 한국 실험을 장로교만이 시작했다. 두 교단이 다른 분야(성경 번역, 문서 출판 등)에서는 상호 협력하는 사업을 전개했는데, 한국 실험은 장로교만이 실시했다. 이에 장로교의 토착 교회 설립과 토착 교인으로 하

---

25) Harry A. Rhodes, *A History of the Korea Mission vol. 1: 1884–1934*(Seoul: Chosen Mission Presbyterian Church U. S. A.), 165.

26) 미국 북장로회 내한 선교부가 실천을 주도했고 장로회 소속 다른 선교부들(호주 장로회, 미국 남장로회, 캐나다 장로회)이 열심히 지원했다.

여금 주도적으로 교육 사업에 참여케 하는 정책을 감리교가 부정적으로 평가했다. 감리교는 이 교육 사업이 결코 수준 높고 우수한 대학을 육성시키지 못할 것이라 내다보았다. 감리교는 그러므로 토착 교회에 기반을 둔 대학보다는 사회에 영향력을 미치는 기독교대학을 설립하고자 희망했다.[27]

5) 위기에 처한 숭실대학

한국에서 발생한 대학 문제에 최종 결정권을 가진 미국의 합동위원회는 내한 선교부들의 상호 협력 사업 여부에 판단의 근거를 두어야 한다는 입장이었다. 합동위원회는 한국의 교육위원회가 평양 기독교연합대학의 유지를 결정했지만, 만일 그 결정대로 추진될 경우엔 내한 선교부들의 연합이 깨진다고 판단했다. 그래서 합동위원회는 1913년 2월 25일 내한 선교부들이 다시 투표하라고 지시했다. 그 지시는 사실상 지난 12월의 투표를 번복시키라는 암시였다. 내한 선교부들이 이에 다시 한 번 더 투표했다. 그러나 그 결과는 여전했다. 전체 투표자 109명 가운데서 서울 지지 38표 평양 지지 71표였다. 그러나 또 한 번 더 투표했다. 그 결과는 역시 마찬가지였다.

일이 이렇게 되자, 한국의 교육위원회와 미국의 합동위원회 사이에 의견 대립이 일어났다. 합동위원회가 이제는 드러내놓고 기독교연합대학을 서울에 설립하라고 종용하였다. 그 이유는 감리교 내한 선교부가 자신의 주장을 결코 굽히지 않고 있는 가운데 자칫하면 한국에서 실시해 온 상호 협력 사업이 깨질까 봐 염려해서였다. 한국의 교육위원회와 선교사들은(마포삼열 등) 이에 대해 반박하며 거세게 항의했다.[28] 그런데 미국 장로교 북

---

27) Richard H. Baird, 151-152. 김인수 역, 240.
28) 그러나 북장로회 소속 선교사 언더우드와 에비슨의 의견은 달랐다. 이들은 기독교대

장로회 해외 선교 본부가 합동위원회의 결정을 승인했다. 그 이유는 감리교 내한 선교부가 저렇게 완고히 자기 주장을 고집하는 한 평양의 연합 교육 사업이 지속되기가 불가능하다고 판단했기 때문이다.

1914년 12월에 미국 장로교 선교 본부와 합동위원회가 절충안을 마련했다. 한국에서 내한 선교부들이 연합하여 "기독교대학 1개와 초급대학(Junior College) 1개"를 운영하라는 안이었다. 기독교대학을 서울에다 설립하되 그 이름을 '조선기독교대학'이라 부르도록 했다. 이렇게 되자 평양의 숭실대학은 학당(Academy) 이하의 수준으로 내려가야 할 처지로 내몰렸다. 내한 장로교 선교사들은 이 절충안을 결코 수용할 수 없다는 입장을 가졌다. 이들은 미국의 해외 선교부가 한국의 '선교 현장'을 몰라도 너무 모른다는 판단을 했다. 그동안 한국 실험을 통해 평양 지역의 교회가 세계 교회의 역사상 그 유례를 찾기 힘들 정도로 엄청나게 부흥했는데, 이 사실을 본국의 해외 선교부가 전혀 알지 못한다는 판단이었다. 또한 해외 선교부의 무지함은 장로교 내한 선교부가 그동안 땀 흘려 가꾸어 온 한국 실험을 송두리째 깔아뭉개 버리는 처사라고 보았다. 내한 장로교 선교사들이 크게 화를 냈다. 도대체 미국의 해외 선교 본부는 내한 감리교의 주장에 무한 관용을 베푸는가? 내한 선교부들의 연합 사업을 위해 장로교 선교사들은 무조건 한없이 참고 양보만 해야 하는가?

미국 장로교 해외 선교 본부는 내한 선교부(장로교와 감리교) 사이에서 발생한 견해차와 갈등이 에큐메니칼 사업을 방해하고 있다고 판단했고, 그러면서 장로교 내한 선교부의 한국 실험이 에큐메니칼 사업에 오히려

학을 서울에 설립하는 것에 찬성했다. 언더우드는 이제까지 네비우스 방법의 한국 실험을 지지하며 열심히 따랐는데, 그런데 그는 이와 별도로 한국 실험에 조금도 해를 끼치지 않고 서울에 기독교대학을 설립할 수 있다는 입장이었다. 그러나 그는 한동안 변절자라는 비난을 면치 못했다.

걸림돌이 되었다고 판단했다. 1914년 미국 장로교 해외 선교 본부는 평양의 숭실대학을 폐쇄하고 서울에 기독교대학을 세우기로 결정했다. 이 결정에 충격을 받은 내한 선교부는 미국의 해외 선교부가 에큐메니칼 사업을 금지옥엽 그렇게 중요하게 지키려 하는데 만일 그렇다면 애초부터 연합 교육 사업으로 시작한 숭실대학을 왜 폐쇄하려 드는가? 이 점이야말로 해외 선교 본부의 착각이자 오류라고 내한 선교사들이 지적했다.[29]

6) 윌리엄 베어드의 사임

미국 장로교회 총회는 1921/1922년 해외 선교 본부의 결정이 오류라고 판결하고 그 결정을 무효화시켰다. 그리고 서울에 설립된 기독교대학과 함께 평양의 숭실대학도 계속 운영하도록 결정했다. 그런데 그 이전에 윌리엄 베어드는 1916년 숭실대학에서 사임했다. 그의 일생에서 가장 중요한 사역이었고 또 인생 자체였던 그 대학을 떠났다. 그 이후에도 그는 한국 교회가 주관하는 초등 교육 사업에 관여했고 그러면서 평양 지역 교회가 설립한 학교의 자문 역할을 했다. 학교 교사들은 대다수 숭실대학 졸업생이었다.

숭실대학 또한 계속해서 교회와 밀접한 관계 속에서 발전했다. 이 학교의 졸업생 다수가 교계 지도자로서 목사, 장로, 교사, 그리고 학교 행정가로 일했다.

---

29) Richard H. Baird, 182-184. 김인수 역, 285 이하.

5. 정리

이 글을 통해 우리는 숭실대학교의 설립 배경과 설립 정신 그리고 초창기 역사를 살펴보았다. 숭실대학교는 미국 장로교 북장로회 내한(來韓) 선교부가 받아들여 실천한 네비우스 방법 '한국 실험'의 최종 단계(제3단계)로 설립되었다. 한국 실험이란 시험삼아 실험적으로 시행해 보는 선교라는 뜻인데, 미국 장로교회가 한국 선교에 앞서 선교한 아시아 국가(인도, 일본 등)의 선교 정책을 반성한 데서 비롯되었다. 즉 선행(先行)된 선교 정책은 기독교와 서양 문명을 동시에 아시아에 이식하였는데, 피선교지에서 서양 선교사들이 학교와 병원을 세워서 서양 문명의 우수함과 우월성을 입증시키고, 특별히 기독교 명문 학교를 만들어 사회 부유층과 기득권층 자녀를 입학시킴으로써 기독교가 이교 문화 속에서 상층부 지위를 차지하는 제국주의 선교 방식이었다.[30] 이와 달리 한국으로 파송된 선교사들은 토착 교회의 설립에 우선하면서 토착인을 존중하고 그들의 문화를 이해하고자 했다. 이를 통하여 가난하고 미천한 토착인 대중 속으로 복음이 전파되었다. 이것이야말로 예수의 뒤를 따르는 선교였고, 19세기의 제국주의 선교 정책에 역행되는 하나님의 선교였다고 본다.

이러한 배경으로 설립된 숭실대학은 지역의 교회와 매우 친밀한 관계 속에서 발전했다. 학교 설립 재원을 평양 지역 교회가 함께 마련했고, 학교 운영에도 교회가 참여했고, 이로 말미암아 처음부터 교회의 인재들이 다양하게 배출되었다. 이 역사 과정을 읽으며 우리는 설립자 윌리엄 베어드

---

30) 이것은 박정신 교수의 서술("조선의 문명화(미국화)가 기독교화이고 기독교화가 문명화였다.")과 입장을 달리하는 것이다. 박정신, "역사의 베어드, 베어드의 역사", 『베어드와 한국 선교』, 한국기독교문화연구소 편(숭실대학교출판부, 2009), 33.

의 한국인 사랑과 한국 문화에 대한 존중심을 느낄 수 있었다.

그러나 윌리엄 베어드의 교육 정책이 대체로 교회의 필요에 맞춘 인재 양성에 주력하다 보니 이 교육 목표는 폭이 좁고 또 편협했다는 비판을 받았다. 오늘의 우리가 당시의 교회 이해를 하나님 나라로 넓혀 본다면, 그의 교육 정책은 지금의 숭실대학교에서 땅에 임하는 하나님 나라의 생명(지구 온 생명), 정의(경제 정의), 평화(한반도, 아시아와 세계의 평화)를 위한 인재 양성으로 실천될 수 있을 것이다.

| 참고 문헌 |

Baird, Richard H. *William M. Baird. a Profile*(1968). 김인수 옮김. 『배위량 박사의 한국 선교』. 쿨란출판사, 2004.

백낙준. 『한국개신교회사』. 서울: 연세대학교출판부, 1973.

『숭실대학교100년사: 평양숭실 편(1)』. 숭실대학교100년사편찬위원회, 숭실대학교출판부, 1997.

『朝鮮예수敎長老會史記』(상권). 1926.

한경직. 『한경직구술자서전 나의 감사』. 서울: 두란노서원, 2010.

Gale, J. S. *Korea in Transition*. 신복룡 역주. 『전환기의 조선』. 서울: 집문당, 1999.

Underwood, Lillias H. *Fifteen Years among the Top-Knots or Life in Korea*. 신복룡, 최수근 역주. 『상투의 나라』. 서울: 집문당, 1999.

Rhodes, Harry A.(ed) *History of the Korea Mission Presbyterian Church U.S.A. 1884–1934*(Seoul).

Speer, Robert E. *Presbyterian Foreign Missions. An Account of the Foreign Missions of the Presbyterian Church in the U.S.A.*, Philadelphia; Presbyterian Board of Publication and Sabbath-School Work, 1901.

김명배. "윌리엄 베어드와 숭실대학". 『베어드와 한국 선교』. 한국기독교문화연구소 편, 숭실대학교출판부, 2009.

박용규. "윌리엄 베어드와 한국 선교". 『베어드와 한국 선교』. 한국기독교문화연구소 편.
숭실대학교출판부, 2009.

박정신. "역사의 베어드, 베어드의 역사". 『베어드와 한국 선교』. 한국기독교문화연구소 편.
숭실대학교출판부, 2009.

윤철호. "네비우스 정책에 대한 고찰을 통해 본 한국 교회 선교 정책의 방향". 『하나님 나
라와 선교: 서정운 명예총장은퇴기념논문집』. 서정운 명예총장은퇴기념 출판위원회.
서울: 대한기독교서회, 2001.

임희국. "신앙 각성 운동을 통한 갱신과 부흥, 토착 교회의 형성: 1907년 평양 대각성 운
동을 중심으로". 『한국 교회의 영적 부흥과 리더십』. 서울: 장로회신학대학교출판부,
2006.

『그리스도신문』. 1906. 7. 19.

5

한글 성경 번역 과정에서 일어난
하나님 이름(神名) 채택 논쟁[1]

1. 시작하면서

한국 개신교 130년의 역사는 그 성격이 처음부터 '성경 기독교'로 자리를 잡아 갔다.[2] 이 나라에 첫 선교사들이 정식으로 입국한 1885년 이전에 이미 만주와 일본에서 성경의 일부가 한글로 번역되었다. 그 이후에 성경을 배우는 사경회를 통하여 토착 교회가 형성되었고, 심지어는 사경회의

---

1) 이 글은 장로회신학대학교 제8회 소망신학포럼(2008. 4. 30)에서 "한국의 성경 번역사(聖經飜譯史)에서 일어난 하나님 이름 논쟁(神名論爭)에 관하여"라는 제목으로 발제한 글인데, 이 가운데서 하나님 이름(神名) 논쟁만 간추려 싣는다. 한글 성경 번역에 관한 선행 연구가 다음의 단행본과 논문에 발표되었기 때문이다. 김중은, 『구약의 말씀과 현실』(서울: 한국성서학연구소, 1996), 61-76. 류대영, 옥성득, 이만열, 『대한성서공회사 II: 번역·반포와 권서 사업』(서울:대한성서공회, 1994). 이덕주, "한글 성서 번역사 개관", 한영제 편, 『한국 성서 찬송가 100년』(서울: 기독교문사, 1987), 31 이하.
2) 필자는 경상북도 안동 지역 교회사를 연구하면서 이 점을 확인하였다. 임희국, 『선비목회자 봉경 이원영 연구』(서울:기독교문사, 2001), 86-97.

결과(열매)로 평양에 장로회신학교(오늘날 장로회신학대학교의 전신)가 설립되었다.[3]

한국 개신교의 역사는 곧 성경 번역의 역사라고 볼 수도 있다. 1882년에 출간된 『예수성교누가복음젼서』에서부터 2006년에 출간된 『개역개정판 성경전서』(제4판)에 이르기까지 한국 교회는 여러 차례 성경을 다시 새롭게 번역하였다. 이것은 '성경을 사랑하는 성경 중심의 한국 교회'를 확인케 해 주었고,[4] 또 성경의 '원문'이 한 번의 번역으로 그 뜻을 완벽하게 옮길 수 없다는 점도 말해 준다.

이 글은 성경이 한글로 번역된 과정에서 마치 파도처럼 계속 일어났던 하나님 이름 채택 논쟁에 집중하고자 한다. 이 논쟁은 성경을 번역하면서 제기된 하나님 이름에 관한 용어에 국한된 것이 아니라, 정신 문화적으로 기독교의 신관(神觀)과 한국 전통 종교의 신관이 상호 만남, 이와 관련된 기독교의 신학 논쟁(토착화),[5] 그리고 한글 맞춤법 통일안에 따른 하나님 이름 표기법 등과 연계되어 있다. 그래서 이 논쟁은 그 당시에 여러 가지 다양한 요소가 복합적으로 얽혀 있었으며 또 이 논쟁은 아직도 깔끔하게 정리되지 않았다고 볼 수도 있다.[6]

---

3) 평양의 장로회신학교는 1901년에 설립되었고, 1916년에 처음으로 학교의 요람이 발간되었다. 이 요람에 보면 다음과 같이 기록되었다. "朝鮮長老會神學校ᄂ 元來聖經을專門으로敎授ᄒ뎐査經會中에서自然ᄒ 結果로産出ᄒ야漸次組織된거시라"

4) 내한 선교사들은 한국 기독교인을 "성경을 사랑하는 그리스도인"(Bible-loving Christian)이라 불렀고 또 한국 기독교를 "성경 기독교"(Bible Christianity)라고 언급하였다. "Matters of Moment", Bible in the World, Mar. 1907. 이만열, 『한국기독교와 민족통일운동』(서울: 한국기독교역사연구소, 2001), 205에서 재인용.

5) 신학자 윤성범이 단군신화론을 1960년대에 발표하였고, 여기에 대한 신학적 반론을 전경연, 한철하, 박봉랑 등이 제기하면서 1970년대에 토착화 신학 논쟁이 일어났다. 윤성범은 단군신화에서 삼위일체 하나님의 흔적을 발견하고, 웅녀를 곰 토템의 잔해로 해석한 것을 비판하고 "웅녀는 神母요 聖母"라고 주장했다. 허호익, 『단군신화와 기독교』(서울: 대한기독교서회, 2003), 230-238.

2. 한글 성경 번역 과정에서 전개된 하나님 이름(神名) 채택 논쟁

1) 만주와 일본에서 각각 표기된 하나님 이름

1870년대 말부터 만주에서 성경을 한글로 번역한 로스 일행은 하나님 이름(하나님의 이름)을 '하느님'으로 채택했다. 이 용어가 한문문리본 성경의 하나님 이름 표기인 상제(上帝)에 대응하는 단어라고 보았다. 한국의 하느님은 '하늘'에서 나온 용어로서 한국인들이 전통적으로 이해해 온 전능자(全能者)이시요 지고자(至高者)이시며 무소부재(無所不在)하신 보이지 않는 신으로 보았다. 물론 그는 『한불자전』(韓佛字典)을 통해 한국 천주교가 하나님 이름을 '텬쥬'로 표기한다는 점을 알았으나 당시의 조선에서 금교로 배척당하고 있던 천주교와 혼동을 피해야 할 필요성이 있었고 또 하느님이 텬쥬보다 훨씬 더 타당하다는 판단을 내렸다.

그런데 당시에는 한글 표기법이나 맞춤법이 정립되어 있지 않았다. 각 지역의 사투리도 지방에 따라서 서로 알아들을 수 없으리만큼 심했기 때문에 표기상 일관성이 없었다. 사정이 그러하였으므로 하나님 이름 표기 하느님이 1883년에 출판된 『예수성교누가복음·뎨자힝젹』에서는 '하나님'으로 표기되었다. 그러나 표기의 변화가 뜻의 변화를 수반한 것은 아니었다. 아직까지 한글 철자법이 마련되지 않은 상황에서 번역자들이 1882년에 한글 표기법을 고안하다가 아래 아 ㅣ를 정리하면서 첫 음절에서는 'ㅏ'로 표

---

6) '하느님이냐 혹은 하나님이냐'로 남아 있다. 흥미로운 점은, 하나님 이름 논쟁과 직접 관련이 없으나, 하나님 이름 이해와 관련하여 본 대학교(장로회신학대학교) 구약학 분야 교수들이 최근에 다음의 논문을 서술하였다. 강사문, "구약의 하나님 야웨(II)", 『長神論壇』 제27호(2006), 11-37. 박동현, "다니엘서의 하나님 이름", 『長神論壇』 제30호(2007), 11-43.

기하고 두 번째 음절에서는 'ㅡ'로 표기했는데, 1883년에는 모두 다 'ㅏ'로 통일시켰기 때문이다(예, 아들 → 아달). 그래서 하느님을 하나님으로 표기하였고, 그렇지만 그 뜻은 바뀌지 않았는데 '하늘의 주인'(Lord of Heaven, 즉 上帝)을 뜻했다.

일본에서 성경을 번역한 이수정은 하나님의 이름을 '신'(神)으로 표기했다. 그렇게 한 이유가 있는데, 아마도 미국 성서공회 총무 루미스의 지원으로 번역을 진행했으므로 미국 성서공회가 중국과 일본에서 채택한 '신'을 그대로 수용했을 것이라는 점이 가장 뚜렷한 설명이다.[7] 1885년 2월에 일본에서 간행된 마가복음『신약마가젼복음셔언히』가 한국으로 온 미국 첫 선교사들을 통해 국내로 들어왔다.

2) 국내에서 선교사들이 시도한 하나님 이름 표기

1885년 이래로 한국에 들어온 선교사들은 각기 나름대로 하나님 이름(神名)을 표기했다. 마펫(Moffett)과 스크랜턴은 '하ᄂ님'과 '텬쥬'를 번갈아 사용했다. 베어드(Baird)와 아펜젤러는 '하ᄂ님'을 사용했다. 오링어(Ohlinger)는 '샹뎨'를 사용하였다. 그러나 어느 누구도 이수정이 채택한 '신'으로 표기하지 않았다. 하나님이 귀신으로 오해되고 또 예수 그리스도가 귀신의 아들로 오해될 소지가 있었기 때문이다. 이 점에 대하여 언더우드가 가장 먼저 지적하면서, 1887년에 발행한『마가의젼흔복음셔언히』에서 하나님 이름을 '샹뎨'로 채택했다. 아마도 그의 어학 선생이요 번역 조사이자 천주교 신자인 송덕조(宋德祚)의 견해를 따르면서 동시에 천주교와 차별

---

7) 옥성득, "개신교 전래기의 신 명칭 용어 논쟁. 구역 성경 번역기(1893~1911)를 중심으로,"『기독교사상』(1993년 10월호), 204.

성을 둔 용어 선택으로 본다. 그는 또한 로스의 '하느님'(하나님)도 거부하였다. 그러한 용어 대신에 '샹뎨'나 '춤신'을 채택하자고 주장했다. 그런데 그는 1893년에 발간한 『찬양가』에서 '샹뎨'를 사용하지 않고 '춤신'과 '여호와'를 채택했다.

여기에서 선교사들의 입장이 둘로 나뉘기 시작했다. 다수는 한국인들이 전통적으로 섬겨 온 '하느님'이 다른 모든 신들보다 우위에 있으며 그분이 공경을 받아야 한다는 의미에서 '하느님'을 선호하고 있었고, 이들은 또한 한국인들의 '하느님' 이해에다 유일신 개념과 속성을 집어넣으면 된다는 입장을 취했다. 그러나 언더우드의 입장은 달랐다. 그에겐 그들의 입장이 편의주의적 혼합주의로 비쳤다. 언더우드에 따르면, 어느 한 문화권에서 전통적으로 사용해 오던 하나님 이름을 기독교의 하나님(God)이라 채택하게 되면, 토착 신앙과 기독교 신앙이 서로 내통하며 뒤섞일 수 있으므로 전통 하나님 이름을 배제하는 기독교의 God을 표기해야 하는데, 만일 이것이 불가능할 경우엔 성경에 나오는 하나님 이름인 '여호와'를 그냥 사용해야 한다고 보았다.[8] 그 이후에(1903년까지) 그는 '여호와'를 주로 사용하였고 '춤신'을 보조적으로 사용했다.

3) 1894–1905년의 논쟁 '하느님이냐 텬쥬냐'

1894년 봄에 '상임성서실행위원회'는 하나님 이름 채택을 놓고 투표하였다. 영국 성공회의 한국 선교부는—영국 성공회 중국 선교부와 한국 천주교가 오랫동안 사용해 온—'텬쥬'를 채택하자고 주장했다. 여타 개신교 선교사들은 '하느님'을 채택하자고 주장했다. 5명의 번역자들이 표결에 붙

---

8) L. H. Underwood, *Underwood of Korea*, (NY : Fleming H. Revell Co., 1918), 124 –125.

인 결과 텬쥬가 4, 하ᄂ님이 1이 되었고, 이에 따라 텬쥬로 결정되었다.[9]

그러나 위원회에 속하지 않은 여타 선교사들은 투표 결과를 수용하지 않았다. '텬쥬'를 사용할 경우 천주교와 혼동될 가능성이 있다고 우려했기 때문이다. 그래서 이들은 '하ᄂ님' 채택을 요청하는 청원서를 제출했다. 이들의 하ᄂ님 이해는 "홀노 ᄒ나이신" 유일신이고, "옥황도 아니요 부쳐도 아니요 귀신도 아닌" 한국 전통 종교들의 여러 신을 부정하며, "스스로 잇서 시종이 업고 영원히 변역ᄒ지 아니ᄒ시는 텬지만물에 큰 주지"로 고백하였다.[10] 이리하여 하ᄂ님을 주장하는 선교사들은 한국인들이 전통적으로 섬겨 오던 하ᄂ님에 성경의 신관과 속성(유일신)을 부여하고 또한 이를 통해 다른 종교들의 여러 신과 차별성을 강조하였다.

상황이 이렇게 되자 상임성서실행위원회는 그해 가을 타협안으로 『마태복음』과 『ᄉ도힝젼』을 1,500부씩 인쇄하면서 1,000부는 '하ᄂ님'역으로, 500부는 '텬쥬'역으로 각각 출판하도록 결정했다.

이제까지의 논쟁을 정리한다. 로스본의 서북 지역 방언인 하느님/하나님이 서울에서 하ᄂ님으로 채택되었고 그 의미는 변함없이 하늘+님이었다. 미국 성서공회의 용어를 따른 이수정의 '신'은, 언더우드가 '춤신'으로 극복하려 했지만, 일찍 사라지고 말았다. 춤신은 귀신(鬼神)을 극복하자는 취지였다. 언더우드는 이제 막 선교가 시작된 한국에서 기독교의 신앙 정체성이 훼손될까 봐 우려하여 '춤신'과 '샹쥬'(上主) 그리고 '여호와'를 사용하였다. 샹쥬는 텬쥬(天主)와 동일한 뜻을 가지면서도 천주교가 사용하

---

9) 장로교의 언더우드와 게일, 감리교의 스크랜턴과 아펜젤러, 그리고 성공회의 트롤로프였다. 아펜젤러만 하ᄂ님에 투표했다.

10) 이것은 선교사 마펫과 최명오가 함께 쓴 『구세론』(1895)의 한 구절이다.

는 天主를 따르지 않기 위함이었다. '텬쥬'의 등장은 성공회와 개신교 여러 교단들의 일치를 위한 제안이었으나, 성공회만 사용했고 개신교는 처음부터 거부 반응을 보였다.

4) 언더우드의 입장 변화(1903년), 하나님 이름 표기가 '하ᄂᆞ님'으로 정착

하나님 이름 논쟁에서, '하ᄂᆞ님이냐 텬쥬냐'로 입장이 나뉘어 논쟁이 전개되었는데, 마펫과 게일이 전자를 지지했고 언더우드와 기포드(D. L. Gifford)는 후자를 지지했다. 전자의 입장은 '하ᄂᆞ님'이 '텬쥬'의 대응어이므로 한자어인 '텬쥬'를 사용해야 할 이유가 없다는 입장이었다.[11] 이들은 또한 하ᄂᆞ님의 변칙적인 서북 방언인 '하나님'을 사용할 수 있다는 입장도 보였다. '텬쥬'를 주장한 기포드는, 한국인의 종교 의식 속에 유교, 불교, 샤머니즘이 혼재해 있는데 이 종교들이 이 나라의 신화를 형성하는 데 각각 참여했다고 보았다. 한국인의 신앙 체계에 다신론의 서열 구조가 있다는 것이다. 이 서열의 최상위에는—중국인들의 상제에 해당되는—하ᄂᆞ님이 있으며, 바로 그 아래에 부처가 있고, 또 그 아래에 십왕(十王)이 있고, 또 그 아래에 산신(山神)이 있다고 보았다. 이렇게 볼 때 한국인들의 하ᄂᆞ님은 여러 신들 가운데서 최상위에 있지만 다른 신들과 분리된 유일신은 아니라는 것이다.[12]

그런데 1903년 무렵에 언더우드가 자신의 주장을 접고 '하ᄂᆞ님'을 수용하였다. 그의 부인 릴리아스에 따르면,[13] 언더우드는 중국과 한국의 종교사를 연구하는 과정에서 고구려인들이 크고도 유일하신 하ᄂᆞ님을 섬겼

---

11) R. T. Turley to W. *Wright, November 21, 1894*(London:CUL). 옥성득, 212에서 재인용.

12) D. L. Gifford, *Every Day Life in Korea(NY: Fleming H. Revell Co., 1898)*, 88-89.

13) L. H. *Underwood*, 126.

다는 점을 발견하고, 한국 전통의 하느님에 대한 자신의 인식이 잘못되었음을 깨닫고, 본래의 의미에 담긴 속성으로서 하느님을 사용하면 그 본디 의미가 한국인들의 가슴 속에 쉽게 살아날 수 있을 것으로 보았다는 것이다.

1906년에 영국의 성서공회도 '텬쥬' 사용을 포기하고 '하느님'만을 채택하기로 결정했다. 그 이유는 하느님에 대한 이해가 새로워졌기 때문인데, 하느님을 하늘의 주인으로 이해했던 종래의 이해에서 유일신으로 이해하게 되었다. 그래서 그해에 출간된 공인역 『신약젼셔』에는 하느님만을 하나님 이름으로 채택했다. 약 10년간 끌어온 용어 논쟁(텬쥬냐 하느님이냐)이 마감되었다. 이와 함께 하느님은 유일신으로 이해되었다. 이것은 이전에 다신론적인 '하늘의 주'가 유일신론적인 '한 크신 분'으로 이해하게 되었다.

계속해서 '하느님'에 대한 이해가 하늘의 주에서 유일하신 큰 분으로 바뀌는 데 게일이 큰 역할을 하였다.[14] 그런데 이것이 그 자신에게서 비롯된 것은 아니었고 그에게 빛을 던져 준 사람은 한글학자 주시경이었다고 한다.[15] 게일이 그의 말을 인용하여 '하느님'관을 소개했는데, "'하느님'의 '하느'는 일(一)을 뜻하고 '님'은 주, 주인, 임금을 뜻한다. 즉 한 크신 창조주가 '하느님'이다. 우리는 그 하느님을 천지공사와 연관시키고, 영원한 창조주인 '조화옹'(造化翁)으로 부른다."고 설명했다. 이어서 유일신 하느님을 게일은 '하나님'으로 표기하고자 했다. 그가 한글의 새 철자법을 고안하였는데, 아래 아[ㆍ]를 폐기하고 복모음을 단모음으로 바꾸는 것이었다. 이에 따라 '하느님'이 '하나님'으로 바뀌게 된다. 게일은 자신이 개정한 철자법을

---

14) 그 이전에, 게일은 이렇게 새롭게 이해된 '하느님'을 '하나님'으로 표기하고자 했다.
15) 옥성득, 213-214.

1902년 9월 장로회공의회에다 보고 겸 제안하였다.[16] 개정 철자법이 교계의 폭넓은 지지를 받았으나,[17] 서북 지역 교회가 아래 아ᆞ, ㅣ를 폐지하면 지역 방언을 제대로 표기할 수 없다는 이유로 이 철자법을 반대하였다. 결국 1903년 장로회공의회는 '시기상조'라는 이유로 지난해의 결의를 번복하였다. 개정 철자법은 수용되지 못했고, 따라서 성경 번역에도 새 용어가 반영되지 못했다.

비록 게일의 제안이 수용되지 못했으나 그의 유일신 이해는 수용되었다. 1911년 『성경전서』를 출간한 기념식에서 그는 한국인이 성경을 잘 받아들이게 된 다섯 가지 요인을 설명했다. 첫 번째 요인이 하나님 이름("The Name for God")인 Hananim(하ᄂᆞ님)이라고 말했다. 하ᄂᆞ님은 "유일한 크신 분(The One Great One), 지고한 절대 존재(The Supreme and Absolute Being), 신비한 히브리어 명칭인 '나는 나다'(I am that I am)를 연상시킨다."고 했다.[18] 이 대목에서 게일은 유일하신 Hananim을 강조함과 동시에 이 Hananim을 구약성경의 YHWH(아도나이, 야웨)와 연결시켰다. 이로써 그는 한국인들의 토착 신관과 성경의 신관을 잇대었다고 본다. 이미 게일은 한국의 전통 문화와 성경의 히브리 문화 사이에 서로 친화력이 있음을 파악하였다. 예를 들어 그는 한국의 예절 문화가 성경 시대의 유대 문화와 아

---

16) 1902년 9월 장로회공의회에서 선교사 게일이 개정 철자법에 관한 보고서를 낭독했고, 공의회는 모든 것을 번역자회에 일임했으며, 그리고 번역자회는 새 철자법을 채용하기로 결정했다. 그 골자는 아래 아ᆞ, ㅣ를 없애고(예, ᄋᆞ → 아), 목적격의 ᄋᆞᆯ → 을(예, 룰 → 를, 슬 → 슬), ㅅ,ㅈ,ㅊ+복모음 → ㅅ, ㅈ, ㅊ+단모음(예, 셔, 셔 → 서: 쟈, 쟈, 즈, 댜 → 자) 등이었다. 이 경우 한글 음절 170개가 140개로 줄어들었고, 이에 따라 인쇄활자도 줄어들었다.

17) 가령 감리교(북감리회)의 월간지 『신학월보』가 게일의 개정 철자법을 채택하여 한동안 (1902년 12월부터 1904년 7월까지) '하ᄂᆞ님'을 '하나님'으로 바꾸어 표기하였다.

18) J. S. Gale, *"Korea's Preparation for the Bible,"* 『The Korea Mission Field』(March 1912), 86.

주 친밀하여서 이곳 한국에서 다윗, 다니엘, 베드로, 바울 시대의 유대 문화를 경험하는 것 같다고 밝혔다.[19] 다윗이 사울 앞에 고개를 숙이고 경배했듯이(삼상 24:8) 한국인들도 그렇게 고개 숙여 절을 한다는 것이다. 성경의 유대인들이 "샬롬" 하며 인사하였는데 한국 사람들은 그와 비슷한 뜻을 가진 "안녕" 하며 인사한다는 것이다. 게일은 한국인들의 관습과 언행에 배여 있는 체면 문화까지도 잘 파악했다. 그래서 그는 요한복음에 등장하는 니고데모가 체면치레에 능숙한 한국인의 전형이라고 보았다. 니고데모가 예수님을 낮에 찾아오다가는 남들에게 체면이 깎일까 봐 어두운 밤을 골라 왔다는 것이다. 게일은 이와 같이 한국의 전통 생활 관습과 예절 문화가 성경 시대의 문화에—서양 문화보다 더—가깝다고 보았다. 그의 이러한 인식은 예수 그리스도의 복음을—서양 문화의 옷을 벗겨 낸 복음을—한국 전통 문화에다 곧바로 '접목'시킬 수 있다는 가능성을 보여 주었다고 본다.[20] 이러한 이해를 바탕으로, 게일은 Hananim을 다른 민족과 나라들의 하나님 이름과 비교하여 언급했다. "우리 색슨어 God은 복수로 사용되었고 또 이방신들에게 적용되던 용어였으므로 이 용어를 바라는 바 목적대로 쓰기 위하여 미리 크게 조정해야만 했다. 희랍어 Theos나 일본어 Kami 역시 소위 많은 신들에게 적용되었고, 중국어 Sang-je 또한 많은 신들 가운데서 최상의 위치에 불과하였다. 그러나 (한국어) Hananim은 다른 이름(하나님 이름)들이 오랜 기간 많은 공을 들여 겨우 얻은 의미를 단번에 얻어 냈다."[21] 이 대목에서 게일은 복음이 한국에서보다 앞선 시대에

---

19) J. S. Gale, *Korea in Transition*, 114–115.
20) 그러나 이러한 견해가 한국 전통 종교들의 신관과 성경의 신 이해 사이에 연계 가능성까지 생각했는지는 알 수 없다. 임희국, "초기 내한 선교사들의 한국 문화 이해", 『선교와 신학』 제13집(2004), 53–84.
21) J. S. Gale, "Korea's Preparation for the Bible," 86.

전파된 여타 다른 나라와 민족들에게는 각기 다신론 상황에서 상당히 오랜 세월 기독교의 유일신적 정체성이 형성되는 과정이 이루어진 데 비하여 한국에서는 본래부터 있던 훌륭한 하나님 이름 때문에 아주 짧은 기간에 이것이 이루어졌다고 보았다. 더 나아가서, 게일은 Hananim 속에 에큐메니칼적 속성이 있다고 보았다. "한글 이름 Hananim과 정확하게 동등어인 한자어 天(God or Heaven)은 Chon-ju(텬쥬)를 사용하는 이들과 일치(조화)되게 하였고, 그래서 오늘날 우리는 이 놀라운 이름, 즉 성경이 오는 것을 환영할 준비가 되어 있던 이 놀라운 이름에 대하여 함께 감사드릴 수 있게 되었다." 이로써 게일은 Hannanim(하ᄂ님)이 '하늘(Heaven)＋님'이란 점을 시인하면서도 유일신을 강조하였고, 이와 함께 이제까지 '텬쥬'(天主, Heavenly Lord)를 하나님 이름으로 사용하자는 주장을 포용하고자 했다.

5) 하ᄂ님을 하나님으로 표기

게일의 이러한 견해에 대하여 다른 선교사들도 대체로 수긍하였다. 이에 1911년에 출판된 『성경전서』에는 하나님 이름이 '하ᄂ님'으로 표기되었으되, 그 뜻하는 바는 '유일한 크신 하나님'이었다. 이것이 이전에 번역된 성경과 동일한 표기이지만 그 뜻이 전혀 새로워졌다. 하ᄂ님이 이전에는 '하늘(天)＋님'이었는데 이제는 이전의 표기를 배제하지 않으면서도 '하나(一)＋님'이 되었다.[22] 이에 아래 아[ㆍ]를 폐기한 한글의 새 철자법이 채용되면서, '하ᄂ님'을 '하나님'으로 표기하기 시작했다. 교계 신문 『기독신보』가 1927년 10월 26일부터 '하나님'을 채택했다. 평양의 장로회신학교가 발간한 『신학지남』(편집장 남궁혁) 또한 1928년 1월부터 '하나님'을 채용했다.

---

22) 이것을 옥성득은 이렇게 표현했다. "'하느님'인 '하ᄂ님'에 기독교적인 세례를 베풀어 '하나님'인 '하ᄂ님'으로 거듭나게 했다. 옥성득, 위의 논문, 216.

그런데 1933년에 조선어학회가 한글 맞춤법 통일안을 내놓았다. 아래 애 ·ㅣ를 폐지하자는 것이 핵심 알맹이였다. 이에 따라 '하ᄂᆞ님'을 '하느님'으로 표기하게 되었다. 이 제안에 대하여 교계가 논의하고 있을 때, 구약개역위원인 피터즈가 1936년 3월에 자신이 번역한 『시편개역』에서 국내 역본으로는 처음으로 '하ᄂᆞ님'을 '하나님'으로 표기했다. 이것은 새 철자법에 따라 표기한 것이 아니지만 아래 애·ㅣ가 탈락된 철자법이었다. 이로써 1920년대 후반부터 교계 신문과 잡지에서 약 10년간 사용되어 온 '하나님'이 드디어 성경에도 채택되었다. 그런데 문제는 하나님의 형태소가 '하날'(天)+'님'인지 아니면 '하나'(一)+'님'인지 혼동될 소지를 남겼다. 이 점에 관하여 피터즈가 설명하였는데, 그가 하나님을 채용하였을 때 그것이 결코 多神論(신들, gods)을 뜻하지 않으며 유일신을 의미한다고 밝혔다.[23] 그 이후에 '개역판' 제목이 붙은 성경에서(『구약개역』(1938)과 1939년의『신약개역』(1939)) 아래 아 [ㆍ]를 모두 [ㅏ]로 대체시켜서 '하ᄂᆞ님'을 '하나님'으로 표기하였다. 서북 지역의 방언과 조화를 이루었다. 1939년 장로교회 제28회 총회가 하나님 이름을 '하나님'(唯一神)이라고 선포한 이후에 대다수 개신교 교단들이 이 표기를 따랐다.

6) 하나님이냐 하느님이냐

1956년에 한글 맞춤법이 체계 있게 통일되었고, 그 철자법에 맞춘 '개역 한글 성경'이 출판되었다. 그러나 여기에서 '하나님' 표기는 철자법대로 고쳐지지 않고 그대로 두었다. 이러한 점에 관하여 국어학자들은 한글 정서법에 어긋난 하나님 이름(神名) 표기라고 지적했다. 이제까지는 하늘(天)+님(主)에서 유래된 하느님(하나님)/하ᄂᆞ님/하나님으로 표기되어 왔는

---

23) A. A. Pieters, "Notes on Old Testament Revision," 『KMF』(May 1940), 79.

데, 이제부터 정서법에 따라 '하느님'으로 표기해야 한다고 지적했다. 만일 유일신을 강조하려면 처음부터 ᄒᆞ나(一)+님)하나님으로 갔어야 했다는 것이다. 그런데 개신교의 성경 번역사를 살펴보면, 하나님 이름 표기의 시작이 'ᄒᆞ나+님'이 아니라 '하늘+님'에서 시작되었으므로 이제는 '하나님'이 아니라 '하느님'이어야 한다고 주장했다. 만일 지금 개신교가 표기하는 하나님의 '하나'가 '하늘'을 뜻하지 않고 '유일'(唯一)을 뜻한다면 이것은 어법상 무리라는 지적이었다. '하나' 둘 셋 같은 수사(數詞)에다 '님'이라는 존칭 접미사를 붙일 수 없다고 보기 때문이다.[24] 게다가 개신교가 기독교의 유일신 개념만 중요시하고 국어 문법을 무시했다는 비판도 제기되었다. 이러한 문제 제기에도, 1967년에 대한성서공회가 발간한 새번역 신약성경에도 여전히 하나님 이름이 '하나님'으로 표기되었다.

일부 신학자들도[25] 수사에 존칭 접미사를 붙여 만든 '하나님'은 한국어로 불가능한 형태일 뿐만이 아니라 유일신 개념을 표시해 주지도 않고 오히려 理神 개념(예, 희랍 철학, 중국 철학, 대종교, 천도교의 개념)의 지표로 오해받기 십상이라고 지적했다. '하나님'이 또한 특정한 하나님 이름(고유명사)으로 전락하여 교회와 세상의 소통을 어렵게 만들게 되므로—이론적으로는—선교가 막힐까 봐 우려하였다. '하나님'을 '하느님'으로 고치자는 주장이었다.

개신교와 천주교가 공동으로 번역한 성경 『공동번역 성서』에서 천주교는 '텬쥬'를, 그리고 개신교는 '하나님'을 버려서, 양자가 하나님 이름을 '하느님'으로 통일하였다. 그 이후에, 개신교는 개정한 개역성경에서 여전히 하나님 이름을 '하나님'으로 표기하였다.

---

24) 박찬욱, "절대자의 칭호 문제: '하느님攷'", 『기독교사상』(1980. 7), 102.

25) 곽노순, "韓國 敎會와 '하나님' 稱號", 『기독교사상』(1971. 2), 109.

수십 년 동안 내려온 쟁점 '하나님이냐 하느님이냐'는 오늘날에도 여전히 미해결의 상태로 머물러 있다. 간단하게 풀릴 주제가 아니기 때문이라 본다.

3. 하나님 이름 채택 논쟁에 관한 신학적 이해

1) 구약성경에 표기된 하나님 이름

하나님 이름 채택과 하나님 이름 표기의 문제가 간단히 쉽게 해결되지 못한 까닭은 성경에 표현된 하나님의 이름을 한국어로 옮겼을 때 그 이름이 한국의 토착 종교(들)의 하나님 이름과 필연적으로 교류할 수밖에 없었기 때문이다. 양쪽의 하나님 이름에는 각각의 표기법과 함께 신앙 내용이 들어 있으므로, 그 교류가 다층적(多層的)이고 다면적(多面的)이었다.

성경을 한글로 처음으로 번역한 개신교 선교사 로스와 한국인 동역자들은, 중국에서 진행된 성경 번역 과정을 크게 참조하면서, 한문문리본 성경의 하나님 이름 표기인 상제(上帝)에 대응하는 한글을 찾아서 '하느님'으로 채택하였다. 이 점은 구약성경 창세기에서 아브라함을 비롯한 족장들의 사례(事例)를 통해서 그 전례(前例)를 살펴볼 수 있다. 강사문에 따르면,[26] 창세기의 족장들은 가나안 땅에서 나그네로 살면서 가나안 족속 종교의 최고 신 '엘'(El)을 그대로 따라 불렀다. '엘'은 에티오피아를 제외한 모든 셈어에서 신(神, god)을 의미하는 보통명사로서 힘(Force), 강함(Strong)을 뜻한다. 이로써 창세기의 족장들과 가나안 사람들은 신의 이름과 기능을

---

26) 강사문, 13-14.

공유하였다. 그리고 양자는 별 충돌 없이 서로 이해하고 수용하면서 평화롭게 지냈다. 그렇지만 이를 통하여 족장들이 가나안 사람들의 신(El)을—그들과 함께—섬겼다는 뜻이 결코 아니다. 족장들이 가나안 사람들과 꼭같이 '엘'을 불렀지만, 신앙의 내용은 전혀 달랐다. 양자 사이에 뚜렷하게 다른 점은, 족장들의 '엘'은—가나안 사람들의 '엘'과 달리—제의(祭儀) 장소와 연계되어 있지 않았다. 고정된 제단의 '엘'이 아니라 어디에서나 언제든지 나타나시는 분이다. 요약하자면 가나안에 이주해 온 족장들은 그들의 하나님 이름을 새로 독립적으로 창안해 낸 것이 아니라 그 지역 종교 속에서 사용되고 있는 용어를 그대로 수용하였다. 가나안의 최고 신 '엘'(고유명사)을 족장들이 수용함으로써 보편적인 '엘'(보통명사)이 되게 했다. 그러면서 그 뒤에 수식어를 붙여서 족장들은 그들의 하나님을 구체적으로 표현하고자 했다. 예컨대 '엘 엘리온'(지극히 높으신 하나님, 창 14:18-19), '엘 올람'(영원하신 하나님), '엘 로이'(감찰하시는 하나님) 등이다. 창세기 족장들의 신관에 관한 고찰을 다시 한글 성경 번역사(飜譯史)에다 적용해 보면, 로스가 한국 토착 종교의 하나님 이름(神名)을 빌려서 그대로 한글 성경에다 수용하였다. 이것은 토착화의 첫 단계에서 흔히 일어나는 현상이었다. 그러나 그렇다고 해서 성경의 신성(神性)이 토착 종교의 신성과 동일시되지는 않으리라 본다.

강사문에 따르면,[27] 창세기의 족장들이 깨달아 알게 된 '엘'(하나님)의 특성은 '계시(啓示)하시는 엘'이다. 즉 아브라함 스스로가 찾아 나서서 발견한 '엘'이 아니라 '엘' 자신이 아브라함에게 나타나 자기를 보여 주시며 가나안 땅을 그의 후손에게 주겠다고 약속하셨다(창 12:7). 동일한 약속을 아브라함의 아들 이삭에게 하셨고(창 26:2, 24) 또 손자 야곱에게도 하셨다(창

---

27) 위의 책, 27-28.

35:9). 아무런 조건을 달지 않고 은혜로 약속하셨다(창 17:1-8). 구약성경 전반에서 엘(하나님)은 무한하신 분이기 때문에 유한한 인간이 그분에 대하여 완전하게 이해할 수가 없다. 그분 스스로가 인간에게 나타나 계시해 주셔야만 비로소 당신이 누구신지 깨달아 알 수 있게 된다. 그런데 족장들과 달리 고대 근동 지역 사람들은 자연에서 신(El)들을 발견하고 눈에 보이는 자연 물상들을 신(El)으로 숭배하였다. 그들의 신(El)은 인간이 발견하고 찾아낸 신(El)이었던 반면, 족장들의 엘은 스스로 사람들에게 오셔서 자신을 보여 주심으로써 당신이 누구신지 비로소 깨달아 알게 하셨다. 그분은 역사의 전면으로 직접 나서기도 하고 그 후면에 숨어서-요셉의 생애에서 보듯이-사건을 계획하고 진행하기도 하셨다.

창세기의 족장들이 깨달아 알게 된 계시의 '엘'(하나님)이 역시 모세에게도 나타났다. 족장들의 '엘'이 모세에게는 조상들의 '엘'이었다. 그 '엘'은 당신의 이름을 '스스로 있는 자'(YHWH, 아도나이)로 밝혔다(출 6:2-7). 처음 일어난 일이었다. 조상들에게는 하나님이 당신의 이름을 YHWH로 밝히지 않으셨는데 이제 모세에게는 알려 주셨다. 이 이후로 모세와 이스라엘 족속은 족장들의 후손으로서 독자적인 YHWH 신앙을 표현하게 되었다.[28] 조상들은 가나안 땅의 하나님 이름(엘)을 그대로 빌려서 자신들의 '엘'을 섬겼는데, 이제부터는 그 '엘'을 더 이상 부르지 않고 자신들의 '엘'을 YHWH(아도나이)라 불렀다. 이들은 그러나 감히 그 이름을 부르지 못했고 YHWH로 표기만 하였다. 부득이하게 발음해야 할 경우엔 아도나이라 표현했다. YHWH를 거룩한 네 글자라는 뜻에서 신성4문자(神性四文字, tetragrammaton)로 불렀다. 주전 3세기의 구약성경 희랍어 역본인 70인역(LXX)은 YHWH를 주님(Kurios)이라 번역했다. 이 신성4문자를 주후 1518년

---

28) 위의 책, 22-23.

부터 갈라티누스가 처음으로 라틴식으로 발음하여 Jehovah로 불렀다.

앞에서 살펴본 대로, 모세에게 '스스로 있는 자' YHWH로 알려 주신 분의 이름을 한국어 '하ᄂ님/하나님'으로 옮긴 점은 너무도 적합하고 훌륭하다고 게일이 감탄하였다. 방금 서술한 바 성서신학(구약)의 연구(고대 근동의 종교 문화 속에서 자리잡은 족장들의 신관)를 그가 터득하였는지 잘 알 수가 없지만, 게일은 한국의 종교와 전통을 존중하는 가운데서 이 나라에서 오래 전부터 내려오던 하나님 이름인 '하ᄂ님/하나님'이 구약성경 출애굽기 3장 14-15절에 나오는 YHWH에 완벽하게 상응한다고 보았다. 한국인의 신앙 심성에 너무나 잘 들어맞으면서도 성경의 YHWH를 조금도 훼손시키지 않는다는 것이다. 이것을 다시 유비적으로 살펴볼 수 있다. 1880년대 로스 일행이 한국의 토착 종교들을 통해 면면히 내려오던 하나님 이름 '하ᄂ님/하나님'을 한글 성경 번역에 채택한 것은 마치 창세기의 족장들이 가나안 족속들의 하나님 이름 '엘'을 그대로 따라 부른 것과 같고, 한 세대 후인 1910년대에 선교사 게일이 이 '하ᄂ님/하나님'이 곧 출애굽기 3장에서 계시하신 YHWH라고 설명함으로써 기독교 신앙의 정체성을 정착시켰다고 본다. 전통 문화의 토양 속으로 들어간 복음의 씨앗이 그 속에서 싹을 틔워 토양 밖으로 고개를 내밀고 자라났다. 토양 속에 묻혀서 거기에 동화되지 않았고, 복음의 씨앗 속에 생명력이 있었기에 그 힘으로 싹을 틔우고 자라났다. 이것이야말로 성경의 YHWH가 한국의 '하느님/하ᄂ님/하나님'으로 '성육신'하신 것이라 본다. 즉 "말씀이 육신이 되어 우리 가운데 거하시매 …은혜와 진리가 충만하더라"(요 1:14)

2) 계시하시는 하나님에 관한 신학적 이해

이제는 계시의 하나님에 관하여 신학적으로 좀 더 자세히 살펴보고자 한다. 이미 창세기 족장들의 경우에서 살펴보았고 또 모세에게서도 살펴본 대로, 하나님은 인간의 노력으로 가까이 다가갈 수 없는 분이며 인간의 능력으로도 파악될 수 없는 분이다. 다만 하나님 스스로 인간에게 오심으로써 인간은 그분을 만나고 또 그분이 누구신지 인식하게 된다. 하나님을 인식하는 것은 지식 차원이 아니라 만남의 사건을 통해 깨달아 알게 되는 것이다. 이 사건은 하나님이 일으키신 '역사'(Geschichte)이다. 이 역사를 바르트는 '계시의 술어'(Pradikat der Offenbarung)라고 표현했다.[29] 그리고 하나님의 계시로 말미암은 역사는 '증언과 고백'(Zeugnis, Bekenntnis)으로 표현된다.[30] 여기에는 철학적 사색을 통해서는 하나님의 계시를 파악할 수 없다는 생각이 내포되어 있다. 윙엘(E. Jüngel) 역시[31] 하나님은 만남의 주체이시고 인간은 그 만남을 통해 새로이 거듭나는 주체(als sekundäres, nachfolgendes Subjekt)라고 보았다.

하나님이 만남의 주체라는 뜻은 당신의 절대 주권과 절대 자유 안에서 당신이 정하신 바에 따라 사람에게 오신다는 것이며, 이 만남을 통하여 하나님의 말씀이 사건으로 일어난다(Tatwort).[32] 여기에서 몇 가지 파악되는 점이 있다. 첫 째로 하나님의 계시가 모든 사람에게 임하는 것이 아니라 만남의 사건을 통해서 깨달아 알게 된다. 모세의 경우가 그러했다. 그렇지만 배타적으로 닫혀 있지 않고 온 세상 모두를 향해 열려 있는 계시다. 모두에게 임하지는 않으나 모두를 향해 열려 있다. 높고도 깊은 또 넓고도 오묘한 하나님의 계시, 개인과 민족 그리고 모든 인류와 온 세상을 향한 하나님의 계시이다. 따라서 하나님의 계시는 여럿이 아니라 오직 하나 곧 유일회

---

29) K. Barth, *Kirchliche Dogmatik* I-2(Zürich: Theologischer Verlag, 1940), 64.

30) K. Barth, *Theologische Fragen und Antworten*(Zollikon, Evangelischer Verlag, 1957), 158.

31) E. Jüngel, *Gottes Sein ist im Werden*(Tubingen: J.C.B.Mohr, 1965), 73.

32) 위의 책, 78.

적이며 이와 동시에 우주적으로 열려 있다(ein für allemal).[33] 둘째로 하나님의 계시가 임하는 형태가 특정한 하나로 고정되어 고착되지 않고 언제나 다양하게 변화 가운데서 미래를 향해 열려 있다. 구약성경을 보면 하나님의 계시가 기도와 탄식 등 다양한 표현 양식의 여러 형태로 선포되었다. 그래서 구약성경을 통해 살펴보는 하나님의 계시는 매우 다양하다. 셋째로 하나님이 당신의 계시를 통하여 사람에게 오시는데, 이를 통하여 사람이 결코 하나님의 자리로 올라갈 수가 없다. 하나님은 언제나 하나님이시고 사람은 어디까지나 사람이며, 하나님은 하늘에 계시고 사람은 땅에 있는 존재이며, 하나님과 사람의 위치가 서로 뒤바뀌거나(verwechseln) 뒤섞일(vermischen) 수 없다는 뜻이다. 여기에서 하나님을 만난 사람들이 그 앞에서 죄인임을 깨달으며 거룩하고 은혜가 넘치는 하나님을 고백한 사실을 부각시킬 수 있다(사 6:1-7).

구약성경의 다양한 계시 사건은 예수 그리스도 안에서 수렴되고 또 성취되었다. 구약성경에서 일어난 하나님의 말씀 사건(Tatwort)이 그리스도의 성육신 곧 '육신이 되신 하나님의 말씀'으로 성취되었다. 이로써 구약성경의 다양한 계시 사건이 나사렛 예수를 통해서 '유일회성과 보편성'(ein für allemal)을 동시에 수렴하였다. 구약성경에서 거룩하신 주님(아도나이, 야웨)으로 계시하신 하나님이 신약성경에서 당신의 아들 그리스도 안에서 우리의 아빠(Abba)로 계시하셨다. 하나님 곧 하나님의 말씀이 세상 한가운데로 오셔서 나사렛 예수 안에서 구체적으로 사람의 눈으로 보고 손으로 만진 바 되었다(요일 1:1). 그렇지만 이를 통해서 하나님이 인간 속으로 내재화된 것이 아니라(nicht ein innergeschichtliches Subjekt), 하나님이 성육신을 통해 세상 한가운데로 오셔서 활보하시고(auftreten) 선포하시고(sprechen) 행하

---

33) K. Barth, *Theologishce Fragen und Antworten*, 161.

신 것이다(handeln). 신약성경 공관복음서에는 예수께서 치유 사건과 비유 등을 통하여 임박한 하나님 나라 곧 하나님의 통치를 선포하셨다. 요한복음에서는 기독론적 하나님 이해에 집중하였다. 예를 들어 하나님 아버지와 아들의 일치(identify)를 선포했다(요 4:34, 5:19, 30,36, 6:38, 14:10, 17:4, 불트만의 요한복음 주석). 그러나 아들은 자신의 영광을 구하지 않았으며(요 5:41, 7:18, 8:50) 오로지 아버지의 영광을 구했다(요 17:4). 아버지가 아들 안에 있고 또한 아들이 아버지 안에 있으며(요 10:38), 아들을 본 자는 아버지를 보았으며(요 14:9), 아들을 통하지 않고서는 아버지께서 나아갈 길이 없다(요 14:6)고 선포했다.

하나님의 계시는 특별히 사도 바울을 통해서 그리스도(기독론) 중심으로 선포되었다. 예수를 죽은 자 가운데서 다시 살리신 사건이 바울에게 가장 중요한 하나님의 계시였다(롬 10:9). 이를 통하여 사망 권세를 이기신 하나님의 능력이 선포되었으며 십자가에 달린 예수 그리스도에게서 진리가 계시되었다(고전 1:18 이하).

3) 중국 선교사 빌헬름(R. Wilhelm)의 계시 이해

19세기 말부터 20세기 초반까지 중국 칭따오에서 일했던 독일 개신교 선교사 빌헬름(R. Wilhelm)의 계시 이해를 살펴보고자 한다. 당시의 서양 선교사들이 아시아나 아프리카의 선교 현장에서 본국의 제국주의 정책에 소극적으로 협조하거나 적극적으로 대변하는 일이 잦았다. 그러나 빌헬름은 예외였다. 그는 오히려 서양 문명을 비판하고 그 문명의 한계점과 폐해를 지적하였다. 따라서 그는 서양 문명을 중국에 소개하지 않았고 심지어 서양의 기독교를 선교 현장에 옮겨 심는 일을 하지 않았다. 그는 중국의 전통 문화를 깊이 이해하고 그 문화를 존중하는 가운데서 복음을 전하며 중국인들을 섬기고자 하였다. 빌헬름은 중국 고전의 가치를 잘 인식하였고 그 유산을 오늘날 새롭게 살려내기를 원하였다.[34] 1904(1903)년부터 그는 이 고전을 독일어로 번역하기 시작하였다. 중국의 고전과 그 정신을 유럽에 소개하기 위함이었다. 1910년에서 1930년까지 그는 '중국의 종교와 철학'이라는 제목으로 중국의 고전 8권을 독일어로 번역하였다.[35]

빌헬름의 선교는 중국에 서양 기독교의 가르침을 전파하는 것이 아니라 예수 그리스도 안에서 이 땅에 임하는 하나님 나라를 증언하는 데 중점을 두었다. 빌헬름은 중국인들을 하나님의 자녀로 인식하며 이들과 더불어 '친구'로 사귀었다.[36] 그는 그들을 복음 안에서 '사랑하고' 그들에게 필요한 것을 '돕고자' 하였다. 이러한 차원에서 그는 학교(여자 중등학교)를 설립하여 교육 선교에 힘썼고 병원을 세워서 의료 선교에 매진하였다. 그는 중국인들이―서양식 기독교인이 되지 말고―진실히 그리스도를 믿어서 중국의 토양에서 새롭게 형성되는 '중국 나름의 교회'(chinesische

---

34) Karl Rennstich, *Die zwei Symbole des Kreuzes: Handel und Mission in China und Südostasien*(Stuttgart: Quell Verlag, 1988), 218.

35) 列子, 『列子仲虛直經』(*Liae Dsi*). *Das wahre Buch vom quellenden Urgrund*(Jena: Eugen Diederichs Verlag, 1911); 莊子, 『莊子南華直經』(*Dschuang Dsi*). *Das wahre Buch vom suedlichen Bluetenland*(Jena: Eugen Diederichs Verlag, 1912); 孔子, 『論語』(*Kung Fu Tse*). *Gespraeche*(Jena: Eugen Diederichs Verlag, 1914); 老子, 『道德經』(*Laotsche Tao Te King*). *Das Buch des alten vom Sinn und Leben*(Jena: Eugen Dierichs Verlag, 1919); 孟子, 『孟子』(*Mong Dsi*). (Jena: Eugen Diederichs Verlag, 1921); 『周易』(*I-Ging*). 1 -3. *Das Buch der Wandlungen*(Duesseldorf; Koeln: Eugen Diederichs Verlag, 1924). 1913년에 빌헬름은 중국 칭따오에서 '공자연구소'(Society of Confucius)를 설립하였다. 1919년부터 약 2-3년 동안 그는 독일에 돌아와서 지내다가, 1922-1924년에 다시 중국으로 갔다. 맨 처음에 그는 북경의 독일 대사관에서 학문적인 자문 역할을 맡아 일하다가 그 다음에는 북경대학에서 가르쳤다. 1924년 독일 프랑크푸르트(Frankfurt a. M.) 대학에 중국학(Sinologie)이 개설되었는데, 그는 이 대학의 교수로 부름을 받았다. 같은 해에 그는 그동안 10년 이상 중국인 학자 Lao Nai-hsuean의 인도를 따라 작업해 온 중국 고전 『주역』(I-Ging) 번역을 마무리짓고 출판하였다.

36) *Vertrauliche Mitteilungen für die Freunde unserer Arbeit in China*(=VMFA). (Hg.) Basler Mission, als Mnuskript gedruckt , o.J. (Mai 1908), 1.

Nationalkirche)가 나타나기를 원했다.

이러한 빌헬름이 하나님의 계시를 어떻게 이해하였는지 매우 궁금하다. 그가 선교 사역을 하던 시기에 한국에서도 역시 미국 선교사들이 선교했던 점을 떠올리면, 중국의 전통 문화를 존중하면서 복음을 전했던 그의 신학 사상이 우리에게 도움을 주리라 기대하기 때문이다. 계시와 문화의 상관 관계에 대한 빌헬름의 생각을 소개하면 다음과 같다.[37] 마치 땅 속에 심겨진 씨앗이 싹트고 자라면서 땅 위로 돋아나듯이, 문화의 발전 역시 처음에는 땅 속에 숨어 있다가 싹이 트고 자라면서 그 모습과 성격을 드러내게 된다. 그리고 그 문화는 일정한 시간과 공간의 조건 속에서 계속 자라기도 하고 혹은 환경에 따라 시들고 소멸하기도 한다. 그런데 마치 나무가 흙과 땅을 떠나서는 존재할 수 없듯이, 문화의 성장도 시간과 공간 속에서 주어진 환경을 벗어날 수가 없다. 만일 이것을 벗어나고자 한다면, 하나님의 특별한 계시가 필요하다. 오직 계시를 통해서만이 하나님 인식이 가능하다. 시간과 공간 속에서 발전된 문화를 통해서는 하나님의 계시를 파악할 수 없다. 동양의 전통 문화는 물론이거니와 서양의 문화를 통해서도 하나님의 계시에 이를 수가 없다.

오직 위에서 아래로 내려오는 계시를 통해서만이 인간이 하나님께 속한 존재라는 점을 깨달아 알게 되며, 또 이를 통하여 인간은 자신의 존재가 시간과 공간을 뛰어넘어 영원함에 이른다는 점도 깨닫게 된다. 인간은 자기 자신이 누구인지 알기 위해서 반드시 하나님이 누구신지 먼저 깨달아야 하는데, 하나님 인식은 결코 인간 스스로의 노력으로 이를 수 없고, 오로지 하나님이 계시해 주셔야만 이것이 가능하다. 하나님의 계시는 예수 그리스도 안에서 나타났으며, 그분은 "나는 이 세상에 속하지 않는다."

---

37) *Vertrauliche Mitteilungen fur die Freunde unserer Arbeit in China*, 18-22.

고 말씀하셨다. 예수 그리스도를 통해 나타난 하나님의 계시는 시간과 공간 안으로 들어오시지만 거기에 매여 있지 않고 초월해 계신다. 성육신 곧 "말씀이 육신이 되셨다"는 요한복음의 구절을 종말론(우주적 종말론)적으로 이해한 빌헬름은 예수 그리스도가 유대 땅에서 태어나시고 유대인들과 더불어 사셨으나 그는 유대에 매여 있지 않고 모든 인류에게 다가가셨다고 보았다.[38] 또한 그는 그리스도가 당신의 성령으로 지금 온 세계 모든 인류 가운데 거하신다고 보았다. 모든 인류는 성령 안에서 그리스도의 몸에 접붙여 있다.

4. 정리와 제언

하나님 이름 논쟁은 성경을 번역하는 과정에서 자연스럽게 표출되고 대두되었다. 이 논쟁은 두 단계로 진행되었다. 첫 번째 단계는 하나님 이름 채택에 대한 논쟁이었고, 두 번째 단계는 하나님 이름 표기에 대한 논쟁이었다.

첫 번째 단계는 1894년부터 대략 10년 동안 절정으로 치달은 논쟁이었고 주로 선교사들 사이에서 치열하게 전개되었다. 성경의 하나님 이름(神名)을 토착 종교의 하나님 이름으로 옮기면서 양자의 상호 교류로 말미암아 기독교 신앙이 혼잡스럽게 혼합되지 않도록 노력했다. 즉 한국의 다신론(多神論)적 신 개념을 피하고 기독교(성경)의 유일신(唯一神) 신앙을 담아

---

38) 이 해석은 전적으로 그의 장인 블룸하르트(아들 Chr. W. Blumhardt)에게서 온 것이다. 참고, Hee-Kuk Lim, *"Jesus ist Sieger" bei Chr. W. Blumhardt. Keim einer kosmischen Christologie*, (Bern etc.: Peter Lang Verlag, 1996), 139-141.

내고자 했다. 선교사 게일이 이 논쟁을 마무리짓는 데 중요한 역할을 했다.

두 번째 단계는 1933년에 한글 맞춤법 통일안이 나오면서 촉발되었고 그 이후에는 '하나님이냐 혹은 하느님이냐'로 쟁점화되었다. 여러 국어학자들과 일부 신학자들이 '하느님'으로 표기해야 한다는 주장을 펼친 반면, 개신교의 성경 번역에서는 변함없이 '하나님'으로 표기해 왔다. 그런데 서양 기독교의 고대사에서 삼위일체(3=1) 하나님에 관한 교리가 논리적으로 모순이지만 신앙고백으로 정착되었듯이, '하나님' 표기도 국어 정서법으로는 도무지 불가능한(하나(수사)+님(존칭 접미사)) 것이지만 이미 한국 교회의 신앙고백 속에 깊이 뿌리내려 있다고 본다. 또한 예수 그리스도의 성육신 사건이 하나님의 내재와 초월을 동시에 선포하였듯이, 그 표기(하나님) 또한 국어 맞춤법에 끼워 넣어야 할 필요는 없다고 본다.

이 글은 또한 하나님 이름 논쟁을 신학적 문제로 파악하면서 성경의 하나님에 관하여 신학적으로 살펴보았다. 최근에 발표된 성서신학 분야 논문의 도움으로 성경의 하나님은 계시의 하나님이시고, 그 계시는 유일회적인 동시에 온 세상 모든 인류를 향해 열려 있다는 점을 확인했다. 구약에서는 하나님의 계시가 다양한 표현 양식의 여러 형태로 선포되었는데, 신약에서는 이것이 예수 그리스도에게로 수렴되고 그에게서 성취되었다. 이에 따라 계시의 유일회성과 보편성이 예수 그리스도 안에서 수렴되고 성취되었다. 이것을 유럽의 신학자들도(바르트, 윙엘 등) 이미 피력하였다. 그런데 우리는 예수 그리스도 중심의 계시 이해가—중국 선교사 빌헬름에게서—우주적 종말론의 지평으로 넓혀졌다는 점에 크게 주목하였다. 이러한 주목으로 1960~1970년대에 일어났던 토착화 신학 논쟁이 특히 단군 신화 논쟁과 관련하여 다시 검토될 수 있다고 본다. 이와 함께 한국 토착 종교의 하나님(하느님)을 성경의 하나님(하느님)과 동일시(identify)하거나 양자의 존재론적 유비를 인정하는 사상을 경계해야 할 것이다.

한 가지 덧붙이면, 한글 성경 번역사는 국어 발달사와 직결되었다. 성
경 번역이 시작되던 19세기 후반에는 한글의 철자법조차 정리되어 있지
않았다. 한글이 우수하고 또 배우기 쉬운 언어임에도 불구하고 오랜 세월
그 가치를 인정받지 못한 채 천대를 받아 왔다. 그런데 성경이 한글로 번역
되기 시작하면서 한글의 맞춤법과 철자법이 함께 정리되기 시작했다. 이
글에서는 다루지 않았으되, 성경 번역의 예비 단계로서 선교사 로스와 그
동역자들이 『한국어 교본』(Corean Primer)을 발간하였고(1877년),[39] 그리고
언더우드와 그 동역자들이 『한영문법(韓英文法)』과 『한영자전(韓英字典)』을
출판하였는데(1890년),[40] 이것이 한글의 정착과 발전에 획기적인 공헌을

---

39) *Corean Primer*는 전체 23과(89쪽에 800문장)로 구성되었다. 이 23과는 의주 방언으
로 된 한국어를 한글로 쓰고 그 오른편에 로마자로 발음하는 방법을 쓰고 왼편에는
영어로 그 뜻을 풀이하였다. 그 800문장 중 680문장이 로스가 출간한 중국어 교재
인 *Mandarin Primer*에서 그대로 번역되었고, 40문장은 약간 바뀌어 번역되었으며,
80문장은 완전히 다르다. 이 책은 장차 한국에 파송될 선교사들을 위한 어학 교재였
고 성경 번역을 위해 반드시 준비해야 할 한국어 사전이었다. 비록 이 책의 질적인 가
치는 높이 평가될 수 없지만, 선교사들의 어학 공부와 성경 번역을 위한 최초의 한
국어 교재였다는 점이 높이 평가받을 만하다. 참고, Choi Sung Il, "John Ross and the
Korean Protestant Church", Ph.D thesis, Univ. of Edinburgh, 1992, 102. 『대한성서공
회사 I』, 47에서 재인용.

40) 『한영문법(韓英文法)』(*An Introduction to the Korean Spoken Language*), Horace Grant
Underwood, Yokohama; Shanghai; Hongkong; Singapore, 1890. 『한영자전(韓英字
典)』(*A Concise Dictionary of the Korean Language in two Parts Korean-English & English-
Korean*), Horace Grant Underwood, assisted by Homer B. Hulbert & James S.
Gale, Yokohama; Shanghai; Hongkong; Singapore, 1890. 언더우드는 이제까지 한
글 맞춤법이 제대로 정착되지 않은 점을 파악하였다. 사람마다 한글을 소리나는 대로
제각기 표기해 왔으므로, 모든 사람이 각기 자기 나름의 한글 맞춤법을 갖고 있었던
셈이다. 두 사람만 한자리에 함께 있어도 한글 쓰기 규칙이 제각기 서로 달라서 맞춤
법 때문에 서로 우기고 싸우는 형편이었다. 이러한 형편에서, 언더우드는 『전운옥편』
(全韻玉篇)을 표준으로 삼아 맞춤법을 통일시켜 나갔다. 그러나 옥편에 없는 글자 곧
중국에서 빌어오지 아니한 순 우리말이 대부분이므로 이 단어를 다른 사전과(『한불사
전』) 참조하면서 맞춤법을 고안하고 만들어 나갔다. 이 과정에서 송순용(宋淳容)이 언

했다고 본다. 그 이후에 진행된 성경의 한글 번역은 이 땅에 복음이 한국 정신 문화 속으로 뿌리를 내리는 데 결정적인 역할을 했다. 이에 한글 성경 번역 과정에서 이루어 낸 국어 발달사를 보다 더 깊이 연구해 볼 만하다고 본다.

제나 그와 함께 일하였다. 그의 도움이 없이는 사전 만들기가 불가능하였다. 물론 이 방대한 작업을 혼자서 해낼 수가 없었다. 게일이 『한영자전』을 만드는 작업에 동참하였고, 헐버트는 『영한자전』을 만드는 일에 동참하였다.

| 참고 문헌 |

국내 자료

강사문. "구약의 하나님 야웨(II)". 『長神論壇』 제27호. 2006.

곽노순. "韓國 敎會와 '하나님' 稱號". 『기독교사상』. 1971. 2.

김중은. 『구약의 말씀과 현실』. 서울: 한국성서학연구소, 1996.

류대영, 옥성득, 이만열. 『대한성서공회사 II: 번역·반포와 권서사업』. 서울: 대한성서공회,
    1994.

박동현. "다니엘서의 하나님 이름". 『長神論壇』 제30호. 2007.

박용규. "윌리엄 베어드와 한국 선교". 『베어드와 한국 선교』. 한국기독교문화연구소 편.
    서울: 숭실대학교출판부, 2009.

박찬욱. "절대자의 칭호 문제: '하느님攷'". 『기독교사상』. 1980. 7.

백낙준. 『한국개신교회사』. 서울: 연세대학교출판부, 1973.

숭실대학교100년사편찬위원회. 『숭실대학교100년사: 평양숭실 편(1)』. 서울: 숭실대학교
    출판부, 1997.

옥성득. "개신교 전래기의 신 명칭 용어 논쟁. 구역 성경 번역기(1893–1911)를 중심으로".
    『기독교사상』. 1993. 10.

윤철호. "네비우스 정책에 대한 고착을 통해 본 한국 교회 선교정책의 방향". 서정운 명

예총장은퇴기념 출판위원회 편. 『하나님 나라와 선교: 서정운 명예총장은퇴기념논문집』. 서울: 대한기독교서회, 2001.

이덕주. "한글성서 번역사 개관". 『한국 성서 찬송가 100년』. 한영제 편. 서울: 기독교문사, 1987.

이만열. 『한국기독교와 민족통일운동』. 서울: 한국기독교역사연구소, 2001.

임희국. "신앙 각성 운동을 통한 갱신과 부흥, 토착 교회의 형성: 1907년 평양 대각성 운동을 중심으로". 『한국 교회의 영적 부흥과 리더십』. 서울: 장로회신학대학교출판부, 2006.

_____. "초기 내한 선교사들의 한국 문화 이해". 『선교와 신학』 제13집. 2004.

_____. 『선비 목회자 봉경 이원영 연구』. 서울: 기독교문사, 2001.

허호익. 『단군신화와 기독교』. 서울: 대한기독교서회, 2003.

국외 자료 및 번역서

Baird, Richard H. *William M. Baird of Korea*. 김인수 역. 『배위량 박사의 한국 선교』. 서울: 쿰란출판사, 2004.

Barth, Karl. Kirchliche Dogmatik I–2. Zürich: Theologischer Verlag, 1940.

_____. Theologische Fragen und Antworten. Zollikon, Evangelischer Verlag, 1957.

Gale, J. S. *"Korea's Preparation for the Bible"*. 『The Korea Mission Field』(March 1912).

_____. *Korea in Transition*. 신복룡 역. 『전환기의 조선』. 서울: 집문당, 1999.

Gifford, D. L. *Every Day Life in Korea*. NY: Fleming H. Revell Co., 1898.

I Ging. 『周易』. Das Buch der Wandlungen. Duesseldorf; Koeln: Eugen Diederichs Verlag, 1924.

Jüngel, Eberhard. Gottes Sein ist im Werden. Tubingen: J.C.B. Mohr, 1965.

Lim, Hee Kuk. "Jesus ist Sieger." bei Chr. W. Blumhardt, Keim einer kosmischen

Christologie. Bern etc.: Peter Lang Verlag, 1996.

Moffett, S. Austin, 최명오. 『구세론』. 1895.

Paik, L. George. *The History of Protestant Mission in Korea 1832–1910*. Pyeng Yang: Union Christian College Press, 1929.

Pieters, A. A. *"Notes on Old Testament Revision"*. 『KMF』(May 1940).

Rennstich, Karl. *Die zwei Symbole des Kreuzes: Handel und Mission in China und Südostasien*. Stuttgart: Quell Verlag, 1988.

Rhodes, Harry A. *History of the Korea Mission vol. 1: 1884–1934*. Seoul: Chosen Mission Presbyterian Church U.S.A.

Underwood, Horace Grant. *A Concise Dictionary of the Korean Language in two Parts Korean-English & English-Korean*. 『한영자전(韓英字典)』. assisted by Hulbert, Homer B. & Gale, James S. Yokohama; Shanghai; Hongkong; Singapore, 1890.

_____. *An Introduction to the Korean Spoken Language*. 『한영문법(韓英文法)』. Yokohama; Shanghai; Hongkong; Singapore, 1890.

_____. *The call of Korea: political, social, religious*. New York, 1908.

Underwood, Lillias H. *Underwood of Korea*. NY: Fleming H. Revell Co., 1918.

Wilhelm, Richhard. Vertrauliche Mitteilungen für die Freunde unserer Arbeit in China(=VMFA). (Hg.) Basler Mission, als Mnuskript gedruckt , O.J., Mai 1908.

孔子. 『論語』. Gespraeche. Jena: Eugen Diederichs Verlag, 1914.

老子. 『道德經』. Das Buch des alten vom Sinn und Leben. Jena: Eugen Dierichs Verlag, 1919.

列子. 『列子仲虛直經』. Das wahre Buch vom quellenden Urgrund. Jena: Eugen Diederichs Verlag, 1911.

孟子. 『孟子』. Mong Dsi. Jena: Eugen Diederichs Verlag, 1921.

莊子. 『莊子南華直經』. Das wahre Buch vom suedlichen Bluetenland. Jena: Eugen Diederichs Verlag, 1912.

6

20세기 초반 한국 장로교회의 신앙 각성 운동,
1907년 평양의 신앙 운동을 중심으로 [1]

1. 서론

이 글은 1907년 평양에서 절정을 이룬 한국 장로교회의 신앙 각성 운동을 살펴보고자 한다. 이와 관련하여 『朝鮮예수教長老會史記』(1928년)에 기록된 "一千九百七年 一月에 平壤將臺峴教會가 復興하니라"(1907년 1월에 평양 장대현교회가 부흥하니라)[2]를 중요하게 보았는데, 이 내용을 글쓰기의 골격으로 잡고자 한다.

평양 신앙 각성 운동이 1907년 1월 겨울 남자 사경회(査經會) 기간에

---

1) 이 글은 장로회신학대학교 제2회 소망신학포럼(2005. 4)에서 발제한 원고인데 다음의 책에 실렸다. "신앙 각성 운동을 통한 갱신과 부흥, 토착 교회의 형성: 1907년 평양 대각성 운동을 중심으로", 장신근 편, 『한국 교회의 영적 부흥과 리더십』(서울: 장로회신학대학교 출판부, 2006).
2) 차재명, 『朝鮮예수教長老會史記』(京城: 新門內教會堂, 1928), 180.

일어났다는 사실에 착안하여서 이 당시의 사경회와 관련된 사료(史料)를 찾아보았다. 이때의 교회 신문들이(『신학월보』, 『그리스도인회보』, 『그리스도신문』, 『예수교신보』 등) 이 신앙 사건을 비교적 자세하게 게재했는데, 따라서 그 신문 기사가 이 글의 중요한 자료가 될 것이다. 또한 그 당시의 신앙 각성 운동에 대한 선행 연구를 크게 참고하고자 한다.[3] 이 연구에 필요한 자료를 선교사들의 증언 기록에서 구할 수 있었다.[4] 그런데 한국 교인들이 남긴 기록은 좀체 찾아볼 수가 없었다. 다만 선교사들의 기록 속에서 드문드문 한국 교인의 간증을 읽어 볼 수 있었다. 이렇게 절반 정도의 자료 수집에 아쉬워하면서 이 연구를 시작하고자 한다.

---

3) 신앙 각성 운동에 관한 연구는 백낙준으로부터 시작되어, 민경배의 연구와 박순경의 연구가 있으며, 또한 방대한 자료 수집에 근거한 박용규의 서술과 이덕주의 한국 토착 교회 형성과 관련된 부흥 운동 등으로 진행되었다. 백낙준, 『한국개신교사』(서울: 연세대학교 출판부, 1973). 김양선, 『한국기독교사 연구』(서울: 기독교문사, 1971). 민경배, 『한국기독교회사』(서울: 연세대학교 출판부, 1972). 주재용, "한국 교회 부흥운동의 史的 비판", 『기독교사상』 제243호(1978. 9). 박순경, 『민족통일과 기독교』(서울: 한길사, 1986). 서정민, 『한국 기독교와 민족운동』(서울: 보성, 1986). 박용규, 『평양 대부흥 운동』(서울: 생명의 말씀사, 2000). 이덕주, 『한국 토착 교회 형성사 연구』(서울: 한국기독교역사연구소, 2000).
4) 평양 신앙 각성 운동에 관하여 증언한 선교사들의 글은 다음과 같다. W. N. Blair and B. Hunt, *The Korean Pentecost and The Sufferings*(Edinburgh: Banner of Truth Trust, 1977); Graham Lee, "How The Spirit came to Pyeng Yang," The Korea Mission Field(=KMF) vol. III. No. 3(1907. 3); G. S. Mccune, "The Holy Spirit in Pyeng Yang," KMF(1907. 1); W. B. Hunt, "Impression of an Eye Witness", KMF(1907. 3); W. L. Swallen, "God's Work of Grace in Pyeng Yang Classes," KMF(1907. 3); Jean Perry, "The religious Awakening of Korea(selected)," KMF vol. IV(1908. 7), 105-107.

2. 1907년 평양 신앙 각성 운동의 시작과 전개 과정

1) 1906년 8월

1907년 평양의 신앙 각성 운동에 직접 참여한 선교사들의 증언에 따르면,[5] 이 신앙 운동은 1906년 8월 평양에서 일하는 선교사들의 "성경공부와 기도 모임"(Bible Study and Prayer)에서 촉발되었다. 이 모임은 선교사 각자의 절박한 심정이 하나의 공감대로 형성되면서 결성되었다. 이들은 지금 불안감과 위기감에 사로잡혀 있었다. 이 감정은 1893년 이래로 13년 동안 열심히 일해 온 선교 현장에서 나타나고 있는 이상 기류 때문이었다.

평양에서 1893년부터 본격적으로 선교 사역을 시작한 선교사들은 처음부터 '토착 교회'(The native Church)를 설립한다는 분명한 목표를 세웠다.[6] 이러한 목표를 실천해 나가는 과정에서, 수년 전부터 선교사들은 교회의 운영과 치리권을 토착(한국) 교회 지도자들의 손에 하나 하나 넘겨 주고 있었다. 그런데 지금 선교사들이 불안해졌다. 그 이유는 토착 교인들이 모든 권한을 넘겨 받은 이후에도 스스로의 힘으로 지금처럼 계속 교회를 건강하고 알차게 자라게 할 수 있겠는지 확신이 서 있지 않았기 때문이다. 선교사들의 눈에는 대다수 토착 교인들에게 아직도 그리스도교 신앙의 분명한 정체성이 형성되어 있지 않다고 보였다. 또 다른 이유는 지금(러일 전쟁 이래로) 한국의 사회 정치 상황과 관련하여 적지 않은 한국 교인들이 선교사들을 대하는 태도가 달라졌다는 점이다. 최근까지만 해도 한국인들은 미국이야말로 어려울 때 기댈 수 있는 참 좋은 친구라고 여겨 왔다. 그런데

---

5) W. N. Blair and B. Hunt, *The Korean Pentecost and The Sufferings*(Edinburgh: Banner of Truth Trust, 1977), 66 이하.
6) 이것은 당시 중국 산동성 선교사 네비우스(Nevius)가 제안한 선교 원리를 받아들여 실천한 선교 사역이었다.

한국에 대한 일본의 '통제'(control)를 미국이—영국의 뒤를 따라—서둘러 인정해 준 이후에, 일반 대중 사이에서 이제까지 쌓여 온 미국에 대한 신뢰감이 산산조각 깨졌고, 이제까지 미국을 아주 '특별한 친구'(special friend)로 믿어 왔는데, 이제부터는 미국 역시 믿지 못할 나라로 인식된다는 것이다. 방위량은 한국인들의 '반외세'(anti-Foreign) 성토 속에는 일본을 향한 증오심과 미국에 대한 '실망감'(Disappointment)이 섞여 있었다고 보면서 반외세는 곧 '반미'(anti-American)를 표현한다는 판단 속에서 위기감을 느끼며 하나님께 간절히 기도하게 되었다.[7]

이러한 불안감과 위기감 속에서, 평양의 선교사들은 1906년 8월에 성경공부와 기도회를 개최하였다. 이번 모임은 8일 동안 진행되었다. 초청 강사는 감리교 남감리회 선교사 하디(河鯉泳, R. A. Hardie)였다. 특별히 그를 초청한 이유가 있었는데, 그가 1903년 겨울 원산의 연합집회(장로교회, 감리교회, 침례교회)에서 하나님의 은혜를 체험하였기 때문이다. 하디는 이번에 신약성경 요한1서를 강해하였다. 이 성경공부를 통하여 선교사들은 하나님의 길 인도하심이 없이는 선교 사역을 한 걸음도 진척할 수 없음을 깊이 깨달았다. 이에 선교사들은 간절한 마음으로 하나님의 은혜를 구하였다. 그러던 중에 선교사들은 성령의 역사 속에서 스스로의 잘못을 깨닫고 이것을 고백하며 뉘우쳤다. 선교사들은 한국의 그리스도인들에게도 하나님이 당신의 사랑과 의로우심을 깨닫게 해 주시기를 간절히 기도하였다. 선교사들은 이들이 민족의 암담하고 억울한 상황에 분노하기에 앞서 먼저 자기 자신이 하나님과 바른 관계를 가질 수 있기를 기원하였다. 이 모임을 마치면서, 선교사들은 다가오는 겨울 남자 사경회에서 이러한 하나님의 은혜가 임하도록 함께 기도하기로 했다.

---

7) W.N. Blair, 64-65.

2) 1906년 10월, 송년 모임

그해 10월에 평양 장대현교회에서 며칠 동안 저녁 집회가 열렸다. 여기에 미국 뉴욕에서 온 존스턴(Howard Agnew Johnston) 목사가 참석하여서 최근에 인도에서 일어난 하나님의 은혜(성령의 역사)에 관하여 설명하였다. 존스턴이 청중을 향해 "성령 받기 원하는 사람 일어나라"고 외치자 장로 길선주가 그 자리에서 벌떡 일어났다. 그 이후에, 평양의 그리스도인들은 성령의 임재를 위하여 "날마다 한 시간씩"(one hour each day) 기도하기 시작했다. 선교사들도 물론 기도하였다. 이 기도는 1907년 1월에 열리는 겨울 남자 도사경회가 열릴 때까지 계속 이어졌다.

해마다 연말에, 선교사 가족들이 성탄절부터 새해 첫날까지 한 곳에 모여 명절을 함께 지냈다. 그러면서 지나온 한 해의 선교 사역을 돌이켜보고 또 다가오는 새해의 사역에 관한 계획을 나누었다. 이렇게 해마다 가지는 모임이지만 이번에는 특별히 정월 초순에 시작되는 겨울 사경회를 잘 준비하고자 하였다. 예년과 달리 이번에는 저녁 시간에 즐겁고 유쾌한 순서를 가지지 않기로 하였다. 그 대신에 임박한 사경회를 준비하는 기도회를 매일 저녁 가지기로 하였다. 또한 이번 사경회 기간에는 선교사들이 날마다 정오에 모여서 기도회(정오 기도회)를 가지기로 하였다.

3) 1907년 1월

예정한 대로 새해(1907년) 1월 2일에 장대현교회에서 평양의 겨울 남자 사경회가 시작되었다.[8] 저녁 집회는 1월 6일 저녁부터 시작되었다. 전국 여러 지역에서 약 1,500명 이상의 남자 교인들이 이 교회로 모였다.[9]

---

8) 『조선예수교장로회사기』에는 이 사경회를 '평남도사경회'(平南都查經會)로 기록하였다.
9) 선교사 맥퀸에 따르면, 많은 참석자들이 다른 지역에서 온 교인들이었다. 이들은 추운

선교사들과 한국인 평신도 목회자들이 집회를 인도하였다. 인도자들은 성령이 임하셔서 하나님의 사랑과 의로우심이 나타나도록 간절히 기도하였다. 여성들은 네 곳의 다른 장소인 사창골교회, 산정현교회, 남문밖교회, 서문밖교회의 남자들 사랑채에 각각 나뉘어 모이게 하였고, 나이 어린 남학생들은 숭실대학(Academy) 채플로 모이게 하였다.

그 주간 토요일 저녁 집회 시간에, 선교사 방위량(Blair)이 고린도전서 12장 27절에 근거하여 말씀을 선포하였다. 그는 말씀 선포를 통하여 청중들로 하여금 죄가 무엇인지 깨우치게 하고자 하였다. 방위량은 교인들끼리 서로 싸워서 교회가 분쟁에 휩싸이면 마치 병든 몸과 같이 시름시름 앓게 된다고 설명하였다. 계속 이어서 손가락을 다치면 이로 말미암아 온몸이 고통스럽듯이, 교인 한두 사람이 서로 싸워서 증오하게 되면 이로 말미암아 온 교회가 고통스럽게 된다고 강조하였다. 그러면서 방위량은 실제로 사고로 절단된 자기 손가락을 내보이며 이 손가락을 다쳤을 때 온몸이 얼마나 아팠고 고통스러웠는지 간증하였다. 이 설명을 듣는 청중들은 죄가 무엇인지 분명히 깨닫게 되었다. 몇몇은 지은 죄를 고백하였다. 이를 살펴보게 된 선교사들은 드디어 하나님께 기도 응답을 받았다고 기뻐하였다.

이튿날인 주일 낮에는 교인들 각자 자기 교회에서 주일 예배를 드렸다. 장대현교회의 예배에서 장로 길선주가 큰 능력에 사로잡혀 설교하면서 인간의 죄가 자기 자신을 얼마나 옥죄고 있는지 몸짓으로 설명하였다. 그의 몸짓 설교를 보던 다수의 청중이 죄를 뉘우치며 고백하였고, 이 가운데서 몇몇은 마룻바닥에 나뒹굴며 울면서 죄를 고백하였다. 이들이 진정

겨울의 찬바람을 뚫고 걸어서 왔는데, 300리 이상 되는 거리에 산을 넘고 강을 건너서 여기까지 온 것이다. 이들은 사경회 기간에 먹을 것을 스스로 해결하였고, 등록비도 스스로 부담하였다. G.S. Mccune, 위의 책.

을 되찾자, 길선주가 그들에게 집으로 돌아가서 가족과 이웃에게 지은 죄를 고백하게 하였고, 그리고 모든 회중에게 저녁 집회에 참석하라고 안내하였다. 그날 저녁에 또다시 장대현교회에서 남자 연합 집회가 모였다. 회중들은 오늘 저녁에 무언가 커다란 역사가 일어나기를 잔뜩 기대하였다. 그런데 기대는 전혀 채워지지 못하였고, 집회는 차갑다 못해 싸늘하게 식은 분위기로 진행되다가 끝났다. 회중들은 잔뜩 무거워진 마음을 안고 집으로 돌아갔다.

이튿날(월요일) 정오 기도회에 모인 선교사들은 간절한 마음으로 "오늘 저녁에는 성령의 역사가 일어나기를" 기도하였다. 그날 저녁이 왔고, 또다시 집회가 시작되었다. 선교사 이길함이 집회를 인도하였다. 회중들이 통성으로 기도하고 나서, 몇몇이 신앙 간증을 하였고, 찬송에 이어 집회가 끝났다. 집회 인도자가 집으로 돌아갈 사람들은 조용히 예배당을 떠나가라고 안내하였고 또 계속 남아서 기도하기를 원하는 사람은 예배당에 머물러 있으라고 안내하였다. 약 500-600명 정도가 남게 되었다. 남은 자들이 다시 자리를 정돈하여 모두 한 곳으로 모여서 기도회를 시작하였다. 모두 다 한 마음이 되어 통성으로(한 목소리로) 기도하는데 그 소리가 마치 폭포수처럼 우렁찼고 하나님의 보좌를 움직이게 하는 파도 소리처럼 들렸다. 통성 기도가 지속되는 동안에 회중들 가운데는 지은 죄를 깨닫게 되고 이것이 자꾸자꾸 무거운 중압감으로 느껴지면서 억지로 참아 내다가 드디어 더 이상 참을 수 없는 울음을 터뜨리기 시작하였다. 통성 기도 소리가 점차 커지는 가운데서 모든 회중이 울기 시작하였다.

여기저기에서 많은 사람들이 번갈아 자리에서 일어나 지은 죄를 '고백'(confess)하는데, 어떤 이는 마룻바닥에 털썩 주저앉아서 울었고, 또 어떤 이는 자기 몸을 바닥에 내던지고 주먹으로 바닥을 내리치면서 지은 죄에 대하여 괴로워하고 고통스러워하였다. 이를테면 선교사 방위량과 이길함의 한국인 요리사도 지은 죄를 털어놓고 괴로워하며 달려와서 "목사님, 말씀해 주십시오. 나에게도 용서받을 수 있는 소망이 있는지요?" 그러면서 그는 바닥으로 나뒹굴어져서 죄에 대한 고통과 괴로움으로 울고 또 울었다. 이런 식으로 회중들이 울면서 죄를 자복하였다. 기도회는 새벽 2시까지 이어졌다.

죄 고백 이후에는 서로 원수로 지내던 사람들끼리 화해하는 역사가 일어났다. 예컨대 강유문(한때 선교사 방위량의 조사)과 김씨(장대현교회 장로)는 다른 교우들의 본이 되어야 할 중책을 맡고 있음에도 서로서로 반목질시하며 지내고 있었다. 그런데 이날 저녁에 강유문은 성령의 역사로 자신이 김씨를 미워해 오던 죄를 다른 사람들 앞에서 고백하게 되는 용기를 얻었다. 그렇게 고백한 다음에, 강씨는 김씨에게 다가가서 자기 잘못을 용서해 달라고 빌었다. 사람들이 깜짝 놀랐다. 평소에 그렇게 자존심이 강한 강씨가 자기 자신을 낮추고 깨뜨리며 김씨에게 용서를 구하기 때문이었다. 그런데 김씨는 강씨의 사과에 대하여 아무런 대꾸 없이 고개를 돌리고 가만히 앉아 있었다.

그 다음날(화요일) 아침에 선교사 이길함과 방위량은 전날 밤 기도회에 참석하지 않은 선교사들의 집을 일일이 찾아다니며 '이 기쁜 성령의 소식'을 전하였다. 이날의 정오 기도 모임은 하나님께 감사함으로 가득하였다. 그리고 어제 저녁에 강씨의 사과에 대하여 침묵으로 일관한 김씨를 위해 기도하였다. 또다시 저녁이 되었고, 저녁 집회에 모인 회중들은 오늘 저녁에도 역시 성령의 역사가 일어나기를 기도하였다. 집회는 어제와 꼭 같은 순서로 진행되었다. 장로 길선주의 능력 있는 설교로 집회가 끝났다.

그 이후에, 예배당에 남은 사람의 수가 오늘 밤에도 약 600명 정도 되었다. 모두 다 열심히 통성으로 기도하였다. 드디어 어제 밤에는 강유문의 사과에 대하여 고개를 돌리며 앉아 있던 김씨가 벌떡 일어나서 강단 앞으로 걸어 나갔다. 그리고 자신의 죄를 고백하기 시작하였다. 그는 "하나님의 뜻에 거슬린 죄를 지었으며, 특히 교회의 장로임에도 불구하고 강유문을 미워했을 뿐만이 아니라 선교사 방위량도 증오해 왔다."고 고백했다. 김씨는 죄 지은 사람의 마음이 얼마나 답답하고 괴로우며 고통스러운지 털어놓았다. 그리고 나서 그는 마룻바닥에 털썩 주저앉아서 마치 발작하는 사람처럼 울부짖었다. 회중들도 그의 뒤를 따라 한꺼번에 울부짖기 시작하였다. 예배당에는 눈물로 죄를 고백하는 기도 소리로 가득하였다. 이러한 가운데서, 강유문이 자리에서 일어나 기도하기 시작하였고, 기도하면서 죄를 회개하였고, 마룻바닥에 엎어져서 울기 시작하는데 목을 놓아 크게 통곡하였다. 주변 사람들이 그에게로 다가가서 팔로 감싸안으며 진정시켰다. 강씨는 차츰 안정을 되찾고 조용해졌다. 그는 김씨 곁으로 다가갔다. 그리고 그를 얼싸안았다. 두 사람이 서로 얼싸안은 채 목을 놓아 크게 울었다. 한참 뒤에 이제는 김씨가 선교사 방위량에게 다가섰다. 그리고 말했다. "목사님, 나를 용서해 주시겠습니까? 나를 위해 기도해 주시겠습니까?" 이에 방위량이 마주 서서 기도하려고 "아버지, 아버지!"를 두 번 불렀는데, 그리고 더 이상 기도를 잇지 못하고 울기 시작하였다. 선교사는 김씨에 기대어 울면서 기도하기 시작하였는데, 이제까지 한 번도 해 보지 못한 기도를 하였다. 이 장면을 바라보던 회중들도 울며 기도하였다. 수백 명이 자리에서 일어나서 하늘을 향해 팔을 쭉 벌리고 기도하였다. 시간이 지나고, 이길함이 조용히 찬송을 인도하기 시작하였다. 찬송을 따라 부르는 회중들이 차분해졌다. 이날 밤의 기도회는 어제처럼 새벽 2시까지 계속되었다. 이날 밤에도 '모든 죄가 공개적으로 고백'되었다(every sin was publicly confessed). 미움과 증오심, 절도, 간통, 아내를 사랑하지 않는 죄 등 사람이 지을 수 있는 모든 죄악이 낱낱이 하나님 앞에서 고백되었다.

평양의 사경회는 화요일 밤 집회로 끝났다. 가까운 마을과 먼 곳에서 온 사람들이 성령의 역사를 체험하고 각각 고향과 집으로 돌아갔다. 이와 더불어 평양 신앙 각성이 입 소문으로 전국에 알려지게 되었다. 한편 네 곳으로 분산되어 모였던 여성들의 저녁 집회에서도 동일한 성령의 역사가 나타났다. 토요일 저녁에 성령이 큰 능력으로 임하여서 이제까지 선교사들의 속을 썩이며 말썽을 부리던 한 소녀가 크게 소리내어 울며 지은 죄를 뉘우쳤다. 그 다음 주 월요일과 화요일 여성들의 저녁 집회에도 성령의 역사가 강하게 나타났다. 이로 말미암아 큰 기쁨 속에서 회중들은 덩실덩실 춤을 추며 기뻐하였다.

평양의 선교사들과 교인들은 사경회의 종료와 함께 성령의 역사도 그칠까 봐 염려하였다. 그러나 염려와 달리 이튿날 저녁 장대현교회의 수요 기도회가 끝난 다음에 또다시 성령의 역사가 강하게 일어났다. 예배당에 남은 사람들이 함께 통성으로 기도하는 가운데서 성령이 역사하셨다. 이에 몇몇 남자들이 일어나서 자신의 죄를 고백하기 시작하였다. 놀랍게도 평소에 교인들의 존경을 받고 있던 주공삼 장로가 자신이 지은 죄를 고백하기 시작했다. 그는 간음한 죄와 부적절한 재정 사용을 고백하였다. 주 장로는 머리부터 발끝까지 온몸을 부들부들 떨면서 울부짖었다. "이 세상에서 나처럼 무지막지한 죄인이 어디에 있겠습니까?" 그러면서 온 힘을 다해 손바닥으로 여러 번 강단을 내리쳤다. 강단에서 마룻바닥으로 내려간 그는 계속 울부짖으며 지은 죄를 회개하고 하나님께 용서를 빌었다. 당장 죽을 것처럼 보이는 주 장로를 많은 사람들이 안타까이 바라보고 있다가, 몇몇이 그의 곁으로 다가가서 팔로 감싸안고 위로하였다. 주 장로의 이러한 회개와 더불어 다른 교인들도 울면서 지은 죄를 회개하였다.

성령의 역사하심 속에서 일어난 죄 고백의 사건은 평양의 여러 초·중등학교에서도 일어났다. 수요일 오전에 여자 중학교(the Advanced School for Girls and Women, 숭의여학교)에서 성령의 역사가 일어났다. 오전 10시 정규 예배 시간에 예배를 드리던 학생들이 울면서 지은 죄를 고백하였다. 이로 말미암아 예배를 예정된 시간에 마칠 수가 없었다. 죄 고백의 기도회가 12시까지 지속되었다. 목요일 예배 시간에도 그 전날의 사건이 되풀이되어서 예배를 정오까지 마칠 수 없었다. 금요일에도 역시 이 사건이 반복되었다. 또한 수요일 오전에 장대현교회 소속 남자 중학교(The Central Church Boy's School, 숭실중학교)에서도 동일한 성령의 역사가 일어났다. 예배드리던 학생들이 눈물을 흘리며 지은 죄를 고백하였고, 오후 1시까지 예배가 지속되었다. 또한 목요일 오전에는 여자 초등학교(Primary School for Girls, 숭덕여자소학교)에서 성령의 역사가 나타나서 학생들이 울면서 죄를 고백하였다.

선교사들의 수요일 정오 기도회에서도 동일한 성령의 역사가 일어났다. 평소에 30분 정도 모이던 기도회가 이날은 2시간 동안 이어졌다. 성령의 역사 속에서 눈물로 죄를 고백하였다. 이를 통하여 선교사회의 모든 것이 깨끗하게 정화되었다.

『조선예수교장로회사기』의 기록에 따르면, 평양의 여러 교회에서 특별 집회가 한 달 이상 지속되었다. 이 기간에 수천 명이 "중생(重生)의 성신 세례(聖神洗禮)를 받았다." 길선주가 성령의 역사 속에서 큰 능력으로 말씀을 선포하였다.

4) 1907년 4월 평양 장로회신학교

평양 신앙 각성 운동은 이 도시의 장로회신학교 학생에게 특별한 관심을 끌었다. 방학이 끝나고, 4월 1일 새 학기의 개학을 맞아 서로 반갑게 만

나서 나누는 인사말이 "성령을 받았느냐?"였다.[10] 학생들은 개학 첫 주간 매일 저녁에 기도회로 모였고, 그 다음 주간에는 사경회로 모였다.[11] 이 기간에 75명의 신학생 대부분이 성령을 체험하였고, 이 가운데서 몇몇은 특별한 신앙 체험을 하였다.[12] 이번 겨울 시내 여러 교회의 신앙 각성 운동에서 그러했듯이, 이들은 지은 죄에 대하여 몹시 괴로워하며 고통 속에서 그 죄를 뉘우치고 회개하였다. 그리고 나서 죄 용서의 기쁨과 평화를 맛보았고 감사함이 우러나왔다.

3. 역사적 배경, 특성, 그리고 열매

1) 의지할 곳 없는 민심

1907년 평양 신앙 각성 운동은 구한말의 사회 변혁과 시대적으로 맞물려 있었다. 안으로는 기존의 사회 질서가 무너지고 있었고 또 전통 문화와 기성 가치 체계가 근원적으로 흔들리고 있던 시기였다. 밖으로는 세계 열강들이 한반도 주변에서 세력 다툼을 하고 있었는데, 1894년과 1904년에 두 번이나 외국 군대끼리 이 나라에서 전쟁을 치렀다. 먼저는 청일 전쟁이었고 그 다음에는 러일 전쟁이었다. 이때마다 번번이 한반도는 전쟁 통에 황폐해졌고 이 땅의 백성은 영문도 모른 채 난리를 피해 이리저리 쫓겨다녀야 했다.

평양의 개신교 선교는 청일 전쟁(1894)이 분수령을 이루면서 활발해졌

---

10) G. S. Mccune, *"Opening Days at the Theological Seminary,"* KMF(1907. 6).

11) Charles F. Bernheisel, *Rev. Charles F. Bernheisel's missionary diary.* 김인수 역, 『편하설의 선교 일기』(서울: 쿰란출판사, 2004), 308.

12) W. M. Baird, *"The Spirit among Pyeng Yang Students,"* KMF(1907. 5).

다. 한 해 전(1893)만 해도 선교사 사무엘 마펫이 널다리골(판교동)에 사들인 주택에 입주하려고 할 때에, 관청이 그의 입주를 방해하였다. 게다가 사람들이 서양 코쟁이 선교사에게 돌멩이를 집어던졌다. 관료들은 몇몇 교인들을 잡아다 투옥했다. 마펫이 틈틈이 그들을 방문하여서 신앙의 용기를 북돋우었다. 1894년 청일 전쟁이 발발하자, 중국 청나라 군사들이 평양으로 들어왔다. 이 전쟁으로 말미암아 평양은 폐허가 되었다. 일반 주택들이 형편없이 파괴되었다.

청일 전쟁에서 일본이 승리한 사실에 평양 주민들이 깜짝 놀랐다. 작고 약한 일본이 오히려 크고 강한 중국을 군사력으로 꺾어 버린 사실 앞에서 입이 다물어지지 않았다. 사람들은 일본이 중국을 이긴 이유가 도대체 어디에 있는지 살펴보았는데, 그 결과 일본이 서양의 앞선 과학 기술을 가져다 배웠기 때문이라고 파악하게 되었다. 이렇게 청일 전쟁과 일본을 통하여 높은 수준의 서양 문명을 어렴풋이나마 알게 된 평양 주민들은 이제부터 서양의 과학과 물질 문명에 관심을 갖게 되었고 이와 더불어서 서양 종교인 기독교에 대해서도 호기심을 가지기 시작했다.[13]

또한 당시의 평양과 서북 지역 대중들은 현실 체제에 대하여 불만이 아주 높았다. 오랜 세월 서울 중앙 정부의 홀대를 받아 온 지역이기에 이곳 사람들은 평소에 중앙 정부와 상류 계층에 대한 강한 거부감을 갖고 있었다. 이러한 현실 속에서 청일 전쟁을 계기로 이곳 사람들은 바깥 세계를 향해 눈을 돌리게 되었고 서양의 문명을 큰 관심으로 바라보게 되었다. 또한 같은 맥락에서 서양에서 들어온 종교인 그리스도교에 가까이 다가갔다.

---

13) 이것은 당시에 평양을 방문한 미국 북장로교회 해외선교부 총무 스피어(R. E. Speer)의 해석이다. Robert E. Speer, *Report on the Mission in Korea of the Presbyterian Board of Foreign Missions*(The Board of Foreign Missions of the Presbyterian Church in the USA, 1897), 7.

그 무엇보다도 그리스도교는—신분에 따라 반상 계급을 나누고 또 신분의 귀천을 따져서 사람을 대하는 것이 아니라—사람들로 하여금 서로서로 수평적으로 지내게 한다는 점이 큰 매력으로 비쳤다. 최소한 그리스도교의 교회 안에서는—기존 사회 질서와는 다른—새로운 사회를 맛보고 누릴 수 있다는 기대감을 가지고 사람들이 교회로 찾아왔다.[14]

1904년에 러시아와 일본이 한반도에서 전쟁을 치르자, 백성들은 또다시 고난과 고통을 당해야만 했다. 그런데 이 난리 가운데서 교회는 웬일인지 무사하였다. 시시때때로 외국 군인들이 마을로 쳐들어와서 집을 빼앗아 숙소로 삼고 먹을 것도 빼앗아 갔으되 이상하게도 "예배당은 소중히 여기고 들어오지 아니하고 (군인들이) 교인을 만난즉 관대하였다."[15] 심지어 몇몇 교회에서는—난리와는 아무런 관련이 없는 듯이—매일 저녁 성경공부를 할 수 있었다. 이러한 신기한 일을 바라보는 교회 바깥의 사람들은 매우 의아하였다. 이들에겐 교회가 '안전한 피난처'라는 의식이 스며들어 왔다.

또한 이 무렵에 일부 지식인들이 애국 운동과 부국강병(富國强兵)을 위하여 기독교를 변증하였다. 이를테면 교회 신문인 『신학월보』에 "부자 되는 법"이란 글이 실렸는데, 이 글에서는 "우리나라의 우상 섬김, 미신, 타락한 전통 종교야말로 개인과 국가의 경제를 거덜내고 백성의 정신을 썩게 한다."고 질타하였다. 반면에 오늘날 서양이 부강한 이유는 무엇보다도

---

14) Samuel Hugh Moffet. 이형기 역, "사무엘 오스틴 마펫의 사상에 대한 자녀들의 기억들", 1-14.
15) 『신학월보』(1904. 7), 292. 이 신문 기사의 군인들이 일본군인지 러시아군인지 파악할 수가 없다. 만일 일본 군인이라면, 당시의 국제 정세와 맞물린 일본과 미국의 외교 관계를 분석하면서 이 군인들이 왜 교인들에게 관대하였는지 살펴보아야 할 것이다.

"그 나라의 종교에 있다."고 전제한 다음, 서양의 정치 질서와 법제도 또 사회 도덕과 풍습이 기독교 정신에 그 바탕을 두고 있다고 주장하였다. 이 글은 또한 우리나라 사람들 가운데서도 지난날 주색잡기와 미신에 빠져 있다가 예수 믿고 새로운 삶을 시작한 다음부터는 삶이 달라져서 지금은 경제적으로 윤택하고 도덕적으로 모범이 되었다고 칭찬하였다.

러일 전쟁에서 일본이 승리하자, 일반 대중의 일본에 대한 놀라움이 되살아났다. 일본이 10년 전에는 청나라를 군사력으로 이겼는데 이제는 러시아를 같은 방법으로 이기자, 그때의 놀라움이 다시 살아난 것이다. 그리고 일 년 뒤에, 1905년 을사조약과 더불어 대중들에게 시국에 대한 불안감이 높아지면서 일본에 대한 증오심 또한 깊어졌고, 이에 대하여 부국강병의 열망도—증오심만큼—높아졌다. 그런데 한국에 대한 일본의 통제를 미국이 인정한 사실 때문에 이 나라에 대한 대중의 실망감이 반미 감정으로 발전되었다.[16]

이러한 위기 상황을 파악한 선교사들이 절박한 심정으로 1907년 1월의 남자 사경회를 준비하였다.

2) 신앙 각성 운동의 절정으로서 평양 대각성 운동

평양 신앙 각성 운동은 어느 날 하늘에서 뚝 떨어진 사건이 아니었다.

---

16) 일본은 영국, 미국과 긴밀한 협조 체제를 구축하면서 두 나라의 지원으로 러일 전쟁을 수행하였다. 그 이후에 일본은 두 나라로부터 한국에 대한 식민 통치를 승인받아서 적극 식민화 정책을 추진하였다. 을사조약을 통한 외교권 박탈, 통감부 설치, 군대 해산, 사법권 및 경찰권 박탈, 화폐 정리 사업, 동양척식회사 설립을 통한 경제 침탈. 미국의 개신교(장로교회) 선교 정책도 이러한 외교 정책을 따랐다는 주장이 있다. 노대준, "1907년 개신교 대부흥 운동의 역사적 성격", 『한국기독교사연구』 제15, 16호(1986. 4). 그러나 평양 신앙 각성 운동에 참여한 선교사들의(방위량) 보고서에는 이러한 주장을 뒷받침할 만한 족적이 발견되지 않는다.

1903년 원산의 집회 이래로 송도(인천)와 서울 등지에서 신앙 각성 운동이 연달아 일어났고, 이 일련의 과정에서 절정을 이룬 큰 사건이 평양 대각성 운동이었다. 이러한 신앙 각성 운동에 관하여 그 당시에 보고 듣고 겪은 대로 보고서를 작성한 자료 The Korea Mission Field(1905-1908)와 『조선예수교장로회사기』(1928년 발간)를 토대로 정리하고자 한다.

신앙 각성 운동의 불길(the Fires of a Revival)이 1905년에도 일 년 내내 지속되었다.[17] 1906년에는 여러 지역과 도시에서 이 운동이 꼬리를 물고 계속 일어났다. 예컨대 송도의 각성 운동을 선교사들이 인도하면서 크고 작은 성경공부, 기도회, 대중 집회를 계속 열었다.[18] 서울 신앙 각성 운동에서도 성령의 역사가 크게 일어났는데, 회중들이 지은 죄를 고백하고 뉘우치고 애통하는 가운데서 거듭남의 신앙 체험을 하였다. 이 집회를 통하여 교인들의 신앙과 삶이 변화되었고 열심히 기도하는 신앙 습관이 형성되었다. 4월 8일(월)에는 많은 교인들이 생업의 일손을 뒤로 제쳐놓고서 (연동)교회로 모여 기도회를 가졌다. 이 자리에 30명 이상의 선교사들, 장사하는 상인들, 가정 주부들이 참석하여 다 함께 온종일 기도하였다. 서울에서 일어난 신앙 각성 운동의 특징 가운데 하나는 감리교회와 장로교회가 서로 협력하는 가운데서 강단을 교류하였다.[19] 장로교회 목회자가 정동 감리교회에서 설교하고, 감리교회의 목회자가 장로교회에서 설교하였다. 또한 중고등학교(배재, 이화)에서도 신앙 각성 운동이 일어났다.[20]

1906년에는 신앙 각성 운동이 점차 남쪽으로 내려가던 중이었다. 예컨대 목포에서도 신앙 각성 운동이 성황을 이루었다.[21] 이를 통하여 한국

---

17) W. G. Cram, "Revival Fires," KMF(1905.12.), 33.
18) W. G. Cram, "The Revival in Songdo," KMF(1906. 4).
19) F. Moore, "Revival in Seoul," KMF(1906. 4).
20) L. E. Frey, "Revival at Ewa," KMF(1906. 5).

개신교 교인 수가 증가하였는데 - 1906년 9월을 기준으로 지난해에 - 대략 3만 명의 새 신자가 생겼다.[22]

이 과정 속에서 1907년 1월 평양에서 장대현교회를 중심으로 신앙 각성 운동이 일어났고, 이 운동이 여러 지역과 도시로 확산되었다. 평양의 신앙 불길이 서울, 선천, 대구, 원산, 함흥 등지로 번져 나갔다. 신앙 각성 운동은 거의 대부분 사경회 기간에 일어났는데, 낮에는 사경회로 성경공부를 하였고 저녁에 신앙 각성 부흥 집회를 가졌다. 대구에서도 겨울 사경회 (1907년) 기간에 신앙 각성 운동이 일어났다.[23] 이 도시의 교인들이 평양에서 커다란 신앙 운동이 일어났다는 소문을 듣고서 이곳에도 성령이 임하여 큰 능력으로 역사해 주시기를 간절히 기도하였다. 드디어 사경회가 시작되었고 여기에 약 300-400명이 참석하였다. 그런데 이곳에 성령이 임했다는 소식이 없었다. 약간 초조해진 참석자들이 성령의 임재를 위해 전심전력 기도하였다. 그러나 사경회가 다 끝나 가는데도 성령이 임했다는 소식을 듣지 못하였다. 예정된 사경회는 끝났다. 참석자들이 제각기 자기 마을과 집으로 돌아갔다. 그런데 그 이후 수요일 저녁 기도회에서 드디어 성령이 임하여 기도하던 사람들이 눈물로 죄를 고백하기 시작하였다. 삽시간에 예배당 안은 죄를 뉘우치고 회개하는 사람들의 기도 소리와 바닥을 치며 통곡하는 소리로 가득 하였다.

이렇게 다른 도시와 지역으로 확산된 평양 신앙 대각성 운동은 국경을 넘어 중국으로 파급되었다. 평양에서 성령의 은사를 받은 중국인 신학자 호만성(胡萬成), 장사정(張賜禎) 등이 본국으로 돌아가서 자기 교회를 부

---

21) J. F. Preston, *"A notable Meeting,"* KMF(1906. 10).

22) J. L. Gerdine, *"Growth and Spirituality,"* KMF(1906. 9).

23) H. M. Bruen, *"The Spirit at Taiku,"* KMF(1907. 4).

홍케 하였다. 같은 해 봄에 중국인 목사 유전악(劉全岳) 등이 평양으로 와서 성령의 역사를 위해 간절히 기도하였다.

3) 사경회

평양 신앙 각성 운동이 겨울 남자 사경회 기간에 일어났던 사실에서 보듯이, 당시의 신앙 각성 운동은 많은 경우 사경회 기간에 일어났다. 사경회 일정은 낮에 성경을 배우고 오후에 밖에 나가 전도하고 저녁에 다시 돌아와 대중 부흥 집회로 모였다. 이것은 19세기 후반 우리나라에 복음이 전파되면서부터 조금씩 발전되어 온 것이었다. 선교사들 역시 한국인들이 책 읽기를 매우 좋아하고 교육열도 높아서 "책 중의 책이라 할 수 있는 성경"을 크게 환영한다는 점을 파악하였다.[24] 이러한 품성에 맞춘 선교 사역도 성경공부에 주력하였다. 이러한 성경 배우기가 사경회로 발전하여서 한국 개신교의 전통 가운데 하나로 정착되었다.

20세기 초반에 발행된 교회 신문 『신학월보』, 『그리스도인회보』, 『그리스도신문』, 『예수교신보』 등에는 여러 도시와 지역에서 열리는 사경회에 관한 기사가 상세하게 게재되었다. 이 기사를 통하여 20세기 초엽(1903-1908년)의 사경회를 연대기적으로 살펴볼 수 있다. 일반적으로 사경회는 남녀가 따로따로 남자 사경회와 여자 사경회로 각각 모였다. 사경회 기간은 대략 두 주간 안팎이었다. 사경회가 활발하였던 지역을 찾아보면, 1907년 이전에는 평양과 평안도, 황해도 해안 지역, 인천(제물포)과 송도, 동해안 함경도 원산 등지에서 활발했고, 1907년 이후에는 이 운동이 점차 남쪽(영호남 지역)으로 확산되었다.

사경회에서 가르치는 선생은 선교사들과 한국인 교회 지도자들이었

---

24) J. S. Gale, *Korea in Transition*. 신복룡 역, 『전환기의 조선』(서울: 집문당, 1999), 110.

다. 배우는 학생들은 신앙 연륜과 성경 지식 정도에 따라 여러 반으로 나뉘었다. 때로는 선생들이 전도인·권서·속장 등을 따로 모아 교육시키기도 하였다. 이 경우엔 인근 여러 교회의 직분자들을 한 곳으로 모이게 하여 교육받게 하였다. 예를 들어 1903년 3월 제물포에서 열린 사경회는 이 지역의 여러 교회들인 송도 남북부교회, 장단 파주교회, 연안교회, 강화도의 교회들, 남양의 교회들, 부평교회, 룡동교회가 연합으로 룡동교회에서 사경회를 하였다.[25] 사경회에서는 신구약성경 각 권을 체계적으로 가르치고 배웠다.[26] 『신학월보』에서 "사경회하는 뜻"을 밝혔다.[27] ① 예수 그리스도로 말미암아 하나님의 은혜로 구원받은 우리가 감사와 감격 속에서 진리에 관하여 많은 것을 더 배우고 싶은 열망에서 비롯되었다. ② 믿는 사람들이 함께 모여 성경 배우기를 통해 예수의 명(命)을 찾고자 했다. ③ 이전에는 성경책 구하기가 대단히 어려웠는데 이제는 많이 보급되어서 누구든 쉽게 원하는 대로 구해 볼 수 있는 환경이 되었기 때문이다. 또한 이 신문에는 성경이 어떤 책인지 설명하였는데, "성경은 하나님이 우리에게 주신 편지"라고 하였다.[28] 즉 성경을 사람이 기록하였으나 자기 뜻대로 기록한 것이 아니라 하나님이 그에게 '묵시'(계시)하신 것인 바, 하나님께서 그의 마음을 감화하여 묵시하시니 '성신'(성령)이 인도하시는 대로 기록하였다는

---

25) 위의 책, 161.
26) 신문 기사대로 열거해 보면, 사울왕 사기, 예수사기, 마태, 마가, 누가, 요한, 로마서, 고리도전서, 히브리서, 디도서, 요리(문답), 죄공부, 성사총론, 별공부 등이었다. 이와 함께 당시에 교인들에게 추천한 신앙 서적을 열거해 보면, 『성경문답』, 『성교촬리』, 『훈아진언』, 『장원량우상론』, 『산술신편』, 『인가귀도』, 『환란면하는 근본』, 『구세진주』, 『천로력정』, 『어린아해 문답』, 『성서강목』, 『성령략론』, 『파혹진신론』, 『래취예수』, 『주일지회론』, 『병인사주』, 『복음요사』, 『유몽천자』, 『참 복 엇는 길』, 『마귀를 물니치는 큰 방책』, 『중병곳치법』 등이다.
27) 『신학월보』 제3권 5호(1903. 5), 204-205.
28) 위의 책.

것이다.[29]

사경회에서 배우는 성경의 내용은 한갓 지식 전달에 머물지 않았다. 사경회는 신앙 경건 훈련이므로 참석자들이 기도하는 가운데서 성경의 내용을 터득하고 신앙의 진리를 깨달아 알게 되었다. 또한 깨달은 바 진리를 곧바로 나가 전하고자 노방 전도를 하였다. 사경회가 끝난 이후에는 일상의 삶 속에서 진리대로 살아가려는 노력 속에서 생활의 변화가 있었다(예, 주색잡기(酒色雜技) 근절). 이 변화는 또한 전도로 열매 맺혔다. 이처럼 사경회의 특징은 성경 배우기를 통한 삶의 변화와 전도였다. 그 다음에는 자연스럽게 교회 부흥과 예배당 건축이 뒤따라왔다.[30] 성경공부를 통하여 복음의 참 이치를 깨달아 알게 된다는 점에서 사경회의 성경공부를 '천국 학문'이라 불렀다.[31]

사경회의 가장 두드러진 효과는 '계몽' 곧 '각성'이었다. 어둠 속에 있던 백성이 성경의 '빛'을 통하여 '밝은 백성'이 되었다는 뜻이다. 수많은 문맹인(文盲人)이 한글을 깨우쳐서 글을 읽을 수 있게 되자, 이들이 성경을 읽으면서 참 하나님을 섬기고 미신과 우상을 버렸으며 또 이들 가운데는 망해가는 나라 살리기와 사회 변혁도 시도하였다. 이와 관련하여 『신학월보』가 "우리나라에 드문 일"이란 제목의 기사를 실었는데 그 내용인즉,[32] "강화 읍내에 사는 어느 여인이 한글을 열심히 배워 성경을 읽을 수 있게 되었고, 이를 통하여 낱낱의 모든 사람이 하나님 앞에서 신분에 따른 귀천이 없다는 점을 깨달아서, 자기가 부리던 종복(從僕)들을 불러 놓고 마태복음 18장

---

29) 『신학월보』 제4권 4호(1904. 4), 161.
30) 『그리스도신문』 10권 29호(1906. 7). 『그리스도신문』 10권 32호(1906. 8), 『그리스도신문』 10권 36호(1906. 9). 『그리스도 신문』 10권 37호(1906. 9). 『예수교신보』(1908. 1).
31) 『그리스도신문』 10권 37호(1906. 9).
32) 『신학월보』 3권 7호(1903. 7), 297-298.

15-20절을 읽은 후에 그들을 권면하고 종문서를 불사르며 자유인이 되게 하였다." 이처럼 성경공부를 통한 계몽은, 흔하지는 않았지만, 낡은 관습 타파와 세습 신분제 폐지의 사회 변혁도 실천하였다. 그 당시 선각적인 신앙인들은 성경을 통하여 우리나라 국민이 "어둠에서 밝음으로, 어리석음에서 지혜로, 악함에서 선함"으로 나아가야 한다고 확신하고 이를 위하여 "모든 사람의 손에 성경이 전해져야 한다."고 주장하였다.[33]

계몽의 성격이 짙은 사경회는 때때로 '대중의 의식 각성'을 촉구하였다. 특별히 『신학월보』에 실린 논설이 눈에 뜬다.[34] 1904년 러일 전쟁이 한창일 때, 이 논설은 우리나라가 외국 군사들의 싸움터가 된 서글픈 현실을 개탄하면서 "우리나라의 실낱 같은 혈맥은 다만 예수교회에 달려 있다."고 보았다. 왜냐하면 성경의 모세나 예수께서 보여 주신 사람의 길은 "남을 위하여 목숨을 버리며 영원한 복을 위하여 목전에 좋은 것을 물리치신 것인 바 지금 우리나라에서 이런 이치를 아는 자는 (오직) 예수교인뿐이요 이런 사정을 근심할 자도 (오직) 예수교인뿐"이라 보았기 때문이다. 이와 함께 이 논설은 "예수교인은 성경의 이치를 전국에 전파해서 … 나라와 동포를 구하는 길은 정치 법률에 있지 아니하고 교화로써 사람의 마음을 풀어 놓음에 있는 줄로 깨우치게 해야 한다."고 주장하였다. 그리고 "예수교인들이 2천만 잠자는 동포들을 깨우쳐야 할 사명이 있다."고 강조하면서, "(예수교인들이) 내 나라 내 동포의 건짐(구원)을 모른 체하면서 제 영혼 하나 구원을 얻고자 한다면 이것은 하나님의 참 이치와 예수의 근본 뜻을 알지 못하는 것이라."고 지적하였다. 여기에서 '잠자는 동포를 깨우치는 일'이 곧 대중의 의식을 각성케 하는 일이라고 볼 수 있다. 이러한 성경공부는

---

33) 『신학월보』 4권 4호(1904. 4), 161. 『예수교신보』 제6호(1908. 1).
34) 『신학월보』 4권 8호(1904. 8).

20세기 초엽 당시에 "충군애국과 자주독립하는 동포"를 위한 계몽의 역할을 역설했다고 볼 수 있다.

4) 성령의 역사

1907년 평양 신앙 각성 운동의 가장 뚜렷한 특징은 '성령의 역사'였다. 당시의 증인들 가운데 한 사람인 방위량은 이 운동을 사도행전 1장의 '오순절 성령 사건'에 비유하였다.[35] 사도행전 1장의 예루살렘에서처럼 평양에서도 "성도들이 한 곳에 모여 모두 다 한 마음이 되어 오로지 기도에 전념하는 가운데서 홀연히 위로부터 급하고 강한 바람처럼 성령이 임하셨다."는 것이다. 이러한 성령의 역사에 근거하여, 당시의 선교사들은 1907년 평양 신앙 대각성 운동이 "한국 교회의 역사에서 아주 중요한 전환점"(as a great turing-point in the history of the Korean church)이라고 평가하였다.[36]

(1) 죄 고백

1907년 1월에 일어난 평양 신앙 각성 운동 기간에 성령의 역사로 말미암아 당장 눈앞에 나타난 사건은 '죄의 고백'이었다. 성령의 역사에 따라 "지은 죄가 드러나고"(revealing sin), "죄를 자각하고"(conviction of sin), "죄짐에 짓눌려서 크게 울고"(wept under a burden of sin), "심한 고통 속에서─마룻바닥을 치고 옷을 쥐어뜯으며─죄를 고백하고"(confessing their sin in great agony), "진심으로 뉘우치고"(truly repent), "죄 용서를 탄원"(pleading for forgiveness)하였다. 이와 함께 죄 용서의 기쁨을 얻고, "말씀 안에 있는 영원한 생명"(the eternal life which is in the Word)을 발견하고, 죄악의 사슬

---

35) W. N. Blair, 71.
36) B. F. Hunt, 7.

을 끊어 믿음 안에서 "평화를 얻게 되었다."(transformed into peace).[37]

이때 고백한 죄의 종류가 아주 다양하였다. 마음에 담겨 있던 죄: 미움, 시기, 질투, 증오심, 앙심, 심술, 교만. 밖으로 드러난 악한 행위: 거짓말, 눈속임, 사기행각, 술, 담배, 도박, 마약. 신앙인으로 삼가야 할 직업인주막집과 첩살이. 형사 처벌을 받을 죄: 절도, 강도, 간통, 방화, 살인. 이 모든 죄를 낱낱이 고백하여서 "마치 지옥이 제 모습을 드러낸 것"으로 비유하였다.[38] 죄 고백을 성령의 역사로 보는 또 다른 이유가 있는데, 그것은 성령의 역사가 아니고는 도저히 토해 낼 수 없는 죄 고백이 있었기 때문이다. 예컨대 기억에서 완전히 사라져서 까맣게 잊고 있던 지난날의 죄과를 마치 활동사진(영사기) 돌리듯이 생생하게 다시 떠올리게 한다든지 또 인간의상상을 초월하는 극단적인 범죄 행위도 낱낱이 자백하게 하였다.

죄를 고백한 사람들 또한 남녀노소(男女老少) 다양하였다. 남자 어른은물론이고 9살 정도의 어린아이에 이르기까지 저마다 지은 죄를 고백하였다. 이러한 가운데서 특별히 눈에 띄는 점은 공개적인 죄 고백이다. 즉 지은 죄를 하나님 앞에서 개인적으로 고백하였을 뿐만이 아니라 공중(公衆) 앞에서도 공개적으로 자백(自服)하였다. 또한 집회의 참석자들뿐만이 아니라 집회의 인도자들도(서양 선교사, 한국 교회 지도자) 모두 다 지은 죄를 자백하였다. 성령의 역사하심에 따라 집회 인도자와 참석자의 구분이 없었고또 복음을 전하는 선교사와 복음을 받아들이는 토착인의 구분이 없이 모두 다 지은 죄를 자백하였다.

죄 고백은 치유 사건이었다. 죄로 말미암아 병들어 있던 인간의 내면

---

37) 이 부분은 1905-1908년의 『The Korea Mission Field』에 기록된 보고서를 종합하여 개괄하였다.

38) W. M. Baird, *The Spirit among Pyenng Yang Students*, KMF, Nr. 5(1907. 5).

이 그 죄를 인식하고 고백하면서 밖으로 토해 내고 그 죄에 대하여 뉘우치며 회개하는 과정에서 치유되었다. 죄 고백의 열매는 삶의 변화로 나타났다. 부정직한 삶에서 정직한 삶으로 돌아선 것이다(예, 훔친 돈과 물건을 되돌려 준 것). 죄 고백에는 이런 식으로 윤리성이 이미 내포되어 있었다.[39] 또한 죄의 고백은 사회적 차원으로 일어났다. 예컨대 지은 죄를 모두 다 토해 낸 다음에 이제까지 미워하던 사람들끼리 감싸안으며 서로서로 자기 잘못을 인정하며 용서하고 용서받는 가운데서 서로 화해하였다. 죄 고백을 통한 하나님과 사람의 화해가 사람과 사람의 관계성 회복으로 이어졌다.

(2) 한국 그리스도교 신앙의 정체성 확립

성령의 역사에 따른 죄 고백과 신앙 체험을 통하여 한국 그리스도인들의 신앙 정체성이 확립되었다. 선교사 무어(J. Z. Moore)에 따르면,[40] 한국의 전통 종교(불교)에서는 죄 고백과 죄 용서에 대한 역동적인 체험은 물론이고 그 이후에 찾아오는 기쁨과 평화도 결핍되었다고 보았다. 또한 한국

---

39) 당시에는 대체로 예수 믿는 것이 생활과 삶의 변화를 의미하였다. 어떤 사람은 그가 이전에 부인과 자주 다투었고 또 술을 많이 마셨으나 이제는 이러한 생활 습관을 버렸다고 말하였다. 요즘의 그는 날마다 저녁에 교회로 가서 다른 교우들과 더불어 성경을 읽고 있다고 하였다. 또한 가정의 복음화를 위하여 부지런히 아내와 자녀들에게 복음을 증언했다. 널다리교회 최치량의 행적은 예수 믿은 다음에 그의 삶이 어떻게 달라졌는지 잘 보여 주는 사례가 된다. 그는 평양에서 여관을 경영하였는데, 손님들이 숙박비 대신 맡긴 물건을 되파는 중개업으로 돈을 많이 번 약삭빠른 상인이었다. 그러나 그는 술과 노름으로 가진 재산을 다 날려 버리고 방탕한 생활을 하고 길에서 사람에게 시비를 일삼았다. 그러던 그가 복음을 듣고 예수를 믿은 다음에 열심히 성경을 배우고 주일 예배에 빠지지 않는 교인이 되었다. 그는 이때부터 귀신에게 바치는 제물을 거부하고 조상 제사를 거부하고, 술과 노름을 끊고 싸움질도 하지 않았다. 그런데 과거에 함께 어울려 놀며 나쁜 짓을 하던 친구들이 그를 협박하며 회유하려 들자, 그는 가족을 데리고 산골 마을로 이사하였다. 그는 이곳에서 10여 명을 전도하여 예수를 믿게 하였다.

40) J. Z. Moore, "The Great Revival Year," KMF(1907. 8), 113-120.

인의 전통 의식 속에는 죄에 대한 확실하고도 명백하며 또 심각하고도 진실한 이해가 없다고 보았다. 이와 관련하여 그리스도인이 된 다수의 한국인들도 스스로 말하기를 죄에 관하여 배우기는 했으나 자신의 죄를 진심으로 깨닫고 깊이 뉘우쳐 본 적이 없다고 했다.[41] 선교사들은 이 점을 자연스럽게 받아들였다. 왜냐하면 서양과 동양 사이에는 서로 친밀한 '유사성'(Affinity)도 없고 '공통분모'(Common Meeting Ground)도 없으므로 한국인이 서양인과 동일한 방식으로 신앙 체험을 가질 수 없다고 보았기 때문이다. 선교사들은 한국인이 기독교 교인이 되려는 동기를 세 가지로 보았다.[42] 첫째, 지금의 위험한 세파(世波)를 잘 헤쳐 나가고자 안전하게 보호받을 피난처를 찾아 서양 선교사가 있는 교회로 찾아오는 경우이다. 둘째, 낡고 시대에 뒤떨어진 한국의 전통 문화를 버리고 서양의 선진 문명을 배워 보려는 경우이다. 셋째, 영적인 갈증을 채우고자 교인이 되어 보려는 경우이다. 그런데 이 세 가지의 동기 가운데서 그 어느 것도 죄 고백을 통한 신앙 정체성의 형성과는 거리가 멀다고 보았다.

그런데 신앙 각성 운동을 통해서 많은 한국인들이 지은 죄를 깊이 고백하고 크게 뉘우치는 신앙 체험을 하자, 선교사들이 맨 먼저 놀랐다. 이제까지 파악해 온 바와 달리, 한국인들도 선교사와 꼭 같은 신앙 체험을 하였기 때문이다. 또한 한국 그리스도인들 스스로도 이제야 비로소 참 그리스도인이 되었다고 밝혔다. 그 가운데서 어떤 이는 "내가 10년 동안 예수를

---

41) 그런데 이것은 미국 장로교 북장로회 해외선교부 총무 스피어(R. E. Speer)의 보고서와 차이가 나는 대목이다. 1896년 8월에 평양을 방문한 스피어에 따르면, 한국의 그리스도인들은 "자신이 예수를 믿기 전에는 죄에 관하여 전혀 몰랐는데 그리스도를 믿고 나서 죄에 관하여 분명히 깨달아 알게 되었고 자신이 죄인임을 고백하게 되었다."고 한다. 이렇게 서로 상반된 선교사들의 견해는 앞으로 계속해서 이 부분을 살펴봐야 할 과제로 남겨 두고자 한다. 참고. Robert E. Speer, 위의 보고서,

42) C. E. Sharp, *"Motives for Seeking Christ,"* KMF(1906. 8).

믿었는데, 오늘에 와서야 비로소 하나님의 성령과 나의 영이 서로 교통하는 것을 깨달아 알게 되었다."고 고백하였다.[43] 죄 고백과 회개로 깨끗하게 정화되어 맑고 순수한 신앙 심성을 가지게 된 한국 신앙인들이 이제야 비로소 참된 그리스도인이 되었다고 스스로 인식하였다. 선교사 크램(W. G. Cram)에 따르면, 신앙 각성 운동을 통하여 "하나님의 성령이 한국 교회의 성격(Character)을 갖추게 하셨다."[44]

여기에서 확인되는 점이 있다. 그것은 평양 신앙 각성 운동은 이미 그리스도인이 된 사람들의 신앙을 새롭게 한 것인 바, 이 각성 운동의 일차적인 목표는 교세 확장을 위한 전도 운동이 아니었다는 점이다. 이미 백낙준과 이장식이 밝힌 대로, 평양 각성 운동은 "교인 수 증가나 교세 확장에 대한 기대감으로 출발한 것이 아니었고 이미 교회 안에 있는 사람들이 성령의 능력을 체험하여 구원에 대한 확신을 갖게 되었고 또 삶이 바뀌는 윤리적 결단이 일어났다."는 것이다.[45] 통계적으로도 1907년에는 개신교 교인 수의 증가율이 떨어지고 있었으며, 교인 수 증가를 위한 전도 운동은—1907년 운동이 끝난 뒤에—'백만 구령 운동'(1910-1911)으로 전개되었다고 한다.[46] 이러한 사실에 근거하여 1907년 평양 각성 운동은 '부흥 운동'이란 표현보다 '신앙 각성 운동' 곧 '신앙의 잠에서 깨어나는 운동'(Erweckung)이란 표현이 훨씬 타당하다고 본다.

43) W. G. Cram, *"The Revival in Songdo,"* KMF(1906. 4).

44) 위의 책.

45) 백낙준, 『한국개신교사』, 395. 이장식, 『한국 교회의 어제와 오늘』(서울: 대한기독교서회, 1977), 185.

46) 주재용, "한국 교회 부흥 운동의 사적(史的) 비판: 1907년 부흥 운동을 중심으로", 『기독교사상』 제243호(1978. 9), 71.

(3) 성령의 종말론적·우주적 역사

신앙 각성 운동을 통하여 선교사들은 성령의 종말론적·우주적인 역사를 인식하였다. 서양식 신앙 체험이 성령의 역사 속에서 한국인에게도 동일하게 나타남을 보면서, 선교사들은 성령이 언어, 민족, 문화 등의 차이를 뛰어넘어 '우주적'(universal)으로 역사함을 깨닫게 되었다. 이제까지 선교사들은 동양과 서양 사이에 어떠한 종류의 유사성이나 공통분모가 없다고 파악해 왔는데, 이번의 신앙 각성 운동을 통하여 이들의 인식이 바뀌었다. 여기에 관하여 선교사 무어는 두 가지로 정리했다. 첫째로 "하나님이 모든 족속을 한 혈통으로 만드사"(행 17:26)라는 말씀대로 지구상의 모든 민족들이 성령의 역사로 '형제 자매'가 되었다는 점이다. 둘째로 이제는 오히려 서양이 동양에게 배워야 할 것인 바, 어린아이처럼 순전하게 믿고 기도에 힘쓰는 한국인의 신앙을 서양이 오히려 본받아야 한다는 점이다.[47] 이로써 선교사들은 이제 한국 사람들이 선교의 대상이 아니라 그리스도 안에서 형제 자매인 점을 깨달았다.[48] 또한 이번의 신앙 각성 운동을 통해 선교사 자신들도 죄를 고백하고 뉘우쳤으니, 선교사들 스스로가—비록 복음을 전하기는 하지만—복음을 새롭게 깨우쳐야 한다고 자각하였다.

선교사들은 성령의 종말론적·우주적인 역사를 지리적(공간적)으로도 파악하였을 것이다. 이들이 영국과 인도의 신앙 각성 운동에 관해 설명을 들은 다음, 이와 비슷한 시기에 한국에서도 이러한 신앙 각성 운동에 직접 참여하면서, 지리적인 의미에서 우주적으로 임하시는 성령의 역사를 파악했을 것으로 짐작된다.

이렇게 종말론적·우주적인 성령의 역사에 대한 인식은 일부 신학자들

---

47) J. Z. Moore, 118.
48) 참고. W. N. Blair, 62.

이 그 당시 한국에서 일한 서양 선교사들은 제국주의의 첨병이라는 입장을 재고(再考)해 보게 한다.[49] 특히 박순경은 20세기 초반 우리 민족이 몰락하던 시기에 기독교가 발흥한 현상을 주시하면서 한국 그리스도인들의 죄 고백은 "망국의 운명을 전적으로 한국인들의 죄의 결과"로 보게 함으로써 "일본과 서양 외세들을 완전히 몰각"하게 했으며 "기독교 선교가 외세들과 결부되었던 문제를 완전히 몰인식"하게 했다고 주장하였다.[50] 따라서 신앙 각성 운동은 한국 개신교가 "민족의 문제로부터 이탈해 가는 과정의 시초"였다는 것이다.[51] 이 주장은 신앙 각성 운동을 통하여 그리스도교의 신앙 범주가 개인의 내면 세계 속으로 기어들어가 그 속에 안주해 있으면서 사회와 민족의 현실에 대하여는 눈을 감게 하였다는 뜻이다. 실제로 신앙 각성 운동 기간에 일어난 죄 고백이 주로 개인 차원으로 집중되었고 기껏해야 관계성 회복 정도의 사회적 차원이었는데 이에 반하여 몰락해 가는 민족 문제에 대하여 고통스러워한 적이 거의 발견되지 않으므로 이 주장에 타당성이 있다고 본다. 당시 선교사공의회의 정교 분리 원칙에 따라 개인의 영혼 구원에 치중한 선교 정책이 신앙 각성 운동과 서로 맞물려 있었으며,[52] 심지어는 이권 쟁탈에 참여한 서북 지방 주재 일부 선교사들의 행위

---

49) 우리나라가 경험한 서양 기독교 선교와 제국주의의 관계를 이해함에 있어서 서로 대립된 입장이 있다. 전자는 서양 제국주의가 팽창하는 과정에서 기독교는 식민지 대중에게 제국주의적 이데올로기를 불어넣어서 민족의 운명을 몰각하게 하는 역할을 했다는 입장이다(박순경). 후자는 한국의 경우 기독교를 앞세운 서구 제국주의가 아니라 일본 제국주의에 의해 병탄됨으로써 개신교가 항일 민족 운동에 하나의 동력이 되었다는 입장이다(민경배).

50) 박순경, 91.

51) 위의 책, 94. 이러한 시각은 미국 선교사들의 한국 선교는 서양 제국주의 세력의 확장으로 진행되었으며, 같은 맥락에서 이 제국주의 세력이 광복(1945) 이후에는 남북한 분단의 시작과 고착에 절대적인 영향을 끼쳤고 더 나아가서 이 나라의 독재 체제를 묵인했다고 본다.

52) 『그리스도신문』(1901. 9. 20).

를 떠올려 보면,[53] 이 주장에 설득력이 있다고 본다. 그러나 다른 한편, 이 주장은 서양 선교사들이 한국인들로 하여금 민족의 몰락을 잊어버리게 하려는 의도 아래 일부러 죄 고백을 강요하였던 것처럼 느껴진다. 그렇다면 이 주장은 죄의 인식과 고백이 성령의 역사가 아니라 사람(선교사)이 인위적으로 만들어 낸 것으로 이해한 것이다. 여기에서 떠오르는 질문은, 신앙 각성 운동 기간에 선교사 자신들도 지은 죄를 고백하였는데, 이들은 도대체 누구의 강요에 의해 자신의 죄를 회개하였던가? 따라서 위의 주장은 죄를 깨닫게 하시고 고백케 하시는 성령 하나님의 주권적 역사를 파악하지 못한 것으로 판단된다. 뒤에 가서 다시 서술하겠으나, 방위량에 따르면,[54] 평양의 선교사들은 "토착(한국) 교회를 영원히 지배하거나 영원히 미국 교회의 통제 아래 두려는 욕심이 전혀 없었으며" 오히려 어서 속히 토착 교회를 "독립시켜서 토착 교인들 스스로가 복음 전파에 대한 모든 책임과 짐을 가져가게 하려는 방침을 세웠다." 이러한 목표를 추진해 나가던 1906년에 평양의 선교사들은 다가오는 겨울 사경회를 준비하였다고 한다.[55]

5) 갱신을 통한 부흥, 토착 교회(Native Church)의 지도력 형성

성령의 역사로 말미암은 죄 고백과 삶의 변화는 영적·지적·윤리 도덕적 갱신이라 말할 수 있다. 이렇게 변화된 개인들이 하나님의 자녀가 되어 신앙 공동체를 이룬 곳이 교회이므로, 죄 고백과 삶의 변화는 교회 갱신이라 말할 수 있다. 이에 따라 20세기 초엽 한국 신앙 각성 운동의 일차적인 열매는 신앙인 개인의 갱신과 교회 전체의 갱신이라 말할 수 있다. 교회 갱

53) F. Harrington, *God Mammon and the Japanese*, 『개화기의 한미관계: 알렌 박사의 활동을 중심으로』, 이광린 역(서울: 일조각, 1973), 112–114.
54) W. N. Blair, 61.
55) 위의 책, 62.

신은 자연스럽게 교회 부흥으로 이어졌다. 이 경우의 교회 부흥이란—수적인 증가와 양적인 팽창에 우선한 것이 아니라—성령의 역사 속에서 모든 신앙인들이 복음 안에서 변화되어 이 복음을 이웃에게 증언하는 가운데서 자연스럽게 양적으로 증가한 것이다. 여기에 대한 구체적인 사례를 평양의 교회 부흥으로 들 수가 있다. 1893년 2월에 미국 장로교 북장로회 선교사 마펫(S. A. Moffet)이 널다리골에 주택을 사들여 7명으로 교회를 시작하였는데 이때부터 약 14년이 지난 1907년에 이 교회는 이미 '어머니 교회'로서 여러 '자녀 교회'들을 낳았다.[56]

평양 신앙 각성 운동을 통하여 선교사들의 본래 목표대로 토착 교회의 형성이 착실하게 진행되었다. 평양 신앙 각성 운동을 준비하던 방위량은 "우리는 한국 교회의 (설립)을 원하는 것일 뿐, 미국 교회의 설립을 원치

---

56) 1896년에 평양의 선교사들은 이 도시에서 거주지를 확보하였고, 이때부터 이곳의 선교 사역은 안정 속에서 발전해 갔다. 참고, Robert E. Speer, *Presbyterian Foreign Missions. An Account of the Foreign Missions of the Presbyterian Church in the U.S.A.*, Philadelphia; Presbyterian Board of Publication and Sabbath-School Work, 1901, 168. 같은 해 7월에 널다리교회가 예배당을 마련하여서 300명이 들어갈 수 있는 규모로 교회를 건축하였다. 당시에 수요일 저녁 기도회에 참석하는 교인 수가 150명 이상이었다. 주일 오전에 모이는 성경공부반이 두 개로 늘어났다. 이 교회는 계속해서 늘어나는 교인들이 앉을 자리를 마련하려고 건물을 확장하였는데, 그렇지만 이 확장 공사가 교인의 증가를 따르지 못하여 예배를 두 번으로 나누어 드렸다. 이러한 추세 속에서 널다리교회는 1900년 6월에 새 예배당을 신축하여 봉헌하고 교회 이름을 장대현교회로 바꾸었다. 7명의 교인으로 시작된 이 교회가 이제는 세례교인 386명에 교인 총수가 약 1,200명으로 부흥하였다. 왕성한 장대현교회의 성장은 자녀 교회 분립으로 이어졌다. 1903년 가을에 남문밖교회를 자녀 교회로 분립하였고, 1905년 12월에 사창골교회를 분립하였고, 곧 이어서 1906년 1월에 산정현교회를 분립하였다. 이러한 부흥 발전의 과정 속에서 1907년 1월에 평양의 4개 교회가 연합하여 장대현교회에서 집회를 가졌고 또 이 집회에서 강력한 성령의 역사가 일어났다. 그 이후에 장대현교회는 1909년에 서문밖교회를 자녀 교회로 분립하였고, 1911년에 외성(성문밖)교회를 자녀 교회로 분립하였다.

않는다."고 밝혔다.[57] 이보다 앞서 1896년에 평양을 비롯한 여러 도시를 방문한 미국 장로교 북장로회 해외선교부 총무 스피어(Robert E. Speer)는 귀국하여 47쪽의 보고서를 작성하였는데,[58] 한국에 '토착 교회'(The Native Church)가 정착되어 가는 상황을 자세하게 서술하였다. 이 보고서는 다음과 같이 마무리되었다.[59] "(선교 현장에서) 우리들의 교회를 설립하는 것이 아니라 오로지 그들의 교회를 설립해야 한다.[60] … 우리는 모세와 예언자에 관하여 선포하는 자들이며, 그 무엇보다도 그리스도에 관하여 선포하는 자들이다. 그래서 우리는 그리스도의 교회를 세우는 자들이며, 이 교회는 결코 제도로서의 교회 곧 미국의 제도 교회가 확장되는 것이 아니다. … 그리스도의 몸 된 교회란 어떤 이념이나 제도로서의 교회가 아니며 사랑의 법으로 역사하시는 그분의 능력 안에서 세워지는 교회를 뜻한다." 이 말을 풀이해 보면, 선교는 미국 교회의 제도와 이념(신학)을 선교 현장으로 가져가서 그대로 옮겨 심는 것이 아니라 성경에 증언된 그리스도의 몸 된 교회가 새로운 토양(문화)에서 새로운 형체로 자라나는 토착 교회를 뜻한다고 본다.

　토착 교회 형성의 구체적인 내용은 "교회의 치리권을 한국인 교회 지도자에게로 넘겨주고 독립 교회(Independent Church)를 설립한다."는 것이었다. 이것은 1890년에 중국 산동 지역 선교사 네비우스(Nevius)를 서

---

57) W. N. Blair, 62.

58) Robert E. Speer, *Report on the Mission in Korea of the Presbyterian Board of Foreign Missions*.

59) 위의 책, 46-47.

60) 선천에서 일한 미국 장로교 북장로회 파송 의료 선교사 샤록스(Alfred M. Sharrocks)가 다음과 같이 기록하였다. "초창기부터 한국인들은 복음의 전파와 교회의 성장이 우리(미국 선교사)의 일이라기보다는 그들 자신의 일이라고 받아들였다. 우리는 지금 그들로 하여금 앞으로 나아가게 하고, 그들이 그렇게 노력하도록 안내하지만, 일을 하는 사람들은 그들 자신이다." 인용, J. S. Gale, 앞의 책, 149.

울로 초청하여 소개받은 선교 원리를 한국 선교사들이 그대로 실천하면서 추진되었다. 평양의 선교사들도 이 선교 원리를 그대로 실천하였다. 네비우스 선교 원리는 자립 전도, 자립 치리, 자립 경제로 구성되었고 여기에다 체계적 성경공부(사경회) 등이 함께 붙어 있었다. 이 셋 가운데서 자립 경제에다 가장 큰 역점을 두었다. 오늘날 네비우스 선교 원리에 대한 긍정적인 평가와 부정적인 비판이 나란히 양립하고 있다. 백낙준은 이 선교 원리가 한국 교회 토착화의 '주춧돌'이라 보았고,[61] 여기에 대하여 박순경은 그러한 해석이야말로 한국 교회가 서양 기독교의 연장이라는 사실을 말해 주는 것일 뿐이라고 비판하였다.[62] 평양 선교사 마펫(S. A. Moffett)의 아들인 마펫(S. H. Moffett)은 양쪽의 입장을 골고루 경청하며, 네비우스 선교 원리가 자립 경제를 지나치게 강조한 나머지 자립 재정(돈)을 교회 성장과 성숙의 척도로 삼았다는 비판에 공감하면서, 그렇지만 이 선교 방법이 전 세계에서 "유일하게 한국에서만 성공하였다."는 점을 지적하였다.[63]

이제 평양에서 실천된 네비우스 선교 정책이 신앙 각성 운동을 통해 토착 교회의 지도력 형성에 어떻게 영향을 주었는지 알아보고자 한다. 신앙 각성 운동이 일어나기 전에, 선교사들은 자립 치리를 위하여 토착 교인들을 교회의 지도자로 세우고 이들로 하여금 교회를 운영하게 한다고 구상하였다. 그렇지만 처음에는 그렇게 할 수가 없었다. 미성숙한 (prematurely) 지도자를 세우게 되면 자칫 교회 전체가 위험한 상황으로 빠질 수 있다고 보았기 때문이다. 그래서 선교사들은 토착 교회 지도자가 나오도록 기다리면서 양육해야 한다고 판단하였다. 이러한 목표 아래 선교

---

61) 백낙준, 위의 책, 170-171.
62) 박순경, 위의 책, 97.
63) Samuel H. Moffett, *The Christians of Korea*(NY: Friendship Press, 1962), 60.

사들은 1893년에 선교사공의회(Council)를 재조직하였다. 여러 나라에서 온 선교사들인 미국 북장로교회, 남장로교회, 호주 장로교회, 캐나다 장로교회가 연합하여 이 공의회를 조직하였다. 선교사공의회는 '하나의 토착 교회'(The One Native Church)를 설립한다는 목표 아래 세례문답, 성만찬, 교회 행정, 장로 선출 등을 구상하고 실천하였다.[64] 선교사공의회는 토착교인들을 지배하는 기관이 아니라 오로지 영적 지도력을 발휘해야 한다고 보았다. 선교사공의회는 안수 받은 토착 교회 교역자들이(ordained Ministers) 나오기까지 한시적으로 그 역할을 담당해야 한다고 보았다.

선교사공의회는 장로교회의 정신에 따른 대의제도를 실시하기로 하고 교회의 장로와 집사를 투표로 선출하게 하였다. 즉 선교사공의회에 속한 위원의 추천을 받은 토착 교회 지도자를 일반 교인들이 투표하여 장로로 선출하였다. 이렇게 선출된 장로 후보는 선교사공의회의 재가를 받아 장립하였다. 장대현교회는 1900년 7월에 김종섭을 첫 장로로 선출하여 최초로 당회를 구성하였다. 1901년 여름에는 길선주와 방기창이 장로로 장립하였다. 장로 길선주는 능력 있는 설교자가 되어 1907년 신앙 각성 운동 기간에 중요한 역할을 하였다. 이렇게 3명의 당회원에 5명의 집사와 그리고 5명의 영수를 더하여 제직회가 구성되었다. 제직회는 보름에 한 번씩 모여 교회의 사업을 계획하였다. 제직회 아래 11개의 위원회가 조직되어 계획된 사업을 수행하였다. 또한 교인 10명당 1명의 지도자인 권찰을 두는 '10인 지도자 제도'(Leader of Tens System)을 만들어서 교인들의 영적 생활을 돌보았다.

---

64) Jong Hyeong Lee, "S. A. Moffett. His Life and Work in the Development of the Presbyterian Church of Korea 1890-1936," Dissertation to Union Theological Seminary in Virginia(1983), 130.

1900년에 선교사들은 한국인 목회자를 양성하는 전문 신학 교육 기관을 설치하기로 하였다. 평양의 선교사공의회(Pyeng Yang Committee of Council)는 장대현교회 장로 방기창과 김종섭을 목사 후보생으로 선발하였다. 이듬해(1901) 가을에 선교사 마펫은 두 목사 후보생을 집에서 가르치기 시작하였다. 1902년에 공의회는 목사 후보생을 위한 5년 기간의 신학 교육 과정을 만들고 정식 과목과 열람 과목(방학 동안에 자습하는 과정)으로 교육시켰다. 여기에 목사 지원자 양전백, 길선주, 한석진, 이기풍, 송인서 등 5명이 입학하였다. 1903년에 공의회는 목사 지원자 7명을 새롭게 모집하였고, 교수의 숫자도 마포삼열, 방위량, 소안론, 이길함, 한위겸, 편하설 외 1인으로 7명이 되었다. 1905년에 학생들은 그리스도교 교리·중세 교회사·이사야서·로마서 등을 배웠고, 특별히 3학년 반에서는 디모데전·후서 주석을 배우며 교회 치리에 관하여 선생과 학생들이 함께 토론하였다.[65] 1906년에는 전국의 선교사공의회가 추천한 학생들 40명이 평양의 신학교에 등록하였다. 학생들 가운데는 나이 어린 청소년이 없었고 모두 다 가정을 이룬 성인이었다. 그해에 가르친 교과목은 인류학·요한복음 주석·여호수아·사사기·룻기·사무엘상하 등이었다. 또한 학생들은 과외 활동으로 운동 경기(축구)를 즐겼다. 평양 대각성 운동이 일어난 1907년 6월에 제1회 졸업생이 배출되었다. 졸업생은 방기창, 서경조, 한석진, 길선주, 이기풍, 송인서, 양전백 등 7명이었다. 이리하여 선교사공의회가 목표했던 대로 토착 교회의 지도자로서 목회자 후보생들이 배출되었다. 1909년에는 신학교의 재학생 수가 130명으로 늘어났다.

선교사공의회는 1905년에 한국의 '독립 교회'(Independent Church-獨노회)를 설립하기로 결의하였다. 1907년 10월에 평양의 장로회신학교 제1회

---

65) S. A. Moffett, *"Theological Instruction,"* KMF(1905. 9).

졸업생 7명이 목사 안수를 받았는데, 목사 안수를 위하여 한국장로교회의 독립 노회(조선예수교장로회 독노회, 노회장 선교사 마펫)가 먼저 설립되었다. 이때 안수 받은 목회자 가운데 한 사람이 길선주였다. 선교사 마펫은—선교사공의회의 약속을 실천하여—길선주를 자신의 후임자로 장대현교회(교인 수 약 2,500명)를 목회하게 하였고 그에게 치리권을 넘겨 주었다. 그리고 나서 마펫은 장대현교회에서 분립해 나간 서문밖교회를 목회하게 되었고 또한 동시에 장대현교회의 협동 목사로 일하였다. 길선주는 토착 교회의 지도자로서 우뚝 서게 되었다.

네비우스 선교 원리의 자립 경제에 따라 선교사들은 처음부터 교회 운영에 드는 재정을 토착 교인들 스스로의 힘으로 해결하게 하였다. 교인들 스스로가 할 수 있는 모든 것을 다 하게 한 다음에 선교사가 그 나머지 모자라는 부분을 보탠다는 원칙을 세웠다. 선교부의 재정은 선교사와 기관 사업으로 제한하고 토착 교회의 운영비, 교회 건축과 수리비, 교육비, 국내외 선교비, 조사 급료, 교인 구제 등은 스스로 해결하게 하였다. 그래서 한국 교인들은 가난한 중에도 힘껏 헌금하여 가능하면 선교사의 힘을 빌리지 않고 교회를 운영하였다. 장대현교회의 헌금은 선교사들의 기대치를 능가하였다. 1895년부터 매주일 헌금을 거두었는데, 그해 10월의 헌금 총액이 13,698냥으로 교회의 경상비를 지불하고도 남았다. 1898년부터 교인들은 헌금으로 교회 운영비와 건물 수리비를 지불하게 되었고, 1899년 이래로 국내외 선교 헌금을 거두었고, 1903년부터는 조사의 급료를 지불할 수 있게 되었다. 1900년의 교회 건축을 위하여 교인들은 힘써 건축 헌금을 하였고 즐거움으로 건축 현장에서 노력 봉사를 하였다.

이제까지 살펴본 바를 정리해 보면, 네비우스 선교 원리인 자립 전도, 자립 치리, 자립 경제에 따라 선교 사역이 실천되면서 평양에는 선교 초기부터 토착(한국) 그리스도교가 잘 형성되어 갔는데, 이 과정에서 1907년에 일어난 신앙 각성 운동은 토착 교회 형성의 가속화와 더불어 교회의 지도력도 정착되는 데 기여했다고 볼 수 있다.[66]

4. 정리와 제언

1907년 평양 신앙 각성 운동은 1월에서 4월까지 지속적으로 일어났다. 1월에 장대현교회에서 4월에 장로회신학교까지. 이 신앙 운동은 한 해 전(1906년) 8월의 선교사 모임에서 촉발되었다. 이 모임의 강사로 초청된 감리교회 선교사 하디는 1903년 원산 부흥 운동의 주역이었고, 그 이후로 전국 여러 지역에서 신앙 각성 운동이 잇달아 일어났으며, 이 과정 속에서 1907년 평양 신앙 각성 운동이 일어났다. 이 신앙 운동은 하디를 통하여 원산의 부흥 운동과 직접 연결되고 있으며 그 이후에 계속 일어난 신앙 각성 운동의 절정이었다. 그리고 평양 신앙 각성 운동은 계속 여러 도시와 지역으로 파급되었고 더 나아가서 중국으로 확산되었다.

1907년 평양 신앙 각성 운동을 비롯한 그 당시 신앙 각성 운동의 특징을 정리해 보면 다음과 같다.

첫째, 신앙 각성 운동이 일어나게 된 역사적 배경에는 '위기 상황에서 찾아오는 불안 심리'가 짙게 깔려 있었다. 구한말 위기 상황에 처해 있는 한국에는 사회 전반적으로 불안감이 조성되었고, 선교사들 역시 그들의 불안감이 있었다.

---

66) 1908년에 선교사 언더우드(H. D. Underwood)는 지금 188개의 조직 교회 가운데서 186개의 교회가 재정적으로 선교사나 외국 교회에 의존하지 않고 자립한다고 밝혔다. H. D. Underwood, "Principles of self-support," KMF(1908. 6).

둘째, 최소한 감리교회와 장로교회 선교사들의 상호 협력 속에서 이 신앙 운동이 지속적으로 일어났다. 이 점은 초창기 한국 개신교 역사에서 '신앙 각성 운동과 에큐메니칼 운동의 연계'를 보여 주는 좋은 사례가 될 것이다.

셋째, 신앙 각성 운동의 가장 두드러진 특징은 역동적인 성령의 역사였다. 성령의 역사로 참석자들이 통성 기도에 몰입되었다. 또 성령의 역사로 사람들이 죄를 고백하되 다른 사람들 앞에서 공개적으로 자백하였다. 죄 고백은 집단적으로 일어났으며 이와 더불어 집단적으로 신앙 체험을 하였다.

넷째, 성령의 역사를 통한 죄 고백은 '통전적 신앙'(머리-가슴-삶)이 형성되게 하였다. 이러한 신앙 형태는 한국적 그리스도교 신앙으로 자리잡았다고 본다.

다섯째, 죄 고백을 통한 삶의 변화는 영적·지적·윤리 도덕적 갱신이었다. 이 갱신은 사경회에서 성경을 배운 바탕 위에서 여물었고 또 이를 통하여 교회가 부흥되었다. 이 경우의 부흥이란—수적인 증가와 양적인 팽창에 우선한 것이 아니라—성령의 역사 속에서 복음의 능력으로 거듭나고 변화되어 이 복음을 이웃에게 증언하면서 저절로 교인 수가 증가되는 열매였다. 즉 갱신을 통한 부흥이었다.

여섯째, 네비우스 선교 원리의 실천(1890년 이래로)을 통해 이루어지던 토착 교회의 형성이 신앙 각성 운동을 통하여 더욱 단단하게 굳어졌다. 이 점은 국내 일부 신학자들이 주장한 서양 제국주의에 편승한 선교 정책 비판을 수정케 하는 바, 적어도 당시 평양에서 일한 미국 선교사들에게는 제국주의 정책에 따라 선교한 흔적이 발견되지 않았다. 토착 교회의 형성, 사경회에서 배우는 체계적인 성경공부, 신앙 각성 운동은 장로회신학대학교의 시작과 초창기 역사를 파악하게 하는 중요한 요소이다.

앞으로의 연구를 위하여 다음과 같이 제언하고자 한다.

첫째, 1907년 평양의 사경회 기간에 나타난 성령의 역사는 초창기 한국 개신교의 역사에서 대단히 중요한 사건이었다고 본다. 신약성경 사도행전 2장에 기록된 오순절 성령의 역사가 1907년 평양에서 다시 일어난 사건은, 그때의 예루살렘과 지금의 평양이 성령 안에서 하나의 띠로 엮어지는 사건이라 해석할 수 있다. 이로써 한국 개신교의 역사는 신학적으로 성령 역사의 관점에서 파악하고 정리해 볼 필요가 있다고 본다. 이것은 고대 그리스도교 역사에서 서양의 헬라 지역에 복음 전파가 뿌리를 내리던 과정과 대비되는 점인데, 그때의 그곳에는 기독론을 중심으로 한 삼위일체 교리가 확립되었다. 그런데 한국에서는 신앙 각성 운동 기간에 성령의 역사가 개신교 역사의 첫 단추를 채웠다고 파악되는데, 이 점에 착안하여 성령론 중심의 한국적 신학을 정립할 수 있다고 본다.

둘째, 20세기 초반 한국의 신앙 각성 운동은 미국의 19세기 신앙 각성 운동과 '역사적으로' 연계되어 있다. 또한 미국의 이 운동은 그 당시 유럽 전역에서 일어난 신앙 각성 운동과 '역사적으로' 연결되어 있다. 이리하여 서양 근세 개신교의 역사와 한국 개신교의 역사는 신앙 각성 운동을 통해 '직접' 연결되어 있다. 이러한 역사적 연결을 바탕으로 신앙 각성 운동을 신학적으로도 정리해 볼 수 있다고 본다.[67] 신학적 작업을 통하여 우리는 한국과 서양의 신앙 각성 운동에서 그 공통점이 무엇이며 차이점도 무엇인지 파악할 수 있다. 신학적 공통점을 통하여 세계 개신교의 '보편성'이 파악될 것이고 또 신학적 차이점을 통하여 한국 개신교의 '특성'이 파악될 것이

---

67) 근세 유럽, 북미 신앙 각성 운동의 역사와 신학을 개블러(U. Gabler, 스위스 바젤 대학교 교회사 교수)가 정리하였다. Ulrich Gäbler, *Auferstehungszeit. Erweckungsprediger des 19. Jhs.*(Munchen: C.H. Beck, 1991).

다. 이 특성 파악은 또한 한국 개신교의 토착 신앙 연구에 직결될 것이다.
이것은 에큐메니칼 교회사 연구 분야에서 아주 흥미 있는 주제라고 본다.

| 참고 문헌 |

선교사 글(증언)

Bernheisel, Charles F. Rev. *Charles F. Bernheisel's missionary diary*. 김인수 역. 『편하설의 선교일기』. 서울: 쿰란출판사, 2004.

Blair, W. N. and Hunt, B. *The Korean Pentecost and The Sufferings*. Edinburgh: Banner of Truth Trust, 1977.

Bruen, H. M. *"The Spirit at Taiku."* KMF(1907. 4).

Cram, W. G. *"Revival Fires."* KMF(1905.12).

_____. *"The Revival in Songdo."* KMF(1906. 4).

Frey, L. E. *"Revival at Ewa."* KMF(1906. 5).

Gale, J. S. *Korea in Transition*. 신복룡 역. 『전환기의 조선』. 서울: 집문당, 1999.

Gerdine, J. L. *"Growth and Spirituality."* KMF(1906. 9).

Graham, Lee. *"How The Spirit came to Pyeng Yang."* The Korea Mission Field(=KMF) vol. III. No. 3(1907. 3).

Hunt, W. B. *"Impression of an Eye Witness."* KMF(1907. 3).

Mccune, G. S. "Opening Days at the Theological Seminary." KMF(1907. 6).

_____. *"The Holy Spirit in Pyeng Yang."* KMF(1907. 1).

Moffett, S. A. *"Theological Instruction."* KMF(1905. 9).

Moffett, S. H. *The Christians of Korea.* NY: Friendship Press, 1962.

Moore, J. Z. *"The Great Revival Year."* KMF(1907. 8).

Moore, F. *"Revival in Seoul."* KMF(1906. 4).

Perry, Jean. *"The religious Awakening of Korea(selected)."* KMF vol. IV(1908. 7).

Preston, J. F. *"A notable Meeting."* KMF(1906. 10).

Sharp, C. E. *"Motives for Seeking Christ."* KMF(1906. 8).

Swallen, W. L. *"God's Work of Grace in Pyeng Yang Classes."* KMF(1907. 3).

Underwood, H. D. *"Principles of self-support."* KMF(1908. 6).

국내 자료

김양선. 『한국 기독교사 연구』. 서울: 기독교문사, 1971.

민경배. 『한국 기독교회사』. 서울: 연세대학교 출판부, 1972.

박순경. 『민족통일과 기독교』. 서울: 한길사, 1986.

박용규. 『평양 대부흥 운동』. 서울: 생명의 말씀사, 2000.

백낙준. 『한국개신교사』. 서울: 연세대학교 출판부, 1973.

서정민. 『한국 기독교와 민족 운동』. 서울: 보성, 1986.

이덕주. 『한국 토착 교회 형성사 연구』. 서울: 한국기독교역사연구소, 2000.

이장식. 『한국 교회의 어제와 오늘』. 서울: 대한기독교서회, 1977.

주재용. "한국 교회 부흥 운동의 사적(史的) 비판: 1907년 부흥 운동을 중심으로". 『기독교 사상』 제243호, 1978. 9.

차재명. 『朝鮮예수教長老會史記』. 京城: 新門内教會堂, 1928.

국외 서적

Gäbler, Ulrich. *Auferstehungszeit. Erweckungsprediger des 19. Jhs.* München: C.H. Beck, 1991.

Harrington, F. *God Mammon and the Japanese.* 이광린 역. 『개화기의 한미관계: 알렌 박사의 활동을 중심으로』. 서울: 일조각, 1973.

Lee, Jong Hyeong. *"S. A. Moffett. His Life and Work in the Development of the Presbyterian Church of Korea 1890-1936."* Dissertation to Union Theological Seminary in Virginia(1983).

Robert E. Speer. *Report on the Mission in Korea of the Presbyterian Board of Foreign Missions,* The Board of Foreign Missions of the Presbyterian Church in the USA, 1897. 7.

신문 자료

『그리스도신문』. 1901. 9. 20. 10권 29호, 1906. 7. 10권 32호, 1906. 8. 10권 36호, 1906. 9. 10권 37호, 1906. 9.

『신학월보』. 제3권, 1903. 5. 제4권, 1904. 4.

『예수교신보』. 제6호, 1908. 1.

7

주후 1907년 전후,
한국 장로교회 토착인 교회 지도자 형성 과정[1]

1. 시작하면서

주후 1907년은 한국 장로교회의 역사에서 매우 의미가 있는 한 해였다. 1월에 평양에서 일어난 신앙 각성 운동이 다른 지역으로 연이어서 파급되었고, 6월에 장로회신학교의 첫(제1회) 졸업생이자 목사 후보생 7명이 배출되었고, 9월에 한국 장로교 독(립)노회가 설립되면서 이 졸업생들이 목사 안수를 받아 장립했다. 이들은 한국 장로교회의 첫 안수 받은 교역자였는데 한석진, 양전백, 방기창, 송인서, 이기풍, 길선주, 서경조이다.

1907년을 회고하면서, 첫 졸업생 7명이 토착인 교회 지도자였다는 점에 주목하고자 한다. 첫 입학생이었으나 첫 졸업생은 아닌 김종섭도 함께 살펴보고자 한다. 이들은 신학교를 졸업하기까지 "학습교인, 입교인(세례

---

1) 이 글은 장로회신학대학교 제7회 국제학술대회(2007. 5. 8)에서 발제한 원고이다.

교인), (선교사) 어학 교사, 조사, 장로, 그리고 목사 후보생의 단계"를 거쳐 왔다. 이들은 선교사의 동역자로서 그들을 돕던 '조사' 노릇을 했으나, 이들이 목사가 되면서 선교사와 수평적 관계에서 동역하게 되었다. 이러한 변화를 살피면서, 이 글은 한국 장로교회가 독립 교회가 되는 독(립)노회의 설립까지(1907년) 토착인 교회 지도력이 형성되어 간 과정을 살펴보고자 한다.

첫 졸업생 7명의 지도력(Leadership)을 살피는 일은 일정 부분 전기(Biography) 서술에 해당된다.[2] 이를 위하여 『朝鮮예수教長老會史記』(1928)[3]와 단행본 『한국 교회 대부흥 운동: 1903-1908』(2007)[4]을 서술 자료로 채택하고자 한다.

---

2) 첫 졸업생들의 약력이 『기독교대백과사전』에 수록되어 있고 이 밖에는—길선주 연구와 한석진 연구말고는—뚜렷한 연구 실적을 발견할 수 없었다. 길선주의 주요 저서와 논문(허호익 제공): 길선주, 『해타론』(대한성교서회, 1904), 『만사성취』(광문사, 1916), 『강대보감』(1921), "평양성 장로교 연합부인전도회사기 1-2", 『신앙생활』 8-10월호(1932), "말세학 1-14", 『신앙생활』(1935, 7-1936.11), 『길선주 목사 설교집』(주교출판사, 1941), 『영계 길선주 목사 유고 선집 제1집』(대한기독교서회, 1968), "길선주 목사 설교 및 약전집", 『한국신앙저작집1』(혜문사, 1969), "강대보감 및 다니엘서 사경안", 『한국신앙저작집2』(혜문사, 1969), 김정현 편, 『길선주의 말세론』(강대사, 1935), 길진경, 『영계 길선주』(종로서적, 1980), 김인수 편, "해타론", 『사료 한국신학사상사』(서울: 장로회신학대학교출판부, 2003), 김인수 편, "말세학", 『사료 한국신학사상사』(서울: 장로회신학대학교출판부, 2003), 한석진의 글과 그의 생애 연구(이덕주 제공): 한석진, "평양래신", 『그리스도신문』(1906. 7), "합일론"(1910), "신앙생활의 태도", 『百牧講演』 제3집(1920), "이원의 세력", 『기독신보』(1925. 12. 23), "요한일서 공과", 『기독신보』(1926. 1. 27), 蔡弼近, 『韓國基督教 開拓者 韓錫晉 牧師와 그 時代』(서울: 대한기독교서회, 1971), 이덕주, 『나라의 독립, 교회의 독립』(서울: 기독교문사, 1988).

3) 차재명, 『朝鮮예수教長老會史記』(京城: 新門內教會堂, 1928).

4) 옥성득, 임성빈, 임희국 편집기획, 서원모 책임번역, 『한국 교회 대부흥 운동: 1903-1908』(서울: 장로회신학대학교출판부, 2007).

2. 자전(自傳), 자립(自立), 자치(自治)를 통한 토착 교회의 형성

　중국 산동 선교사 네비우스(Nevius)가 1890년 제안한 자전(自傳, self-Propagation)·자립(自立, self-Support)·자치(自治, self-Government)의 선교 원리가 내한 장로교 선교부의 선교 정책으로 채택되어 실천되었다. 스스로 자원하여 전도하고, 자비량으로 복음을 전하며 자립 경제의 정신으로 스스로 자급 부담하여 교회와 학교를 설립하고, 독자적이고 독립적인 교회 치리가 사역의 알맹이였다.[5]

1) 자전과 자립

(1) 토착 교회 형성의 '못자리'로서 사경회[6]

　1907년 평양 신앙 각성 운동은 사경회 기간에 일어났다. 해마다 겨울철에 평양에서는 다양한 사경회가 열렸다. 북한 서북 지역의 교회 지도자

---

5) 임희국, "신앙 각성 운동을 통한 갱신과 부흥, 토착 교회의 형성: 1907년 평양 대각성 운동을 중심으로", 『한국 교회의 영적 부흥과 리더십』(서울: 장로회신학대학교 출판부, 2006), 466. 네비우스 선교 방법에 대한 긍정적인 평가와 부정적인 비판이 나란히 양립하고 있는데, 백낙준은 이 선교 방법이 한국 교회 토착화의 '주춧돌'이라 보았고, 박순경은 그러한 해석이야말로 한국 교회가 서양 기독교의 연장이라는 사실을 말해 주는 것일 뿐이라고 비판하였다. 평양 선교사 마펫(S. A. Moffett)의 아들 마펫(S. H. Moffett)은 양쪽의 입장을 골고루 경청하고, 네비우스 선교 정책이 자립 경제를 지나치게 강조한 나머지 자립 재정(돈)을 교회 성장과 성숙의 척도로 삼았다는 비판에 공감하면서, 그렇지만 이 선교 방법이 전 세계에서 '유일하게 한국에서만' 성공하였다는 점을 언급하였다.

6) 이 부분의 서술은 『한국 교회 대부흥 운동: 1903-1908』의 사경회 부분을 정리한 것이다. 역시 '제2회 소망신학포럼'의 발제에서는 당시에 발행된 교회 신문(『신학월보』, 『예수교신보』 등)에 게재된 사경회를 정리하였다. 임희국, "신앙 각성 운동을 통한 갱신과 부흥, 토착 교회의 형성: 1907년 평양 대각성 운동을 중심으로", 452-457.

들만 참석하는 연합 사경회가 열렸고, 1월 첫 두 주간 동안 남자들을 위한 연합 사경회가 열렸고, 2월에는 평양의 상인들을 대상으로 특별 사경회가 열렸다. 특별히 1906년 음력설(1월 25일)에 시작된 사경회는 평양 시내 전도 운동과 겸하여 열렸는데, 전도 집회의 열기와 전도의 열매가 대단하였기에 평양의 선교사들이 이 사경회에 관하여 본국(미국) 선교부 총무(브라운)에게 보고서로 자세히 설명했다.[7] 평양처럼 전국 모든 지역에서 복음 전파와 교회 설립은 사경회를 중심으로 이루어졌다.

사경회는 선교 초창기부터 한국의 장로교회가 토착 교회로 정착되는 데 중요한 역할을 하였다.[8] 사경회는 한국인들의 천성과 기질에 잘 부합되는 것이었고, 이 점을 선교사 게일(Gale)이 일찍이 잘 알아챘다. 그는 한국 사회의 생활 관습과 예절 문화가 성경 시대의 문화와─서양 문화보다 더─가깝다고 생각했다. 게일의 이러한 한국 전통 문화에 대한 인식은 우리에게 예수 그리스도의 복음을─서양 문화의 옷을 벗겨 낸 복음을─한국 전통 문화에다 곧바로 '접목'시킬 수 있다는 가능성을 보여 주었다.[9]

성경은 당시의 한국 교인들이 즐겨 읽는 하나님의 말씀이었고 또 성경 배우기는 "배움을 갈망하는 천부적인 기질이 있는" 사람 누구나 '재미있게' 공부하는 시간이 되었다. 이 점을 잘 파악한 다른 선교사들도 "성경을 주교재"로 사용하는 사경회를 통해 남녀노소 모든 교인에게 신앙 교육을 시켰다. 모두를 위한 모두의 사경회였던 만큼, 사경회의 종류가 참석 대상과 참

---

7) "마펫이 브라운 총무에게 보낸 편지(1906년 1월 31일)", 『한국 교회 대부흥 운동: 1903-1903』 80-89. "블레어가 브라운 총무에게 보낸 편지"(1906년 2월 1일), 위의 책, 90-92.
8) 이미 1890-1891년에 선교사 기포드가 언더우드의 집에서 사경회(bible class)를 열었다. 참고, Herbert E. Blair, "Fifty Years of Development of the Korean Church," *The Fiftieth Anniversary Celebration of the Korea Mission of the Presbyterian Church in the U.S.A.*(Seoul: Post Chapel, John D. Wells School, 1934), 120.
9) 임희국, "초기 내한 선교사들의 한국 문화 이해", 『선교와 신학』 제13집(2004), 53-84.

석 범위에 따라 다양하였다. 개(個) 교회의 사경회, 같은 지역(시찰) 여러 교회들이 함께 모이는 사경회, 지역의 중심 도시(평양)에서 모이는 연합 사경회, 전국의 교인들이 참석하는 연합 사경회, 남자들만 참석하는 사경회, 여자들만 참석하는 사경회, 남녀가 함께 참석하는 사경회, 교회 지도자(조사)들만 참석하는 사경회 등이 있었다. 시간이 지남에 따라, 토착인 교회 지도자(예조사)들이 사경회를 인도하며 성경을 가르치게 되었다. 범위가 큰 연합 사경회(평양)는 주로 선교사들이 사경회를 인도하고 가르쳤고, 시찰의 여러 교회들이 함께 모이는 사경회에서는 선교사와 조사들이 함께 가르쳤고, 개 교회별로 모이는 사경회는 처음부터 끝까지 조사들이 가르쳤다. 개 교회별로 모이는 사경회의 횟수가 훨씬 더 많았으므로, 대부분의 사경회는 실제로 토착인 교회 지도자 조사들이 인도했다.

사경회는 대체로 농한기인 겨울철(주로 음력설 연휴기간)에 열렸으며, 보통 열흘에서 2주일 동안 열렸다. 사경회의 비용(여행 교통비, 숙박비, 수업료 등)은 맨 처음에 선교부가 보조했으나 조금 지나자 전적으로 참석자 본인이 부담하였다. 사경회의 주된 목적이 성경공부였으므로, 사경회는 성경을 주제별로 가르치거나 책별로 가르쳤고 그리고 한 절씩 주석적으로 책의 개요를 정리하는 방식으로 가르쳤다. 이 가운데서 마지막 방법(한 절씩 주석적으로 책의 개요 정리)이 가장 인기 있었다. 이와 함께 장로교회의 사경회에서는 성경공부와 함께 그리스도교 교리를 가르쳤고, 교회의 행정과 정치를 다루었고, 때때로 교회 지도자들의 회의도 겸하였다.[10] 사경회

---

10) 이 점에서 장로교회의 사경회는 감리교회의 사경회와 그 성격이 구별되었다고 보는데, 감리교회의 사경회는 대중의 계몽(개화를 포함)에다 크게 역점을 두었다. 임희국, "신앙 각성 운동을 통한 갱신과 부흥, 토착 교회의 형성: 1907년 평양 대각성 운동을 중심으로", 454-456. 그런데 이덕주에 따르면, 장로교회의 사경회는 1906년 여름까지 감리교회적 부흥 운동에 별로 관심이 없었다고 한다. 이덕주, 『한국 토착 교회 형성사 연구』(서울: 한국기독교역사연구소, 2000), 113, 115.

의 진행은 이러하였는데, 묵고 있는 숙소별로 새벽에 기도와 찬양으로 예배를 드렸다. 아침을 먹고 나서 예배당으로 모두 모였고, 참석자들은 30분 동안 경건회를 가졌으며, 그리고 나서 반별로 흩어져서 아침 성경공부를 하였다. 오후에는 다시 한 번 성경공부를 하였고, 그리고 나서 찬송을 배웠다. 자주 늦은 오후에는 축호 전도를 하였다. 저녁에는 부흥회나 전도 집회를 가졌다. 1906년 평양 설날(음력설) 사경회에서는 오후에 둘씩 짝을 지어 할당된 동네로 가서 전도용 소책자와 초대장을 들고 가가호호 복음을 전하였다. 그러면서 집집마다 초대장을 돌렸다.

이처럼 축호 전도를 겸한 사경회는 한국인의 기질과 심성에 잘 맞아떨어진 성경공부가 자전(自傳)의 선교 원리 곧 스스로 자원하여 전도하는 원리와 조화를 이룬 경우라고 평가할 수 있다.

(2) 날연보, 주일성수, 새벽 기도회

1905년 미국 장로교 북장로회 선천 선교부 보고서에 '날연보'(日捐補, Day Offering)가 소개되었다.[11] 이것은 돈이나 물질로 드리는 헌신이 아니라 시간으로 드리는 헌신이었고, 이것은 주님을 위해 더 열심히 더 많은 일을 하려는 진지한 헌신이었다. 주님을 위하여 헌신하려는 날수를 스스로 정하여 실천하는 것이다. 주님께 헌신하는 날은 세속적인 일상을 뒤로 하고 오로지 주님의 일을 하였다. 날연보는 대체로 복음 전도로 실천되었는 바 '무보수 자원 전도'였다.[12] 날연보는 대개 5일에서 10일 사이로 작정

---

11) 커언스, "선천 지부에서 보낸 일 년", 『총회신보』(1905년 11월), 602-603. 『한국 교회 대부흥 운동』, 56. 커언스(Carl E. Kearns 桂仁瑞, 1876-1953)는 1902년 북장로교 선교사로 내한해서 선천 선교지부에서 활동했다. 1905년 1년간 성인 660명에게 세례를 베풀었고 1,000명에게 학습을 주었다.
12) 이덕주, 『한국 토착 교회 형성사 연구』, 154.

하였고, 작정한 날을 기준으로 4주에서 6주 사이에 완수하기로 서약하였다. 그렇지만 그리스도인으로서 마땅히 해야 할 전도와 날연보를 구분하기 위하여, 날연보를 작정한 사람은 자기 집을 떠나 믿는 사람이 아무도 없는 동네로 들어갔고, 거기에서 자신이 작정한 날 동안 집중적으로 복음을 전하였다. 유급 전도가 아니라 자비량으로 헌신하는 전도였기에 그 효과가 매우 컸다. 1904년 철산에서 시작된 날연보는 1주일 뒤에 선천으로 파급되었다. 선천 교인들이 625일, 의주 교인들이 524일, 초산과 강계 교인들이 720일을 헌신하였다.[13] 계속해서 날연보는 근처 다른 지역으로 퍼져나갔다. 날연보는 1907년 대각성 운동을 거치면서 전국으로 확산되었고 우리나라의 대표적인 전도 방법으로 활용되었다.[14] 이덕주는 날연보를 토착적 전도 방법으로 보면서, 한국 전통 농경 사회의 '날 품앗이' 제도를 전도에 응용한 경우라고 해석했다.[15] 이러한 해석에 수긍하면서, 날연보 역시 자전(自傳)의 선교 원리를 한국 교인들이 잘 수용하여 토착적인 방법으로 응용한 것이었다고 본다.

선교사 스왈른(Swallen)은 15년의 선교 경험을 바탕으로—1908년의 선교 보고서에서—한국 그리스도교 교인의 특성에 관하여 서술했다.[16] 그는 '주일성수' 곧 주일을 거룩하게 지킴이 한국적 신앙 형태로 자리를 잡았다고 보았다. 주일에는 모든 노동을 중단하고, 유대인들이 안식일을 지키는 것처럼, 하나님께 예배드리고 성경공부에 참석하고 기도드리며 거룩하게 지켰다. 노인이든 젊은이든 주일이면 두세 번 교회에 나가는데, 아침에

---

13) *"Syen Chun Station Report,"* KMPC(1905), 8. 이덕주, 위의 책, 155에서 재인용.
14) *"The Million Movement and Its Results,"* KMF(Jan. 1911):5. 이덕주, 위의 책 155에서 재인용.
15) 이덕주, 위의 책.
16) 스왈른, "한국 기독교인의 특성", 『총회신보』(1908. 11), 510-512. 『한국 교회 대부흥 운동: 1903-1908』, 164-167.

는 예배드리기에 앞서 모든 교인들이 여러 반으로 나누어서 성경공부를 하였다. 스왈른에 따르면, 주일성수의 또 다른 특징은 전도하러 나가는 것이었다. 주일 오후에 둘씩 짝을 짓고 믿지 않는 사람들에게 복음을 전하러 나갔다. 이처럼 주일은 구별된 거룩한 날로서 하나님께 드리는 날로 정착되었다.

새벽 기도회는 사경회에서 '자발적으로' 시작되었고, 1904년 평양 사경회에서 새벽 기도회가 사경회의 정식 순서에 포함되었다. 자발적으로 시작된 만큼, 이것은 선교사들이 가르쳐 준 것이 아니라 우리의 토양에서 자생적으로 시작된 경건 훈련임이 분명하다.[17] 길선주 목사의 새벽 기도회는 평양 장대현교회 담임 목회자로 일하던 1909년에야 비로소 장로 박치록에게 둘이서 매일 새벽 4시 30분에 기도하자고 제안하면서 시작되었다.[18] 둘이서 그렇게 실천하자, 다른 교인들도 하나씩 둘씩 함께 참석하기 시작했는데, 한 달이 지나자 약 20명이 매일 새벽에 기도회로 모였다. 그러자 길 목사는 주일 예배 시간에 공식적으로 교인들에게 새벽 기도회에 관하여 알렸다. 당장 그 이튿날 새벽 2시부터 약 400명이 4시 30분에 시작되는 기도회를 기다렸고, 시작 시간에는 약 600명으로 늘어났다. 한 주간이 지나면서 매일 새벽에 700명이 참석하였다.

이제까지 살펴본 대로, 날연보와 주일성수 그리고 새벽 기도회는 서로 공통분모가 있다. 모두 다 시간과 관련된 경건 훈련과 헌신이다. 이것의 주된 내용은 예배, 성경공부, 기도, 전도였다. 이러한 경건 훈련을 통하여

---

17) 새벽 기도회의 기원과 발전에 대해서는 옥성득, "평양 대부흥 운동과 길선주 영성의 도교적 영향", 『한국기독교와 역사』 제25호(2006. 9), 75-81을 보라.

18) 『한국 교회 대부흥 운동: 1903-1908』, 244-245. 옥성득에 따르면, "장대현교회의 이 새벽 기도가 1906년에 일어난 것으로 보게 된 것은 김인서가 1936년에 발표한 "靈溪先生小傳(續一)", 『신앙생활』, 1936년 1월, 28쪽 때문"이었다. 옥성득, "평양 대부흥 운동과 길선주의 영성의 도교적 영향", 79-80.

한국 그리스도교의 토착적 신앙 형태가 형성되었다고 본다.

(3) 교회의 학교 설립과 교회 건축

경제적 자립을 통한 토착 교회의 형성은 교회가 학교를 설립한 경우에서도 뚜렷하게 나타났다. 배우기를 좋아하고 배움을 열망하는 한국인의 기질과 함께, 청일 전쟁(1894)과 러일 전쟁(1904)을 겪으면서 국운(國運)이 기울어진다는 엄정한 현실을 피부로 느끼며 갖게 된 미래에 대한 불안감, 게다가 전통 생활 관습과 전통 종교가 더 이상 삶에 정신적 지주로 받쳐 주지 못한다는 판단에서, 19세기 말 이래로 선각자들과 교회들은 미래를 위한 인재를 양성하고자 자립으로 학교를 설립하였다. 서울에서 시작된 교회의 학교 설립은 전국적으로 확산되었는데, 특별히 북한 서북 지역의 학교 설립이 왕성하였다.[19]

교회의 학교 설립을 북한의 서북 지역으로 한정시켜서 살펴보면, 1898년에 평양의 판동(널다리)교회와 의주군의 남산교회가 각각 학교(사숙)를 설립하였다. 1900년에는 의주읍교회, 선천읍교회, 황해도 황주군 용연교회가 각각 사숙을 설립하였다. 교회들이 학교를 설립한 동기는 하나같이 "교인 자녀들을 교육하기 위함"이었다. 전통 한문 교육과 신(新)지식 교육(영어·산수 등)에 경건 교육(성경·기도)을 병행하였다.

이보다 조금 앞서 1895년에 우리나라의 근대 '중등학교'가 시작되었는데, 1897년 10월에 평양으로 부임한 선교사 배위량이 자기 집 사랑방에서 중등 교육반을 발족시켰다. 흔히 '사랑방학급'으로 알려진 이곳이 '숭실학당'의 모체가 되었다.[20] 그는 한학자이자 교인인 박자중(朴子重)과 함께 학

---

19) 임희국, "한국 교회 초기 기독교 학교 설립에 대하여: 토착 교회의 기독교 학교 설립 운동을 중심으로", 『장신논단』 제27집(2006), 39-74.

생들을 지도하였다. 당시 학생들은 이미 초등학교를 졸업했거나 상당한 기초 실력을 쌓은 청년들이었다. 이들은 정식으로 개교하기까지 예비 교육을 받았다. 사랑방 중등교육반은 이듬해(1898년) 가을에 정식으로 학생 모집을 공고하였다. 1904년에 첫 졸업생이 배출되었다. 그러자 숭실학교는 또다시 대학부를 설치하여 1905년에 '대학 교육 과정'을 시작하였다.

평양의 대학 설립은 그 지역 교인들의 염원이었다. 여기에서 우리는 토착 교회의 자립 정신을 발견하게 되는데, 1906년 음력 5월(6월경)에 지역의 교회 지도자들이 장대현교회에 모여서 '우리 스스로의 힘으로' 대학을 설립하자고 결단하면서 즉석 모금하였다.[21] 그러자 당장에 논밭을 바친 사람 6-7명이 나오고, 고가(高價)의 집을 바친 사람, 이제부터 날마다 죽을 때까지 10전씩 헌금하기로 작정한 사람, 해마다 신화 5원씩 헌금하기로 작정한 사람, 건축 자재(목재, 추춧돌, 대못)를 바치겠다는 사람, 갖고 있던 보석과 귀중품(시계, 반지, 은장도 등)을 내놓은 사람, 심지어는 물질 대신에 노동으로 헌신하겠다는 사람들이 나왔다. 그리고 평안남북도와 황해도의 교회들이 대학 설립을 위해 동참하겠다고 밝혔다.

교회 건축 역시 동일한 정신으로 추진되었다. 평양 선교사 마펫의 말에 따르면, 1907년 2월 현재 600개 이상이 되는 예배당 가운데서 지극히 일부인 20개 이하만 미국의 지원으로 지었으며 건축 양식 또한 한국적인 방식으로 지었다.[22] 이 점에 대하여는 장연의 소래교회와 평양 장대현교

20) 숭실대학교 90년사편찬위원회, 『숭실대학교 90년사』(서울: 숭실대학교출판부, 1987), 66 -75. 그런데 숭실이란 학교 이름은 창립 당시는 물론이고 1900년까지도 사용되지 아니하였다고 한다. 그 무렵에는 그저 학당 또는 중학교로 불렸다. 당시의 영문 보고서들도 그저 Pyeng Yang Academy로 표기하였다. 학교 이름은 1901년에 가서 '숭실'로 정해졌다고 한다.
21) 『그리스도신문』(1906. 7. 19).
22) S. A. Moffett, "한국의 교육 사역", 『인테리어』(1907년 2월 14일), 1-4. 『한국 교회 대부

회의 건축을 그 예로 들 수 있다. 평양의 판동교회가 부흥 발전하여서 장대현에 웅대한 예배당을 짓고 1900년에 이주하였고, 또 교회 이름도 장대현교회로 바꾸었는데, 교회 건물을 한국적인 양식으로 지었다. 이와 관련하여 1896년에 장대현의 땅 800평을 구입할 수 있는 비용의 대부분을 길선주가 헌납하였다. [23]

2) 자치

(1) 한국 장로교회의 자치를 향한 공의회 시대(1893-1906)

이미 자전(自傳)한 한국 장로교회가 상당 부분 자립(自立)하고 있는 가운데, 자치(自治)를 향해 나아가며 1893년부터 공의회(公議會) 시대가 시작되었다. 1893년에 한국 장로교회의 '치리'(治理) 기구로서 '공의회'가 조직되었고, 이때부터 1906년까지 장로교회는 '공의회 시대'였다. 공의회가 설치된 첫 번째 원인은 교인 수의 급증(急增)에 따른 교회 부흥에 상응하여 치리 기구를 설치해야 할 필요성에 있었다. 즉 이 땅에 예수 그리스도의 복음이 전파된 지 아직 10년이 채 되지 아니한 짧은 기간에 '교도위흥'(敎徒蔚興)하고 교회가 부흥하였는데, 그런데 교인들을 치리할 '상회'(上會)가 아직까지 없으므로, 이를 위하여 선교사들이 공의회를 조직하였다. [24] 이 공의회는 그러나 잠정적인 기구로서 "장래(將來)에 적법(適法)대로 설립"되는 '치리회'가 나타날 때까지 한시적으로 존속한다는 전제 아래 설치되었다. 여기서 우리의 눈에 크게 들어오는 점이 있는데, 적법절차를 밟은 치리회가 조

홍 운동: 1903-1908』, 107-114에 수록.
23) 허호익, "영계 질선주 목사의 생애와 목회 신학", 『2007 포럼 제24차 발표 원고』(새벽교회분당평화센터), 7.
24) 차재명, 17, 20.

직될 때까지 잠정적인 기구로서 한시적으로 존속되는 공의회라는 점이다. 이것이 구체적으로 1907년에 조직될 독(립)노회(獨(立)老會, Independent Churh)를 미리 지칭한 것인지 잘 알 수 없으되, 독노회는 한국 장로교회 최초의 적법한 치리회(=上會)였으므로, 선교사들이 1893년에 공의회를 조직하면서 이미 독노회 조직을 향한 궤도를 놓았다고 볼 수 있다. 독노회의 조직은 또한 한국 교회의 자치(自治)가 가시적으로 성취된 것인 바, 1893년 공의회의 출발은 한국 장로교회가 독립적인 토착 교회로 정착되는 초석이 되었다고 본다.

장로교회의 공의회 시대는 전반부와 후반부로 나누어졌다. 1893년부터 1900년까지는 '선교사공의회' 시기(제1기)였고, 1901년부터 1906년까지는 '합동공의회' 시기(제2기)였다. 제1기에는 외국(미국, 캐나다, 호주) 선교사들만이 치리 회원이었고, 제2기에는 선교사와 한국 교회 '총대'들이 합동하여 치리 회원이었다. 제2기의 회원은 한국인 장로 3명, 조사 6명, 외국 선교사 25명이었다. 이렇게 전반부와 후반부로 구분되는 공의회 시대는 1893년부터 1906년까지 장로교회에 어떠한 변화가 있었는지 말해 준다. 1893년에 공의회가 출발할 때만 해도 한국 교회 교인들을 대표할 만한 토착 지도자가 없었는데 그로부터 8년이 지난 1901년에는 장로와 조사 등으로 구성된 토착인 지도자들이 나타났음을 대변한다. 이들 가운데서 2명이 —1900년 선교사 회의에서 결정된 바에 따라— 1901년에 신학 교육을 받기 시작했고, 1907년에는 7명이 평양 예수교 장로회 신학교의 첫 졸업생이 된다.

합동공의회(1901-1906년)의 공식 이름은 '조선야소교장로회공의회'(朝鮮耶穌教長老會公議會)였다.[25] 합동공의회는 '영어 사용' 회의와 '조선어(우

---

25) 위의 책, 82.

리말) 사용' 회의로 양분되었고, 양쪽 회의가 다루는 의제 또한 서로 달랐다.[26] 우리말 사용 회의에서는 각 지역의 교회 형편을 의논하되 특별히 어려움에 처한 교회(흉년)를 돕는 일을 주로 논의하고 결정하였고, 영어 사용 회의에서는 교회의 조직('평양·서울 대리회', '전라·경상 대리회'), 장로교회 헌법 번역 작업, 공의회 규칙 제정 등을 다루었다. 이를 통해서 볼 때, 아무래도 교인들 낱낱의 형편과 사정에 보다 더 밝은 토착인 교회 지도자들과 한국 교회의 뼈대를 든든하게 세워 나가려는 선교사들이 처음부터 서로의 역할을 분담하였다고 판단된다. 중요한 점은, 선교사 회의(영어 사용)에서 1901년부터 이미 독노회의 설립에 대한 방침이 논의되었다. 이렇듯이 아직은 선교사들이 무겁고도 중요한 의제를 논의하고 결정했다.

합동공의회에 소속된 미국 남·북·캐나다·호주 장로교회의 선교사회는 각각 본국의 교단 전도부로부터 독노회의 설립을 허락받았고, 합동공의회는 1905년에 '조선예수교장로회'를 조직하도록 결정했다.[27] 이에 따라 준비위원을 선택하고 준비하는 절차에 들어갔다. 그 이듬해에는(1906년) 독노회가 조직된 그 이후의 일에 대하여 논의하고 결정하였다. 독노회가 조직된 이후에는 합동공의회를 폐지하기로 하고, 노회의 총대는 목사·장로에 국한시키기로 하며, 신학교를 졸업하는 목사 후보생은 시험을 치러 합격된 자를 '전도 목사'로 장립하기로 결정하였다.[28]

---

26) C. A. Clark, *Digest of the Presbyterian Church of Korea(Chosen)*(Seoul: Korean Religious Book & Tract Society, 1918), 8.

27) 차재명, 145.

28) 위의 책, 146.

(2) 평양에 장로회신학교 설립

① 목사 후보생의 선발과 교과 과정

1900년의 선교사공의회는 토착인 교회 지도자들을 안수 받은 목회자로 세우고자 이들에게 신학 교육을 시키기로 결정했다. 그 이듬해(1901년) 가을에 선교사 마펫이 장대현교회 장로 김종섭과 방기창에게 신학 교육을 시키기 시작했다. 그 다음해에는 목사 후보생으로 양전백, 길선주, 이기풍, 송인서 등 4명이 입학하였다. 또 그 다음해에는 선교사공의회가 목사 후보생 7명을 새롭게 모집하였다. 한석진은 1904년에 입학하였다. 선교사들이 보기에 토착인(한국) 교회 지도자들 가운데서 자질과 능력이 충분하다고 판단되는 사람들을 '목사 후보생'으로 '선발'했다. 이들은 오랜 세월 사경회를 통하여 자연스럽게 선발되었는데, 처음에는 사경회에 학생으로 참석하다가 차츰 인도자와 선생이 되었다. 또한 이들은 학습교인·입교인(세례교인)·(선교사의) 어학 교사·조사·장로의 과정을 거치면서 목사 후보생이 되었고, 이미 이들은 "한국 교회의 최정예 인물"로 인정받았는 바 지금까지 안수 받지 않은 목회자 노릇을 해 왔다. 이들은 신학교에 입학하기 전후에 장로로 안수 받고 장립하여 각각 조직 교회를 이끌었다. 장로로서 교회 지도자와 목회자의 일을 하다가, 1907년에 목사 안수를 받고 장립하여 목사가 되었다.

1902년에 선교사공의회는 5년의 임시 신학 교육 과정을 만들고 정식 과목과 열람 과목(방학 동안에 자습하는 과정)으로 교육시켰다. 학생들은 5년 동안 매년 3개월씩 학교에서 공부하고 나머지 9개월은 목회 현장에서 일하였다.[29] 그 이듬해에는 교수의 수도 7명(마펫, 방위량, 소안론, 이길함, 한위

---

29) 5년제 신학 교육은 1920년까지 지속되었고, 그 이후에는 1년을 2학기로 나누어 3년제

겸, 편하설 외 1인)이 되었다. 신학 교육은 1903년에 본격적으로 시작되었고,[30] 1905년에 그리스도교 교리·중세 교회사·이사야서·로마서 등을 가르쳤으며, 특별히 3학년 반에서는 디모데전후서 주석을 배우며 교회 치리에 관하여 선생과 학생들이 함께 토론하였다.[31] 1906년에는 전국의 선교사공의회가 추천한 학생들 40명이 평양의 신학교에 등록하였다. 학생들 가운데는 나이 어린 청소년이 없었고 모두 다 가정을 이룬 성인이었다. 그해에 가르친 교과목은 인류학·요한복음 주석·여호수아·사사기·룻기·사무엘상하 등이었다. 또한 학생들은 과외 활동으로 운동(특히 축구)을 즐겼다.

② 선교사 마펫이 서술한 목사 후보생 7명의 전기(傳記)

1907년 2월에 선교사 마펫이 신학교의 교장이자 선생으로서 이제 곧 졸업하게 될 목사 후보생 7명을 소개하며 보고하였다.[32] 이 가운데서 서경조가 빠져 있다는 점이 이상스러우나, 마펫의 보고서를 문장만 조금 고쳐서 그 내용을 그대로 소개하고자 한다.

장로 한석진(韓錫晉, 1868-1939)은 목사 후보생 7명 가운데서 가장 오랫동안 신앙 생활을 하였고 1891년에 세례를 받았다. 그 당시에 그는 의주에서 제법 성공한 상인이었고, 좋은 교육을 받았으며, 만주를 여행한 경험도 있었다. 의주 언덕에서 '외국인들을' 처음 만났을 때부터 그는 복음에 귀를 기울였고, 자기 스스로 신약성경을 구하여 읽고 나서, 신앙을 고백했으며,

가 되었다. 이때부터 한 학기를 3개월 반씩 봄, 가을로 구분하여 1년에 7개월씩 수업하였다. 김인수, 『장로회신학대학교 100년사』(서울: 장로회신학대학교, 2002), 85.

30) 김인수, 81, 83. Charles F. Bernheisel, *The Rev. Charles F. Bernheisel's Missionary Diary*, 김인수 역, 『편하설 목사의 선교일기』(서울: 쿰란출판사, 2004), 127.
31) S. A. Moffett, *"Theological Instruction,"* KMF(1905. 9).
32) 『한국 교회 대부흥 운동: 1903-1908』, 109-112.

상점에서 소책자와 성경을 판매하면서 다른 사람들에게 복음을 전하기 시작했다. 좀 더 깊은 공부를 위하여 서울에 온 그는 다른 사람들에게 대단한 신앙 열정을 보였다. 그래서 나(마펫)는 그를 조사로 삼아 평양에서 새 선교지부를 개척하고자 했다. 그는 평양에서 (판동교회) 개척 사역을 하였고, 갖은 박해를 받았고, 심지어는 처형을 눈앞에 두고도 신실하게 복음을 증언하였다. 그는 평양 최초의 교회(판동교회)를 세우고 발전시키는 과정에서 선교사 이길함(Graham Lee)과 나(마펫)와 함께 많은 사람들을 그리스도를 믿는 믿음으로 이끌었다. 그 사람들이 지금은 아주 훌륭한 그리스도인이 되었다. 10년 동안 그는 평양의 동쪽 지역에서 사역했는데, 그곳에서 일곱 교회를 세웠고, 지금은 그 교회들 중 약 300명이 출석하는 어느 교회의 장로인데, 우리는 그를 그 교회의 첫 번째 목사로 안수하기를 원한다.[33]

장로 양전백(梁甸伯, 1870-1933)은 1893년에 세례 받았으며, 지금 그의 나이 36세로 7명 가운데서 가장 젊지만 아마도 학식이 가장 뛰어날 것이다. 그는 최북단 산악 지역에 있는 어느 마을의 서당에서 훈장 노릇을 하고 있었는데, 시장 근처에 내(마펫)가 와 있다는 소문을 듣고서, 10마일을 걸어와서 나를 보고 이 '외국인'이 말(전도)하는 것을 (유심히) 들었다. 그는 성경공부를 통하여 그리스도에게로 이끌렸다. 그 이후에, 그는 선천 선교지부에서 사역하면서 대단히 놀라운 결실을 거두었으며 지금까지 가장 중요한 토착인 사역자로 일해 왔다. 선천에서 그는 선교사 휘트모어(魏大模, N.C. Whittemore)의 조사로서 그의 오른팔 역할을 하면서 주변의 모든 사람

---

33) 한석진은 1896년 11월 마펫이 첫 안식년 휴가를 떠나자 조사직을 사임하고 대동군 율리면 장천(將泉) 소우물에 정착했다. 평남 순안과 황해도 수안을 포괄하는 지역을 맡고, 한 달에 두 주간은 평양에서 또 나머지 두 주간은 순안과 수안에서 일했다. 1898년에 한석진은 평양 판동교회에서 분립해 장천교회를 설립하고 영수로 섬겼다. 1903년 6월 24일에 한석진은 장천교회의 장로로 안수 받고 당회를 조직했다. 세례교인 108명, 학습교인 115명에, 영수 4명, 집사 4명, 권찰 24명, 전도인 6명.

들에게 자신의 인격과 학식을 각인시켰다.

장로 김종섭(金宗燮, 1862-1940)은 평양에서 내(마펫)가 설교한 첫 번째 집회에 참석하여 예리한 질문을 하였다. 그리고 나서 며칠 동안 그는 창 밖에 서서 방 안에서 오가는 (우리의) 대화에 귀를 기울였고, (그러면서) 그가 나중에 가서 실토했듯이, "외국인의 가르침에 대한 판단을 내렸다." 신약성경을 혼자서 읽고 난 그는 (나와) 대화하기 위하여 찾아왔고, (그리고) 회개하고 신앙인이 되었다. 선비의 기질을 가진 그는 다양한 동양 철학 사상을 두루 섭렵하였고, 서당에서 가르치기도 했고, 고급 관료의 사무실에서 비서로 일하기도 했다. 병원에서 의료 선교사 웰즈(Wells)를 도우며 복음 전파를 위해 일하였고, 8년 동안 그는 평양의 (장대현)교회에서 가장 신뢰가 두터운 조사로 사역하다가 과로로 쓰러져서 시골로 내려갔으며, 현재는 그곳에서 시골 교회들을 목회하고 있다. 그는 1900년에 (평양에서) 탁월한 첫 장로로 선출되었다.

장로 방기창(邦基昌, 1851-1911)은 현재 55세의 나이로 목사 후보생들 가운데서 가장 연장자다. 그는 순회 전도에 각별한 노력을 기울였으며 지방의 많은 지회들을 조직하는 일에 크게 관여하였다. 1894년 그때 그는 동학의ー정부를 전복하고 외국인들을 축출하려는 혁명 세력ー접장(接長)이었다. 목숨을 구하려고 도망치던 중에 그는 선교사 이길함과 내(마펫)가 집회하고 있는 작은 마을로 왔는데, 그는 우리를 따라서 평양으로 왔다. 현재 미국에 있는 그의 아들(방화중, 邦華中)은 캘리포니아의 한국인들을 위한 전도인으로 뽑혔고 그곳에서 11개 그리스도교 단체를 조직했다.

장로 송인서(宋麟瑞, 1867-?)는ー그리스도교 박해가 시작된ー1894년에 복음을 듣고서 (어느) 기도 모임에서 자신을 기독교인이라고 선언했다. 박해 기간에 그가 체포되어서 다른 이들처럼 빨간 포승줄로 포박되었는데, 이것은 그의 죄가 사형에 해당됨을 뜻했다. 그는 여러 해 동안 순회 전도자로 일했다.

장로 이기풍(李基豐, 1865-1942)은 1891년 평양의 거리에서 선교사(마펫)에게 돌을 던졌다. 그 당시에 그는 관청의 파발꾼이었다. 원산으로 이주한 다음에 그는 예수를 믿었고, 1896년에 세례를 받았다. 그는 선교사 스왈른이 순회 전도 여행을 다닐 때에 요리사로 동행하였고, 그는 복음 전도에 대한 큰 열정과 능력을 보여서 권서가 되었고, 그 다음에는 조사가 되었으며, 지금은 재령 선교지부의 주요한 사역자 가운데 한 사람이다.

목사 후보생 일곱 명 가운데서 가장 늦은 1897년에 세례 받은 장로 길선주(吉善宙, 1869-1935), 그는 한국인 목회자들 가운데서 가장 달변의 설교자이며 가장 위대한 영적 능력을 지닌 자다. 그는 좋은 집안에 전직 관리의 아들로 태어나서 훌륭한 전통 교육을 받았다. 한의사로서 진리를 추구하던 그는 자주 산으로 올라가서 여러 날 명상과 기도를 했다. 그가 몇 날 며칠 계속 기도를 할 때엔 졸음을 막기 위해 맨발로 눈 위에 서 있거나 옷을 벗고 몸에 찬물을 끼얹으며 기도했다. 그의 절친한 친구들은 현재 장로가 된 김종섭과 정익로인데, 이들처럼 그도 역시 인생의 신비를 밝혀 줄 어떤 빛을 찾고 있었다. 김종섭이 먼저 그리스도를 발견하였고, 그런 다음에 그가 길선주를 빛으로 인도했다. 그는 한국의 '스펄전'으로서 큰 능력에 (사로잡혀서) 장대현교회에서 1,500명 회중에게 설교하고, 사경회에서 가르치고, 서울을 비롯한 여러 지방의 교회에서 전도 집회를 인도하고 있다. 한쪽 눈이 보이지 않던 그는 화이팅 의사가 집도한 백내장 수술을 통해 실명 위기에서 가까스로 벗어났는데, 모든 교우들이 그의 수술을 위해 합심하여 기도했다. 그는 생각이 깊고, 영적 진리에 대한 분별력을 가지고 있으며, 아름다운 영과 보기 드문 바른 판단력을 지니고 있다. 우리는 그가 한국에서 가장 큰 교회[장대현교회]의 목사가 되는 날을 간절히 고대하고 있다.

③『朝鮮예수教長老會史記』(1928년)에 기록된 목사 후보생 7명의 사역

『조선예수교장로회사기』에는 목사 후보생 7명의 사역 곧 신학교에 입학하기 전부터 시작한 사역에 관하여 기록되어 있다. 앞에서 서술한 마펫의 보고 순서대로 목사 후보생 7명의 사역을 서술하고자 한다.

선교사 마펫의 돈독한 신뢰를 받으며 그의 조사로 임명된 한석진은[34] 기독교에 대한 박해 상황 속에서 평양의 판동에 집을 사들여서 회당으로 만들었다. 1893년 의주군에서 일하던 조사 백홍준이 별세하자, 마펫은 조사 한석진에게 평안남도 전 지역을 순회하도록 했다. 두 사람이 동역하면서 평원군에 자덕교회를 설립하였고(1895년), 또 평원군(平原郡) 통호리(通湖里)교회를 설립하였다(1897년). 한석진이 혼자서 복음을 전파하여 중화군에 남창교회가 설립되었다(1896년). 또한 한석진의 가족이 최치량의 가족과 함께 청일 전쟁(1894년) 기간에 황주군(黃州郡) 공포면(公浦面)으로 피난을 갔었는데, 거기에서 두 사람이 복음을 전하면서 한석진의 집에서 집회를 가졌다. 9명으로 시작된 이 집회가 자라서 3년 뒤에는(1897년) 강진(降眞)교회가 설립되었다. 1896년에 한석진은 평양의 조사직을 사임하고 대동군(大同郡) 율리면(栗里面)으로 이사하였다. 그의 후임으로 김종섭이 평양에서 일하게 되었다. 율리면으로 이사한 한석진이 열심히 복음을 전하며 자기 집에서 모임을 가졌다. 1897년에 마펫이 이 동네에 와서 13명에게 세례를 베풀었는데, 이와 더불어 장천(將泉)교회가 창립되었다. 한석진은 이 교회에서 영수로 섬겼다. 한석진의 신앙 지도력은 장천교회를 지역의 어머니 교회가 되게 했다. 이 교회에서 신앙 생활을 열심히 하던 남응우(南應佑)와 또 이 교회에서 세례 받고 빠른 속도의 신앙 증진을 보이던 윤태흠(尹泰欽) 등이 각각 여러 동네를 돌면서 열심히 전도하여 교회를 설립하였다

---

34) 차재명, 21, 30, 36, 43, 44, 45, 66-67, 112.

(1900년). 1904년에 한석진은 장천교회의 장로로 장립하였고, 장천교회가 당회를 조직하였다.

『조선예수교장로회사기』에는 양전백이[35] 예수를 믿게 된 계기에 관하여 서술하였다. 이 점은 좀 특이하다. 왜냐하면 앞에서 서술한 사람들의 결신 동기에 관하여는 이 책에 전혀 언급되어 있지 않기 때문이다. 그런데 이 책에서는 너무 간략하게 압축적으로 서술하였으므로 다른 여러 자료들을 찾아서 이야기를 엮었는데, 유학자요 선비인 양전백이 1892년에 아주 가까운 친구 김권근(金灌根)의 강한 권유로 서울의 정동교회에서 열린 사경회에 참석하여 신앙의 길로 들어섰다. 그렇지만 아직은 믿음에 대한 확신이 없었다. 다시 집으로 돌아온 그가 서당에서 글과 성경을 가르치고 있는데, 1893년에 김권근의 아버지 김이련(金利鍊)이 동네 사람들과 함께 학당(學堂)을 창설하여서 양전백을 교사로 초청했다. 그러면서 이 학당에서 예배도 드렸다. 이것이 구성군(의주) 신시(新市)교회의 시작이었다. 이 당시의 양전백은 겉으로 보기엔 기독교 신앙인이었으나 실제로는 여전히 유생(儒生)일 뿐이었다. 그런데 그 다음해에 일어난 청일 전쟁 기간에 신시학당이 파괴되었고, 그는 난리 통에 일자리를 잃었다. 그러한 그가 선교사 마펫을 만났고, 이 만남에서 비로소 신앙의 확신을 가지게 되었으며, 마펫에게 세례를 받았다. 1895년에 양전백은 전쟁 통에 없어진 교회를 다시 세우고자 자기 집을 팔아 '400량'을 헌금하였다. 여기에 선교사 이길함이 '200량'을 더 보태어 6간 초가를 사서 수리하고 예배당으로 사용하였다. 이리하여 신시교회가 다시 시작되었다. 당시에 이 지역의 조사는 김권근이었다.

신시교회에서 교사로 일하던 양전백은 마펫의 안내로 얼마 동안 권서(勸書)로 일하다가, 1896년에 김권근의 후임으로 조사로 일하게 되었다. 선

---

35) 위의 책, 31, 35, 39, 40, 50, 97.

비였던 그는 언제나 책을 펴들고 논리 정연하게 복음을 전하였고 신앙의 길과 이치가 무엇인지 조리 있게 가르치고 예배의 모범을 철저하게 가르쳤다. 지성적인 그의 복음 전파에 열매가 맺혀서 삭주군 읍내교회가 설립되었고(1896년), 철산군 읍내교회가 설립되었다(1897년). 1897년에 관서 지방 선교사들이 순행 지역을 조정하였는데, 이길함은 황해도를 맡았고 마펫은 평안남도를 맡았고, 위대모(魏大模, N.C. Whittemore)는 평안북도를 맡았다. 이에 따라 이제부터 양전백은 위대모의 조사가 되어 그와 함께 일하였다. 선교사공의회가 평안북도의 선교 중심지를 선천으로 정하자, 위대모가 선천으로 옮겨 갔다. 양전백도 그와 함께 구성에서 선천으로 이주하였다(1898년). 그러면서 일 년 전에 설립된 선천읍교회(나중에 선천북교회)를 목회하였다. 그는 위대모와 함께 철산군 평서교회를 설립하였다(1898년). 1902년에 양전백은 선천북교회(선천읍교회가 이름을 바꾸었음)의 장로로 장립하였다. 이에 선천북교회는 당회를 조직하였다.

김종섭은[36] 1895년 평양 판동교회에서 제1영수로 선임되었다. 그 이듬해(1896년)에 그는 한석진의 후임으로 평안남도 조사로 임직하였다. 1898년에 김종섭은 대동군(大同郡) 우천리(友川里)의 주민들에게 전도하여 예수를 믿게 하였는데, 이들이 처음에는 태평동(太平洞)교회에 다니다가, 자기 마을에 예배당을 지어서 태평동교회와 분립하였다. 대동군 재경리(在京里)에 김종섭이 전도하여서 몇몇이 예수를 믿고 교회를 건축하였다. 대동군 망덕리(望德里)에 김종섭이 전도하여서 몇몇이 예수를 믿고 순안읍(順安邑)교회에 다니다가, 이들이 마을 사람들을 전도하여 교회를 세우고 예배당을 건축하였다. 1900년에 평양 판동교회에서 김종섭이 장로로 장립하여 당회를 조직하였다. 이어서 판동교회는 평양 장대현(章臺峴)에 '웅걸'한

---

36) 위의 책, 30, 53, 56.

예배당을 준공한 다음에, 이곳으로 이주하였고 교회 이름을 장대현교회라고 바꾸었다.

1893년에 방기창이[37] 송인서와 함께 용강군(龍岡郡) 죽본리(竹本里)에서 전도하여 교회가 설립되었다. 처음에는 어느 가정에서 예배드리다가, 6간 기와집을 사들여서 회당으로 사용하였다. 계속해서 교세가 왕성하였고, 이 교회에서 방기창이 '교역자'로 일했다. 1896년 강서군(江西郡)에 반석(磐石)교회가 방기창의 전도로 설립되었다. 처음에는 개인 집에서 모이다가, 초가를 사들여서 회당으로 사용하였다. 그러다가 이 교회가 안창동(安倉洞) 교인들과 합쳤는데, 1년 뒤에 분리하여 10간 기와집을 사들여서 예배당을 건축하였다. 역시 그해에 강서군 고창(高昌)교회가 방기창의 전도로 설립되었다. 처음에는 개인 가정에서 모이다가 회당을 건축하였다. 교인이 점점 많아지게 되자, 예배당을 다시 기와집 17간으로 중건하였다. 1898년에 강서군 송호리(松湖里)교회가 방기창의 전도로 설립되었다. 이 교회 역시 나중에 예배당을 건축하였다. 1899년에 진남포에 예명(藝明)교회가 방기창의 전도로 설립되었고, 나중에 예배당을 건축하였다. 1902년에 용강군 용강읍교회가 방기창의 전도로 설립되었고, 1904년에 용강군에 연봉리(延鳳里)교회가 방기창의 전도로 설립되었다. 이들은 처음에 고읍교회에 다니다가, 차츰차츰 교인 수가 늘어나자 동네에 교회를 건축하였다.

송인서는[38] 예수를 믿고 나서 평양을 떠나 평원군(平原郡) 죽동(竹洞)으로 이사하였다. 이 마을에서 열심히 힘써 전도하였으나 어려움이 대단히 컸다. 이 마을로 선교사 마펫과 전도인 이영언(李榮彦)이 와서 그와 함께

---

37) 위의 책, 21, 49, 57. 그런데 21쪽의 연대 표기가 마펫의 진술과 일치되지 않는다. 마펫의 견해로는 방기창이 결신한 때가 빨라야 1894년이었다.

38) 위의 책, 23, 34, 51, 52.

전도하고 교회를 설립하였다. 수년이 지나서 믿는 사람들이 늘어나자, 회당을 건축하여 한천(漢川)회당이라 이름을 지었다. 한천교회(1893년에 설립)는 지역의 어머니 교회가 되었다. 예를 들어 평원군 명당동(明堂洞)에 송인서가 기도소를 설립하고 마을에 사는 한천교회 교인들과 함께 열심히 전도하여 예배당을 신축하였다. 그러고 나서 한천교회로부터 분립하여 명당동교회가 성립되었다(1893년). 또한 평원군 주촌(朱村)에도 송인서가 전도하여 마을의 몇몇이 예수를 믿고 한천교회에 다녔는데, 1896년에 주촌교회를 설립하였다. 용강군 죽본리에는 송인서가 방기창과 함께 전도하여 교회를 설립하였다. 또 다른 경우, 송인서는 선교사 마펫의 조사로 일하면서 교회를 설립하였다. 그가 먼저 동네에 들어가 전도하여 몇몇을 믿게 하면 이 지역을 순회하던 마펫이 와서 교회를 설립하였다. 그렇게 해서 설립된 교회는 재령군 신환포(新煥浦)교회(1893년)와 강동군 고천면(高泉面) 도덕리(道德里)교회(1898년)였다. 또한 강동군 강동읍(江東邑)교회도 그의 전도로 설립되었다(1898년). 그는 대동군 대동강면에 전도하여 결신하게 된 몇몇을 평양의 판동교회로 인도하였다. 차츰차츰 대동강면에서 교인의 수가 늘어나자, 예배당을 짓고 판동교회에서 분립하니 대원(大院)교회가 성립되었다(1898년).

『朝鮮예수教長老會史記』에는 이기풍에[39] 대한 기록이 그렇게 많지 않다. 그러나 "수륙(水陸) 각지에 열심히 전도"했다는 기록으로 짐작하건대, 그는 1893년부터 선교사 소안론의 조사로서 선교사와 함께 함경도 여러 지역을 돌면서 전도하였다. 그의 전도로 함흥군(咸興郡) 읍내(邑內)교회가 설립되었다(1896년).

『朝鮮예수教長老會史記』에는 길선주에[40] 대한 기록도 많지 않다. 그

---

39) 위의 책, 21, 37.

는 1898년에 평양 판동교회의 영수로 일하게 되었다. 1905년에 장로회공의회가 전도위원회를 설립하기로 하고 조선인 위원으로 길선주, 고찬익, 심취명을 정하였다.

마펫의 기록에서 빠져 있는 서경조는[41] 주로 장연군(長淵郡)에서 전도하여 교회를 설립하였다. 그는 송천(松川)교회를 섬기면서 이웃 마을과 가까운 지역을 돌면서 전도하고 교회 설립을 위해 힘썼다. 1893년에는 그가 전도하여 장연군 칠곡(柒谷)교회를 설립하였고, 1900년에 그는 송천교회의 장로로 장립하여 당회를 조직하였는데, 『朝鮮예수敎長老會史記』에는 우리나라 교회의 "최선(最先)의 장로(長老)"라고 표기하였다. 이해에 교인들이 헌금하여 기와 8간 예배당을 신축하였고, 계속 교인 수가 늘어나서 이듬해에 또다시 기와 8간 예배당을 증축하였다. 1905년에 그가 전도하여 장연군 청산교회가 설립되었고, 이 교회가 예배당을 건축하였다.

(3) 1907년 독(립)노회의 설립과 목사 안수

1907년 1월 평양에서 시작된 대각성 운동이 4월에 신학교로 옮겨 붙었고, 목사 후보생들도 이 각성 운동을 체험했다.[42] 이로써 졸업을 눈앞에 둔 목사 후보생 7명은 성령의 능력 안에서 목회할 준비가 되었다. 또한 이미 자전(自傳)하고 자립(自立)해 있는 한국 장로교회도 역시 "안수 받은 장로가 있는 40개의 조직 교회"를 두었기에 노회를 조직하여 첫 졸업생 7명을 목사로 안수하고 장립할 준비를 갖추었다. 이 무렵에 교장 마펫이 벅찬 감정으로 다음과 같이 토로했다.[43]

---

40) 위의 책, 51.

41) 위의 책, 24, 64.

42) 임희국, "신앙 각성 운동을 통한 갱신과 부흥, 토착 교회의 형성: 1907년 평양 대각성 운동을 중심으로", 447.

그들은(목사 후보생들은) 이미 15,000명 이상의 학습교인이 있고 또 약 75,000명의 교인이 있는 교회에서 최초의 토착인 목사가 될 것이다. (한국) 교회는 한국에 이식된 이국적이고 서구적인 교회가 아니다. 복음이 선포된 때부터 이 교회는 한국인의 삶에 적합하며 한국인의 삶과 관습이 성경과 갈등을 일으키지 않는 범위 내에서 한국적인 토대를 둔 한국의 교회로 발전했다. 예배당은 한국적인 건축 방법으로 짓되 과시하기보다는 한국인 스스로 감당할 수 있는 규모로 지었다. 내가 알기에는 600개 이상 되는 예배당 중에서 단지 20개 이하만 미국으로부터 지원을 받아 지었다. 성례를 집행할 때는 한국의 떡과 포도즙을 사용했다. 동일한 생각을 가능한 모든 일에 적용해서, 한국인들은 교회가 한국의 기관이라고, 곧 교회는 한국인의 교회이고 그 교회를 돌보고 지원하는 것이 한국인의 의무라고 느끼게 되었다.

드디어 1907년 9월 17일에 "조선예수교장로회 독노회"가 성립하였다. 미국 남·북 장로회, 캐나다 장로회, 호주 장로회 등 4개 교단의 선교사공의회가 연합하고 일치하여(에큐메니칼) 한국 장로교회의 독노회를 조직하였다. 노회의 회원은 78명(선교사 38명, 한국인 장로 40명)이었다. 노회에서 목사로 장립한 7명은 이제 선교사들과 수평적인 관계에서 함께 동역하게 되었는데, 노회의 임원 구성이 이것을 말해 준다. 회장 마펫, 부회장 방기창, 서기 한석진, 부서기 송인서, 회계 이길함. 여기에서 다시 한 번 마펫의 행적이 주목받는데, 그는 자신이 목회하던 장대현교회의 치리권을 길선주에게 넘겨 주며 담임 목사의 자리를 이어받게 했다. 그러면서 자신은 이 교회

---

43) S. A. Moffett, "한국의 교육 사역", 『인테리어』(1907년 2월 14일), 1-4. 『한국 교회 대부흥 운동: 1903-1908』, 109에 수록.

의 협동 목사로 일하였다.

3. 정리와 제언

　이제까지 우리는 한국의 장로교회가 자전(自傳)·자립(自立)·자치(自治)를 통하여 토착 교회로 정착되는 과정을 살펴보았고, 이와 더불어서 평양신학교 첫 졸업생들이 안수 받은 목회자가 되기까지 교회 지도자로 성장하는 과정도 살펴보았다. 자전·자립·자치의 선교 원리는 이 땅에 온 첫 선교사들의 선교 정책으로 채택되어 실천되었는데, 이 선교 원리가 우리나라의 토양에 뿌리를 잘 내려서 첫 교인들의 신앙 정신으로 자리를 잡았다. 이것은 일방적으로 주입된 선교 정책을 한국 교인들이 수동적으로 맹종한 것이 결코 아니라 주체적으로 받아들여서 '우리의 것'으로 만들었다는 뜻이다. 자원하는 심정과 헌신의 자세로 추진된 자전, 자생적 독립 의지가 깃든 자립, 그리고 독립 조직을 갖춘 자치로 이어졌다. 실제로 1907년에 독(립)노회가 성립되어 평양신학교 첫 졸업생 7명이 목사 안수를 받아 장립함으로써 성숙된 자치가 이루어졌다.

　자전·자립·자치가 처음에는 선교사들의 선교 정책으로 추진되었는데, 세월 따라 한국 교인들의 신앙 정신으로 소화되면서 그 정책에 '창의적으로 반응'하였다. 그래서 성경공부 중심의 사경회는 토착 교회가 자라는 '못자리'가 되었고, 자생적인 토착 신앙 형태로서 날연보·주일성수·새벽기도회 등이 생성되었으며, 한국 교인들 스스로의 힘으로 교회를 세우고 학교를 설립했다. 건축 양식 또한 전통 한국적 건축 방법이었다는 점, 또한 한국의 고유한 떡과 포도즙으로 성례를 집행했다는 점은 토착 신학의 형성도 상정해 보게 한다.

평양신학교의 첫 입학생들은 이미 한 가정의 가장이었고, 학식과 인품을 두루 갖춘 인물이었고, 사경회를 통한 믿음의 진보가 대단히 빨랐으며, 복음을 위해 자신의 모든 것을 아낌없이 내놓으며 헌신하는 자세를 가졌고, 교회를 조직하는 능력이 탁월했고, 교회를 잘 이끌어가는 지도력도 갖춘 "한국 교회 최정예 인물"이었다. 이 가운데서 한석진은 1920년대 후반에 한국의 장로교회가 진정 '한국적 장로교회'로 거듭나야 한다는 일념으로 일평생의 동역자인 선교사 마펫에게 "당신도 속히 이 나라를 떠나시오!"라고 충고했다.[44]

그때로부터 80-100년이 지나오는 동안에 우리나라 사회는 8·15 해방(1945), 한국 전쟁(1950-1953), 산업화(1960년대 이후), 그리고 세계화 시대를 맞이하면서 일상 생활 방식에서부터 정신 문화까지─첫 졸업생 한석진의 기대에 어긋나게─서양의 그것에 지대한 영향을 입었고, 우리의 신학 교육 역시 서양의 신학 사상을 대거 수입하여 그것에 절대적으로 기대어 왔음을 부정할 수 없다. 그것이 그렇게 될 수밖에 다른 도리가 없지 않았던가? 스스로 자문하고 자위하면서도, 이제까지 우리는 서양 신학을 복음과 동일시하면서(falsche Identifikation)─마치 어울리지도 않고 맞지도 않는 옷을 억지로 걸쳐 입은 것처럼─그 신학을 배우고 가르쳐 왔다. 이제부터는,

---

44) 좀 더 자세히 언급하면, 1927년에 미국 YMCA 국제연맹 회장 존 모트(J.R. Mott)가 한국에 왔을 때 선교사들과 동석한 자리에서 한석진은 "나는 우리나라에 와 있는 선교사들이 수고를 많이 하고 있는 것을 잘 알고 있으며 그들의 과거 공적을 결코 무시하는 바가 아니지만 지금 그들이 한국 교회를 위하여 일하고 있는 방법이나 생각하고 있는 바는 도저히 한국 교회의 발전에 도움이 되지를 못함은 물론이고 오히려 해독을 끼치고 있다."고 말하면서 마펫에게도 "마 목사, 당신도 속히 이 나라를 떠나지 않으면 금후에는 유해무익한 존재가 됩니다. 마 목사는 처음부터 나와 함께 일한 친구요 동지로서 그를 진심으로 사랑하기 때문에 하는 말이니 용서하시기 바랍니다."라고 했다. 蔡弼近, 『韓國基督敎 開拓者 韓錫晋 牧師와 그 時代』(서울: 대한기독교 서회, 1971), 230-231. 이덕주, 위의 책, 224-227에서 재인용.

한석진 목사의 충고를 다시 떠올리며, 한국의 장로교회가 진정 '한국적' 장로교회로 거듭나기 위하여 우리의 신학 교육은 성경과 복음의 빛으로 서양 신학을 상대화(Relativierung)시켜야 할 것이다. 이를 위하여 우리는 먼저 토착 교회의 못자리였던 사경회 유산을 다시 회복해야 한다고 본다. 문자적이고 교조적인 복고를 뜻하는 회복이 아니라 오늘의 시대에 상응하는 '말씀 사건'으로 재현되는 회복이며 복음의 능력 안에서 나타나는 사랑과 생명의 사건을 뜻한다.

"예수 그리스도는 어제나 오늘이나 영원토록 동일하시니라"(히 13:8)

국내 자료

길선주. "강대보감 및 다니엘서 사경안". 『한국신앙저작집2』. 혜문사, 1969.

_____. "길선주 목사 설교 및 약전집". 『한국신앙저작집1』. 혜문사, 1969.

_____. "말세학 1-14". 『신앙생활』. 1935. 7-1936. 11.

_____. "말세학". 김인수 편. 『사료 한국신학사상사』. 서울: 장로회신학대학교출판부, 2003.

_____. "평양성 장로교 연합부인전도회사기 1-2". 『신앙생활』 8-10월호. 1932.

_____. "해타론." 김인수 편. 『사료 한국신학사상사』. 서울: 장로회신학대학교출판부, 2003.

_____. 『강대보감』. 1921.

_____. 『길선주 목사 설교집』. 주교출판사, 1941.

_____. 『만사성취』. 서울: 광문사, 1916.

_____. 『영계 길선주 목사 유고 선집 제1집』. 서울: 대한기독교서회, 1968.

_____. 『해타론』. 대한성교서회, 1904.

_____. 김정현 편. 『길선주의 말세론』. 강대사, 1935.

길진경. 『영계 길선주』. 서울: 종로서적, 1980.

김인수. 『장로회신학대학교 100년사』. 서울: 장로회신학대학교, 2002.

숭실대학교 90년사편찬위원회. 『숭실대학교 90년사』. 서울: 숭실대학교출판부, 1987.

옥성득. "평양 대부흥 운동과 길선주 영성의 도교적 영향". 『한국기독교와 역사』 제25호. 2006. 9.

옥성득, 임성빈, 임희국 편집기획. 서원모 책임번역. 『한국 교회 대부흥 운동: 1903-1908』. 서울: 장로회신학대학교출판부, 2007.

이덕주. 『나라의 독립, 교회의 독립』. 서울: 기독교문사, 1988.

_____. 『한국 토착 교회 형성사 연구』. 서울: 한국기독교역사연구소, 2000.

임희국. "신앙 각성 운동을 통한 갱신과 부흥, 토착 교회의 형성: 1907년 평양 대각성 운동을 중심으로". 『한국 교회의 영적 부흥과 리더십』. 서울: 장로회신학대학교 출판부, 2006.

_____. "초기 내한 선교사들의 한국 문화 이해". 『선교와 신학』 제13집. 2004.

_____. "한국 교회 초기 기독교 학교 설립에 대하여: 토착 교회의 기독교 학교 설립 운동을 중심으로". 『장신논단』 제27집. 2006.

차재명. 『朝鮮예수敎長老會史記』. 京城: 新門內敎會堂, 1928.

蔡弼近. 『韓國基督敎 開拓者 韓錫晉 牧師와 그 時代』. 서울: 대한기독교서회, 1971.

커언스. "선천 지부에서 보낸 일 년". 『총회신보』. 1905. 11.

한석진. "신앙생활의 태도". 『百牧講演』 제3집. 1920.

_____. "요한일서 공과". 『기독신보』. 1926. 1. 27.

_____. "이원의 세력". 『기독신보』. 1925. 12. 23.

_____. "평양래신". 『그리스도신문』. 1906. 7.

_____. "합일론". 1910.

허호익. "영계 질선주 목사의 생애와 목회신학". 『2007 포럼 제24차 발표 원고』. 새벽교회 분당평화센터.

내한 선교사의 글

Bernheisel, Charles F. *Rev. Charles F. Bernheisel's missionary diary*. 김인수 역. 『편하설의 선교일기』. 서울: 쿰란출판사, 2004.

Blair, Herbert E. *"Fifty Years of Development of the Korean Church"*. The Fiftieth Anniversary Celebration of the Korea Mission of the Presbyterian Church in the U.S.A.(June 30–July 3, 1934), Seoul: Post Chapel, John D. Wells School, 1934.

Clark, Charles Allen. *Digest of the Presbyterian Church of Korea(Chosen)*. Seoul: Korean Religious Book & Tract Society, 1918.

Gale, James S. *Korea in Transition*(1909). 신복룡 역. 『전환기의 조선』. 서울: 집문당, 1999.

Moffett. S. A. *"Theological Instruction."* KMF(=Korea Mission Field). 1905. 9.

번역서 및 국외 자료, 신문

Speer. Robert E. *"Report on the Mission in Korea of the Presbyterian Board of Foreign Missions."* The Board of Foreign Missions of the Presbyterian Church in the U.S.A, 1897.

『그리스도신문』. 1906. 7. 19.

8

19세기 말–20세기 초반,[1]
장로교회의 기독교 학교 설립)

1. 19세기 후반 조선 정부의 문호 개방과
서양 문물의 도입

1) 문호 개방, 서양 선교사들의 내한(來韓)

조선 정부가 쇄국 정책을 풀고 문호를 개방한 1876년 전후에, 한반도를 둘러싼 국제 정세가 빠른 속도로 변화하고 있었다. 한반도 북쪽의 대륙에는, 중국(청)과 제정 러시아가 북경 조약(1860)을 체결한 이후, 시베리아 연해주 지역이 러시아의 영토로 편입되었다. 이에 따라 조선과 러시아가 서로 국경이 맞닿게 되었다. 한반도 남쪽에는 일본이 메이지(明治) 유신(1868)을 통하여 발빠르게 근대 국가로 변모하였다. 한반도 조선에서는 대

---

1) 이 글은 필자가 이미 발표한 원고로 수정·보완한 것이다. 기독교학교교육연구소기획,
『학교교육에 대한 기독교적 이해』(서울: 교육과학사, 2010), 107–131.

원군이 정권에서 물러난 뒤 민씨 정권이 들어섰는데, 이 정권을 상대로 일본이 운요호(雲揚號) 사건을 일으켜 "강압적으로" 강화도 조약(1876)을 체결하고 "한반도 침략의 발판을 마련하였다."[2] 조선 왕조는 복잡한 국제 관계 속으로 편입되기 시작했다.

조선 정부에서는 최익현을 비롯한 위정척사론 주장자들이 줄기차게 개항 반대 상소를 올렸다. 그러나 대세는 이미 문호 개방 쪽으로 기울어지고 있었고 이제는 서양 문물을 받아들이는 방안을 얘기해야만 했다. 고종은 전국에 세워 둔 척화비를 치우게 하면서 개화 정책에 대한 추진 의지를 밝혔다. 이 개화 정책은 서양 문물을 총체적으로 수용하는 것이 아니라 부분적으로 받아들이며 유교 국가의 약점을 보완하는 것이었다. 이것은 서양의 동점(東漸) 이래 실용주의적 관점에서 서양의 자연과학·군사·기술의 우수성과 유용성을 인정하고 이를 수용하는 방안인데, 이 방안을 동도서기론(東道西器論)이라 불렀다.[3]

조선 정부는 서양 문물을 받아들이되 서양 종교는 수용하지 않는 정책을 정했다. 그런데 급진 개화파는 서양 문물을 받아들이는 방편으로 개신교(야소교, 耶蘇敎, 기독교)를 이용하고자 했다.[4] 이 구상은 일본 동경 주재

---

2) 이 서술은 강만길의 입장을 가져온 것이다. 강만길, 『20세기 우리 역사』(서울: 창작과비평사, 1999), 13-28. 이 입장에 찬성하지 않는 역사학자들도 있다. 이들은 박규수(朴珪壽)·오경석(吳慶錫)·유홍기(劉鴻基) 등 실학 사상가들의 후손인 개화 사상가들이 이미 문호 개방을 주장해 왔다고 한다.

3) 동도서기론은 "전통(동양) 문명=정신 문명=근원적이고 반면에 서구 문명=물질 문명=표피적이란 이분법적" 접근 방식이었다. 그래서 "西道는 제대로 보려 하지 않은 채 주로 실용적으로 西器만을 받아들이고는 서구 문명=물질 문명인데 정신(동도)이 상실된 문명이라는 엉뚱한 논리에 빠졌다는 비판을 받고 있다.

4) 급진 개화파에 속한 김옥균은 "외국의 종교를 도입하여 교화에 도움이 되게 하는 것 또한 한 방편이라고 생각"했다. 전정해, "개항기 외래 문화의 전래와 전통 문화 수호 의식", 이범직, 김기흥 편저, 『전통문화란 무엇인가』(서울: 건국대학교출판부, 2000), 137-258.

중국(청) 공사관 참찬관이었던 황준헌(黃遵憲)이 지은 『조선책략(朝鮮策略)』을 통해 착안되었다. 이 책은 일본에서 수신사(제2차)로 일하던 김홍집(金弘集)이 1880년에 국내로 가져와서 소개했는데, 그 책에는 서양의 제도와 기술을 받아들여서 부국강병을 이루고 친중국·결일본·연미국(親中國·結日本·聯米國)하여 러시아의 남하를 막아야 한다는 주장이 담겨 있었다. 그러면서 개신교와 천주교를 구분하고 개신교의 신앙은 무해유익(無害有益)하다고 덧붙였다.[5] 이 책은 오랜 세월 동안 조선의 지배층이 갖고 있던 관점, 즉 천주교와 개신교를 동일시해 온 관점을 바꾸게 했다. 게다가 중국의 이홍장(李鴻章)이 조선 정부에게 (개신교의 나라인) 미국과 통상 관계를 맺도록 권유했다. 그 권면에 따라 조선은 종전의 입장을 바꾸어서 1882년 미국과 통상 조약(조미 조약, 朝美條約)을 맺었다. 이와 더불어 천주교를 앞세운 프랑스 등 유럽의 제국들을 멀리했고, 반면에 개신교의 나라인 미국을 호의적으로 평가하게 되었다.

일본에서 김옥균이 미국 개신교 선교사들과 접촉하여 이들에게 조선 선교를 요청했다. 이것은 단지 조선의 개화를 효과적으로 추진하려는 방안에서 비롯되었다. 선교사 녹스(G.W. Knox)가 이 요청에 응답하여 1883년 본국의 선교 본부에다 조선 선교의 필요성을 알렸다.[6] 그러나 긍정적인 회답을 얻어 내지 못했다. 그런데 이즈음에 미국에서 조선 선교의 중요성을 일깨운 사건이 일어났다. 조선 정부가 미국에 파송한 방문 사절단을 통해서였다. 사절단 일행이 대륙 횡단 열차를 타고 워싱턴으로 가는 도중에 감리교회 목사 가우처(John F. Goucher)를 만났다. 이 만남이 가우처로 하여

---

5) 박효생, "한국의 개화와 기독교", 이만열 외 7인, 『한국 기독교와 민족 운동』(서울: 종로서적, 1986), 78.
6) 백낙준, 『한국 개신교사』(서울: 연세대 출판부, 1973), 75.

금 조선 선교의 시급한 중요성을 일깨웠다. 그는 일본에서 선교사 맥클레이(Robert S. Maclay)가 김옥균과 가까이 지낸다는 점을 파악했고 그를 통하여 한국의 왕실과 접촉하도록 하였다. 맥클레이는 1884년 6월에 한국을 방문했고, 고종으로부터 학교 사업과 병원 사업의 윤허를 얻었다.

그 결과 1885년에 미국의 개신교(장로교회, 감리교회)가 첫 선교사 6명을 조선에 파송했다. 아펜젤러(Henry G. Appenzeller) 부부, 스크랜턴(William Bention Scranton) 부부 및 스크랜턴 모부인(M.S. Scranton), 그리고 언더우드(Horace G. Underwood)였다. 이들은 1885년 4월 5일(부활절)에 조선의 제물포(인천)에 도착했다. 조선 정부가 허락한 선교 활동의 범주는 교육과 의료 부문으로 제한되었으며 공개적인 포교는 금지되었다.[7]

2) 정부의 개화 정책과 선교사들의 사역

선교사들이 내한하기 이전, 대략 1883년부터 조선 정부는 개화 정책을 본격적으로 추진하며 서양 문물을 도입했다. 이와 함께 기기창(機器廠, 병기), 권연국(卷煙局, 담배), 양춘국(釀春局, 양조), 주일소(鑄一所, 주물), 박문국(博文局, 인쇄), 삼호유리국(三湖琉璃局, 유리) 등의 생산 공장과 물산상회들이 생겨났다. 그 무렵에 일본에서 종두법을 배우고 돌아온 지석영이 서울·전주·공주·대구 등지에 우두국(牛痘局)을 설치하고 종두를 실시하였다. 1883년 10월에 최초의 신문인 『한성순보』가 창간되었다.

1885년에 입국한 선교사들은 정부가 정해 준 활동 범주에 따라 병원(의료 선교)과 학교(교육 선교)를 설립했다. 이들보다 1년 앞서 입국한 의료 선교사 알렌(Horace N. Allen)은 주한 미국 공사관 공의(公醫)의 자격으로 활동했는데, 그는 갑신정변 때 중상을 입은 민영익을 살려 내었다. 이것이 계

---

7) 한국 근현대사 연구회 엮음, 『한국 근대사 강의』(서울: 한울, 1997), 86.

기로 작용하여서 그가 왕실의 신임을 얻게 되었다. 이에 1885년에 서양식 첫 병원 광혜원(廣惠院)이 설립되었다. 스크랜턴은 1886년에 시병원(施病院)을 설립했다. 선교사들의 학교 설립을 살펴보면, 아펜젤러가 1885년에 배재학당(培材學堂)을 세웠고, 스크랜턴 모부인(M.F. Scranton)이 1886년에 이화학당(梨花學堂)을 세웠고, 그리고 언더우드가 경신학교(儆新學校)의 전신인 언더우드 학당을 세웠다. 선교사들의 활동은 정부의 개화 정책에 상응하였는데, 이들이 세운 학교는 서양의 근대 지식과 문물을 소개하고 가르치는 기관이 되었다.

근대화에 대한 관심이 컸던 조선 왕실은 선교사들의 사역에 높은 기대감을 가졌다. 고종은 손수 '배재학당'(培材學堂)과 '시병원'(施病院)이란 이름을 지어 주었다. 왕실은 여학교의 이름을 '이화'(梨花)로 지어 주었고 또 첫 부인 병원의 이름을 '보구여관'(保救女館)으로 지어 주었다. 그런데 '위로부터의 개화 정책'이 일반 백성에게 얼른 전달되지 않았다. 여전히 대다수 백성의 눈에는 신식 학교를 세운 서양 선교사들이 낯선 이방인으로 비쳤고 또 신식 교육이 도무지 몸에 잘 어울리지 않는 옷처럼 보였다. 1888년 무렵 사람들 사이에서 서양인들이 '양귀자'(洋鬼子, 서양 귀신)라는 소문이 퍼졌다. 이러한 소문에 영향받는 부모들이 자기 아이를 서양 선교사들이 세운 학교에 보내려 하지 않았다. 그리하여 선교사들의 교육 사업이 매우 어려운 처지에 놓였다.[8] 그러나 바늘구멍만한 가능성이 보이기 시작했다. 당시의 서울엔 열악한 생활 환경으로 말미암아 해마다 거의 예외 없이 콜레라 등의 전염병이 돌았다. 병에 걸린 사람들 다수가 목숨을 잃었고, 이에

---

8) 이를테면 1888년 6월에는 소위 '애기 소동'이라는 낭설이 파다하게 퍼지면서 병원은 아이들을 잡아 죽이는 도살장이라는 유언비어가 돌았다. 또한 외국 공사관은 아기 고기를 요리하는 음식점이라는 소문도 돌았다.

부모 잃은 고아들이 거리를 헤매고 있었다. 이러한 고아들을 불러모은 선교사 언더우드는 이들을 먹이고 잠재우며 신식 교육을 시작했다.[9] 고아원 기숙 학교인 언더우드 학당은 학생 1명에서 출발하여 25명의 남자아이들을 무료로 먹이고 잠재우고 입히면서 주로 성경과 영어와 한문을 가르쳤다.

3) 전환점

조선 사람들의 인식 전환이 시작되었는데, 그것은 청일 전쟁(1894년)의 결과가 안겨다 준 충격에서 비롯되었다. 이 전쟁에서 일본이 중국을 누르고 승리하자, 조선의 대중은 이제까지 일본을 '작은'(倭) 나라로 부르며 은근히 눈 아래로 내려다보고 있었는데 그러한 일본이 큰 나라(大國) 중국을 물리적인 힘(군사력)으로 납작하게 눌러 버린 현실에 엄청난 충격을 받았다. 이렇게 변화된 동아시아의 세력 구도를 경험한 대중은 도대체 일본이 전쟁에서 승리한 이유가 어디에 있는지 매우 궁금했다. 그들이 깊이 살핀 끝에, 일본이 승리한 까닭은 서양의 선진(先進) 과학 기술을 받아들여 배웠기 때문이라고 파악했다. 이렇게 전쟁을 통해 서양의 기술과 문명에 대해 어렴풋하나마 실체를 파악하게 되자 사람들은 그것들에 대한 관심이 높아졌다.[10] 서양 문물을 바라보는 대중의 인식이 바뀌기 시작했다. 이제까지 대륙 중국의 문명에 눈높이를 맞추어 오던 백성이 이제는 서양 문명에다

---

9) 한국기독교역사연구소, 『朝鮮예수教長老會史記 上』(서울: 한국기독교역사연구소 편, 2000), 15.

10) 임희국, "신앙 각성 운동을 통한 갱신과 부흥, 토착 교회의 형성: 1907년 평양 대각성 운동을 중심으로", 『제2회 소망신학포럼 자료집』(2005.4. 20). 5-28. 이 견해는 그 당시에 평양을 방문한 미국 북장로교회 해외선교부 총무 스피어(R. E. Speer)의 해석이었다. Robert E. Speer, *Report on the Mission in Korea of the Presbyterian Board of Foreign Missions*, The Board of Foreign Missions of the Presbyterian Church in the USA(1897. 7).

눈길을 주기 시작했다. 그리고 제 스스로 서양의 기술과 학식을 배우고자 신식 학교로 찾아오게 되었다.

4) 근대 문명을 상징하는 개신교(기독교)

청일 전쟁 직후부터 대략 1905년까지의 시기는, 고미숙에 따르면,[11] 우리나라의 근대가 시작된 "기원의 공간"이었다. 이때의 근대는 "자본주의 체제로 전환했다는 거시 정치적 차원이 아니라, 사유 체계와 삶의 방식, 규율과 관습 등 개인의 신체를 변화시킨 것이었다."고 본다. 그 당시의 우리나라 지배층은 러시아와 일본 사이의 적대적 긴장을 (적절히) 활용하지 못하고 러시아에 완전히 밀착함으로써 위기를 해결할 수 있는 기회를 잡지 못했다. 민비 세력 중심의 조선 정부는 청일 전쟁 이후 강화된 일본의 조선 침략을 저지하는 방안으로서 러시아 세력을 적극적으로 끌어들이려 했고, 일본은 이를 저지하기 위하여 민비를 살해하는 을미사변(1895)을 일으켰다. 그러자 조선 왕(고종)이 러시아 공관으로 피신한 아관파천(1896)이 일어남으로써 김홍집 내각이 무너지고 전국에 걸쳐 반일(反日) 의병이 일어났다. 이에 따라 한반도에서 일본의 세력이 약화되었고, 러시아의 한반도 진출이 상대적으로 강화되었다. 1900년에 일본은 영국과 동맹을 맺었고 또 미국의 도움을 얻었으며, 결국 러일 전쟁(1904)에서 승리했다. 승전국 일본은 이제 한반도에서 일본군의 군사 활동을 인정하는 한일 의정서를 체결했고, 조선 정부는 그동안 러시아에게 주었던 모든 이권을 폐기해야 했다. 이로써 "일본의 한반도 강점 1단계가 시작"되었다.[12]

---

11) 고미숙, 『한국의 근대성: 그 기원을 찾아서-민족·섹슈얼리티·병리학』(서울: 책세상, 2001), 9.
12) 강만길, 20.

청일 전쟁 이후에 근대화의 조류가 급물살을 탔다. 근대 문명의 담론들이 본격적으로 쏟아져 나오는 가운데서, '독립신문'과 독립협회 운동이 이 담론의 형성에 기폭제 역할을 했다. 고미숙에 따르면, 이 담론의 첫 단계에서 '충군애국'이 등장했다.[13] '황제 폐하'라는 용어가 여전히 공공의 영역에서 사용되기는 하지만 이제는 더 이상 봉건적 전제 군주의 의미를 띠지 않았고 근대적 입헌 군주제의 군주로 이해되었다. 즉 백성이 군주에게 위임해 준 권력을 행사하는 역할과 기능을 뜻했다. 재미있는 점은, 이러한 국가 이해와 국민 의식을 불어넣어 준 인물들이 서양 선교사로 설정되었다는 사실이다.[14] 청일 전쟁 이후 중화주의적 질서와 맞물려 있던 전제 군주적 표상이 거의 대부분 소거되었고, 그 질서가 쇠퇴하여 이제는 빈 공백으로 남겨진 자리에 입헌 군주제가 채워져야 하는데, 서양 문명이 새로운 대안으로 다가왔다는 것이다. 그리고 "서양 문명국이 기독교로 표상되었다."[15] 나라의 독립과 개인의 자유가 하나님(하느님)이라는 초월적 존재에 대한 복속으로 나아갔다.

이 무렵에 일부 지식인들이 애국과 부국강병(富國强兵)을 위하여 기독교를 변증하였다. 감리교 신문인 『신학월보』에 "부자 되는 법"이란 기사가 실렸는데, 이 글에서는 "우리 나라의 우상 섬김, 미신, 타락한 전통 종교야말로 개인과 국가의 경제를 거덜내고 백성의 정신을 썩게 만든다."고 질타하였다. 반면에 오늘날 서양이 부강한 이유는 무엇보다도 "그 나라의 종교에 있다."고 전제한 다음, 서양의 정치 질서와 법제도 또 사회 도덕과 풍습이 기독교 정신에 그 바탕을 두고 있다고 주장하였다. 또한 "우리나라 사람

---

13) 고미숙, 30.
14) 위의 책, 31.
15) 위의 책, 32.

들 가운데는 지난날 주색잡기와 미신에 빠져 있다가 예수 믿고 새로운 삶을 시작한 다음부터 삶이 달라져서 지금은 경제적으로 윤택하고 도덕적으로 모범이 되었다."고 강조했다.

한국 개신교에서 초창기부터(19세기 말부터) 강조되어서 전통으로 확립된 사경회(성경공부)는 '계몽'에도 강조점이 있었다. 어둠 속에 있던 백성이 성경의 '빛'을 통하여 '밝은 백성'이 되었다는 뜻이다. 여기에는 이중적인 뜻이 있다. 문맹인이 한글을 깨우치고 글을 읽게 됨으로써 지식을 깨우쳤다는 뜻이 먼저이고, 그 다음엔 성경을 읽으면서 참 하나님을 섬기고 미신과 우상을 버렸다는 뜻이다. 더 나아가서 어떤 이들은 망해 가는 나라를 살리는 사회 변혁도 시도했다. 이와 관련하여 『신학월보』(1903년)에 "우리나라에 드문 일"이란 제목으로 기사가 실렸다.[16] "강화읍내에 사는 어느 여인이 한글을 열심히 배워 성경을 읽을 수 있게 되었고, 이를 통하여 낱낱의 모든 사람이 하나님 앞에서 신분에 따른 귀천이 없다는 점을 깨달아서, 자기가 부리던 종복(從僕)들을 불러 놓고 마태복음 18장 15-20절을 읽은 후에 그들을 권면하고 종문서를 불사르며 자유인이 되게 하였다." 이처럼 성경공부를 통한 계몽은, 비록 자주 일어나지는 않았지만, 낡은 관습 타파와 세습 신분제 폐지 등의 사회 변혁을 시도하게 했다. 그 당시 선각적인 신앙인들은 성경을 통하여 우리나라 국민이 "어둠에서 밝음으로, 어리석음에서 지혜로, 악함에서 선함"으로 나아가야 한다고 확신하고 이를 위하여 "모든 사람의 손에 성경이 전해져야 한다."고 주장하였다.[17]

계몽의 성격이 짙은 성경공부는 때때로 '대중의 의식 각성'을 촉구하였다. 특별히 『신학월보』에 실린 논설이 눈에 띈다.[18] 1904년 러일 전쟁이

---

16) 『신학월보』 3권 7호(1903. 7), 297-298.
17) 『신학월보』 4권 4호(1904. 4), 161-62. 『예수교신보』 제6호(1908. 1. 29).

한창일 때, 이 논설은 우리나라가 외국 군대의 싸움터가 된 서글픈 현실을 개탄하면서 "우리나라의 실낱 같은 혈맥은 다만 예수교회에 달려 있다."고 보았다. 왜냐하면 성경의 모세나 예수께서 보여 주신 사람의 길은 "남을 위하여 목숨을 버리며 영원한 복을 위하여 목전에 좋은 것을 물리치신 것인 바 지금 우리나라에서 이런 이치를 아는 자는 (오직) 예수교인뿐이요 이런 사정을 근심할 자도 (오직) 예수교인 뿐"이라 보았기 때문이다. 이와 함께 이 논설은 "예수교인은 성경의 이치를 전국에 전파해서 … 나라와 동포를 구하는 길은 정치 법률에 있지 아니하고 교화로써 사람의 마음을 풀어 놓음에 있는 줄로 깨우치게 해야 한다."고 주장하였다. 그리고 "예수교인들이 2천만 잠자는 동포들을 깨우쳐야 할 사명이 있다."고 강조하였다. 또한 "(예수교인들이) 내 나라 내 동포의 건짐(구원)을 모른 체하면서 제 영혼 하나 구원을 얻고자 한다면 이것은 하나님의 참 이치와 예수의 근본 뜻을 알지 못하는 것이라."고 지적하였다. 여기에서 '잠자는 동포를 깨우치는 일'이 곧 대중 의식을 각성케 하는 일이라고 볼 수 있다.

계몽 담론 안으로 깊이 들어온 개신교는 이 담론에서 매우 중요한 의미를 가진 '서호문답'이 『대한매일신보』 1908년 3월 5일부터 3월 18일까지 연재되었다. 이 글에서 "지금 예수교로 종교를 삼는 영미법덕국의 진보된 영관이 어떠하뇨 우리 동포들도 이것을 부러워하거든 그 나라들의 승봉하는 종교를 좇을지니라."고 강조했다.[19] 이 신문은 유·불·선도를 모두 가

---

18) 『신학월보』 4권 8호(1904. 8), 333-40.

19) 고미숙, 46-47. 계속 이어지는 고미숙의 서술은 다음과 같다. 1905년 을사조약 이후 국가 권력이 대부분 일본의 통감부로 이양되자 '충군'이 더 이상 힘을 발휘하지 못하게 되었다. 이제 "왕조=국가라는 등식이 사라지게 되었다." 그러면서 이를 대체할 새로운 표상이 등장했는데 그것이 '민족'이었다. 이제부터는 민족이라는 표상이 "모든 개념을 빨아들이는 블랙홀이 되어 버렸다." 즉 민족 담론이 새로운 초월자로서 나타났다. 중국과 중화주의에 의지했던 조선이 이제는 서구 문명에 호기심을 갖게 되었고,

치 없다고 비판한 뒤, 예수교야말로 민족 구원의 유일한 길임을 선포하는 기치를 내걸었다. 이것은 '예수교'(개신교)와 민족 담론의 결합이었다. 개신교는 이런 점에서 천주교와 그 담론의 층위를 달리했다. 18세기부터 조선에서 포교된 천주교는 서양을 표상하기는 했으나 대체로 교리로 받아들였고 조상 제사를 거부하면서 충돌을 빚으며 정치적 박해를 받아 왔다. 이와 달리 근대 계몽기에 등장한 개신교는 서구 문명을 등에 업고서 '문명의 빛'으로 다가왔다.[20] 오랫동안 조선 정부와 갈등 관계에 있던 천주교와 달리, 개신교는 정치에 직접 개입하는 일을 자제하면서 의료·교육 등의 간접 선교를 통해서 구한말 계몽기에 기여했다. 이를 통해서 개신교는 근대 문명을 상징하는 종교로 비치었고 또 근대 문명과 동일시되었다. 세계에서 가장 부강하고 문명한 나라는 모두 개신교를 믿는 나라이고 또 개신교가 문명을 이루게 한 근본이므로 개신교를 믿어 문명을 이루어야 한다는 인식이 널리 퍼져 나갔다. 문명 개화를 열망하는 한국인들에게 선교사들이 살고 있는 근대식(서양식) 건물, 과학 기구, 생활용품 등이 개신교와 서양 문명을 동일시하게 했다. 그리하여 여기에 눈을 뜬 사람들은 개신교를 받아들임으로써 서양의 부강한 나라와 같은 수준의 문명을 달성할 수 있다는 기대감을 갖게 되었다.[21]

___

이 상황에서 민족 담론은 서구 문명의 위력에 의지하고자 했다. 그리하여 민족 의식에 대한 자각이 강하면 강할수록 근대 서구 문명화의 궤도를 따르고자 했다. 민족(我)을 강조할수록 서구 문명(非我)으로 다가서고자 했다.

20) 구한말 조선에서는 천주교가 정부와 갈등하던 프랑스의 종교로 인식되었고, 반면에 개신교는 미국의 종교로 파악되었는데, 이것은 미국 개신교 선교사가 매우 호의적으로 수용되는 데 기여했다고 한다. 장석만, "돌이켜보는 '망국의 종교'와 '문명의 종교'", 역사문제연구소 엮음, 『전통과 서구의 충돌: '한국적 근대성'은 어떻게 형성되었는가』(서울: 역사비평사, 2001), 185-187.

21) 문명 개화를 위한 개신교의 수용은 곧바로 사회 진화론(적자생존의 논리)에 따라 나라와 민족의 생존을 위한 개신교의 수용으로 나아갔다. 나라의 존속을 이루기 위하여 개

2. 신식 학교 및 기독교 학교 설립

1) 애국 계몽 운동으로 일어난 신식(新式) 사립 학교 설립 운동[22]

1904/1905년 이래로 신식 사립 학교 설립 운동이 일어났다.[23] 이 운동이 애국 계몽 운동의 차원에서 시작되었다. 그 목표는 교육으로 위기에 빠진 나라를 구하고 살리는 데 있었다. 러일 전쟁(1904년)에서 승리한 일본이 조선에 대한 식민지 야욕을 노골적으로 드러낸 상황에서 나라를 구하기 위해 대중들을 깨우치려는 교육에 초점이 있었다. 이 운동은 몇 가지 점에서 그 이전까지의 계몽 운동과 달랐다. 이전의 계몽 운동은 대체로 정치 개혁을 통한 사회 계몽에 초점이 맞춰졌고 또 정부의 보조와 지원을 자주 받았던 반면에, 지금의 애국 계몽 운동은—정치 활동이 법적으로 봉쇄된 상황에서—정치적인 색채를 띨 수 없거니와 정부의 힘을 입을 수도 없게 되었다. 그 까닭은 러일 전쟁(1904년)에서 승리한 일본이 대한제국과 '한일 의정서'를 체결해서 내국인의 정치 활동을 법적으로 금지시켰기 때문이었다. 더구나 대한제국은 을사조약과 함께 외교권을 박탈당한 무력한 정부였다. 이러한 상황에서 애국 계몽 운동은 국권 회복(國權回復)과 구국(救國)에 그

신교를 하나의 방편으로 삼으려는 경향까지 띠게 되었다. 이 점이 외국 선교사들과 토착 교인들 사이에서 갈등으로 표출되었다. 선교사들이 목적한 선교 형태는 개인의 내면에 자리잡은 미국식 개신교인 데 비해서 토착 교인들의 신앙 영역은 나라의 독립을 위한 정치적 영역으로 나아가려 했다. 참고, 장석만, 188-192.

22) 이 부분은 필자의 졸저 '봉경 이원영 연구'에서 그대로 발췌하고자 한다. 임희국,『선비 목회자 봉경 이원영 연구』(서울: 기독교문사, 2001), 30-34.

23) 계몽 운동의 시작에 관해서 국사학계 안에 두 가지 견해가 있다. 다수가 1905년 을사조약의 체결과 함께 국권의 일부가 일제에 빼앗긴 시점에서 계몽 운동이 시작되었다고 보는 반면에, 조동걸은 1904년에 러일 전쟁을 승리로 이끈 일제가 한국을 독점적으로 지배하게 된 결정적인 시기에 이 운동이 시작되었다고 본다. 趙東杰,『韓國民族主義의 成立과 獨立運動史 硏究』(서울: 지식산업사, 1989), 97.

목적을 두었고, 신식 교육 제도의 설립과 산업 진작을 통해 이 목적을 이루고자 했다. 이 운동은 실력양성(實力養成)을 통해 나라를 구하고 자력신장(自力伸張)을 통해 나라의 주권을 회복하고자 했다. 이렇게 교육 구국 운동의 차원에서 전국적으로 사립 학교가 설립되었다.

경상북도 안동에서 사립 학교 설립을 위해 앞장서서 추진한 사람은 유인식(柳寅植)이었다. 그는 서울에서 시작된 애국 계몽 운동을 관찰하고서 안동으로 돌아왔다. 이제부터 그는 고향에서 젊은이들에게 새로운 문물을 소개하고 신식 교육을 시켜서 애국 계몽 운동을 확산시켜 보려는 뜻을 품었다. 그러나 지역의 정서는 그의 뜻에 선뜻 호응해 주지 않았을 뿐만이 아니라 거세게 반대했다. 아직도 대다수 지역 유생들은 위정척사(爲政斥邪)를 굳게 지키는 배타적인 자세로 일관해 있었고 또 이들 가운데서 많은 이들이 서당을 운영하며 후진을 양성하고 있으므로 신식 교육 제도를 단호하게 거부했다. 그가 교육 구국 운동에 대한 취지를 유생들에게 아무리 설명해도 먹혀들지 않았다. 심지어 그는 스승 김도화(金道和)로부터 파문을 당하고 아버지 유필영(柳必永)으로부터 부자의 인연을 끊기는 고통을 겪어야했다. 이리해서 수구적 척사 유림과 개혁을 추진하려는 혁신 유림 사이에는 사립 학교 설립을 놓고 의견 대립이 서로 팽팽했다.

유인식과 혁신 유생들의 사립 학교 설립 운동이 벽에 부딪혀 있을 때에, 이 상황을 타개할 수 있는 좋은 기회가 왔다. 경상북도 관찰사 신태휴(申泰休)가 사립 학교의 설립을 독려하는 흥학훈령(興學訓令, 1906)을 반포해서 관내 41개 군에 사립 학교가 설립되도록 장려했다. 관찰사는 각지의 서당을 모두 폐지하게 하고 그 세 수입으로 들어오는 곡식과 서당 토지를 신식 학교의 재원으로 활용하게 했다. 이 훈령은 신교육 체제를 거부하고 있던 안동의 유림들에게 커다란 타격을 주었다. 때마침 고종 황제도 흥학조칙(興學詔勅)을 반포해서 사립 학교의 설립을 지원했다. 이 조칙은 학부-관찰사-군수를 통해서 전국적으로 면 단위까지 전달되었다.[24] 황제는 경북의 관찰사가 학교 설립을 위해 노력한다는 소식을 전해 듣고 그에게 칙유문(勅諭文)을 보내 격려하면서 경상도 관찰부에 학교 설립 자금으로 1,000원을 지원했다. 1906년 6월경에 경상북도 지역 41개 군에 370개의 사립 학교가 설립되었고 학생의 수는 4,500명에 이르렀다.

이 같은 정부의 지원에 힘입은 혁신 유생들의 노력으로 1907년 봄에 안동 최초의 사립 학교인 협동학교(協東學校)가 문을 열었다.[25] 이 학교는 유인식 외에 김후병(金厚秉)·하중환(河中煥)·김동삼 등이 발기해 설립되었다. 학교의 명칭은 나라의 지향(志向)이 동국(東國)이며, 면의 지명이 임동(臨東)이어서 '동'(東)을 선택했고, 또한 7개 면이 힘을 합쳐 설립했다는 뜻에서 '협'(協)을 선택했다. 이 학교는 임하천 앞에 있는 김대락(金大洛)의 사랑채를 임시 교사로 사용하면서, 가산서당(可山書堂)을 수리해 학교 건물로 만들었다. 협동학교는 당시 일반 사립 학교가 초등 교육 과정이었는 데 비해서 3년의 고등 교육 과정으로 시작했다. 따라서 이 학교는 당시에 지역의 최고 학부였으며 학생들의 나이가 평균 20세를 웃돌았다. 이 학교는 애국 계몽 운동을 통한 국권 회복을 지향하는 교육을 시켰다. 이러한 맥락에서 이 학교는 신민회의 교육 구국 운동과 호흡을 함께 했다. 이 학교의 제1회 졸업생은 1911년 3월에 배출되었다.[26] 협동학교는 경상북도 북부 지역 사립 학교 설립 운동의 첫 열매이자 계몽 운동의 효시였다.

---

24) 유한철, "1906년 光武皇帝의 사학 설립 詔勅과 東明學校 설립 사례", 于松趙東杰先生停年紀念論叢刊行委員會 편, 『한국민족운동사연구』(서울: 于松趙東杰先生停年紀念論叢刊行委員會, 1997), 132-163.

25) 權大雄, "韓末 慶北地方의 私立學校와 그 性格", 국사편찬위원회, 『國史館論叢』 제58집(1994), 21-48.

26) 이 학교가 1919년 3.1운동을 주도했다는 혐의로 오랫동안 강제 휴교 되었다가 끝내 폐교되고 말았다. 김희곤, 『안동의 독립운동사』(안동: 안동시, 1999), 112.

2) 애국 계몽 운동으로 일어난 기독교 학교 설립 운동

구한말 시대에 서울 연지동 연동교회 담임 목사인 선교사 게일(J. S. Gale)은 고종 황제의 고문으로 활동했다. 그는 당시의 지식인들과 폭넓게 교제했다. 특히 독립협회 사건으로 감옥에 갇힌 이상재·김정식·이승만·유성준·이원긍·홍재기·안국선 등을 심방하면서 그들과 사귀었다. 이들이 출옥하여 이상재·이원긍·김정식·홍재기·유성준 등이 차례로 연동교회의 교인으로 등록했다.[27] 또한 이들 중 일부는(이창직·김정식·유성준) 독립협회의 회원이었고 또 나중에 연동교회가 세운 중학교에서 교사로 일했다. 이 점은 바로 연지동(연동) 중학교의 교육 내용이 당시의 애국 계몽 운동과 연계되어 있을 것이란 추측을 갖게 한다. 당시의 중학생은 신식 교육을 받는 지성인이었으므로, 교회가 설립한 중학교의 학생은 신앙 인격을 갖춘 신(新)지식인이었음이 분명하다.

이러한 개연성은 사립 학교 설립 운동과 잇대어 보게 한다.[28] 앞에서 살펴본 대로, 1904/1905년 이래로 서울을 비롯하여 전국에서 사립 학교 설립 운동이 애국 계몽 운동의 교육 구국 차원으로 일어났다. 한국(토착) 교회가 운영한 기독교 학교가 애국 계몽 운동에 깊이 연루된 경우는 상동교회(尚洞敎會)의 부설 기관인 청년학원(靑年學院)이 대표적이다. 담임 목사 전덕기와 이동녕·이회영·이준[29]·김병헌·김구 등이 국권 회복 운동(國權回復運動)을 전개했다. 상동교회 청년학원은 독립협회의 연장이라고 할 수 있다.[30] 이곳에서 비밀결사 신민회를 조직하고 각 지방에서 학교를 설립하고 애국심을 심어 주었고 또 대한자강회(大韓自强會)를 조직하였다(1906년).

---

27) 『朝鮮예수敎長老會史記 上』, 122.

28) 임희국, 30-45.

29) 고춘섭, 『연동교회100년사: 1894-1994』(서울: 대한예수교장로회연동교회, 1995), 180.

30) 이정식, 『몽양 여운형』(서울: 서울대학교출판부, 2008), 65.

상동 청년학원의 교사와 학생들은 을사조약의 무효, 대한문 앞 상소 운동, 종로의 가두 시위 연설, 구국 금식 기도회, 철야 기도회를 개최하였다. 이 사건 직후에 안창호는 국권 회복을 위한 새로운 길을 제시하였다.[31] 그는 자주 독립의 과제가 시급하기는 하지만 이보다 앞서 나라를 일으킬 인재를 길러 내야 한다고 주창했다. 여기에 동조한 많은 지사(志士)들이 사립학교 설립으로 뛰어들었다. 가령 이동휘가 보창학교(普昌學校)를 설립했다. 최재학은 야학을 주도했다. 이준은 국민교육회(國民敎育會) 회장으로 일하면서 보광학교(普光學校)와 한남학교(漢南學校)를 세웠다. 이승훈은 오산학교(五山學校)를 세웠다. 안창호 자신은 대성학교(大成學校)를 세웠다. 신민회의 목표는 한국의 부패한 사상과 습관을 혁신하여 "국민을 유신하며 쇠퇴를 유신하여 유신한 국민이 통일 연합하여 유신한 자유 문명국을 성립하는 것"이었다.[32]

상동교회의 인사들과 가까이 지내며 자강회 운동의 영향을 입은 여운형이 경기도 양평군 묘곡동(묘골) 자기 집 사랑방에서 기독 광동학교(光東學校)를 시작했고, 그리고 '예수교'(개신교)에 입교했다.[33] 그는 배재학당, 흥화학교, 우무학당 등에서 신식 교육에 접한 경험이 있었다. 동학 풍토에 젖어 있던 여운형 일가(一家)가 예수교에 입교했다는 점은 주목할 만하다. 동학에서 서학으로 옮겨 갔기 때문이다. 동학은 서양 문명-서양 종교인 기

---

31) 안창호는 민노아학당에서 배운 학생이었고 또 조교로 일했다(1894-97년). 민노아학당이 문을 닫자 그는 독립협회에 가입했다. 고춘섭, 『경신사: 1885-1991』(서울: 경신중고등학교, 1991), 171.

32) 國史編纂委員會, 『韓國獨立運動史』 第1卷(1966), 1023-1024.

33) 여운형 연구가 이만규는 여운형과 기독교의 관계를 "계몽적 실천적 건설적 노선을 찾기" 위한 수단의 하나였다고 밝힌 다음 "몽양이 예수교인이 된 것도 그 애국적 정치 사상의 발전이었다."고 술회했다. 그러나 1928년 장로회 총회가 발간한 『朝鮮예수敎長老會史記 上』 148쪽에는 탁인한이 여운형 일가를 개종시키는 데 큰 역할을 했다고 기록되었다. 이정식, 71, 73.

독교를 배척하고 대항하면서 일어난 종교였는데, 그러한 동학을 떠나 예수교에 입교했던 것이다. 여운형이 예수교인이 된 경위에는 "세대 변천에 감촉되어 예수교 신자가 되기로 결심하고 서울에 가서 연동교회 장로 고찬익과 박승봉에게 예수교에 대한 말을 듣고 성경을 가져다가" 차상진의 사택에 모여 예배를 드렸다는 기록이 있다.[34]

그 이후에 여운형은 양평군을 담당하고 있던 선교사 곽안련(Charles Allen Clark)과 아주 가까운 사이가 되었고, 그는 서울 승동교회에서 약 5년간(1907-1910, 1911-1913) 곽안련의 조사(助事, 평신도 목회자)로 일했다. 이러한 여운형의 생애 일부가 오늘의 우리에게 시사해 주는 점은, 그 당시에 교육 구국을 위해 시작된 신식 학교는 곧 기독교 학교의 성격을 갖고 있었다.

3) 내한 선교사들의 기독교 학교 설립 및 운영 정책

한편 1897년 8월에 미국 북장로교 선교부 연례 회의가 열렸다. 이 모임에서 선교사 배위량이 입안한 교육 정책('우리의 교육 정책', Our Educational Policy)이 심의되고 채택되었다. 배위량은 선교부의 선교 정책인 네비우스 방법을 교육 정책으로 적용하고자 했다. 그 내용을 요약해 보면, "기독교 학교 설립과 운영의 기본 이념은 학생들에게 유용한 지식을 다양한 방법으로 가르쳐서 실제 생활에 기여하고 더 나아가서 이들이 장차 책임 있는 일꾼으로 자라게 하는 것이다. 이를 위하여 학교는 학생들의 신앙 증진과 정신 함양을 위해 교육시켜야 할 것이며, 그 무엇보다도 이 학생들이 교회의 주류가 되어서 토착 교회(Native Church)를 형성하게 해야 한다고 보았다." 이 학생들이 장차 "농부나 대장공이 되건, 의사나 교사가 되거나 혹은 정부의 관리가 되던 간에 복음을 전하는 능동적인 복음 전도자가 되어야

---

34) 이정식, 75-76.

한다."고 마무리지었다.[35] 이 교육 정책 아래에서 한 걸음 더 구체적인 방안이 마련되었다. "① 각 지교회 지역구의 초등학교를 발전시킨다. ② 이 초등학교 교원의 확보를 위하여 특별 단기 사범과를 두어서 재직교원(在職教員)과 기타 유망한 사람들을 모아 교원을 양성한다. ③ 특별히 선발한 학생들을 중학교와 나아가서는 전문학교에서 철저한 교육을 받도록 할 것이다. ④ 부대적으로 교과서를 준비한다."[36]

이어서 선교부는 배위량을 평양 선교지부 전임(轉任)으로 결의했고, 그는 그해 10월에 평양으로 이주했다. 평양의 선교 사역은 이 무렵에 비약적인 성장을 거듭하고 있었고, 이 사역은 평안도 지역과 황해도 북부 지역으로 확산되어 나갔다. 선교 활동은 순회 전도와 사경회로 집중되어 있었다. 이에 따라 교육 활동은 부차적인 선교 사역에 머물고 있었다. 이러한 가운데에서 여러 교회들이 설립한 초등 교육 기관(사숙·학당 등)에서 졸업생이 배출되었다. 많은 경우에 토착 교인들이 학교를 운영하며 가르치는 선생으로 일하였고, 선교사들은 곁에서 협조하였다.

4) 한국 (토착) 교회의 기독교 학교 설립

초창기 한국 교회의 교인들은 처음에는 선교사들의 사역을 잘 따라가다가, 차츰차츰 나름대로 독자적이고 독립적인 길을 찾아 나섰다.[37] 신식 학교를 설립한 경우에는 특별히 그러했다. 예를 들어 토착 교인들 스스로가 자발적으로 기독교 학교=신식 학교를 설립하는 운동을 일으켰다. 이들이 처음에는 사숙·초등학교를 설립했고 나중에는 중등학교와 대학교까

---

35) 숭실대학교 90년사편찬위원회, 『숭실대학교 90년사』(서울: 숭실대학교출판부, 1987), 60-61.
36) 위의 책.
37) 이것은 네비우스 선교 정책과 상응하는 현상이었다고 본다.

지 설립했다.

(1) 초등학교

1895년에 서울의 새문안(신문내)교회가 기독교 학교인 영신학당(永信學堂)을 세웠다.[38] 이 학교의 설립은 1887년에 미국 선교사들이 교회 안에 세운 구세학당(救世學堂)의 발전에 힘입었다. 구세학당의 학생이었던 송순명(松淳明)이 영신학당의 선생으로 가르쳤다. 이리하여 이제부터는 선교사들이 운영하는 기존의 기독교 학교와 토착인(한국인) 교인들이 세운 기독교 학교가 나란히 양립하였다. 그런데 10년 전의 일을 떠올리면, 영신학당의 설립은 신식 교육에 대한 일반 대중의 인식 변화를 대변하고 있다. 그때엔 부모들이 자녀를 신식 학교로 보내려 하지 않았는데, 이제는 토착 교인들 스스로가 이 학교를 설립하였다. 같은 해에 평안도 용천군의 신창(新倉)교회, 정주군의 정주읍(定州邑)교회, 박천(博川)군의 남호(南湖)교회도 각각 사숙(私塾)을 설립하였다. 사숙 혹은 학당은 정부(학부)의 인가와 함께 정식 학교로 발전하였다.

서울의 연동교회가 1898년 연동소학교를 설립했다. 같은 해에 평안도에서는 평양의 장대현(널다리골, 장대재)교회와 의주군의 남산교회가 각각 사숙을 설립하였다. 1900년에는 의주읍교회, 선천읍교회, 황해도 황주군 용연교회가 각각 사숙을 설립하였다. 교회들이 학교를 설립한 동기는 하나같이 "교인 자녀들을 교육하기 위함"이었다. 경건 교육(성경·기도)과 지식 교육(영어·산수 등의 신(新)지식 교육과 전통 한문 교육)을 병행한 기독교 교육이었다. 많은 경우에, 토착 교인들이 직접 학교를 운영하면서(재정 부담)

---

38) 『朝鮮예수教長老會史記 上』, 81. 같은 해에 조선 정부가 교육의 근대화를 추진하고자 담당 기관인 학부(學部)를 조직했다.

가르치는 선생으로 일하였고, 선교사들은 그 곁에서 협조하였다. 1904년
에 설립된 초산읍의 배신(培信)소학교와 안주읍의 유신(維新)소학교는 빠른
속도로 발전을 거듭하여 교실을 새로 짓고 크게 늘려 갔다.

경상도 대구에서는 1900년에 교인들이 스스로 힘을 내어 남자 소학교
를 설립했다. 대구의 첫 장로교회인 남문안예배당(지금의 대구제일교회)이
설립된(1897년) 지 불과 만 3년 만이었다. 지역의 첫 신식 학교를 교회가 설
립한 것이다. 학교의 공식 이름이 사립 대남학교(私立 大南學校) 또는 예수
교 대남소학교(耶蘇敎 大南小學校)였다.[39] 여자 소학교도 이 무렵에 설립되
었고, 그 이름이 신명여자소학교였다. 학교 설립에 필요한 재원의 절반을
한국 교인들이 마련했고 나머지 절반의 재원을 선교사들이 개별적으로 헌
금하였다. 계속해서 학교 운영을 위하여 교인들 스스로 헌금했고, 이들이
운영비 절반 정도를 담당했다. 학생 수가 점점 늘어나서 1904년에는 학생
수가 28명이었고, 1905년에 47명, 1908년에 167명이었다. 기하급수적으
로 불어났다.[40]

이러한 방식으로, 교회가 설립한 사립 기독교 학교가 전국 여러 지역
으로 확산되었다. 그러나 정식 학교로 발전되지 못하고 도중에 문을 닫는

---

39) 이 학교는 지금의 종로초등학교의 전신이다. 1981년 종로국민(초등)학교 교감 이두
　　수 선생이 교무과에 보관된 기록을 조사한 바에 따르면, 종로초등학교는 대남학교가
　　희도학교를 거쳐 지금의 학교로 바뀌었다. 기록을 옮기면, 1900년 11월 1일 제일교
　　회 구내에서 소학교 남자부 대남학교와 여자부 신명여자소학교를 개교했다. 1914년
　　5월 제일교회 서희원 등의 헌금으로 학교 시설을 정비하였고, 5월 10일자로 대남학교
　　를 喜嫒학교로 신명여자소학교를 順道학교로 각각 교명을 바꾸었다. 1926년 4월 1일
　　남녀 두 학교를 병합하여 희도보통학교로 교명을 바꾸었고, 1938년 4월 1일 희도심상
　　소학교로, 1941년 4월 1일 희도국민학교로, 1955년 3월 28일 종로국민학교로 바꾸었
　　다. 이재원, 『대구 장로교회사 연구: 1893-1945』(대구: 도서출판 사람, 1996), 116.
40) Harry A. Rhodes. *History of the Korea Mission* vol. 1: 1884-1934(Seoul: Chosen
　　Mission Presbyterian Church U. S. A. 1934), 191.

사숙과 학당들도 더러 있었다. 예를 들어 1904년에 설립된 철산읍교회의 학당, 선천군 동림교회의 학당, 곽산읍교회와 박천군 구읍교회의 학당은 재정 곤란으로 폐교하였다. 또한 전국의 모든 교회들이 하나같이 학교 설립에 힘쓴 것은 아니었다. 교회의 학교 설립은 대체로 평안도 지역에서 활발하였다.[41]

(2) 중등학교, 대학교

1895년 우리나라에 중등학교 교육이 시작되었고, 한국 교회 또한 1897년부터 중등학교를 설립했다. 중등학교를 설립하게 된 1차적 동기는 교회가 설립한 초등학교에서 졸업생을 배출했기 때문이다. 이에 1897년

---

41) 1902년부터 1906년까지 교회가 설립한 학교의 현황은 다음과 같다. 1902년 의주군 관리교회, 용천군 덕천교회, 용천군 덕흥교회와 사면교회와 읍교회에서 사숙을 설립하였는데 학교로 발전했다. 강서군 반석교회와 청주읍교회에서 학당을 설립하였는데 학교로 발전했다. 1903년 선산군 죽원교회와 익산군 고내리교회가 학당을 설립하였는데 학교로 발전했다. 1904년 초산읍교회, 안주읍교회, 덕천교회, 황주읍교회에서 학교를 설립했다. 1905년 용천군에 있는 양시(楊市)교회가 남녀 학교를, 신창(新倉)교회가 여학교를, 대성(大成)교회가 남학교를 설립했다. 같은 해에 선천군 가물남교회(嘉物南敎會)의 崇信學校, 洞교회의 義成學校, 德川郡 下達敎會의 남학교, 같은 군 水底里敎會의 新明學校, 寧遠邑敎會의 남학교, 大同郡 文發里敎會의 文興學校, 義州郡 倉會의 祇成學校, 朔州邑敎會의 여학교, 渭原邑敎會의 降信學校, 金堤郡 月成里敎會의 남학교, 善山郡 智禮敎會의 永明學校, 같은 군 路上敎會의 廣成學校, 경북 慶山郡 沙月敎會의 啓東學校, 金泉郡 黃金町敎會의 進明學校, 서울 勝洞敎會의 勝洞學校를 설립하였다. 1906년에 서울 연동교회의 普永學校, 김포읍교회의 신명학교, 양평군 용진교회의 소학교, 같은 군 봉화현교회의 소학교, 같은 군 퇴계원교회의 소학교, 양평군 묘곡교회의 소학교, 같은 군 고송교회의 소학교, 같은 군 신점교회의 소학교, 시흥군 영등포교회의 소학교, 같은 군 양평리교회의 소학교, 고양군 세교리교회의 소학교, 광주군 송파교회의 소학교, 대동군 수저리교회의 숭신학교, 같은 군 병지도교회의 인실학교, 평원군 통호리교회의 일신학교, 같은 군 덕지교회의 소학교, 의주군 미산교회의 명신학교, 같은 군 청전교회의 취신학교, 선산군 죽원교회의 영창학교, 같은 군 오가동교회의 광명학교, 경산군 봉화동교회의 영창학교, 청도군 성서면교회의 소학교, 부안군 대수리교회의 소학교 등 설립. 『朝鮮예수敎長老會史記 上』, 174-177.

8월 평양에서 열렸던 선교사회 연례 모임 직후, 미국 북장로교회 선교부의 평양지부는 베어드로 하여금 중등 교육을 시작하게 했다. 그해 10월에 그는 자기 집 사랑방에서 중등교육반을 발족시켰다. 흔히 '사랑방학급'으로 알려진 이곳이 숭실학당(숭실대학교)의 모체가 되었다.[42]

베어드는 한학자이자 교인인 박자중(朴子重)과 함께 학생들을 지도하였다. 학생들은 초등학교를 졸업했거나 이와 동등한 실력을 갖춘 젊은이들이었다. 이들은 정식으로 개교하기까지 예비 교육을 받았다. 사랑방 중등교육반은 이듬해(1898년) 가을에 정식으로 학생 모집을 공고하였다. 약 60여 명이 지원하였고, 베어드는 이 가운데서 학력, 건강 상태, 가정 환경 등을 고려하여 18명을 선발하였다. 1904년에 이 학교가 첫 졸업생을 배출하였다. 그러자 이 학교는 한 단계 더 높은 대학부를 설치하여서 1905년에 대학 교육 과정을 시작하였다. 평양에 대학을 설립하는 일은 그 지역 모든 교회들의 염원이었다. 그래서 1906년 음력 5월(양력 6월)에 교회 지도자들이 장대현교회에 모여서 대학 설립을 위해 논의하고 그 자리에서 모금하였다. 큰 액수의 헌금에서부터 몸에 지닌 장신구(비녀, 은장도)까지 기꺼이 내놓았다. 돈이 없는 사람은 육체 노동으로 헌금을 대신하겠다고 나섰다.[43]

또한 토착 교인들은 외국 선교회의 힘을 빌리지 않고 중학교를 설립하였다. 선천읍교회의 초대 장로 양전백(나중에 목사가 됨)은 1900년에 교인 자녀들의 교육을 위하여 소학교인 명신(明信)학교를 설립하여서 교장으로 일하였는데, 그러다가 1905년에 교우들과 함께 남자 중등 교육 기관인 신

---

42) 『숭실대학교 90년사』, 66-75. 그런데 숭실이란 학교 이름은 창립 당시는 물론이고 1900년까지도 사용되지 아니하였다고 한다. 그 무렵에는 그저 학당 또는 중학교로 불렀다. 당시의 영문 보고서도 그저 Pyeng Yang Academy로 표기하였다. 학교 이름은 1901년에 가서 '숭실'로 정해졌다고 한다.
43) 『그리스도신문』 1906. 7. 19.

성학교(信聖學校)를 설립하였다.[44] 그 이듬해에 의주읍교회는 장유관(張有寬) 등의 발기(發起)로 동지학회(同志學會)를 조직하고 읍내의 소학교를 확장하여서 남녀 중등 교육 기관을 설립하고 학교 이름을 양실학원(養實學院)이라 지었다.

한편 미국 장로교 북장로회 선교부 평양지부의 교육 사업이 빨리 진행되는 데 자극을 받은 서울의 선교지부는 1901년 연지동(연동교회)에 중학교(中學校)를 설립하였다.[45] 교장은 담임 목사인 게일(James S. Gale)이었다. 교사(校舍)로 교회의 부속 건물(첫 번째 예배 처소)을 사용했다. 그는 수년 전에 폐교된 민노아학당(1897년 10월 폐교)의 맥을 잇는 중학교를 운영하게 되었다.[46] 1902년에 미국 북장로교회 선교부가 연지동 1번지에 학교 대지를 매입하였고, 학교의 이름을 '예수교중학교'로 지었다. 교실은 두 개의 방을 터서 넓힌 6간 정도의 온돌방이었고 벽에 칠판을 매달아 선생은 서서 가르치고 학생은 방바닥에 앉아서 배웠다. 첫 입학생들은 서병호·민충식·이덕준 등 6명이었다.[47] 가끔 교장의 사택과 연동교회당이 특강 강의실로 사용되었다. 교회당에서 진행된 특강과 예배에는 연동여학교 학생들도 흰 휘장을 사이에 둔 오른편 자리에 참석했다. 중간의 휘장은 소위 남녀칠세부동석(男女七歲不同席)의 유교 관습에 따라 친 것이었다. 담임 목회자 게일은 예수교중학교(경신)와 연동여학교(정신)를 관장하고 두 학교의 연지동 시대 설립자로서 새로운 기반을 구축했다. 1905년에 게일은 교사들과 협의하여 예수교중학교의 이름을 '경신'이라 지었다.

---

44) 『朝鮮예수教長老會史記 上』, 174.

45) 위의 책.

46) 게일은 1890년 7월부터 선교사 마펫(S.A. Moffett)이 학당장으로 있는 예수교학당에서 영어를 가르치기 시작했다.

47) H. H. Underwood, *Modern Education in Korea*, 54. 『연동교회 100년사』, 139에서 재인용.

대구에서는 교회가 경영해 온 대남소학교가 1906년 무렵 졸업생을 배출했다. 그리고 이들을 상급 학교로 진학시키는 일이 큰 과제로 대두되었다. 그 당시 대구에서 교회가 운영하는 소학교의 수가 49개였고 학생수는 433명이었다. 이 사안을 협의하기 위하여 미국 북장로회 선교부의 대구 선교지부와 부산 선교지부에 소속된 선교사들이 대구로 모였다. 이 모임에서 아담스(James E. Adams)가 대구에서 남자 중학교를 설립하도록 위임받았다. 이에 따라 아담스는 대남소학교 졸업생들을 중심으로 27명의 학생을 모아 1906년 5월 1일 대구 선교지부의 행랑채 흙벽돌 초가집에서 4년 과정의 남자 중학교(Boys' Academy)를 개교했다.[48] 학생들 가운데서 절반 정도가 결혼을 한 기혼 남성이었다. 처음 4주간 동안 아담스가 가르쳤고, 이어서 6주간 동안 사이드보담(Sidebotham)이 가르쳤다. 여름에는 방학으로 쉬다가 10월에 다시 개학했다. 중학교는 당시에 최고 학부였다. 학교의 이름을 남문안예배당 장로 박덕일이 지었는데, '계성'(啓聖)이라 했다. 계성은 '거룩한 시작' 또는 '영적인 출발'(spiritual Beginning)을 뜻했다.[49]

---

48) 『계성학보』 창간호(1913)는 계성학교가 1906년 3월 24일 학생을 모집하여 수업이 시작되었다고 한다. 또한 제1회 졸업생 12명 중 조기철과 이재인의 학적부에 1906년 2월 입학이라는 기록이 있다. 이를 근거하여 계성학교 100년사는 개교의 일자를 1906년 1월로 잡을 수 있다고 보았다. 계성 100년사 편찬위원회 편, 『계성 100년사: 1906-2006』(서울: 계성학원, 2006), 42.

49) 박덕일은 이 학교에서 산술과 성경을 가르쳤다. 대구 선교지부는 미국 북장로회 선교부에 건축비 5천불을 요청했다. 신축 교사는 1908년 가을에 완공되었고, 학교가 선교부에서 이곳으로 이사했다. 서양식 2층 붉은 벽돌 건물(대구 최초의 양옥 2층)이었다. 교실 5개에 예배실이 있었다. 이 건물의 이름을 학교 설립자 이름을 따라서 '아담스관'이라 붙였다. 계속해서 기숙사를 지어서 1910년에 완공했다. 1911년 5월에 제1회 졸업생 12명이 배출되었다. 1931년까지 졸업생 154명이 배출되었는데, 이 가운데서 17명이 안수 받은 목사가 되었고 30명이 조사나 전도사가 되었고 50명이 교회학교 교사로 일했다. 이로써 계성학교는 졸업생 10% 이상을 목사로 배출했고 또 전체 졸업생 60% 이상을 평신도 지도자로 배출했다.

1907년 10월 15일 마르다 스콧 브루엔(Martha Scott Bruen, 선교사 브루엔의 부인)이 여자 중학교(Girl's Academy)를 개교했다. 신명여학교(信明女學校)였다. 브루엔은 1902년 소녀들에게 가사(家事, 집안 살림살이)를 가르치던 바느질학교(Sewing School)를 맡아서 신명여자소학교로 개편하였고, 이 소학교를 1907년에 여자 중학교로 확대 개편하였다.[50)]

(3) 여성 교육 기관

교회가 세운 기독교 학교는, 조선 시대의 가부장적 사회 전통을 타파하는 차원에서—물론 이전 세대의 동학 운동에서도 남존여비의 관습을 타파하려는 운동이 있었는데—여성에게도 학교 교육을 실시했다. 특별히 1899년에 연동소학교가 여학생을 모집한 점이 눈에 띈다. 그 이듬해(1900년) 5월에 담임 목회자로 부임한 게일(J. S. Gale) 목사는 여성 인권을 위한 여성 교육에 커다란 관심을 갖고 있었다. 그는 동양의 전통 종교(불교, 유교 등)에는 여성 인권에 대한 의식이 별로 없었다고 판단하면서 "동북 아시아의 여성들은 나사렛 예수가 이곳으로 오기까지(선교) 약 2,000년을 기다렸으며, 이제는 이 여성들이 등에 지고 있던 무거운 짐을 예수의 발 아래로 내려놓

---

50) 아담스가 남자 중학교 설립의 위임을 받았을 때, 같은 시기에 여자 중학교의 설립에 대한 위임을 받았다고 추정한다. 이 학교가 선교부로부터 정식으로 승인받은 때는 1910년이었다. 1912년에 신명여학교의 학생수는 80명이었다. 1931년까지 졸업생 118명이 배출되었다. 이 가운데서 9명이 전도부인(Bible women)으로 일했고, 37명이 교회가 세운 학교에서 교사로 일했고, 30명이 교회의 주일학교에서 교사나 사무원으로 일했다. 또한 46명이 결혼하여 교회에서 성실히 봉사했다. 이처럼 신명여학교도 —계성학교처럼—지역의 교회를 섬기는 지도자를 양성하였다. 이와 관련하여 대구에서 수개월 동안 사역을 준비했던 선교사 베어드의 교육 정책을 함께 살펴볼 필요가 있다(이미 앞에서 언급). 그가 대구에서 설립되는 초등학교와 중등학교에 관여되었는지를 살펴보아야 하겠는데, 아마도 그는 아담스와 처남 매부 사이였으므로 학교 설립을 위해 자문하였으리라 짐작한다. 이재원, 『대구 장로교회사 연구: 1893-1945』, 122.

고 그들의 슬픔을 하소연하게 되었다. 예수는 여성의 처지에서 그들의 소원을 들어 준 유일한 동양인"이라고 말했다.[51] 게일은 이처럼 여성 인권을 위한 여성 교육의 중요성을 잘 파악했다. 같은 맥락에서 그는 8년 전(1887년) 정동에서 장로교회 첫 여성 교육 기관으로 시작한 정동여학당이 1895년에 여선교사 도티의 주관으로 "의지할 데 없는 여자아이 10여 명을 모집하여 초등 교육을" 실시하고자 연지동으로 옮겨 온 점도 잘 알고 있었다.[52]

부산에서 설립된 여자 학교도 동일한 경우이다. 선교사 멘지스(Miss Belle Menzies, 閔之使)는[53] 어학 선생 박신연(朴信淵)의 도움을 받아 1895년에 여학교를 시작했다. 학교 설립은 2년 전에 시작한 고아원 사역의 결과였고, 이 학교의 이름을 박신연이 일신여학교라 붙였다. '날로 새롭다'(日新)는 이름을 가진 이 학교는 여성의 인권이 무시되고 여성 교육의 기회가 경시되던 시대를 살아가는 여성이 이제는 교육을 받아야 한다는 확신에서 출발했다. 이 학교는 3년 과정의 소학교였고, 첫 입학생 3명으로 시작하였다. 학생들은 물론 고아들이었다.[54]

---

51) 이 말 속에 오리엔탈리즘이 배여 있는지 살펴보아야 할 것이다. 아무튼 간에 게일은 예수가 붓다나 공자와 달리 여성의 인권을 깨우친 분이라 보았다. Blanche I. Stevens, "Contribution to the Christian Movement of Educational Work for Young Women", *The Fiftieth Anniversary Celebration of the Korea Mission of the Presbyterian Church in the U.S.A.*(June 30-July 3, 1934), 145.

52) 『朝鮮예수教長老會史記 上』, 81.

53) 대한예수교장로회 부산노회 역사위원회 편, 『부산 복음의 증인들』(대한예수교로회 부산노회, 2010), 156-166. 호주 빅토리아 장로교회 여전도회연합회가 조선에 파송한 멘지스는 페리(Miss Jean Perry), 파셋(Miss M. Fawcett)과 함께 1891년 10월 12일 부산에 도착했다. 멘지스는 1924년까지 약 33년 동안 한국에서 일했다. 그녀는 맨 먼저 극심한 가난 때문에 버려진 아이들과 장애인으로 태어나 부모에게 양육받지 못한 아이들에게 손길을 펼쳤다. 1893년 이 아이들을 모아 부산 지방 최초의 고아원을 시작했다(미오라 Myoora 고아원).

54) 이 학교가 점점 발전했다. 1909년 4월 15일 부산 좌천동 768번지 단층 서양식 교사(현재 부산광역시 지정 건물 제 55호)를 신축하여 '사립부산진일신여학교'로 발전했다. 1923

여성 교육은 여성의 삶을 바꾸는 데 크게 공헌하였다. 이제까지 여성의 삶은 가장권(家長權)이 절대화된 가부장적 가족 제도에 매여 있었다. 이 제도는 유교적 통치 이념인 충효 사상에 기반을 둔 것이었다. 이러한 가족 제도와 사회 질서 아래에서 여성의 과제는 남아(男兒) 출산을 통한 부계 혈통(父系血統)의 유지, 부계 혈통의 순수성을 지키려는 명분으로 강조된 여성의 정절과 과부의 재가(再嫁) 금지, 죽은 조상에게까지 확대된 효의 실천을 위한 조상 제사에 대한 책임이었다. 그런데 이제는 신교육을 받은 여성들이 개화되기 시작했다. 때마침 여성 개화는 개화파 지식인들을 중심으로 일어난 사회 개혁 운동이었다. 독립협회가 주관해서 벌이는 남녀 평등, 과부의 재가 허용, 조혼 폐지, 축첩 폐지, 여아 매매 금지 등의 사회 개혁에 선교사들의 교육이 호응했다.

이러한 가운데서 기독교인이 된 여성들은 봉건 시대의 엄격한 내외법에서 해방되었다. 내외법은 여성의 사회 활동을 철저하게 배제시키고 집안에서만 지내도록 하는 오랜 관습이었다. 그런데 기독교인이 된 여성들이 이제 집 밖으로 나와 남성들과 나란히 교회에서 예배를 드리게 됨으로써, 교회는 간접적으로 봉건 시대 관습인 내외법을 깨뜨리는 역할을 했다. 더 나아가서 교회는 남녀에게 동등한 권리가 주어졌다는 의식을 토론회를 통해 불어넣었고(1897년 12월 31일, 정동교회), 실질적인 남녀 동등을 위해서는 여성이 남성과 동등한 교육을 받아야 한다는 점을 강조했다. 차츰차츰 기독교가 강조하는 여성 교육론과 여권론에 대한 사회적 호응도가 높아졌다.

1907년 12월에 발간된 신문 『예수교신보』에 따르면, 여성이 주목하는

_____

년 4월 1일 부산진 범동 185번지에 교사를 신축하여 고등과를 분리 이전했다. 이 고등과는 1925년 동래 복천동으로 옮겨 동래일신여학교로 운영되었다. 좌천동의 부산진일신여학교의 초등과도 계속 발전했는데, 일제 강점기에 신사참배를 끝까지 거부하다가 폐교당했다.

기독교 신앙은 케케묵은 '구습을 버리는 것'도 포함되어 있는데, 아무리 신학문을 열심히 배운다 해도 예수를 믿지 아니하면 구습에서 완전히 벗어났다고 볼 수 없다고 강조했다.[55] 이처럼 교회 여성들은 신앙 안에서 구습을 벗어 버리는 데 특별한 강조점을 두었다. 한 걸음 더 나아가서, 여성들은 신약성경 복음서를 통해 여성을 대하시는 예수님의 행적을 읽으면서 여성됨의 '자긍심'을 가지게 되었다. 예컨대 예수님이 치유하신 혈루병 앓는 여인, 예수님이 살려 주신 나사로의 누이 마리아, 예수님 부활의 첫 목격자인 여성들을 통하여 '여성도 남성과 동등한 인격체'라는 의식을 가졌다.

(4) 교회가 설립한 기독교 학교에 대한 통계

이제까지 기독교 학교의 설립 역사에 대한 대강의 줄거리를 잡아 보았다. 19세기 말 우리나라의 근대화가 시작되어서 학제가 크게 개편되던 상황에서 갓 태어난 한국 개신교가 기독교 학교를 설립했다. 초등학교부터 설립하였고, 초등학교의 졸업생이 배출되자 중등학교를 설립하였고, 그리고 대학까지 설립하였다. 학교를 설립한 일차적인 동기는 교인 자녀들을 교육시키기 위함이었다. 교육의 내용은 3가지 영역이 함께 병행되었다. 신앙 교육(성경·기도)과 신(新) 지식(영어·산수 등), 그리고 전통 교육(한문 등)을 병행하였다.

1907년에 보고된 장로교회의 '장로공의회 통계 보고표'에는 장로교회가 설립한 전국의 기독교 학교에 관하여 정확히 보고했다. 이 보고서에 따르면,[56] 1905년에 전국의 장로교회가 운영한 소학교는 139개(학생 수 2,730명)였고, 1906년에는 238개(학생 수 5,124명, 교회 수 584개), 1907년에는 405개

---

55) 『예수교신보』, 1907. 12. 25. 12. 31.
56) 『독노회록 및 제1회 총회록』(대한예수교장로회 총회, 1907~1912).

(학생 수 8,615명, 교회 수 785개), 1908년에는 542개(학생 수 13,147명, 교회 수 897개)였다. 게다가 1908년에는 중등학교와 대학교에 대한 통계도 작성되었는데, 중학교의 수가 17개(남자 중 11개, 여자 중 6개)에 학생 수가 894명(남 683명, 여 211명)이었으며, 대학교의 수는 2개에 학생 수가 30명이었다. 1908년도의 통계 보고를 다음과 같이 도표로 작성해 보았다.[57)]

지역	예배당	소학교	학생 수 (남/녀)	중학교 수 (남/녀)	학생 수 (남/녀)	대학교 수	학생 수
경기도	99	39	647/205	1/2	126/65	1	14
평안남도	168	110	3021/790	2/1	295/100	1	15
평안북도	104	148	3100/621	1/1	0	0	
황해도	95	83	1700/328	0/0	0	0	
전라남도	63	27	386/52	1/0	84/0	0	
전라북도	105	30	400/35	2/1	62/39	0	1
경상도	230	85	1010/468	1/1	68/7	0	
함경도	33	20	237/147	3/0	48/0	0	
합계	897개	542개	10501/2646명	11/6개	683/211명	2개	30명

이 통계표에서 파악한 대로, 1905년에서 1908년까지 장로교회의 교회 수는 해마다 100-200개 정도씩 늘어났으며 또 교회가 설립한 기독교 학교의 수도 해마다 같은 수치로 늘어났다. 또한 교회 수 대비(對比) 학교 수를 계산해 보면, 1905년에 평균 세 교회당 소학교 하나를 설립하였고, 2년 뒤 1907년에는 두 교회당 소학교 하나 이상을 설립했다. 이것은 곧 교회의 활발한 기독교 학교 설립 운동을 대변하고 있다. 설립 운동이 가장 왕성한

---

57) "1908년 장로공의회 통계 보고표", 『독노회록 및 제1회 총회록』(대한예수교장로회총회, 1907-1912).

지역은 여전히 평안남도였다. 또한 평양의 교회들은 제각기 설립한 학교들을 연합하여 하나의 학교로 묶었는데, 1907년 숭덕(崇德)학교의 창립이 바로 그것이다. 이 학교의 운영과 관리는 당연히 지역의 각 교회들이 서로 나누어 담당하였다.

장로교회 제3회 독노회(1909. 9. 4, 평양 장로회신학교)는 전국의 교회들이 세운 모든 학교를 통괄하는 부서를 만들었다. 노회(=총회) 안에다ー정부의 학부와 비슷한 명칭인ー학무국을 설치하였다. 5명(평양에서 2명 서울에서 3명)으로 구성된 학무국은 전국 장로교회 안에 있는 학교들을 관리하는 임무를 맡았다.

5) 사립 학교령(1908) 공포, 사립 학교(신식 학교, 기독교 학교)의 운영에 타격

사립 학교가 일제의 침략 정책으로 커다란 타격을 입었다. 일제는 1906년 대한제국에 통감부를 설치하여서 정부의 교육 담당 기관인 학부에 일본인들을 참여시켰다. 이들은 학제 개정, 일본어 도입, 교과서 편찬에 개입하였다. 일제는 모범 교육이라는 이름 아래 시시때때로 사립 학교의 유지를 가로막거나 운영을 방해하였고, 그러면서 또 다른 한편 관·공립 학교를 중심으로 학제를 개편해 나갔다. 이것은 당시 애국 계몽 운동을 주도하고 있던 사립 학교(특히 기독교 학교)를 견제하려는 의도에서 추진되었다.

1908년에 사립 학교령(1908년)이 공포되었다. 이를 통하여 일제는 학교 설립에서부터 교재 선택에 이르기까지 다양한 영역의 교육 현장에서 일일이 모든 것을 다 간섭하게 되었다. 당국의 명령을 위배하거나 유해하다고 판정된 학교를 강제로 폐쇄시킬 수 있는 법령이었다. 이른바 사립 학교를 '탄압'하는 법령이었다. 이 법령이 시행되는 과정에서, 교회가 설립하여 운영하는 기독교 학교가 사립 학교의 범주에 속했으므로, 기독교 학교는 당국의 탄압을 받았다. 그래서 1909년 이래로 기독교 학교의 수가 해마다 자꾸 줄어들었다. 장로교회의 소학교의 수가 1909년에 694개였는데 일년 동안 10개가 없어졌다. 그 다음해에는 또다시 50여 개 학교가 없어졌고, 또 그 다음해(1912년)에는 또다시 100개 가량 없어져서, 교회가 운영하는 소학교의 수가 539개로 줄었다. 이와는 대조적으로 중학교의 수는 거의 변동 없이 유지되었다.

1909년에 서울 연동교회의 부속 학교인 연동여소학교의 이름이 정신여소학교로 바뀌었고 또 연동남소학교의 이름도 경신남소학교로 바뀌었다. 바로 직전에 연동여학교는 관청의 허가를 받아 중등 교육을 확대 실시하고자 사립 정신여중학교(私立 貞信女中學校)로 이름을 바꾸었고, 또 연동중학교도 같은 차원에서 관청의 허가를 받아 사립 경신학교(私立 儆新學校)로 이름을 바꾸었다.[58] 이렇게 중학교의 이름이 바뀜에 따라 교회 부속 소학교의 이름도 바뀌었다. 1913년 초에는 정신여소학교와 경신남소학교를 통합하여 학교 이름을 보영학교(普永學校)로 바꾸었다.[59] 이렇게 이름을 바꾼 주된 이유는 사립 학교(기독교 학교) 탄압 정책 때문이었다.

우리나라가 일제에 강제로 합병된 지 만 1년이 지난 1911년 8월에 조선 총독부는 제1차 조선 교육령을 공포하였다. 총독부는 지속적으로 사립 학교 탄압 정책을 밀고 나갔다. 총독부는 또한 대한제국 시절의 학부를 축소하여서 내무부 산하 학무국에서 교육 행정을 맡게 했다. 이러한 정책에 따라 전국의 사립 학교가 눈에 띄게 쇠퇴했다. 이러한 상황에서, 장로

---

58) 『朝鮮예수敎長老會史記 上』, 196.
59) 이 두 학교의 합병에 대하여 『예수교회보』(1913. 1. 14)에 기록되어 있다. 『朝鮮예수敎長老會史記 上』 176쪽에는 연동교회의 보영학교 설립을 1906년으로 표기했다. 이것은 아마도 보영학교의 전신인 연동여소학교·연동남소학교의 설립 연도를 기록한 것이라 판단된다.

교회 총회의 학무국은 교단 산하 기독교 학교를 계속 유지하기 위하여 총독부의 내무학무국과 몇 달 동안 교섭하였다. 이와 함께 총회는 전국 대리회(노회)에 지역 교육위원을 각각 2명씩 임명하여 그 지역의 학교를 돌아보고 보살피게 하였다. 또 교육위원들로 하여금 학교의 설립과 통폐합을 주관하게 했다. 이것은 총독부의 사립 학교 탄압 정책에 대한 방어책이었다. 그래서 전국 모든 지역의 교단 소속 학교는, 어떤 사건이 발생하면 곧바로 머뭇거림 없이, 지방 교육위원을 통하여 총회의 사무국으로 연락하도록 했다.[60] 이런 식으로 총회는 지역 교육위원회를 통해 기독교 학교를 유지해 나갔다.

그러나 이러한 노력에도 불구하고 장로교회 소속 기독교 학교의 운영 형편이 계속 어려워졌다. 특히 학교의 재정에 압박이 오면서 운영이 버거워졌다. 장로교회 제1회 총회(1912년) 회의록에는,[61] 전국의 노회들이 각각 학교의 상황에 관하여 보고하였는데, 많은 학교들이 재정난으로 허덕이다가 더 이상 지탱하지 못하여 통폐합된 곳이 적지 않았다. 그렇지만 수많은 교회들이 꿋꿋하게 열심을 다해 '인재 양성'에 공을 들였고 또한 경건 교육(성경·기도)을 성실하게 실시했다. 특별히 눈에 띄는 점은, 민족의 정신을 지키고 계승하려는 교회로서 '국어 교육'에도 크게 힘썼다는 것이다.

3. 정리

1876년에 문호를 개방한 조선 정부가 서양 문물을 받아들이는 방편으

---

60) 『예수교장로회 조선로회 데5회 회록』(1911. 9. 17).
61) 『예수교장로회 조선총회 제1회 회록』(1912. 9. 1).

로 동도서기론을 채택하여 미국 개신교(장로교, 감리교) 선교사의 입국을 허용했다. 내한 선교사 6명은, 복음 전파 사역이 최우선 목표였지만, 정부가 허용하는 사역 범주인 병원(의료 사역)과 학교(교육 사역)를 설립했다. 이와 더불어 우리나라에서 '신식 교육'을 위한 배재학당, 이화학당, 언더우드학당이 설립되었다. 그러나 일반 대중은 정부가 추진하는 '위로부터의 개화 정책'에 관하여 잘 알지 못했다.

그러다가 청일 전쟁(1894년)의 결말이 일반 대중으로 하여금 서양 문물을 소개하고 가르치는 신식 교육의 필요성과 중요성을 깨달아 알게 하는 계기로 작용했다. 일본이 일찍이 서양 문명을 받아들여 명치유신을 이룩한 결과 아시아의 최강국 중국을 무력으로 눌러 버린 현실, 이 현실을 목도한 대중은 이를 통하여 서양 문명의 실체를 확실히 보았다. 서양 문명의 힘을 파악하게 되었다는 뜻이다.

그로부터 10년 뒤, 러일 전쟁(1904년)에서 승리한 일본이 대한제국을 독점 지배하려는 야욕을 드러내자, 일반 백성들 사이에서 위기 의식이 고조되고 확산되었다. 이에 구국(救國=나라 구하기, 나라 살리기) 차원에서 신식 사립 학교 설립 운동이 전국으로 확대되었다. 이제부터 전통 교육 체제가 흔들리며 무너지기 시작했다. 이것은 우리나라의 전통 정신 문화(종교 포함)가 더 이상 미래를 제시할 수 없는 한계 상황에 이르렀다는 점을 암시했다. 이때 찬란한 서양 문명이 대중 앞으로 눈부시게 다가오면서 서양 문명과 개신교가 동일시되었고, 서양 개신교의 나라들이 동경의 대상으로 다가왔다.

20세기 초반에 신식 사립 학교 설립 운동이 다양하게 일어났다. 가령 경상북도 안동에서는 혁신 유생들이 스승들과 엄청난 갈등을 감수하면서 신식 사립 학교를 설립했다. 학교를 설립하는 과정에는 개신교와 연계되지 않았다. 그런데 이와 달리 서울에서는 독립협회의 연장이라 볼 수 있는 상동교회의 청년학원에 소속된 인물들이 개신교 성격을 강하게 띤 신식 사립 학교들을 설립했다. 여기에 연계된 여운형도─동학에 몸을 담고 있다가 개신교(예수교)로 옮겨 오면서─기독 사립 학교를 설립했다.

우리가 크게 주목할 만한 사립 학교 설립 운동이 있는데, 그것은 전국의 (장로)교회들이 네비우스 선교 정책과 상응하여 '자발적이고도 자치적으로' 신식 사립 학교를 설립했다는 점이다. 1895년에 새문안교회가 설립한 영신학당이 그 효시였다. 이것은 교회가 새 시대 새 일꾼을 위한 인재 양성(교회 인재, 사회 인재)에 크게 힘쓰고 이바지했다는 점을 반영한다. 이처럼 교회의 사립 학교 설립 운동이 매우 활발하게 전개되다가, 사립 학교령(1908년)를 공포한 일제가 의도적으로 교회의 사립 학교를 제재하고 억압함으로 말미암아 이 운동이 쇠퇴하기 시작했다.

이 당시에 전국에 걸쳐 설립된 기독교 학교들은 이제 100년 이상의 전통을 자랑하고 있다. 그런데 오늘날 사립 기독교 학교의 처지와 상황에서, 우리는 그 당시 기독교 학교의 설립 정신과 교과 내용을 새롭게 살펴볼 필요가 있다고 본다.

국내 자료

강만길. 『20세기 우리 역사』. 서울: 창작과 비평사, 1999.

계성 100년사 편찬위원회 편. 『계성 100년사: 1906–2006』. 서울: 계성학원, 2006.

고미숙. 『한국의 근대성: 그 기원을 찾아서–민족·섹슈얼리티·병리학』. 서울: 책세상, 2001.

고춘섭. 『경신사: 1885–1991』. 서울: 경신중고등학교, 1991.

_____. 『연동교회100년사: 1894–1994』. 서울: 대한예수교장로회연동교회, 1995.

國史編纂委員會. 『韓國獨立運動史』 第1卷(1966).

權大雄. "韓末 慶北地方의 私立學校와 그 性格". 국사편찬위원회. 『國史館論叢』 제58집. 1994.

김희곤. 『안동의 독립운동사』. 안동: 안동시, 1999.

박효생. "한국의 개화와 기독교". 이만열 외 7인. 『한국 기독교와 민족운동』 서울: 종로서적, 1986.

백낙준. 『한국개신교사』. 서울: 연세대 출판부, 1973.

숭실대학교 90년사편찬위원회. 『숭실대학교 90년사』. 서울: 숭실대학교출판부, 1987.

유한철. "1906년 光武皇帝의 사학설립 詔勅과 東明學校 설립 사례". 于松趙東杰先生停

年紀念論叢刊行委員會 편.『한국민족운동사연구』. 서울: 于松趙東杰先生停年紀念論
　　叢刊行委員會, 1997.

이재원.『대구 장로교회사 연구: 1893-1945』. 대구: 도서출판 사람, 1996.

이정식.『몽양 여운형』. 서울: 서울대학교출판부, 2008.

임희국. "신앙 각성 운동을 통한 갱신과 부흥, 토착 교회의 형성: 1907년 평양 대각성 운
　　동을 중심으로".『제2회 소망신학포럼 자료집』장로회신학대학교, 2005.

＿＿＿＿.『선비 목회자 봉경 이원영 연구』. 서울: 기독교문사, 2001.

역사문제연구소 엮음.『전통과 서구의 충돌: '한국적 근대성'은 어떻게 형성되었는가』. 서
　　울: 역사비평사, 2001.

전정해. "개항기 외래문화의 전래와 전통문화 수호의식". 이범직, 김기흥 편저.『전통문화
　　란 무엇인가』. 서울: 건국대학교출판부, 2000.

趙東杰.『韓國民族主義의 成立과 獨立運動史 硏究』. 서울: 지식산업사, 1989.

한국근현대사연구회 엮음.『한국근대사강의』. 서울: 한울, 1997.

한국기독교역사연구소.『朝鮮예수敎長老會史記 上』. 서울: 한국기독교역사연구소 편,
　　2000.

선교사의 글, 국외 자료, 신문, 회의록

Rhodes, Harry A. *History of the Korea Mission vol. 1: 1884-1934*. Seoul: Chosen
　　Mission Presbyterian Church U. S. A. 1934.

Robert E. Speer, *Report on the Mission in Korea of the Presbyterian Board of
　　Foreign Missions*. The Board of Foreign Missions of the Presbyterian Church
　　in the USA(1897. 7).

Stevens, Blanche I. *"Contribution to the Christian Movement of Educational
　　Work for Young Women"*, The Fiftieth Anniversary Celebration of the Korea
　　Mission of the Presbyterian Church in the U.S.A.(June 30-July 3, 1934).

『그리스도신문』. 1906. 7. 19.

『독노회록』. 대한예수교장로회. 1907−1912.

『신학월보』 3권 7호. 1903. 7. 4권 4호. 1904. 4. 4권 8호. 1904. 8.

『예수교신보』 제6호. 1908. 1. 29.

『(대한)예수교장로회 조선총회 제1회 회록』. 1912. 9. 1.

9

1930년대 장로교회 여성들의 자의식(自意識)과 여성 치리권 청원(1933)[1]

———

1. 시작하면서

자의식(自意識, Selbstbewusstsein)은 사람이 자기 자신에 관하여 새삼 새로이 깨달으면서 판에 박힌 고정 관념에서 벗어나 자유의 날개를 활짝 펴는 자각 의식이라고 볼 수 있다. 자의식은 이제까지는 당연하다고 여기던 전통 관습과 사회 인습을 과감하게 떨쳐 버리고 새로운 자아를 형성해 가는 과정이라고도 볼 수 있다. 이에 자의식은 갱신, 발전, 변혁을 향한 인식의 전환이라고 볼 수 있다.

이 글은 초창기 한국 개신교(주로 장로교회) 여성들의 자의식 형성과 발전에 관해서 살펴보고자 한다. 이들이 기독교 신앙인으로서 그 당시 교회

———

1) 이 글은 다음의 단행본에 실린 원고이다. 사미자 박사 회갑기념논문집편찬위원회, 『현대 교회와 교육』(서울: 예영커뮤니케이션, 2001), 302-328.

안팎에 현존해 있는 전통 관습과 사회 인습을 비판하며 극복해 나가려는 과정을 살펴보고자 한다. 초창기 한국 개신교의 역사는 급격한 사회 변혁 —조선 시대 봉건 사회 체제의 붕괴, 구한말 개화 운동, 일제 식민지—속에서 진행되었는데, 교회 여성들의 자의식은 이러한 변혁 속에서 다양한 양상으로 발전하였을 것이라고 미리 가정해 본다.

이와 관련하여 '장로교 제22회 총회'(1933년 9월 9일, 선천)에 함경도 지역의 노회 소속 여성 104명이 노회를 통해 연서로 '여성 치리권'을 청원했다. 이것은 여성에게도—남성과 동등한—장로가 되게 하여 교회 안에서 남녀 평등을 실현하자는 요청이었는데, 이로 말미암아 장로교 총회 안에서 커다란 논쟁이 일어났다. 우리는 이 일이 교회 여성들의 자의식 발전이 집단적으로 표출된 사건이 아닌지 살펴보고자 한다. 즉 이 사건은 우발적이고 우연한 일이 아니라 교회 여성들의 자의식이 자라서 자기 존재에 대한 인식이 바뀌고 교회를 바라보는 인식 또한 달라진 결과 교회 안에 현존해 있는 가부장적 봉건주의 유산을 타파하려고 일어난 운동이 아니었던가 살펴보고자 한다. 그렇다면 1933년의 여성 치리권 청원은 새로운 남녀 관계의 문화를 형성하려고 일어난 여권 운동이자 교회 갱신 운동이 아닌지 살펴보고자 한다.

이 글은 이제까지 연구된 단행본이나 논문들을 읽고 나서,[2] 필자의 관심과 관점에 따라 이것을 다시 정리해 보는 수준에 머무르고자 한다. 글쓰기 기법으로는 '바깥 역사'(외형적으로 눈에 보이는)에 대한 서술을 되도록이면 줄이고 그 대신에 여성들의 '내면 의식의 발전'을 서술하는 데 무게를 두고자 한다. 그런데 자료를 읽어 가는 동안에 눈에 띄는 점 하나가 있었다.

---

2) 윤정란의 박사학위 논문(숭실대학교)에 크게 도움을 입었다. 윤정란, "일제 시대 한국 기독교 여성 운동 연구", 미간행 박사학위논문, 숭실대학교 대학원, 1999.

그것은 교회 밖 사회에서 활동한 기독교 여성들과 교회 안에서 일한 여성(전도부인)들이 그 자의식의 형성과 발전에 있어서 서로 일치하지 않는다는 점이다. 필자의 잠정적인 판단으로는, 전자는 대단히 진취적이고도 진보적이며 여성 계몽과 사회 개혁을 위해 매우 활발한 운동을 펼쳤고, 그 반면에 후자는 기존의 전통과 질서에 순응해 있었고 여성 계몽에도 적극적이지 못하였다. 기독교 여성과 교회 여성의 이러한 차이를 인식하면서 이 글을 시작하고자 한다.

2. 기독교 여성들의 자의식 형성과 발전

1) 내한 선교사들의 선교 사역과 여성의 자의식 형성

조선 시대 중엽 이래로 여성의 삶은 가장권(家長權)이 절대화된 가부장적 가족 제도와 사회 질서에 매여 있었다. 이 제도와 질서는 유교적 통치 이념인 충효 사상에 기반을 둔 것이었다. 이러한 상황에서 여성의 과제는 남아 출산을 통한 부계 혈통(父系血統)의 유지, 부계 혈통의 순수성을 지키려는 명분으로 강조된 여성의 정절과 과부의 재가(再嫁) 금지, 죽은 조상에게까지 확대된 효의 실천을 위한 조상 제사에 대한 책임이었다. 좀 더 구체적으로, 여성의 삶은—소수 양반층 여성을 제외하고—바느질·시부모 봉양 등의 가사 노동은 물론이고 농업 노동 생산자로서 밭일과 직포 생산을 주로 했다. 여성의 대다수는 또한 학문 세계와 지적인 활동에서 소외되었으며 엄격한 내외법으로 말미암아 사회로부터 차단되어 있었다. 이렇게 지내는 여성들의 세계관 또한 많은 경우에 집안의 울타리 속에 갇힌 채 여러 종류의 가신(家神)을 모시며 가족의 안녕과 무사함을 비는 무속 신앙에 몰입했다.

여성의 이러한 세계관과 삶에서 벗어나고자 하는 의식은 18세기의 실학 운동과 19세기 중엽의 동학 운동(과부 재가론)을 통해서 서서히 자랐으나 이것이 현실로 실현되지는 못했다.[3] 그러다가 '문호 개방'(1876)과 함께 시작된 사회 변혁의 물결 속에서 여성들의 자각 의식은 현실 속에서 싹을 틔우기 시작했다. 여성의 삶을 본격적으로 바꾸려는 움직임은 개화파 지식인들 사이에서 나타났다. 이들은 독립협회가 주관하는 강연이나 토론회를 통해서 여성 개화 사상을 펼쳐 나갔다. 이 과정에서 여성에 대한 획기적이고 혁명적인 인식 변화가 일어났는데, 그것은 여성을 '자립적인 개인'이며 '독립된 존재'로 인식하게 되었다는 점이다.[4] 이러한 인식 전환은 곧바로 '남녀 평등' 사상으로 이어졌다. 정부 또한 비록 일본에 의해 피동적으로 수행한 개혁이긴 하지만, '갑오개혁'(1894)을 단행하면서 문벌 및 신분 계급의 타파, 과거 제도의 폐지에 따른 능력에 의한 인재 등용, 과부의 재가 허용 및 조혼 금지 등의 광범위한 개혁을 펼쳐 나갔다.

개신교 선교는 이러한 개화 운동이 이제 막 시작되는 상황 속에서 시작되었다. 또한 당시의 개화파 인사들은 서양 선교사들의 손을 빌어 개화를 추진하려는 의지를 갖고 있었다. 예컨대 임오군란(1882)의 뒷마무리를 위해 일본으로 간 박영효는 그곳에서 미국 선교사들과 접촉했다. 선교사들 또한 이 같은 개화 의지를 파악하면서 조선 선교를 열망하게 되었다.[5] 이러한 과정 속에서 1885년 4월 5일(부활절)에 미국의 첫 선교사들이 '교육 사업과 의료 사업'을 목표로 이 나라에 도착하였다. 선교사들의 교육 사업

---

3) 박용옥, "기독교와 여성의 개화", 한국기독교백주년기념사업회 여성분과위원, 『한국기독교여성 100년사: 여성! 깰지어다, 일어날지어다, 노래할지어다』(서울: 대한기독교출판사, 1985), 74-77.

4) 이효재, 『한국의 여성 운동: 어제와 오늘』(서울: 정우사, 1996), 35.

5) 백낙준, 『한국 개신교사』(서울: 연대출판부, 1973), 75.

은 자연스럽게 여성 교육으로 이어졌고, 특히 스크랜턴(Scranton) 부인은 여성 교육을 통한 여성 선교를 위해 이 나라에 왔다. 그는 근대 여성 교육의 효시인 '이화학당'(1886)을 시작하였다. 그런데 그때까지만 해도 조선 정부의 개화 정책은 여성 개화에 관한 언급은 물론이고 개념조차 없던 상황이었다. 이러한 상황과 전통 봉건 사회의 질서를 염두에 둔 스크랜턴은 왕실의 신임을 받는 교육과 한국의 전통을 중시하는 교육 정책을 선택하였다. 그래서 이화학당의 교육 이념은 "한국인을 보다 나은 한국인이 되게 하는 것으로 만족한다."는 것이었다.[6] 이것은 한국의 전통 문화와 사회 구조를 존중하면서 복음을 전한다는 선교 이념의 표현이기도 했다.[7] 이것은 또한 온건 개화파(김윤식 등)의 동도서기론(東道西器論) 곧 서양의 기술은 필요하므로 받아들이되 서양 사상은 받아들이지 않는다는 논리와 잘 부합되었으므로, 선교사들과 개화파 인사들 사이에 별다른 갈등이 일어나지 않았다.

　　기독교 신앙을 가지게 된 여성들 가운데는 평민층 출신이 다수였다.[8]

---

6) 이화여자고등학교,『이화 90년사』(서울: 이화여자고등학교, 1975), 52. 장현주, "여성 세례와 여성 해방",『한국 기독교와 역사』제1호(1991.7), 127 이하.
7) 이효재는 초기 여선교사들의 여학교 교육이 여성 개화에 미친 영향이 여러 면에서 정당하게 평가되어야 한다고 강조했다. 그의 견해는 내외법에 묶여 살던 여성들에게 근대로 향하는 여성의 사회적 역할과 독립적 삶의 모습을 보여 주었으나 민족주의적 견지에서 보면 선교를 전제로 한 근대 교육이 서양 문화와 자본주의의 침략 수단으로 이용되면서 교육이 민족 문화와 단절되었고 또 구미 여성을 모델화한 한국 여성의 열등감 조장이 개화 지상주의로 치우쳤다고 본다. 이것은 개화가 자주적 근대화로 꽃피지 못하고 친미 친일 사대주의로 기울어졌음을 주장한 것이다. 이효재의 입장은 이윤희의 견해와 대조를 이룬다. 그런데 박순경의 입장은 이효재보다 훨씬 더 강경하다. 박순경, "한국 민족과 기독교 선교의 문제: 선교의 미래와 여성,"『한국 기독교여성 100년사: 여성! 깰지어다, 일어날지어다, 노래할지어다』. 이효재, "한국의 여성 운동: 어제와 오늘", 37. 이윤희,『한국 민족주의와 여성 운동』(서울: 신서원, 1995), 149.
8) 박용옥, 90.

이 점에서 유교 전통으로 단단히 무장된 양반 사회보다는 비교적 자유롭고 봉건 사회 체제에 불만을 가진 평민층 여성들이 쉽게 기독교를 받아들였다는 해석이 가능하다. 그러나 일부 양반 부인들, 가령 내외법이나 축첩 제도에 불만을 가진 부인들은, 가부장적 사회 현실의 모순을 극복하려는 의지를 보이면서 기독교 신앙인이 되었다. 선교사들 또한 일부일처제의 가정 윤리를 강조했고 조혼·축첩·여아 매매 등을 개혁해야 할 폐습으로 지적했고, 세례문답을 할 때엔 첩을 두고 있는지 질문함으로써 축첩을 죄악시하게 했다. 선교사들의 눈에 비친 조선 여성의 모습은 '양면적'이었다. 즉 가부장적 가족 제도에서 희생당하는 부인들의 모습이 처절하게 보이는 한편 부덕으로 길러 온 부지런하고 강인하며 유능한 자질의 여성의 모습도 보였다.[9]

이처럼 개신교 선교사들의 영향으로 새로운 가정 윤리가 새로이 세워져 갔다. 여성 교인들은 주일날 교회에 출석을 하면서 엄격한 내외법에서 벗어나게 되었고 또 성경을 읽을 줄 알게 되면서 문맹에서 해방되었다. 교회에서 자주 남녀 동등권에 관한 토론회가 개최되었고(1897년 12월 31일 정동교회), 또 실질적인 남녀 동등을 위해서는 여성이 남성과 동등한 교육을 받아야 한다는 점이 강조되기 시작했다. 기독교의 여성 교육론과 여권론에 대한 사회적 호응도가 높아졌다. 이러한 가운데서 기독교인이자 독립협회 회원인 인물들을(윤치호, 서재필 등) 중심으로 과부 재가 허용, 축첩 폐지, 여아 매매 금지, 조혼 철폐 등의 가족 윤리이면서도 사회 윤리에 해당되는 주제가 공론화되었다. 그 당시 개화 교육의 초점은 여성의 가정 역할이었는데 자녀 양육과 남편의 반려자로서 '현모양처'였다.

여성 개화 운동은 '을사조약'(1905) 이후에 자주 독립과 국권 회복을 위

---

9) 이효재, 33. 김용숙, 『조선조 여류 문학의 연구』(서울: 숙명여자대학교출판부, 1979), 22.

한 애국 계몽 운동으로 발전되기 시작했다.[10] 이 운동에서 강조된 점은 구국 교육이었다. 현모양처형 개화 사상을 그대로 유지하면서 국권 회복을 위한 여성 교육을 강조한 것이다. 망국의 위기 앞에서 국권 회복이 무엇보다도 시급하고 심각한 이 상황에서 여성 교육은 민족의 실력 배양을 위한 기초 교육이 되어야 했다. 모든 교육의 기초가 가정 교육에 있다는 것을 전제로 가정 교육의 담당자인 여성이 자녀를 국가가 필요로 하는 인재로 양육해야 한다는 인식이 확산되었다. 이것은 남녀(부부)가 동등한 존재라고 인식함과 동시에 그 책임과 역할에 있어서 차이가 있다고 인정한 것이었다. 남자(남편)는 정치·경제·군사에 관한 일을 맡고, 여성(부인)은 국가 인재를 양육하는 자녀 교육을 맡았다는 뜻이다.

2) 1919년 3·1 만세 운동 전후의 여성 자의식

여성의 자의식은 경술국치(1910) 이래로 민족 의식으로 발전되었다. 특별히 교회 여성들은 구약성경을 배우면서 이스라엘 민족의 흥망성쇠를 한민족의 역사에 연결지어서 인식하게 되었다. 교회 여성들은 수년 전부터 활발하게 전개된 신앙 각성 운동을 기반으로 이 민족의 회개를 위해 기도하면서, 민족의 복음화가 곧 이 나라의 빼앗긴 주권을 회복하는 길이라고 확신했다. 많은 교회 여성들에게 이스라엘 민족을 구한 에스더나 드보라가 본받아야 할 이상적인 인물로 부각되었다. 이제 민족의 주권을 회복하기 위한 여성 개화와 계몽이 교회의 중요한 과제로 인식되었다. 그래서 교회는 여성들을 위한 성경반·사경회·성경학교 등을 개최하면서 미신타파·한글 학습·생활 개선 등을 병행하였다. 이 밖에도 민족 의식으로 발전

---

10) 최민지, "민족의 고난과 기독교 여성 운동", 『한국 기독교 여성 100년사: 여성! 깰지어다, 일어날지어다, 노래할지어다』, 161.

된 여성의 자의식은 항일 결사 단체를 만드는 중요한 동기로 작용했다. 예컨대 '송죽회'(1913)는 평양 숭의여학교의 교사(황에스더·김경희)와 졸업생(박정석)이 신앙을 바탕으로 결성된 비밀 항일 결사 단체였다. 이들은 생일 축하 명목으로 모여 구국 기도를 드리고 독립 쟁취의 방법을 토론하고 독립 자금을 마련하여 만주 등지의 독립 운동 본부에 보내는 일을 했다.[11]

　제1차 세계 대전 앞뒤로 온 세계에 퍼져 나간 인도주의(人道主義)가 한 민족의 민족 독립 운동 논리에 크게 영향을 주었고, 세계가 정의를 바탕으로 개조되어야 한다는 의식이 이 나라에 확산되었다. 예를 들어 이돈화는 '신시대와 신인물'이란 글에서 "세계는 전쟁을 경험하고 나서 이제 만민의 행복이 영웅주의가 아닌 평민주의에서 구하게 되었다."고 주장하면서,[12] 1차 세계 전쟁에서 연합국이 승리한 것은 세계의 자유와 정의를 위한 승리라고 해석했다. 이러한 세계의 흐름 속에서 민족 운동가들은 민족 독립이 눈앞으로 성큼 다가왔다는 인식 하에 파리 강화 회의(1919, 봄)와 국제 연맹 회의(1919. 10)에 큰 기대를 걸고 있었고, 상해 임시 정부 역시 국제 연맹에 대한 기대를 품고 독립 청원서를 기초했다. 러시아 연해주와 만주에 주둔해 있던 무장 독립군들도 국내 진공 작전을 준비하고 있었다. 이러한 국내외 정세에 편승해서 여성들도 '대한민국 애국 부인회'(1919.10. 재조직) 등 항일 단체들을 비밀리에 많이 조직했다.[13] 장로교회 여성들이 주축이 되어 조직된 대한민국 애국 부인회는 남녀 평등 의식을 기반으로 여성도 독립된 '인격체'로서 남성과 꼭 같이 민족 독립 운동에 참여해야 한다는 취지로

---

11) 박용옥, 『한국근대 여성운동사 연구』(城南: 韓國精神文化研究院, 1984), 171-172.

12) 이돈화, "신시대와 신인물", 『개벽』 3호(1920), 17-18.

13) 이 밖에도 '대한애국부인회'(평양), '대한국민회부인향촌회'(평남순천), '대한독립청년단'(강서), '결백단'(평양), '대한독립부인청년단'(평남 대동), '여자복음회'(평남 개천), '독립여자부'(서울) 등이 결성되었다.

출발했다.[14] 또한 이들에겐 십자가를 지신 그리스도의 고난과 민족의 고난이 두 개의 실체로 분리되어 있지 않았다. 이 단체의 주된 활동은 독립을 위한 군자금을 모금하여 상해 임시 정부로 송금했다. 또한 독립 전쟁을 대비해서 적십자부와 결사부를 새로 만들었다.

그러나 대한민국 애국 부인회는 시작된 지 불과 한 달 만에 회원 80여 명이 모두 검거되었다(1919. 11). 다른 항일 여성 단체도 1921년 중반기에 이르면 일제의 탄압으로 활동을 중단하게 되었다. 게다가 인도주의에 입각한 세계 개조를 외치던 힘센 나라들이 자신들의 이익만 추구하고 파리 강화 회의, 국제 연맹 회의, 미하원 의원단의 한국 방문 등에서 한민족의 문제가 한 번도 거론되지 않은 데서 오는 심리적인 좌절감도 컸다. 이러한 상황에서 여성의 민족 운동은 '실력 양성 운동'의 차원으로 기울어졌다. 즉 우리 민족이 세계 열강과 동등한 위치에 이르기 위해서는 '신문화 건설, 정신 개조, 민족성 개조'가 선행되어야 하는데, 이것을 달성하려면 무엇보다도 다음 세대의 국민이 될 자녀 교육이 중요하고 이 교육을 주로 담당하는 여성(어머니)의 역할이 대단히 중요하다고 강조했다. 이와 함께 자연스럽게 다시 한 번 아직도 여성을 인격체로 인정하지 않는 사회 인습과 남존여비의 폐풍이 비판받았고, 자녀의 바른 양육을 위해서도 여성 교육이 중요할 뿐만 아니라 가장 우선적으로 실시되어야 함을 강조했다.[15]

이 같은 상황에서 새롭게 탄생한 기독교 여성 운동 단체는 '조선 여자 기독교 청년연합회'(YWCA, 1923. 8)였다. 항일 여성 운동 단체에서 활동한 많은 교회 여성들이(황에스더·신의경·김영순·박현숙·김합라 등) 이 연합회에

---

14) 『독립신문』(1920. 2. 17).
15) 한규설, "今日은 解放準備時代", 『개벽』 2권 4호(1920), 33. 김웅순, "녀자 교육에 대하여", 『기독신보』(1923. 1. 17).

지도적인 역할을 했다. 실력 양성론에 근거한 여성 계몽과 생활 개선에 역점을 둔 이 연합회는 문맹 퇴치를 사업의 최우선 순위에 두었다. 이를 위해서 각 지역에 야학과 강습소를 설치했다. 야학에서 가르친 과목은 한글·산수·음악·성경, 그리고 영어와 편물을 가르치는 곳도 있었다. 이 연합회는 또한 남녀 평등을 확보하려면 먼저 여성의 권리부터 회복되어야 한다고 보고, 여권 회복을 위한 축첩과 조혼 금지 및 공창 폐지 운동을 벌였다.[16] 연합회는 강습과 강연을 통해 생활 개선 운동도 전개했는데, 주로 위생법·육아법·요리 강습·간편 의상과 우의 연구 등을 강의했다. 또 한편 연합회와 절제회는 함께 연대해서 금주 금연 및 절제 운동을 펼쳐 나갔는데, 이것은 당시의 실력 양성 운동이 '물산 장려 운동'(자급자족, 상공업의 진흥, 국산품 애용)을 펼치면서 경제적 자립을 통한 민족 독립을 지향함에 보조를 맞춘 것이었다.

같은 시기에 '조선 여자 기독교 절제회'(1923. 9)가 출발했고, 이듬해 8월에 이 절제회의 연합회가 결성되었다. 이 모임을 1910년대에 선교사들이 시작해서 작은 규모로 유지해 오다가, 이때부터 기독교 여성들이 주관하게 되었다. 이 절제회는 일제의 문화 정책을 비판하고 그 대안 활동을 펼쳐 나갔다. 일본은 한국에 퇴폐 문화를 들여왔는데, 특히 중독성이 강한 술·담배·아편 등의 기호품을 들여왔다. 공창 제도도 도입되었다. 절제회는 이것이야말로 한국인들의 정신 문화를 말살하려는 일제의 획책으로 보면서 여기에 대응해 나갔다.[17]

---

16) "공창 문제 만국회", 『기독신보』(1921. 8. 31).
17) 이덕주, 『한국 감리교 여선교회의 역사(1897~1990)』(서울: 기독교대한감리회여선교회전국연합회, 1991), 191, 260.

3) 근우회와 여성 자의식

조선 여자 기독교 청년연합회(YWCA)가 도시를 중심으로 교육 계몽 운동을 펼치고 있는 동안에, 사회주의 여성 단체인 '여성동우회'(1924. 5. 10)가 결성되어서 무산자 해방을 선언하면서 활동하기 시작했다. 여성동우회는 민족자결이 아니라 무산자 계급의 해방에서 민족 문제를 해결하는 실마리를 찾아야 한고 주장했다. 이와 함께 여성 운동은 민족주의 진영과 사회주의 진영으로 양분되었고, 사회주의 진영은 1923년부터 종교를 대중의 아편으로 규정하면서 반(反)기독교 운동(1차, 1923-1926)을 펼쳐 나갔다. 사회주의자들은 기독교가 자본주의의 손발이고 제국주의의 주구(走狗)라고 공격했다. 이러한 공격에 대한 기독교계의 반응은 두 가지였다. 냉소적이고 비판적으로 대응하는 쪽이 있는가 하면, 이 공격을 진지하게 받아들여서 교회가 자성해야 한다는 쪽도 있었다. 후자는 교회가 이제 민중과 함께 해야 한다고 자성하면서 민족 문제에 대해 사회주의 진영과 일정한 합의점을 이끌어 낼 수 있다면 양자는 서로 협력할 수 있다고 보았다.

조선 여자 기독교 청년연합회(기독교)와 여성동우회(사회주의)는 이념 차이를 뛰어넘어 하나로 합쳐졌는데, 이것이 '근우회'(1927. 5. 27)의 창립이었다.[18] 근우회는 서울 종로 기독교 청년회관에서 창립 총회를 가졌다. 여기에서 선출된 중앙집행위원 21명 가운데 7명이 기독교 여성들이었고 또 회장과 부회장에 기독교 여성인 김활란과 유각경이 각각 선출되었다. 이 자리에서 밝힌 근우회의 행동 강령은 여성의 '단결과 지위 향상'이었다. 이

---

18) 한규무에 따르면 근우회 발기 총회에 들어간 기독교 계열 여성들은 1920년대 초반까지 항일 운동을 벌였던 교회 여성들과 인맥이 연결되지 않는 것 같다고 한다. 만일 이것이 확실하다면 근우회가 이전의 기독교 여성 운동과 연결되는 점이 있는지 짚어보아야 할 것이다. 한규무, "일제하 기독교 여성 운동과 근우회", 『한국 기독교와 역사』 제3호(1993), 235.

강령은 여성들이 경제·사회·정치적으로 사람 대접을 받는 '지위'를 누리지 못했고 또한 가정에 갇혀서 세상과 단절되어 '갇힌 채' 살아 왔다는 인식이 반영된 것이었다.[19]

그런데 양 계열은 각각 이제까지 가지고 있던 기본 노선을 크게 수정하지 않았다. 기독교 여성들은 여성 지위 향상을 위해 문맹 퇴치 등 계몽주의 노선을 견지한 반면에, 사회주의 계열의 여성들은 계급 투쟁을 통해 여성의 지위를 향상시키고자 했다. 그럼에도 불구하고 양자가 함께 협력할 수 있는 공통분모는 '봉건적'인 여성 차별 의식과 관습에서 벗어나자는 것이었다. 근우회는 이 공통분모 위에서 서울과 전국 각 지역 및 일본·만주 등에까지 지부를 설치하였다. 1930년까지 전국에 60여 개의 지회가 설립되었다. 근우회의 주요 활동은 ① 홍보 및 조직 강화, ② 순회 강좌와[20] 야학을 통해 여성의 문맹을 퇴치하고 여성 의식(남녀 평등, 민족 의식)을 높이기, ③ 사회 운동 참여(학생들의 항일 운동 후원, 여공 파업 지원 등), ④ 구호 활동(수재 및 한재), ⑤ 농촌 및 공장 여성 근로자의 경제적인 이익 옹호 등이었다. 그런데 양 계열 사이에 있는 입장 차이는 1927년 10월 20일에 열린 토론회에서 다시 한 번 뚜렷하게 드러났다. "조선 여자 해방의 첩경이 경제 독립이냐, 지식 향상이냐?"라는 제목으로 열린 이 토론회에서 사람들은 여성 해방을 위한 우선 순위가 경제적인 측면에 있는지 아니면 지식 향상에 있는지에 관해서 열띤 논쟁을 벌였다. 즉 남성에게 넘어간 경제권을 찾아오는 것이 여성 해방의 지름길이라는 주장과 여성 해방은 여성도 남성만큼 지적 수준을 높이는 데 그 우선 순위가 있다는 주장이 서로 팽팽하게 맞

---

19) 『동아일보』(1927. 4. 27).
20) 예를 들어, 1927년 7월 7일부터 약 2주간 동안 열린 강좌는 경제학·논리학·사회학·신문학·조선 역사·부인 문제·음악·회의 진행법 등이었다.

섰다. 그러나 사회주의 계열은 이 논쟁 자체를 비판했다. 즉 여성 해방은 사회 체제 변혁을 통한 계급 해방에서 얻어지는 것이지 여성의 경제적 독립만으로 이룰 수 없다고 보았기 때문이다.[21]

근우회는 1928년 5월 정기 대회 개최를 전후로 사회주의 노선으로 편향되기 시작했고, 또 내부에서 분열과 갈등이 일어나기 시작했다.[22] 이것은 근우회의 기독교계 여성들로 하여금 새로운 길을 모색케 하는 중요한 원인으로 작용했다. 1928년 임시 대회를 기점으로 1929년 2월의 전국 대회 이전까지, 서북 지방을 제외하고,[23] 기독교계 여성들 대부분은 근우회에서 탈퇴했다. 이와 함께 지회의 설립이 부진하게 되었고 근우회는 침체기에 들어갔다. 게다가 일제의 강경 탄압은 근우회의 침체를 더욱 부채질했다.[24] 1930년부터 근우회는 자금난과 내부 갈등이 더욱 심각한 지경에 이르렀고, 1931년에는 해산하는 지회가 줄을 이었다. 그 이후로 근우회는 한동안 유명무실한 단체로 머물다가 정식 절차도 밟지 못한 채 해산되고 말았다.

기독교 여성들이 근우회를 탈퇴하게 된 또 다른 이유는 교회 여성 운동의 대안이 나타났기 때문이었다. '국제 선교 예루살렘 대회'(1928. 3. 24-

---

21) "근우회 토론 보고서,"『조선지광』(1927. 11), 70-71.
22) 당시의 근우회 방향을 코민테른의 12월 테제가 잡고 있었다. 코민테른 12월 테제는 민족주의 진영을 개량주의로 보면서 이 진영과 결별하도록 강조했다.
23) 그 당시의 평양지회 집행위원장 조신성은 1930년 중앙위원 확대 회의에서 중앙집행 위원장으로 선출되었다.
24) 근우회의 창립 동기는 신간회의 창립에 영향을 받았기 때문이다. 그런데 근우회가 좌익 편향으로 나아간 반면에 신간회는 1929년 복대표 대회가 열리기 전까지 양 진영이 서로 공존했다. 신간회의 중심 세력은 민족주의자였고 사회주의자들의 세력이 상대적으로 미약했다. 사회주의 세력이 신간회 안에서 강화되기 시작한 것은 1929년 복대표 대회가 열린 다음부터였다. 이균영, "신간회연구",『역사비평사』(1993), 155. 한국기독교역사연구소,『한국기독교의 역사 II』(서울: 기독교문사, 1990), 209 이하.

4. 8)를 계기로 기독교 여성들은 농촌 운동의 중요성을 파악했고 또 이제까지 도시 중심으로 펼쳐졌던 여성 운동이 농촌을 포괄하는 광범위한 운동으로 다시 시작될 수 있다는 가능성을 보았기 때문이다. 그래서 과격한 계급 투쟁 운동 중심으로 나아가려는 사회주의 계열의 여성 운동과 결별하고 이제까지 견지해 온 기본 노선인 실력 양성론에 입각한 계몽 운동을 농촌으로 확대해서 펼치고자 했다. 게다가 예루살렘 대회에 참석한 뒤에 덴마크를 시찰한 김활란의 영향력도 큰 몫을 차지했다고 본다.[25]

4) 장로교의 농촌 운동과 절제 운동

1928년에 근우회를 탈퇴한 기독교 여성들은 이제부터 농촌 운동에 적극적으로 참여하게 되었다. 계몽 운동으로 확실하게 돌아선 것이었다. 이들의 농촌 운동은 먼저 교회의 위기를 타개하고 그리고 또한 피폐한 농촌 경제를 살리는 데 그 목표를 정했다. 당시의 교회는 두 가지 측면에서 위기에 처해 있었다. 첫째로 경제적으로 도탄에 빠져 있는 농민들에게 공산주의 이념이 먹혀들었고 또 공산주의자들이 주도하는 쟁의(소작쟁의 등)에 농민들이 동조하거나 가담했는데, 이러한 공산주의자들이 교회를 '자본주의의 손발이며 제국주의의 주구'라고 몰아치며 기독교 반대 운동을 펼친 것이었다. 둘째로 도탄에 빠진 농촌 경제로 말미암아 아예 농사를 포기하고 농촌을 떠나는 농민들이 속출하였는데, 이 여파로 말미암아 농촌 교회의 교인 수가 감소하고 교회 재정도 파탄에 처하게 되었다. 이러한 위기 현실에 직면해서 '교회의 사회화'를 강조하는 목소리가 높아졌다.[26] 교회는 심령 구원뿐만이 아니라 사회 구제와 개조를 위한 사회 운동에 적극 나서야

---

25) 김활란, "내가 본 외국 녀성", 『기독신보』(1928. 12. 31).
26) 오인근, "기독교의 사회화를 재촉함(1)", 『기독신보』(1927. 2. 16).

한다는 것이다.[27] 그러다가 예루살렘 대회를 계기로 장로교회는 농촌 운동을 시작하게 되었으며, 기독교 여성들도 이 운동에 동참하게 되었다. 이들은 농촌 여성이 한국 전체 여성의 80%를 차지하고 있고 또한 농촌 여성의 이중적인 고통 곧 어려운 가사를 꾸려나가는 동시에 농사일(밭일, 직포 생산, 고치 생산, 목화 생산)도 하는 고통을 잘 파악하고 있었다.

기독교 여성들의 농촌 운동은 김활란이 귀국하면서 적극적으로 추진되었다. 그는 덴마크 방문에서 농촌 운동의 모범 답안을 얻었다. 그의 인도 아래 조선 여자 기독교 청년연합회는 제2차 남녀하령회(1928. 8. 23부터 한 주간 동안)에서 농촌 계몽 운동이 안건으로 채택되었고, 제7회 정기 총회(1929. 7. 23)에서 농촌부를 설치하였다. 농촌 운동은 종래의 계몽 운동(문맹 퇴치-야학(한글 강습), 민족 의식 소생)을 계속 주된 노선으로 두고 농촌 여성 지도자를 양성하는 기관인 '농촌 사업 지도 교육과'(황에스더), '농촌 부녀 지도자 양성소'(1934)를 설치하고, 다른 기독교 단체들과 연합(에큐메니칼)해서 농사 강습회를 개최(1919년 12월에서 1932년 초반까지)하고, 농촌 위생·생활 개선 운동-조리법, 부엌, 하수도, 시멘트 우물, 파리 모기 박멸 등-을 전개했다. 이 농촌 운동은 1932년을 고비로 서서히 쇠퇴하다가 1930년대 중반까지 지속되었다.[28]

농촌 운동이 쇠퇴하자 절제 운동이 다시 활발하게 살아났다. 이와 함께 한동안 농촌에 집중되었던 기독교 여성들의 사회 운동이 다시 도시로 돌아오게 되었다. 1930년대 초반의 한국 상황은 도시화와 함께 퇴폐 문화

---

27) 민경배, 『한국 기독교 사회운동사』(서울: 대한 기독교출판사, 1987), 228.

28) 농촌 운동이 쇠퇴하게 된 원인은 ① 총독부의 농촌 진흥 운동, ② 교회 내 보수적인 목소리(이원론적 세계관)의 강화, ③ 농촌 운동 지도자들의 상호 불화 관계, ④ 세계 공황의 여파로 국제선교위원회에서 한국 교회에 지원하던 선교비의 감소로 인한 농촌 운동 재정난으로 들고 있다.

가 이전보다 더욱더 확산되어 갔다. 기독교 및 교회의 절제 운동은 이에 맞서 금주 금연 운동, 공창 폐지 운동, 합리적인 소비 절약 운동, 아편 추방 운동으로 전개되었다.[29]

3. 교회 안에서 이해된 여성의 자의식

대부분의 여성들이 집안 속에 갇힌 채 생애를 보내고 내외법에 묶여 사회 생활과 단절되었다가, 이들이 기독교인이 되면서 교회에 출석하는 자체가 곧 여성 해방을 의미했다. 또한 이들이 성경 읽기를 통해서 글자를 해독하기 시작한 것은 문맹에서 해방되는 사건이었다. 이러한 여성 계몽은 교회 안에서 아쉽게도 지속적으로 개발되고 발전되지 못하고 여기에 멈추어 서 버렸다. 교회 밖 사회에서 전개된 기독교 여성들의 활동은 남존 여비의 인습이나 남녀 차별의 폐습을 없애는 데 크게 이바지한 데 비해서, 교회 안에는 이러한 인습과 폐습이 좀체 줄어들지 않고 오히려 봉건적 신분 의식이 여전히 큰 힘을 발휘하고 있었다.[30] 예컨대 춘원 이광수는 교회가 봉건적 신분 의식을 타파하지 못하고 목사와 장로는 마치 '양반'처럼 군림하고 상대적으로 보통 교인은 '상놈'처럼 취급받는 현실에 대해서 아쉬워했다.[31] 내외법의 인습 또한 말끔히 씻어 내지 못했는데 예배당 안에 남

---

29) 새문안교회 창립 100주년 기념사업회 역사편찬위원회, 『새문안교회 100년사』(서울: 새문안교회 역사편찬위원회, 1993), 254-262.

30) 박용옥, 『기독교와 여성의 개화』, 105.

31) 이광수는 이 글에서 다음과 같이 썼다. "제일은 금일 조선 예수교회는 계급적이외다. 계급 사상은 동양에는 … 깊은 근저(根柢)를 가진 것이외다. … 2인 이상의 집합에는 반드시 계급이 따라 자유 평등의 통합을 보기 어렵소. 평등주의인 예수교도 이 사상은 동요치 못하는 듯하여 금일 예수교회 내에는 이전 사색 반상과 같은 계급이 엄연하

녀의 자리를 구별하고 그 한가운데에 휘장을 쳤다. 교회 안에 둘러친 휘장은 교회가 봉건적 관습을 하루 아침에 쉽게 벗어 던질 수 없다는 점을 말해주는 하나의 사례이다. 또한 기독교가 대중 신앙으로 확산되는 과정에서 많은 여성 교인들이 의식하든 못하든 간에 옛 생활 습관과 가치관 그리고 옛 신앙(무속적 신앙)까지 그대로 지니고 있는 경우가 허다했다. 이것은 옛 것 위에다가 기독교 신앙을 마치 겉옷처럼 덧입히는 꼴이었다.

봉건적 신분 의식이 지배하는 교회 안에서 일한 여성 교역자(전도부인) 들의 자의식은 교회 밖에서 일한 기독교 여성들의 자의식 발전에 비해서 너무나 대조적으로 주체성이 결여되었다. 이들은 대체로 선교사나 남성 교역자들을 곁에서 돕는 역할을 하였다. 이들은 기독교 진리를 지적으로 파악하고 그 진리를 체계적으로 가르칠 수 있는 수준으로 교육받지 못했고, 대다수는 체험적 신앙 경험을 바탕으로 단순하게 전도하고 일했다.[32] 그렇게 된 원인은 초창기 전도부인의 양성 과정부터 시작되었다고 본다. 개신교회의 초창기에, 선교사들은 내외법으로 인해 바깥 세계와 차단된 조선 부인들을 전도하기 위해서 전도부인을 양성해야 한다는 필요성을 강하게 가졌다. 선교사들은 전도부인을 양성하면서 전도에 필요한 만큼의 간단한 성경 지식을 가르치고 전도에 종사하게 했다. 이를테면 장로교회는 사경회 기간(1898)에 여자성경반(Bible Class)을 조직해서 4일에서 2주간 정도 교육을 받게 했다. 그 다음엔 성경연구반(Bible Institute)이 설치되어서

게 되어 발본할 수 없는 지경에 이르렀소. 목사나 장로와 보통 교인과의 관계는 마치 관민, 장유, 사제의 관계와 같게 되어 목사나 장로는 언제나 보통 교인의 위에 서려 하고 … 오늘날 조선서는 목사, 장로는 절대로 보통 교인의 위에 서서 만사에 우월권을 가지려 하오. 목사, 장로는 양반이요, 보통 교인은 상놈이라 하리만 하오." 인용, 이광수, "금일 야소교회의 결점", 『청춘』 제11호(1917. 11), 박용옥, 『기독교와 여성의 개화』, 105에서 재인용.

32) 양미강, "초기 전도부인의 신앙과 활동", 『한국 기독교와 역사』 제2호(1992), 95 이하.

한 달 이상 교육을 받아서 수료하면 전도부인이 되게 했고, 그리고 성경학원(Bible Training School)을 개설해서 3개월에서 1년 이상 교육을 받아 전도부인이 되게 했다. 그렇지만 전도부인 양성 과정에는 신학을 전문적으로 배우는 교과 과정이 거의 없었다. 성경연구반은 신구약성경, 성경 지리, 구약 역사 등의 과목을 주로 가르치면서 선교 현장에서 손쉽게 활용할 수 있는 쓰기(문맹 퇴치)·산수·생리학·위생학·병간호·음식 준비 등을 선택 과목으로 개설했다. 이 선택 과목 속에 계몽적인 성격이 들어 있는 것은 사실이나 이 과목은 교회 현장 실습과 전도에 적용할 수 있는 만큼의 수준이었다. 이 교과 과정은 현장을 위한 교육이라는 점에서 교육과 현장을 연결시킨 훌륭한 점이 있으나 교회 현장을 개혁할 수 있는 내용으로 채워지지 못했다. 이러한 교육 과정 속에서 여성 교역자들은 학생으로서 매주 한 번 이상 전도 실습을 나가고 지역 교회를 순방하면서 새신자 교육·주일학교 봉사·환자 심방 등을 맡았고, 이를 통해서 남성 담임 목회자의 조력자로 일했다. 이렇게 여성 교역자(전도부인)의 자기 희생적인 헌신을 통해서 교회는 날로 성장하고 부흥하고 발전을 거듭하였다. 그러나 이 헌신은 교회의 봉건적 계급 의식을 개혁하지 못하고 오히려 그 반대로 봉건적 신분 의식에 순종하는 것으로 굳어져 갔다.

이와 같이 보수적인 장로교회의 분위기에서 여권 문제는 쉽게 거론될 수 없었는데, 1930년에 남북감리교회가 합동하면서 1회 총회에서 14명의 여성 목사를 안수한 일이[33] 장로교회에 신선한 충격으로 다가왔다. 1933년에 모인 함남노회(6월, 영흥)에서 104명이 연서로 여성의 교회 치리권 청원하여

---

33) 감리교회 안에서 여권을 주장한 최초의 사건이 1922년에 여전도사들에 의해서 일어났다. 남감리교회 여전도사들은 남녀 차별 현실에 대한 문제를 제기하면서 남녀 평등의 시대에 남성 교역자와 여성 교역자의 급료 차이가 4-5배나 되는 점을 들어서 급료 인상을 요구하였다. 『매일신보』(1922. 9. 17).

서 통과되었다. 이것은 교회 운영에 있어서 남녀의 동등권을 주장한 것이었다.[34] 이어서 같은 해에 열린 '조선예수교장로회 제22회 총회'(9월 9일, 선천)에 이것을 청원하면서 "여자도 남자와 같은 평등직 지위로 수준을 높여야" 하며 "여자에게도 장로의 자격을 부여하라" 요청했다. 그해 총회는 "정치 제5장 3조 장로의 자격: 만 30세 이상 된 남자 중 입교인으로 흠없이 5년 이상을 경과하고 상당한 식견과 통솔력이 있으며, 딤전 3:1-7에 해당한 자로 한다를 개정할 필요가 없으므로 허락할 수 없다."는 결정을 내렸다.[35] 그리고 이것은 "아직은 시기상조"라는 점도 밝혔다.[36] 그러나 청원서를 올린 최영혜 등의 여성 대표들은 여기에 굴하지 않고 이 "(여권) 운동이 성공할 때까지 꾸준히 노력할 계획"이라고 천명했다.[37] 그 이듬해에 함남 지역 22개 장로교회의 여성 639명이 6월에 모인 함남노회(19회)에서 다시 한 번 여성의 교회 치리권 청원을 연서로 제출했고, 한 걸음 더 나아가서 여성의 참정권 즉 여성에게도 목사의 자격을 부여하라고 청원했다.

이렇게 교회의 여권 운동이 활발하게 진전되어 가는 동안에, 함경도 지역의 남성 목회자들이 이 운동을 지지하는 글을 써서 교회 주간지 『기독신보』를 통해 발표했다.[38] 장세환은 1934년 5월부터 6월까지 5회 연속으로 "기독교와 여자의 지위"라는 제목으로 여권 운동을 지지하는 글을 썼다.[39] 그는 남녀 평등과 여성의 지위 향상을 위한 여성 해방 운동은 세계

---

34) 김인수, "여성과 여성 안수의 이해에 대한 교회사적 고찰", 장로회신학대학다원화목회연구원, 『교역과 여성 안수』(서울: 장로회신학대학출판부, 1992), 34 이하.

35) 『조선예수교장로회총회 제22회 회록』(1933년), 65.

36) 『동아일보』(1933. 9. 13).

37) 『동아일보』(1934. 6. 27).

38) 함경도 지역의 교회는 1925년 이래로 캐나다 연합기독교회의 영향을 크게 받았다. 특히 서고도(W.M.Scott), 매도방(D.A. McDonald), 박걸(A.H. Barker) 등의 영향으로 보수적인 지도력이 약화되었다.

39) 장세환, "기독교와 여자의 지위", 『기독신보』(1934. 5. 16, 5. 23, 6. 6, 6. 13; 6. 20).

여러 나라의 "보편 현상"임을 전제하고, "기독교의 복음은 평등과 해방의 복음이므로 이 복음이 전파되는 곳마다 사회의 천대와 눌림을 받은 여성들이 두 손을 들어 이 복음을 환영하고 동시에 여자의 지위가 높아 갔다."고 강조했다. 그는 "남녀 동양주의(男女同樣主義) 곧 페미니즘(Feminism)"을 강조했다. 김춘배도 여성 치리권 청원을 지원하기 위해서 장로교회 23회 총회가 열리기 직전인 1934년 8월에 『기독신보』에 3회에 걸쳐 "장로회 총회에 올리는 말씀"이란 글을 기고했다.[40] 이 글에서 그는 지난해 총회가 여성 치리권 청원을 부결시키면서 그 근거로 제시한 장로교회 헌법 정치 제5장 3조를 지목하고 이 조항은 "차별적 헌법"이라고 비판했다. 그러면서 이 조항을 총회가 계속 고수하게 되면 "우리 스스로 하루 더 모욕(侮辱)함이요 교회 발전을 그만치 지연시키는 것"이라고 경고했다. 그는 여성에게 치리권을 주는 것은 "활동할 무대를 주는 것이요 향상할 기회를 주는 것"이므로 마땅히 성차별을 없애고 여성에게도 치리권을 주어야 한다고 강조했다.

당장에 여기에 대해서 반박하는 글이 나왔는데, 채정민이 여기에 대해서 『기독신보』에 2회에 걸쳐 기고했다.[41] 여권 문제에 대한 지면 논쟁이 일어났던 것이다. 채정민은 이 글에서 "예수와 사도 시대 이래로 강도권과 치리권은 남자에게 만 주어졌다."고 주장했고, "창조 질서에 따라 남자가 앞서고 여자는 뒤에 따라온다."고 주장하면서 여성 교역자의 역할은 남성 교역자를 보좌하는 것으로 충분하다고 강조했다.

그해 9월에 평양에서 열린 장로교회 제23회 총회에서 여권 문제를 다룬 김춘배의 글이 문제시되었다. 그의 글에서 특별히 완고한 목회자들의 신경을 곤두서게 한 것은 고린도전서 14:33-34절에 대한 해석이었다.[42]

---

40) 김춘배, "장로회 총회에 올리는 말씀", 『기독신보』(1934. 8. 15, 8. 22, 8. 29).
41) 채정민, "여자에게 언권 없다", 『기독신보』(1934. 8. 22, 8. 29).

즉 그가 "여자는 조용하여라, 여자는 가르치지 말라는 2,000년 전의 한 지방 교회의 교훈과 풍습을 만고불변의 진리로 알고 그러는 것도 아닐 터이다."라고 쓴 구절에 대해서 목회자들은 이것을 여권 문제로 해석하지 않고 성경 해석과 성경의 권위에 도전하는 문제로 받아들였다. 이렇게 된 배경에는 공교롭게도 같은 시기에 "창세기 모세 저작 부인설"(김영주)이 역시 같은 회기의 총회 안에서 논란이 되었기 때문이다. 총회 정치부는 라부열(S.L. Roberts), 부위렴(W.F. Bull), 박형룡, 렴봉남, 윤하영 등을 연구위원으로 선임하여서 하나로 묶어진 이 두 안건을 1년간 연구해서 이듬해 총회에 보고하도록 명했다.[43]

연구위원회는 이듬해인 제24회 총회에 "창세기 저작자 문제와 김춘배 목사 성경 해석 문제"라는 제목으로 보고서를 제출하였다.[44] 여권 문제를 성경 해석 문제로 비화시켜서 작성한 이 보고서는 김춘배의 성경 해석 "여자는 조용히 하여라. 여자는 가르치지 말라고 한 것은 이천 년 전의 한 지방 교회의 교훈과 풍습이요 만고불변의 진리가 아니다."를 '오류'라고 못박았다. 그러면서 이 보고서는 남자에 대한 여자의 '종속적 지위'를 확정하고 성경을 근거로(창 3:16 등) "여자에게 교권을 허락할 수 없다."고 최종 판정을 내렸다. 그리고 나서 이 위원회는 "성경의 파괴적 비평을 가르치는 교역자들과 성경을 시대 사조에 맞도록 자유롭게 해석하는 교역자들을" 향해 강력한 비판을 가했다. 이에 김춘배는 보고서가 발표되기 전에(1935년 2월) 연구위원회 앞으로 자신의 입장에 대한 성명서를 내면서, 기독신보에 게재했던 그 글의 본래 의도는 "성경 해석에 있는 것이 아니라 장로교회 안에

---

42) 이수영, "여성 안수 반대론의 논거에 대한 반론적 고찰", 『교역과 여성 안수』(서울: 장로회신학대학출판부, 1992), 98-100.

43) 『조선예수교장로회총회 제23회 회록』(1934), 52.

44) 『조선예수교장로회총회 제24회 회록 부록』(1935), 83-89.

벌써 여자가 교회에서 가르치고 있는 사실에 근거해서" 교회 내 여권 문제에 대한 현실론을 얘기한 것뿐이며 그렇지만 그 글로 말미암아 "만약 성경의 권위와 신성을 손(損)하고 교회에 폐해"가 오면 그 책임을 통감하고 자신의 입장을 "취소"하겠다고 밝혔다. 이리해서 장로교회 안에서 약 3년 동안 끌어온 여권 문제는 이렇게 매듭이 지어졌다.

4. 마무리지으면서

이제까지 서술한 내용을 간략하게 정리해 보고자 한다. 기독교 복음의 전파는—문호 개방(1876) 이래로 이미 상당히 진행되고 있던—여성들의 자의식 형성에 크게 공헌하였다. 개화된 여성 의식은 현모양처였는데, 이것은 집안에서 남녀(부부)의 수평적인 관계를 상정함과 동시에 남녀의 책임과 역할은 차이가 있음을 인정하게 되었다. 여기에서 여성(주부)의 역할은 주로 국가 인재를 양육하는 자녀 교육이었고, 이를 위해서는 여성(어머니) 계몽이 선행되어야 하므로 신문화를 수용하는 여성 교육이 자연스럽게 강조되었다. 경술국치(1910)와 함께 여성의 자의식은 민족 의식과 접맥되었고, 기독교 여성들의 민족 의식은 구약성경의 여성 지도자(에스더, 드보라)와 동일시하기에 이르렀다. 기독교 여성 지도자 단체인 '대한민국 애국 부인회'는 남녀 평등 의식을 기반으로 여성도 독립된 인격체로서 남성과 꼭 같이 민족 독립 운동에 참가해야 한다는 취지로 출발했다. 1923년에는 '조선 여자 기독교 청년연합회'가 출발해서 여성 계몽(문맹 퇴치, 남녀 평등을 위한 여권 확보)과 생활 개선 운동을 펼쳤고, 또 '조선 여자 기독교 절제회'가 결성되어서 일본식 퇴폐 문화가 민족 정신을 말살하는 일을 가로막았다. 이처럼 민족주의 노선의 실력 양성 운동에 보조를 맞춘 여성 계몽 운동이 발전하다가, 1927년에 기독교계 여성 운동은 이념을 뛰어넘어 사회주의 계열 여성 운동과 하나로 합쳐서 '근우회'를 만들었다. 근우회 설립과 함께 여성 자의식의 발전은 새로운 전기를 맞았다. 즉 해방과 사회 변혁을 부르짖었는데 이것은 봉건적 여성 차별의 관습을 타파하기 위함이었다. 그러나 근우회가 점차 사회주의 노선으로 계속 기울어지게 되자 기독교계 여성들은 여기에서 탈퇴했다. 그리고 종래의 계몽 운동을 다시 강조하면서, '국제 선교 예루살렘 대회'(1928)를 계기로 농촌 계몽 운동에 참여했다. 그런데 농촌 운동이 쇠퇴하면서 기독교 여성 운동은 절제 운동과 합리적인 소비 절약 운동으로 전개되었다.

이처럼 교회 밖 사회에서 활동한 기독교 여성들의 계몽 운동에 비해서 교회 안에서 일한 여성(주로 여교역자)들은 대체로 교회의 보수적인 분위기에 순응했다. 물론 여성 평신도의 입장에서 보면 교회에 출석할 수 있는 사실만으로도 여성을 사회에서 소외시킨 내외법을 벗어난 것이었고 또한 성경을 읽게 되면서 문맹에서 해방된 것이었으므로, 교회 출석과 성경 읽기도 결코 소홀히 할 수 없는 여성 계몽 운동이었다고 말할 수 있다. 그러나 교인들 사이의 관계성을 따져 보면, 춘원의 비판대로, 목회자·장로·일반 평신도 순서로 봉건적 신분 의식이 교회 안에 여전히 짙게 잔존해 있었으므로, 이러한 교회의 계급 구조는 계몽 운동을 계속 주도해야 할 교회가 오히려 계몽 운동을 가로막는 꼴이 되어 버렸다. 이러한 상황에서 여성 교역자들의 자의식은 대체로 남성 목회자의 조력자로서 자신의 자리매김을 했다. 이들의 학력이나 지적인 수준도 교회 안에서 여권 운동을 벌일 만큼 그렇게 높지 못했고, 여교역자를 양성하는 교육 기관(성경학교 등) 또한 교회 현장 실습과 전도에 치중되었으므로 그 수준이 그리 높지 못했다. 이러한 까닭에, 여성 교역자의 자기 희생적인 헌신 위에서 교회는 날로 성장 부흥 발전을 거듭했으나, 이들의 자의식 발전을 위한 신학 교육과 훈련이 결핍되어 있었다. 여성 평신도들의 자의식 발전을 위한 교회의 훈련 과정도 거의 없었다고 본다.

이와 같은 교회의 상황에서 1933년에 교회 여성들이 여성 치리권을 청원한 것은 대단히 획기적인 사건이었음이 틀림없다. 그러나 앞으로 자료가 충분히 모아져서 이 청원과 관련된 함남 지역 교회의 정황을 자세히 파악할 수 있기를 기대하면서, 이것은 돌발 사건이 아니라 오랫동안 서서히 발전된 교회 여성들의 자의식이 밖으로 드러난 것이라고 본다. 왜냐하면 이 청원이, 비록 전국 차원의 여권 운동으로 일어나지는 못했지만, 함남 지역의 교회 여성들 104명이 연서로 집단적으로 여성 치리권을 청원한 점으로 미루어 보아서 이 청원에 이르기까지 상당히 오랜 기간을 두고 꾸준히 준비해 왔음을 짐작할 수 있다. 또한 청원을 주도한 여성 대표들은 이것이 관철될 때까지 계속해서 밀고 나가겠다는 단호한 의지를 보였다. 또한 여성 치리권 청원으로 말미암아 교회 여성들(함남 지역)의 자의식과 교회 밖에서 일한 교회 여성들의 자의식이 서로 비슷한 수준으로 올라서게 되었다.

여성 치리권 청원(1933)은 여성 자의식의 발전이 수면 위로 떠오른 사건이라고 본다. 그런데 당시에 이 자의식의 발전이 꺾이게 된 것은 가부장적 권위주의와 봉건주의의 유산이 아직도 여전히 교인들의 의식을 지배하고 있었기 때문이라고 본다. 특히 제22회 총회는 여성에게 남성과 동등한 치리권을 부여하는 것이 '시기상조'임을 밝혔는데, 이것은 교회 안에서 여전히 가부장적 권위주의와 봉건 의식이 큰 힘을 발휘하고 있음을 알게 모르게 시인한 것이었다. 따라서 교회 안에서 남녀 평등을 실현하려는 여권 운동은 당시에는 시기상조였고, 복음 안에서 남녀가 수평적인 관계를 모색하고 봉건주의 사회의 유산인 남존여비 문화를 극복하는 일은 아직도 많은 시간과 노력을 들여야 할 문제였다. 이런 점에서 여성 치리권 청원을 둘러싸고 일어난 교회의 논쟁은 '문화 충돌'이었다고 본다. 즉 교인들의 의식 속에 깊이 박혀 있는 옛 문화의 유산인 봉건 의식과 가부장적 권위주의가 성경 이해로 포장이 되어서 새 시대에 새롭게 올라오는 남녀 평등 의식을 성경의 권위로 짓눌러 버린 것이었다. 특히 채정민의 창조 질서(창세기)에 대한 이해는 가부장적 권위 의식(여필종부)을 성경 이해에 투영시킨 것으로 이해된다. 따라서 그는 교회 내 남녀 평등을 실현하기 위한 여권 운동을—이것을 주장하게 된 본래 의도를 읽지 못하고—성경의 권위에 도전하는 것으로 받아들였다고 본다. 당시에 이 문제를 다룬 연구위원으로서 보고서를 작성한 박형룡의 입장도 이와 크게 다를 바가 없다고 본다.[45] 이와 함께 여권 문제 논쟁으로 말미암아 비화된 성경 이해(고린도전서 14장, 창세기 1-3장)의 문제는 논지의 핵심에서 상당히 벗어난 것으로 보인다. 게다가 공교롭게도 같은 시기에 일어난 "창세기 모세 저작 부인설"(김영주) 사건이 이 문제와 함께 다루어지면서 여권 문제는 한층 더 보수·혁신 논쟁과 성경의 권위에 도전하는 문제로 비화되었다.[46]

수년 전에 장로교회 총회(예장통합)에서 여성 안수가 결의됨으로써 여성 치리권 청원(1933) 문제는 60년 이상이나 오랫동안 끌어오다가 종결되었다. 이제는 여성 안수에 대한 제도가 정착되었고 성경적인 근거도 분명하게 드러났고 신학적으로도 충분히 설명되었다고 본다. 그런데 또 다른

---

45) 『조선예수교장로회총회 제24회 회록 부록』(1935), 83-89.
46) 여권 문제를 둘러싼 성경 해석의 문제는 1990년대 초반에 장로회신학대학의 교수들이—김인수, 김중은, 박수암, 김지철, 이수영, 김철영, 임창복, 오성춘, 서정운—다시 새롭게 성경을 이해하고 신학적으로 연구함으로써 새로운 전기를 마련했고, 이를 통해서 여성 안수의 정당성이 밝혀졌다. 이것은 여권 문제에 대한 1930년대의 해석을 뒤집은 것으로서 장로교회 총회(통합)에서 여성 안수가 결의되는 데 영향력을 행사했다. 장로회신학대학교 다원화목회연구원, 『교역과 여성 안수』(서울: 장로회신학대학출판부, 1992).

한편 여성 목사들이 자신의 능력을 제대로 발휘할 수 있는 일자리를 잘 찾지 못하고 있는 현실을 주지하면, 여성 안수 제도는 아직도 교회 안에 완전히 자리를 잡지 못하고 있는 형편이라고 본다. 이에 따라 1930년대에 여성 치리권 청원으로 말미암은 문화 충돌이 아직도 완전히 극복되지 못한 것이 아닌가 생각된다. 이와 관련해서 무엇보다도 교회 여성들부터 가부장적 문화 의식에서 속히 벗어나야 할 과제가 있다고 본다. 따라서 여성 치리권과 여성 안수는 신학적으로 또 교회 제도적으로는 '이미' 종결된 주제이지만 교인들의 의식이나 문화적인 측면에서[47] '아직도' 여전히 계속 풀어가야 할 과제로 남아 있다고 본다.

---

47) 이 점에서 사미자의 견해에 동감한다. Mija Sa, *"Women in the Korean Church. A Historical Survey,"* Reformed World Vol. 45, Nr.1(1995. 3), 34.

단행본, 논문

김용숙. 『조선조 여류문학의 연구』. 서울: 숙명여자대학교출판부, 1979.

김인수. "여성과 여성 안수의 이해에 대한 교회사적 고찰". 장로회신학대학다원화목회연구
　　원. 『교역과 여성 안수』. 서울: 장로회신학대학출판부, 1992.

민경배. 『한국 기독교 사회운동사』. 서울: 대한 기독교출판사, 1987.

박용옥. "기독교와 여성의 개화". 한국기독교백주년기념사업회 여성분과위원. 『한국기독교
　　여성 100년사: 여성! 깰지어다, 일어날지어다, 노래할지어다』. 서울: 대한기독교출판
　　사, 1985.

＿＿＿＿. 『한국근대 여성운동사 연구』. 城南: 韓國精神文化硏究院, 1984.

백낙준. 『한국 개신교사』. 서울: 연세대학교출판부, 1973.

새문안교회 창립 100주년 기념사업회 역사편찬위원회. 『새문안교회 100년사』. 서울: 새
　　문안교회 역사편찬위원회, 1993.

양미강. "초기 전도부인의 신앙과 활동". 『한국 기독교와 역사』 제2호. 1992.

오인근. "기독교의 사회화를 재촉함(1)". 『기독신보』. 1927. 2. 16.

윤정란. "일제시대 한국 기독교 여성운동 연구". 미간행 박사학위논문, 숭실대학교 대학원,
　　1999.

이균영. "신간회연구". 『역사비평사』. 1993.

이덕주. 『한국 감리교 여선교회의 역사(1897-1990)』. 서울: 기독교대한감리회여선교회전
국연합회, 1991.

이돈화. "신시대와 신인물". 『개벽』 3호. 1920.

이수영. "여성 안수 반대론의 논거에 대한 반론적 고찰". 『교역과 여성 안수』. 서울: 장로
회신학대학출판부, 1992.

이윤희. 『한국 민족주의와 여성운동』. 서울: 신서원, 1995.

『이화 90년사』. 서울: 이화여자고등학교, 1975.

이효재. 『한국의 여성 운동: 어제와 오늘』. 서울: 정우사, 1996.

장현주. "여성 세례와 여성해방". 『한국 기독교와 역사』 제1호. 1991. 7.

한국기독교역사연구소. 『한국 기독교의 역사 II』. 서울:기독교문사, 1990.

한규무. "일제하 기독교 여성운동과 근우회". 『한국 기독교와 역사』 제3호. 1993.

한규설. "今日은 解放準備時代". 『개벽』 2권 4호. 1920.

신문, 회의록

『기독신보』. "공창문제 만국회". 1921 .8. 31.
　　　　　"녀자 교육에 대하여". 1923. 1. 17.
　　　　　"장로회 총회에 올리는 말씀". 1934. 8. 15, 8. 22, 8. 29.
　　　　　"내가 본 외국 녀성" . 1928. 12. 31.
　　　　　"기독교와 여자의 지위". 1934. 5. 16, 5. 23, 6. 6, 6. 13, 6. 20.
　　　　　"여자에게 언권 없다". 1934. 8. 22, 8. 29.

『독립신문』. 1920. 2. 17.

『동아일보』. 1927. 4. 27, 1933. 9. 13, 1934. 6. 27.

『조선예수교장로회총회록』. 제23회, 1934. 제24회 회록 부록, 1935.

『조선지광』. "근우회 토론 보고서". 1927. 11.

10

일제 강점기 장로교회의 농촌 운동,
경상북도 북부 지역을 중심으로 [1]

1. 시작하면서

이 글은 일제 강점기(1910-1945) 장로교회의 농촌 운동(1928-1937)을 살펴보되 특별히 경상북도 북부 지역(장로교 경안노회)의 농촌 운동에 집중하고자 한다. 이 농촌 운동은 경제적으로 아주 어려운 농촌의 교회를 살리고 사회의 안정도 도모하고자 했다. 또한 이 당시 교회의 농촌 운동은 일제의 식민 통치에서 벗어나려는 애국(독립) 운동도 포함되었다. 이 글을 작성하는 데 기초 자료로는 『조선예수교장로회총회 회록(17회-26회)』, 『조선예수교장로회 경안노회 회록 1, 2권』 등이다.

---

1) 이 글은 필자가 지은 단행본 『선비 목회자 봉경 이원영 연구』(서울: 기독교문사, 2001)와 『하늘의 뜻, 땅에 심는 성내교회 100년사』(서울: 성내교회, 2009)에서 발췌했다.

2. 장로교회 농촌 운동의 배경

1) 농촌 경제의 위기

일제 강점기(1910-1945)가 시작되면서, 한국의 농촌은 일제의 토지 조사 사업(1910-1917)을 통해서 커다란 변화를 맞이했다. 이 조사는 토지의 소유권을 조사하고 토지에 대한 등기 제도를 실시했는데 이를 통하여 개인이 토지를 사적으로 소유케 하는 근대적 토지 소유제를 확립시켰다. 그런데 조사 과정에서 다수의 농민에게 있던 경작권이[2] 아무런 보상 없이 배제되었다. 이와 함께 지주 중심의 토지 소유제가 강화되었고 또 토지가 상품화되자, 농토는 농사를 짓지 아니하는 도시인이나 일본인의 소유로 넘어가는 경우가 많았다.[3] 그리하여 토지 조사 사업은 농촌 중간층을 몰락시켜서 그들을 소작농이나 농업 임금 노동자로 만들게 했다. 그 결과 중소 지주와 자작농 및 자소작농이 급격하게 줄어들었는데, 그러자 그만큼 소작농이 증가했다.[4]

---

2) 조선 시대 부분 소유권으로서 도지권(賭地權)을 뜻한다.

3) 1918년 현재 총독부 소유지와 동양척식회사 소유지는 전체 경지 면적의 4.2%였고, 일본인 개인 소유지는 전체의 7.5%였다. 1926년에는 일본인이 소유한 한국의 농토는 전국 12-20%에 이르렀고, 이들의 소유 비율은 북한에서보다도 남한에서 훨씬 더 높았다. 심지어 남한의 익산에서는 일본인이 전체 농토의 68%를 소유하고 있었다. 이 통계는 미국인 브루너(콜럼비아 대학 교수, 농촌사회학)가 한국 농촌 조사를 통해서 밝힌 것이다. E.S. Brunner, *The Rural Korea*, 105 이하. 서울 와이엠씨에이, 『서울 YMCA 운동사 1903-1993』(서울: 종로출판사, 1993), 281에서 재인용.

4) 조선 총독부 농림국에서 발행한 『조선의 소작에 관한 참고 사항 적요』라는 자료에 보면 1916년에 자작농 비율이 20.1%, 자소작농이 40.6%, 소작농이 36.8%, 지주가 2.5%였다. 16년이 지난 1932년에는 자작농 비율이 16.7%, 자소작농이 26%, 소작농이 54.2%, 지주가 3.7%로 변화되었다. 이 통계 수치로 보아서 중간층이 감소하고 대신 지주와 소작농이 증가하는 현상이 일어났다. 강만길, 『20세기 우리 역사』(서울: 창작과 비평사, 1999), 69에서 재인용.

농촌 중간층이 몰락하고 소작농이 늘어나자, 경작권을 빼앗겨 소작인이 된 농민들 사이에서 치열한 생존 경쟁이 일어났다. 이 와중에서 소작인의 소작 조건이 악화되었다. 설상가상 소작인의 부채가 늘어나 소작인 다수가 빈민이 되었다. 1920년대에는 천재지변(홍수, 가뭄, 서리 등)이 잦아서 가뜩이나 어려운 농촌을 더욱더 어렵게 했다.

경상북도 북부 지역(특히 안동)의 농촌에서도 소작 농민이 크게 늘어났다.[5] 1920년대 중반 이래로 진행된 이 지역 농촌의 어려움을 정리해 본다.[6] ① 지주와 소작인 사이의 대립과 갈등이 종종 소작 쟁의로 악화되었다. ② 소작 쟁의를 공산주의자들이 주도했다. ③ 천재지변(가뭄, 벌레 피해 등)으로 말미암아 농가 피해가 가중되었다. 1925년 이래로 해마다 반복된 천재지변은, 특히 1928년 벌레 피해와 가뭄으로 말미암아 농촌의 경제가 극도로 악화되었다. 농민들이 고향을 떠나는 사태가 일어났다. 1929년에는 전국에 흉작이 들었는데, "경상남도 마산 수출항을 통해서 수출되는 쌀이 지난해에 비해서 겨우 6할 정도에 머물렀다."는 신문 보도가 형편없는 작황을 반증했다.[7] 그해의 흉작은 안동 지역 농촌을 심하게 때렸다. 해마다 영주, 봉화, 안동 등지에서 산출되는 곡물이 예천으로 집중되었는데, 그해의 한재로 말미암아 예천에 모아진 쌀이 지난해에 비해 절반으로 줄

---

5) 여기에서부터 김희곤의 연구를 참고하고자 한다. 김희곤, 『안동의 독립 운동사』(안동: 안동시청, 1999), 269 이하. 그런데 김희곤은 안동 지역 농촌 중간층의 몰락이 토지 조사 사업이 이루어진 1910년대부터 시작되었는지 혹은 산미 증식 계획이 실시된 1920년대부터 시작되었는지 분명히 쓰지 않았다. 참고로 안동 지역의 농촌에는 다른 지역에 비해 일본인의 토지 매입이 적었고 이 지역의 재지(在地) 지주들이 대부분의 토지를 소유하고 있었다. 안동군 내 재지(在地) 지주의 소작지 면적이 전 군내 소작지 면적의 86%를 차지했다.
6) 『조선일보』(1924. 7. 23. 1929. 12. 20. 1930. 1. 3. 1934. 3. 8).
7) 『조선일보』(1929. 12. 20).

어들었다.[8] 게다가 세계 대공황의 여파로 농산물 가격이 크게 떨어졌고, 1930년에는 대풍작을 이루었으나 농민들이 생산비조차 건지지 못했다. 1931년에 또다시 전국적으로 가뭄이 몰아쳤다. 이 경우는 장마 끝에 가뭄이 찾아왔는데, 추수기를 눈앞에 둔 들판이 병충해와 가뭄으로 말미암아 피해가 심각했다. 농가의 빚은 더욱 늘어났고 또 이농 현상도 더욱 늘었다.

지역 농민들의 불만이 높아져 가면서, 많은 농민들이 토지 혁명을 표방하는 적색농민조합에 가입했다. 이러한 움직임에 대응한 일제는 농민 구제 사업을 실시했다. 이 사업은 농촌 진흥책 가운데 하나였는데 1931년부터 1934년까지 경상북도 17개 군 가운데서 31개 면에서 사방 공사와 토목 공사를 실시했다. 안동에서는 임하면과 와룡면에서 이 공사를 실시했다.[9]

2) 농촌 교회의 위기

농촌 경제의 어려움이 농민 교인에게는 얼마만큼 영향을 주었을까? 1926년 미국 콜럼비아 대학 농업사회학 교수 브룬너(Edmund S. Brunner)가 내한하여 약 두 달 동안 농촌 지역 실태를 조사했는데,[10] 농민 교인의 형편이 일반 농민의 경제 사정과 비슷하다는 조사 결과가 나왔다.[11] 농민 교인의 경제 사정이 어려우면 농촌 교회도 재정 상태가 어려웠을 것이다.

---

8) 『조선일보』(1930. 1. 3).

9) 1930년 안동군의 인구는 약 154,000명이었는데 이 가운데서 95%가 농민이었다.

10) 브룬너는 약 15년 동안 미국의 농촌 경제를 연구했고 또 미국 국제선교협의회 사회연구소에서 일했다. 그는 국제선교협의회와 컬럼비아 대학의 특파원으로 내한하여 농촌 조사를 실시했다. 한규무, 『일제하 한국 기독교 농촌 운동: 1925-1937』(서울: 한국기독교역사연구소, 1997), 31. 그런데 한규무는 브룬너의 내한 연도를 1927년으로 표기했고, 전택부는 1926년으로 표기했다. 비교, 전택부, 『한국 기독교 청년 운동사』(서울: 범우사, 1994), 307-310.

11) 여기에 대한 자세한 내용을 한규무가 서술했으므로 중복을 피하고자 한다. 한규무, 31-32.

실제로 농촌 교회는 1923년부터 헌금이 줄어들었고 교회의 재정 사정도 어려워졌다.[12] 교역자를 모실 수 없는 교회가 여기저기서 나타났고, 여러 교회가 합쳐서 교역자를 모시는 경우가 더러 발생했다. 농촌 교회는 소작농 교인의 노동 조건이 악화되어 주일을 제대로 지킬 수 없는 형편이 되었거나 아예 농촌을 떠나는 농민 교인이 생겨서, 1928년 무렵부터 교인 수가 감소했다.[13]

경상북도 북부 지역 농촌 교회의 위기는 전국 다른 지역보다 더욱 심각했다. 앞에서 살펴본 대로, 1929년 안동 지역 농촌의 경제가 심각하게 어려워졌고 그 무엇보다도 3-4년 내리 계속된 천재지변으로 말미암아 유리걸식하는 사람들이 늘어났다. 장로교 경안노회는 '재해구제부'를 설치하고 총회의 허락을 얻어 7월 둘째 주일에 전국의 교회들이 구제 헌금을 해 주도록 요청했다.

3. 장로교회 농촌 운동의 전개

1) 총회에 농촌부를 설치한 배경

농촌 경제의 현실에 관하여 총회의 언론인 『기독신보(基督申報)』가 기민하게 보도했다. 이 신문은 1920년부터 농촌의 현실을 보도하면서 수시로 조선 총독부가 발표한 통계 수치를 인용했다.[14] 이 신문은 대체로 소작

---

12) 민경배, 『한국 기독교 사회운동사: 1885-1945』(서울: 대한기독교서회, 1990), 216.

13) "農村傳道," 『기독신보』(1928. 9. 26).

14) 이를테면 1922. 7. 20일자 신문에는 조선의 농업자 수는 270만 5천5백34호에 인구가 14405534명이다. 이 중에 소작인이 200만여 호라고 보도했다. 1926년 6월 16일 신문에는 농가 총수 2,728,921호에 지주는 121,980호, 자작농 553,678호, 자작 겸 소작

인의 편에 서서 소작 제도의 불의함에 대해서 자주 지적하고 분석했다.[15] 또한 이 신문은 경제적으로 자포자기의 상태에 빠진 사람들에게 파고들어오는 공산주의 사상과 세력을 우려하면서 상해 임시 정부의 노선에 입장을 맞추고 국민 경제의 자작자급(自作自給)을 독려했다.[16] 이 신문은 가끔 독자적으로 농촌 운동을 펼쳤는데, 농민 스스로가 농촌의 피폐함을 이겨낼 수 있는 지혜와 힘을 길러 주자는 취지에서 1928년 7월에 '농촌 구제책 현상 논문'(위원장 趙炳玉)을 모집했다. 이 신문은 경상북도 북부 지역 농촌 상황에 관하여 여러 차례 보도하면서 전국 교회의 관심과 도움을 호소했다.[17] 전국의 교회들이 구제 헌금을 거두어 경안노회로 보냈다.

농촌 경제의 현실에 관하여 기독교 청년연합회(이하 YMCA라고 표기)가 체계적으로 조사했다. 1923년 겨울에 YMCA의 총무 신흥우가 개인적으로 농촌 실태 조사를 했다. 2년 뒤(1925) YMCA가 미국의 농촌 전문가들과 함께 본격적으로 농촌 실태 조사를 실시했다.[18] 1926년에 YMCA가 제2차 농촌 조사를 실시했는데, 앞에서 언급한 브룬너(Brunner)가 조사 팀을 이끌었다. YMCA는 이와 함께 농촌 운동도 병행했는데, 이 운동을 추진하기 위하여 '농촌사업협의회'를 만들었다.[19] 이때부터 YMCA는 농촌 계몽을 중

17,311호, 소작농 973,738호, 궁농이 162,209호이다. 궁농의 경우 호당 수입 평균이 102원이고 지출이 108원이므로 궁농은 6원의 적자임을 보도했다.

15) 『기독신보』(1922. 7. 20. 1923. 2. 14-1923. 4. 18).

16) 『기독신보』(1923. 6. 6). "상해 국민회의는 조선인의 생활 문제에 관하여 결의했는 바 ① 국민 생활은 自作自給을 원칙으로 할 것. ② 국산을 장려하여 물산을 개량하고 공업을 힘써 공장을 많이 세울 것. ③ 노동조합, 소작인조합, 소비조합 등을 조직할 것."

17) 『기독신보』(1929. 9. 4; 1929. 11. 20; 1930. 3. 26).

18) 미국 YMCA 국제위원회는 농촌 전문 간사들을(F.M. Brockmann, B.P. Barnhardt, W.L.Nash, G.A. Gregg) 파송해서 한국인 간사들과 함께 농촌 조사를 실시케 했다. 이 위원회는 5월에 쌀 전문가 에비슨(G.W. Avison), 교육 전문가 쉽(F.T. Shipp)을 파송했다. 그리고 1928년 10월에 축산 과수 양계 전문가 번스(H.C. Bunce)를, 1929년 3월에 농업 행정 전문가이자 YMCA의 지도자 클라크(F.C. Clark)를 이 위원회가 파송했다.

심으로 문맹 퇴치, 농사 개량(다수확 농사법, 과수 재배, 축산), 협동조합 운동을 추진했다.

YMCA의 농촌 조사는 한국의 YMCA와 미국의 YMCA가 협력하여 국제적으로 추진되었다. 미국의 YMCA는 예루살렘 국제선교협의회를 준비하는 차원에서 한국 농촌의 실태 조사에 참여했다.[20] 또한 1924년 결성된 '조선예수교연합공의회'도 농촌 실태 조사를 시작했다.[21] 1926년에 브룬너와 하경덕(河敬德)이 작성한 농촌 지역 조사 보고서인 '한국 농촌'(Rural Korea a Preliminary Survey of Economic Social and Religious Conditions)이 예루살렘 국제선교협의회에 보고되었다.

1928년 4월 예루살렘에서 국제선교협의회가 열렸고, 한국은 조선예수교연합공의회 차원에서 이 선교협의회에 가입했다. 이 회의에 참석한

---

19) 이 협의회는 국제적인 팀으로 구성되었다. 한국 대표로 윤치호, 이상재, 신흥우, 구자옥, 홍병선이 참석했고, 외국에서 온 간사는 북미 및 캐나다 기독교청년연합회 극동 담당 부총무인 브록크만(F.S. Brockmann), 남경대학 농과대학장 레이스너(J. Reisner), 한국 YMCAMCA 연맹 대표인 리용(D.W. LYMCAon) 등이었고, 이 밖에도 외국인 기술자 2명이 있었다.

20) *Federal Council Executive Committee Report. The Minutes of the Presbyterian Church in the U.S.A., Korea Mission*(1926), 106. 미국 국제선교협의회(IMC) 회장 모트(J. Mott)의 제청에 따라 1925년 12월에 서울에서 '한국 기독교계 대표자 협의회' (Conference of Representative Christian Leaders of Korea with Dr. John Mott)가 열렸다. 모트는 분명한 목적을 가지고 이 회의에 참석했다. ① 1928년에 열리게 될 예루살렘 세계선교대회에 앞서 각국의 여론과 실정를 파악.② 한국 교회가 IMC에 가맹하게 하는 것. 이 모임에 한국 교회 대표 30명, 선교사 30명 도합 60명이 참석케 하는 것이었다. 이 회의에서 논의된 주요한 의제는, 러시아 등지에서 들어온 좌익 계열을 대변하는 프로 문학과 신문 잡지 소책자 등이 교회를 공격해 오고 게다가 한국 경제 상황의 어려움이 한국 교회를 더욱 어렵게 하므로 한국의 현실과 전통에 알맞은 새로운 선교 정책의 필요성이었다.

21) 이 공의회에 한국 장로교와 감리교를 비롯하여 YMCA, YWCA, 주일학교연합회 등 15개 단체가 가입했다. 이 공의회는 오늘의 한국기독교교회협의회(NCCK)의 전신이다. 『조선예수교 연합공의회 제2회 회의록』(1925), 9.

한국 개신교의 대표는 신흥우, 김활란, 정인과, 양주삼, 선교사 마포삼열과 노블(Noble)이었다. 여기에서 한국 농촌의 실상이 낱낱이 보고되었다.[22] 한국 교회의 대표들도 이제야 비로소 국내(한국) 농촌 실태의 심각성을 알게 되었다.

2) 총회의 농촌부 설치

장로교 총회(제17회)가 1928년 9월 농촌부를 설치했다. 예루살렘 국제 선교협의회에 참석한 정인과가 발의하여 농촌부를 설치하게 되었다.[23] 총회는 전국 각 지역의 노회도 농촌부연합회를 설치하도록 했다.[24]

이리하여서 농촌부는 총회 농촌부 → 노회 농촌부연합회 → 각 시찰 농촌부연합회 지회 → 각 교회 농촌부로 연계되었다.

4. 경상북도 경안노회의 농촌 운동

1) '농촌부연합회' 조직

장로교회 경상북도 북부 지역의 경안노회(제14회, 1928. 12)가 '농촌부 연합회'를 조직했다. 연이어서 노회 산하 지역 단위의 시찰회들이 농촌부

---

22) *The World Mission of Christianity, Messages and Recommendations of the Enlarged Meeting of the IMC held at Jerusalem, March 24-April 18, 1928*(New York: IMC, 1928).

23) 정인과, "예루살렘 대회에 참석하고", 『기독신보』(1928. 6. 20). 정인과는 이때부터 4년 동안(1928-1931) 농촌부장을 맡았다.

24) 『조선예수교장로회총회 제17회 회의록』(1928). 이 회의록 39쪽에 보면 농촌부를 설치 할 당시 장로교회의 교세는 20개 노회, 3,658개 교회, 177,416명의 교인이었다. 김인 수, 『한국 기독교회의 역사』(서울: 장로회신학대학교출판부, 1997), 457-463.

연합회의 지회를 조직했고, 또 시찰회에 속한 각 교회도 농촌부를 설치했다. 경안노회의 농촌부연합회는 상명하복(上命下服)의 수직적인 조직이 아니었다. 노회가 지역의 농촌 운동에 관한 큰 그림을 그려서 기획하였으되, 이 농촌 운동을 노회 소속 개(個) 교회가 주체적으로 펼치게 했다. 그리하여 개(個) 교회가 지역의 모든 교회와 유기적으로 마치 그물망처럼 연결되어서 농촌 운동을 추진했다. 그런데 경안노회가 농촌부연합회를 설치하기 이전부터 이미 몇몇 교회들이 농촌 운동을 벌여 왔다. 예를 들어 의성군 춘산면에 있는 효선교회는 YMCA와 연합하여 농촌 계몽 운동을 벌였고 또 야학교도 운영하고 있었다.[25] 이렇게 한발 앞선 교회들의 농촌 운동을 노회가 존중했다.

경안노회의 농촌부연합회는 농사(農事)가 기독교인의 생활 경건 훈련이라고 강조했다. 이른 아침 논밭에서 농사를 기도로 시작하고 또 저녁에도 그날의 일을 기도로 마치게 했다. 신앙과 삶이 함께 하는 생활 경건이었다. 노회는 또한 정기적으로 개최되는 사경회(성경공부 모임)를 활용하여 그 기간에 농촌을 계몽하는 강의를 했다.

경안노회는 농촌 운동의 우선적인 목표를 "피폐한 농촌 경제를 부활"시키는 데 두었다.[26] 그러나 처음부터 이러한 목표를 달성하기에는 힘이 부족했다. 노회의 농촌부연합회는 '토지 개량, 종자 선택, 비료 제조법'을 장려했으나, 아직은 노회 혼자만의 힘으로 농민 교인에게 농사 개량을 교육시킬 만한 역량을 갖추지 못했다. 그래서 각 교회마다 농민 잡지 한 부씩 정기 구독하여서 교인들 스스로 농사 개량에 대하여 지식을 넓히도록 촉구하였다.

---

25) 『기독신보』(1928. 2. 1).
26) 『기독신보』(1928. 12. 32).

2) '경안농원' 운영

경안노회는 1929년부터 '경안농원'을 운영하면서 농촌 운동을 전개했다. 식량 부족(특히 춘궁기에), 농가 수입의 절대 부족, 소작인 증가와 관련한 농토 부족과 이농 현상, 아이들이 전염병(특히 온역)에 걸려 고통당하는 현실을 진지하게 받아들인 노회가 "피폐한 농촌을 구제하고 다 죽게 된 농민들을 부활시키고자(살려내고자)" 경안농원을 운영했다.[27] 경안농원은 농민들에게 필요한 농사 안내서(農書)를 직접 써서 발간하였다. 농촌 계몽과 농사 개량에 관한 책이었는데, 다섯 권을 발간하기로 하고 농촌부협의회 총무 강병주 목사에게 이 일을 맡겼다. 그는 두 권의 농사 안내서를 썼는데, 제1권이 『정조 14석 수확법(正租十四石收穫法)』, 제2권이 『소채 3천원 수확법(蔬菜三千圓收穫法)』이었다.[28] 제1권에서는 식량 부족을 타개함과 동시에 경제적인 향상을 위해 쌀 생산량을 증대시키는 논 농사법에 관하여 서술했다. 제2권에서는 채소 농사에 관해서 썼다. 특히 채소 농사는 적은 면적의 농토에서 많은 수익을 올릴 뿐만이 아니라 큰 힘을 쓸 필요가 없는 농사이므로 여성들도 쉽게 손댈 수 있다는 이점(利點)을 강조했다. 또한 중국에서 수입되는 헐값의 채소가 우리나라의 농가에 커다란 타격을 주고 있으므로, 이 문제를 해소하기 위해서라도 채소 농사가 중요하다고 강조했다.

경안농원은 또한 '토지 개량법·종자 선택 방법·비료 제조법' 등에 관한 안내서를 인쇄해서 집집마다 돌렸다. 총회 농촌부가 발행하는 잡지 『농민생활』도 구독하도록 독려했다. 노회는 각 교회에게 '농촌연구회'를 조직하게 하고 이 조직을 활용해서 책과 잡지를 구입하여 집집마다 나누어 주

---

27) 『경안노회 제20회 회록』(1931).

28) 제3권에서 제5권까지는 발간되지 않았는데, 만일 그것이 발간되었더라면 아래와 같은 제목으로 출판되었을 것이다. 제3집 『改良麥作五倍增收法』, 제4집 『桑葉千貫收穫法』, 제5집 『요地十倍增收法』.

도록 했다. 또한 농촌연구회에게 그 마을의 농사 실태에 관하여 연구하도록 했다.

3) '농사 강습회'

1929년 12월부터 장로교회·감리교회·YMCA·YWCA 등에 각각 등록된 농촌부가 연합 사업으로 '농사 강습회'를 시작했다. 기독교(개신교) 여러 단체와 기관의 농촌부가 각각 농업 전문가와 농사 기술자를 확보하고 있었지만 독자적으로 농사 강습회를 진행하기엔 힘이 부족했다. 그리하여 농촌 운동에 참여하는 단체들과 기관들이 연합하여 '농촌사업 협동위원회'를 조직하였다. 이 협동위원회는 그해 12월부터 이듬해(1930년) 3월까지 전국 19개 지역을 돌면서 농사 강습회를 개최했다.[29] 강습회의 중점 내용은 종자 개량이었다. 참석자 다수가 강습회에서 배운 대로 농사에 적용해 보고자 개량된 종자를 구입했다.

경안노회도 이 강습회를 12월 중순에 2일 동안 열었다.[30] 강습회를 홍보하려는 차원에서 노회는 종자 선택 방법을 인쇄하여 각 교회에 나누어 주었다. 강습회는 제1부와 제2부로 나뉘어 진행되었다. 제1부에서는 비료·토양·양봉·과수·야채·토양 개량법·원예술(과수원·농림·화원·채소 농사·뽕나무밭·실내 화초 배양)을 가르쳤다. 제2부에서는 농장 경영·축산(가축병 치료·양과 염소·우육(牛肉)·양돈·양잠·양계 등)·시장·농기구·양계·협동조합·가정·농장 관리법 등을 가르쳤다. 강좌의 제목에서 보듯이, 쌀 농사에 대한 과목이 매우 적었고 그 대신 채소·과수 등 상업 작물과 양계·양돈·양봉·양잠 등 농가 부업에 관한 과목이 많았다. 그만큼 농가 소득 증대와

---

29) F.O. 클락, "조선 농촌 사업의 진전", 『기독신보』(1931. 5. 13).

30) 『경안노회 회록』 제16회 회록(1929. 12. 17).

농촌 경제 회복에다 강습회를 집중시켰다. 그러나 경안노회는 교인들이 소득 증대와 경제 회복을 추구하다가 물질에 집착하여서 신앙적 가치관이 흐트러지지 않도록 경계했다.[31]

경안노회는 1930년에 종자·비료·농기구를 공동으로 구입하였다. 노회는 지역의 각 교회로 하여금 쌀농사의 단위 생산량을 높이는 장려를 목적으로 '모범수도경작'(模範水道競作)을 실시하도록 했다. 그해의 '모범수도경작 실수(입)(實收入) 성적보고(成績報告)'가 아래와 같았다.

耕作人氏 名 住所

氏 名	郡	面	洞里	每株坪數	每株坪數	稼丈尺寸分	水稻稱名	稱 坪		一般步實收高	
								斗 量	소 量	斗 量	斤 量
盧榮植	盗德	上全	華*	八五	十四	五.〇.〇	부곡량도	二升六合	四升一兩		一二一八升一二兩
朴亨信	榮川	豊基	城内	六四	一二	五.〇.〇	同	二升八合	四升六兩		一三一二升八升二兩
趙貞錫	榮川	豊基	前邱	七三	二〇	四.七.四	同	四升一勺	六升八合		一九五〇升
申炳均	安東	綠轉	新坪	七五	一六	五.二	同	三升三合五勺	五升十四兩錢五分		一七七〇升十五兩
李聖德	安東	綠轉	新坪	八〇	..	五.二.九	同	三升	五升四兩		一五七五升
崔聖淑	榮州	浮石	韶川	七二	一五	四.二.五	同	二升八合	四升八兩		一三五〇升
禹洪九	奉化	祥雲	住谷	六四	一八	四.九.四	同	三升三合	五升十兩		一六七升七升八兩
妻錫中	榮州	平思	川本	五六	二〇	四.九.五	同	四升一合	六升九兩六錢		一六六七升八兩
金寶成	榮州	豊基	西部	七二	一五	三.二.五	豊國부곡량도구미도	四升五合五勺	六升十三兩二錢		一九八〇升
朴龍河	奉化	物野	梧麓	六四	一七	三.二.一	同	三升三合	五升十兩		二〇四一升八兩
妻弼永	英陽	此北	柱洞	一	一三	五.二.五	同				一六八七升兩
金世榮	盈德	知品	落坪	七二	一一	四.七.六	一	二升八合九勺			

자료 출처: 『경안노회 제18회 노회록』(1930. 12. 16)

1931년에 경안노회가 독자적으로 '지방 농사 강습회'를 실시했다. 전국 대다수 노회의 농촌부연합회는 아직도 독자적인 강습회 개최를 시도하지 못했는데, 그런데 경안노회는 자력으로 강습회를 실시하였다. 이 강습

---

31) 『기독신보』(1929. 9. 4. 1929. 11. 20. 1930. 3. 26).

회가 1월 말부터 2월 말까지 한 달 동안 노회 산하 여러 교회를 돌면서 진행되었다. 이것이 제19회 정기 노회에 다음과 같이 보고되었다.

장소	일시	과목	강사	참석회원, 방청객
영주군 내매교회	1931년 1월 26-30일	맥작, 속작, 도작, 락화생 재배, 감자 재배	강병철	회원 20명, 방청 20명
영주군 이산면 신암교회	1931년 2월 23-6일	맥작, 도작, 감자, 속작	강병철	회원 7명, 방청 10명
예천읍교회	1931년 2월 16-20일	맥작, 도작, 감자	강병철	회원 21명, 방청 30명
안동읍 성경학교	1931년 2월 3-6일	록비, 도작, 속작, 락화생, 감자, 맥작, 농사 개량	강병주, 김병우, 강병철	회원 17명, 방청 30명

자료 출처: 『경안노회 제19회 노회록』(1931. 6. 16)

그해 11월 말에 경안노회는 제2차 농사 강습회를 개최했다. 이번의 강습회를 노회가 주관하지 않았고 농촌사업협동위원회가 주관했다. 이 강습회는 11월부터 이듬해(1932년) 2월까지 전국 20개 지역을 돌면서 개최되었다.[32] 경안노회는 제1회 농사 강습회에 참석한 사람에 한하여 참석을 허락했고 그리고 11월 30일-12월 5일에 안동읍교회(현재 안동교회)에서 강습회를 개최하였다. 강습회의 과목은 축산, 소채 재배법, 과수 재배법 비료와 토양, 감자 재배법, 협동조합 조직법, 시멘트 다루기 등이었다. 강사는 클락, 우리암, 류소, 홍병선, 조두서, 차미수였다.[33]

---

32) 한규무는 이 농사 강습회가 소작농이 아닌 지주나 자작 농민을 교육 대상으로 삼았다고 보았다. 이것은 또한 개신교 농촌 운동의 성격과 동일한 맥락이라고 보았다. 한규무, 139.

33) 경안노회의 주관한 제1차 농사 강습회에서 가르친 강사들은 명단에서 빠져 있다.

그런데 이때부터 전국 각 지역 노회의 농촌부도 경안노회처럼 자력으로 농사 강습회를 실시했다. 이에 따라 농촌사업협동위원회가 전국을 돌면서 주관해 온 농사 강습회가 없어졌다. 이것은 장로교회의 농촌 운동이 이제 각 노회별로 자리를 잡았다는 표시였다. 경안노회는 이미 일 년 전에 한 차례 지방 농사 강습회를 실시해 보았으므로, 별반 어려움 없이 자체 농사 강습회를 진행하였다.[34] 1932년 2월에 노회의 농촌부는 지역 내 교회들을 돌면서 아래와 같이 농사 강습회를 개최하였다.

장소	일시	과목	참석
영주군 문수면 막현교회당	1932년 2월 1-5일	맥작, 도작, 감자, 락화생, 비료, 가축	40명
영주군 장수면 성곡교회당	1932년 2월 8-12일	맥작, 도작, 감자, 낙화생, 비료, 가축	40명
의성군다인면 삼분교회당	1932년 2월 15-21일	맥작, 도작, 감자, 낙화생, 비료, 가축	70명

도표에서 보는 대로, 강습회는 동일한 과목에 동일한 강사가 여러 지역을 돌면서 진행되었다. 이 강습회는 노회의 주관 아래 시찰 단위로 진행되었다.

이 무렵에 경안노회는 농촌 운동을 생활 개선 운동과 병행하였다. 예컨대 '간소한 관혼상제'를 실시하도록 강조했다.[35] 이것이야말로 유교의 관습이 깊이 박혀 있는 이 고장에서 하나의 생활 혁신을 일으킨 운동이었다고 본다. 경안노회의 농촌 운동은 이렇게 '실천적 기독교'를 지향했다.

---

34) 『경안노회 회록』 제22회 회록(1932. 12. 20).
35) 『경안노회 회록』 제20회 회록(1931. 12. 15).

4) '고등농사학원', 농촌 지도자 양성

1932년 7월 장로교회의 총회는 '고등농사학원'을 설립하고 농촌 지도
자를 양성하게 되었다.[36] 이 농사학원은 농사 강습회의 후신(後身)으로 조
직된 농민 교육 기관이었다. 농촌 운동의 장기 계획을 세운 총회는 "재능과
열의가 있는 청년을 유럽 덴마크 국민고등학교식 교육으로 농촌 지도자로
양성"한다는 목적으로 고등농사학원을 설립했다. 이 학원은 농촌 지도자
를 양성하여 농촌에 변화를 일으키려는 목적을 세웠다.

고등농사학원의 강의는 해마다 여름철에 두 달 동안 평양의 숭실전문
학교 농과강습소에서 진행되었다. 3년 동안 진행되는 교육 과정이었다. 수
업의 분량이 이전의 농사 강습회보다 최소한 3배 이상 많았다. 가르친 과
목을 살펴보면,[37] 1933년 여름에는 '병충학·토양학·과수학·농업경제학·
비료학·식물병리학·양계학·소채학·작물학·체조·음악·실습·기도회·
강화회'를 가르쳤다. 1934년 여름에는 위의 과목 외에 '협동조합'(강사, 유재
기)·'농촌 복음'(강사, 배민수)이 추가되었다. 눈에 띄는 점은 강병주 목사의
아들 강신명이 음악과 체육을 가르쳤다. 1935년 여름에는 교과 과목 가운
데서 성경이 가장 으뜸이었다. 이때 '실습과 견학'이란 과목이 새로이 추가
되었다.

고등농사학원의 교과 과정을 살펴보면, 농사에 당장 필요한 농사 개량
을 가르쳤고 또 장차 농촌 지도자가 갖추어야 할 신앙 교육(성경 중심)과 교
양 교육(음악과 체육)도 실시했다. 경안노회는 제17회 정기노회(1930년 6월)
에서 마을 단위로 농촌 지도자를 한 명씩 선출했고 그리고 이 지도자를 중

---

36) 이 학교의 설립에는 1931년 평양 숭실전문학교 농과 교수로 부임한 이훈구의 영향력
    이 컸다.
37) 『기독신보』(1934. 6. 20).

심으로 마을 공동으로 종자와 비료 그리고 농기구를 구입하게 했다.[38] 2년 뒤에 총회가 고등농사학원을 설립하자, 노회는 여기에 호응하여 김재성을 노회의 대표로 뽑았고 또 여기에 드는 교육비 전액을 지원하기로 했다.[39]

5. 농촌 운동에 관한 논쟁, 총회의 농촌부 폐지

1934년에 잘 진행되고 있던 경안노회의 농촌 운동이 갑자기 쇠퇴했다는 인상을 풍긴다. 이 무렵부터 장로교회의 총회 안에서 농촌 운동에 대한 논쟁이 일어났다.[40] 반대하는 입장에서는, 교회가 영적 사업을 하는 곳이므로 농촌 문제에 결코 관여치 말아야 한다고 주장했다. 이 주장이 농촌 운동에 대한 논쟁으로 확대되었고, 더 나아가서 이 논쟁은 농촌 운동에 대하여 찬성하는 쪽과 반대하는 쪽으로 편이 갈라지며 교단 갈등으로 확산되었다.

논쟁의 불씨는 한 해 전(1933년)에 장로교회 총회의 농촌부 임원진이 개편되면서 지펴졌다. 농촌부 부장에 정인과, 총무에 배민수가 맡았으며, 강병주는 총회 농촌부 사무국의 국원이 되었다. 임원진 개편에 이어서 농촌 운동의 정책이 바뀌어졌다. 5년 전(1928년) 장로교회 총회가 농촌부를 설치하게 된 일차적인 동기는 교회의 위기(교세 위축, 재정 감소)를 타개하려는 데 있었으므로, 농촌 운동의 우선적인 목표는 '敎化 운동' 곧 '전도 사업'이었다.[41] 그런데 이제는 이 정책의 무게 중심이 도시에서 농촌으로 옮겨

---

38) 『경안노회 회록』 제22회 회록(1932. 12. 20). 『경안노회 회록』 제23회 회록(1933. 6. 23). 『경안노회 회록』 제24회 회록(1933. 12. 19).

39) 『조선예수교장로회총회 회의록』 제22회 회의록(1932).

40) 채정민, "조선교회의 당면한 책임", 『신앙생활』 제3권 7호(1934. 7), 7-9.

졌다.[42]

총무 배민수를 중심으로 모이는 농촌 운동 지도자들은 '실천적 기독교'를 추구했다. 배민수는 농촌 운동의 핵심 활동으로서 농촌 지도자 훈련, 농촌 성인 교육, 출판 등을 기획하였다.[43] 그는 전국 곳곳에 모범 농촌을 건설해서 '예수촌'을 만들고 이 땅에 '기독교 왕국'을 건설하려는 뜻을 품었다.[44] 이를 위하여 농민들의 의식 개혁이 일차적인 과제라고 보았다. 즉 해묵은 관습을 타파하고 나쁜 생활 습관부터 바뀌어야 한다고 보았다. 관혼상제의 간소화, 금연 금주, 도박 금지, 남녀 평등, 위생, 미신타파(고사, 굿, 경읽기, 조상 숭배) 등이었다. 그는 또한 농사 개량을 통해 농촌 경제를 향상케 하고자 했다. 그가 궁극적으로 구상한 것은 나라의 독립이었다. 그는 "농촌의 경제를 살리면 나라의 독립은 필연적으로 따라오게 마련"이라는 확신을 가졌다.[45]

그 이듬해(1934년)에는 강병주가 총회 농촌부의 회계로 일하게 되었다. 그는 농촌부의 임원으로서 배민수, 박학전, 김성원, 유재기, 이창호, 최봉주 등과 함께 일하였다.[46] 이들은 전국 각 지역을 순회하면서 농촌 운동

---

41) 『기독신보』(1928. 9. 19).

42) 『기독신보』(1928. 9. 26).

43) 배민수, "基督敎農村運動의 指導原理(2)", 『기독신보』(1936. 1. 21).

44) 배영, "농촌과 생명문화, 아버지의 초상", 배민수, 박노원 번역, 『배민수 자서전』(서울: 연세대학교출판부, 1999), 355-357.

45) 배민수, 『배민수 자서전』, 256-260.

46) 이들 대부분은 지난날 독립 운동 때문에 투옥된 경력이 있었다. 배민수는 1917년 평양에서 숭실학교 학생들과 함께 조선국민회를 조직하고 독립 운동을 계획하다가 적발되어 보안법 위반으로 10개월 동안 복역했다. 1919년 3·1 운동 당시에는 함남 성진에서 만세 운동을 주도하다가 체포되어 역시 보안법 위반으로 9개월 동안 복역했다. 김성원은 14세의 나이로 3·1 운동에 참여했으며, 1925년 수원고등농림학교에 입학했다. 그는 이 학교에 조직된 비밀결사인 조선개척사(朝鮮開拓社)의 지도를 맡다가 일제 당국에 적발되어 1년 동안 복역하였다. 유재기는 농촌부가 해체된 뒤인 1938년에

에 참여하였다. 이 무렵에 정인과는 이른바 '정찬송가 사건'에 휘말려 교단에서 실권을 잃어버렸고,[47] 장로교회의 농촌 운동은 총무 배민수를 중심으로 활동했다.

그런데 농촌 운동을 못마땅하게 바라보던 사람들이 이때부터 노골적으로 이 운동을 반대하였다. 이들은 교회의 일차적인 과제가 신앙과 전도에 있다고 강조하면서 영(靈)과 육(肉)을 구분하고 성(聖)과 속(俗)을 엄격히 떼어놓는 이분법적 논리를 펼쳤다. 김인서는 "신앙과 '밥'의 문제를 따로 구별하고 신앙과 농촌 운동을 따로 떼어 놓고 신앙을 우선적으로 앞세워야 하며, … 기도하여야 할 예배당에서 도야지 기르는 법을 가르치고 있으면 교회도 망하고 농사도 아니 될 것이다. (따라서) 신자와 불신자가 함께 일을 도모할 수 없으므로, 소수의 교인과 다수의 불신자가 예수교적 협동조합을 함께 할 수 없다."고 주장했다.[48] 채정민(蔡廷敏)은 "교회가 정치 경제 사회 등에 관여(하지) 말고 만민에게 영생하는 영의 양식을 먹여야 한다. 썩을 양식을 만들어 먹이기는 불가능한 일이다."라고 주장했다.[49] 이들 가운데는 농촌 운동은 "성경적인 근거가 없으며"(채정민) 또 "예수께서 농촌 운동을 명하신 일이 없다."(김인서)고 주장했다.

이에 맞선 농촌 운동 참여자들이 반론을 펼쳤다. 이훈구는 "예수는 사람의 영혼을 죄악 가운데서 구원하심에 역점을 두시고 물질적인 면에 관해서 말씀하신 일이 적었다. 그러나 '사람이 떡으로만 사는 것이 아니라'고 하신 말씀은 떡도 있어야 사는 것으로 이해해야 한다."고 주장했다.[50] 그

'농우회 사건'에 연루되어 복역하였다. 이들 대부분은 조만식의 영향을 받고 있었다. 한규무, 77-78.

47) 정인과는 1935년에 농촌부 부장의 자리도 내려놓게 된다.
48) 김인서, "농촌부 폐지론", 『신앙생활』 제4권 1호(1935. 1), 1 이하.
49) 채정민, "농촌 운동의 가부", 『신앙생활』 제5권 7호(1936. 7), 6-10.
50) 이훈구, "조선 예수교와 농촌", 『종교시보』 제3호(1933), 13-14.

리고 그는 "국민의 8할 이상을 차지하는 이 나라의 농민들이 유리걸식해서 죽거나 해외로 떠나 버리면 현실적으로 도대체 누구에게 영적 사업을 할 수 있겠느냐?"고 반문했다.

이런 상황에서 조선 총독부가 농촌 진흥 운동을 시작하였다. 총독부의 관청인 농촌진흥청이 전국의 농촌에 농사 기술자를 파견하여 농민에게 농사 기술을 지도했고 또 금융기관을 통하여 농민에게 농사 자금을 빌려 주었다. 이러다 보니, 총독부가 추진하는 농촌 진흥 운동이 교회의 농촌 운동과 성격이 비슷한데다가 교회보다 훨씬 더 효과적으로 사업을 추진했다. 이로 말미암아 교회의 농촌 운동이 위축되었다. 이런 현상은 교회의 농촌 운동을 반대하는 교계 지도자들에게 농촌부를 폐지하자는 주장에 힘을 실어 주었다. 김인서는 길선주의 말을 인용해서 "교회의 일과 교인의 일이 다르다."는 주장을 강하게 내세웠다.[51]

1935년의 장로교회 총회에 평서노회가 농촌부를 폐지하자는 헌의안을 제출했다. 이 안건이 일 년 동안 유안이 되었다.[52] 결국 1937년의 장로교회 총회는 농촌부 해산을 결의했다.[53] 이에 따라 경안노회도 정기노회(32회)에서 농촌부를 폐지하기로 가결했다.[54] 그러나 농촌부의 폐지가 곧 농촌 운동의 폐지로 연결되지는 않았다. 장로교회의 농촌 운동은 여전히 지속되었다. 그렇지만 영적인 영역과 육체의 영역을 분리시키고 거룩한 영역과 속된 영역을 엄격하게 구분하여 오로지 영적인 전도 사업을 전개

---

51) 김인서, "교회의 할 일과 교인의 할 일", 『신앙생활』 제5권 7호(1936. 7), 1-2.
52) 이 당시의 상황을 파악할 수 있는 글을 소개하면, 채정민, "교회 운동의 가부: 총회 농촌부 폐지 헌의안 가결을 무망함", 『신앙생활』 제5권 7호(1936. 7), 6-10. 김성탁, "총회 농촌부 존폐 문제에 대하여", 『신앙생활』 제5권 7호(1936. 7), 11-12.
53) 『조선예수교장로회총회 회의록』 제26회 회의록(1937).
54) 『경안노회 회록』 제32회 회록(1937. 12. 9).

했다. 이에 따라 사회 경제적 차원의 농촌 운동은 사라졌다. 총회 농촌부가 발행하던 잡지 『농민생활』이 1942년에 『개로』(皆勞)로 이름을 바꾸고 친일적 성격을 띤 잡지로 발간되었다.

6. 영주·풍기 지역의 '농민 운동'

1929년부터 경안노회가 농촌 운동을 본격적으로 전개하였는데, 그런데 이보다 몇 년 앞서 교회 밖 일반 농민들이 종종 소작쟁의 위주의 '농민 운동'을 펼쳤다.[55] 이 운동이 처음에는 소작인조합에서 시작되었는데, 이것이 차츰 농민조합으로 확산되어 전개되었다. 교회의 농촌 운동과 일반 농민들의 농민 운동이 같은 지역에서 일어났으므로, 양대 운동이 연계했을 가능성을 계산하게 된다. 그러나 양쪽은 각기 다른 이름을 내걸고 소통이나 교류 없이 제각기 운동을 전개하였는데, 교회는 '농촌 운동'이라 했고 일반 농민들은 '농민 운동'이라 했다.

경안노회가 농촌부연합회를 조직하기 5년 9개월 전인 1923년 3월 2일 풍기에서 '풍기소작조합'이 결성되었다. 조합의 창립 총회에 풍기·봉현·안정 등 3개면에 사는 소작인 수천 명이 모였다. 집행위원회는 소작료와 소작권 그리고 지세와 공과금에 관한 입장을 결정하였다. 소작료는 기본적으로 반(半) 분할을 원했으며, 소작권을 지주가 함부로 변경하지 못하도록 했으며, 지세와 공과금을 지주와 소작인이 공평하게 분담하도록 결의했다. 그해 10월 13일에 소작조합은 풍기 노동공제회관에서 임시 총회를

---

55) 영주·풍기 지역의 농민 운동에 관하여는 아래의 책을 크게 참조하였다. 김일수 외 6인, 『영주독립운동사』(대한광복단기념사업회, 2006).

개최하여 창립 총회 때와 비슷한 내용을 결의했다. 그런데 이번의 결의에서는 소작인이 지세를 한 푼도 낼 수 없다고 못박았다.[56] 12월 19일에 열린 정기 총회에서는 이들이 '지세불납동맹'을 결의했다.

그러나 소작인들의 상황은 개선되지도 않았고 또 달라진 것도 거의 없었다. 일부 지주들은 여전히 종전대로 소작권을 제 마음대로 변경시켰다. 여기에 대항하는 소작조합의 투쟁 수위가 높아졌다. 1925년 4월 말에서 5월 초순에 풍기소작조합원들은 지주들이 소작권을 임의로 이동시키는데 항거하며 공동 경작을 단행하였다. 지주 편에 서 있는 소작인들과 소작조합 회원들이 논밭에서 서로 대치하여 하마터면 충돌할 수도 있는 긴장을 조성했다.

풍기에서 1924년 1월에 '일꾼회'가 조직되었다. 이 모임은 풍기면 금계동에 사는 풍기소작조합 회원들이 상호 친목과 상호 원조를 위해 만든 단체였다. 이 모임이 거의 매달 정기적으로 모였고, 강화회(講話會)나 독서모임 등을 통해 회원들의 의식을 높이고 또 결속력도 굳혔다. 일꾼회의 특징 가운데 하나는, 1927년 2월 17일 제3회 정기 총회의 결의에 따라,[57] 회원들이 소유한 일반 농토를 공동으로 경작하였다.

대략 1927년 후반에 풍기소작조합이 '풍기농우동맹'으로 조직을 확대 개편하였다.[58] 기존의 소작조합이 농민조합으로 확대 개편된 것이었다. 이 단체는 농민 운동의 전국 지도 기관으로 설립된 '조선농민총동맹'(1927년 9월 설립)의 산하 기관이었다.[59] 이에 따라 전국 각 군에서는 통합된 단일

---

56) "풍기소작총회, 소작권 옹호 절규", 『동아일보』(1923. 10. 21).
57) "일꾼회 정기회, 회원의 농토는 공동 경작할 것 등 결의", 『동아일보』(1927. 2. 24).
58) 김일수 외, 315.
59) 노동 운동과 농민 운동이 1920년대에 함께 붙어 있었는데, 양자를 따로 떼어 낼 필요에 따라 1927년 서면 대회 형식으로 '조선노동총동맹'과 '조선농민총동맹'으로 분립하였다.

농민조합을 결성하려는 움직임이 일어났다. 이에 발맞추어서 영주에서도 1929년 3월 9일 풍기농우동맹을 해체하고 '영주농민조합'을 결성했다. 영주군의 단일 농민조합이었다. 이와 함께 이 조합은 각 면에 지부를 설치했다. 기존의 조직을 변경하거나 흡수 통합하면서 지부가 조직되었다. 풍기에서는 풍기면 금계동에 '금계지부'가 조직되었다. 이것은 기존의 일꾼회가 조직을 전환한 것이었다.

1929년에는 전국의 농촌에 극심한 가뭄 피해가 덮쳤다. 영주 지역의 피해는 경상북도에서 가장 심각하였다. 이에 11월 14일 영주군의 지주 간담회가 개최되었는데, 소작료 감면, 이재민 구제, 소작 관행 개선, 마름의 행패를 교정, 농사 개량 등을 결정하였다.[60]

1930년대 초반에는 농민 운동이 이전보다 훨씬 더 과격해졌다. 1930-1932년 사이에 소작쟁의가 1,693건 일어났고 또 20,000명 이상이 이 쟁의에 참가했다.[61] 이제는 경제적 투쟁을 넘어서서 일제의 식민 지배를 타도하려는 해방(독립) 운동으로 발전하였다. 특히 공산주의자들이 혁명적 농민조합(적색농민조합), 혁명적 노동조합(적색노동조합), 반제국주의 동맹을 기반으로 대중을 조직하고자 했다. 영주 지역에서 1931년 후반에 혁명적 농민 운동이 일어났다.[62] 그러나 이 운동이 일제의 탄압으로 좌절되었다. 그런데 1933년에 농민 운동이 또다시 일어났다. 이것은 안동 지역 공산주의 '안동콤그룹'의 지도 아래 결성된 '적농(赤農)재건투쟁위원회'(1932년 10월

---

60) "일반의 기대 많던 영주 지주 간담회, 소작인 한해 대책 강구, 기타 소작 관행 개량 등", 『중외일보』(1929. 11. 18). 김일수 외, 319-320에서 재인용.
61) 비단 농민 운동뿐만이 아니라 노동 운동, 사회 운동, 학생 운동 등도 혁명적인 성격을 띠었다고 한다. 김일수 외, 321.
62) 위의 책, 321-330.

5일 결성)가 주도한 농민 운동이었다.[63] 영주군 공산주의협의회가 혁명적 농민조합을 결성하여서 농민들의 숙원인 소작료 인하, 지세·공과금의 지주 부담 등의 문제를 제기하여 대중의 관심과 지지를 이끌어 내고자 했다. 그런데 공산주의자협의회와 적농재건투쟁위원회가 일제의 강력한 탄압으로 무너졌다.

경안노회와 장로교회 총회가 농촌부를 폐지하였던 1937년. 그해 7월에 중일 전쟁이 일어나자, 일제는 '국가총동원법'을 공포하고 국민 총력 운동을 실시하면서 식민지 조선 사회를 전시(戰時) 전체주의 파시즘 체제로 만들었다. 식민지 조선에서 전쟁에 필요한 물자를 공출하기 시작했다. 전쟁에 필요한 인원과 자원, 심지어는 놋그릇까지 강제로 거두어 갔다. 농민의 절대 다수가 수탈당했다. 1939년부터는 쌀의 공출이 시작되었고, 쌀을 빼앗긴 농민에게 만주에서 생산된 잡곡을 배급하였다. 배고프고 힘든 상황에서 가뭄이 덮쳐 가을의 수확이 형편없었다. 일제는 결국 '소작료 통제령'을 실시하여 소작쟁의를 일체 금지시켰다. 그래서 1940년 이후에는 농민들이 소작쟁의를 일으킬 수가 없었다.

7. 정리

1928년 장로교 총회(제17회)가 농촌부를 설치했다. 총회 농촌부의 농촌 운동은 다른 교단 및 기독교 기관들과 '연합과 일치(에큐메니칼 운동)의 차원'에서 시작되었다. 그러나 모든 기관들이 꼭 같이 하나의 목소리로 일

---

63) 위의 책, 331-335.

사분란하게 농촌 운동을 펼친 것이 아니고, 각각 자기의 색깔을 지니고 다양한 형태의 다양한 방법으로 이 운동을 전개했다. 예를 들어 YMCA의 초기 농촌 운동은 농촌 계몽에 집중되었고, 장로교회는 농촌 전도에 초점을 맞추었고, 경안노회는 신앙 경건 운동의 차원에서 농촌 운동을 실시했다. 따라서 에큐메니칼 운동의 기본 정신인 '다양성 안에서 협력, 다양성을 통한 일치'가 이때의 농촌 운동에 잘 반영되었다고 본다. 그러나 1933년 이래로—YMCA와 YWCA를 제외하면—개신교의 농촌 운동은 초창기의 연합과 일치가 점차 사라졌고 그러면서 각 기관이 고립된 채 독자적인 활동에 매진했다.[64]

장로교회가 농촌 운동을 시작하게 된 일차적인 동기는 교회의 위기 상황(재정 위기, 교인 감소, 교세 침체)에서 벗어나려는 데 있었다. 그러므로 농촌 운동의 우선적인 목표를 전도에다 두었다. 그런데 전도에 대한 두 가지 상반된 견해(이분법적이거나 혹은 통전적인)가 나란히 병존하다가, 1934년에 양쪽의 견해 차이가 수면 위로 떠오르면서 신학 논쟁으로 전개되었고, 이 논쟁은 1937년에 농촌부를 폐지하게 된 원인으로 작용했다. 농촌부 폐지 이후에 장로교회의 농촌 운동은 존속되었다. 그렇지만 이 농촌 운동에서는 사회 봉사를 도무지 찾아볼 수가 없었다. 농촌 운동에 대한 논쟁의 신학적 주제는 기독론과 교회론이었다.

장로교회 경상북도 경안노회의 농촌 운동을 다음과 같이 정리했다.

① 경안노회의 농촌 운동은 풍기의 농민 운동이 거의 끝나 가던 시기였던 1929년부터 본격적으로 시작되었다.

② 경안노회의 농촌 운동과 풍기의 농민 운동은 각기 그 성격이 서로 판이하게 달랐다. 교회의 농촌 운동은 교세 위축에 대응하고자 전도에 힘

---

64) 한규무, 227.

썼고, 또 교회의 재정 위기에 대응하고자 농촌 경제 살리기에 주력했다. 특히 경안노회는 신앙 경건 훈련 차원에서 농촌 운동을 추진했고 또 이 운동을 구습 타파와 생활 개선 운동으로 연계시켰다. 이와 대조적으로 풍기·영주의 농민 운동은 계급성이 뚜렷한 소작쟁의가 그 중심 알맹이였다. 소작쟁의는 농민을 수탈하는 구조를 혁명적으로 변혁시키려 했다.

③ 경안노회의 농촌 운동과 풍기의 농민 운동은 모두 다 지역의 농촌 경제를 살리고자 추진된 운동이었고, 그리고 지역을 넘어 전국 차원의 조직 속에서 추진되었다. 노회의 농촌 운동은 국내외 에큐메니칼 운동(다른 교단, 기독교 단체, 그리고 미국의 농업 전문가 등)으로 진행되었고, 풍기의 농민 운동은 전국 중앙의 지도자들과 연대하면서 진행되었다.

④ 결국 둘 다 일제의 탄압으로 운동이 중단되고 폐지되었다. 비록 장로교회의 내부에서 농촌 운동에 대한 찬반 논쟁이 심각하게 일어났으되, 교묘한 술책을 동원한 일제의 외압이 농촌 운동을 중단시키는 주요한 원인으로 작용했다. 그리고 일제는 일반 농민 운동에 대하여 드러내 놓고 탄압했다.

| 참고 문헌 |

단행본, 논문

강만길. 『20세기 우리역사』. 서울: 창작과 비평사, 1999.

김성탁. "총회농촌부 존폐 문제에 대하여". 『신앙생활』 제5권 7호. 1936. 7.

김인서. "농촌부폐지론". 『신앙생활』 제4권 1호. 1935. 1.

김인수. 『한국 기독교회의 역사』. 서울: 장로회신학대학교출판부, 1997.

김일수. 권대웅. 박한용. 변은진. 신주백. 장신. 『영주독립운동사』. 대한광복단기념사업회, 2006.

김희곤. 『안동의 독립 운동사』. 안동: 안동시청, 1999.

민경배. 『한국 기독교 사회운동사: 1885-1945』. 서울: 대한기독교서회, 1990.

배 영. "농촌과 생명문화. 아버지의 초상". 배민수, 박노원 역. 『배민수 자서전』. 서울: 연세대학교출판부, 1999.

『서울 YMCA 운동사 1903-1993』. 서울: 종로출판사, 1993.

임희국. 『선비 목회자 봉경 이원영 연구』. 서울: 기독교문사, 2001.

_____. 『하늘의 뜻, 땅에 심는 성내교회 100년사』. 서울: 성내교회, 2009.

전택부. 『한국 기독교 청년 운동사』. 서울: 범우사, 1994.

채정민. "교회 운동의 가부: 총회 농촌부 폐지 헌의안 가결을 무망함". 『신앙생활』 제5권

7호. 1936. 7.

_____. "조선교회의 당면한 책임". 『신앙생활』 제3권 7호. 1934. 7.

한규무. 『일제하 한국 기독교 농촌 운동: 1925-1937』. 서울: 한국기독교역사연구소, 1997.

선교사 보고서, 국제 회의록

Federal Council Executive Committee Report. The Minutes of the Presbyterian Church in the U.S.A., Korea Mission(1926).

The World Mission of Christianity, Messages and Recommendations of the Enlarged Meeting of the IMC held at Jerusalem. March 24–April 18. 1928(New York: IMC, 1928).

회의록, 신문

『경안노회 회록』. 제20회 회록, 1931. 12. 15. 제22회 회록, 1932. 12. 20. 제23회 회록, 1933. 6. 23. 제24회 회록, 1933. 12. 19. 제32회 회록, 1937. 12. 9.

『기독신보』. 1922. 7. 20. 1923. 2. 14.-1923. 4. 18. 1923. 6. 6. 1928. 2. 1. "예루살렘 대회에 참석하고". 1928. 6. 20. 1928. 9. 19. 1928. 9. 26. 1928. 12. 32. 1929. 9. 4. 1929. 11. 20. 1930. 3. 26. "조선 농촌 사업의 진전". 1931. 5. 13. 1934. 6. 20. 1936. 1. 21.

『동아일보』. "일꾼회 정기회. 회원의 농토는 공동 경작할 것 등 결의". 1927. 2. 24. "풍기소작 총회, 소작권 옹호 절규". 1923. 10. 21.

『조선예수교연합공의회 제2회 회의록』. 1925.

『조선예수교장로회총회 회의록』. 제17회, 1928. 제22회 회의록, 1932. 제26회, 1937.

『조선일보』. 1924. 7. 23. 1929. 12. 20. 1930. 1. 3. 1934. 3. 8.

11

제1공화국 시대(1948-1960) 장로교회의 정치 참여, 이와 관련된 한경직 목사의 설교[1]

1. 시작하면서

이 글은 제1공화국 시대(1948-1960)의 한국 기독교(개신교)를 살피며, 장로교회가 현실 정치에 참여한 과정과 범위를 파악하고자 한다. 교회의 현실 정치 참여는 1945년 8·15 해방 직후부터 1960년 4·19까지 매우 활발했는데, 교회의 정치 참여 동기는 아마도 일제 식민 지배에서 해방된 우리 민족이 기독교 정신으로 새 나라를 건설해야 한다는 열망으로 부풀어 있었기 때문이라고 본다. 그런데 한국 장로교회는 그 역사의 출발점인 19세기 후반부터 교육, 의료, 출판 등의 사업을 통해 사회에서 공적인 역할을 수행했다. 교육과 의료는 구한말 정부가 요청한 사업이기도 했다. 일제 강점기엔 교회의 사회 공적 역할이 다양한 계몽 활동과 정치 참여(1919년 3·1

---

[1] 이 글은 장로회신학대학교 논문집 『장신논단』 제44권 2호(2012), 13-40쪽에 실렸다.

독립 만세 운동)로 확대되었다. 이리하여 교회의 공공성(公共性)이 하나의 전통으로 확립되었다. 신학적으로 파악하면, 교회의 사회 봉사(diakonie) 전통이 확립되었다. 그런데 장로교회는 총회의 신사참배 강요 굴복(1938) 이후 8·15 해방(1945)까지 약 7년 동안 존립이 불가능한 상황까지 추락했다. 8·15 해방과 더불어 교회가 재건되었는데, 이와 함께 교회가 사회의 공적 역할을 회복했는지 그 여부가 매우 궁금했다. 이 글을 쓰려는 동기는 이 질문에서 비롯되었다.

제1공화국 시대는 일제 강점기에서 해방된 한국이 나라를 새로 세우고 건설한 시기였고, 기독교 역시 해방과 더불어 재건되어 새롭게 시작된 시기였는데, 이 시기의 교회가—사회의 공적 역할을 회복하는 차원에서—건국(建國)에 참여했는지 살펴보는 일이 매우 중요하다고 본다. 그런데 아직까지 이 방면에 대한 연구가 매우 적은 편이다.[2]

선행 연구가 그리 많지 않은 연구 상황에서, 우리는 제1공화국 시대 교회의 정치 참여에 대한 자료를 장로교회의 신문(주간)인 『기독공보』에서 찾아보고자 한다.[3] 또한 그 시대의 사회 발전에 적극 참여했던 한경직 목사의 설교를 정독하고자 한다. 이것이 이 논문의 제1차 자료에 해당된다.

---

2) 관련 논문을 일반 학문(법학) 분야에서 최종고 교수(서울대학교)의 글에서 발견했다. 최종고, "弟1共和國과 韓國改新敎會", 연세대학교국학연구원, 『동방학지』 46, 47, 48합본 (1985. 6), 659–682. 최근에 발간된 교회사 관련 단행본들이 이 주제를 다루었다. 한국기독교역사학회 편, 『한국기독교의 역사 III: 해방 이후 20세기 말까지』(서울: 한국기독교역사연구소, 2009), 32–44. 이혜정이 쓴 단행본(『한경직의 기독교적 건국론』)은 한경직의 생애에 지나치게 집중했다고 본다. 이혜정, 『한경직의 기독교적 건국론』(서울: 대한기독교서회, 2011).

3) 이 신문 이외에 다른 교계 신문이나 일간지도 참고하면 좋을 것이나 이 글은 『기독공보』 분석에 한정시켰다. 신문 자료를 통한 역사 연구의 장점은 역사 사건의 현장성과 역동성을 파악할 수 있다고 본다. 이러한 연구 방법을 강준만의 연구 결과물에서도 읽을 수 있었다.

이와 함께 논문의 주제에 따라 교회사 및 일반 학문(사회학, 정치학)의 연구물을 참고하고자 한다.

2. 1945년 8·15 해방 직후, '기독교 정신으로 새 나라 건설을'

　　1945년 해방 직후 남한 사회의 분위기는 새 나라 건설에 대한 기대로 부풀어 있었다. 일제의 식민 지배로부터 해방된 조국에서 새로운 국가를 건설하기 위해 나라 안팎에서 독립 운동을 하던 인물들이 속속 나타났다. 10월 16일 이승만이 미국에서 귀국했고, 또한 '상해 임시 정부'의 선발대(15명)가 11월 27일 중국(상해)에서 귀국했다. 국내에서는 이미 여운형이 주도하여 '조선 인민 공화국'을 조직하고 있었다. 그로부터 얼마동안 여운형이 임시 정부의 정통성을 무시하였고, 임시 정부는 한민당과 ─ 한민당 내부에 있는 친일파의 숙청을 거론하기까지 ─ 좋은 관계를 유지했다.[4] 그런데 12월 29일 모스크바 삼상 회의에서 한국에 대한 강대국들(미국·소련·중국·영국)의 5년 신탁 통치가 결정되었다. 그러자 국내에서는 신탁 통치에 찬성하는 세력 ─ 여운형, 좌익 세력 ─ 과 반대하는 세력 ─ 김구 임시 정부, 한민당 이승만 ─ 이 서로 대립했다. 임시 정부 세력은 일체의 외세를 배제하고 자율적 통일 정부를 수립하기 위해 반탁을 주장했고, 또한 국내에 조직 기반이 없었던 이승만은 ─ 소련을 배제한 다음 ─ 미국의 단독 신탁 통치를 바라면서 반탁을 주장했다.

　　이승만이 조직한 '독립촉성중앙협의회'와 임시 정부의 '비상정치회의'

---

4) 정경모, 『찢겨진 산하』(서울: 한겨레출판, 2002), 26-29.

가 통합하여 1946년 2월 1일 '비상국민회의'를 소집했다(의장 이승만). 비상 국민회의가 2월 14일 '대표민주의원'으로 되었는데, 이것은 과도 정부의 수립을 위하여 미군정청의 자문 기관이 되었다. 이 과정에서 신탁 통치 반대(반탁) 운동이 친미 반공 운동으로 전이되었다. 과도 정부 수립을 위한 미국과 소련의 '제1차 미소 공동 위원회'가 결렬되어(1946년 5월 18일) 무기한 휴회에 들어갔다.

1946년 5월 하순에 중도 좌파 대표인 여운형과 중도 우파 대표인 김규식이 중심이 되어 좌우 합작 운동의 교섭이 시작되었다. 여기에는 한민당을 포함한 전체 우익 세력과 공산당을 포함한 전체 좌익 세력이 참가했고 게다가 미국과 소련도 각각 참관인을 파견했다. 사회 각계 각층이 좌우 합작에 참여해서 열띤 토론을 벌였는데, 이 가운데서 토지 분배 문제와 친일파 처리 문제가 가장 뜨거운 쟁점이었다. 그런데 1947년 7월 19일 여운형이 암살되었다. 그 여파로 말미암아 그해 10월에 좌우합작위원회가 해산되었다. 제2차 미소 공동 위원회도 같은 시점에 중단되었다. 미국의 요청을 받아들인 유엔 총회는 '조선임시위원단'을 설치하였다.

이렇게 해방 직후 정치적으로 혼란한 때, 한경직은 강단에서 설교를 통해 현실 정치에 참여했다. 장로교회의 목사인 그는 1945년 8·15 해방 직후인 10월에 북한 신의주에서 남한 서울로 내려왔다. 신의주의 해방 공간에서 그는 치안 질서를 위해 '신의주자치위원회'를 조직했고, 이 위원회가 경찰권을 행사했는데, 소련군을 따라 들어온 한국인 공산주의자들이 위원회와 번번이 충돌하곤 했다. 이들은 자치위원회의 간부들을 쫓아내고 경찰권도 빼앗았다. 이러한 공산주의 세력에 맞설 수 있는 세력을 한경직과 몇몇이 조직했는데, 그것이 '(기독교)사회민주당'이었다.[5] 양(兩) 조직은 사사건건 부딪쳤다. 그러던 어느 날 한경직은 "공산당이 사회민주당 대표

들을 체포한다."는 급보를 듣고 그 자리에서 곧바로 트럭에 올라타고 신의
주 바깥으로 탈출했다. 아내에게조차 알리지 못한 채 선천, 평양, 금천, 그
리고 개성을 거쳐서 서울로 왔다. 서울에서 잠시 동안 한경직은 미군정청
영어 보좌 업무를 맡았다. 이때 조선신학교 교장인 친구 김재준 목사가 그
에게 해방된 새 나라의 교회에서 일할 교역자 양성을 위해 함께 일하자고
권했는데, 그는 미군정청의 일을 그만두고 신학교에서 가르쳤다. 1945년
12월 2일 한경직은 스무 명 남짓의 교인들과 '베다니교회'(베다니전도교회)
라는 이름으로 지금의 영락교회를 창립했다.

8·15 해방과 더불어 남한 사회에서 여러 정치 세력들이 권력 투쟁을
하는 가운데 새 나라의 체제(國體)를 모색하는 상황에서, 한경직은 진지하
게 건국(建國)의 여정을 제시했다. 1947년 12월 2일(교회 창립 2주년) 주일 예
배에서 그는 "건국과 기독교"란 제목으로 설교했는데, "새 나라의 정신적
기초는 반드시 기독교이어야 한다."고 강조했다.[6] 그 까닭은 우리나라가
참된 민주주의 국가가 되어야 한다고 생각했기 때문이다. 한경직이 구상
한 민주주의의 실체는 낱낱의 사람(個人)을 인격적으로 존중하며, 모든 개
인이 자유를 충분히 누리고, 그렇지만 그 자유가 자유방임으로 가는 것이
아니라 더불어 사는 공동체 속에서 만인(萬人)의 평등을 추구하는 것이다.
이 민주주의 사상은 신구약성경에 기반해 있는 바, 태초에 하나님이 당신
의 형상대로 사람을 지으셨다는 신앙에 기초해 있고 또 그리스도 안에서

---

5) 당원 대부분이 교인이었다. 정당의 정관에는 토지 개혁안과 대규모 공장 인수 등을 명
시했다. 그 당시 대지주는 대부분 일본인이었으므로 토지를 (조선인) 소작인에게 돌려
준다는 토지 개혁안이 수립되었고, 또 일제 식민 정부가 소유했던 대규모 공장을 새 정
부가 경영한다는 방침이 세워졌다. 한경직, 『한경직구술자서전: 나의 감사』(서울: 두란노
서원, 2010), 257 이하.

6) 한경직, 『건국과 기독교』(서울: 기문사, 1949), 193 이하.

어떤 사람도 차별이 없다는 신앙에 기초해 있다. 한경직은, 민주주의를 "기독교 문화의 밭에서 아름답게 피어나는 꽃"으로 비유하면서, 기독교를 이해하지 못하면 민주주의를 제대로 알지 못한다고 보았다. 그러므로 "새 한국은 반드시 기독교가 (나라의) 정신적 기초가 되어야 하며 … 새 나라를 세우는 도상의 이 시대에 영락교회가 창립된 것은 (하나님의) 깊은 뜻(섭리)이 있다."고 선포했다.

참된 민주주의는 "양대(兩大) 강적"을 이겨내야 하는데, 한경직은 그것이 '유물주의'와 '속세주의'(세속주의)라고 지적했다.[7] 유물주의는 "공산주의라는 말을 타고 사회 정의와 무산자 해방이라는 간판을 내걸고 인간의 최대 본능인 물욕에 호소하여 인간을 동물로 환원케 하며, 하나님도 모르는 유물론적 견지에서 인간 생명을 보아 때로 방축(放逐) 약탈(掠奪) 등을 일삼고 기독교를 멸하려" 하고 있다.[8] 속세주의 또한 "하나님의 일을 세상의 것과 타협하려 하여 세속 생활의 오락과 향락을 마음껏 누리고, (그러면서도) 예수도 믿고 구원을 얻으려 한다. 술도 먹고 담배도 태우고 투전도 하고 극장에도 가고 … 그야말로 넓은 길로 가면서 예수도 믿자고 하는 자들인 바 이는 소위 기독교 국가라고 하는 미국을 통해서 들어온 것이다."[9] 한경직은 이처럼 기독교 정신에 대립되는 무신론적 유물주의와 유신론적 세속주의를 경계하면서 이 양대 강적을 반드시 '정복'해야 한다고 역설했다.

북한에서 공산당을 몸소 경험한 한경직은 현실 공산주의는 민주주의의 탈을 쓴 '독재주의와 전체주의'라고 보았다. 그는 특히 북한 공산주의자들의 인간 이해에 문제가 있음을 지적했다. 그들은 지금 "사회 개조니 혁명

---

7) 한경직, 『한경직목사설교전집 I』(서울: 한경직목사기념사업회, 2009), 87. 이제부터는 그의 설교집을 『한경직목사설교전집』으로 표기한다.
8) 위의 책, 86-87.
9) 위의 책, 87.

이니 운운하면서 대중이 경제적으로 먹고 사는 문제 해결에 몰두하게 하는데 이것은 사람이 단순히 먹고만 사는 동물 이상이라는 점"을 놓치고 있다고 보았다.[10] 유물론은 사람이 하나님의 형상대로 지음받은 영적 존재임을 알지 못한다고 지적했다.[11] 한경직은 이어서 북한의 현실 공산주의에 대응하는 '기독교 사회주의'를 언급했다(1947년 3월 3일 설교에서). 기독교 사회주의는 모든 인간을—빈부귀천 노소의 차별 없이—하나님의 형상대로 지음받은 존엄한 존재로 존중하고 또 어떤 경우에도 사람을 수단과 방편의 도구로 삼지 말아야 하는데, 모든 사람은 존엄한 인격체로서 자유를 누리며 성장하고 성숙해야 하며 또 사람은 자아 실현의 기회를 평등하게 가져야 한다고 했다. 즉 인간 개인의 존엄성과 자유 그리고 모든 이의 조화로운 공생공존(共生共存)이 기독교 사회주의의 핵심 내용이며 참된 민주주의의 실천이다.

그런데 지금 8·15 해방 직후에 도대체 누가 이러한 민주주의를 전하고 가르칠 수 있는가? 한경직은 교회가 민주주의 사상을 교육하고 그것을 실천한다고 보았다.[12] 장로교회의 교회 정치가 바로 민주주의 원리를 실행하고 있다는 것이다. 개(個) 교회에서 장로와 집사를 선거하는 것과 목사를 청빙하는 일, 노회에서 실행되는 의사 결정 과정은 모두 다 민주주의를 실천하는 것이다. 이렇게 보면 우리나라의 근대화 이래로 민주주의 정치 훈련을 실제로 받은 사람들은 교회 안에 있다고 한경직은 주장했다.

1948년 1월에 유엔 '조선임시위원단'이 내한했고, 단장인 메논이 김구

---

10) 한경직, 『건국과 기독교』, 162 이하.
11) 『한경직목사설교전집Ⅲ』, 50-51.
12) 한경직, 『건국과 기독교』, 105.

와 이승만을 각각 만났다. 이승만은 이때 남한만의 단독 선거를 주장했고, 김구는 미소 양군이 조선(한국)에서 철수하고 나서 남북 통일 선거를 해야 한다고 주장했다. 유엔의 소총회는 2월에 메논의 한국 방문 보고를 듣고 나서 남한만의 단독 정부 수립에 대한 가부를 결의했는데, 유엔은 남한의 단독 정부 수립을 결의했다. 그해 5월 10일 단독 선거가 실시되었다.[13]

3. 정부 수립과 기독교(개신교)적 국가 의식(儀式)

단독 선거인 총선거(1948. 5. 10)에서 210명의 국회의원이 선출되었다. 기독교인 국회의원이 50명 정도 되었다.[14] 5월 31일 이승만이 제헌국회의 의장으로 당선되었고, 국회 개회식에서 그는 의원 이윤영 목사에게 개회 기도를 요청했다. 이에 이윤영 목사는 개회 기도를 올렸다. 제헌헌법에는 국회가 대통령을 선출하도록 했는데, 7월 20일 이승만이 국회에서 대통령 으로 선출되었다. 8월 15일 대한민국 정부가 수립되었다. 우리나라 최초 로 세워진 민주공화국으로서 자유 민주주의의 헌법과 제도를 가진 나라가 수립되었다. 이날도 대통령 이승만은 취임식서를 기도로 하나님께 호소하 여 전국의 국민에게 깊은 인상을 안겨 주었다.[15] 이 예식은 제1공화국 시 대 내내 국가 의식이 기독교식으로 행해지는 기초가 되었다.

그 이후의 개신교는 초대 대통령 이승만의 친미반공(親美反共) 정책과 그의 북진 통일 노선에 밀착되었다. 여러 요인들이 여기에 함께 있었다.

---

13) 김구를 비롯한 임시 정부 세력은 이 선거에 참가하지 않았다.
14) 최종고, 665.
15) 『기독신문』(1948. 8. 15), 최종고, 위의 책에서 재인용.

첫째로 1945년 말부터 미국 선교사들(혹은 예전의 내한 선교사 자녀들) 일부가 선교사 자격이 아니라 미군정 자문관 자격으로 내한(來韓)했다.[16] 이들은 (H. H. 언더우드 등) 미군정청을 통해 교회나 교인에게 필요한 물자를 대폭 지원했다.[17] 이러한 지원을 통해 미군정청(선교사)과 개신교 지도자들 그리고 이승만의 관계가 밀접해졌다. 둘째로 이승만은 개신교가 요청한 정책 제안을 받아들여 시행했다. 예컨대 그는 국기 배례가―일제 시대 신사참배 강요와 동일하게―신앙 양심에 위배되므로 변경해 달라는 장로교회 총회(제35회, 1948)의 진정서를 받아들여서 대통령령으로 주목례로 변경시켰다.[18] 이승만 정권은 한국 전쟁의 전장에서 죽음의 공포에 시달리는 병사들과 부상당한 병사를 위로하고 그들을 정신적으로 무장시키는 일을 맡는 군종을 제도적으로 시행해 달라는 개신교의 청원을 받아들였다.[19] 셋째로 다수의 개신교 목회자들이 이승만과 개인적인 친분 관계를 통해 수시로 정치 현안이나 인물 추천에 개입하였다.[20] 그리하여서 개신교의 지도층은

---

16) 안종철, 『미국 선교사와 한미관계 1931-1948: 교육철수, 전시협력 그리고 미군정』(서울: 한국기독교역사연구소, 2010), 243 이하.

17) 예를 들어 월남한 교인들이 1946년 4월 '이북기독교신도연합회'를 조직했고, 이 단체가 피난민 교인 자녀 교육을 위해 학교를 설립하기로 하고 미국 교회에 재정 지원을 요청했다. 미국 교회의 지원으로, 1947년 11월 25일 대광중학교가 설립되었다.

18) 『조선예수교장로회총회 제35회 회록』(1949), 74. 『기독공보』(1948. 7. 7). 김인수, 『한국기독교회의 역사』(서울: 장로회신학대학교출판부, 1997), 573.

19) 1950년 9월 18일 개신교의 장로교, 감리교, 성결교, 구세군, 그리고 천주교가 연합하여 군종제도의 도입을 위한 '군종제도추진위원회'를 결성하였다. 위원회의 대표들인 한경직, 류형기, 캐롤(천주교)이 대통령을 두 차례 방문하여 군종제도 도입을 청원하였다. 1950년 12월 21일 대통령 비서실 지시 국방신 제29호로 군종 목사 제도가 한국군 안에 실시되었다. 1951년 2월 7일 육군 일반명령 제31호로 육군본부 인사국 내 군승과가 설치되어 군내 종교 활동이 실시되었다. 임희국, 『작은 돌 큰 울림, 임옥 목사의 생애 목회 신학사상』(서울: 대한기독교서회, 2008).

20) 예를 들어 최거덕 목사는 1948년 대통령 이승만에게 목회자(함태영)를 심계원 원장직에 추천하였고 또한 1952년에 그를 부통령 후보로 추천했다. 임희국, "성효 최거덕 목

제1공화국 기간 내내 이승만을 적극 지지하였다. 특히 북한에서 남한으로 피난 온 개신교인 대다수가 이승만의 친미반공 노선을 적극 지지했다.

4. 1952년, 제2대 대통령 선거와 개신교

이승만 정권은 남한만의 단독 정부 수립을 인정하지 않으려는 여러 정치 세력들에게 계속 도전을 받았고 그들과 권력 투쟁을 했다. 국회에서 신임을 얻지 못한 그는 제2대 국회의원 선거(1950. 5. 30)에서 엄청난 정치적 시련을 겪었으나 전쟁(6·25)을 계기로 새롭게 회생했다. 그러나 국회를 주도하는 세력은 그를 더 이상 지지하지 않았고, 국회의원 다수는 민의(民意)가 반영되는 내각책임제의 개헌을 추진했다. 임박한―1952년 정·부통령―선거에서는 이승만이 국회에서 대통령에 재선될 가능성은 희박했다. 그런데 그는 장기 집권을 도모하고자 정치 위기를 조장했다.[21] 또한 그는 자신의 정권을 지키기 위해 정당을 만들겠다고 공언했다. 1951년 12월에 두 개(원내, 원외)의 자유당이 창당되었다. 공화민정회 소속 국회의원들을 중심으로 만든 (원내) 자유당, 또한 이승만을 지지하는 사회 단체들을 중심으로 만든 (원외) 자유당이 창당되었다. 국회의원들을 중심으로 조직된 (원내) 자유당이 당명을 '자유당'으로 정했다는 사실을 이승만이 알았음에도 불구하고, 그는 동명(同名)의 (원외) 자유당을 만들도록 지시했다.[22] 아

사님의 생애와 사역", 손인웅 엮음, 『성효 최거덕 목사 20주기 추모기념문집』(서울: 한들출판사, 2010), 68.

21) 예컨대 1952년 부산 정치 파동, 1954년 사사오입 개헌 등이었다. 이완범, "1950년대 후반 한국정치사 연구: 이승만 정부 몰락 과정에서 일어난 보안법 파동을 중심으로", 문정인 외, 『1950년대 한국사의 재조명』(서울: 선인, 2004), 459-494.

직도 전쟁 중이던 1952년 7월 4일 '발췌 개헌안'이 국회에서 기립 표결로 통과되었다. 대통령 직선제와 내각책임제를 절충하여 만든 개헌안이 통과되었던 것이다. 이제부터는 대통령과 부통령을—국회에서 뽑지 않고—직선제로 선출하게 되었다. 이승만의 의도대로 개헌이 성사되었다.

8월 5일에 정·부통령 선거를 실시했다. 『기독공보』에 따르면,[23] 7월 26일 '한국기독교연합회'의 회원 교단(장로교, 감리교, 성결교, 구세군 등)과 여러 단체의 대표들이 모인 자리에서 "대통령으로 이승만을 추대하기로" 결의했다. 한국기독교연합회(회장 전필순)는 이승만을 대통령으로 추대한 이유로 그의 치적 3가지를 들었다. 즉 "① 국기 경례를 주목례로 하였고(바꾸었고), ② 국군에 종군목사제를 대통령령(令)으로 하였고, ③ 국가 의식을 기독교식으로 지령했다."는 치적을 거론했다. 이승만의 "호교 정책 수행"과 그의 "정치 기독교화에 적지 않은 공헌"을 높이 평가했다. 이어서 한국기독교협의회는 기독교인 유권자에게 "한국 기독교화"를 지향하면서 투표하되 "이승만 박사에게 귀중한 표를 총집결해" 달라고 호소했다. 한국기독교선거대책위원회는 전국적인 조직망을 만들어서 선거 운동을 펼쳐 나갔다. 8월 3일(선거 직전 주일)에는 전국 교회가 일제히 조국 재건과 정·부통령 선거를 위해 기도회를 개최했다.[24] 이때의 개신교는 이번 선거를 "기독교 대 반(反)기독교의 엄숙한 결전(決戰)"으로 파악하였고, 기독교의 정치 참여에 대한 신학적인 고찰이나 신앙적인 성찰을 하지 않은 채, 무슨 방도로든 기독교에 유리한 인물을 당선시키기 위해 열렬히 뛰어들었다.[25]

---

22) 원외(자유당)에는 국민회, 대한노동총연맹, 대한농민총연맹, 대한부인회, 대한청년당 등 이른바 5개 사회 단체의 대표들이 참석했는데, 그런데 창당의 주도 세력은 이범석의 민족청년단계(족청계)였다.

23) 『기독공보』(1952. 8. 4).

24) 위의 신문.

25) 최종고, 667.

개신교는 함태영 목사를 부통령으로 추대했다.[26] 8월 5일의 선거 결과, 이승만이 압도적인 지지를 얻어 대통령에 당선되었다. 그는 총 투표수의 72%, 유효 투표수의 74.6%인 5,238,769표를 득표했다. 부통령에는 예상을 뒤엎고, 국민에게 이름조차 생소했던, 함태영이 294만여 표를 얻어서 이범석(181만여 표)을 누르고 당선되었다. 이러한 선거 결과는 이승만의 지시에 절대적으로 따른 경찰의 힘을 업었기 때문이라고 평가받는데, 개신교의 열렬한 선거 운동도 함태영의 득표에 기여했을 것으로 짐작한다. 한국 개신교는 이때 "한국의 정치 자체를 기독교인이 장악하여 기독교화해야 한다."고 생각했다.[27] 때문에 특별히 기독교 정당 같은 것을 조직할 필요도 느끼지 못할 정도였다.

1953년에 개신교는 (한국 전쟁) 휴전 반대 운동을 통해 이승만의 북진 통일 정책과 더욱더 밀착되었다. 그해 3월 30일 이승만 대통령이 휴전 반대 성명을 내었고, 이틀 후인 4월 1일부터 휴전 회담 반대 궐기 대회와 시위가 일어났다.[28] 북진 통일을 요구하는 시위가 연이어 일어나는 가운데서, 6월 18일 이승만이 반공 포로 석방을 명령했고, 3일 뒤(21일)에 국회는 북진 통일을 결의했다.[29] 반공 포로 석방으로 휴전 반대와 북진 통일의 외

---

26) 부통령 입후보자 가운데 여러 명의 기독교인이 난립되어 있었는데, 3파전이었다. 첫째는 이윤영 목사를 지지하는 월남 기독교인 세력, 둘째는 함태영 목사를 지지하는 한국 신학 계통의 신민학파 세력, 셋째는 이강성을 지지하는 정통 보수 신학파 세력이었다. 위의 책, 667-668.

27) 위의 책, 670.

28) 4월 20일에서 5월 12일 사이에 전국에서 일어난 휴전 반대 궐기 대회와 민중대회는 7,500회, 지방의회대회는 540회, 동원 인원은 800만여 명이라고 발표되었다. 김흥수, 『한국전쟁과 기복신앙확산연구』(서울: 한국기독교역사연구소, 1999), 85 이하.

29) 이번의 북진 통일 운동은 1949년의 북진 통일 운동과 달랐다고 한다. 1949년에는 정부가 혼연일체가 되어서 북진 통일을 주장하지 않았고 또 그 밖에 다른 통일 방안도

침이 최고 단계로 고조되었다.

북진 통일 정책을 특별히 월남(越南)한 기독교인들이 지지했다. 6월 14일 서울의 탑골공원에서 개신교인 7천여 명이 참석하여 휴전 반대 북진 통일 기원 대회를 개최했다. 그 이튿날 부산에서 교인 1만여 명이 참석하여 전국 기독교 신도 구국 대회를 열었다. 이 자리에서 세계 교회에게 보내는 성명서가 발표되었는데, "한국 정부와 국민은 일치단결하여 최근 판문점에서 진행되고 있는 휴전안에 대하여 한사코 반대"하며 "한국(한반도)의 통일은 공산주의와의 유화에 의해서가 아니라 공산주의를 굴복시킴으로써 성취되어야" 한다는 입장을 천명했다. 이승만의 북진 통일 곧 무력을 통한 통일을 지지한 것이었다. 계속해서 인천, 청주, 광주에서도 신도 구국 대회가 개최되었다.[30] 이승만 정권과 개신교는 반공 노선으로 일체가 되었다. 7월 27일 휴전 협정이 조인되었다.

이 상황에서 한경직은 북진 통일 운동의 실현 가능성이 아주 희박하다는 점을 파악했다고 본다. 북진 통일은 군대의 힘으로 전쟁을 통해 실현될 것인데, 한국의 군사력은 하나부터 열까지 전적으로 미국에 의존해 있었고 또 작전권도 유엔 사령관이 쥐고 있었으며, 더욱이 한미 방위 조약은 어떤 전쟁이든 전쟁을 일으켜서는 안 된다고 명기했다. 이렇게 무력 통일이 불가능하다고 판단되는 상황에서, 북진 통일 정책은 집권 세력이 남북한이 대립·갈등하는 상황을 이용하여 장기적으로 권력을 유지하려는 방책임이 분명해졌다. 이와 관련하여 한경직은 1954년 8·15해방 기념일 설

제기되었으며, 더욱이 시위의 규모도 크지 않았고 장기간 지속되지도 않았다. 서중석, 『이승만과 제1공화국: 해방에서 4월 혁명까지』(서울: 역사비평사, 2007), 132-133.

30) 김양선, 『韓國基督教解放十年史』(서울: 대한예수교장로회총회 종교교육부, 1956), 141-142.

교에서 "현시점에서 많은 사람이 남북의 통일이란 '실지(失地)의 회복'이라고 생각하는데, 그러나 이를 위하여 이제까지 수년 동안 모든 노력과 정력을 기울였으나 그 모든 것이 실패로 돌아갔다는 점"을 상기시켰다.[31] 그러므로 이 시점에서 할 수 있는 현실적 대안은 "남한에서라도 관민(官民)이 일치 협심하여 자유를 누리는 민주주의 국가"를 건설하는 데 있다고 역설했다. 그는 이와 함께 정치적 자유를 억압하고 탄압하는 독재 정치가의 출현을 경계했다.

한경직은 또한 부패한 사회 현실을 우려했다. 우리나라 사회가 전체적으로 "양심의 마비 상태에 빠진" 상태라고 탄식했다.[32] 탄식은 새로운 사회 건설을 바라는 소망의 외침이었다. 그는 그래서 "교회가 국가의 양심"이어야 한다고 강조했다. 구체적으로 기독교 신앙인 국회의원은 국회의 양심이 되어야 하고 또 신앙인 공무원은 관청의 양심의 노릇을 해야 한다고 강조했다. 1955년 제헌절 곧 대한민국 헌법을 제정한 기념일에 한경직은 설교를 통해 '공의'를 선포했다.[33] 공의가 아닌 불의(不義)의 터전 위에 세운 정권은 모래 위에 쌓은 성 같아서 언제 무너질지 알 수가 없다고 선포한 그는 사회의 부패상을 심각하게 지적했다. "오늘날 우리 사회에서 보는 빽이니 사바사바니 이와 같은 말이 너무 자주 들리는 것은 우리 국가를 위

---

31) 『한경직목사설교전집 I』, 373.
32) 위의 설교집, 396. "그런데 오늘날 우리 한국의 현상을 돌아보면 어떻습니까? 농림부 사건이니, 무슨 금융 부정 대부 사건이니, 해운공사 사건이니 하는 모든 사건은 무엇을 의미합니까? 우리 민족이 과연 양심의 명령에 순복하는 민족입니까? 오늘날의 현상이 어떻습니까? 오늘의 관청을 보고, 오늘의 경제계를 보고, 오늘의 문화계의 각 방면을 돌아다볼 때에 오늘 우리 사회 현상이 어떻습니까? 우리가 우리의 집이 무너지고 우리의 도회지가 폐허가 된 것을 슬퍼하지 않을 수 없습니다만, 그보다도 뜻 있는 사람의 눈물을 자아내게 하는 것은 우리 민족이 전체적으로 양심의 마비 상태에 빠진 것입니다."
33) 『한경직목사설교전집 II』, 45 이하.

해서 통탄하지 않을 수 없습니다. … 우리의 나라를 흥하게 하는 한 가지 원리는 공의를 시행하는 거기에만 있는 것을 우리가 기억해야 합니다."[34] 이어서 한경직은 구약성경의 예언자 아모스를 인용하면서 국가 공공 기관과 사회 공공 단체가 "공의를 물같이 정의를 하수같이" 운영되기를 기원했다.

5. 1956년, 제3대 정·부통령 선거와 개신교

1950년대 중반의 한국 사회는 전쟁의 상흔에서 벗어나고 있었으나 정치적 혼란과 경제적 궁핍으로 말미암아 커다란 어려움에 처해 있었다. 이제 1956년에 임기가 만료되는 대통령 이승만은 개정된 헌법(1952년)에 따라 이제 더 이상 출마할 수가 없었다. 그러나 그는 또다시 대통령이 되고자 헌법을 한 번 더 고치려 했다. 이를 위하여 임기 만료 2년 전(1954년) 제3대 국회의원 선거(5·20 민의원 선거)에서부터 사전 공작을 시작했다. 그것은 자유당 소속 국회의원을 대거 당선시키는 것이었다. 투표 결과 자유당이 국회의원 당선자(203명)의 과반수가 넘는 114석(득표율 36.8%)을 확보하여 압승했다. 이승만은 이를 바탕으로 이기붕 의원 외 국회의원 135명의 서명으로 개헌안을 제출하게 했다. 개헌안의 핵심은 초대 대통령에 한하여 중임 제한을 폐지하는 안과 대통령 궐위(闕位)시 부통령이 승계한다는 안이었다. 1954년 11월 27일 개헌안이 통과되었다(4사5입 개헌). 이를 통하여 이승만의 종신 집권이 보장되었고 또 자유당은 더욱더 그의 사당(私黨)화 되었고, 그리고 한국 사회는 반민주 독재 정치로 말미암아 암울해졌다. 이 상황에서 이승만을 반대하는 세력들이 결집되었다. 몇몇 언론도 집권 여

---

34) 위의 책, 46.

당을 향해 비판하기 시작했다. 자유당에 맞서는 야권 연합 정당인 민주당이 1955년 9월에 창당되었다. 민주당은 반공 이념에 기반한 보수적 정당이었고 또 스스로가 한민당-민국당의 법통을 계승한다고 규정했다. 이때 진보적 민족주의 계열도 혁신 정당을 창당하고자 했다.

1956년은 선거의 해였다. 5월 15일에 정·부통령 선거가 있었고 또 8월에 지방자치(시·읍·면의회의원, 서울특별시·도의회의원) 선거가 있었다. 이번 선거에서 민주당은 "못살겠다 갈아 보자!" 라는 구호로 대중의 관심을 끌었다. 자유당은 "갈아 봤자 별수없다", "구관이 명관이다"로 맞대응했다.

새해의 여러 선거들을 의식한 한경직은 1월 15일 "예수를 바라보자"는 제목으로 설교하면서, 기독교인들은 다가오는 대통령 선거와 참의원 선거에서 "불의와 타협하지 말고 양심을 속이지 말아야 한다."고 선포했다. 불의와 타협하는 행위는 "사탄에게 절하여서 세상의 지위와 영광을 누리는 것이라."고 경고했다. 이번 선거에 임하는 개신교의 분위기는 4년 전 정·부통령 선거에 임했던 자세와 매우 달라졌다. 이전에는 교회가 정치의 기독교화에 몰입했는데, 이제는 헌법 제12조에 따라 "정치와 종교는 분리되어야 한다."는 입장으로 바뀌었다.[35] 그동안 정치에 편승하여 이용당한 것이 아닌지 자성하는 교회의 분위기였다. 장로교회의 신문(주간신문)인 『기독공보』는 정·부통령 선거 2개월 전부터 지속적으로(6회 이상) 선거 문제를 다양하고도 깊이 다루었다. 3월 19일자 신문의 '사설'은[36] ─민주주의 사회와 민주 정치를 위한 선거의 중요성을 언급하고 나서─냉정공평한 선거,

---

35) 대한민국 헌법 제12조에는 "모든 국민은 신앙과 양심의 자유를 가진다. 국교는 존재하지 아니하며 종교는 정치로부터 분리된다."라고 했다.
36) 『기독공보』(1956. 3. 19).

정실에 치우치지 않는 선거, 일할 사람을 제대로 선택하는 선거, 자기를 희생하며 섬기는 사람과 사회의 약자와 소외된 자를 돌아보는 사람을 뽑는 선거를 호소했다. 계속해서 『기독공보』는 교회는 정치적 중립을 지키고 교인은 국민의 한 사람으로서 자신의 양심에 따라 투표에 임하자고 설득했다.[37) 기독교인 정치가들 또한 교회를 정치에 이용하지 말고 자기 자신의 신앙 양심으로 세상의 소금과 빛이 되라고 충고했다.

그런데 교회 지도자 일부가 '정부통령 선거추진 기독교도 중앙위원회'를 조직하여 이승만을 대통령으로 추대하고 이기붕을 부통령으로 추대하였다.[38) 이 위원회는 그러나 종교와 정치를 분리하는 원칙에 근거하여, 어느 교파나 단체를 대표하는 것이 아니라 순전히 개인 자격으로 규합하여 결성된 것이라 해명했다. 위원회의 상임위원인 권연호 목사는 임원회 석상에서 "교회는 정치 단체가 아니고, 교회는 정당에 가입할 수 없으며, 교회는 정당에 이용될 수 없다."고 강조했다. 그런 점에서 위원회는 기독교 정당의 결성을 반대했다.

장로교회 언론인 『기독공보』는 4월 30일자 '사설'에서 유권자의 선택을 위해 정·부통령의 자격을 갖춘 인물을 선택하는 기준을 제시했다.[39) 첫째로 정치를 할 줄 아는 사람(치안 확보, 외교 능력, 인재의 적재적소 등용, 의무교육 연한 인상, 민생 문제 해결), 둘째로 하나님을 두려워하는 사람, 셋째로 국민의 사표가 될 만한 사람 등이었다. 5월 14일자 『기독공보』는 목사의 "선지자(예언자) 직책"을 일깨웠다.[40) 신문 기사는 지금 여야를 막론하고 정치

---

37) 『기독공보』(1956. 4. 9; 1956. 4. 23). 정부통령 선거추진 기독교도 중앙위원회의 임원진은 다음과 같다. 전필순(회장), 김종대(사무장), 김광우·장원용·김창근·유호재(부위원장).

38) 『기독공보』(1956. 5. 7).

39) 『기독공보』(1956. 4. 30).

40) 『기독공보』(1956. 5. 14).

계가 부패한 현실을 대한민국 국민이면 누구나 다 공감하고 있는 바, 해방 이후 기독교인 정치가들이 이 나라의 정계에 주도권을 잡아 왔는데 지금까지 과연 깨끗하게 양심적으로 정치했는지 반성하자고 촉구했다. 신문 기사는 계속 성직자인 목사가—그 성직을 버리고—정계로 나섰으면, 그는 선지자 나단과 같이 다윗 왕의 범죄를 지적하여 회개시킬 만한 권위가 있어야 한다고 주장했다.

선거를 앞두고, 민주당 대통령 후보자 신익희가 갑자기 사망했다. 야당의 대통령 후보는 자연히 진보당 대통령 후보자 조봉암으로 단일화되었다. 그러나 야당인 민주당이 오히려 이승만을 지지하는 쪽으로 기울자,[41] 진보당의 부통령 후보자 박기출이 사퇴를 발표했다. 이에 따라 부통령 선거는 자유당 부통령 후보자 이기붕과 민주당 부통령 후보자 장면이 대결하게 되었다. 개신교 지도자들이 개별적으로 조직한 '정부통령 선거추진 기독교도 중앙위원회'는 이승만을 대통령으로 추대했고 또 이기붕을 부통령으로 추대했다.

5월 15일의 선거 결과, 대통령에 이승만이 당선되었고(500만여 득표) 또 부통령에 장면이 당선되었다(400만여 득표). 여기에 대하여 『기독공보』는 선거가 국민의 자유 의사와 양심에 따라 대체로 공정하게 집행되었다고 평가했다.[42] 이 신문은 당선된 대통령에게 국민의 여론을 살피고 민심의 소리에 귀를 기울여 달라고 당부했고 또 야당에게 표를 던진 민의(民意)의 소재를 알아 거족적(擧族的)인 내각을 구성하고 양심적 인물을 등용하여

---

41) 그러나 민주당 최고위원들은 조봉암을 단일후보로 지지하지 않을 것임을 분명히 했다. 민주당의 입장은, 과거 공산주의자였으며 지금은 사회적 민주주의를 대안으로 내걸고 나선 조봉암과 연합하기보다는, 오히려 이승만을 지지하는 쪽으로 기울었다.
42) 『기독공보』(1956. 5. 28).

국리민복(國利民福)의 정책을 강력하게 펼치라고 요청했다. 그리고 이 신문은 교직자(목사)의 현실 정치 참여에 관하여 매우 부정적으로 평가했다.

6. 부패한 정치 현실에 대한 한경직의 탄식 설교

선거의 결과가 이승만 정권을 몹시 불안하게 만들었다. 민심이 이 정권으로부터 이탈해 나간다는 조짐을 읽었기 때문이다. 그 무엇보다도 진보당 대통령 후보였던 조봉암의 괄목할 만한 정치적 성장이 이 정권에게 위협적이었다. 조봉암은 당을 정식으로 결성하지도 못한 채 대통령 선거에 출마하여 216만여 표의 커다란 지지를 얻었다. 그러나 그 득표 통계는 어디까지나 공식적인 발표일 뿐이었고 투표함 개봉의 부정 때문에 투표 결과의 실체를 알 수가 없었다. 진보당은 투개표 참관인을 거의 낼 수가 없었고 또 민주당 참관인은 진보당의 표를 지켜 주지 않았다. 조봉암은 이제 이승만에게 최대의 정적(政敵)으로 떠올랐다. 또한 장면의 부통령 당선도 이승만과 자유당에게 위협감을 느끼게 했다. 헌법에는 대통령의 궐위 시 부통령이 대통령직을 승계하도록 되어 있었는데, 대통령 이승만의 나이(81세)가 자유당을 불안하게 만들었다. 6월 8일 지방 선거에서 자유당은 갖은 불미스런 부정 선거를 통해 승리했다. 그러나 8월 13일 서울시의회 선거에서는 민주당이 크게 이겼다.[43] 그 결과 여촌야도(與村野都) 현상, 즉 농어촌 지역에서는 여당의 지지가 우세하고 도시 지역에서는 야당의 지지가 우세하였다.

---

43) 서울시 의원 47명 중 민주당 40명, 농민회 1명, 무소속 5명에 자유당은 1명만 당선되었다.

이런 상황에서 장면 부통령 저격 사건이 일어났다. 민주당 전당대회가 열린 1956년 9월 28일 오후 서울의 명동 시공관에서 장면 부통령을 살해하려는 총소리가 났다. 다행히도 총알이 그의 왼손을 스쳤을 뿐 생명에는 지장이 없어 살인미수에 그쳤다. 그가 제4대 부통령으로 취임한 지 겨우 한 달 남짓 지난 때에 이런 엄청난 사건이 발생했다. 이 사건은 대통령 유고시 그 직을 계승하게 되는 장면 부통령을 제거하기 위해 저질러진 정치적 음모라는 해석이 지배적이었다.

한경직은 암살미수 사건에 대하여 강단에서 탄식을 쏟아 냈다. 암살 사건은 이번이 처음이 아니고 해방 이후 계속 연달아 일어나고 있다는 점에서 경악스러웠다. 그의 설교 일부를 인용하면, "해방 후에 일어난 정치적 암살 사건을 여러분이 기억합니다. 송진우,[44] 여운형,[45] 장덕수,[46] 김구[47] 선생 같은 이런 여러분들을 암살했습니다. 그리고 얼마 전에 일어난 장(면) 부통령 저격 사건 등, 이와 같은 것을 아직까지도 우리나라에서 정치 운동을 한다고 하는 사람들 가운데 일부는 입으로 민주주의를 떠들고 입으로는 무엇을 떠들지만, 실상 속에는 아직도 폭력주의를 믿고 테러주의를 믿고 독재주의를 신봉하는 사람들로서…."[48] 이렇게 한국 민주주의 정치를 살펴보면 겉보기엔 그럴듯하나 실제로는 테러와 폭력으로 유지되는 독재 정치라는 점을 날카롭게 비판했다. 한경직은 독재 정치의 근본 원인이 "일부 정치가들의 탐욕"에 있다고 진단하면서, 그들의 탐욕 때문에 불미스런

---

44) 1945년 12월 30일 4개국 신탁 통치를 둘러싼 정치적 분규 중 암살되었다.
45) 1947년 7월 19일 서울 혜화동 로터리에서 저격당했다.
46) 1947년 12월 자택에서 현직 경찰관에게 암살당했다.
47) 1949년 6월 29일 경교장에서 안두희에게 암살당했다.
48) 『한경직목사설교전집 II』, 296-297.

사건이 일어나고 불의한 현실이 지속되고 그리고 대중의 생활이 도탄에 빠졌다고 비판했다. 한경직은 우리나라에서 민주주의가 바르게 구현되어야 한다고 호소했다. "민주주의의 근본 정신은 생명 존중에 있는 것이며, 민주주의는 결코 폭력에 의지해서 움직이는 것이 아니라 법과 여론에 의지해서 운영되는 것"이라 강조했다. 또한 이 정신을 무시하는 제도나 정권은 결코 "오래 계속되지 못한다"고 경고했다.

이제 한경직은 남한의 부패한 정치가들의 불의한 행위가 북한 공산당의 그것과 맞먹는다고 비판했다. 그는 1957년 1월 20일 설교에서 다음과 같이 개탄했다.[49] "38선 이북의 북한에는 하나님의 제단이 무너졌고 많은 사람이 학살당했고 대중은 붉은 악마(공산당)의 손아귀에서 신음하고 있으며, 또 38선 이남의 한국에는 공무원(군, 경찰)의 부패 정도가 심각하고 사회의 양심과 도의심이 땅에 떨어졌고 대중은 생활고에 허덕이고 사회의 질서가 무너져서 절도 강도 자살 사건이 줄줄이 이어지고 있는데, 38선 남쪽과 북쪽의 '우리 민족이 다 말라 빠진' 뼈다귀가 되었다." 그는 구약성경에 등장하는 예언자 에스겔이 본 마른 뼈 환상을 우리나라의 현실에다 투영시켰다. 이어서 그는 남한의 불의한 현실이 계속 이런 식으로 마른 뼈다귀처럼 굴러간다면 자칫 공산주의자들에게 틈을 줄 수 있다고 우려했다. 전쟁을 통해 공산주의의 실체적 진실을 파악한 사람들이 생각과 사상으로는 공산주의를 거부하고 있는데, 그러나 만일 그들이 생활고에 시달린 나머지 공산당의 유혹을 받아서, 즉 다른 사람의 것을 강제로 빼앗아서 잘 살 수 있다고 꾄다면, 거기에 넘어갈 사람이 적지 않을 것이라고 그가 우려했다. 그러하기에 남한의 정치가들이 말로만 반공을 외치지 말고 정치 안정과 경제 재건을 어서 속히 이루어야 한다고 그가 진심으로 충고했다.[50]

---

49) 위의 책, 287.

이와 관련하여 한경직은 투표권을 가진 국민의 애국심을 강조했다. 애국(愛國)이란 국가를 절대화시키는 국가 지상주의나 민족을 절대화시키는 민족 지상주의를 뜻함이 아니고, 국민 한 사람 한 사람이 국가에 대해 책임 의식을 가지는 것이 애국심의 발로라고 그가 강조했다. 국가에 대한 책임 의식 곧 애국심을 가진 국민이 선거로 대통령을 뽑고 국회의원을 뽑아야 하는데, 그런 책임 의식이 결여된 투표자가 금권 선거의 유혹에 넘어가고 관제 선거의 힘에 굴복하게 되면 결국 부패한 사회 현실을 더욱 확대 심화시킬 것으로 그가 경고했다.

1958년 5월 2일 제4대 국회의원(민의원)을 선출하는 5·2 선거가 다가온 시점에서(4월 13일), 한경직은 강단에서 정부와 국민 모두가 공의로운 선거를 치르자고 당부했다.[51] 정부는 공평한 선거가 이루어지도록 하고, 국민은 양심에 따라 자유롭게 투표하자는 당부였다. 그러나 선거가 다가올수록 선거 분위기가 예전의 선거철처럼 혼탁해졌다. 한경직은 4월 27일 설교에서 다음과 같이 선포했다. "요새 선거 분위기를 보면 갖은 모략과 공갈과 위협과 테러가 충만해서 실로 통탄할 현상을 나타내고 있습니다. 우리 믿는 사람들은 이런 때에 정신을 차리고 투표를 바로 해서 이런 자들에

---

50) 『한경직목사설교전집III』, 284-285.

51) 위의 책, 71-72. 설교 제목 "하나님께서 요구하시는 것"(1958년 4월 13일)에서 한경직은 다음과 같이 선포했다. "선거를 할 때에, 투표를 할 때에 무엇이 공의를 구부러지게 합니까? 정실 관계, 무슨 대적 관계, 무슨 돈 관계, 무슨 교환 조건, 이런 데 이끌려서 국민이 투표를 하면 어떻게 공의의 선거를 할 수가 있겠습니까? 그러기에 공의의 선거를 하는 데에는 우리 국민이 꼭 공의의 입장에서, 양심대로, 합당한 사람을, 그 사람의 인격과 그 사람의 생활과 그 사람의 자격과 모든 것을 자세히 살펴서 양심대로 투표를 하여야 우리나라를 바로 지도할 국회를 형성할 수가 있는 것입니다. 그저 남의 부탁만 듣고, 남의 점심 대접이나 받고, 그저 남의 이런 관계 저런 관계, 어떤 교환 조건에 의지해서 이렇게 국민이 투표를 하면 어떻게 합당한 사람이 당선될 수가 있겠느냐는 그 말이올시다."

대해서 엄정한 국민의 심판을 내려야 하겠습니다."[52]

또한 기독교 여성들이 정치가의 깨끗한 일상 윤리와 반듯한 도덕성을 위해 정치 참여에 나섰다. '대한기독교여자절제회'는 대한예수교장로회여전도회전국대회, 대한기독교감리회여선교대회, 대한기독교장로회여전도연합대회, 대한기독교성결교부인회, 대한구세군부인회, 대한기독교침례회부인회의 후원으로 4월 21일 파고다 공원에서 기독여성 총궐기 대회를 개최했다. 이 대회에서 교회 여성들이 다음과 같이 천명했다.[53] "① 첩 둔 사람이 국회의원 됨을 반대한다. ② 술장수가 국회의원 됨을 반대한다. ③ 국회를 돈벌이판으로 악용하려는 사람이 국회의원 됨을 반대한다. 우리는 청렴결백한 국회의원을 요구한다. 우리는 나라의 발전과 겨레의 복리를 위하여 양심적으로 책임을 다하는 국회의원을 요구한다. 우리는 여성의 지위 향상을 위하여 싸울 국회의원을 요구한다." 이러한 요구는 1950년대 문란해진 사회 지도층의 성도덕을 선거로 심판하자는 여성들의 외침이었다.[54]

제4대 국회의원(민의원) 선거(5·2 총선)가 끝났고, 『기독공보』가 총선 결과에 대한 기독교계의 여론을 보도했다. 이번의 선거는 예년에 비해 비교적 나아진 편이었는데, 그러나 선거를 치르는 과정에서 여전히 편법과 불법이 난무했다고 평가했다.[55] 선거 결과 자유당이 126석, 민주당이 79석,

---

52) 위의 책, 설교 제목 "우주 시대와 신앙 생활"(1958년 4월 27일).
53) 『기독공보』(1958. 4. 21).
54) 남녀가 껴안고 추는 춤인 댄스가 미군과 함께 들어왔고, 춤바람으로 사회를 떠들썩하게 했던 '박인수 사건', 1954년 1월부터 『서울신문』에 연재된 정비석의 소설 『자유부인』을 둘러싼 사회적 논란이 뜨거웠다.
55) 이번 선거에서도 여당은 공무원을 동원했고 폭력배가 동원되어 야당 참관인이 구타당했다. 개표 부정도 여전하였다. 서중석, 188-190.

무소속이 27석을 차지했다. 선거 전에 자유당은 국회의석 2/3를 차지하겠다고 공언했고 또 민주당도 국회의석 과반수를 차지하겠다고 공언했는데, 그 결과로 그 공언이 무산되었다. 『기독공보』는 이에 "만일 자유당이 국회의석 2/3를 차지하였더라면 헌법 개정을 자유로이 할 수 있게 되므로 국가 기반이 흔들리기 쉽고 민주당이 과반수를 차지하였더라면 2년의 임기를 남긴 대통령의 행정부와 밤낮 대립하여 아무것도 할 수 없을 뻔했는데 이도저도 안 되어 다소 정국 안정에 도움이 될 것"으로 전망했다.[56] 자유당은 개헌선에 도달하지 못했고 또 민주당은 호헌선을 확보했다.[57] 이 신문은 이와 함께 앞으로도 정교 분리의 원칙 아래 교회가 정치적 중립을 엄정히 지켜야 한다고 강조했고, 만일 교인이 불의한 정치 운동에 참여했다면 (현금, 물품, 음식 제공 등) 이것은 나라를 배신하고 팔아먹는 매국(賣國) 행위이므로 그러한 자는 회개해야 한다고 지적했다.[58]

7. 1960년, 4·19와 개신교(장로교회)

한경직은 현실 정치권을 향한 예언자적 설교와 더불어 자기 비판도 게을리 하지 않았다. 자기 비판이란 교회 내부를 향한 쓴 소리와 교회 지도자에게 성찰과 회개를 촉구하는 선포였다. 1950년대에 장로교회는 세 번의

---

56) 『기독공보』(1958. 5. 12).
57) 이번 선거에서 무소속이 크게 약화되어 양당 정치가 가능하게 되었는데 그러나 진보세력이 배제된 상태에서 보수 양당이 정치권을 지배했다. 대체로 1980년대까지 지속된 보수 양당제와 1985년 선거까지 흔히 나타났던 여촌야도 현상을 보였다는 점에서 1958년의 총선은 그 의미가 크다고 평가된다. 참고, 서중석, 190-191.
58) 『기독공보』(1958. 5. 19).

분열로 말미암아 4개 교단으로 쪼개졌다(고신, 기장, 예장합동, 예장통합). 매번마다 교권 다툼과 신학 논쟁이 일어났고 수많은 이들이 엄청난 고통을 받았는데, 교단의 다툼에 몰입되어 있는 교회는 부패한 사회 현실을 무력하게 바라볼 수밖에 없다고 한경직이 개탄했다. 그는 한국 교회가 계속 이대로 간다면 결코 하나님의 심판을 면치 못할 것이라 선포했다. 지금의 교회를 그는 예수님이 저주하신 '무화과나무'(마 21:18-19)에 비유했다. 무화과나무를 심은 목적이 그 열매를 얻기 위함이듯이, 하나님께서 우리나라에 8·15 해방을 안겨 주셔서 새 나라의 교회를 세워 주신 것은 마땅히 자유와 해방의 열매를 얻기 위함인데, 만일 열매가 없다면 나무를 도끼로 찍어서 불에 던질 것이라 경고했다.

한경직은 또한 1958년 현시점의 한국은 하나님이 새로운 '기회' 곧 부패를 청산하고 공의의 열매를 맺으라고 주신 마지막 기회라고 선포했다. "한국 전쟁 이후에 우리는 정치, 군사, 경제적으로 우방 여러 나라의 도움을 입으며 지내 왔는데, 지금처럼 나라의 내부에서 썩어지는(부패한) 세력을 막아 내지 못한다면, 우방들의 도움만으론 국가의 재건이 불가능하다고 보았다. 한경직은 대안을 제시했는데 공의로운 사회를 위한 의인이 있어야 한다."고 선포했다.[59] 여기서 말하는 의인이란 물론 기독교 인물이며, 그는 하나님 앞에서 올바르고 사람들 앞에서도 올곧은 사람, 또 그는 구약성경 선지자(예언자)의 후계자요 신약성경 순교자의 후계자이며, 그리고 그는 예수 그리스도의 참된 제자이다. 여기에서 우리는 한경직의 종말론적 메시야 대망을 엿볼 수 있다.

한경직이 설교에서 언급했듯이, 1957년 이래 실시된 미국의 원조 감

---

59) 『한경직목사설교전집Ⅲ』, 300.

축은 이 원조에 바탕을 둔 국내 산업의 가동률을 저하시켰고 또 원조에 의존하던 정부의 재정을 압박했다. 이에 따라 조세 부담이 증가되어 국민 경제를 악화시켰다. 이승만은 또한 개인적 친분 관계와 연줄에 따라 인물을 기용했고 또 반공 정신이 철저한 인물을 등용했으며 그리고 모든 관료 기구를 사유화시켰다. 이미 1956년 정·부통령 선거에서 민심이 이탈되는 조짐을 파악한 그의 정권은 민주주의 절차를 훼손시키는 조치를(국가보안법 개정, 경향신문 폐간, 조봉암 처형 등) 무리하게 단행했다. 강경파가 장악한 자유당은 야당 세력과 대화와 타협에 나서지 않았고 비판 세력을 억압적으로 탄압하려 했다.

반(反) 이승만 세력의 정치 전선은 3·15 부정 선거를 통해 결정적으로 조성되었다. 정권 교체의 기대를 가졌던 비판 세력은 선거 직전 야당 부통령 후보자 조병옥의 갑작스런 사망에 의기소침해졌는데, 그런데 예상 밖으로 선거 부정에 대한 항의 시위가 시작되자, 침체되어 있던 비판 세력의 사기가 되살아났다. 항의 시위가 부정 선거 규탄과 사회 전반의 부정부패 규탄으로 발전해 갔다. 이승만 정권은 시위대를 경찰력으로 진압했고 또 그들이 공산주의 사주에 주입되었다는 여론몰이로 퇴치하려 했다. 이 과정에서 시위의 전면에 학생들이 등장했다. 학생 시위는 2월 28일 대구에서 시작되었고, 3·15 부정 선거에 대한 마산 항쟁이(제1, 2차)[60] 일어났고 그리고 전국에서 데모가 일어났으며, 4·19 데모 이래로 날마다 시위가 지속되던 중 4월 25일에 대학 교수단의 시위가 있었고, 그 이튿날 이승만이 하야했다.[61] 이렇게 1960년 초봄에 시작된 4·19 혁명으로 이승만 정권이

---

60) 제2차 마산 항쟁은 4월 11일 김주열의 죽음으로 일어난 시위였다.

61) 4월 19일에는 경찰력의 '발포'를 통하여 폭력적으로 진압했다. 진압이 별다른 효력을 발휘하지 못하였고, 국무위원 총사퇴(21일), 이기붕의 부통령 당선 사퇴와 모든 공직 사퇴 발표(24일), 민주당이 이승만의 하야 및 정·부통령 재선거 실시안을 국회에 긴급

붕괴되었다.[62] 몰락의 주된 원인은 경제 위기와 독재적 권위주의 통치에 있었다.

그런데 3월 15일 선거 직전에 개신교 지도자 일부는 '자유당정부통령 선거중앙대책위원회'의 명의로 "대통령에 리승만 박사로 부통령에 리기붕 선생을"이란 광고를 『기독공보』에 실었다.[63] 광고 내용을 살펴보면, 선거에 대한 교회의 엄정 중립을 확인한 다음에 교인들은 기독교 정신(진리, 자유, 정의)을 정치에 반영시킬 수 있는 인물과 반공 정신이 철저한 인물을 지지하자고 홍보했다. 그러면서 개신교 '원로'인 이승만을 대통령으로 뽑자고 선전했다.

한편 『기독공보』는 3·15 선거 결과에 대한 기사를 실었고,[64] 마산 항쟁에 관하여 보도했다.[65] 그러나 기사의 내용을 보면 『기독공보』가 4·19의 진행에 대한 분명한 이해와 명확한 해석을 내리지 못했다는 인상이 짙다.

또한 한국기독교연합회는 4월 23일 이승만에게 '건의문'을 제시했다. 그 내용의 일부를 소개한다.[66] "불행히도 단기 4285(1952년)년 부산에서의 정치 파동 이래 민주 국가 건설과 사회 정의 수립에 역행하는 여러 가지 사실이 정계에 누적되어 자못 불안하던 중 금번 3·15 선거에 이르러서는 국

동의(25일), 교수단 데모(26일)를 통한 양심 세력의 도덕적 압력과 미국으로부터의 이 승만에 대한 지지 철회가 결정적인 힘으로 작용하여 이승만은 물러났다.

62) '4·19 혁명'이라 함은 1960년 2월 대구 학생 봉기에서 1961년 5월 16일까지의 전 과 정을 지칭하고, 1960년 4월 19일에서 26일까지의 사건의 진행에 대해서는 단순히 '4·19'라고 지칭한다.

63) 『기독공보』(1960. 2. 29).

64) 『기독공보』(1960. 3. 21).

65) 『기독공보』(1960. 3. 28).

66) 『기독공보』(1960. 5. 2).

민의 민주주의적 최후 기본 권리마저 박탈당하여 공산주의와 싸울 민주주의의 지반을 상실하였으며 이 부정 선거에 반발하여 일어난 마산 사태에 대하여서도 당국도 오히려 유혈의 강압 수단으로 임하게 되자 전 국민의 사무친 울분은 마침내 폭발되고 말았다는 이 역연한 현실을 직시 심사하시옵소서." 이어서 한국기독교연합회는 학생들의 평화적 시위는 "3·1 독립 운동(1919년)에 필적하는 역사적 사건"이고 또 "3·15 선거는 부정 선거이었으니 공정한 재선거를 실시하라."고 요청했다.

3월 15일 선거를 이틀 앞둔 주일에 한경직은 강단에서 설교했다.[67] "우리가 내일 모레 대통령 선거를 앞두고 특별히 우리가 국가에 대한 관심이 깊습니다. 우리가 어떻게 하면 이 나라를 좋은 나라로 만들 수 있을까? 살 만한 나라, 참된 자유와 평화가 있는 나라, 모든 다른 사람에게도 모범이 될 수 있는 나라, 자연히 38선이 터져 없어져서 이북 사람들이 내려와 붙을 수 있는 이런 나라를 건설할 수 있을까? 여기에 대한 대답도 한마디로 말하면 대통령으로부터 시작해서 국회의원이든지 일반 공무원이든지 국민에게 이르기까지 오로지 내 나라를 위해서 나라고 하는 것을 땅에 던져서 묻히겠다고 하는 희생의 정신으로 국가에 봉사할 때에만 이와 같은 나라를 이룩할 수 있다고 하는 것을 우리가 잊어서는 안 될 것입니다."

한경직은 여당을 지지하는 일부 교회 지도자들과는 다른 입장을 가졌다. 그는 특정 정당을 지지하는 정치 참여가 아니라 자유와 평등과 공동체적 국가를 지향하는 정치를 희망했다. 그런데 4·19의 와중에서 학생들이 희생되자, 그는 부모 세대의 범죄로 말미암아 희생된 학생들을 기리며 깊은 슬픔에 잠겼다.[68] "1950년에는 6·25 사변(전쟁)이 일어나서 악독한 공

---

67) 『한경직목사설교전집Ⅳ』, 293.

산당의 남침으로 말미암아 수백만에 달하는 아까운 젊은 생명들이 이 땅에서 쓰러졌습니다. 그런데 휴전된 지 7년 되는 금년에 이 땅에 또한 이와 같은 참변이 일어나서 꽃 같은 어린 학생들이 100여 명이나 이 땅에서 쓰러지고, 수백 명이 부상을 당하고, 이 젊은 사람의 피가 또 한 번 우리 땅을 적시게 될 때에 생각하면 얼마나 비통하고 참혹한지 말로 다할 수가 없습니다." 그러나 그는 젊은 학생들의 의로운 용기와 희생으로 말미암아 4·19 의거가 성공한 점에 감사했다. 그는 또한 4·19 의거가 그동안 학생들의 의식 속에 민주주의를 심고 키워 낸 학교 교육의 결실이라는 자부심도 가졌다.[69]

이제 한경직은 또 한 번 더—지난날 8·15 해방 직후 새 나라 건설에 대한 꿈을 꾸며 일했듯이—4·19에 연이은 새 나라 건설을 위해 "하나님의 새로운 날"을 소망했다. 그는 그 나라의 건설을 위하여 회개가 선행되어야 한다고 선포했다.[70] "우리 믿는 사람들 너나 내나 할 것 없이 과거 부패한 정권 아래 살면서 부패한 사회 가운데 참으로 빛과 소금이 되지 못한 죄를 회개해야 되겠습니다. 불법과 불의에 대하여 강하게 싸우지 못한 죄도 회개해야 되겠습니다. 강하게 싸우지 못할 뿐만 아니라, 이런 죄를 묵인하고 동참한 모든 죄도 회개하지 아니하면 안 되겠습니다." 한경직은 새 나라 건설의 새로운 날은—사회 체제나 사회 구조의 변화를 통해서가 아니라—변화된 새로운 사람(회개한 하나님의 자녀)을 통해 이루어질 것으로 확신했다.

---

68) 위의 책, 설교 제목 "조국을 위하여"(1960년 4월 24일에 설교).
69) 한경직은 1947년 대광중고등학교 설립을 비롯하여 여러 학교들을 직접 설립했고 또한 숭실대학교의 재건도 주관했다.
70) 『한경직목사설교전집IV』, 355.

8. 정리와 결론

이제까지 우리는 제1공화국 시대 새 나라의 건설을 위하여 한국 장로
교회가 현실 정치에 어떻게 참여했는지 살펴보았다. 서론에서 언급한 대
로, 이 시대 교회의 정치 참여는 일제 강점기에 장로교회의 전통으로 확립
된 사회 공적 역할과 공공성이 되살아난 것이었다. 따라서 교회의 정치 참
여는 '마땅히 해야 한다'(sollen)는 당위성(當爲性)에서 비롯되었다고 본다.
하여 장로교회는 새 나라가 기독교 정신으로 건립되어야 한다는 소신에
따라 대한민국 정부 수립(1948) 시기부터 현실 정치에 적극 참여했다.

장로교회와 이승만 정권은 친미반공(親美反共)의 노선으로 일체가 되
었다. 장로교회는 한동안 이승만의 북진 통일 정책을 적극 지지했다. 특히
북한 출신 교인들이 그러했다. 그런데 교회의 이승만 정권 지지는 크게 변
화되었다. 그 변화는 1952년의 대통령 선거와 1956년의 선거에서 뚜렷한
차이를 보이며 나타났다. 1952년에는 한국기독교연합회의 회원 교단들과
기독교(개신교) 단체들이 합심하여 힘껏 선거 운동에 뛰어들었다. 이승만
대통령 만들기 운동이었다. 부통령으로 목사 함태영이 당선되었다. 그러
나 1956년부터는 교회가 정치적 중립을 엄정하게 지키기로 했다. 정치적
중립은 교회가 현실 정치에서 발을 빼거나 관심을 접는다는 뜻이 아니라,
교회가 정부에게는 공명정대한 선거를 진행토록 촉구하고 또 국민에게는
양심에 따른 자유로운 투표를 독려하는 것이었다.

그러나 일부 교회 지도자들은 여전히 선거 때마다 단체를 결성하여 이
승만 정권을 열렬히 지지했다. 이것이 바로 오늘날까지 개신교와 이승만
정권의 밀착 관계로 각인되어서 비판받는 점이라고 본다. 이제는 이 글에
서 파악한 대로 이러한 각인을 수정할 필요가 있다. 이 비판은 1956년 이
전 개신교의 정치 개입으로 한정시켜야 할 것이다. 그 이후 일부 교회 지도

자들이 특정 정당을 지지한 개별 정치 행위를 교회 전체의 정치 참여로 덮어씌우지 말아야 할 것이다. 그런 점에서, 바르고 깨끗한 정치 풍토를 위해 개신교 여성들이 1958년 궐기 대회를 개최한 사실은 신선한 미풍(美風)이었다.

이와 관련하여 우리는 한경직의 강단 설교를 통한 정치 참여를 살펴보았다. 그가 제1공화국 시대에 선포한 설교 원고를 살펴본 바로는, 그는 특정 정치 세력을 지지하는 당파성 정치 참여에 관심이 없었고 성경과 복음에 기반한 민주주의―개인의 자유와 만민의 평등, 공동체적 국가―를 현실 사회에 실천하는 데 큰 관심을 두었다. 정치 사회의 현실을 향한 그의 설교는―1950년대 내내―예언자적 선포였다.

| 참고 문헌 |

기독교 문헌

한경직. 『한경직목사설교전집』 제1권, 제2권, 제3권, 제4권. 한경직목사기념사업회, 2009.

_____. 『한경직구술자서전 나의 감사』. 서울: 두란노 서원, 2010.

_____. 『건국과 기독교』. 서울: 기문사, 1949.

김양선. 『韓國基督敎解放十年史』. 대한예수교장로회총회 종교교육부, 1956.

김인수. 『한국 기독교회의 역사』. 서울: 장로회신학대학교출판부, 1997.

_____. 『한국전쟁과 기복신앙확산연구』. 서울: 한국기독교사연구소, 1999.

안종철. 『미국 선교사와 한미관계, 1931–1948: 교육철수, 전시협력 그리고 미군정』. 한국기독교역사연구소, 2010.

이혜정. 『한경직의 기독교적 건국론』. 서울:대한기독교서회, 2011.

임희국. 『작은 돌 큰 울림: 임옥 목사의 생애 목회 신학사상』. 서울:대한기독교서회, 2008.

_____. "성효 최거덕 목사님의 생애와 사역". 손인웅 엮음. 『성효 최거덕 목사 20주기 추모기념문집』. 서울: 한들출판사, 2010.

한국기독교역사학회 편. 『한국 기독교의 역사 III, 해방 이후 20세기 말까지』. 한국기독교

역사연구소, 2009.

『조선예수교장로회총회 제 35회 회록』. 1949.

『기독공보』. 1948. 7. 7. 1952. 8. 4. 1956. 4. 9. 1956. 4. 23. 1956. 4. 30. 1956. 5. 7.
    1956. 5. 14. 1956. 5. 28. 1958. 4. 21. 1958. 5. 12. 1958. 5. 19. 1960. 2. 29.
    1960. 3. 21. 1960. 3. 28. 1960. 5. 2.

『기독신문』. 1948. 8. 15.

일반 문헌

서중석. 『이승만과 제1공화국—해방에서 4월 혁명까지』. 역사비평사, 2007.

이완범. "1950년대 후반 한국정치사 연구. 이승만 정부 몰락과정에서 일어난 보안법 파동
    을 중심으로". 『1950년대 한국사의 재조명』. 문정인 · 김세중 편. 연세대학교현대한국
    학연구소 학술총서 9. 서울: 도서출판 선인, 2004.

정경모. 『찢겨진 산하』. 한겨레 출판, 2002.

최종고. "弟1共和國과 韓國改新教會", 연세대학교국학연구원, 『동방학지』. 46, 47, 48합
    본, 1985.

12

한경직 목사의 연합과 일치 운동,
1945-1960년을 중심으로 [1]

1. 시작하면서

한경직 목사는 1902년에 출생(出生)하여 20세기 내내 격랑(激浪)으로 요동치던 한반도의 역사를 몸소 겪었고 2000년에 별세(別世)했다. 그의 생애 족적(足跡)에서 역사적으로 정리할 주제가 적지 않다고 본다. 그의 일생을 편의상 크게 둘로 구분해 보면 1945년 12월 2일 베다니전도교회(지금의 영락교회)의 설립을 기점으로 전반부와 후반부로 나누어진다. 영락교회를 설립했을 때 그의 나이가 43세였는데, 그의 전체 생애 98년의 한가운데 정도에 해당된다. 이때까지 한경직의 삶은 좌절의 연속이었다.

한경직은 19세기 후반 서양에서 들어온 신학문과 신문명을 가르치는

---

1) 이 글은 '한경직기념사업회'(영락교회)가 주관한 학술세미나(2012. 4. 19, 장로회신학대학교)에서 발표한 원고이다.

신식 교육 기관(오산학교, 숭실대학 등)에서 선진 교육을 받고 또 미국으로 유학가서 엠포리아 대학(Emporia College, 캔자스주)을 졸업하고 프린스턴 신학교(Princeton Theological Seminary)에서 신학을 공부했다. 그는 그 당시에 아주 보기 드문 엘리트 과정을 두루 거쳤으나, 애굽의 왕자 모세가 당대 최고의 교육을 받았으되 광야로 내몰린 것처럼, 그 또한 숭실대학 교수직을 얻지 못하고 교회를 섬기는 교역자로서 변방에서 목회하다가, 일제 강점기의 말기엔 교회에서 쫓겨나 보린원에서 고아들을 보살피며 그들과 함께 분뇨통을 메고 농사를 지었다. 한경직은 1945년 8·15 해방 정국의 신의주에서 새 나라 건설에 앞장서게 되었는데, 불과 얼마 뒤에 공산주의자들이 그의 목숨을 노리는 위태로운 상황이 되어서, 그는 황급히 남쪽으로 내려와 서울로 왔다.

한경직은 아내에게조차 떠난다는 말도 못한 채 신의주를 떠나 서울에 도착했는데, 이때 그는—품었던 뜻을 이루지 못하고 쫓겨나온 좌절로 말미암아—절망하여 바닥에 주저앉게 되었다. 그러나 이때부터 절망 속에서 희망의 새싹이 돋아나기 시작했다. 베다니전도교회(영락교회)의 설립과 더불어, 일제의 식민 지배 시대에 지속적으로 억눌리고 억압당하여 한 번도 피어나 보지 못했던 그의 꿈이 조금씩 피어나기 시작했다. 1946년 이래로 수많은 월남 피난민들이—마치 새들이 날아와 나뭇가지에 깃들듯(마태 13:32)—영락교회의 품으로 몰려왔고, 배움의 기회를 잃고서 방황하던 수많은 청소년들이 그와 영락교회가 세운 학교에서 공부하면서 미래를 계획했고, 6·25 전쟁 중에 부모 잃은 아이들이 그가 세운 보린원(서울)에서 보호받았고, 많은 전쟁 미망인들이 교회가 세운 복지 기관에서 안식했다.

한경직이 끊임없이 겪었던 인생의 위기·좌절·절망이 6·25 전쟁 전후에 전 민족의 위기·좌절·절망으로 확대되었을 때, 그는 위기·좌절·절망의 수렁에 빠진 사람들을 끌어안고 그들을 위로하고 돌보았다. 이런 과정에서 그의 연합 활동이 전개되었다.

이 글은 한경직의 생애 족적을 살피면서 1945년부터 1960년까지 진행된 그의 연합 활동을 집중적으로 살펴보고 또 그 연합 활동의 신학적 배경을 살피고자 한다. 이 시기에는 한경직의 연합 활동이 싹트고 활짝 피어나던 때였고 또 그가 설립하고 담임한 영락교회도 이와 관련하여 교육·봉사·선교의 영역으로 크게 발전되었다. 이 글을 작성하기 위하여 한경직의 구술 자서전[2]과 설교 전집[3]을 일차 자료로 사용하고, 또 그동안 간행된 전기와 발표 논문을 참고하고자 한다.[4]

2. 한경직의 연합 활동

1) 맹아(萌芽)

한경직은 어린 시절 고향 마을(평남 평원군 공덕면 간리)의 자작교회에 다니던 때(9세)부터 연합 활동을 자연스럽게 배우고 익혔다.[5] 그 당시에 지역을 순회 목회하는 선교사 방위량과 조사(助事) 우용진·정학근 등이 4개 교

---

2) 한경직, 『한경직구술자서전 나의 감사』(서울: 두란노서원, 2010). 이 책은 한경직 목사의 구술 노트(1975년)와 구술 녹음 자료(1981년)를 바탕으로 정리하여서 펴냈으며, 한경직 목사기념사업회 책임연구원 김은섭 목사가 이 책을 감수하였다.

3) 한경직, 『한경직목사설교전집 제1권-제4권』(서울: 한경직목사기념사업회, 2009). 이제부터 이 책을 『한경직설교집』으로 표기한다.

4) 한숭홍, 『한경직, 예수를 닮은 인간, 그리스도를 보여 준 교부』(서울: 북코리아, 2007). 김병희 편저, 『한경직목사』(1982). 이와 함께 '한경직기념사업회'가 주관한 세미나(제1회-제9회)에서 발표된 글과 숭실대학교가 주관한 '한경직목사기념강좌'에서 발표된 글을 주로 살펴보고자 한다. 숭실대학교교목실 엮음, 조은식 책임편집, 『한경직목사의 신앙유산』(서울: 숭실대학교출판부, 2007).

5) 한경직은 구술 자서전에서 이 점을 소상하게 회고했다. '자작'은 마을 이름인데 '샛말'이라 부르기도 했다. 한경직, 『한경직구술자서전 나의 감사』, 49.

회를 돌보면서 한 달에 한 번꼴로 자작교회에 와서 예배를 인도했고, 평소에는 이 교회의 장로(長老)와 영수(領袖)가 설교하고 삼일기도회를 인도했다. 또한 한 달에 한 번 정도 4개 교회의 교인들이 연합 예배를 드렸다. 성탄절 예배도 연합 예배로 드렸는데, 이날은 특별히 각자 정성들여 음식을 준비해 와서 애찬을 나누었고 여러 가지 재미있는 오락 순서도 가졌다.

한경직이 연합 활동의 정신을 스스로 깨달아서 소중히 여기게 된 시기는 숭실대학 다닐 때였다. 그는 "내 인생에 가장 큰 영향을 미친 곳은 평양 숭실대학"이라고 밝히면서, 이 대학의 교가(校歌) 가사에서 '합성 숭실학교'는 이 학교의 설립 정신을 드러내는 단어인데 그것은 연합과 일치의 정신 곧 '에큐메니칼 정신'이라고 언급했다.[6] 이 대학의 영어 교명이 'Union Christian College'(연합기독교대학)인데, 그 이름에는 3개국(미국, 캐나다, 호주)의 4개 장로교회 교단(미국 북장로회와 남장로회, 캐나다 장로회, 호주 장로회)이 파송한 내한(來韓) 선교회들이 '연합'(union)하여 교육 기관을 세웠다는 점이 함축되어 있다고 설명했다. 선교사들은 한 걸음 더 나아가서 교파를 초월하여 장로교 바깥의 다른 교파, 감리교 등과 연합하여 다양한 공동 사업을 펼쳤다고 덧붙였다. 예컨대 공동의 성경 번역과 출판, 주일공과의 공동 발행, 학교·병원의 공동 운영 등이었다.

숭실대학은 한경직의 회고에 따르면 믿는 학생을 기독교 교육으로 훈련시켜 좋은 일꾼을 양성하고자 철두철미 신앙 교육(매일 채플, 수업 시작에 기도, 성수주일, 금주 금연 등)을 시킨 고등 교육 기관이었다. 또한 직업 훈련을 연마하는 기계창이 있어서 이곳에서 학생들은 여러 가지 기계를 만들고 수리하는 기술을 배우고 익혔다. 숭실대학의 이러한 교육은 한경직에게 기독교와 함께 우리나라에 들어온 신(新)문명(=서양 문명)을 가르쳤고

---

6) 위의 책, 86-87.

신앙 인격을 도야하게 했고 일상의 삶 속에서 이루어지는 하나님 나라를 일깨웠다. 이 교육은 그가 오산학교 재학 시절에 배웠던 나라 사랑 정신(애국심)과 잘 융화되었다. 대학 교육을 통해 생각과 사상의 지평을 넓혀 간 한경직은 나중에 영락교회의 담임 교역자가 되어 교회의 사회·정치적 책임 수행을 위한 연합 활동에 지도자 노릇을 했다.

2) 발아(發芽)

한경직은 1933년에 신의주제2교회의 담임 교역자로 부임했다.[7] 이 교회는 8년 전 신의주제1교회에서 분립된 교회였다. 신의주제1교회의 교인 수는 약 2,500명 정도였는데, 제2교회의 교인 수는 장년이 약 400명에 유년이 약 200명 정도 모였고 청년들이 제법 많았다. 한경직은 첫 사역지인 이 교회에서 평신도 지도자들(시무 장로 열 명과 권사 두 명)과 좋은 협력 관계 속에서 교역을 시작했다. 예배당이 없던 이 교회는 1934년 봄에 예배당을 짓기 시작해서 그해 11월에 입당 예배를 드렸다. 예배당 완공 즉시 유치원을 설립했다. 그 이후로 신의주제2교회는 일취월장 부흥하여 2,800명 이상 모였다.

기차에 치여 다리를 잃어버린 어린 여자 아이(8세 혹은 9세) 복순이가 폐병으로 고생하는 아버지를 돌보았는데, 그러다가 그 아버지마저 세상을 떠났다. 복순을 보살피고 돌보는 일이 계기가 되어 한경직은 신의주에 고아원 '보린원'(保隣院, 이웃을 돕는다)을 세웠다. 보린원 설립 과정에서 그는 적어도 300여 명의 평신도가 이 사회 사업에 동참하도록 했다. 보린원에는 아이들 약 30-40명과 노인들 10-20명 이렇게 모두 합쳐서 50-60명이

---

7) 한경직은 1934년 봄 의산노회(만주 안동현 안동(지금 단동시)의 제1교회)에서 목사 안수를 받았다.

한 가족 공동체로 살았다. 한경직은 시간 나는 대로 전국 여러 곳을 돌면서 보린원을 후원하는 회원 모집에 나섰다. 신의주에서 그리 멀지 않은 강계, 초산, 벽동, 중강진의 여러 교회들이(의산노회, 평북노회) 특별히 많은 돈으로 후원했다. 만주의 봉천과 중국의 상해까지 찾아갔다. 이 모든 과정에 관하여 한경직은 "교회에는 물론 일반 사회에도 이러한 자선 사업이나 사회 공익을 위하여 진심으로 호소할 때 기쁘게 협력하는 아름다운 정신을 가진 이들이 많았다."고 회고했다.[8]

1941(혹은 1942)년 일제의 명령으로 신의주제2교회에서 쫓겨난 한경직은 보린원에서 아이들과 함께 농사지으며 생활했다. 약 4년 후, 1945년 8·15 해방을 보린원에서 맞이한 그는 일제 식민 정부 평안북도 지사에게서 "미군이 들어올 때까지 치안에 대한 책임을 위탁한다."고 요청받았다. 이 요청을 수락한 그는 곧바로 '신의주자치위원회'를 조직하여 이유필(신의주제1교회, 독립 운동가)을 위원장으로 하여 자신과 윤하영 목사가 부위원장이 되어 실무를 맡았다. 도지사에게서 경찰권을 넘겨받아 보위부를 설치한 자치위원회는 지역의 치안 질서를 잘 유지해 나갔다. 그런데 도지사에게서 전해 들었던 미군이 들어오지 않았고, 뜻밖에 개성 어디쯤 '삼팔선'이 생긴다는 소식이 들려왔고, 북한으로 소련군이 들어왔다. 소련군을 따라 들어온 공산당이 신의주자치위원회를 개조해야 한다며 위원장은 그대로 두고 부위원장 이하 간부들을 쫓아냈다. 그리고 경찰권도 빼앗아 갔다. 이에 공산당과 맞설 수 있는 조직이 필요하다고 합의한 자치위원회의 몇몇이 '(기독교) 사회민주당'을 조직했다. 당원 대부분이 교인이었다. 정당의 정관에는 토지 개혁안과 대규모 공장 인수 등을 명시했다. 그 당시 대지주는 대부분 일본인이므로 토지를 (조선인) 소작인에게 돌려 준다는 토지

---

8) 한경직, 『한경직구술자서전 나의 감사』, 257.

개혁안이 수립되었고, 또 일제 식민 정부가 소유했던 대규모 공장을 새 정부가 경영한다는 방침이 세워졌다. 사회민주당은 공산당과 사사건건 부딪쳤다.

한경직은 여전히 보린원에 살면서 낮에는 시내에 있는 자치회 사무실로 출근했다. 어느 날 그는 "공산당이 사회민주당 대표들을 체포한다."는 급보를 듣고서 그 자리에서 얼른 트럭에 올라타고, 김치선의 인도에 따라, 윤하영 목사와 함께 신의주 바깥으로 탈출했다. 보린원에는 가 보지도 못했고 아내에게도 알리지 못한 채 선천, 평양을 거쳐 남쪽으로 내려오다가 금천에서 걸어서 38선을 넘었고, 개성 근처에서 미군 지프차를 얻어 타고 서울로 왔다. 1945년 8·15 해방 정국의 10월에 그는 신의주에서 서울로 왔다. 얼마 후, 미군정청에서 일을 좀 봐 달라고 해서 한경직 일행은 잠시 동안 번역일을 하였다.

3) 성장과 확산(1960년까지)

군정청 영어 보좌 업무를 그만둔 한경직은 송창근·김재준 목사와 자주 어울렸다. 조선신학교 교장 김재준 목사가 그에게 해방된 새 나라의 교회에서 일할 교역자 양성을 위해 함께 일하자고 권했다. 그래서 그는 송 목사와 함께 신학교에서 가르치게 되었다. 이때 조선신학교가 이전해야 할 과제를 안고 있었는데, 세 목사는 서울의 천리교 재산을 접수하여 이 문제를 해결했다. 그리고 이들은 각각 교회를 설립했다. 동자동에 있는 천리교 총본부에는 송 목사가, 신당동의 대지와 건물에는 김 목사가, 영락정에 있는 경성분소에는 한 목사가 교회 설립과 함께 여자신학교도 세우기로 했다. 1945년 12월 2일 세 목사는 각기 교회 창립 예배를 드렸다. 한경직은 '베다니교회'라는 이름으로, 송창근은 '바울교회'라는 이름으로, 김재준은 '야고보교회'라는 이름으로 교회를 세웠다. 나중에 교회 창립 14주년 기념

주일(1959년 12월 첫 주일) 저녁 예배 설교에서 한경직은 교회 설립 경위를 회고했다.[9] "이 교회를 세울 때에는 장차 큰 교회를 세운다든지 이런 생각은 전혀 없었고, 단순히 이 진고개 일대에는 일본 사람들이 살다가 모두 본국으로 돌아가던 때였기에, 그래서 이 일대에 빈 집이 많게 되었고, 그렇지만 그 집들이 앞으로 계속 그냥 비어 있지는 않을 것이라 예상하였고, 이 일대엔 교회가 별로 없으니까 이곳에 교회를 세워서 장차 서울 시민에게 복음을 전파하자는 생각에서 이곳에다 교회를 설립했습니다."

교회 이름은 '베다니전도교회'였다. 그 이름을 그렇게 지은 까닭이 있었다. 교회가 설립된 동네 이름(진고개)을 따라서 교회 이름을 짓지 않고 성경의 지명을 따와서 교회 이름을 짓고자 했는데, 신약성경에 나오는 동네 '베다니'를 따서 교회 이름을 지었다. 이 동네에서 예수님이 십자가에 못 박히시기 전 한 주간 동안 낮에는 성전에서 가르치시고 저녁에는 이곳으로 돌아와서 주무셨는데, 이 동네에 믿음이 독실한 가정이 있었으니 마르다와 마리아의 가정이었다. 옥합을 깨뜨려 값진 향유로 예수님을 기쁘시게 한 마리아의 신앙을 본받으려는 마음으로 베다니라는 이름을 택하였다. 또 '전도교회'라고 한 까닭은 "아직 완전한 교회가 되지 못했으며 그저 영어로 표현하면 'Mission Church'(전도소)라는 의미"로 그렇게 붙였다. 베다니전도교회의 창립 예배에 27명이 참석했다. 이때의 상황을 한경직은 나중에 다음과 같이 회고했다.[10] "교회를 시작할 때에는 물론 장래는 전혀 예측하지 못했고, 38선이 있지만 오래지 아니해서 다 없어지겠고, 오래지 아니해서 소련군이 이북에서 다 철폐하고, 미군도 다 철폐하고, 그때의 생각은 어서 속히 상해에 있던, 중경에 있던 우리 그 대한민국 임시정부가

9) 『한경직설교집』 제4권, 162.
10) 위의 책, 163.

곧 돌아와서 집정을 하리라, 이런 생각밖엔 다른 생각이 없이 그 임시 정부가 그저 속히 돌아오기를 기다리고 있던 때입니다. 그랬었는데 하나님의 경륜은 우리 사람의 생각과 달라서 38선이 빨리 열리지 아니하고, 이북의 공산당들은 점점 강성해 가고, 그 사람들이 온전히 마지막에는 권세를 잡게 되어서 모든 민주당 세력을 억압하게 되고, 이렇게 될 때에 모든 교육받은 사람을 다 핍박하는 가운데도 특별히 예수 믿는 사람들을 핍박하게 되어서 숙청을 당하고, 자기 집에서 쫓겨나고 말할 수 없는 악형을 당하게 되고, 감옥에 갇히게 되고, 이런 관계로 말미암아 많은 피난민들이 뜻하지 아니했지만 38선을 넘어서 이 남한으로 넘어오게 되었습니다. 그래서 그 겨울이 지나고, 그 다음해가 될 때에 점점 피난민은 많아져서 이 예배당 구내에 부속 건물이 여러분 아신 바와 같이 상당히 있었는데, 그 부속 건물이 금방 피난민으로 가득 차게 되었습니다."

이 회고에서 언급한 대로, 1946년 초반부터 공산당 정권이 북한에서 기독교 세력을 본격적으로 탄압하기 시작했다. 2월 8일 북한 중앙정부 '북조선임시인민위원회'가 발족되었다. 이 인민위원회가 기독교 세력을 탄압하였다. 그해 3·1절 기념 예배를 준비하던 때부터 공산당 정권이 평양의 교회와 정면으로 충돌했으며, 3월 5일 임시인민위원회가 제정 공포한 토지 개혁법령이 곧바로 실시되어 토지의 재분배가 완료되었다. 이 과정에서 다수의 기독교인들, 즉 지주(地主) 교인들은, 악덕 지주로 내몰리는 처지가 되었다.[11] 토지 개혁 이후, 임시인민위원회는 6월 24일 '북조선 노동자 및 사무원에 대한 노동법령'을 공포하여 사회주의 체제인 노동 계급을 보호하는 제도적 근거를 마련했다. 또 8월 10일에는 임시인민위원회가 철

11) Bruce Cumings, *Korea's place in the sun: a modern history*, 김동노 외 3인 역, 『한국현대사』(서울: 창작과비평사, 2001), 322.

도, 운수, 체신, 금융 등 주요 산업 분야의 국유화를 단행하였다. 이 기반 위에서 '북조선노동당'이 결성되었다.

이러한 일련의 개혁 조처로 말미암아 북한의 사회 체제가 바뀌었다. 변화된 체제에서 이런저런 불이익을 당한 나머지 더 이상 견디기 어려운 주민들은 고향을 떠나 3·8선을 넘어 남한으로 월경(越境)하는 월남 피난 민이 되었다. 특히 지주(地主) 교인들은 체제의 반역자가 되어 정치적 압박 을 받게 되었으므로 대거 월남행을 감행하였다. 월남 피난민 교인들이 영 락교회(베다니전도교회)로 찾아왔다.[12] 한경직은 이들을 맞이하고 예배당 구내 부속 건물에다 임시 거처를 마련해 주었다. 금방 피난민으로 가득 찬 건물에는 더 이상 수용할 공간이 없었다. 그래서 한경직은 어떻게 하면 이 들을 도와 줄 수 있을까 골몰하다가—그 당시—YWCA 뒤에 있는 공지 약 1,000여 평을 (미)군정청에 교섭하여 얻었다. 그 공지에다 천막을 치고서 월남 피난민들을 임시로 수용하기 시작했다. 이로써 영락교회 담임 목사 한경직의 연합 활동이 시작되었다. 체계적인 프로그램을 갖고 시작한 연 합 활동이 아니라, 월남 피난민들이 잠시라도 머물 수 있는 쉼터와 거처를 마련해 주고자 '응급 조처'로 시작한 활동이었다. 한경직은 미국 군정청에 게 물자 협조를 요청하고 그들의 협력을 받아 활동했다. 피난민 천막촌에 는 대략 130여 세대 정도 올망졸망 살았고, 이곳에서 피난민이 석 달 동안 만 살게 했다. 여기에 살던 피난민은 천막촌을 떠나 다른 곳으로 이주하게 했고, 새로 월남해 온 피난민이 이곳으로 들어와 살게 했다. 이러한 거주

---

12) 베다니전도교회는 1946년 11월 바울교회, 야고보교회와 더불어 경기노회에 교회 설 립 가입원을 냈다. 경기노회는 지역명에 따라 교회 이름을 지을 것으로 제안했다. 이 에 베다니교회는 영락교회로, 바울교회는 성남교회로, 야고보교회는 경동교회로 이 름을 바꾸었다. 한경직목사탄신100주년기념사업위원회, 『목사님들, 예수 잘 믿으세 요』(서울: 샘터사, 2002), 257.

규칙에 따라 수많은 월남 피난민이 영락교회의 천막촌을 거쳐 나갔다. 신의주 보린원이 서울에서 새롭게 시작되었다. 한경직은 일본인이 경영하다가 두고 간 가마꾸라 보육원(후암동 소재)을 접수하여 1947년 '영락보린원'을 세우고 부모 잃은 아이들을 데려왔다. 이리하여 영락교회의 3대 목표(선교, 교육, 봉사) 가운데 하나인 '봉사'가 시작되었다.

월남 피난민들이 서울에서 정착하게 되자 그동안 학업이 중단된 자녀들의 학교 교육에 관심이 쏠렸다.[13] 그 무엇보다도 가족의 미래가 자녀의 성공 여부에 달려 있다는 점을 파악한 피난민들은 자녀 교육에 대한 의지가 아주 강했다. 특히 교인들은—이북의 기독교 학교를 떠올리며—아이들을 기독교 학교에 보내고 싶어했다. 그래서 기독교 중등학교를 설립하자는 의견이 영락교회 안팎의 월남 피난민들 사이에서 제기되었다. 이 무렵 월남한 교인들이 1946년 4월에 '이북기독교신도연합회'를 조직했는데 한경직이 이 단체의 회장이 되었다.[14] 이 연합회가 학교를 설립하기로 결의했다.[15] 그 이듬해 봄, 미국 정부 시찰단이 서울에 도착하여 교회 상황과 학교 교육 상황을 살펴보고 교육의 장래에 관하여 논의하였는데, 이 기회에 이북기독교신도연합회의 한경직·이인식 목사는 시찰단에게 월남 피난민의 자녀 교육이 매우 시급한 상황을 설명하고 중학교 설립을 위한 원조를 요청했다. 이 요청을 받아들인 시찰단과 미국 북장로회 선교부는 학교

---

13) 1947년에 북한의 교육 제도가 새로이 조정되고 정비되었다. 9월 1일부터 인민학교·중학교의 학년이 단축되었고, 학령전 아동을 위한 유치반이 신설되었고, 고급 중학교가 창설되었다. 이와 더불어 새로운 교과 과정은 학생에게 공산당 정권의 이데올로기 정치 의식을 주입했다. 이때 평양의 고급 중학교 학생이었던 이계준 목사는 그 당시 교육이란 "공산주의자를 만드는 공장"이라고 회고했다. 이계준, 『희망을 낳는 자유: 이계준 자전 에세이』(서울: 한들출판사, 2005), 78.

14) 1948년 4월 정기 총회 때 이 연합회가 회칙을 개정하고 단체 이름을 "이북기독교신도대표회"로 개칭했다.

15) 이창로, "한경직 목사와 나", 『만남』 통권 317호, 6.

설립에 필요한 재정을 보조했다. 1947년 11월 25일 대광중학교가 설립되었다.[16] 이 학교는 12월 4일 임시 교사인 서대문 피어선 성경학교에서 개교했다. 신입생이 1학년에서 5학년까지 291명 선발되었으며, 한경직이 이사장으로 취임하고 또 백영엽 목사가 교장으로 취임했다. 학교의 건축 기금 모금을 위하여 한경직은 그 이듬해에 미국으로 갔다. 아침에 벌어서 저녁에 먹고 사는 피난민들의 경제력으로는 건축을 엄두조차 낼 수 없었기에 그는 미국의 교계에다 협조를 구하여 상당한 건축 기금을 모금했다. 대광학교가 어느 정도 자리를 잡고 안정되자, 한경직은 중등여학교 설립 문제를 꺼내 들었다. 1950년 6월 그는 영락교회의 부속 건물을 임시 교사로하여, 북한 선천에 있었던 보성학교를 개교하게 했다.[17] 초대 교장에 김양선 목사가 취임했다. 이리하여 영락교회의 3대 목표 가운데 하나인 '교육'(학교 교육)이 시작되었다.

영락교회에는 월남한 청년들이 많이 모였다. 한경직을 따라 남한으로 온 청년들도 다수였다. 이들이 '서북청년단'의 결성을 주도했다. 서북청년단은 미·소 신탁 통치 반대에 맹렬히 나섰고 또 제주도 4·3 사건의 진압에 참여했다.[18] 한경직의 눈에 비친 남한 사회는 8·15 해방 이후 계속 어수선했고 혼란과 부패가 가중되었고, 특히 청년들의 퇴폐적 행동은 이 나라의 장래를 염려하게 했다. 이에 한경직은 사회의 안정과 도덕성 회복을 위해 교회들이 연합하여 일어서야 한다고 생각했다. 그와 영락교회의 교인들은 '기독교구국운동'을 전개하기로 했다. 1948년 4월 5일부터 4일 동안 서울의 여러 교회가 연합하여 영락교회에서 '이북신도대회'를 열고 나라의

---

16) 탁준호, "한경직 목사와 대광", 숭실대학교교목실 편, 『한경직 목사의 신앙유산』(서울: 숭실대학교출판부, 2007), 171.

17) 허전, "한경직 목사와 보성", 숭실대학교교목실 편, 190.

18) 한경직목사탄신100주년기념사업위원회, 263.

통일을 기원하고 거리로 나가서 노방 전도를 했다. 구국 전도 운동이었다. 1948년 10월에 일어난 소위 '여순 사건[19]'의 과정에서 손양원 목사의 두 아들(동인, 동신)이 무고하게 희생당한 일이 일어났을때, 한경직은 공산당의 무분별한 폭력성을 남한에서도 확인했다. 이듬해(1949년) 연말 전라도 남원읍 서북교회 교역자 김봉용 전도사가 서울로 와서 교회 지도자들을 만나 지리산 전투 지구에 전도대를 조직하여 전도하자고 제안했다. 여러 차례 협의한 뒤에 43명의 목사를 전도대로 선발했다. 전도대는 제1차와 제2차로 나뉘어 지리산 지역 13개 군에서 전도했다. 제1차는 1950년 1월에, 제2차는 2월에 순회 전도를 했다. 한경직은 제1차 순회 전도에 참가하여 남원군 일대에서 전도했다. 이때 한경직이 구국의 노래 '십자군 전도가'를 만들었고 이 노래말에 강신명이 곡을 붙였다. 이리하여서 영락교회의 3대 목표 가운데 하나인 '선교'(구국 전도)가 시작되었다.

영락교회 3대 목표인 봉사·교육·선교는 교회 창립 직후인 1940년대 후반 그 '시대의 응급한 상황의 요청'에 따라 시작되었다. 담임 목사 한경직은 이 사역에 참여하는 교인들과 함께—마치 119 구급대처럼—협력하여 연합 사업을 전개했다. 이와 더불어 영락교회의 4대 신앙 이념(노선) 가운데 하나인 "에큐메니칼 정신으로 교회 상호간 협력과 연합 사업"이 추진되었다.

1950년 6·25 전쟁이 일어났다. 전쟁의 충격과 위기 상황에도 불구하고 한경직의 연합 활동은 위축되지 아니했고 오히려 이제까지보다 더욱더

---

19) 여수·순천 사건(麗水順天事件)을 줄인 단어 '여순 사건'은 1948년 10월 19일 남로당 계열 장교들이 주동하고 2,000여 명의 사병이 전라남도 여수군(현재 여수시)에서 봉기하자 이를 진압하는 과정에서 좌·우익 세력으로부터 전남 동부 지역의 수많은 민간인이 희생된 사건이다.

적극적으로 전개되었다. 전쟁 발발 직후, 한경직을 비롯하여 교회 지도자들이 예수교서회로 모였다. 이 자리에서 국난(國難)의 상황에 피난민을 돕기 위한 '대한기독교구제회'가 결성되었다. 그러나 이 단체는 전쟁 3일 만에 서울이 북한군에게 점령되는 바람에 시작도 해 보지 못하고 무산되었다. 서울을 겨우 빠져나와 대전으로 피난 온 한경직은 7월 3일 여러 목회자들과 대전제일교회에서 모였다. 여기에서 '대한기독교구국회'가 조직되었고 한경직이 회장을 맡았다. 이 단체는 당장 대전에서 시국 강연회를 개최했고 또 구호 사업과 대중 전도에 힘썼다. 전세가 더욱 불리해졌고, 이 단체는 사무실을 대구의 YMCA로 옮겼다.

유엔군과 국군이 9월에 서울을 탈환했다. 부산에서 서울로 온 한경직이 가장 먼저 달려간 곳은 보린원이었다. 전쟁의 잿더미 속에서도 무사히 지내 온 아이들이 그를 보고 반갑게 마중 나오는 모습에 그는 하나님께 감사했다.[20] 10월 22일 유엔군이 평양을 점령했고, 이틀 뒤인 24일부터 지난 날 평양의 첫 선교사 마포삼열의 아들 하워드(Howard Moffett)를 비롯하여 여러 선교사들이 속속 도착했다.[21] 한국인 목사들도(윤하영, 이인식, 김양선, 유호준 등) 도착했다. 한경직은 대한기독교구국회의 일원으로 평양에 갔다. 10월 29일 주일 오후 2시 평양 서문밖교회에서 대중 집회가 열렸다. 예배당 안에는 발 들여놓을 공간이 없었고 또 예배당 밖에는 실내보다 훨씬 더 많은 교인들이 껑충껑충 발돋움으로 창문을 통해 강단에 집중했다. 김영준 목사가 예배를 인도했고 한경직 목사가 구약 이사야서 60장 1절로 설교

---

20) 『한경직설교집』제4권, 171.

21) 이하의 서술은 다음의 책을 의존했다. Harry A. Rhodes and Archibald Campbell, *History of the Korean Mission Presbyterian Church in the U.S.A. Vol. II: 1935-1959*(Commission on ecumenical Mission and Relations The united Presbyterian Church in the U.S.A., 1964), 95이하.

를 했다. 이어서 온 회중이 다 함께 "내 주는 강한 성이요"를 찬송했다.

그러나 중국이 한국 전쟁에 개입하였고 후퇴하는 국군을 따라 11월 하순부터 평양 교인들이 대거 고향을 떠나야 했다. 1·4 후퇴가 시작되었다. 이때 서울의 영락교회 교인 2/3가 부산으로 피난 갔다. 교인들은 한경직의 인도로 전쟁 미망인(22명)과 고아(82명)를 돌보는 '다비다모자원'을 설립했다. 매주 월요일마다 여전도회 회원들이 군 병원에서 침대를 정리하고 옷을 세탁했다. 상이 군인들을 위한 무료 급식소도 운영했다. 그해(1951) 9월 광복동교회에서 총회를 소집한 이북기독교신도대표회는 한경직을 다시 회장으로 선출했고, 이 신도대표회는 11월부터 전국 각 지역에 흩어져서 피난 생활을 하고 있는 월남 피난민 교인들을 찾아 위로 방문을 했다.

6·25 전쟁은 한경직의 연합 활동이—한국을 넘어—국제적으로 확산되는 계기로 작용했다. 그가 부산에 있던 1951년, 미국 부흥사 피어스(Bob Pierce) 목사가 이 도시에 방문했다. 전쟁의 참혹한 현실을 목도한 그는 "상한 마음을 가진 사람"(the man of broken heart)이 되어 이미 함께 일해 본 한경직에게 "무언가 한국을 돕고 싶은데 오늘 이 상황에서 한국을 위해 무엇을 했으면 좋겠느냐?"고 문의했다.[22] 한경직은 이 문의에 응하여 "교역자 중심의 특별 부흥회를 열자"고 제안했다. 송도 부흥집회에 약 400명의 목회자가 참석했다. 한경직이 미국 교계와 가깝다는 점을 파악한 한국 정부는 유엔군과 미군의 원조를 급히 요청하고자 그에게 외교사절단으로 유엔에서 한국의 정황을 설명해 주도록 요청했다. 이에 그는 미국으로 갔다.

---

22) 전쟁이 일어나기 직전인 1950년 3월 27일부터 4월 26일까지 밥 피어스의 전도 팀이 대구, 부산, 서울, 광주에서 전도 집회를 열었다. 서울에서는 남대문교회에서 10일간 전도 집회를 가졌는데 이때 한경직이 그의 설교를 통역했다. 전쟁 중이던 9월 22일 밥 피어스가 주도한 월드비전(World Vision, 구 선명회)의 창립에 한경직은 한국인으로서 주요한 역할을 했다.

1952년 12월 부산에서 빌리 그래함(Billy Graham) 목사가 대중 집회를 열었다. 그의 첫 한국 방문이었다. 이때에도 한경직이 통역을 비롯하여 주요한 역할을 했다. 그 이듬해 봄(5월 18일) 한경직은 빌리 그래함의 초청으로 미국을 방문하여 약 40일 동안 각처에서 설교하고 한국의 실상을 소개했다.[23]

전쟁 중에도 봉사(교육) 사역에 대한 한경직의 열정은 여전히 뜨거웠다. 전쟁으로 말미암아 학교 교육의 기회를 놓친 청소년들, 부모 잃고 거리에서 방황하는 청소년들을 모아 야간에 기독교 정신으로 중학교 과정을 가르치고자 했다. 김찬호가 1951년 8월에 서울에서 성경구락부를 열어 운영하고 있었다. 그는 그 이듬해(1952) 5월 백상용 집사와 함께 한경직을 찾아가서 성경구락부의 운영에 관하여 의논했다. 한경직은 교회 건물 베다니에서 야간 성경구락부 중등부 과정을 시작하도록 했다. 이 성경구락부가 영락학원으로 발전했다.[24] 그해 3월 1일 북한 정주에 있었던 오산학교의 재건을 위한 모임을 가졌는데, 한경직은 모교 재건의 발기인이 되었고 이어서 상임위원으로 참여했다. 그 무렵 평양에 있던 숭실대학을 재건하고자 서울에서 '숭실재건확대위원회'가 구성되었다.[25] 여기에도 참석한 한경직은 일제 강점기 신사참배 강요로 폐교당한 학교를 재건하는 데 적극 참여하게 되었고, 숭실대학이 1954년 영락교회에서 개교할 때 그가 학장으

---

23) 빌리 그래함은 1956년 2월에 다시 방한하여 서울공설운동장에서 전도 집회를 열었다 (8만 명 이상 참석). 이때 한경직이 그의 설교를 통역했다. 김양선은 이 전도 집회가 역사에 기록될 만한 사건이었다고 평가했다. 김양선,『韓國基督教解放十年史』(서울: 대한예수교장로회총회 종교교육부, 1956), 94, 292-308. 빌리 그래함은 1973년에 세 번째 한국을 방문했다. 이때 한경직은 빌리 그래함 한국전도대회준비위원장이었다. 이 대회는 "5천만을 그리스도에게로"라는 표어로 진행되었다.

24) 1953년 1월에 야간 영락고등공민학교가 설립되었고 또 영락중고등학교와 영락여자상업학교를 설립하여 교회가 직영으로 운영했다.

25) 숭실대학교100년사편찬위원회,『숭실대학교100년사: 서울숭실 편(제2부)』(서울: 숭실대학교출판부, 1994), 4.

로 일했다. 부산으로 피난 갔던 보성여학교도 영락교회의 서울 복귀(1953년 9월)와 함께 교회 안으로 복귀했다.[26] 그해 12월에 한경직과 영락교회는 돈암동에 경로원(양로원)과 모자원을 설립했다.

전쟁 이후 지금까지의 다양하고도 폭넓은 연합 활동을 바탕으로, 한경직은 한국과 세계 교회의 지도자로 우뚝 섰다. 1955년 봄 장로교회 제40회 총회에서 그는 총회장으로 선출되었고, 가을에는 한국기독교협의회(NCCK) 제9회 총회에서 회장으로 선출되어 초교파적으로 연합 운동을 주도했다.[27] 총회장 한경직은 미국 북장로회 선교협의회(1956년 4월 뉴욕)에 참석한 다음에 유럽과 아프리카 등지를 방문했다. 그는 이때부터 세계 교회 에큐메니칼 운동에 본격적으로 참여했다. 1957년 12월 28일부터 아프리카 가나에서 개최된 제6회 국제선교협의회(IMC)에 한경직은 한국기독교협의회 대표로 참석했다. 이번 대회에서 한경직은 "실향민을 중심으로 한 기독교회"라는 제목으로 한국 교회와 사회의 전후 실상(戰後實狀)을 소개하고 전쟁의 상처와 폐허를 극복하고 빠르게 부흥하는 한국 교회를 설명했다.[28] 그 즈음의 한경직은 동(東)아시아 교회들의 연대와 연합에 관심이 깊어 갔다. 즉 아시아 교회들의 에큐메니칼 운동에 관심이 컸다. 아시아 대륙에는 제2차 세계 대전 이후에 정치적으로 독립한 신생 국가들이 많은데, 그 가운데서 적지 않은 나라들이 여전히ー독립은 했으나ー정치적으

---

26) 1955년 9월 이 학교는 용산구 용산동 2가(월남 피난민 집단 주거 지역) 대지 약 3,000평에, 미국 북장로회 선교부의 지원을 받아 임시 교사를 마련하여 이전했다.

27) 이때 임원진은 부회장 김활란(감리교)·강송수(성결교)·장운용(구세군), 서기 김중환(성결교)·조요섭(구세군)·싸우(선교사)였다. 4년 임기의 총무는 유호준(장로교)이 재선되었다.

28) 『한경직설교집』 제3권, 482.

로 안전하지 못하고 또 경제적으로도 불안정하고 가난하여 후진국 신세를 벗어나지 못하고 있었다. 사회 상황도 불안정했다. 이러한 상황은, 한경직의 판단으로는,[29] 공산주의자들이 쉽게 민심을 동요시키고 그들의 세력을 확장하기가 쉬운 환경이었다. 이미 6·25 전쟁 전후와 전쟁 기간에 북한의 현실 공산주의를 충분히 경험한 한경직은 공산주의 세력 확장을 막아 내기 위하여 아시아 교회들이 서로 연대해야 한다는 소신을 가졌다. 1957년 인도네시아에서 아시아 기독교 지도자들이 모여 '동아(東亞)기독교협의회'를 결성했는데, 그는 한국 교회가 여기에 참여하도록 앞장서서 추진했다. 동아기독교협의회는 14개국의 아시아 교회들이 서로 교제하며 공동의 관심사를 의논하고 함께 협력하여 당면한 제반 문제를 해결해 나가자는 취지로 모였다.[30] 한국에서는 감리교회, 장로교회, 그리고 한국기독교협의회가 여기에 가입했다. 이로써 세계 교회의 에큐메니칼 운동과 연계된 아시아 교회들의 '에큐메니칼 운동'에 시동이 걸렸다. 한경직은 1959년에 한국 장로교회의 정식 대표로서 이 대회에 참석했다.[31]

이제까지 우리는 1959년까지 진행된 한경직의 연합 활동을 살피며 정리해 보았다.

---

29) 위의 책, 242 이하.
30) 한국, 일본, 중국, 태국, 말레이시아, 미얀마, 인도, 실론(스리랑카), 파키스탄, 인도네시아, 필리핀, 호주, 뉴질랜드, 홍콩 등이었고, 교파별로는 장로교·감리교·침례교·루터교·성공회 등이 참여했다.
31) 『한경직설교집』 제3권, 459-462.

3. 한경직의 연합과 일치 운동의 신학적 배경

연합 활동은 한경직의 생애를 파악하는 주요한 열쇠 말이고, 또 그의 연합 활동은 거의 대부분 교회(영락교회)를 기반으로 추진되었다. 그는 그리스도의 몸 된 교회에 기반을 둔 교회 중심의 연합 활동을 전개했다. 즉 예수 그리스도 중심의 연합 활동이었다. 이 점에 착안하여 그의 연합 활동의 신학적 배경이 무엇이었는지, 그가 영락교회에서 선포한 설교(1945-1960년)를 분석적으로 들여다보고자 한다.

1) 원리: '다양성 속에서 일치'를 지향하는 교회 연합

개혁교회(칼뱅 장로교회)의 신학 유산 위에 서 있는 한경직은 교회에는, 항상 두 개의 요소가 동시에 있는데, 눈에 보이고 손에 잡히는 부분이 있고 또 보이지도 잡히지도 않는 부분이 함께 있다고 보았다. 즉 교회는 "사람이 모여서 조직된 기관"으로서 가시적(可視的)인 교회와 "그리스도의 몸" 된 불가시적(不可視的)인 교회가 함께 있다. 눈에 보이는 부분은 현실 교회이고 또 보이지 않는 부분은 참된 교회이다.[32] "여러 교단과 교파로 나뉜 현실 교회"와 "그리스도 위에 터를 닦고 사도들의 초석 위에 건설된 참된 교회"가 있는데, 후자는 "교파나 교단을 따지지 않는" 참된 "하나의" 교회이다. 한경직이 이렇게 교회를 현실 교회와 참된 교회로 구별지은 것은 전자가 후자를 향해 끊임없이 갱신해야 하고, 또 현실적으로 여러 교단과 교파로 나뉜 교회들은 모두 다 하나의 참된 교회를 지향해야 한다고 보았기 때문이다.

참된 하나의 교회에 관하여 한경직은 신약성경 여러 본문을 바탕으로

---

32) 『한경직설교집』 제1권, 19-20. 『한경직설교집』 제3권, 303 이하.

설명했다. 교회는 "우주적 크기의 큰 성전이며 이 성전의 모퉁잇돌은 그리스도시고 이 성전의 열 두 기초석은 열두 사도"라고 설명했다(엡 2:20, 벧전 2:5). "교회는 시공을 초월하는 그리스도의 몸이며 그 몸에 여러 지체가 있는데, 지체마다 역할이 다르고 기능도 다르다."고 설명하면서 "다양성 속에서 일치"하는 교회를 설명했다(고전 12:27 이하). "교회는 시공을 초월하고 금생과 내생에 뻗친 하나님 나라, 민족과 국가의 경계를 초월하여 구원받은 모든 사람들이 들어가는 나라이며 이 나라의 왕은 오직 예수 그리스도 한 분"이라 설명했다(엡 2:19, 빌 3:20). 이 설명을 바탕으로 교회의 일치는 오직 예수 그리스도로 말미암아 가능한데, 그분의 몸 된 교회는 그분이 친히 머리 되시고 다양한 지체를 가진 유기체이다.

또 현실 교회를 살펴보면, 개신교는 전 세계적으로 여러 교파와 교단으로 나뉘어 있는데 이 교회들이 모두 다 귀하고 중요하다. 이 교파들은 각각 신조, 교회 전통, 예배 의식을 갖고 있다. 이를테면 장로교회에는 웨스트민스터 신조가 있고 감리교회에는 알메니안 신조가 있다. 그 밖의 다른 교파들도 각각 그들의 신조를 갖고 있다. 교파마다 갖고 있는 신조는 모두 다 중요하고도 귀하다. 그러나 그리스도는 이 모든 신조보다도 크시다. 현실적으로 교파마다 각각 교회 전통을 갖고 있는데, 이 모든 전통이 각각 귀하고도 소중하다. 그러나 그리스도는 이 모든 전통보다도 크시다. 심지어 "하나님의 말씀인 성경이 얼마나 위대하고 큰지 우리가 잘 알고 있다. 그러나 이 성경 말씀이 예수 그리스도보다 더 귀하고 큰 것은 아니다. 예수 그리스도는 성경보다 더 크시다. 성경은 단순히 예수 그리스도를 우리에게 보여 주기 위해서 기록된 데 불과하다. 그러므로 우리 믿는 사람들의 신앙의 중심은 언제든지 그리스도가 되어야 하는 것"이라 설명했다.[33]

---

33) 『한경직설교집』 제3권, 351.

개신교 교파마다 그들의 신조, 교회 전통을 통해서 예수 그리스도에게로 나아가는데, 그리고 이 모든 것은 그들로 하여금 예수 그리스도에게 인도하는 한 방편이 되는 것이고, 그들에게 신앙의 절대 대상은 오직 그리스도 한 분이시다. 한경직은 다음과 같이 강조했다. "우리 신앙의 중심은 그리스도입니다. 살아 계신 그리스도입니다. 그리스도는 알파와 오메가요, 처음과 나중입니다. 그리스도는 어제나 오늘이나 영원토록 변치 아니하십니다. 이 그리스도를 믿고, 이 그리스도를 의지하고, 이 그리스도를 따르고, 이 그리스도를 순종하고, 이 그리스도와 같이 살며, 이 그리스도와 같이 죽는 것이 그리스도교 신앙 생활입니다."[34] 이처럼 한경직은 그리스도 중심의 교회 연합과 일치를 강조했다.

한경직이 이렇게 교파들이 서로서로 다양성을 인정하는 가운데서 일치와 연합으로 나아가야 한다고 역설한 것은 1950년 중반 한국 장로교회의 복잡한 정황에 대한 응답이었다. 세계교회(기독교)협의회(WCC) 제2차 총회(1954년)에 한국 장로교회가 대표를 파송할 때, 교단 안에서 커다란 의혹이 제기되었다. WCC가 "전 교파를 합동하는 (초대형) 단일 교회(super church)를 목표"로 하는 것 아니냐는 의혹이었다. 이때 교단 총회의 정치부는 담화문을 통해 "WCC의 근본 정신은 각 교파의 신조 통일을 의미함이 아니요 각자의 신조를 존중하면서 연합 사업을 함으로써 각 교파의 친선과 사업 협동을 도모함에 있는 것이다. … 우리 총회의 기본 노선은 신조신경을 단일화시켜 교파를 초월하려는 에큐메니칼 운동은 거부한다는 것이다."라고 해명했다.[35] 총회의 해명은 한경직의 견해와 동일했다. 그럼에도

---

34) 『한경직설교집』 제3권, 354.
35) 『기독공보』(1954. 5. 24).

불구하고 이 의혹이 수그러들지 않았고 이것이 교단 안에서 신학 논쟁으로 발전했다. 1956년 장로교회 제41회 총회는 '에큐메니칼 연구위원회'를 조직하고 이 위원회에게 해결 방안을 마련하도록 했다. 한경직이 위원장이었다.[36] 에큐메니칼 연구위원회는 차기(次期) 총회(제42회, 1957년)에 다음과 같이 보고했다. "친선과 협조를 위한 에큐메니칼 운동에 (이제까지처럼) 앞으로도 계속 참가하기로 하며 단일 교회를 지향하는 운동에 대하여는 반대하기로 태도를 결정했다." 그러나 이 결정이 논쟁을 종식시키지 못했고, 결국은 이 논쟁이 장로교회가 1959년 또다시 분열되는 하나의 요소로 작용했다.[37]

1950년대 당시의 역사를 정리하는 차원에서 WCC의 헌장을 살펴보면

---

36) 위원회 서기 정규오, 위원 전필순·유호준·황은균·박형룡·박병훈·안광국.

37) 이와 관련하여 마삼락(Samuel H. Moffet)이 다음과 같이 아주 중요한 점을 지적했다. 먼저, ICCC와 NAE를 구분해야 한다고 그가 역설했다. 그의 설명에 따르면, NAE는 "개인적 관계를 중시하고, 기독인들로 신학적으로 보수적인 친교로 친밀하게 하려는 것"인데, 이것은 WCC와 조화를 이루는 것이다. WCC는 "모든 교파들을 그리스도 안에서 친밀케 하며 연합시키는 것"이다. 외국에서는 이 두 기관이 사이좋게 지낸다. 그러나 ICCC(International Council of Christian Churches)는 NAE와 전혀 다른 기관이다. ICCC가 가는 곳 어디에든지 교회를 분열시키고 교인들에게 증오심을 심어 주고 있다는 것이다. ICCC의 대표인 매킨타이어(Carl McIntyre)는 처음 미국 북장로교회에서 '정통장로교회'를 갈라 나갔고, 그 다음은 정통장로교회에서 '성경장로교회'를 갈라 나갔고, 또 그 다음엔 성경장로교회를 분열시켰다. 이처럼 "그들이 이르는 곳마다 그곳에서 정통을 표방하면서도 교회를 분열시킴으로써 교회를 약하게 만드는 것뿐이다. 그들은 실제 자유주의 경향으로 기울어진 교회에는 아무런 역할을 미치지 못하고 있다." 매킨타이어는 "일찍이 브라질에서도 한국과 같은 분열을 조장한 사람이다." 마삼락, "현대 기독교의 난관과 기회", 朴昌睦, 『世界敎會運動小考』(聖學社, 1957), 4, 14-15. ICCC는 1948년 암스테르담에서 창립되었다. 주관자는 매킨타이어였다. 그는 오랫동안 회장직을 독점하여 이 단체를 사유화시켰다는 비판을 면치 못하였다. 한국 교회가 이 단체와 관계를 갖게 된 것은, 1950년 당시 장로교회 고신측의 한상동·박윤선 등이 매킨타이어의 초청으로 미국으로 가서 그가 만든 Faith 신학교에서 명예 신학박사 학위를 받고 돌아온 때부터였다.

"WCC는 (온 세계에 흩어져 있는) 교회들의 '교제'(Fellowship)"라고 명시되어 있다. 즉 교회들의 교제(코이노니아)이고 초대형 단일 교회를 지향하지 않는다("not to build a global 'super-church'")고 분명히 명시해 놓았다. 1951년에 WCC 중앙위원회는 WCC가 말하는 교회가 무엇인지 발표했는데, 신약 성경에 따라 "예수 그리스도의 교회", "하나님의 백성", "그리스도의 몸", 그리고 "성령의 전"을 뜻하며 니케아–콘스탄티노플 신조(주후 381년)가 고백하고 있는 "하나의 거룩하고 보편적이며 사도적인 교회"라고 밝혔다.[38] 이 것은 교회의 일치(Unity)를 뜻하는데, 온 세계에 흩어져 있는 다양한 교회 들을 전제로 하여 그 다양한 교회들이 서로서로 다양성을 인정하면서 일 치를 지향한다. 교회 일치는 구체적으로 예수 그리스도 안에서 나누는 교 회들의 교제와 연합이다. 이러한 교회 이해를 WCC는 오늘날에도 여전히 견지하고 있다. 1950년대에 장로교회가 WCC의 교회론에 대하여 한창 논 쟁을 벌일 때 이 논쟁을 수습하고 교단 분열을 방지하고자 했던 한경직은 세계 교회의 신학적 흐름을 정확히 파악하면서 그 흐름을 한국 교회가 이 해하도록 하는 데 크게 애쓰고 힘썼다.

2) 역사: 한국 장로교회의 전통은 연합과 협조의 정신

WCC에 대한 찬반 논쟁으로 말미암아 교단이 또다시 분열되려는 1959년 상황에서, 한경직은 한국 장로교회(대한예수교회)의 전통은 "연합과 협조의 정신"이라고 확언했다.[39] 그는 이 전통의 시작이 내한 선교사들의 상호 협조와 연합 사업에 있다고 설명했다. 좀 더 덧붙이면, 1887년 4월에

---

38) WCC, *Confessing the one faith: an ecumenical explication of the apostolic faith as it is confessed in the Nicene-Constantinopolitan Creed*(381). 이형기 역, 『세계 교회가 고백해야 할 하나의 신앙고백』(서울: 한국장로교출판사, 1996), 119 이하.
39) 『한경직설교집』 제4권, 107.

성경의 한글 번역을 위해 발족한 '재한상임성서위원회'(The Permanent Bible Committee in Korea)를 비롯하여 공동의 기독교 신문 발간, 공동의 찬송가 발간, 공동으로 학교와 병원을 운영한 내한 선교사들은, 모국(母國)에서는 각기 다른 교단의 배경을 갖고 있었으나, 선교 현장(한국)에서는 함께 협력하고 연합 사업을 추진했다. 이런 맥락에서 평양의 숭실대학도 설립되었는데, 이 대학을 졸업한 한경직은 그 대학의 영문 이름 "Union Christian College"(연합기독교대학)에 새겨져 있는 연합 정신을 재학 시절부터 몸으로 배우고 익혀 왔다. 그러므로 그는 한국 장로교회의 전통은 연합과 협조의 정신이라고 강하게 강조하였다. 이뿐만이 아니라 그는 이 전통을 한국 교회가 반드시 계속 이어가야 한다는 강한 소신을 갖고 있었다.

다시 한 번 더 한경직이 강조한 한국 장로교회의 전통은 "우리의 신조를 그냥 지키면서 다른 교파와도 연합할 수 있는 일에 함께 연합해서 협조하는 그 정신(이고), 이것은 에큐메니칼 정신과 꼭 일치"되는 정신이다.[40] 그러면서 그는 이 연합과 협조의 정신을 반대하고 세계 교회와 관계를 끊자는 사람들의 태도는 ① 한국 장로교회의 전통에 반대되는 것이고, ② 비성경적 태도이며, ③ 고립주의를 선택하는 것이며, ④ 독선적 배타주의이고, ⑤ 선교사들에(특히 미국 북장로회) 대한 배은망덕한 태도라고 비판했다.

한경직이 한국 장로교회의 전통은 연합과 협조의 정신이라고 강조한 것은, 한편으로 1950년대에 일부 교회 지도자들이 취한 '독선적 바리새주의'에 대한 질책성 비판이었고, 또 다른 한편으로 그 당시 아시아의 정치·경제·사회적 상황에서 지역 교회들의 '친목'(교제, 코이노니아)과 '협조'(연합 사업)가 매우 시급하다고 보았기 때문이다. 따라서 한경직의 강조는 한국 교회의 전통을 고답적으로 답습하자는 주장이 아니었고, 전통에 기반을

---

40) 위의 책, 112.

두고서 변화된 세계 상황에 적절히 대응하는 교회의 연합을 설득하는 것이다. 제2차 세계 대전 이후에 정치적으로 독립한 아시아의 여러 나라들은 옛 시대가 지나가고 새 시대가 도래하는 급격한 사회 변천 속에서 정치·경제·사회적으로 매우 불안정했다. 한경직은 이러한 상황이야말로 공산주의자들이(=무신론적 유물주의자) 활개를 펴고 폭력적으로 활동하기에 아주 적합한 환경이라고 보면서, 이 지역의 교회들이—서로 이웃해 있으므로—서로 연대하고 협조하여서 공동으로 그리스도인의 사회적 책임을 감당하자고 역설했다.[41] 그러면서 그는 '동아기독교협의회' 창립(1957년)에 적극 협력하고 참여했다. 실제로 1958년 인도네시아에서 일어난 내란으로 말미암아 그곳의 교회가 파손되고 피난민 교인들이 쏟아져 나오자, 동아기독교협의회를 통해서 아시아의 많은 교회들이 원조 운동을 전개했고, 한국 교회도 1,000불을 모금하여 보냈다.

한경직은 또한 아시아의 교회가 비록 '신생'(新生) 교회이긴 하지만 이제는 더 이상 소위 모(母)교회인 서양의 교회에 의존적으로 기대지 말고 독립적이어야 한다고 강조했다. 그는 서양(미국) 교회와 아시아(한국) 교회의 상호 대등한 수평적 관계의 연합 운동을 강조했다. 1950년대 상황에서 이런 얘기를 했다는 것은 적어도 한두 세대 앞선 안목이었다고 본다. 그는 "협력이라는 것은 독립한 두 개체 사이에 성립하는데, 한쪽이 다른 한쪽을 의존하는 관계라면 협력이 성립되지 아니한다. 에큐메니칼 협력이라는 것도 독립한 교회들 사이에서 성립하는 것이다. 한국 교회는 (본디 처음부터) 자립자강하는 교회였고, 8·15 해방 이후에 외국(미국) 교회의 도움을

---

41) 한경직의 설교 "동아 정세와 그리스도인의 책임"(1958년 7월 13일 주일 저녁 예배), 『한경직설교집』 제3권, 238-254. "같이 증인이 되자"(1959년 5월 31일 주일 저녁 예배) 『한경직설교집』 제3권, 459-474.

많이 입고 있는데, 이제는 독립하는 교회여야 한다."고 주장했다.[42] 구체적으로 미래 교회의 지도자인 아시아(한국)의 신학생은 영국·미국과 유럽으로만 유학 가지 말고 이제는 아시아의 기독교 대학이나 신학교로 유학하여 이 대륙·지역의 전통과 문화를 배우고 익혀야 한다고 주장했다.[43] 또한 지금까지는 미국과 유럽의 교회가 아시아에 선교사를 파송했는데, 이제부터는 아시아 교회도 미국과 유럽에 선교사를 파송할 때가 되었다고 주장했다. 그래서 한쪽에서 다른 한쪽으로만 흐르는 일방 통행식 선교사 파송이 아니라 쌍방 통행식 선교사 교류를 통한 대등한 선교 협력 관계가 구축되어야 한다고 주장했다.[44]

3) 실천: 교회는 상부상조(相扶相助)의 단체

한경직은 신약성경 사도행전의 예루살렘 교회에서 상부상조의 정신과 실천을 파악했다.[45] 믿는 무리가 모든 재산을 팔아 유무상통(有無相通)하고, 모두가 한 마음 한 뜻이 되어 모든 물건을 서로 통용하고 자기 재물을 조금이라도 제 것이라고 주장하는 이가 없는 교회였다(행 4:32). 이를 통하여 그는 상부상조 정신의 기독교적 기원이 초대 교회의 유무상통에 있다고 보았다. 상부상조의 정신에 관하여 한경직은 그 이후에도 여러 차례 설교로 강조했다.[46]

---

42) 『한경직설교집』 제1권, 201.

43) 『한경직설교집』 제3권, 467.

44) 『한경직설교집』 제3권, 469. 이어서 1959년에 한경직은 한국 장로교회가 이 점에 관하여 미국 북장로회와 충분히 논의하여 실행 단계에 있으며 미국 남장로회와 계속 논의하고 있다고 보고했다.

45) "상부상조의 정신", 『한경직설교집』 제1권, 3-9.

46) "인간 생활의 연대성", 『한경직설교집』 제2권, 166-176. "성서적 애국심", 『한경직설교집』 제2권, 329-338. "초대 교회의 받은 은혜", 『한경직설교집』 제3권, 246-158.

상부상조 정신의 실천은 한경직에게 기독교 신앙인의 '자연적 발로'이다.[47] 즉 예수 그리스도의 십자가 사랑이 믿는 자의 가슴에 가득 찬 나머지 그리스도 안에서 함께 형제 된 사람을 '마땅히' 돌보려는 '의무감과 책임감'에서 비롯된 정신이다. 나의 재산을 어려운 이웃을 위해 사용하는 것이 신앙인에게 마땅한 의무인 것은, 그 재산을 하나님이 나에게 맡겨 주셨고 나는 청지기에 불과하기 때문이다.

그런데 8·15 해방 직후 북한에서처럼 남한에서도 그 세력이 확장되는 공산주의를 방어하고자, 한경직은 자주 초대 교회 상부상조의 정신을 북한의 현실 공산주의와 비교하여 설명했다. 참된 공산주의 기원을 신약성경 초대 교회의 자발적 유무상통에서 찾아볼 수 있는데, 그러나 현실 공산주의는—자발적 나눔이 아니라—남의 것을 강제로 빼앗아서 내 것으로 만드는 세력인데 그 동기가 인간의 이기심·탐심·물욕에 있다고 보았다.[48] 그러한 까닭에, 1946년 봄에 한경직은 북한 공산주의를 견디지 못해 월남한 교인들이 모인 영락교회가 상부상조의 정신으로 남한의 공산주의를 막아 내는 전위대(前衛隊) 역할을 해야 한다고 역설했다.[49] "(이 시대에 우리는) 즐거운 자와 함께 즐거워하고 슬픈 자와 함께 슬퍼할 것입니다. 그리하여 우리의 사랑이 강제적인 어떤 사상(공산주의)보다 낫다는 것을 몸소 증명하여 보입시다."

---

47) 『한경직설교집』 제1권, 6.
48) 한경직은 1947년 3월 8일의 설교 "신앙과 의심"에서, 공산주의가 인간 해방의 높은 이상과 달리 그 사용하는 "수단과 방법이 기독교 사상과 배치되는데, 즉 무신론적 유물주의 사상을 철학적 배경으로 하고 있고 노동 대중의 해방은 계급 투쟁에서만 얻을 수 있다고 하여 다른 계급을 멸하라고 고취하고 있으며, 무산자의 승리를 위하여서는 인정과 자유를 부인하여 무산자 독재주의를 실시하고 … 반(反)민족적 행위를 한다."고 강조했다. 그런데 이러한 수단과 방법을 제외한 "공산 사상은 기독교 사회주의나 사회 민주주의라고 보는 것이 타당하다고 했다." 『한경직설교집』 제1권, 58-64.
49) 『한경직설교집』 제1권, 9.

이웃을 향한 책임감과 의무감은 인간 삶의 연대성에서 비롯된다. 연대성이란 사람의 삶이 제각각 뿔뿔이 흩어지지 않고 서로서로 연결되어 있다는 뜻이다. 비유로 설명하자면, 사람 사는 사회는 마치 바다를 항해하는 배와 같고 또 사회의 모든 구성원은 그 배에 탄 승객과 같은데, 승객 한 사람의 행동이 다른 모든 승객과 항해하는 배에 영향을 줄 수 있다. 이런 식으로 사회를 구성하는 낱낱의 사람이 서로 연계되어 있기에, 사람의 희노애락(喜怒哀樂)에 따른 행동이 다른 사람에게 전가될 수 있다. 이 같은 논리에서, 내가 어려운 이웃을 도우면 그 결실이 결국 나에게 유익으로 되돌아올 것이다. 그 반대로 내가 만일 이웃의 어려움을 못 본 체 외면하고 나 혼자 잘 살겠다고 한다면 장차 내가 속한 사회가 그로 말미암아 어려워질 수 있을 터인데, 그렇게 되면 나도 그 어려움을 면치 못할 것이다. 예를 들어 거리에 깡통 차고 다니는 아이들을 그냥 내버려 두면, 아마도 10년이 지난 이후 그들이 장성해서 결국은 도둑질이나 강도질을 할 수밖에 없을 터인데, 그들이 저지른 범죄의 피해자가 나와 내 가족(후손)이 될 수도 있는 것이다. 그러므로 환난당한 이웃을 돕는 일은 바로 나를 돕는 것이다. 그를 돕는 것은 그저 불쌍한 사람을 도와 주는 자선이 아니라, 그와 함께 같은 배를 타고 있는(공동체적 연대성) 나의 책임과 의무인 것이다. 이 같은 관점에서, 신앙인은 연대성을 바탕으로 자신이 속한 직장, 회사, 사회에 대한 "공덕심(公德心)과 공익심(公益心)"을 가져야 한다고 한경직이 강조했다.[50] 이것은 지금의(2012년도) 한국 교회가 새로이 자각하는 바 교회의 사회적 공공성과 공적 책임을 지칭한 것이라 본다. 또한 우리 사회는 낱낱의 사람이 서로 촘촘히 연결된 '유기체'(有機體)이기에 우리가 서로서로 연대적 책임을 다해야 한다고 강조했다.

---

50) 『한경직설교집』 제2권, 174.

어려운 이웃을 돕는 일이 곧 주님을 섬기는 착한 행실인 바, 한경직은 예수님의 비유 말씀 '양과 염소의 비유'(마태복음 25장)를 들어 지극히 작은 자와 더불어 나누는 행실은 곧 주님을 섬기는 행위라고 설명했다. 따라서 그는 "교회가 상부상조의 단체"라고 규정했다.[51] 사도행전 예루살렘 교회에서 첫 일곱 집사를 선출한 것은 봉사를 위함이었다는 점, 교회의 헌금은 본래 구제를 목적으로 거두었다는 점, 초대 교회 제직의 기본 사명도 전도와 구제에 있었다는 점에서 교회는 상부상조의 단체, 곧 교회는 사회에서 공적 책임을 다하는 공공성의 기관이라고 보았다.

영락교회 창립 14주년 기념 예배(1959년 12월 첫 주일 저녁)에서 한경직은 "영락교회의 특색" 가운데 하나가 "상부상조"의 정신이라고 강조했다.[52] 영락교회 교인들은 언제 어디서나, 특히 6·25 전쟁 중에 피난지에서, 한 마음 한 뜻을 가진 상부상조의 정신으로 피차에 서로 도와 주고 서로 의지했다고 회고했다(천막촌, 직업과 직장 소개, 거주지 마련, 고아원, 모자원, 경로원 등). 영락교회에는 북한 전역과 남한 각처에서 온 피난민이 모여서, 가난하고 보잘것 없고 연약한 피난민의 교회인데, 교인들 모두가 한 마음 한 뜻으로 단결하여 하나님의 능력 안에서 상부상조의 정신을 실천하였기에 사회 속에서 대단한 결실을 보았다고 자평했다(사회 복지 기관 설립, 학교 설립 등). 한경직은 설교를 마무리지으면서, "영락교회를 통해서 하나님께서 꼭 하실 일"이 곧 교회의 사명인데 그것은 가장 먼저 "우리 민족을 하나님께로 다 인도해서 구원하는 그 사업"이라고 강조했다. 이 사업이 연합 활동의 목적인 것이다.

---

51) 『한경직설교집』 제1권, 8.
52) 『한경직설교집』 제4권, 176.

4. 정리와 제언

　1945년 12월 2일 '베다니전도교회'로 시작된 영락교회는 격변하는 한반도의 '응급한 상황'에 대응하여 월남 피난민들을 교회로 맞아들이고 그들의 밥먹고 잠자고 일하는 일상을 배려했다. 한경직은 피난민 교인의 자녀 교육이 시급하기에 공민학교와 기독교중등학교(대광, 보성, 오산 등) 그리고 기독교대학(숭실대학)을 설립했고 또 북한 현실 공산주의가 남한에서 확산되지 못하도록 선교(구국 전도) 활동을 주도했다. 이때부터 영락교회는 교회의 3대 목표인 봉사·교육·선교의 연합 활동을 전개했다. 1950년 6·25 전쟁이 일어났을 때, 한경직의 연합 활동은 전쟁의 충격에도 불구하고 위축되지 아니하였고 오히려 더욱 뜨거워졌고 더 적극적으로 전개되었다. 또 이때부터 그는 본격적으로 국제적으로 활동하기 시작했다. 종전(終戰) 이후, 세계 냉전 상황에 맞물려서 한반도는 여전히 정치적으로 불안하고 경제적으로 궁핍하고 사회적으로도 과도기였는데, 이 상황에서 영락교회는 활발한 연합 활동과 더불어 안정적으로 부흥했다. 이 사실이 세계 교회에 널리 알려졌고, 영락교회의 부흥은 아시아의 교회들에게 귀감이 되었다.

　한경직의 연합 활동을 정리하면서 느낀 점은, 도대체 '한 개인'이 이렇게 엄청나고 많은 일을 어떻게 해낼 수 있었을까? 그저 놀라운 나머지 감탄이 나온다. 더욱이 건강이 좋지 않은 병약한 몸으로. 그는 영락교회 담임 목사로서 전국의 교회를 목회했다. 그는 목회자로서 사회 현실에 참여하여 기독교 정신이 대한민국 건국의 기초가 되도록 힘썼고 또 6·25 전쟁 전후 퇴폐와 부패로 어지럽던 사회를 향해 강단에서 예언자적 선포를 했다. 그는 한국 장로교회의 목사로서 세계 교회의 지도자 노릇을 했다. 1992년 4월 29일 그가 템플턴상을 받는 식장에서 수상 연설을 했는데, 이

자리에서 그는 시련기의 한국에서 하나님의 은혜로 시작한 선교·봉사·교육의 연합 활동이 사람들을 위로하고 치유했으며 또 교회 부흥에도 크게 기여했다고 회고했다. 구체적인 예를 들어 1945년 8·15 직후에 서울에는 '30개' 정도의 교회가 있었는데 1991년 말에는 '7,477개'의 교회가 있다고 밝혔다.[53]

한경직의 연합 활동은 사람과 사람의 협력(내한 선교사들 서로서로, 선교사와 한국인(토착인), 한국 교인들 서로서로), 교회 연합 기구들과 단체들의 교류와 연합 사업—한국기독교연합회(NCCK), 동아기독교협의회, 세계교회협의회(WCC)—등으로 추진되었다. 한경직 연합 활동의 신학적 배경을 살펴보았는데, 그 원리는 '다양성 속에서 일치'를 지향하는 교회 연합, 역사적으로 '한국 장로교회의 전통이 연합과 협조의 정신'이라는 인식, 그리고 '교회는 상부상조(相扶相助)의 정신을 실천하는 단체'라는 인식이었다.

한경직의 생애에서 연합 활동으로 표출된 에큐메니즘은, 필자의 견해로는, 오늘날도 여전히 한국 장로교회(예장통합)의 '기본 노선'이라고 본다. 이와 관련하여 이승준의 글을 살펴보는 중,[54] 한경직의 에큐메니즘에 대한 박용규와 김영재의 비판은 1차 자료(한경직의 글)에 근거하고 객관성을 담보한 학문적 논쟁이라기보다는—에큐메니즘 논쟁으로 분열되었다고 보는 교단(예장합동)의 입장을 옹호하려는—주관적 언쟁으로 기울어졌다고 본다. 지금 한국 장로교회의 연합과 일치가 새로이 요청되는 이 시점에서 이 주제는 다음 기회에 서로 다른 견해를 가진 신학자(교회사가)들이 다시 다루어 상호 합일점을 찾아가야 한다고 본다.[55]

---

53) 한경직목사탄신100주년기념사업위원회, 296.

54) 이승준, "한국 교회에 미친 한경직의 복음주의 사상과 신앙", 숭실대학교교목실 엮음, 337-341.

55) 이신형, "한경직 목사의 신학적 유산: 신학자가 본 한경직 목사", 숭실대학교교목실 엮

424 공감. 교회 역사 공부

끝으로 2013년 WCC 제 10차 총회를 준비하는 한국 교회는 한경직의 연합 활동 및 에큐메니칼 운동을 오늘의 상황에서 새로운 차원으로 그 운동을 이어가야 한다고 본다. 오늘날 세계화와 맞물린 '아시아-태평양 시대'를 맞이하여(Glocalization: Thinking Global & Doing Local) 이 지역 교회들의 연대와 협력이 요청되는 이 시점에, 한경직이 1950년대에 선도(先導)하여 추진했던 '아시아' 교회들의 에큐메니칼 운동을 우리 세대에 새롭게 발전시켜 나갈 필요가 있다고 본다.

음, 361. 임희국, "회고와 전망: 한국 장로교회의 분열에 대한 회고와 일치를 향한 전망", 『장신논단』 제41집(2011), 137-160.

| 참고 문헌 |

한경직. 『한경직구술자서전 나의 감사』. 서울: 두란노서원, 2010.

_____. 『한경직목사설교전집』 제1권–제4권. 서울: 한경직목사기념사업회, 2009.

_____. 『목사님들, 예수 잘 믿으세요』. 한경직목사탄신100주년기념사업위원회. 서울: 샘
　　터사, 2002.

김양선. 『韓國基督敎解放十年史』. 서울: 대한예수교장로회총회 종교교육부, 1956.

朴昌睦. 『世界敎會運動小考』. 聖學社, 1957.

『숭실대학교100년사: 서울숭실 편(제2부)』. 숭실대학교100년사편찬위원회. 서울: 숭실대
　　학교출판부, 1994.

숭실대학교교목실 엮음. 조은식 책임편집. 『한경직 목사의 신앙유산』. 서울: 숭실대학교출
　　판부, 2007.

이계준. 『희망을 낳는 자유: 이계준 자전 에세이』. 서울: 한들출판사, 2005.

이창로. "한경직 목사와 나". 『만남』 통권 317호.

임희국. "회고와 전망: 한국 장로교회의 분열에 대한 회고와 일치를 향한 전망". 『장신논
　　단』 제41집. 2011.

한숭홍. 『한경직. 예수를 닮은 인간, 그리스도를 보여 준 교부』. 서울: 북코리아, 2007.

Cumings, Bruce. *Korea's place in the sun: a modern history*. 김동노 외 3인 역. 『한국현대사』. 서울: 창작과 비평사, 2001.

Moffet, Samuel H. "현대 기독교의 난관과 기회". 朴昌睦. 『世界敎會運動小考』. 聖學社, 1957.

Rhodes, Harry A. and Campbell, Archibald. *History of the Korean Mission Presbyterian Church in the U.S.A. Vol. II: 1935–1959*. Commission on ecumenical Mission and Relations The united Presbyterian Church in the U.S.A. 1964.

WCC. *Confessing the one faith: an ecumenical explication of the apostolic faith as it is confessed in the Nicene-Constantinopolitan Creed(381)*. 이형기 역. 『세계교회가 고백해야 할 하나의 신앙고백』. 서울: 한국장로교출판사, 1996.

『기독공보』. 1954. 5. 24.

13

한국 장로교회의 분열에 대한 회고,
일치를 향한 전망[1)]

1. 시작하면서

세계교회협의회(WCC) 제10차 부산 총회(2013)을 맞이하여, 1950년대 이래로 반세기 이상 분열된 한국 장로교회의 화해와 일치의 길이 어디에 있겠는지 역사 속에서 찾아보려는 관심에서 이 글을 쓰게 되었다. 본디 하나였던 한국 장로교회가 무슨 까닭으로 쪼개지고 분열되었는지 역사의 현장에서 찾아보고자 한다. 이와 함께 이 글은 무게 중심을 분열에 두지 않고 화해와 일치에 크게 두고자 한다. 분열된 장로교회들의 화해를 위한 미래의 길을 역사 속에서 찾아보려는 것이다.

이 글은 한국 장로교회의 분열에 대한 선행 연구와 중복 서술을 피하고자 한다. 그래서 이 글은 1950년대에 일어났던 장로교회의 분열 과정을

---

1) 이 글은 장로회신학대학교 논문집 『장신논단』 제41집(2011)에 실렸다.

스쳐 지나가듯 간략히 서술하고, 그 분열의 씨앗이 심겨진 1930년대 장로교회의 상황을 보다 집중적으로 살펴보고자 한다. 이보다 앞서, 1907년 한국 장로교회가 시작되는 '독(립)노회'의 노회록을 찾아보며 한국 장로교회 연합과 일치의 뿌리를 짚어보고자 한다.

2. '협력과 연합'(에큐메니칼)의 정신으로 출발한 한국 장로교회

1) 공의회(公議會, Council)의 조직에서 독(립)노회의 조직에 이르기까지

한국의 장로교회는 '연합과 일치'(에큐메니칼)의 정신으로 출발했다. 그 정신이 '대한예수교장로회 독노회'(1907년 9월 17일, 제1회)의 서문에 아래와 같이 기록되었다.[2]

하느님께서 우리나라 인민을 도라보샤 [미국] 남쟝로교회와 북쟝로교회와 [영국][오스드렐늬] 장로교회와 [가나다] 쟝로교회의 쥬를 밋는 모든 형데쥬매들의 므음을 감동식혀 이 네곳교회 총회로 션교스를 택명흐야 이곳에 보내시매… 이 네곳총회에서 특별히 대한국 장로회 로회를 세우기로 허락논고로 장로회 회쟝 마포삼열 목스께셔 네곳 총회의 권을 엇어 한국교회에 로회되논 취지를 셜명흐시되… 쥬 강생 일천구백칠년 구월 십칠이 오정에 한국로회를 설립흔후 대한에 신학교 졸업학스 닐곱사룸을 목스로 쟝립흐고 대한국 예수교장로회 로회라 흐셧스니 이는 실노 대한국 독닙로회로다.

---

2) 『대한예수교장로회 노회 회록』(1907), 2-3.

이 서문은 한국 장로교회의 출발 선언문이라 말할 수 있다. 장로교회의 바탕 조직은 '노회'(Presbytery)인데, 위의 서문은 한국 장로교회가 외국 선교부로부터 독립하는 '독노회'(獨老會)를 시작하면서 선포한 것이다. 서문에서 밝혔듯이, 한국 장로교회 제1회 독노회는 내한 선교사들의 연합과 협력의 결실이었다. 여기까지 오는 데 13년이 걸렸다. 즉 1893년에 장로교회의 '공의회'가 조직되었는데, 4개국(미국, 영국, 오스트레일리아, 캐나다) 장로교회의 교단들로부터 각각 한국으로 파송된 선교사들이 연합하여 공의회를 조직하였다. 공의회는 한국에서 토착 장로교회가 자치적 치리(治理) 기구인 노회를 조직할 때까지 '한시적으로' 존립하기로 했다.

공의회의 사업 가운데서 가장 두드러진 일이 토착인(한국인) 목회자를 양성하는 신학교를 설립한 것이었다. 1900년 평양의 공의회가 장대현교회의 장로 김종섭과 방기창(2명)을 '목사 후보생'으로 선발했고, 그 이듬해 (1901) 가을 그 교회를 담임하는 선교사 마펫(S. A. Moffett)이 이들에게 신학교육을 시키기 시작했다. 이리하여 '조선예수교장로회신학교'가 설립되었다. 신학교의 설립 목적이 토착인 목회자 양성이었으므로, 공의회에 가입한 교단들의 선교부는 1905년에 각각 본국의 교단(해외선교) 본부에게 한국에서 자치적 치리 기구인 노회를 설립해도 좋은지 문의하였고, 그리고 허락을 얻었다. 이에 공의회는 '조선예수교장로회'를 조직하기로 결정했다.

1907년 6월에 장로회신학교가 첫 졸업생(제1회) 7명을 배출하였고, 석 달 뒤에 '조선예수교장로회 독(獨=독립)노회'가 성립되었다. 이 자리에서 졸업생 모두 다 목사 안수를 받아 한국 장로교회의 첫 번째 목회자가 되었다. 이로써 그 임무를 완수한 공의회는 폐지되었으며 이에 따라 공의회 시대가 종료되었다. 그리하여 한국 장로교회는 하나의 교단으로 출발했다. 1912년에 장로교회 총회(General Assembly)가 성립되었다.

이러한 일련의 과정, 곧 공의회 조직-신학교 설립—독노회 조직—총회 조직에 이르는 과정은, 내한(來韓) 선교사들의 협력과 연합 운동을 대표적으로 대변해 주고 있는 바, 이 운동으로 한국에서 '하나'(單一)의 장로교회가 출발하였다. 다시 한 번 한국의 장로교회는 본디 협력과 연합(에큐메니칼)의 정신에 따라 '하나의 장로교회 교단'으로 출발했다. 만일 내한(來韓) 선교사들에게 협력과 연합의 정신이 없었더라면, 아마도 한국 장로교회는 몇 개의 교단으로 분산되어 시작했을 것이다.

2) 국내외로 확산된 장로교회의 연합 운동

내한 장로교회 선교사들의 협력과 연합 운동은 계속해서 다른 교파의 선교사들에게 확산되었다. 감리교회 선교사들과 공동으로 잡지 *Korea Mission Field*(1905)와 신문 『대한그리스도신문』(1908)을 발간했다. 여러 교파(장로교·감리교)의 선교부들이 각각 설립한 병원과 학교도 공동으로 운영하고 또 주일학교 교재를 공동으로 만들기로 했다. 그러한 가운데서 선교사들은 한국에서는 아예 교단과 교파의 담장을 허물고 하나의 단일(單一) 개신교를 조직하자고 합의했다. 이러한 목적 아래 1905년 '재한개신교 선교부공의회'(The General Council of Evangelical Missions in Korea)가 조직되었다. 이 공의회는 "선교 사역에 서로 협력하다가 궁극적으로는 하나의 개신교로 합친다."는 목표를 정했다. 그 명칭도 '대한예수교회'로 정했다. 이 목표가 성사(成事)되지는 못했다. 그렇지만 이제까지 해 오던 대로 교파들의 연합 사업이 지속되었다. 선교사들이 추진하던 가장 중요한 연합 사업은 성경 번역이었다.

교단들이 서로 협력하고 연합하는 주일학교(교회학교) 사업도 크게 두드러졌다. 1922년에 개신교 10개 교단(장로교회와 감리교회가 주축)과 외국 선교부들이 '조선주일학교연합회'를 상설 기구로 조직했다. 이 연합회는 공동으로 주일학교 교재 제작, 공동으로 교사 양성, 그리고 잡지(계간, '아희생활') 발간 사업에 주력했다. 좀 더 큰 범주에서, 교회 및 교단들의 협력과 연합 운동을 계속 추진하고자 1924년 '조선예수교연합공의회'(Korean National Christian Council)가 창립되었다.[3] 이것이 오늘날 '한국기독교교회협의회' (NCCK)의 시작이었다. 조선예수교연합공의회는 1925년 '국제선교협의회' (IMC)에 가입했다. 조선예수교연합공의회를 통하여 장로교회는 세계 교회와 교류하며 폭넓은 관계망을 형성해 나갔다. 해외(외국)에서 개최되는 국제 회의에 교단의 대표를 파송하여 참석케 하는 일이 활발히 추진되었다.[4]

이 가운데서도 '기독청년 면려회'(勉勵會)가 두드러지게 국제 회의에 참석했다. 면려회는 선교사 안대선(安大善, Wallis Anderson)이 1921년 경상북도 안동에서 창시한 기독 청년 운동이었다.[5] 그 당시 국제적인 기독교 청년 조직이었던 면려회는 성경 연구와 기도, 경건한 절제 생활, 그리고 복음 전도에 힘쓰는 모임이었다. 회원은 그리스도의 품성을 닮아 가며 그의 삶을 본받아 살겠다고(實生) 서약했다. 면려회 조직 운동이 전국으로 확산되었다. 그해(1921년) 장로교회 제10회 총회는 전국의 교회가 면려회를 조직

---

3) 이 연합공의회에 가입한 교단과 단체는 다음과 같다. 조선예수교장로회, 미국 감리교 연회, 남감리교연회, 미국 남·북장로교회, 캐나다 장로교회, 호주 장로교회, 미국 남·북감리교회의 선교부, 영국 성서공회, 조선기독교청년회(YMCA), 캐나다 연합교회 선교회, 조선여자기독교청년회, 조선주일학교연합회 등.

4) 1928년 3월 예루살렘에서 열린 제2차 국제선교대회에 정인과 등이 참석. 1928년 7월 로스앤젤레스에서 열린 세계주일학교대회에 김관석과 이성휘 참석. 1929년 6월 보스턴에서 열린 만국 장로교회 및 개신교 협의회에 마펫과 곽안련(C. A. Clark)과 한경직 그리고 최윤관이 참석. 1932년 영국에서 열린 만국장로회연합회에 게일(J. S. Gale)이 참석. 1937년 6월에 열린 세계 장로교회 총회에 서고도(W. Scott)와 김준성이 참석.

5) 미국에서 시작된 기독청년 면려 운동(Christian Endeavor)은 포틀랜드(Portland) 시에 있는 웰링스턴 회중교회의 목사 클락(Francis Edward Clark)의 지도로 시작되었다. 김남식, 『한국기독교면려운동사』(서울: 성광문화사, 1979), 112-114. 안대선은 한국에다 미국의 면려회 운동을 소개하는 한편, 미국에서 기독청년 면려 운동을 시작한 회중교회의 목사 클락(F. E. Clark)과 여러 차례 편지글을 주고받으며 이 운동을 시작하려는 도움과 자료를 얻었다.

하도록 결의했다. 1930년 8월 '기독청년 면려회 세계대회'(제8차)가 독일 베를린에서 열렸다. 이번 대회에 세계 48개국에서 6,000여 명이 참석했는데, 조선(한국)면려회연합회의 대표도 참석했다. 조선(한국)이 주권을 상실하여 일제에게 식민 지배를 받고 있는데도 한국 교회는 일본 교회와 동등한 자격을 얻어 참석했고 또한 세계 교회를 향해 한국 교회를 소개하였다. 이에 면려회 대표단은 국제 대회 참석을 통해 민족적 자긍심을 가질 수 있었고 또 국제 감각을 넓히는 기회를 가졌다. 대회를 마치고 귀국한 대표단은 전국을 순회하며 보고회를 가졌다.

3. 장로교회의 분열 조짐이 나타난 1930년대

1) 신학 노선의 대립으로 말미암은 갈등 구조 형성

한국 장로교회 제1세대의 신학 노선은 선교사들이 가르치고 전수해 준 그대로 따라갔다. 당시에 전수받은 신학 사상은—선교사마다 제각각 모국에서 다닌 신학교별로 다소(多小)의 입장 차이가 있으나—대체로 보수적이었다.[6] 그 신학은 '성경관'으로 대변할 수가 있는데, 그 성경관은 "신구약성경이 하나님의 말씀이니 신앙과 본분에 대하여 정확무오한 유일한 법칙"으로 대변되었다. 이것은 1907년에 제정된 조선(한국)예수교장로회 신

---

6) 프린스턴 신학교 출신의 선교사는 19세기 미국 보수적 칼빈주의 신학 사상을 가졌고, 매코믹 신학교 출신의 선교사는 보수주의 신학에 청교도적 엄격성과 경건성이 몸에 배어 있었고, 리치몬드 유니온 신학교 출신의 선교사는 웨스트민스터 신조에 충실한 장로교회 전통을 갖고 있었고, 캐나다 장로교회도—웨스트민스터 신조에 충실한 스코틀랜드 장로교회에 뿌리를 두었기에—이 교회 출신의 선교사들도 비슷한 입장이었고, 호주 장로교회 출신의 선교사들도 크게 다를 바 없었다.

조와 1931년에 번역 출판된 『기독교중험론』(基督敎證驗論)[7]을 통해 장로교회의 목회자에게 각인되었다.

1920년대 후반에는 제2세대의 토착 교회 지도자들이 활동하는 시기였다. 이들은 앞 세대와 다른 입장을 바깥으로 드러내며 다양한 목소리를 내기 시작했다. 이들 가운데서 일부는 성경 해석에 역사비평학을 도입하고자 했다. 또한 평양 장로회신학교에서 가르치는 선교사들 몇몇도 역사비평학을 부분적으로 온건하게 소개하였다. 그리하여 성경 해석 방법에 역사비평학을 도입하는 사례가 차츰 확대되어서 이것이 신학교와 교회에 영향을 끼치기 시작했다. 이에 따라 성경관을 바탕으로 보수적 근본주의 노선과 온건한 진보주의 노선이 서로 대립하여 충돌하려는 조짐이 나타났다.

양편의 충돌이 1926년 가을에 열린 함경노회 교역자 연수회에서 처음 일어났다고 본다. 캐나다 출신 선교사 서고도(徐高道, W. Scott)와 미국 유학생 출신 김관식(金觀植)과 조희염(曺喜炎)이 역사비평학을 소개했다. 그러자 참석자 다수가 거센 질문을 쏟아냈다. 이에 주최측은 사태를 무마시키고자 서둘러 모임을 종료시켰다. 그 이후로 1934년에 보수적 노선과 진보적 노선이 장로교회의 총회에서 크게 충돌했다. 이것은 '창세기 저작자 문제', '여성 치리권 청원 문제', 그리고 '아빙돈 주석 사건'으로 기억되고 있는 사건이다.

창세기 저작자 문제는 "구약성경 창세기는 모세의 저작이 아니다."라고 서술한 글에서 발단되었다. 문제의 글이 교회 주일학교(장년부) 교재 『만

---

7) 이 책은 중국인 가옥명(賈玉銘, Chia Yu Ming)이 저작한 *Evidences of Christianity*를 한국어로 번역 출판된 책이었다. 이 책은 가옥명(賈玉銘)이 미국의 정통주의 신학자로 이름이 높던 A. H. Strong의 *Systematic Theology*와 그의 아들 A. A. Hodge의 *An Outline of Theology*를 토대로 해서 저술한 것으로 그 내용은 19세기 미국 장로교회의 정통주의 사상의 진수가 담겨 있는 것이었다. 이 책을 신학교의 교수로 일한 선교사 이눌서(李訥瑞, William D. Reynolds)가 오랫동안 교재로 사용했다.

국주일공과』에 실려 있었다. 이것이야말로 "장로교회 신조 제1조(신구약성경은 하나님의 말씀이니 신앙과 본분에 대하여 정확무오한 유일한 법칙)에 위배된다."는 여론이 교단 안에서 들끓었다. 이 문제가 총회의 정치부에 접수되었다. 이 글에는 필자의 이름이 명기되어 있지 않았으므로, 총회석상에서 필자의 이름이 거론되지 않았으나, 필자가 서울 남대문교회 담임 목사 김영주(金英珠)라는 사실을 많은 이들이 알고 있었다. 함경도 출신인 그는 그 지역의 선교사 서고도에게 영향을 크게 입었고 일본으로 유학 가서 간사이(關西) 학원 신학부를 졸업했다. 그의 이력과 학력으로 미루어 짐작컨대 그는 진보적인 신학자였다. 이 문제를 다루기 위해 총회가 특별연구위원회를 구성했다. 일 년 뒤, 특별연구위원회는 "창세기는 모세의 저작이 아니다."라는 주장이 "파괴적인 성경 비평가들의 이론"이라 규정하고 이 주장을 펼치는 자는 "성경의 권위와 그리스도의 권위를 무시하고 능욕하는 자"로 결론지었다. 이 위원회의 결론을 받아들인 총회는 장로교회 신조 제1조에 위반하는 자는 "교회의 교역자 됨을 거절한다."는 판결을 내렸다.[8]

여성 치리권 청원 문제는 위의 사건과 맞물려 있었다. 이 문제는 여성에게도 남성과 동등한 치리권('여성 장로직')을 달라는 요청에서 시작되었는데, 이번에도 함경도에서 시작되었다. 즉 함남노회(咸南老會) 산하 22개 교회 여성들이 여성에게도─남성과 동등하게─여성 장로직을 허락해 달라는 청원서를 총회에 제출하였다.[9] 이 청원을 지지하는 김춘배(金春培) 목사는[10] 신약성경 고린도전서 14장 34절 "'여자는 (교회에서) 잠잠하라 그

---

8) 『조선예수교장로회총회 제24회 회록』(1935). 그러나 김영주 목사에 대한 정치적 치리는 실시되지 않았다.
9) 『조선예수교장로회총회 제22회 회록』(1933).
10) 김춘배 목사는 김영주 목사와 같이 1933년경 일본 간사이(關西) 학원 신학부를 졸업하였다.

들에게는 말하는 것을 허락함이 없나니'는 2천 년 전의 한 지방(고린도) 교
회의 교훈과 풍습(인데) 이것을 만고불변의 진리로 알고 그러는 것도 아닐
것인데요."라고 주장했다.[11] 그러자 순식간에 여성 치리권 청원 문제가 성
경 해석의 문제로 옮아 갔다. 1934년도 장로교회 총회(제23회)가 이 문제를
'창세기 저작자 문제'와 함께 다루었다. 여성 치리권에 대한 문제가 성경
이해의 문제로 연계되었다. 이 문제를 다룬 특별연구위원회는 신약성경
고린도전서 14장 33-34절, 디모데전서 2장 12-15절에 대한 해석[12]을 바
탕으로 "여권 운동이 대두하는 현대 사조에 영합하기 위하여 성경을 자유
롭게 해석하는 것은 그 정신 태도가 파괴적 성경 비평의 정신 태도와 다름
이 없다."고 판정했다. 따라서 여성 치리권을 옹호하거나 지원하는 사람도
장로교회 신조 제1조에 위배되는 것이라 판정했다. 이에 따라 김춘배의 성
경 해석은 커다란 오류라고 결론지었다. 즉 사도 바울이 고린도 교회 여성
에게 교권을 허락하지 않은 것은 만고불변의 진리라는 결론이었다.

아빙돈(Abingdon) 단권 주석은 1934년에 한국 감리교회와 장로교회
가 선교 50주년을 기념하여 유형기(柳瀅基)의 편집책임 아래 번역·출간되
었다. 원서는 미국 아빙돈 출판사에서 발행한 『성경주해서』(The Abingdon

---

11) 김춘배, "장로회 총회에 올리는 말씀", 『기독신보』(1934. 8. 22).
12) 『조선예수교장로회총회 제24회 회록』(1935). "고린도전서 14장에 여자의 교회 공석상
언권을 불허한 것도 그 교훈 강도권과 치리권을 모두 금지하는 의미를 가진 것은 분명
하지마는 디모데전서 2:12절에는 두 가지를 갈라 말하였으니 즉 '가르치'는 것을 허락
지 아니하여 여자의 공례배석에서의 교훈 강도권을 금하고 또 '사나이를 주관하는 것
을 허락지아니'하여 그 교회 치리권을 금하였나이다. 바울은 여기서 여자에게 교권을
불허하는 이유 두 가지를 다시 말하였으니 1) 13절에 '아담이 먼저 지음을 받고 하와
는 후에 지음을 받았으며'라고 말하여 창조의 차서에서 여자가 남자보다 뒤졌다는 것
을 지적하였나이다. … 2) 다음에 14절에는 바울이 하와가 아담보다 먼저 유혹을 받아
죄에 빠진 사실을 말하여 선천적으로 여자는 남자보다 교도(敎導)의 재능이 결핍함을
지적하였으니 그것은 여인의 교권을 금함에 보다 더 강한 이유이었나이다."

Bible Commentary, 1930)이고, 이 주석의 간행에 서양 신학자들이 새로운 학문적 연구 방법론을 적용했다는 좋은 반응을 받았다.[13] 그런데 주석의 총론에는 성경이 하나님 계시의 기록인 동시에 인간의 역사적 산물인 문학작품으로 이해되기에 이에 성경 연구에 역사비평학을 적용한다고 설명했다. 이 주석을 한국어로 번역하는 작업에 감리교회와 장로교회의 신학자 53명이 참여했다.[14] 장로교회에서는 채필근(蔡弼近, 요한복음), 송창근(宋昌根, 데살로니가전후서), 한경직(고린도전후서), 윤인구(요한서신, 묵시), 김재준(金在俊, 미가), 조희염(曹喜炎, 바울의 일생과 사업), 김관식(金觀植, 아모스) 등이 참여하였다. 이 주석의 초판이 1934년 12월에 발간되었다.

이 주석이 출간되자마자 한국 장로교회 안에서 비판하는 반향(反響)이 일어났다. 감리교회에서는 진보적 신학 사상에 어느 정도 익숙해 있었으므로 문제로 삼지 않았는데, 장로교회에서는 이 주석이야말로 하나님 말씀의 절대무오성에 대한 심각한 도전이라고 문제삼았다. 따라서 이 주석은 장로교회 신조 제1조에 위배되고 성경의 무오성과 완전성을 파괴하여 한국 교회의 보수적 전통을 깨뜨리려는 행위라고 판정받았다. 1935년 장로교회 총회(제24회)는 이 주석을 정죄하였다. 이와 함께 총회는 장로교회의 성경 주석을 집필하기로 하고 그 이름을 '표준성경주석'이라 하며 위원장에 박형룡을 위촉했다.

이때부터 박형룡과 김재준의 신학적 대립과 논쟁이 본격화되었다. 박형룡은 장로회신학교(평양)에서 변증학를 가르치는 정교수였는데,[15] 그는

---

13) 문희석, 『한국교회 구약성경 해석사』(서울: 대한기독교출판사, 1987), 73.
14) 이찬영, 『한국 기독교회사 총람』(서울: 소망사, 1994), 397.
15) 박형룡은 1933년 2월 미국 켄터키 주 루이빌 남침례신학교에서 박사학위를 받았고 그 이듬해(1934) 평양 장로회신학교의 정교수로 임명되었다. 그해의 총회에서 그는 창세기 저작자 문제와 묵권 문제를 다루는 연구위원이었다. 그가 주도로 작성된 연구 보고서가 1935년 총회(제24회)에 만장일치로 채택되었다.

신학교가 발간하는 잡지 『신학지남』에 김재준·송창근의 글이 실리지 못하게 했다. 박형룡은 김재준의 신학 사상이 아빙돈 단권 주석의 입장과 동일하다고 지적하면서 김재준의 입장을 '신신학설' 혹은 '異사상'이라 지칭했다. 또한 그가 저술한 『근대기독교신학난제선평: 학파편』(1935년)에서 그는 성경의 고등비평을 비판하였고 또 여기에 근거한 자유주의 신학을 비판하면서 정통 신학이 무엇인지 천명하고자 했다. 여기에서 그는 자유주의와 바르트 신학 사상을 별 구분 없이 사용했다. 이러한 그의 입장이 나중에, 1945년 8·15 해방 이후에, 김재준과 다시 한 번 더 충돌하게 된다. 이때의 김재준은 성경 연구에 역사비평학을 받아들이는 것 이외에는 대체로 정통주의 노선과 동일했다.[16] 그의 신학 사상은 바르트(K. Barth)를 충실히 따르고자 했다. 이 입장은 8·15 해방 이후에도 변하지 않았다.

2) 일제의 교회 탄압

1930년대 중반 이래로 한국 교회(개신교)의 협력과 연합 사업이 크게 흔들렸다. 1935년에 장로교회 총회가 조선예수교연합공의회에서 탈퇴했고 이에 뒤따라 연합 사업도 크게 축소되었다. 이 무렵부터 일제의 총독부가 개신교(특히 장로교회)를 서서히 탄압하기 시작했다. 1937년과 1938년에 교회 지도자 다수가 일제에게 체포되었는데, 면려회의 지도자들도 체포되었다. 그 결과 면려회 운동이 심각한 타격을 받았다. 1938년 장로교회 총회가 일제의 신사참배 강요에 굴복하여 신사참배를 결의한 다음, 곧바로(9월 19일) 면려회전국연합회도 강제 해산되었다. 조선예수교연합공의회도 강

---

16) 김재준은 예컨대 예수 그리스도의 동정녀 탄생과 그의 육체적 부활이 역사적 사실임을 인정했다. 그 내용이 그가 『신학지남』에 기고한 "이사야의 임마누엘 예언 연구", 『신학지남』 제16집(1934)과 "그리스도의 부활에 대한 연구", 『신학지남』(1935)에 잘 나타나 있다.

제 해산되었다.

일제는 신사참배의 강요를 통해 한국 장로교회와 직접 부딪쳤는데, 신사참배는 일제가 중국 대륙 침략을 위해 조선(한국)에서 펼친 황국신민화(皇國臣民化) 정책에 속하였다. 중국을 향한 일제의 야욕은 '만주사변'(1931), '상해사변'(1932), 그리고 '중일 전쟁'(1937)을 일으켰다. 이 과정에서 일제는 조선인의 전쟁 협력을 얻어 내고 조선을 일본에 완전히 동화(同化)시키고자(內鮮一體) 황국신민화 정책을 추진했는데 여기에는 '조선 교육령 개정', '신사참배' 그리고 '창씨개명'이 그 골격을 이루었다.

1930년 이전에는 일제가 한국에서 신사참배를 그리 심하게 강요하지 않았는데, 만주사변을 계기로 조선(한국)인의 정신 개조 차원에서 그 정책을 바꾸었다. 1936년 8월에 일제는 '개정신사규칙'(총독부령 제76호)을 공포하여 1개 면에 1개의 신사를 세웠다. 각 가정에도 신붕을 설치하도록 강요하고 천조대신의 부적을 사서 매일 아침에 예배하도록 강요했다. 일제는 기독교 학교(Mission School)에도 신사참배를 강요했는데, 학교를 운영하는 장로교회 총회와 선교사들은 난색을 표하며 거절했다. 여타 대다수 개신교 교단들은 신사참배 강요에 크게 이의를 제기하지 않았는데, 장로교회는 처음부터 이것을 '(십계명의) 제1계명을 범하는 우상숭배'로 받아들이며 강하게 거부했다. 중일 전쟁(1937. 7. 7)을 계기로 일제는 신사참배를 심하게 강요했다. 일제는 교회에 시국 기도회를 개최했고, 몇몇 교회 지도자들에게 '시국순회강연'에서 전쟁 협력을 위해 강연하도록 지시했으며 또 신문과 잡지에다 일제에 협력하는 글을 기고하도록 했다. 일제는 황국신민화 정책에 거역하는 교역자들을 체포하여 투옥시켰다.

1938년에 일제는 장로교회를 향해 전략적으로 신사참배를 강요했다. 전국 노회들을 하나씩 둘씩 무너뜨리고 그리고 맨 마지막 단계에서 총회를 굴복시키는 전략이었다. 2월 9일 평북노회가 일제의 강압을 이기지 못해 신사참배를 국가 의식이라 인정하며 결의했고, 그 이후로 가을에 장로교회 총회가 열릴 때까지 전국 23개 노회 가운데서 17개 노회가 굴복했다. 드디어 장로교회 제27회 총회(1938. 9. 9)는 신사참배를 결의하고 성명서를 낭독했다.[17] 그리고 즉시 총회에 참석한 전국의 노회장 23명이 평양의 신사로 찾아가서 참배했다.

신사참배의 강요에 굴복한 장로교회는 이제부터 몰락의 길로 들어섰다. 교회는 생존을 위해 신사참배를 결의했는데, 오히려 결과는 생존마저 유지할 수 없는 길로 들어섰다. 신사참배와 더불어 장로교회는 일제 제국주의 전쟁의 도구로 전락할 수밖에 없었다. 총회는 노회 단위로 국방 헌금을 걷었다.[18] 전쟁 물자 공급을 위해 교인 각 가정이 일상 생활에서 쓰는 놋그릇(유기)을 바쳤고, 또한 교회의 종탑에 걸린 종마저 떼어다가 바쳤다. 게다가 전국의 교회들이 예배당 건물을 매각하여 전쟁 비용으로 바쳤다. 일제는 전국의 면단위로 1개의 교회만을 남겨 놓는 합병을 추진했다. 매각 처분된 교회의 부동산이 국방 헌금으로 들어갔다. 교회의 통폐합으로 교세가 현격하게 약화된 장로교회는[19] 1942년 제31회 총회를 마지막으로 개최하였다. 1943년 5월 장로교회는 '일본기독교조선장로교단'으로 개칭되었다. 그 이후, 한국 개신교회의 교파들은 1945년 7월 19에 일제의 강압으로 '일본기독교조선교단'(日本基督教朝鮮教團)으로 통합되었다.

---

17) 『조선예수교장로회총회 제27회 회록』(1938).
18) 『조선예수교장로회총회 제31회 회록』(1942), 50. 장로교회는 1942년 2월 10일에 일본 해군에 비행기 한 대와 기관총 7정 구입에 필요한 전쟁 비용인 150,317원 50전을 헌납하였다. 같은 해 6월 19일에는 육군 환자용 자동차 3대 기금을 헌납하였고, 9월 20일에는 해군에 헌납한 함상전투기 명명식을 서울운동장에서 가졌는데 이 비행기의 이름을 '조선장로호'라 붙였다.
19) 『조선예수교장로회총회 제31회 회록』(1942), 1. 1942년의 장로교회는 전년도에 비해 교회 수가 750개 감소하였고, 교인 수는 76,747명이 줄어들었다.

장로교회의 총회가 일제의 신사참배 강요에 굴복하는 동안에, 그 강요를 끝까지 거부하며 저항한 신앙인들이 있었다. 평안남도의 주기철(朱基撤), 평안북도의 이기선(李基宣), 경상북도의 이원영(李源永), 경상남도의 한상동(韓尙東)과 주남선(朱南善) 그리고 손양원(孫良源) 등이었다. 또한 신사참배를 거부하며 외국으로(중국 등) 빠져나간 신앙인들도 적지 않았다. 8·15 해방까지 약 200여 교회가 문을 닫았고, 2,000여 신앙인들이 투옥을 당했다. 이 가운데서 50여 명이 신앙을 지키다가 감옥에서 순교(옥사)하였다.[20]

4. 1950년대에 세 차례 분열된 장로교회

본디 하나의 교단이었던 한국 장로교회가 1950년대에 세 차례 분열되었고, 그 결과 장로교회가 4개의 교단으로 나뉘었다. 1952년 제1차 분열에서 '고신'교단이, 1953년 제 2차 분열에서 '기장'(기독교장로회)교단이, 1959년 제3차 분열에서 '예장합동'(대한예수교장로회합동)교단과 '예장통합'(대한예수교장로회통합)교단이 생성되었다. 교단의 분열 과정에 관하여 다수의 논문에서 다루었기에,[21] 이 글에서는 그 과정을 생략하고자 한다.

그런데 1950년대의 장로교회 분열은 1930년대에 싹이 돋았으나 일제의 신사참배 강요와 관련하여 냉동(冷凍)되어 있다가, 1945년 8·15 해방과 더불어 해동(解凍)되면서 새로이 자라나서 빚어진 결과였다고 본다. 왜냐

---

20) C. Darby Fulton, *Now is the Time*(Richmond, Va.: Pub. for the Executive Committee of Foreign Missions, Presbyterian Church, U.S., by John Knox Press, 1946), 1947, 132.
21) 특히 한국 장로교회 역사학자 박용규, 이상규의 논문에서 다루었다.

하면 1950년대 장로교회 분열의 쟁점은 1930년대에 발생했던 쟁점과 일치되기 때문이다. 제1차 분열(1952)은 일제 강점기의 신사참배 강요에 대한 굴복이 주된 쟁점이었고, 제2차 분열(1953)에서는 성경관에 대한 논쟁이 주된 쟁점이었고, 제3차 분열(1959)은 일제 강점기 말기에 단절되었던 한국 장로교회의 국제 교류를 다시 시작하는 과정에서 일어났다.

5. 분열된 장로교회의 화합과 재결합을 위한 노력

1950년대의 장로교회는 3차례 이상 분열되었는데 그러나 분열 직후에 화합과 재결합을 위한 노력이 시작되었다. 그러한 노력과 시도는 분열이란 어떠한 명분도 정당시될 수 없으니 분열만은 막아내야 한다는 의지를 보여 준 것이라 볼 수 있다.

1) 제39회 총회(1954년)의 '신사참배 취소 성명'

1952년도에 분열된 교단이 다시 합쳐져야 한다는 뜻을 모은 교계 지도자들이 고신(고려신학교)교단과의 재결합을 위해 설득하고자 다음과 같이 제안했다. ① 기존의 총회가 이미 1946년 남부 총회에서 신사참배 취소를 결의했지만 한 번 더 신사참배의 죄를 회개하겠다. ② 장로회신학교와 고려신학교를 다시 합치되 박형룡 목사를 부(副)교장으로 하겠으며 고려신학교를 졸업한 목사를 총회가 인정하겠다. 이 제안에 대하여 고신교단은 냉철한 자세로 총회가 먼저 "고려신학교측을 잘라낸 것(축출시킨 것)이 과오였다."는 내용을 성명서로 발표하라고 요구했다.

1953년도 봄(5월), 총회가 한국신학대학(조선신학교) 졸업생에게 교역자 자격을 주지 않겠다는 결의를 했는데도, 목포노회가 이 결의를 따르지 않고 한국신학대학 졸업생에게 목사 안수를 했다. 이 문제로 말미암아 목포노회 안에서 분쟁이 일어났고, 그 결과 노회가 분열되었다. 총회의 분열이 노회의 분열로 파급된 것이다. 이 문제를 수습하려는 총회는 부총회장(한경직)을 목포에 파송하여 양측의 화해와 통합을 설득했다.

1954년도의 장로교회는 고려신학교파, 재건파, 복구파, 자유파 등으로 분열되어 있었다.[22] 이러한 상황에서 도대체 누가 총회의 지도자로 나서서 문제를 해결할 수 있겠는가? 교계(敎界)의 관심이 이원영(李源永, 1886 -1958) 목사에게 쏠렸다.[23] 그는 신사참배를 끝까지 거부한 출옥성도였고 최근에는 '경남노회 육성위원회'의 위원장으로서 고려신학교측이 총회로 복귀하도록 노력했다는 점을 교회 지도자들이 주목했다. 그는 신실한 목회자로서 교계의 존경을 받고 있으므로 총회장이 되는 데 조금도 손색이 없다는 여론이 돌았다. 장로교회 제39회 총회(1954년 4월 23일)는 이원영을 총회장으로 '추대'하여 선출했다.

대다수 총대들은 교단 분열의 일차적 원인이 신사참배 문제에 있다고 파악했다. 때문에 이번 총회 기간에 가장 먼저 그 죄를 깊이 뉘우쳐야 한다고 보았다. 더욱이 고려신학교측 교회를 총회로 다시 돌아오게 하기 위해서라도 신사참배 죄를 통회하는 성명서를 내야 한다는 여론이 지배적이었다.[24] 신앙 양심을 바르게 세우고 교단의 재결합을 위한 총회의 죄책 고백이 긴급하게 요청되었다.

장로교회 제39회 총회는 1938년(제27회)에 결의한 신사참배 결의를 취소하는 성명서를 다음과 같이 발표했다.[25]

---

22) 『기독공보』(1954. 4. 12).

23) 임희국, 『선비 목회자 봉경 이원영 연구』(서울: 기독교문사, 2001), 266 이하.

24) 『기독공보』(1954. 4. 12).

25) 『대한예수교장로회총회 제39회 회의록』(1954), 263.

대한예수교 장로회 제39회 총회는 1938년 9월 9일 평양 서문외교회에
서 회집한 제27회 총회결의인 《신사는 종교가 아니요 기독교의 교리
에 위반하지 않는 본의를 이해하고 신사참배가 애국적 국가의식임을
자작하며 또 이에 신사참배를 솔선여행하고 추히 국민정신 총동원에
참가하여 비상시국하에서 총후 황국신민으로써 적성을 다하기로 기
함》의 성명에 대해 그 결의는 일제의 강압에 못 이긴 결정이었으나 이
것이 하나님 앞에 계명을 범한 것임을 자각하고 남부대회가 신사참배
회개운동을 결의 실행했으되 남북통일 총회가 아니었던 고로 금번 남
북이 통일된 본 총회는 이를 취소하고 전국교회 앞에 성명함

1954년 5월

대한예수교장로회 총회장 이원영

이 성명서와 함께 분열된 총회가 화해하여 화합되기를 기원했다.

2) '통합촉진위원회'(1959년)의
'대한예수교장로회총회 통합에 관한 성명서'

1954년도 제39회 총회의 노력에도 불구하고, 장로교회는 화해를 통
한 재결합의 길로 가지 않고 오히려 그 반대 방향으로 흘러갔다. 1959년
9월에 장로교회가 또다시 분열되었다.[26] 그로부터 한 달 뒤, 방금 분열된

---

26) 분열의 원인에 관하여 상반된 견해가 아직까지 팽팽하게 맞서 있다. 장로교회 '합동'
은 세계교회협의회(WCC)의 참여 문제로 야기된 '신학적 차이'가 분열의 주된 원인이
라는 입장이고, 장로교회 '통합'은 박형룡 교장과 관련된 '3,000만환 사건'이 분열의 직
접 원인이라는 입장이다. 합동측은 소위 "3,000만환 사건은 어디까지나 분열의 2차적
인 원인일 뿐"이라는 입장이고, 통합측은 "WCC 문제는 분열을 위한 명분"이었을 뿐
이라는 입장이다.

장로교회의 재결합을 위해 '통합촉진위원회'가 결성되었다.[27] '통합 방안'을 마련한 위원회는 분열 당사자 양측 모두에게 제안했다. "① 대한예수교 장로회 총회는 75년간의 신앙 전통을 지킨다. ② 총회의 평화 통일을 위하여 WCC와 ICCC(NAE)를 탈퇴한다.[28] ③ 선교 정책을 양측이 협의하여 재추진한다."

장로교회의 세 번째 분열은 세계 교회에도 충격을 안겨 주었다. 이에 미국 장로교회의 임원단이 11월 9일 내한하여 먼저 '통합촉진위원회'와 회합하고, 그 다음 '승동측'과 회합하고(11월 16일), 그리고 마지막으로 '연동

---

27) 그 대표는 다음과 같다. 서금찬, 황봉찬, 박형순, 백한걸, 박윤형, 임택진, 김성수, 김지석, 방지일, 박성겸, 김성칠, 김세진, 강문호, 엄두섭, 임옥, 방병덕. 참고, 『한국기독공보』(1959. 12. 7).

28) 여기에 대하여 마삼락(Samuel H. Moffet)이 다음과 같이 아주 중요한 점을 지적했다. 먼저, ICCC와 NAE를 구분해야 한다고 그가 역설했다. 그의 설명에 따르면 NAE는 "개인적 관계를 중시하고, 기독인들로 신학적으로 보수적인 친교로 친밀하게 하려는 것"인데, 이것은 WCC와 조화를 이루는 것이다. WCC는 "모든 교파들을 그리스도 안에서 친밀케 하며 연합시키는 것"이다. 외국에서는 이 두 기관이 사이좋게 지낸다. 그러나 ICCC(International Council of Christian Churches)는 NAE와 전혀 다른 기관이다. ICCC가 가는 곳 어디에든지 교회를 분열시키고 교인들에게 증오심을 심어 주고 있다는 것이다. ICCC의 대표인 매킨타이어(Carl McIntyre)는 처음 미국 북장로교회에서 '정통장로교회'를 갈라 나갔고, 그 다음은 정통장로교회에서 '성경장로교회'를 갈라 나갔고, 또 그 다음엔 성경장로교회를 분열시켰다. 이처럼 "그들이 이르는 곳마다 그 곳에서 정통을 표방하면서도 교회를 분열시킴으로써 교회를 약하게 만드는 것뿐이다. 그들은 실제 자유주의 경향으로 기울어진 교회에는 아무런 역할을 미치지 못하고 있다." 매킨타이어는 "일찍이 브라질에서도 한국과 같은 분열을 조장한 사람이다." 마삼락, "현대 기독교의 난관과 기회", 朴昌睦, 『世界教會運動小考』(聖學社, 1957), 4, 14-15. ICCC는 1948년 암스테르담에서 창립되었다. 주관자는 매킨타이어였다. 그는 오랫동안 회장직을 독점하여 이 단체를 사유화시켰다는 비판을 면치 못하였다. 한국 교회가 이 단체와 관계를 갖게 된 것은 1950년 당시 고신측의 한상동, 박윤선 등이 매킨타이어의 초청으로 미국으로 가서 그가 만든 Faith 신학교에서 명예 신학박사 학위를 받고 돌아온 때부터라고 한다. 채기은, 『한국교회사』(서울: 기독교문서선교회, 1993), 243-244.

측'과 회합했다(11월 17일). 연이어서(11월 18일) 일행은 양측을 함께 초청하여 연석회의를 가졌다.[29] 이 회의를 미국 연합장로교 선교회[30], 미국 남장로교 선교회, 그리고 호주 장로교 선교회가 함께 주관했다. 연동·승동 양측 위원과 세 신교회 대표는 연이어 이듬해 1월 중순까지 여덟 차례 회의로 모여서 분열된 장로교회의 화합을 모색했다. 그러나 1월 15일에 양측의 노력이 "완전히 결렬"되었다.

이제 통합촉진위원회가 "대한예수교장로회 총회 통합에 관한 성명서"를 내면서 아래와 같이 통합 방안을 발표했다.[31]

한국 장로교회는 하나님의 영감으로 받은 말씀으로 된 성경에 의해서 세워졌고 그 말씀에 의거하여 자라 왔음을 잘 아는 까닭에 또 교회의 대다수인들이 열렬히 교회의 통일을 원하고 있다고 믿기 때문에 우리

---

29) 방병덕, 『대한예수교장로회 제44회 총회 분열과 통합에 대한 회고』(대한예수교장로회 (통합) 서울북노회 송천교회). 연동측은 전필순, 한경직, 김석찬, 유호준, 이창규, 김광현, 안광국, 김봉준, 최중해, 김형남 등이었다. 승동측은 이인식, 최재하, 이승길, 고성모, 나덕환, 권연호, 박병훈, 명신홍 등이었다. 세계적인 부흥사 빌리 그래함 목사도 11월 16일 날짜의 편지로 "세계 교회가 분열된다 하더라도 한국 교회만은 분열되어서는 아니되오니 기도와 그리스도의 사랑으로 하나가 되어야 한다."고 간곡히 호소했다.

30) 미국 연합장로교회에 관하여 설명이 필요하다고 본다. 미국의 장로교회는 19세기 미국의 내전(남북 전쟁)으로 인하여 두 개의 장로교회(북·남)로 분열되었다. 이 무렵에 스코틀랜드에서 미국으로 새로 이민 온 장로교회 교인들도 연합장로교회를 조직하였다. 그 이후로 미국의 장로교회는 북장로회, 남장로회, 연합장로회로 갈라져 있었으되 모두 다 스코틀랜드에 뿌리를 두고 있었다. 하나의 줄기에서 나온 세 개의 가지였으므로, 세 개 장로교회 교단들이 합쳐야 한다는 여론이 무르익어 갔다. 교단 교류를 통하여 서로 소통하다가, 1958년에 북장로회와 연합장로회가 완전히 하나로 통합했다. 흥미로운 점은 북장로회가 자신의 교단 이름을 포기하고 연합장로교회로 개칭하였다. 북장로회의 교단 규모가 훨씬 크고 방대했는데도 자기의 이름을 포기했다. 미국 북장로교회가 '연합장로교회'로 그 명칭을 바꾸었고(1958년), 이에 한국에 파송된 그 교단의 선교부를 '에큐메니칼 선교부'로 개칭하였다.

31) 『기독공보』(1960. 2. 1).

들은 정중히 아래와 같이 결의함

① 한국 교회는 웨스트민스터 신조와 1920년대 이래 평양신학교 교수들의 신앙고백에서 진술된 신앙을 재긍정하는 토대 위에서 재통일한다. 대한예수교장로회 한국 교회의 75년의 보수적 전통을 고수한다.

(중략)

④ 한국 교회는 WCC에 대한 심각한 의견 차이 때문에 교회의 화평을 위하여 이를 탈퇴한다.

⑤ 한국 교회는 자유주의적이요 용공주의적이요 세계 단일 교회를 지향하는 어떠한 운동에도 반대한다.

⑥ 한국 교회나 그 기관 단체가 ICCC(국제기독교연합회)와 아무런 관계가 없다는 것을 명백히 선언한다.

(중략)

⑧ 1960년에는 우리는 논쟁의 대상이 되는 문제에 대하여 아무 성과 없고 쓸데없는 쟁론을 중단시키고 또 성경공부와 전국적 복음 운동을 강조할 것을 각 교회에 호소한다.

(중략)

1960년 1월 일

대한예수교장로회총회 통합에 관한 성명서

대한예수교장로회총회 통합준비위원회

위의 성명을 지지함
평화통일촉진준비위원회, 승동측 총회, 연동측 총회, 남장로회 선교회, 호주 장로교 선교회, 연합장로교 선교회

그해 2월 17일, 연동측, 승동측, 중립측(총회화평통합촉진위원회)에서 통

합을 원하는 총대들과 세 선교회(미국 남·북, 그리고 호주 장로회)가 새문안교
회에서 모였고, 이 자리에서 "대한예수교장로회 통합총회"(통합측)가 개회
되었다. 통합총회는 대전 중앙교회와 서울 연동교회에서 모인 제44회 총
회를 확인하고 그 모든 결의를 인수하였다. 이번 총회에서 결의한 중요한
사안은 "세계교회협의회(WCC)는 용공도 아니고, 신신학도 아니며, 더욱
이 단일 교회 운동을 하는 단체가 아니지만 분열된 장로교회의 화합과 통
합을 위해 이 단체에서 탈퇴하기로 했다."[32] 통합총회가 개회되기 며칠 전,
승동측은 1960년 2월 13일 고신과 합하여 '합동측'이란 별명을 갖고 있다
가, 1962년 11월 19일 또다시 분열하였다. 그 뒤로도 통합측과 합동측은
'통합위원'을 계속 두고 있었다.

6. 정리와 제언

이제까지 우리는 한국 장로교회의 역사 속에서 1950년대에 일어났
던 교단 분열을 되돌아보았다. 1950년대의 교단 분열은 1930년대에 이미
분열의 씨앗이 싹트고 자랐다는 점을 주지하며 이것을 입증하고자 했다.
1930년대 장로교회 안에서 형성된 갈등 구조는 성경관을 중심으로 형성
된 신학 노선의 대립으로 말미암아 형성되었는데, 이 대립 관계가 일제 강
점기 말기에 장로교회가 일본 기독교로 편입됨으로써 냉동(冷凍)되었다가,
1945년 8·15 해방 이래로 냉동 상태가 해동(解凍)되며 그 갈등이 되살아나
드디어 1953년 '기장(기독교장로회)교단'으로 생성되는 과정을 입증하였다.
또한 1938년 장로교회의 신사참배 결의가 비록 일제의 강압을 이겨내지

---

32) 『대한예수교장로회 제44회 총회(통합측) 회의록』(1959), 160.

못한 피치 못할 결정이긴 했으나 이것이 8·15 해방 직후 교단 분쟁의 주요한 원인이었고 마침내 1951년 '고신(고려신학교)교단'이 생성되는 결말을 낳았다고 입증했다. 그리고 1930년대 후반 장로교회의 에큐메니칼 국제 교류가 일제의 탄압으로 중단되었는데, 역시 8·15 해방과 더불어 한국 장로교회가 끊어진 국제 교류를 다시 잇고 세계교회협의회(WCC) 회원이 되었는데, 1950년대 냉전 시대에 이 국제 관계가 장로교회의 분규 원인으로 작용했다. 그런데 장로교회 통합교단의 지도자들은 이 분규가 하나의 명분이었는 바 중대한 실책(소위 삼천만환 사건)을 무마시키려는 획책에서 비롯되었다고 주장한다.

우리가 이 글을 통하여 새로이 발견한 점이 있는데, 1950년대의 장로교회에서는 분열만 거듭되지 않았고 분열 직후에 화합과 재결합을 위한 노력도 있었다는 점이다. 고신교단과의 화합을 위하여 1954년 제39회 총회가 '신사참배 취소 성명서'를 발표했으며, 또한 1959년도 교단 분열 직후에 결성된 '통합추진위원회'가 '대한예수교장로회총회 통합에 관한 성명서'를 발표했다. 그러나 아쉽게도 이러한 노력들이 가시적인 결실을 맺지 못했다. 그런데 1950년대 초반에 일어난 두 번째 분열('기독교장로회'교단 생성)에 관하여는 다음 기회에 서술하고자 한다.

이어서 우리는 지금도 여전히 분열된 상태인 한국 장로교회의 화해와 일치의 가능성을 짚어보고자 한다. 교회 일치는 2013년 세계교회협의회(WCC) 부산 총회를 준비하는 한국 장로교회의 과제로 부각되었다.

첫째로 한국 장로교회는 공통 기반인 '성경 기독교'로 일치될 수 있다고 본다. 성경 기독교는 한국 교회 초창기부터 하나님의 말씀인 성경을 배우는 사경회(査經會)를 기초로 형성되었다. 사경회는 장로교회가 이 나라의 문화 토양에 정착되는 데 결정적인 역할을 하였다.[33] 오늘날 한국 교회가 세계 교회를 향해 자긍심을 갖는 새벽 기도회는 사경회에서 자발적으로 시작되었고, 선교사들이 가르쳐 준 것이 아니라 우리의 토양에서 자생적으로 시작된 신앙 경건 훈련이다.[34] 이런 식으로 성경 기독교는 그때나 지금이나 한국 장로교회의 중심에 있다.

둘째로 한국 장로교회의 보수적 전통은 '상호 협력과 연합'의 정신(에큐메니칼 정신)이다. 보수적 전통이란 1907년 장로교회 독노회의 회록 서문이 선포한 연합과 일치를 말한다. 이와 관련하여 1959년도 장로교회 분열 직후에 통합촉진위원회는 교단 화합을 촉구하는 성명서의 첫 머리에 "대한예수교장로회 한국 교회의 75년의 보수적 전통을 고수해야 한다."고 호소했다.[35] 따라서 교회 연합과 일치를 위한 에큐메니칼 운동은 한국 장로교회의 보수적 전통을 계승하는 것임을 우리가 확인한다.

---

33) 이미 1890-1991년에 선교사 기포드가 언더우드의 집에서 사경회(Bible Class)를 열었다. 참고, Herbert E. Blair, "Fifty Years of Development of the Korean Church," *The Fiftieth Anniversary Celebration of the Korea Mission of the Presbyterian Church in the U.S.A.*(Seoul: Post Chapel, John D. Wells School, 1934), 120.

34) 새벽 기도회의 기원과 발전에 대해서는 옥성득, "평양 대부흥 운동과 길선주 영성의 도교적 영향", 『한국기독교와 역사』 제25호(2006. 9) 75-81을 보라. 옥성득에 따르면, "장대현교회의 이 새벽 기도가 1906년에 일어난 것으로 보게 된 것은 김인서가 1936년에 발표한 "靈溪先生小傳(續一)", 『신앙생활』, 1936년 1월, 28쪽 때문"이었다. 참고, 장로회신학대학교출판부 편, 『한국 교회 대부흥 운동: 1903-1908』(서울: 장로회신학대학교출판부, 2007), 244-245.

35) 이와 관련하여 김용준 목사(서울 수송교회 담임 역임)는 1969년에 "우리가 보수해야 할 내용이 무엇인가?" 물으면서 다음과 같이 강조했다. "독로회 교회 설립 취지문에서 밝힌 대로 초대 교회에서 유래한 개신교 한국 교회의 전통과 모교회(母敎會)의 성경을 지키는 것이 곧 보수를 뜻하는 것이어야 함에도 1936년에 미국 북장로회에서 이탈해 나간 소수 근본주의의 영향을 받은 인사들의 독선적인 맹종의 강요를 추종하는 것을 전통 인양 생각했다는 것은 비록 일시적인 것이라 해도 큰 상처를 입게 된 것이 사실이다. … WCC적인 교회로 복귀하는 것이 우리 교회의 본래적인 모습을 지키는 것이므로 보수란 근본주의자들의 현혹에서 벗어나 옛날의 우리 교회의 운동을 이어받는 것을 뜻한다고 보아야 할 것이다." 김용준, "대한예수교장로회의 원교회상", 『대한예수교장로회와 WCC』(서울: 수송교회당회, 1969), 22.

셋째로 연합과 일치는—기구와 제도의 연합이 아니라—사람과 사람이 우선적으로 연대하고 화합해야 할 일이다. 맨 먼저 목회자들 사이에서 연합과 일치 운동이 일어나야 할 것이다. 최근에 한국 교회에서 다양한 연합 운동이 활발하게 일어나고 있는데, 이 운동이 한국 교회 연합과 일치의 전망을 환히 밝히고 있다. 하나의 예로 들자면, '한국기독교목회자협의회'(이하, 한목협)의 일치·갱신·연합 운동이다. 1998년에 창립된 한목협은 교회 분열의 상처를 치유하고, 민족의 분단 현실을 극복하여 화해케 하고, 세계의 경제적 양극화의 현실을 더불어 사는 공동체로 변혁하고, 생명을 경시하고 무시하는 인식의 틀을 바꾸어서 하나님의 창조 질서를 회복하며 이 땅에 임하시는 하나님의 나라를 추구해 왔다.

끝으로 한국 장로교회의 뿌리인 유럽 개혁교회(reformed Church)에서도 '연합과 일치'가 크게 강조되었다. 특히 '제2 스위스 신앙고백'(1566, 2nd Helvetic Confession)은 개혁교회들의(스위스, 프랑스, 헝가리, 폴란드, 화란, 체코 등) 공동 신앙고백서이다. 이러한 개혁교회의 유산을 이어받은 한국 장로교회의 교단들은 성경 곧 하나님의 말씀을 바탕으로 예수 그리스도 안에서 성령의 역사하심에 따라 화해와 일치로 나아가야 할 것이다.

| 참고 문헌 |

Blair, Herbert E. "Fifty Years of Development of the Korean Church." *The Fiftieth Anniversary Celebration of the Korea Mission of the Presbyterian Church in the U.S.A.(June 30–July 3, 1934)*, Seoul: Post Chapel, John D. Wells School, 1934.

Gale, James S. *Korea in Transition*(1909). 신복룡 역. 『전환기의 조선』. 서울: 집문당, 1999.

방병덕. 『대한예수교장로회 제44회 총회 분열과 통합에 대한 회고』. 서울: 대한예수교장로회(통합) 서울북노회 송천교회.

이덕주. 『한국 토착 교회 형성사 연구』. 서울: 한국기독교역사연구소, 2000.

임희국. 『동신교회 겨자씨 신앙운동 50년(1956-2006)』. 50년사출판분과위원회 엮음. 서울: 동신교회, 2007.

_____. 『선비 목회자 봉경 이원영 연구』. 서울: 기독교문사, 2001.

장로회신학대학교출판부 편. 『한국 교회 대부흥 운동: 1903-1908』. 서울: 장로회신학대학교 출판부, 2007.

채기은. 『한국 교회사』. 서울: 기독교문서선교회, 1993.

한국기독교목회자협의회(=한목협) 편. 『일치, 갱신, 섬김 10년의 여정』. 고양: (주)프리테크인, 2008.

김용준. "대한예수교장로회의 원교회상". 『대한예수교장로회와 WCC』. 김용준 엮음. 서울: 수송교회당회, 1969.

마삼락. "현대 기독교의 난관과 기회". 朴昌睦 편역. 『世界敎會運動小考』. 서울: 聖學社, 1957.

박경수. "부처와 칼뱅: 16세기 교회 일치의 옹호자들". 『칼빈연구』 제2집. 2004.

_____. "성만찬론에 나타난 칼뱅의 교회 일치를 위한 노력: 성만찬에 관한 소논문(1541)과 취리히 합의(1549)를 중심으로". 『칼빈연구』 제3집. 2005.

옥성득. "평양 대부흥 운동과 길선주의 영성의 도교적 영향". 『한국기독교와 역사』 제25호. 2006.

임희국. "초기 내한 선교사들의 한국 문화 이해". 『선교와 신학』 제13집. 2004.

_____. "신앙 각성 운동을 통한 갱신과 부흥, 토착 교회의 형성: 1907년 평양 대각성 운동을 중심으로".

_____. "불링거의 생애와 신학사상". 『16세기 종교개혁과 개혁교회의 유산』. 서울: 한국장로교출판사, 2003.

『기독공보』. 1954. 4. 12. 1959. 12. 7. 1960. 2. 1.

『(대한예수교장로회) 경안노회 제2회 회록』. 1922. 6.

『대한예수교장로회 로회회록』. 1907.

『대한예수교장로회총회 제39회 회의록』. 1954.

『대한예수교장로회 제44회 총회(통합측) 회의록』. 1959.

14

21세기, 대전환의 시대에
상응하는 신학 교육[1]

1. 21세기, 변화가 요청되는 신학 교육의 현실

1) 크게 바뀌고 있는 교육 환경

세계화 시대와 더불어 자유로운 해외 여행은 우리의 활동 범위를 전 세계로 넓혀 주었고 이에 따라 사람들의 세계관도 확장되었다. 세계화 시대의 다양성과 다원화를 사람들이 경험하고 있다. 이와 함께 세계화 시대 국내에서 증가하는 다문화 가족과 외국인 근로자는 우리에게 또 다른 세계화를 경험하게 했다. 문화적 다양화와 사회적 다인종화를 경험하고 있다.

포스트모던 시대와 더불어 이제는 중심과 주변의 구분이 없어지고 중앙과 변두리가 폐지되는 현상이 자주 일어나고 있다. 지역성이 강조되고,

---

1) 이 글은 한국기독교교정보학회의 학술대회(2008. 11. 1)에서 발표한 논문인데 『기독교교육정보』 제23집(2009)에 실렸다.

이에 따른 다양성과 차이가 부각되었다. 또한 이제는 근세 시대 이래로 발전해 온 문자(활자) 문명이 퇴조하고 있고 새롭게 영상 시대의 문명이 부상하였다. 디지털 문명(인터넷, UCC 등)은 삶의 모든 것을 다시 구성하고 새로 조직하게 하고, 이것이 상대주의(Relativism)와 다원주의(Pluralism)의 물결에 맞물려서 쌍방 소통(Intercommunication)을 강조하고 있다.

새 시대 새로운 환경이 조성되면서 교육의 영역에서도 기존 교육의 제도적 형식화, 획일화를 반성하게 되었다. 우리나라의 교육계는 그동안 소홀히 생각하였던 개성·심미감·감성·실천적 지식에 관심을 쏟고 있다. 첨단 정보 통신 수단이 빠른 속도로 발전하고, 지식 기반 사회로 이행되면서 교육 현장에도 큰 변화가 일어나고 있다. 교육 현장에서 요즘 시도되는 것들 가운데는 사이버 교육, 대안 교육, 평생 교육 등이 있다. 특히 정보기술(IT)이 발달한 덕택에 유비쿼터스(Ubiquitous) 시대의 새로운 학습이 개발되고 있다. 이제는 개별적으로 인터넷에 자유로운 접속을 통해 학습이 이루어지므로 시공의 제한 없이 교육이 진행된다. 쌍방 통행의 학습을 통하여 기존의 획일적인 주입식 교육 방법에 변화가 일어나고 있으며, 학생 스스로 주체적으로 배우는 수업 환경이 마련되고 있다.

2) 교실 수업 중심의 교육 현장

이제는 신학 교육에 눈을 돌려 보고자 한다. 최근 들어서 신학 교육의 환경과 체제가 바뀌어야 한다는 주장이 강하게 대두되고 있다. 고용수에 따르면(고용수, 2005, 213), 현재의 신학 교육은 거의 대부분 교실에서 진행되고 있고 또 이 교실 수업은 지식 전달 위주로 진행되고 있다. 이러한 수업 방식이 신학 교육의 기초 과정에서는 반드시 필요한데, 그렇지만 이 수업의 한계점이 분명히 드러났다. 대부분의 수업에서 선생은 지식 전달자로 머물러 있고 학생은 그 지식을 무조건 암기하듯 따라 배우고 있다. 이러한 교실 수업에서는 학생들이 창의적으로 생각하고 자발적으로 공부하기가 매우 어렵다고 본다. 선생과 학생의 인격적인 교류가 이루어지는 수업은 더욱더 기대하기 어렵다. 학생의 인격 형성과 품성 함양은 선생과 인격적으로 소통하고 교류하는 가운데서 성장하고 성숙되는 법인데, 교실 수업에서는 이것이 매우 어렵다는 지적이다. 그래서 박상진은 신학 교육의 체제를 '학교 체제'(schooling system)에서 '양육 체제'(nurturing system)로 바꾸어야 한다고 주장했다(박상진, 2005, 368). 지식 전달 위주의 학교 체제가 아니라 삶 속에서 함께 경험하며 훈련하는 가운데서 '소명 공동체'를 이루는 양육 체제가 바람직하다고 보았다. 그리고 그는 이러한 양육 체제를 예수님의 제자 교육과 훈련에서 찾아보았다. 예수님은 열두 제자를 부르시고 그들과 함께 모든 것을 나누면서 훈련시키고 양육하셨다. 이리하여서 예수님은 제자들에게 지식을 전달하고 전수한 것이 아니라 그들과 인격적인 관계 속에서 삶의 공동체를 이루었다. 이런 경우 제자인 학생들은 일방적으로 주입받는 교육이 아니라 그들 스스로 교육의 주체가 되어 배움에 참여하고 이를 통하여 변화되는데, 이것은 생각과 사상과 삶이 바뀌는 전(全)존재적 변화다. 즉 영성과 지성과 덕성과 감성이 변화되어 성숙한다.

3) 파편 조각처럼 분리된 신학의 분야

신학 교육의 현장에서 교육 개혁을 역설하는 신학자들 가운데는 신학 교육의 틀을 개혁해야 한다고 강조해 왔다. 신학의 여러 분야가 마치 파편 조각처럼 뿔뿔이 분리되어서 상호 소통이 없다고 보기 때문이다. 은준관은 "네 개의 틀(fourdold pattern)로 알려진 '성서신학', '역사신학', '조직신학', '실천신학'의 학문적 작업이 신학 교육 안에서 영구한 자리매김을 해 오는 동안 신학자들은 자기 전공의 노예가 되었고, 이에 따라 전공과 다른 전공 사이에 있어야 했던 학문적 교류와 대화는 심각하게 단절된 아카데미아

(Academia)로 전락하고 있는 상황"이라 지적했다(은준관, 2002, 107-108).

고용수도 이와 동일한 주장을 펼치면서 이러한 네 개의 틀로 짜여진 고전적 규범을 깨치고 신학 교육을 재편해야 한다고 강조했다(고용수, 2005, 213). 그는 신학 교육의 틀을 "선교(Mission)와 교역(Ministry)에 초점을 맞추어서 패러다임이 전환되도록 해야 한다."고 보았다. 이럴 경우에 신학 교육의 틀이 고전적 규범을 벗어나서 목회자의 교역에다 초점을 맞추게 된다. 그래서 교회의 존재 양태인 '말씀 선포와 전도'(케리그마), '예배와 예전'(레이투르기아), '가르침과 훈련'(디다케), '친교와 나눔'(코이노니아), '섬김과 봉사'(디아코니아)에 신학 교육의 영역을 맞추어서 재편해야 한다고 보았다.

4) 동질성에 근거한 신학 교육이 다양성을 지향하는 신학 교육으로

영국 성공회 신학자 로빈 길(Robin Gill)이 신학 교육의 미래를 전망하면서 홍미로운 제안을 하였다(Gill, 2002, 85-86). 이제까지의 신학 교육은 철두철미 '동질성'(homogeneity)에 근거한 신앙고백과 그 언어를 가르쳐 왔다. 즉 소속된 교회와 교단의 신학에다 학생의 정체성을 맞추게 했다. 이러한 신학 교육은 교단의 울타리를 든든하게 세워 주는 강한 내구력을 갖고 있다. 그런데 포스트모던 시대와 함께 찾아온 다원화·다양화·상대화의 물결은 이러한 동질성 추구의 신학 교육을 재고해 보도록 한다. 즉 동질성을 추구해 오던 신학 교육의 패러다임이 이제부터는 '비교학적-비판적'(comparative-critical)인 패러다임으로 전환될 것으로 전망했다. 다양성을 인정하게 되면서 이제까지 굳게 지켜 오던 자기 것의 절대화를 포기하고 그 대신에 자신의 것과 남의 것을 이성적이고 합리적으로 비교하면서 양편을 상대화시키는 신학 교육이 될 것으로 전망했다. 다양성이 동질성을 대처한다는 뜻이다.

그런데 그의 제안은 교단의 울타리가 높은 한국의 신학 교육 현실에서 어떤 변화를 일으킬 수 있을지 두고 볼 일이다.

2. 신학 교육의 목표: 하나님의 일꾼 길러내기

비록 짧은 서술이었지만, 시대의 대전환에 따라 교육 환경이 바뀌고 있는 바 신학 교육의 골격과 내용도 이에 상응하여 바뀌어야 한다는 주장을 방금 살펴보았다. 이에 이제는 신학 교육의 목표가 무엇이며 또 어디를 지향해야 하는지 근원적으로 다시 생각해 보고자 한다. 대다수 교육 기관의 교육 목표가 인재 양성(人才養成)에 있듯이, 신학 교육이 지향해야 할 우선적인 목표도 '사람 길러내는 일'에 있다고 본다. 신학생(특히 신학대학원 M.Div. 과정)은 소명감을 자각하여 장차 목회자가 되고자 결단한 목사 후보생이므로, 이들을 하나님의 일꾼으로 길러내는 일이 신학 교육의 가장 우선적인 과제일 것이다.

그러면 어떤 하나님의 일꾼을 길러내야 하겠는가? 이 질문에 대한 대답은 자명하다. 장차 하나님의 일꾼이 되려는 사람은 이런저런 다양한 신학 지식을 배우고 익히기 전에 먼저 하나님을 만나야 할 것이다. 또 그 만남이 지속적으로 일어나야 할 것이다. 신학 지식에 선행하는 하나님 인식이다. 사람은 하나님 앞에서(Coram Deo) 비로소 자기 자신이 누구인지 깨닫게 되고 또 자신의 정체성을 알게 된다. 이것은 헤르만 헤세(H. Hesse)의 소설 『데미안』에 나오는 글귀처럼 "알을 깨고 나오는 새"에 비유할 수 있다. 알을 깨고 나오는 새에게 새로운 세계가 열리는 것처럼, 하나님을 만난 사람은 자신이 죄인임을 고백하면서—알을 깨고 나오며—모든 종류의 노예 의식에서 해방되어 새처럼 훨훨 날아오르는 자유인이 된다. 그리고 자유하는 사람으로서 신학 공부의 자세를 터득하게 된다. 즉 "신학이란 도대체 무엇이고 신학 공부는 왜 하는 것이며 또 무엇을 위해 신학을 배우는지" 파악하여 신학을 배우는 자세를 갖추게 된다. 그리고 내가 신학교에서 '무 엇을 배워야 하는가'(지식)를 생각하기에 앞서 신학 공부를 통하여 '무엇이 되어야 하는지'(존재) 정립하게 된다. 그 다음 앎(지식)과 삶(행위)이 일치되 는 지행합일(知行合一)을 추구하게 된다.

이러한 신학적 인간학의 근거인 '하나님 앞에 서 있는 사람'에 관한 깨 달음이 16세기 독일 종교개혁자 루터(M. Luther)에게 크게 와 닿았다. 그 의 인간학은 멜랑히톤(Ph. Melanchthon)에게 전수되었다. 멜랑히톤의 실존 적 인간학은 또한 인문주의자 에라스무스(Erasmus)의 교육 방법과 연결되 었다(Gerner-Wofhard, 2002, 133). 에라스무스는 학교 교육 과정에서 사람의 인격 형성이 대단히 중요하다고 강조했다. 즉 인애(仁愛, humanitas)와 경건 (pietas)의 훈련이 그의 교육 이론을 구성하는 핵심이었다. 인애는 인간의 존엄성에 근거한 인류 사랑이며, 인애의 특징은 인간 상호간에 서로 존중 하고 예의를 갖추는 것이다. 경건이란 경외, 헌신, 사랑, 오래 참음, 화해를 뜻한다. 이러한 인격 형성 교육을 위하여 멜랑히톤은 인문학 수업을 강조 했다(Gemer-Wofhard, 2002, 135). 그는 교양 과목인 철학을 철저히 공부하라 고 강조했는데, 당시의 철학은 자연과학, 도덕학, 역사학이었다. 멜랑히톤 이 이렇게 인문학을 강조한 까닭이 있다. 그것은 목회자가 교인들을 상담 하는 데 꼭 필요한 교역자의 자질과 품성을 닦아야 하기 때문이다. 그는 인 문학 수업을 통한 인격 수양이 사람을 겸손하게 하고 말을 아끼게 하고 생 각을 명확히 하게 하고 판단을 정확히 내리게 한다고 보았다. 이러한 훈련 을 통하여 목회자가 교인들을 상담하고 그들을 신앙의 길로 잘 인도하게 된다고 보았다.

하나님의 일꾼을 길러내는 데 우선적으로 힘쓰는 신학 교육, 곧 목회 자 인격 형성과 품성 함양에 힘쓰는 신학 교육은 우리나라의 전통 교육에도 있었다. 예컨대 퇴계 이황 선생의 교육 철학이 그러했다(금장태, 2001, 311).[2] 덕성함양(德性涵養)을 중시하는 수기치인(修己治人)의 교육이었다. 선비가 학문을 닦고 학식을 쌓는 것은 자기 자신을 살피고 덕행(德行)을 닦는 일이 우선인 바, 관료가 되고 권력을 탐하는 일을 되도록이면 삼가라고 가르쳤다. 지식 습득을 통해 추상적 관념으로 배우는 학문이 아니라 덕성을 함양하고 깨우친 바 진리를 실천하는 교육이었다. 강의실에서도 스승과 제자의 인격적인 만남과 감화가 먼저 이루어져야 하고, 스승은 제자의 개별적인 능력과 소양을 파악하면서 학생 스스로가 감동을 받아 자발적으로 학문의 심화를 위해 분발하게 해야 한다고 했다. 퇴계는 도학을 처음 배우는 학생에게는 『소학』(小學)을 반드시 읽도록 했다. 거기에서 배운 대로 몸가짐을 단정하게 하고 말과 행동을 진지하고 신중하게 해서 우아하고 경건한 모습을 잃지 말도록 했다(임희국, 2001, 19-21).

종합하여 정리하면, 신학 교육의 우선적인 목표는 목사 후보생인 신학생으로 하여금 하나님 앞에서 자기 자신을 파악하여 성령의 인도하심에 따라 예수 그리스도의 품성을 배우고 그분을 따르게 하는 데 있다. 예수께서 본을 보이신 '선한 목자'(눅 15장)의 품성을 닦아 가도록 인도하는 신학 교육이다.

---

2) 퇴계는 주자학의 사상 체계를 규명하여 한국 성리학(性理學)의 독자적인 이론을 창출했을 뿐만이 아니라 조선 시대 사회 이념의 기둥이 된 도학(道學)을 새로운 차원으로 끌어올렸다. 그는 도학을 구성하는 기본 영역을 심화시켰는 바, 한국의 성리철학(性理哲學)이 발전될 수 있는 기반을 확립했고, 예학(禮學)의 구체적인 문제를 치밀하게 검토했고, 수양론(修養論)의 영역에서 경(敬)의 실천을 위한 방법을 체계화시켜서 이것을 '퇴계 심학'(心學, 心性修養論)으로서 독자적인 세계를 창출했다.

3. 개혁교회의 신학 교육에 대한 역사적 고찰

1) 스위스 취리히의 '선지(예언)학교'(Prohezei, 1525년)

신학 교육의 우선적인 목표가 하나님의 일꾼 양성에 있다고 설정한 다음, 우리는 개신교(개혁교회)의 역사 속에서 진행되어 온 신학 교육의 역사를 살펴보고자 한다.

개혁교회의 출발 시점은 16세기 스위스 취리히의 교회 개혁(종교개혁)에 있으며 또 그 중심 인물은 목회자 츠빙글리(H. Zwingli, 1484-1531)였다. 개혁교회(Evangelisch-reformierte Kirche)의 탄생과 함께 이 도시 국가에서는 중세 가톨릭 교회가 사라졌다. 방금 탄생한 개혁교회는—중세 가톨릭 교회의 성직자를 대처하는—새롭게 목회자를 교육하고 양성해야 했다. 1523년 무렵에 츠빙글리는 이러한 과제를 진지하게 고민하였다. 그는 특별히 설교 사역을 위한 교역자 양성이 필요하다고 보았다.

1525년 6월 19일에 취리히에서 '예언(선지)학교'(Prophezei)가 문을 열었다(대한예수교장로회총회 교육부 편, 2003, 203-205). 이 학교는 18세기까지 운영되었다. 이 학교는 신학을 가르치는 학교였다. 일반 시민들도 수업에 참여할 수 있도록 학교를 개방했다. 이 학교에서는 주로 설교 준비를 위한 성경의 학문적 연구를 진행하였다. 또한 이 학교에서 동아리 성격을 띤 목회자 모임도 종종 가졌다.

선지학교의 교과 과정은 성경의 공동 연구를 중심으로 구성되었다. 날마다—금요일과 주일을 빼고—아침 7시에 수업을 시작하였고, 겨울에는 8시에 시작하였다. 이렇게 아침 일찍 모인 까닭은 하루의 일과를 하나님의 말씀인 성경 읽기와 연구로 시작하기 위함이었다. 이 작업의 밑바탕에는 "교회가 항상 새롭게 개혁되어야 하되 교회 개혁의 근본 힘이 하나님의 말씀에서 비롯된다."는 확신과 인식이 깔려 있었다. 이와 더불어 취리히에서는 중세 가톨릭 교회 시절 날마다 드리던 미사가 폐지되었으며, 이전에 미사 집전을 중심으로 한 제도 교회(Institute)가 이제는 하나님의 말씀 선포 중심의 예배 공동체로 바뀌었다. 성직자 중심의 교회, 즉 주교=교회였던 중세 시대의 교회가 마감되었다.

성경 읽기와 연구는 먼저 성경 본문을 원어로(히브리어, 희랍어) 읽고 주석하고 주해하면서 진행되었고, 이어서 일반 대중을 위해 토착 언어인 독일어로 그 뜻을 풀이하고 말씀을 선포(설교)하였다. 성경 본문 주석에서 설교까지 한달음으로 이어졌다. 이 과정을 한 사람이 아니라 여럿이 함께 진행하되 마치 릴레이 달리기에서 배턴을 주고받듯이 라틴어 성경－원어 성경－다시 라틴어 성경－성경 주석과 주해－말씀 선포(설교)의 순서로 진행하였다. 성경 연구의 원리를 보면, 낱낱의 성경 구절과 성경의 낱장을 성경 전체의 맥락 속에서 파악하고자 하였다(Lectio Continua). 또한 전문 신학자들과 일반 사람들이 한자리에 모여, 학자들은 성경을 원어로 깊이 연구하되 이 연구가 일반 대중도 잘 이해하도록 알아듣기 쉽게 전달되고 선포되었다. 종교개혁 이전에는 일반 대중이 라틴어 성경 구절을 아무런 뜻도 모른 채 그저 의미 없는 중얼거림으로 반복하였는데, 이제는 이러한 해묵은 관습이 폐지되었고 선지학교를 통해 성경의 내용이 귀에 쏙쏙 들어오도록 전달되었다.

츠빙글리는 성경이 성령의 감동으로(inspirierten) 기록된 점을 강조하였다(Lutz, 1993, 225). 그는 성경을 문자적으로 이해하지 않도록 조심하게 하며 성령의 빛 가운데서 이해하도록 가르쳤다. 그래서 성경 이해를 위해 성령의 인도하심을 간절히 기도드렸다. 기도는 바른 성경 이해와 바른 하나님 말씀 이해의 전제였다.

선지학교는 아래와 같이 제1부와 제2부로 나뉘어 진행되었다.

제1부

- 시작 기도(라틴어로)

- 성경 읽기와 연구: 그날 읽어야 할 성경 본문을 라틴어 성경(vulgata)으로 낭독하고, 그리고 나서 같은 본문을 원어 성경(히브리어 성경, 희랍어 성경)으로 낭독한다. 역시 같은 본문의 구약성경을 70인역(희랍어)으로 낭독한다. 낭독한 성경 본문을 라틴어로 주석하고, 이것을 라틴어로 주해하고 해석한다.

  이 작업에 이어서, 오늘 설교를 맡은 목회자가 방금 하였던 라틴어 주석과 주해를 일반 대중 언어인 독일어로 '되풀이'하고(번역) 그리고 나서 독일어로 그 내용을 설명한다. 이것이 설교를 위한 명상(meditation)이다. 이어서 목회자와 청중들 사이에 질문과 대답이 오가며 대화의 시간을 가진다.

- 기도

  사람들이 예배드리러 예배당 안으로 들어온다. 방금 설교 명상을 맡았던 목회자가 설교 강단으로 올라간다. 그가 예배 참석자에게 인사하며 평화를 기원한다.

제2부

- 시작 기도(제1부의 시작 기도를 독일어로 반복)

- 다 함께(신앙 공동체) 한 목소리로 '주님이 가르쳐 주신 기도'

- 설교(제1부에서 다룬 성경 본문으로 말씀 선포)

- 설교자의 중보 기도

- 다시 한 번 더 모두 다 한 목소리로 '주님이 가르쳐 주신 기도'

이렇게 하여 그날 그날의 선지학교가 진행되었다. 제2부의 시작 기도를 제1부의 시작 기도로 반복함으로써 제1부와 제2부를 의식적으로 연결시켰다.

선지학교가 개교된 이래로 츠빙글리가 진행한 구약성경 주석과 강해는 창세기, 출애굽기, 시편, 욥기, 이사야, 예레미아, 에스겔, 소선지서 등이었다. 1526년 3월에서 1527년 9월까지 그가 주도한 구약성경 주석은 모세오경, 여호수아, 사사기, 룻기, 사무엘상하, 열왕기상하인데, 아쉽게도 이것은 전해 내려오지 않는다. 1526년 여름부터 프라우뮌스터(Fraumuenster) 교회에서 작업한 신약성경 주석은 요한1서, 데살로니가전후서, 골로새서, 빌립보서, 히브리서, 고린도전후서, 로마서, 마가복음, 요한복음, 마태복음, 야고보서, 누가복음이었다. 이 작업은 다음 세대의 종교개혁자 칼뱅에게 본이 되었다. 선지학교는 성경 번역도 하였다. 1529년에 구약과 신약의 번역을 완성하였다. 1531년에 독일어로 번역된 신구약성경이 취리히에서 인쇄되었다(『취리히 성경』).

1525년에 설립된 선지학교에서는 성경 주석이 곧바로 설교에 적용되었고 또 성경 번역 작업이 활발하게 진행되었다. 선지학교에서는 성경 안에서 생명의 말씀을 깨닫고 난 이후에 학문적 주석 작업이 그 뒤를 따랐다(Locher, 1957, 30).

2) 경건주의의 신학 교육 개혁

17세기 이래로 유럽 여러 나라에서 교회 갱신 운동으로 활성화된 경건주의는 신학 교육의 개혁에 역점을 두었다(Wallmann, 1990, 7). 예컨대 독일의 목회자 슈페너(Ph. J. Spener)는 『경건한 요청』(Pia Desideria, 1675)에서 딱딱하게 굳어져서 마치 시체처럼 생명력을 잃어버린 교리 교육을 지양하고 일상 생활 속에서 경건을 실천하게 하는 교회 갱신을 강조했고, 또 이를 위한 신학 교육도 강조했다(Spener, 1964, 103-114).

경건주의자들의 신학 교육은 예비(기초) 과정부터 시작되었다. 이 과정에서 고전어와 철학을 가르쳤다. 경건주의자들은 그 무엇보다도 고전어 교육에 대한 높은 관심을 보였다. 이것은 신학의 출발과 중심 알맹이가 성경이라는 인식 때문이었다. 성경을 이해하고 주석하기 위한 철저한 고전어 공부는 모든 신학생에게 필수 과목이었다. 언어적인 자질이 뛰어난 학생들에게는 히브리어와 헬라어와 라틴어 외에 고대 근동 언어와 성경 시대의 주변 언어도 함께 공부하도록 요구했다. 이와 달리 철학 수업은 모든 신학생들에게 꼭 같은 분량의 심도 있는 공부를 요구하지 않았다. 학문적 재능이 뛰어난 학생들에게는 깊고 폭넓은 철학 공부를 요구하였지만 나머지 학생들에게는 개론 수업 입문 과정만 참여하게 했다.

기초 과정의 신학 수업은 다음의 두 단계로 나누어졌다. 제1단계는 성서신학(theologia biblica)과 조직신학(theologia dogmatica)이었다. 요즘의 신학 교육과 달리, 그 당시에 성서신학은 신학 교육의 출발점이 아니었다. 심지어는 성경 본문 자체를 신학 수업에서 잘 다루지 않았다. 대부분의 신학자들이 성경을 인용하고 주석한 이유는 논쟁신학이나 조직신학을 강의하는 데 필요한 성경적 전거(dicta probantia)를 해설하기 위함이었다. 이러한 학문 상황에 맞선 경건주의자들이 성경을 그렇게 사용하는 일에 반대하고 성경 자체(성경 본문)가 신학의 출발점이 되어야 한다고 주장하였다. 이리하여 경건주의자들은 성서신학을 모든 신학의 출발점으로 삼았다. 이것이 ―신학 교육의 역사를 돌이켜보건대―이들이 남긴 중요한 유산이다. 신학이란 논쟁신학 혹은 조직신학과 동일시되던 그 당시에, 이러한 전통에 맞선 경건주의자들은 성서신학(theologia biblica)을 논쟁신학과 조직신학의 시녀 노릇에서 해방시켰고 더 나아가서 성서신학의 우선성을 강조하였다.

제2단계는 논쟁신학(theologia polemica), 교회사(historia ecclesiastica), 기독교윤리(theologia moralis), 목회상담학(theologia pastoralis), 설교학(theologia homiletica) 등이었다. 이 단계는 성서신학과 조직신학을 충분히 배운 학생들에게 허락되었다. 그런데 여기에서 경건주의자들은 학생들이 성경을 바르게 주석하고 해석하며 기독교의 진리를 개괄적으로 이해하는 기초를 닦기보다는 논쟁술과 설교 기술을 배우는 데 더 많은 관심을 가질까 봐 매우 부담스러워하였다. 그래서 이들은 논쟁신학과 설교학을 조심스럽게 가르쳤다.

경건과 학문의 조화를 강조한 경건주의자들은 신학생들의 경건 훈련을 강의실 밖에서 별도로 실시하고자 하였다. 왜냐하면 강의실에서는 경건의 함양이 매우 어렵다는 점을 알았기 때문이다. 이들의 경건 훈련이란, 교수와 학생들이 소그룹으로 모여서 성경을 함께 읽고 연구하면서 권면과 조언과 기도를 통해 서로의 영적 상태를 증진시키는 것이었다. 이 훈련을 통하여 학생들은 목회상담과 심방 또한 설교를 좀 더 실천적으로 배울 수 있었다. 이것이 발전되어서 '세미나'(상담, 심방, 설교)가 되었다. 이 세미나는 이론 중심의 대학 수업을 보완하는 것이었고, 또한 신학교를 졸업한 사람이 목회 현장으로 나가기 전에 받는 수업이었다. 맨 처음에는 지역의 목회자들이 이 세미나를 개설하였는데, 나중에는 이러한 세미나를 중심으로 신학 교육을 실시하는 '설교학 수업 위주로 가르치는 신학교'(Predigerseminar)가 시작되었다.

3) 슐라이어마허(Fr. D. Schleiermacher), 바르트(K. Barth)

개혁교회의 역사 속에서, 19세기 독일 개혁교회 신학자 슐라이어마허(Fr. Schleiermacher)가 고전적인 신학 영역의 틀을 만드는 데 기초를 놓았다. 그는 1810년 무렵 훔볼트(W. v. Humboldt)를 도와 백림(Berlin)대학을 설립하는 작업에 참여했다. 이 대학의 설립은 독일의 대학을 개혁하는 본보기가 되었으므로 그 당시에 사회적 관심과 주목을 끌었다. 그는 이 대학에서 한 주일에 3과목을(1과목에 5시간) 강의하였다. 이 가운데서 2과목은 신학 분야였고 나머지 한 과목은 철학 분야였다. 슐라이어마허는 종합대학교 안에다 독자적이고 독립된 신학대학를 만들고자 하였다. 그러나 이 일을 추진하는 것이 결코 수월하지 않았다. 백림대학의 초대 총장인 피히테(Fichte)가 신학 분야 교과목을 철학부 안에다 포함시키려 하였다. 이 점에 대하여 반대 의사를 분명히 밝힌 슐라이어마허는 신학의 독자성을 강조하였다. 그는 그 당시에 학문의 여왕으로 군림하는 철학 속에다가 신학을 편입시키고 싶지 않았다. 그렇지만 이와 동시에 그는 신학의 자리를 종합대학교의 학문 세계 안으로 그 뿌리를 내리게 하고 싶었다.

이러한 맥락에서, 슐라이어마허는 먼저 모든 학문 분야 안에서 신학의 위치가 어디에 있는지 조망하였고(Schleiermacher, 1982, 31-42), 그리고 나서 신학의 과제, 신학의 구조, 그리고 신학 여러 분야의 상호 연관성에 관하여 서술하였다. 그는 신학의 여러 분야가 낱낱의 파편처럼 조각조각 흩어져 있는 것이 아니라 서로 유기적(organisch)인 관련을 맺으며 하나의 전체(Ganze)를 이룬다고 보았다. 이런 점에서 신학 각 분야에는 소통하고 교류하는 대화의 원리가 있다고 말할 수 있다. 또한 그는 신학의 각 분야가 모두 다 하나의 원칙(Prinzip) 아래 있는데, 이 원칙은 신앙 공동체인 교회로부터 그리고 교회를 향해 신학이 존재한다는 것이다. 신학 모든 분야가 하나의 전체로서 서로 유기적인 관련을 맺고 있다는 점에서, 슐라이어마허는 신학을 '한 그루 나무'에다 비유하였다. 신학에는 나무처럼 그 '뿌리'와 '줄기'와 '꽃'(영광의 월계관)이 있는데, 뿌리는 '철학적 신학'이고 줄기는 '역사적 신학'이며 꽃은 '실천적 신학'이라는 것이다. 철학적 신학에는 그리스도교의 본질을 규명하는 변증학(Apologetik)과 현실 그리스도교를 비판하는 논쟁술(Polemik)이 있다. 역사적 신학에는 성서학(Exegese)[3], 교회사

---

3) 이 목차 아래에다 붙인 작은 목차는 "정경에 관하여, 고등비평과 저등비평, 성서언어, 성서해석학"이 있다.

ʼ(Kirchengeschichte)[4], 교의학(Dogmatik)[5]과 교회론(Statistik)이 있다. 실천적 신학에는 교회 섬김(Kirchendienst)[6], 교회 행정·정치(Kirchenregiment)[7] 가 있다.

20세기 스위스 개혁교회 신학자 바르트(K. Barth)가 구상한 신학의 영역에 관하여도 살펴볼 필요가 있다(Barth, 1970, 1-10). 그는 신학을 세 분야로 나누었는데, 주석-성서신학, 실천신학, 교의학으로 나누었다. 이 세 분야는 모두 다 하나도 예외 없이 예수 그리스도를 향해 있고, 또한 주님이신 예수 그리스도 곧 하나님의 말씀을 연구한다고 보았다. 그래서 이 세 분야는 그 연구 영역에 있어서는 독자적으로 존립하되, 이 셋은 함께 한 몸을 이룬다고 보았다. 성서신학은 신학함이 "그리스도에게서 나왔는가?" 묻는 분야이고, 실천신학은 신학함이 "그리스도에게로 나아가고 있는가?" 묻는 분야이고, 그리고 교의학은 신학함이 "그리스도에 잘 부합되고 있는가?" 묻는 분야이다. 달리 표현하면 성서신학은 신학의 근본 뿌리에 관하여 살펴보는 분야이고, 실천신학은 신학의 목표에 관하여 살펴보는 분야이고, 교의학은 신학의 내용에 관하여 살펴보는 분야이다.[8]

---

4) 이 목차 아래에다 붙인 작은 목차는 "일반 역사학의 원리, 교회사의 과제, 교회사와 교리사"가 있다.
5) 이 목차 아래에다 붙인 작은 목차는 "교의학의 개념과 과제, 정통과 이단, 교의학의 교회성, 교의학의 학문성, 교의학 연구 방법"이 있다.
6) 이 목차 아래에다 붙인 작은 목차는 "교회 섬김의 종류, 신앙의 敎化, 목회(상담), 교회 조직"이 있다.
7) 이 목차 아래에다 붙인 작은 목차는 "교회의 권위, 교회 섬김, 교회법 제정, 영적 권위, 학문적 가르침, 신학적 글쓰기"가 있다.
8) 바르트는 이 세 분야 안에다 교회사를 포함시키지 않았다. 왜냐하면 그는 교회사의 일차적인 과제가 하나님 말씀인 그리스도에 관해서 직접 질문을 던지기보다는 다른 세 분야가 약 2000년의 역사를 통해서 경험한 것을 정리하고 체계를 세우는 데 있다고 보았기 때문이다. 이러한 관점에서 그는 교회사가 물론 독립적인 분야이긴 하지

4. 신학 교육에서 오늘날 새롭게 강조해야 할 것들

1) 성경을 통해 '하나님의 말씀'을 항상 새롭게 듣기

사람 곧 하나님의 일꾼을 길러내는 데 신학 교육의 우선적인 목표가 있다고 설정한 우리는 이제 신학 교육의 내용을 살펴보고자 한다. 신학 교육, 무엇을 가르칠 것인가?

하나님의 일꾼이 되고자 하는 사람은 그 무엇보다도 그의 주인과 소통해야 한다. 만일 그와 주인 사이에 소통이 없다면, 그는 주인이 어떤 분인지조차 알지 못하게 될 것이고, 결국 그는 일꾼 될 자격을 얻지 못하게 될 것이다. 이러한 생각을 바탕으로, 하나님의 일꾼이 그 주인과 대화하고 그분의 뜻을 파악하려면 맨 먼저 그분의 말씀을 들어야 한다. 하나님의 말씀은 성경에 계시되어 있다. 한국의 개신교는 16세기 종교개혁의 유산을 이어받았으며, 그 유산에 따라 우리는 성경을 하나님의 말씀으로 파악하고 있다. 이에 하나님의 일꾼 되려는 사람이 가장 먼저 배워야 할 것은 하나님의 말씀인 성경이어야 한다.

한국 개신교의 역사를 돌아보면서 실제 사례 하나를 들어 보고자 한다. 장로교회의 목회자 양성을 위한 신학교로 1901년에 설립된 장로회신학대학교가 학교의 『요람』(1923년 간행)을 발간하였는데, 그 요람에는 다음과 같이 적혀 있다. "본교의 목적은 '하나님이 계시하신 말씀인 성경을 참되게 믿고 바르게 이해하여 온 맘으로 사랑하고 명확히 해석하며 성경에

만, 스스로 독자적인 영역을 세우기보다는 이 세 분야를 곁에서 도와 주는 '도움 학문'(Hilfswissenschaft)이라고 보았다. 예를 들면 초대 교회사는 신약성서신학과 직접 관련이 있고, 교리사와 신학사상사는 조직신학·교의학과 따로 떼어 놓을 수 없고, 교회법과 예배의 역사는 실천신학과 직접 관련이 있고, 선교의 역사는 선교신학과 떨어질 수 없다고 보았다.

표현된 구원의 복음을 순전하고 열심히 전하고자 노력하는 복음 사역자를 양성하는 데 있다." 이에 따라 이 신학교는 학생들로 하여금 성경을 연구하여 진리의 말씀을 나누기에 합당한 목회자로 양육되도록 교육시켰다.[9] 그리스도의 양 무리를 돌보는 영적, 지적, 도덕적, 그리고 사회적 책임 의식을 가진 목회자를 양성하는 교육을 실시했다. 이러한 신학 교육과 관련하여 한국의 장로교회는 120년 역사 속에서 '성경 기독교'로 자리잡았다(임희국, 2001, 86-112). 예컨대 성경의 우리말 번역, 사경회(査經會), 주일학교의 성경공부, 기독교 학교(Mission school)에서 성경 교육, 전국 방방곡곡 마을마다 찾아다니며 성경을 판매하고 집회를 인도한 권서, 성경을 주로 가르치는 성경 학교 설립 등이 장로교회 초창기 역사의 주류를 이루었다. 이러한 역사를 통하여 한국의 장로교회는―앞에서 언급한―종교개혁의 유산을 공유하게 되었고, 이와 관련하여 신학 교육 또한 성경을 가르치는 데 주력해 왔다.

그러나 성경을 통해 하나님의 말씀을 듣도록 훈련하는 과정에서, 어떠한 경우에도 성경을 문자적으로 이해하지 말도록 해야 할 것이며, 기독교 교리라는 안경을 끼고 성경을 읽지 않도록 경계해야 하며, 성경을 한갓 기독교의 도덕이나 윤리 교과서 정도로 이해하지 말도록 해야 하고, 또 성경 읽기가 한갓 신학생의 경건 훈련 프로그램에 머물지 않도록 해야 할 것이다. 의미 없이 반복되는 의무적 성경 읽기는 아무런 유익이 없기 때문이다. 성경을 읽는 분명한 목적은 이를 통하여 하나님의 말씀을 듣는 데 있다. 책(성경)을 읽는 데 목적이 있는 것이 아니라 성경 읽기를 통해 살아 계신 하나님의 음성을 듣고 그분의 뜻을 깨달아 아는 데 있다. 그

---

9) 이와 함께 장로교회의 신경, 요리문답, 정치·권징 조례와 예배모범를 배우고 익히도록 했다.

래서 성경 읽기는 일반적인 독서(책 읽기)와는 그 성격과 차원이 전혀 다르다. 성경을 읽는 사람에겐, 종교개혁자들의 가르침대로, '성령의 내적 증언'(testimonium spiritus sancti internum)이 반드시 일어나야 한다. 성령께서 성경을 읽는 그의 눈과 귀와 마음을 바르게 인도하셔야 한다. 그래야만 비로소 하나님의 말씀이 들린다. 그 말씀은 마치 날이 시퍼렇게 선 칼처럼 사람의 심령을 찔러 쪼개기도 하고, 그 말씀은 감동과 감격으로 다가오기도 하며, 그 말씀은 생기 잃은 영혼에게 새 힘을 불어넣으며, 그 말씀은 삶에 결단을 불러일으키고, 그 말씀은 하나님의 일꾼이 되려는 자를 바르게 교육시키는 능력이다. 따라서 성경 읽기를 통하여 하나님의 말씀을 듣는 것은 곧 '살아 계신 하나님'의 음성을 듣는 것이다(Ragaz, 1941). 예수 그리스도 안에서 당신의 말씀을 성취하신 하나님이 "어제나 오늘이나 영원토록"(히 13:8) 살아 계셔서 이 땅에서 당신의 나라를 이루어 가신다.

블룸하르트(Chr. Blumhardt)에 따르면,[10] 우리가 성경을 통해서 살아 계신 하나님의 말씀을 들어야 하는데 그 말씀은 '말씀-사건'이라고 말했다. 성경 창세기에서 요한계시록까지 살펴보건대, 하나님의 말씀은 어떤 경우에도 그냥 공중으로 날아가 없어지거나 땅에 떨어져 흔적도 없이 사라지는 것이 아니며 말씀하신 그대로 모든 것이 다 이루어진 바 말씀 → 사건·현재화이다. 예를 들어 태초에 세상을 창조하신 하나님의 말씀, 애굽에서 노예로 종살이하던 히브리 백성을 해방시키신 하나님의 말씀, 예수 그리스도를 사망 권세 이기고 부활케 하신 하나님의 말씀이다.

---

10) 블룸하르트는 학문적인 신학자가 아니라 교회를 담임한 목회자였다. 그래서 그의 신학 사상은 설교를 통해 선포되었다. 그가 세상을 떠난(1919년) 다음, 1925–1937년에 레쥰(R. Lejeune)이 그 유고 설교와 글을 편집하여 4권의 전집으로 출간하였다. *Eine Auswahl aus seinen Predigten, Andachten und Schriften*, (Hg.) R. Lejeune, 4 Bde., (Erlenbach; Zuerich; Leipzig, 1925–1937).

또한 성경을 통해서 우리는 세상의 현실도 파악하게 된다. 라가츠에 따르면, 하나님의 말씀인 성경은 세상 현실도 있는 그대로 반영한다. 세상에서 일어나고 있는 온갖 어둠의 사건 곧 공중의 권세를 쥔 악의 세력이 일으킨 엄청난 어둠의 사건도 성경이 적나라하게 보여 준다는 것이다. 이런 점에서 성경은 경건한 말씀일 뿐만이 아니라 세상의 모습을 비추어 보게 하는 거울(Weltspiegel)과도 같다. 라가츠와 동일한 견해를 가진 레쥰(R. Lejeune)도 그렇게 말했다(Lejeune, 1933, 5-64). 악의 세력이 난무하는 세상 속으로 은혜로우신 하나님께서 심판의 주님으로 임하셔서 사탄의 힘을 꺾어 버리시고 악한 세력을 물리치시는데, 이것은 세상 속에서 일어나는 '싸움'(Kampf) 곧 하나님 나라가 이 땅에서 이루어지는 싸움이라고 보았다. 이 과정에서 사람에게 죄 용서와 회개가 일어나고 하나님 나라의 새로운 역사가 시작된다. 이렇게 성경을 통해서 들려오는 하나님의 말씀이 이 땅에서 선한 싸움을 통해 당신의 역사를 이루신다고 선포한다. 성경을 통해서 말씀하시는 하나님은 교회의 주님이신 동시에 세상 만물을 지으시고 우주를 통치하시는 주님이라 선포하신다. 그래서 성경을 읽고 배우는 신학생은 우주적으로 임하는 하나님 나라의 일꾼이 되도록 준비해야 할 것이다.

이러한 하나님의 말씀을 항상 새롭게 듣고 배우며, 듣고 배운 대로 증언하고 실천하는 임무가 하나님의 일꾼에게 주어져 있다. 하나님 나라를 위하여 성령의 역사 안에서 예수의 뒤를 따르는 하나님의 일꾼이다. 블룸하르트의 가르침에 따라, 우리는 하나님 말씀에 대한 정적(靜的)인 이해를 넘어서서 동적(動的)인 이해로 나아가야 할 것이다. 하나님의 말씀은 말씀-사건으로서 육신이 되신 그 말씀, 십자가에 달리시고 부활하신 그 말씀, 승천하시고 지금도 살아 계시며 하나님 보좌 우편에 계신 그 말씀, 지금도 여전히 성령 안에서 역사하시는 그 말씀이다.

2) 신학 여러 분야의 상호 연계성과 통합성 회복

신학이 파편처럼 조각조각 분리된 현상은, 언제부터인지는 정확히 알 수 없으나, 가까운 과거에 일어난 현상이라 본다. 적어도 19세기에는 이런 현상이 나타나지 않았다고 본다. 앞에서 살펴본 대로, 16세기에 종교개혁과 더불어 시작된 개혁교회의 목회자 양성 교육은 성경 교육 중심의 통합적 신학 교육이었다. 스위스 취리히에서 시작된 선지학교는 성경 주석에서 설교까지 한자리에서 실시되었다. 오늘날의 신학 교육 과정에 적용하자면, 물론 당시에는 오늘날에 비하여 신학이 덜 분화되긴 했지만, 성서신학에서부터 실천신학까지 통합적으로 가르쳤다. 선지학교의 교육은 오늘날 세분화된 신학의 가지를 하나의 유기체로 묶어 주는 근거를 제공하고 있다. 유기체인 신학 전(全) 분야는 하나님의 말씀에 공통분모가 있고 이를 기반으로 하여 신학 각(各) 분야가 한 몸을 이루는 지체가 되어야 할 것이다. 경건주의 신학 교육도 기초 단계에서 성경과 고전어 수업을 강조했고, 그 다음 단계에서는 여러 분야로 확산되었다.

슐라이어마허와 바르트도 이러한 개혁교회의 신학 교육 전통을 따랐다. 슐라이어마허는 신학의 여러 분야가 각각 모두 다 하나님의 말씀에 근거해 있다고 하였는데, 이것 역시 바르트의 하나님의 말씀 이해와 연결시킬 수 있다고 본다. 말씀의 3중적 존재 양태 곧 기록된 말씀인 성경, 선포되는 말씀인 설교, 말씀 자신이신 예수 그리스도의 존재 양태는—삼위일체 하나님 이해처럼—셋인 동시에 하나이다. 이것은 신학 모든 분야의 다양성과 일치를 다시 돌아보게 한다. 신학이란 마치 살아서 움직이는 생명체처럼 각 분야가 유기적으로 서로 연계되고 통합되어 소통하고 교류해야 한다. 이것을 신학 교육에다 적용시킬 수 있다면, 신학은—사람의 몸에 붙어 있는 각 지체처럼(고전 12장)—유기체(생명체)이므로 신학 교육에 참여하는 각 분야가 서로 연계되고 통합되어야 한다. 구체적으로 신학의 모든 분야는 대화할 수 있는 능력과 대화할 준비를 갖추어야 하며 기계적이고 파편적인 존재 양태를 버려야 할 것이다. 그러므로 신학 각 분야는 대화의 원리를 회복하여 연계성(Sequence)과 통합성(Integration)도 되살려야 할 것이다.

이로써 이제 우리는 신학 교육의 현실에 대한 고용수와 은준관의 비판이 개혁교회의 신학 교육 전통에 비추어 볼 때 매우 타당하다고 확인할 수 있다.

3) 신학의 실천성: 이론과 실천의 상호 연계와 통합을 지향

대화의 능력과 준비를 갖춘 신학은 신학 바깥의 여러 인접 학문과도 대화할 수 있어야 한다. 이것은 창조주 하나님의 우주적인 구원 역사에 순종하며 참여하는 교회의 실천을 위한 신학의 과제라고 본다.

독일 경건주의 역사에서, 교회 갱신 운동으로 시작된 경건주의 역시 신학의 실천적 성격을 강조했다. 특히 교회 갱신을 실천해 가는 신학의 기능을 강조했다. 지식으로 배우고 사변적으로 이해하는 학문 차원의 신학이 아니라 실천하는 신학을 강조하였다.[11] 여기에서 '실천적'이란 말은 교회 현장에서 일하는 것뿐만이 아니라 삶을 통해 실천해야 한다는 뜻이다. 신학 사상이 경건한 삶으로 드러난다는 뜻이다. 이 말 속에는 경건한 삶이 결여된 채 신학을 단지 하나의 학문으로만 배우려는 당시의 그릇된 신학 풍토를 지적하고 있다. 그런데 이와 정반대로, 신학에 대한 깊은 지식과 통찰력에 무지한 채 그저 경건 훈련만 강조하려 한다면 이것도 역시 그릇된

---

11) 이러한 견해는 종교개혁자 루터에게서 비롯되었고 또한 17세기 루터교회 정통주의자들에게 계승된 것이다. "habitus practicus θεόσδοτος"(하나님이 주시는 실천 능력)이라고 정의를 내린 정통주의자들의 견해를 떠올릴 수 있다.

것이라고 보았다. 전자의 경우엔 메마르고 창백한 사변에 빠져 역동성을 상실한 학문이 되고, 후자의 경우에는 맹신과 맹목으로 빠지는 경건이 되는 위험성이 있다고 지적했다. 그러므로 신학 공부에는 경건과 학문이 언제나 적절한 균형과 조화를 이루어야 한다. 이것이 경건주의자들이 추구한 신학 교육이었다.

경건주의자들의 경건은—요즘의 표현으로 말하자면—어느 특정 교파·교단에 매여 있는 경건이 아니고 또 어느 특정 학맥의 학풍을 따르려는 경건도 아니었다. 이들의 경건은 '성경적 경건'으로서 매우 역동적인 성격이 내포되어 있다. 좀 더 풀이하자면, 성경은 그저 단순히 '읽는 책'(Lese-Buch)이 아니라 '삶의 책'(Leben-Buch)으로서 성경을 통해 예수 그리스도 안에 있는 하나님의 구원 역사를 성령으로 깨달아 알게 되고 그리고 이 구원 역사를 증언하면서 삶으로 실천하는 경건이었다.

슐라이어마허와 바르트가 생각한 신학의 대화 원리에도 신학의 실천적 성격을 강하게 표현하고 있다. 슐라이어마허는 신학의 실천성을 의학이나 법학을 공부하는 것에 비교했다. 의학을 공부하는 목표가 환자를 치료하는 데 있고 법학을 공부하는 목표 역시 실제로 재판석에서 사건을 판결하는 데 있는 것처럼, 신학 공부 또한 목회 현장에서 교역하기 위함이다. 이렇게 신학 공부에는 그 실천적인 목표가 뚜렷하다는 것이다. 이런 점에서 신학은 순수 학문이 아니라 '실증적인 학문'(positive Wissenschaft)이라고 슐라이어마허가 설명했다. 특별히 신학 공부는 교회 현장에서 실천되는데, 신학의 교회성은 신학의 기능(Funktion)이 무엇인지 말한다. 이와 관련하여서 "신학이란 도대체 무엇인가?" 물으면 슐라이어마허는 "신학을 배우는 목적이 무엇인가(wozu)?" 또 "신학에게 부여된 실천적 과제(Aufgabe)가 무엇인가?"로 이해했다. 신학은 추상적 이론이나 관념으로 배우는 학문이 아니며 그 실천적 과제가 분명한 학문이다. 바르트 역시 '신학의 실천적인 성격'을 강조하였다. 그는 '신학과 교회의 상관 관계'를 파악하면서 "신학이 교회를 위해 해야 할 역할과 기능"이 대단히 중요하다고 보았다.

4) 현장 경험에서 교실 수업으로

신학의 실천성은 현장의 중요성을 인식하는 신학 교육이 내포되어 있다. 여기서 현장이란 교회 현장을 비롯한 다양한 목회 현장을 뜻한다. 이와 함께 신학 교육은 교실 수업에 국한되지 않고 다양한 목회 현장으로 가서 진행될 수 있다. 더욱이 하나님 나라를 지향하는 신학 교육이 강조되면, 그 신학 교육은 하나님의 뜻이 이루어지는 이 세상 모든 곳에서 진행될 것이다.

이런 생각을 하게 된 필자는 교회사 수업을 실제로 목회 현장으로 나가서 진행하였다. 2001년 가을 학기와 2002년 가을 학기에 진행한 '에큐메니칼 운동사' 과목을 필자는 다음과 같이 준비하였다.

① 세계 교회 에큐메니칼 운동에 대한 역사적 소개와 신학적 가르침이 이번 학기의 목표인데, 먼저 학생들이 이와 관련된 다양한 현장을 살펴보게 하고, 그러고 나서 학교의 교실로 돌아와 현장 경험을 학생들끼리 서로 나누며 정리하게 한다는 구상이었다. 그렇게 한 다음에 비로소 선생이 에큐메니칼 운동에 대한 이론을 소개하고 가르친다. 즉 에큐메니칼 현장을 먼저 경험한 다음에 교실로 돌아와서 이론을 소개하려는 일종의 실험 수업이었다. 학생들 대부분이 에큐메니칼 운동사에 대한 사전 지식이 없으므로 현장을 먼저 경험한 다음에 교실에서 수업하는 방식이 효과적일 것이라 예상했다.

② 다양한 에큐메니칼 현장을 살펴보기 위하여 개방, 대화, 교류를 지향하였는데, 이 과목의 성격상 장로회신학대학교가 소속된 교단(예장통합)이 벌이는 에큐메니칼 현장을 방문하는 것과 함께 다른 교단이나 기독교 단체의 에큐메니칼 운동도 경험하고자 했다.

③ 학생과 선생이 함께 배우고 함께 만들어 가는 수업을 모색하고자 하였다. 이제까지는 학생을 수업의 대상으로 여겨 왔으나 이제부터는 배움의 주체라고 생각하게 되었다. 미래의 교회를 책임질 학생들이 주체적으로 지금의 목회 현장을 분석하고 진단케 해야 한다고 보았다.

이 과목을 개설하기 위하여 한국기독교교회협의회(NCCK) 교육훈련위원회(김태현 목사)에게 도움과 협조를 의뢰하였다. NCCK가 선뜻 긍정적인 대답을 주었고 이어서 곧바로 구체적인 현장 방문 일정을 짜 주었다. 2001학년도 가을 학기에는 40명이 수강하였고, 2002학년도 가을 학기에는 37명이 수강하였다.

2001년도의 에큐메니칼 현장 방문은 '신앙과 직제', '삶과 봉사', '선교'로 구분하고 이 구분에 맞추어서 여러 교단·교회·선교 단체를 방문하도록 안내를 받았다. 그리고 현장 방문과 교실 수업을 번갈아 가졌다. 2002년도의 수업에는 학생들로 하여금 에큐메니칼 운동에 대하여 보다 더 스스로 생각하며 참여하게 하고자 조별 토의 시간을 자주 가졌다. 매번 현장 방문 후에는 개인적인 소감과 평가를 쓰게 하고, 두 번 현장 방문을 한 다음에는 조별 토의 및 전체 토론을 가졌다. 이번의 현장 방문은, NCCK의 주선으로, 그 주제를 '문화'로 잡아서 다양한 교회 건축물(성공회 주교좌 성당(정동)—토착화를 지향한 교회 건축, 정교회—전형적 고대 교회 건축, 경동교회—현대식 교회 건축)을 견학한 것이 퍽 인상적이었다. 또한 가톨릭신학대학교(혜화동)를 방문한 것이 커다란 의미로 다가왔다.

이 과목을 수강한 학생들의 반응은 생소한 수업 진행이었는데도 대체로 긍정적이었다.

5. 정리

서론에서 우리는 최근에 크게 변화되고 있는 교육 환경을 살펴보았고, 이에 상응하여서 신학 교육이 바뀌어야 한다는 여러 주장을 들어 보았다. 이들은 교실 수업 위주의 교육 현실이 변해야 한다고 주장했다. 전공 이기주의에 매몰되어서 파편 조각처럼 뿔뿔이 흩어져 있는 신학 여러 분야들이 서로 연계하고 통합되어야 한다고 촉구하였다. 포스트모던 시대의 다양화와 상대화에 상응하는 비교학적·비판적 신학 교육도 주장하였다.

그 다음에 우리는 신학 교육의 목표와 신학 교육의 내용 및 방법을 살펴보되, 개신교의 뿌리인 16세기 종교개혁 이래로 진행되어 온 신학 교육을 역사적으로 검토해 보았다. 그 결과 시대는 세월 따라 항상 바뀌고 변화되지만 신학 교육의 과제는 거의 변함이 없다는 점을 알게 되었다. 예나 지금이나 신학 교육의 우선적 목표는 사람을 기르는 데(목회자 양성) 있으며, 신학 교육의 내용은 성경을 통해 하나님의 말씀을 새롭게 깨달아 아는 데 그 핵심 알맹이가 있다는 것이다.

오늘날 신학 각 분야가 파편 조각처럼 뿔뿔이 쪼개진 점을 우려하고 있는데, 사실을 알고 보니 개혁교회의 신학 교육에서는 연이어 계속해서 그 연계성과 통합성을 강조해 왔다. 같은 차원에서 신학의 실천성도 강조해 왔다. 이런 점에서 우리는 신학 교육의 온고이지신(溫故而知新)을 다시 생각해 보게 된다.

그런데 이것이 복고주의로 회귀하자는 뜻은 전혀 아니다. 신학 교육 본래의 과제를 명확하게 확인하면서 이와 동시에 21세기 오늘의 상황이 요청하는 신학 교육을 바르게 수행하자는 뜻이다. 즉 16세기 종교개혁의 정신처럼, 본래의 정신을 회복함과 동시에 앞으로 나아가며 개혁하자는 것이다.

| 참고 문헌 |

고용수. "신학교육 달라져야 한다". 『교육과정개발위원회 연구보고서』. 서울: 장로회신학
　　대학교 교육과정개발위원회, 2005.

금장태. "조선 후기 퇴계학파 철학 사상의 전개". 경북대 퇴계연구소, 경상대 남명학연구소
　　편. 『퇴계학과 남명학』. 서울: 지식산업사, 2001.

대한예수교장로회총회교육부 편. 『16세기 종교개혁과 개혁교회의 유산』. 서울: 한국장로
　　교출판사. 2003.

박상진. "신학교육 커리큘럼의 새로운 패러다임". 『교육과정개발위원회 연구보고서』. 서
　　울: 장로회신학대학교 교육과정개발위원회, 2005.

은준관. "로빈 길 박사의 21세기 이론과 실천을 통합하는 신학교육". 장로회신학대학교 개
　　교100주년기념 국제학술대회 준비위원회 편. 『21세기 신학교육』. 서울: 장로회신학
　　대학교출판부, 2002.

임희국. 『선비 목회자 봉경 이원영 연구』. 서울: 기독교문사, 2001.

Barth, Karl. Kirchliche Dogmatik. I/1. Zuerich: Theologischer Verlag. 1970.

Blumhardt, Christoph F. Eine Auswahl aus seinen Predigten, Andachten und
　　Schriften. (Hg.) R. Lejeune, 4 Bde. Erlenbach; Zuerich; Leipzig, 1925–1937.

Gerner-Wolfhard, Gottfried. Theological Education as the Formation of Pastoral
　　Leadership in the 21th Century. 장로회신학대학교 개교100주년기념 국제학술대

회 준비위원회 편. 『21세기 신학교육』. 서울: 장로회신학대학교출판부, 2002.

Gill, Robin. *Theological Education: Toward the Integration of Theory and Practice in the 21th Century.* 장로회신학대학교 개교 100주년 기념 국제학술대회 준비위원회 편. 『21세기 신학교육』. 서울: 장로회신학대학교출판부, 2002.

Lejeune, R. *Die Erwartung des Reiches Gottes. mit besonderer Beziehung auf den Sozialisims. Die Botschaft vom Reiche Gottes. Ein religiös-soziales Bekenntnis.* 1933.

Locher, Gottfried W. *Im Geist und in der Wahrheit. Die reformatorische Wendung im Gottesdienst zu Zürich.* Neukirchen: Kreis Moers. 1957.

Lutz, Samuel. *Ergib dich ihm ganz. H. Zwinglis Gebet als Ausdruck seiner Froemmigkeit und Theologie.* Zuerich: TVZ, 1933.

Ragaz, Leonhardt. *Sollen und Koennen wir die Bibel lesen und wie?* 1941.

Schleiermacher, Friedrich Daniel, *Kurze Darstellung des theologischen Studiums zum Behuf einleitender Vorlesungen.* 김경재, 선한용, 박근원 역. 『신학연구입문』. 서울: 대한기독교출판사, 1982.

Spener, Philip Jacob. *Pia Desideria*, Translated, edited, Introduction by Tappert, Theodore G. Philadelphia: Fortress Press, 1964.

Wallmann, Johannes. *Der Pietismus*, Goettingen: Vandenhoeck & Ruprecht, 1990.

Ⅲ

16세기 개혁교회,
한국 장로교회

스위스 취리히 종교개혁자
츠빙글리의 경건[1]

1. 시작하면서

  츠빙글리(H. Zwingli, 1484-1531), 루터(M. Luther, 1483-1546), 칼뱅(J. Calvin, 1509-1564)은 16세기의 종교개혁을 대변하는 인물이다.[2] 루터의 교회 개혁 운동은 독일에서 루터교회로 발전하였고, 츠빙글리의 개혁 운동은 스위스 취리히에서 개혁교회(reformierte Kirche)를 탄생시켰다. 그리고 그 다음 세대의 칼뱅이 개혁교회의 종교개혁을 크게 발전시켰다. 이로써 개혁교

---

1) 이 글은 장로회신학대학교 2005년 10월 '종교개혁기념학술대회'에서 발제한 원고이다.
2) 그런데 츠빙글리의 생애와 신학 사상은 루터와 칼뱅보다 비교적 덜 알려졌다. 최근에도 그는 소위 "종교개혁의 제삼 인물"로 불린다. 그 까닭에 대하여는 다음의 논문에 소개되어 있다. 이재천, "츠빙글리의 복음적 사회윤리: 목회적 현실주의", 『말씀과 교회』 제38권(2005. 1), 151-197. 츠빙글리의 취리히 종교개혁 과정에 관하여 글쓴이의 졸저 (공처)를 소개하고자 한다. 대한예수교장로회총회교육부 편, 『16세기 종교개혁과 개혁교회의 유산』(서울: 한국장로교출판사, 2003), 173-234.

회의 유산을 이어받은 한국 장로교회의 뿌리는 취리히의 종교개혁에서 발견할 수 있다. 그렇다면 취리히의 종교개혁자 츠빙글리의 생애와 신학 사상을 살펴보는 것은 한국 장로교회의 신앙 뿌리를 찾아보는 일이다.

이 강연은 취리히 종교개혁을 이끈 츠빙글리의 개혁 과정을 살펴보는 데 초점을 맞추고자 한다. 취리히의 개혁 운동은 츠빙글리가 이 도시 국가의 그로스뮌스터 교회에 부임하던 1519년에 시작되어 1525년에 예언(선지)학교(Prophezei)가 개교되는 열매로 맺혔다. 이 강연은 이러한 역사적 과정을 돌아보면서 1519년부터 1525년 사이에 츠빙글리의 글 가운데서 그의 신학 사상을 파악할 수 있는 것을 가려 뽑아 서술하고자 한다.[3]

이 강연의 말미에서는 츠빙글리의 종교개혁을 정리하면서, 개혁교회의 유산을 이어받은 한국의 장로교회가 츠빙글리의 종교개혁의 유산을 어떻게 이어갈 것인가 제안하고자 한다.

2. 츠빙글리의 경건

1519년 1월 1일에 츠빙글리는 도시 국가 취리히(Zuerich)의 청빙을 받아들여 그로스뮌스터(Grossmuenster) 교회의 주임 목회자로 부임하였다. 이날은 그가 태어난 날 곧 35세가 되는 생일이었다. 이제부터 주임 목회자

---

3) 츠빙글리 연구 전문가인 스위스의 교회사가 루츠(Samuel Lutz)와 브룬슈바일러(Thomas Brunnschweiler)에 따르면, 츠빙글리가 사용한 독일어는 '옛-스위스 독일어 사투리'(alt-schweizerdeutschen Dialekt)였고 이러한 범주에서 16세기 스위스 독일어는 오늘의 독일어와 그 뜻이 상당히 다르다고 한다. 예컨대 츠빙글리가 자주 쓰던 단어 '경건'은 오늘날 쓰이는 의미와 상당히 다르다. 당시의 '경건'은 교회의 단어가 아니라 일상 생활 용어였다고 한다. 당시에 이 단어는 사회 규범에 따라 부단히 노력하는 '시민들의 올바름, 정직함, 성실함'을 뜻했다.

로서 츠빙글리는 3명의 동역 목회자와 함께 이 교회에서 일하게 되었다. 츠빙글리에게 주어진 가장 중요한 임무는 설교였다. 그는 당장에 중세 교회의 성경일과표(Perikope)에 따른 설교 본문 채택을 그만두고 신약성경 마태복음 첫 장 첫 절부터 차례차례 강해 설교를 해 나갔다. 그의 성경 강해는 마태복음, 사도행전, 디모데전서, 베드로전후서, 그리고 히브리서로 이어지는 강해 설교를 했다(Lectio Continua).[4] 그의 설교는 그리스도 안에서 이룬 하나님의 구원을 선포하는 데 초점이 맞추어졌고 이와 함께 일상의 윤리도 강조하였다. 교회 정화와 갱신에 대한 그의 의지도 강하게 표출되었다. 이때 츠빙글리의 교회 개혁 의지는 인문주의자 에라스무스의 영향 아래 형성되었고, 개혁에 관한 그의 설교는 대체로 에라스무스의 입장을 대변하는 것이었다.

츠빙글리는 에라스무스를 1514년에 알게 되었고 그 이듬해부터 그의 글을 본격적으로 읽기 시작했다. 이때까지만 해도 츠빙글리는 중세 스콜라 신학자 둔스 스코투스(Duns Scotus)의 학문 세계에 속해 있었다. 1516년에 그는 바젤(Basel)에 있는 에라스무스를 방문하였고, 그 이후로 계속해서 두 사람은 편지로 생각과 사상을 주고받았다. 그러면서 츠빙글리는 에라스무스에게서 커다란 영향을 받았다. 성경의 권위와 성경 이해 방법론, 실천적 그리스도교를 지향하는 윤리 강조, 평화 사상, 설교의 중요성 등을 에라스무스에게서 츠빙글리가 배웠다. 이와 더불어 츠빙글리는 교회와 사회를 개혁하는 방안도 배웠는데, 인간은 개인으로 존재하고 그러한 인간은 교육(계몽과 품성 함양)을 통해 계속 발전하고 성숙하면서 윤리적 주체가 되

---

4) 로흐(G. W. Locher)에 따르면, 이미 1519년부터 츠빙글리는 중세 교회의 성경일과표 (Perikopenordnung)에 맞추어 설교하지 않았다. Gottfried W. Locher, *Im Geist und in der Wahrheit. Die reformatorische Wendung im Gottesdienst zu Zuerich*(Verlag der Buchhandlung des Erziehungsvereins Neukirchen Kreis Moers, 1957), 29.

는데, 개인의 성숙을 사회적 차원으로 확대하면 새로운 사회 질서 세우기로 귀결될 수 있다는 것이다.

에라스무스로부터 츠빙글리가 새롭게 배운 바는 그 무엇보다도 신약성경 연구 방법론이었다. 에라스무스는 일반 고전(古典) 연구 방법을 성경연구에 그대로 적용하여서 신약성경을 희랍어 원문으로 읽고 학문적으로 연구하게 하였다. 이 점에 대하여 츠빙글리는 두고두고 감사했다. 그러나 그럼에도 불구하고, 사무엘 루츠(Samuel Lutz)에 따르면, 츠빙글리는 에라스무스의 가르침을 무조건 따르지는 않았다. 이미 1515년에 츠빙글리는 에라스무스에게 배운 대로 사도 바울의 서신(書信)을 연구하다가 문득 의문점(疑問點)에 부딪혔다. 즉 희랍어 이해에 바탕을 둔 문헌학과 철학 사상을 성경 연구에다 연결시키는 작업의 한계점을 발견하게 된 것이다. 여러 성경 주석을 갖다 놓고 다양한 성경 해석을 비교해 가면서 학문적으로 원어 성경 본문을 연구하고 본문 뒤에 숨어 있는 고귀한 뜻을 찾아 내고자 머리를 쥐어짜 내는 일(Spekulation)이 과연 성경을 바르게 이해하는 길인지 속 시원한 해답을 얻지 못하였다. 그래서 '이제까지 해 오던 연구 방법을 그만두고, 순전히 하나님이 들려 주시는 명료한 말씀을 듣고 이를 통해 당신의 뜻을 배워야 하는 것이 아닌가?' 생각하게 되었다.[5] 그는 그러면서 기도하기 시작했다. 물론 이제까지도 기도 안에서 성경을 연구하였지만, 그러나 이제부터는 하나님께서 당신의 빛을 나에게 비추셔서 그 뜻을 분명히 파악하게 해 달라고 간절히 기도드렸다(scriptura sui ipsius interpres). 살아 계신 하나님이 말씀해 주셔야 비로소 성경이 당신의 말씀으로 제대로 이해되고 또 하나님이 성령으로 비추시는 빛 가운데서 당신의 뜻을 바르

---

5) H. Zwingli's Werke I(Berlin; Leipzig; Zuerich, 1905ff), 379, 21-30; Samuel Lutz, 위의 책, 195에서 재인용.

게 깨달아 알게 된다고 인식했다. 그러나 그렇다고 해서, 츠빙글리는 에라스무스의 가르침을 버리지는 않았다. 성경의 학문적 연구(오늘날의 역사 비평학적 성경 연구)를 통한 인식과 성령의 조명을 통해 깨닫는 진리 인식이 그에게는 서로 대립되거나 분리되지 않았다. 이렇게 기도와 학문의 조화 속에서 츠빙글리의 경건이 형성되었다.

츠빙글리의 성경 연구가 깊어질수록 그의 내면 세계는 중세 전통의 신앙 경건과 점점 멀어져 갔다. 예컨대 1519년에 이미 그는—몇 년 뒤에 실행하게 될—성인 숭배(聖人崇拜)를 어서 속히 폐지시키기를 간절히 원했다. 츠빙글리가 구상하는 교회 개혁은 성경 연구를 토대로 한 윤리적 이상의 실현이었다. 그 윤리적 이상은 예수께서 가르쳐 주신 대로 "너의 하나님을 사랑하고 네 이웃을 네 자신과 같이 사랑"하는 것이었다. 츠빙글리의 편지글에는 "그리스도인의 가장 고귀한 소망은 … 경건한 삶인데, 먼저 (받은 바) 사랑에 근거하여 하나님을 사랑하고 또한 (받은 바) 사랑을 좇아 이웃을 사랑하는 것이다."[6]

1) 1519년, 흑사병 찬송시(Pestlied): 생사(生死)의 갈림길에서 투병하며 지은 시[7]

취리히에서 1519년 8월부터 치사율이 매우 높은 흑사병(Pest)이 돌아다니기 시작했다. 9월 초순에 츠빙글리도 감염되었다. 그는 죽음의 그늘에 눌려 있었다. 투병하는 츠빙글리가 찬송시(詩)를 지었다. 시의 내용은 3행으로 구성되어 있고, 각각 26줄씩 지었다(3행×26줄). 이 시가 문학 작품 형

---

6) Oskar Farner, H. Zwinglis Briefe. Erster Band 1512-1523(Zuerich, 1918), Samuel Lutz, 위의 책, 197에서 재인용.

7) Samuel Lutz, hg. *Huldrych Zwingli Schriften I*(Zuerich: Theologischer Verlag, 1995), 1 -12.

식을 띤 기도인지 혹은 기도의 형식을 취한 문학 작품인지를 가리려는 토론이 가끔 있는데, 대체로 후자를 선호하고 있다.[8] 따라서 기도문이 아니라 문학 작품으로 해석되고 있는 이 시는 생사의 갈림길에서 투병 경험이 있는 사람이면 누구나 공감할 수 있는 내용을 담고 있다.[9]

3행으로 구성된 이 찬송시를 자세히 들여다보면, 첫째 부분에서는 이 질병이 안겨 준 고통의 늪에서 빠져 나오게 해 달라고 그리스도께 간절히 호소하고 있다. 죽음을 극복하셨고 또 생사의 열쇠를 쥐고 계신 그리스도께 츠빙글리는 자신의 모든 것을 의탁하고 있다. 둘째 부분에서는 병이 낫기는커녕 오히려 점점 더 심해지고 이에 따라 그 고통도 더 깊어지는데, 이에 죽음의 공포와 두려움이 그를 휘감았다고 절규한다. 그는 구원을 베푸시는 하나님의 은총을 간절히 구하면서 하나님께 모든 소망을 두고 있다. 모든 기력이 소진해져서 이제 곧 목숨이 끊어지게 될 것으로 예감하는 츠빙글리는 만사(萬事)와 매사(每事)를 오직 그리스도의 손에 의탁하고 있다. 셋째 부분에서는 그가 살고 죽는 것이 오직 하나님의 뜻에 달려 있음을 깨달으며 병 낫기를 간절히 기도하고 있다. 시시각각 내리누르는 죽음의 힘에 겨우겨우 버티고 있는데, 그러나 오히려 하나님이 주시는 평강 가운데서 이 병을 견뎌 내고 있다.

츠빙글리의 생애를 서술한 개블러(U. Gaebler)에 따르면,[10] 1520년에 츠빙글리는 흑사병을 앓으며 삶과 죽음의 문턱을 넘나드는 동안에 살아 계신 하나님을 만났고 또 이 병에서 치유되었다. 흑사병 치유 경험이 인생

---

8) Samuel Lutz, 위의 책, 204. Thomas Brunnschweiler, "Einleitung" zu Pestlied, in: *H. Zwingli Schrift I*(Zürich : Theologischer Verlag, 1995), 3.
9) 츠빙글리는 일찍부터 악기를 잘 다루었고 또 이미 이전에도 아름다운 시를 지었기에 —"황소의 우화"(Fabelgedicht vom Ochsen, 1510년)—이번에도 그의 문학적 예술적 소양을 충분히 엿볼 수 있다.
10) U. Gaebler, *H. Zwingli. Leben und Werk*(Muenchen: C.H. Beck, 1983), 46-49.

의 방향은 물론이거니와 교회 개혁의 방향도 바꾸는 계기로 작용했다. 투병 경험은 또한 신학 인식에도 전환점이 되었다. 츠빙글리가 지은 "흑사병 찬송시"에는 그리스도가 하나님이심을 고백하고 있다. 이전에는—에라스무스의 영향 아래—그리스도를 배우고 따라야 할 스승으로 이해했는데 이제는 그리스도 안에서 계시된 하나님을 고백하고 있다. 츠빙글리는 이제 그리스도가 내 삶을 주관하신다는 확신을 얻었고, 이에 따라 자신의 삶을 그리스도의 뜻에 순종하며 치유하시는 부활의 주님과 더불어 그 주님의 십자가도 기꺼이 지겠다고 다짐하였다. 이리하여 흑사병 투병 이전에는 츠빙글리가 에라스무스의 영향 아래 인문주의자로서 교회 개혁을 추진하고자 하였는데, 이제부터 그는 인문주의 노선에서 벗어나 종교개혁자의 길을 걷게 되었다. 죽음을 극복한 치유 경험이 소명을 새롭게 일깨웠다. 교회 개혁은 사람이 시작한 일이 아니라 그리스도 안에서 하나님이 시작하신 일이며, 죽음을 극복하고 세상을 이기신 그리스도께서 교회 개혁의 주체가 되시므로 그 어느 누구도 교회 개혁을 막을 수 없다는 확신이 츠빙글리에게 들어왔다.

츠빙글리가 개인적으로 경험한 질병 치유의 신앙 사건은 이와 함께 교회 개혁과 사회 변혁의 원동력이 되었다. 그가 흑사병의 고통 속에서 드린 탄식의 기도가 이제는 교회와 사회를 개혁하는 소망의 힘이 되었다.[11] 기도드리는 종교개혁자의 모습이 츠빙글리에게서 뚜렷이 보인다. 이제부터 그는 중세 교회의 목회자에서 종교개혁자로 나서게 되었다.

1520년에 츠빙글리는 교회 개혁과 사회 변혁을 '하나님의 사건'(Gottesgeschen)으로 이해하면서 이것이 반드시 실현될 것으로 확신하였다. "하나님께서 이 악한 세상을 당신의 말씀으로 고치실 것이다."[12] 그러면서

---

11) 사무엘 루츠 역시 거의 동일한 해석을 하였다. S. Lutz, 204.

그는 예언자의 심정으로 외쳤다. "우리는 하나님을 잊어버렸고",[13] "하나님을 떠났으며",[14] "바른 경건과 바른 예배가 우리 안에서 소멸해 버렸다."[15]

2) 1522년, 먹거리 선택의 자유(die freie Wahl der Speisen)[16]

중세 교회에서는 부활절을 앞둔 40일 동안(사순절 기간) 고기를 입에 대지 말고 금식하면서 경건을 훈련하는 신앙 규례가 있었다. 그런데 1522년 사순절 첫 주일에(3월 9일), 취리히에 사는 출판업자 프로샤우어(Christoph Froschauer)가 자기 작업장에서 여러 직원 및 친구들과 함께 보라는 듯이 소시지를 먹었다. 이 사건이 취리히 사회에 물의를 일으켰다. 궁지에 몰린 프로샤우어는 교회의 규정을 들먹였다. 즉 심한 육체 노동을 하는 노동자에게는 사순절 기간에 예외적으로 육식을 허락하는 교회의 규정이 있다고 변호하였다. 그러면서 그는 최근에 그리스도인의 자유에 관해 설교한 츠빙글리에게 깊이 공감했다는 말을 덧붙였다. 그 말은 사실이었다. 이 주제에 대하여 여러 차례 설교한 츠빙글리는 은근히 사순절 금식 규례에 관하여 비판했던 것이다. 또한 츠빙글리는 프로샤우어의 친구였고 소시지를 먹던 그 자리에 함께 있었다. 그는 소시지를 같이 먹자는 권유를 받았으나 결코 그것을 입에 대지 않았다고 한다.

사순절 소시지 사건으로 말미암은 사회적 논란이 좀체 잦아들지 않았다. 결국 취리히 시 당국이 이 사건에 개입하게 되었다. 콘스탄츠(Konstanz)에 있는 가톨릭 교회 주교도 이 사건의 진상을 알아보고자 조사단을 취리

---

12) Z I 393, 20-21, 위의 책, 206에서 재인용.
13) Z I 173, 16. 위의 책, 206에서 재인용.
14) Z I 169, 21. 위의 책, 206에서 재인용.
15) Z I 169, 10-11. 위의 책, 206에서 재인용.
16) *H. Zwingli Schriften I*, 13-74.

히로 보냈다. 그러한 가운데서 사순절 세 번째 주일(3월 23일)에 츠빙글리가 강단에 서서 금식에 관하여 또다시 설교하였다. 여기에서 그는 사순절 금식 규례를 깨뜨린 일이 하나님께 죄가 되지 않는다고 선포하였다. 왜냐하면 하나님이 금식 규례를 계명으로 주시지 않았다고 보기 때문이다. 다만 현실적으로 이 사건은 교회의 전통 규례를 깨뜨려서 사회에 물의를 일으켰고 또 지금도 계속 여기에 대한 논쟁이 뜨겁다는 데 문제가 있다고 보았다. 그래서 이 논쟁의 분위기를 어떻게 잠잠하게 할 것인가? 이것이 당면한 과제라고 보았다. 그런데 이 분위기를 부추기는 세력이 있으며, 그 배후에 콘스탄츠 주교의 영향력이 작동하고 있다고 츠빙글리가 확신했다. 그래서 그는 청중에게 주교를 결코 두려워하지 말라고 독려했다.

부활절 직후에 츠빙글리는 금식 규례에 대한 설교를 출판하였다. 그 제목이 바로 '먹거리 선택의 자유'(die freie Wahl der Speisen)였다. 이 글은 종교개혁에 대한 츠빙글리의 첫 번째 발표였다. 이 글의 핵심은 '성경에 기초한 그리스도인의 자유'였다. 츠빙글리는 신앙의 표준과 교회의 기본 잣대는 오직 성경이어야 하고 모든 교회의 전통이 성경에 일치될 때에야 비로소 적법(legitim)하다고 보았다. 교회를 지배하고 있던 그 어떤 권위도 성경의 권위에 맞설 수가 없으며 또 성경에 기초하지 아니한 전통과 규범 그리고 신앙 규례는 폐지되어야 한다고 강조했다. 그러면서 츠빙글리는 중세 금식 규례로부터의 자유를 강조하였다. 전통의 이름으로 신앙을 얽어매지 말아야 한다는 것이다. 그리스도인의 자유, 곧 그리스도인에게는 믿음 안에서 언제든지 무엇이나 먹을 수 있도록 허락된 자유가 있으므로 기간을 정해 놓은 금식 규례에 묶여 있을 필요가 없다는 것이다. 거꾸로 뒤집어서, 금식 규례에서 해방된 신앙인은 언제든지 자유롭게 금식할 수 있는 것이다. 경건한 신앙 행실은 오직 하나님께만 합당해야 하므로, 금식하지 않고도 신앙인은 경건하게 살아갈 수 있다고 강조하였다.

사순절 금식 규례의 위반으로 빚어진 사건이 계기가 되어, 취리히에는 개혁에 관한 사회적 논의가 본격적으로 시작되었다. 이제부터 츠빙글리는 취리히의 대의회(大議會, gross Rat)와 긴밀하게 의논하면서 종교개혁을 추진하였다. 중세 가톨릭 교회에 맞서게 되면서 그가 공개적으로 내세운 두 가지 신학 주제는―교회의 '전통'과 교황을 정점으로 한 기성 '권위'에 맞서서―'성경'과 '자유'였다. 그는 성경의 권위와 그리스도인의 자유를 강조하였다.

3) 1522년, 하나님의 말씀에 대한

분명한 확신(die Klarheit und Gewissheit des Wortes Gottes)[17]

1522년에 교회 개혁에 대한 논쟁이 대중 사이로 확산되었다. 금식 규례 위반에 대한 찬반으로 촉발된 논쟁이 이제는 츠빙글리의 설교를 둘러싸고 갑론을박이 일어났다. 주제별로 살펴보면 금식 규례를 비롯하여 성인 숭배, 마리아 숭배, 수도회의 지위, 성직자의 결혼 문제 등 중세 교회의 경건과 질서에 대하여 폭넓게 논쟁했다. 이때 취리히의 목회자들은―중세 가톨릭 교회의 성직자임에도 불구하고―콘스탄츠 주교의 권위를 무시해 버리고 시의회에게 논쟁에 대한 판단을 맡겼다. 이 점에 격앙된 주교는 여러 번 취리히 목회자들에게 교회의 질서를 엄수하라고 경고했다.

취리히의 상황이 점점 더 불안정해졌고, 시 당국은 1522년 7월 21일에 '공개 토론회'(Disputation)를 열기로 하였다.[18] 토론회 쟁점은 '권위'에 대한

---

17) *H. Zwingli Schriften I*, 105-154.
18) 공개 토론회는 이미 중세 시대부터 필요할 때마다 개최되었는데, 크게 보아 두 종류의 공개 토론회가 있었다. 첫 번째는 교회의 주관으로 개최되는 토론회로서 공의회(Konzil=Council)와 비슷한 성격을 가졌다. 이 토론회는 주로 교회의 바른 가르침을 밝혀 내거나 이단을 가려 내기 위해 모였다. 두 번째는 대학의 주관 아래 하나의 쟁점 사안에 관하여 여러 가지 다양한 관점에서 접근하면서 하나의 결론에 이르는 것이었

문제였다. 그런데 이번에는 여타 다른 토론회와 달리 라틴어를 사용하지 못하게 했고 그 지역의 토착 언어(독일어)로 진행하게 되었다. 그 까닭은 라틴어는 지식인의 언어이므로 라틴어를 이해하지 못하는 사회 구성원(일반 시민) 모두가 토의 내용을 쉽게 이해하고 모두에게 납득이 되는 결론을 이끌어 내기 위함이었다. 이 토론회에서 자기 입장을 밝히는 사람은 반드시 성경에 근거하여 주장해야 했다. 반면에 발언자는 자신의 입장을 고대 교회의 교부, 공의회, 교황의 교서, 스콜라 신학자, 심지어 교회 관습에 의지하여 주장할 수가 없었다.

그해 9월 초순에 츠빙글리는 "하나님 말씀에 대한 분명한 확신"(die Klarheit und Gewissheit des Wortes Gottes)을 완성했다. 이 글에서 그는 자신의 성경 이해를 정리하였는데, 하나님의 말씀에 응답하는 사람에다 그 출발점을 두었다. 교부(敎父) 아우구스티누스(Augustinus)의 신학을 따르는 츠빙글리는 태초의 사람 아담이 하나님의 형상대로 지음받은 영적(geistig) 존재였으므로 그에게는 하나님의 말씀을 듣고 이해할 수 있는 능력이 있었다고 보았다. 그런데 아담의 지은 죄로 말미암아 그에게 이러한 능력이 산산이 부서졌다. 타락한 사람 아담은 죄인으로 현존하기에 옛 사람이 죽어야만 비로소 하나님의 말씀을 이해할 수가 있다. 즉 하나님의 은총으로 사람이 구원의 도리를 깨닫고 나서야 비로소 하나님의 말씀을 이해하게 되는데, 이때 그 사람은 자기 자신을 아주 하잘것없고 무력한 존재로 인식하게 된다. 그러면서 그는 이제까지 도무지 이해할 수 없고 모순으로 가득해 보이던 성경의 내용을 한 순간에 이해할 수 있게 된다. 이러한 깨달음의 인식을 통해 이해되는 성경이 하나님의 말씀인데, 이 말씀을 이해하기 위하

다. 그런데 취리히의 공개 토론회는 위의 양자 어느 것에도 속하지 않았고 이 토론회를 이끄는 주체 역시 아주 드물게 시의회(Magistrat)였다.

여 다른 어떠한 매개체가 필요 없다. 즉 성직자의 가르치는 직책이 하나님의 말씀을 이해하는 데 있어서 중보의 역할을 할 수 없으며 오로지 하나님이 직접 가르쳐 주시고 믿음으로 깨닫는 것만이 성서를 바르게 이해하는 열쇠이다. 하나님은 당신 스스로 성령을 통해 (성경 안에서) 사람에게 말씀하신다. 하나님 말씀을 깨우치려는 사람은 성령의 역사를 위해 기도하면서 자신의 이성을 포기해야 한다.

이와 함께 츠빙글리는 그리스도로 말미암은 하나님의 은총을 강조하였다. 하나님은 그리스도를 통하여 사람에게 은총을 베푸셨으므로, 오직 그리스도 안에서 사람이 하나님의 말씀을 이해하는 능력을 회복할 수 있는 것이다. 그러므로 성경 안에서 그리스도를 발견하는 것이 그 무엇보다도 중요하며, 하나님 말씀은 곧 그리스도라고 하였다. 오직 그리스도 안에서 사람은 하나님의 말씀을 이해할 수 있고 또 하나님의 뜻을 깨달을 수 있다는 것이다. 여기에서 한 번 더 강조된 점은, 그리스도 이외에 그 어떠한 것도 하나님의 말씀을 이해하는 데 있어서 중보의 역할을 할 수가 없다. 성직자의 가르치는 직책이나 교회의 전통이 하나님의 말씀을 이해하는 데 중보 역할을 할 수가 없다는 뜻이다.

이제 권위 문제에 대한 츠빙글리의 입장이 명백해졌다. 오직 성경 즉 하나님 말씀의 권위만을 인정하였다. 이 점에 대하여 반박하는 중세 가톨릭 교회의 신학자들은 성경의 권위가 물론 최종적이긴 하지만 교회의 전통과 규례도 성경과 나란히 권위를 가져야 한다고 주장하였다.

4) 1523, 주제별 논쟁점 해설

(Auslegung und Begrundung der Thesen oder Artikel)

1522년 12월 초순에 취리히에서 츠빙글리를 옹호하는 사람들과 반대하는 사람들 사이에서 충돌이 일어났다. 콘스탄츠의 주교는 줄기차게 취리히 당국과 시민으로 하여금 전통 질서를 엄격히 지키도록 경고했다. 게다가 스위스 연방 국가의 의결 기관인 회합(Tagsatzung)도 취리히의 사태를 우려하면서 기존 질서를 유지하도록 강력하게 주문하였다. 이제 취리히는 스위스 연방으로부터 고립될 처지가 되었다. 이러한 위기 상황을 주도적으로 타개하고자 취리히 시의회는 이미 제안해 놓은 '공개 토론회'를 개최하기로 결정했다. 토론 회의 날짜를 1523년 1월 29일로 잡았고 장소를 시청으로 정했다. 시의회는 취리히의 모든 성직자를 공개 토론회에 초청하였다. 시 당국은 콘스탄츠의 주교에게도 이 토론회에 참석하도록 초청장을 보냈다. 이 토론회는 츠빙글리의 설교에 관한 논쟁을 다루게 되었으므로, 토론회의 결과에 따라 츠빙글리의 거취 문제도 판가름나게 되었다. 이 토론회에서 츠빙글리의 상대역은 콘스탄츠의 주교가 파송한 파브리(Johannes Fabri)였다. 발언자들은 반드시 성경에 근거하여 자기 주장을 펼쳐야 했다. 이 토론회를 준비하는 동안에 츠빙글리는 자신의 입장을 67개의 주제(67 Artikel oder Thesen)로 정리하였는데, 이것이 공개 토론회 후에 '주제 해설'(Auslegung und Begrundung der Thesen oder Artikel)이란 제목으로 출판되었다. 이 글은 비록 임박한 공개 토론회를 준비하면서 만든 것이긴 해도, 평소에 강단에서 선포했던 설교 원고를 다시 정리한 것이다. 따라서 이 글은 교회 개혁을 위한 프로그램을 제시한 것이 아니라 '신앙 해명서'였다.[19]

이 해설서의 머리글에서 츠빙글리는 복음이 무엇인지 다루었다. 해설서 제1항에서는 복음의 권위가 교회의 권위보다 높다고 강조하고 또 예수 그리스도의 복음은 교회의 인증이 필요 없으며 오히려 복음이 교회의 전통과 가르침을 규명하고 규정해야 한다고 서술했다. 이 점은 복음을 가르

---

19) Thomas Brunnschweiler, "Einleitung", in: *Zwingli Schriften* II, 4.

치는 직책(Lehramt)이 오직 교황에게만 있다는 전통 교리(교황 무오설)를 부정하는 것이다. 이어서 제2항에서는 복음이란 "우리 주님 예수 그리스도, 참 하나님의 아들이신 그가 하늘에 계신 아버지 하나님의 뜻을 우리에게 선포하셨고, 죄가 없으심에도 불구하고 십자가에 달려 죽으사 우리를 구원하셨으며 또 우리를 하나님과 화해하게 하신 사건"이라 정의했다. 계속해서 교회란 머리 되신 그리스도의 몸을 이루는 각 지체로서 하나님의 자녀들이 모인 공동체(ecclesia catholica)라고 선포하였다(제8항). 이것은 교황을 정점으로 하여 성직자 중심으로 구성된 중세 교회의 구조를 무너뜨리고 사도 시대의 교회를 회복하려는 것이었다. 또한 오직 그리스도만이 '유일하고'(einzig) '영원한'(ewig) 구원자요, 중보자이시며, 대제사장이심을 선포하였다. 우리 죄를 위하여 '단 한 번'(einmal) 이와 동시에 '영원토록'(in Ewigkeit) 유효한 죄값을 치른 희생 제물이신 예수 그리스도를 선포하였다. 그런 까닭에 매번 희생 제사로 드리는 중세 교회의 미사(Messe)를 거부하였고(제18항), 성직자의 중보 역할을 강조하는 견진성사를 거부하였고(제19-20항), 고해성사도 거부하였고(제52항), 모든 그리스도인이 그리스도의 형제임을 강조하면서 수직적 피라미드 구조의 수도원을 거부하였다(제26항). 또한 성경에 근거하지 않은 연옥설을 거부하였다(제57-60항). 성경에 근거한 성직자의 성격과 역할을 다시 정립하였는데(제62항), 성직자는 하나님의 말씀을 선포하는 직책이라 자리매김하였다.

중세 교회의 전통에 대하여 조목조목 비판한 이 해설서를 종합하면,[20]

---

20) 모두 16개의 주제였다. 교황, 미사, 성자에 대한 숭배, 착한 행실, 성직자의 재산 소유, 사순절 금식 규례. Feiertrag u Wallfahrten, Kleidung der Geistlichen u. religiösen Zeichen, Mönchsorden u andere religiöse Vereinigungen, Ehe der Geistlichen, Pflichtzölibat, Kirchenban, unrechtmässiges Gut, Obrigkeit, Gebet, öffentliches Ärgernis, Sündenvergebung, Fegefeuer, Preisterschaft, Abschaffung von Missbräuchen.

16세기 종교개혁자들의 교회 개혁 원리가 크게 돋보이는데 '오직 성경' (sola Scriptura)과 '오직 그리스도'(solus Christus)이다. 독일 종교개혁자 루터에게는 '칭의론'이 그 핵심인데, 츠빙글리에게는 "복음 곧 예수 그리스도 안에서 계시된 하나님의 뜻"이 그 중심이다. 그런데 루터의 칭의론이 보다 더 개인의 신앙에 초점이 맞추어져 있는 반면에, 츠빙글리의 복음 이해는 보다 더 사회 윤리에 강조점이 있다. 윤리는 기독론에 바탕을 두고 있다. 개인 윤리 및 사회 윤리를 강조한 이 해설서는 취리히 종교개혁의 범주를 보여 주고 있는데, 이 도시 국가에서는 교회 개혁과 사회 변혁이 함께 추진되었다.

1523년 1월 29일 취리히 시청에서 열린 공개 토론회에는 약 600명 정도의 많은 사람들이 모여들었다. 이날의 토론회를 주로 츠빙글리와 가톨릭 교회의 파브리가 이끌었다. 파브리는 한결같이 공의회의 권위를 주장하고 중세 교회의 질서 유지를 주장했다. 그러나 그의 주장은 번번이 츠빙글리의 논리적 반박에 압도당하고 말았다. 그 어느 누구도 츠빙글리의 이단성을 입증해 내지 못하였다. 공개 토론회의 결과, 취리히에는 중세 시대 교회가 막을 내렸고 이제부터 개신교회(evangelische Kirche) 시대가 열렸다. 그해 8월부터 그로스뮌스터 교회에서는 바뀐 예배 의식에 따라 독일어로 예배를 드렸다. 시민들이 중세 시대 성상(聖像)과 성화(聖畵)를 교회 밖으로 치워 없애 버렸다. 교회 개혁이 급물살을 타면서 수녀들이 수도원을 떠났고 많은 성직자들이 결혼하였다.

중세 시대 교회의 경건과 전통 규례를 비판한 츠빙글리의 핵심 사상은 우상숭배(Abgoetterrei)에 대한 거부였다. 그가 말하는 우상숭배란—십계명의 제1계명에 근거하여—"오직 한 분 (삼위일체) 하나님 이외에 다른 것을 섬기는(숭배) 행위"이다. 우상숭배는 또한 하나님이 지으신 피조물을 조물주로 둔갑시키는 행위이다. 츠빙글리는 신론에서 우상숭배에 대한 문제를 다루었는데, "창조주와 피조물을 엄격하게 구별"하면서 시작하였다. 세상 만물은 하나님이 지으신 피조 세계인데, 피조 세계가 존재하는 근거가 그 스스로에게 있지 아니하며 또 피조 세계가 존재하게 되는 근본적인 힘도 그 스스로에게서 나오지 아니하며, 그 모든 것이 오로지 하나님에게서 비롯된다는 구별이다. 여기에서 강조되는 바는 "하나님의 하나님 되심"(die Gottheit Gottes)이다. 이 점을 깨달아 하나님께 아뢰는 것이 기도이다. 기도 안에서 사람은 자신을 지으신 창조주 하나님을 인식하면서 자신의 소원을 하나님께 아뢰되, 그 소원이 하나님의 뜻에 합당하도록 해야 한다.

츠빙글리의 우상숭배 거부는 성인 숭배와 성화를 교회에서 없애게 했다. 성인 숭배 비판은 '67개 주제'의 제20항에서 특별히 다루었다. 중세 시대에는 교인들이 자신의 구원과 보호를 위해 소위 성인(聖人)에게 기도하면서 대변(代辯) 기도를 요청하였다. 성인을 '숭배'(Adoratio, 섬김)하며 그에게 구원과 보호를 위한 '중재 기도 요청'(Invocatio)을 하는 것이다. 그런데 중세 시대에 이미 성인 숭배에 관한 비판이 종종 있었다. 인문주의자들도 성인 숭배에 관하여 비판하였다. 그렇지만 그들은 이것을 폐지하자고 주장하지는 않았다. 츠빙글리는 이제 성인 숭배를 말끔하게 치워 없애 버리고자 했다.

츠빙글리는 "오직 한 분 하나님만 섬기고 또 예수 그리스도만이 (우리를 위한) 중보자임"을 강조한 까닭에 성인들의 중재 기도를 거부하였다. 하나님은 오직 "예수 그리스도의 이름으로만" 모든 것을 허락하셨다는 것이다. 오직 예수 그리스도를 통해 화해를 이루게 하셨고, 이 은총의 화해는 완전하게 성취되었으므로 그 어떠한 보조나 보충이 필요하지 않다는 것이다. 이것은 중세 가톨릭 교회의 전통 교리에 대립되는 것이었다. 중세 교회는 성인들의 참회 기도가 교황의 중재를 통해 그리스도의 화해 사역에 협력하여 우리를 유익하게 한다고 가르쳤다. 이에 맞선 츠빙글리는 선한 이는 오직 하나님 한 분(Summum Bonum)이시므로 모든 선한 것은 그분에게서만 나오는 바, 그 어떠한 선함도 사람에게서 나올 수 없다고 보았다. 성인도 사람일진대 그는 선을 행할 수 있는 소양도 없고 능력도 없다고 보았다. 그렇다고 해서 츠빙글리가 선함과 선한 행실을 부인한 것이 아니었다. 왜냐하면 그의 신학과 사상에는 신앙의 열매로서 성화(聖化)와 이를 위한 윤리를 강조했기 때문이다. 그가 강조한 바는 어디로부터 선함이 생기는가를 밝히는 데 있었다. 선함은 하나님에게서 비롯되고 하나님의 은총으로만 가능한 것이지, 사람에게서 선함이 생성될 수 없다는 점을 강조하였다. 이와 함께 츠빙글리는 중재 기도 요청(Invocatio)를 위한 성인의 숭배를 폐지하는 대신 성인들을 '본받는 삶'(Imitatio sanctorum)을 앞으로 내세웠다. 성인들을 숭배하는 행위는 금지되어야 함이 마땅하며, 그렇지만 그들의 삶은 우리에게 대단히 소중하다. 왜냐하면 그들이 그리스도의 뒤를 따라 살았기 때문이다. 따라서 우리가 성인들을 모범으로 삼아 그들을 본받아 살아가면 우리도 그들처럼 그리스도의 뒤를 따라간다고 강조하였다.

성인 숭배의 폐지는 자연스럽게 교회에서 성화를 없애는 행위로 옮겨 갔다. 교회에 걸려 있는 성인들의 초상화를 치워 없애 버리자는 것이다. 오늘날 츠빙글리의 성화 제거에 대하여 비판하는 목소리가 있다. 그리스도교 문화재 보존 차원에서 보면 성화 제거는 대단히 아쉬운 일이라는 견해다. 그런데 츠빙글리는 문화에 대하여 무식하지 않았고 또 예술 작품에 대하여 무지하지도 않았다. 그는 화가를 하나님이 주신 재인(才人)으로 인정하였으며,[21] 그 자신이 악기를 연주하고 시를 짓는 예술적 소양을 갖춘

---

21) Z VI/II 813, 5-6, Lutz, 136에서 재인용.

사람이었다. 츠빙글리가 지적한 문제점은 성화의 예술 작품성이나 문화재 차원이 아니라 성화를 숭배하는 행위였다. 성화 숭배는 그가 보기에 성인 숭배의 결과였다. 성인의 초상화와 성인이 동일시(identify)되어서, 그들이 성인을 숭배하면서 초상화도 더불어 숭배하게 된다는 점을 지적했다. 성인 숭배가 곧 성화 숭배인 것이다. 예를 들어 사람들이 성인 안나의 초상화가 있는 교회로 가서 그 초상화 앞에서 성 안나의 중재 기도를 위해 도움을 구하는 경우이다. 또한 성화는 성인의 얼굴과 모습이 그림으로 다가오게 해 주면서 성인 숭배를 더욱 북돋워 주는 역할을 하고 있다. 그래서 때때로 성화 숭배는 성인 숭배의 원인이 되기도 하였다. 츠빙글리는 또다시 제1계명에 근거하여(우상숭배 금지) 성화 숭배를 비판하였다.[22] 성화 숭배와 성인 숭배는 그에게 한 묶음으로 판정되어 거부되었다.

이와 함께 츠빙글리는 '그림(성화)과 언어(말씀)'의 관계성에 대하여 언급하였다. 그는 하나님의 말씀을 그림으로 정확하게 설명해 내고 가르칠 수 없다고 보았다. 그림 묘사는 그저 피상적으로 짐작케 할 뿐이지 하나님 말씀의 내용을(혹은 내용 자체를 rem Ipsam) 정확하게 설명하면서 그 뜻을 전달할 수 없다고 보았다.[23] 정확한 전달을 위한 설명은 그림이 아니라 말(언어)이라고 보았다. 그림은 말로 설명한 다음에 하나의 보조 교재로 사용할 수는 있겠지만 그림으로 말을 대처할 수는 없다고 보았다. 더욱이 예수 그리스도의 십자가 고난과 부활 사건(케리그마)은 그림 묘사로 전달되는 것이 아니라 말씀으로 선포되어야(설교) 한다는 것이다.[24] 종합적으로 츠빙글리는 하나님의 말씀과 성화를 나란히 동등하게 둘 수 없다고 강조하였다.

---

22) Z III 530, 13-15. Z V 755, 24-755, 1. 위의 책, 138에서 재인용.
23) Z VIII 194, 23-25. 위의 책, 142에서 재인용.
24) Z IV 121, 29-122, 2. 위의 책, 142에서 재인용.

여기에서 하나님 말씀을 통한 신앙 교육의 중요성이 부각된다. 그림은 그것만으로 결코 신앙 교육의 수단(교재)이 될 수 없으며 말(언어)로써 가르쳐야 한다는 것이다. 가령 아이들에게 예수님이 십자가를 지신 그림(성화)을 보여 주기만 하고 말로 아무런 설명을 해 주지 않는다면, 아이들은 그 십자가가 무엇을 뜻하는지 또 그 십자가에 달려 있는 사람이 누구인지 알 길이 없다는 것이다. 또한 그림은 신비주의적 느낌을 주는 반면에, 언어는 정확한 설명을 통해 이해케 한다. 또한 이 점에서─신비주의 요소가 엿보이는 그림을 통해서가 아니라─'인격적'으로 언어 사건(말씀)을 통해 역사하시는 성령의 역사를 다시 생각하게 한다.

5) 1523년, 하나님의 의와 사람의 의에 관하여
(goettlicher und menschlicher Gerechtigkeit)

취리히의 종교개혁은 1523년 1월과 10월에 두 번의 공개 신앙 토론회를 거치면서 확실히 자리를 잡아 갔다. 그런데 개혁 과정이 도시 중심으로 추진되었다. 취리히의 농촌은 계속 여전히 중세 질서에 얽매여 있었다. 대다수 농민은 토지(농토)를 바탕으로 유지되는 경제 질서 속에서 노동하였고, 토지를 소유한 지주는 도시의 시민과 교회였다. 농민들은 농노의 신분에서 벗어나지 못하였다. 이들에게 가장 심각한 문제점이 세금 문제였다. 이들은 농사 수확의 1/10을 지주에게 소출세로 바쳐야 했는데, 이들의 간절한 바람은 하루 빨리 이 세금 제도에서 해방되는 것이었다. 그래야만 살림살이 형편이 나아지고 또 농노의 신분에서 벗어나 자유롭게 된다고 기대했다. 한 걸음 더 나아가서 이 세금 제도는 농촌이 도시에 예속되어 있는 사회 구조를 형성하였고 또 농촌 마을은 자치권이 없었다. 그리하여 소출세 폐지는 농민들이 소망하는 그 당시 사회 개혁의 최우선 과제였다.

그로스뮌스터 교회에 소출세를 납부하던 농민들이 1522년에 이를 거부하기 시작했다. 그 이듬해에는 6개의 농촌 마을이 합세하여 집단 거부에 들어갔다. 이 상황에서 1523년에 츠빙글리는 "하나님의 의(義)와 사람의 의(義)에 관하여"(Von goettlicher und menschlicher Gerechtigkeit)를 쓰면서 이 문제에 개입했다. 그의 입장을 요약하면, 소출세는 하나님이 주신 계명이 아니다. 이 세금은 농민들이 지주와 맺은 계약에 근거하여 납부하는 것이다. 농민들이 도시의 지주에게 바치는 세금은 도시의 경제 운영과 경제 질서 유지에 커다란 몫을 차지하고 있는 것이 사실이다. 따라서 소출세의 존폐 여부는 적법 절차에 따라 결정되어야 할 문제이며 이 조세 제도를 당장에 폐지할 수는 없는 것이다. 이 조세 제도 속에 숨어 있는 문제점을 하나하나 해결해 나가야 하겠으나, 그런데 이 제도를 처음 만들었을 때의 의도는 가난한 이웃을 돕고(복지) 또 성직자의 생활비를 위한 것이었던 만큼 이 세금에 담겨 있는 본래의 취지는 선한 것이었다. 오늘날 본래의 취지에서 벗어나서 드러난 문제점은 조금씩 천천히 개선해 나가야 할 것이다.[25] 이러한 설명이 농민들에게 그리 설득력 있게 와 닿지 않았다. 이들은 지금 당장에 소출세를 폐지하라고 요구했다. 이것은 혁명을 일으키자는 것이었다. 이들의 요구를 다 들어 줄 수 없는 츠빙글리의 개혁 방식에 대하여 농민들은 강하게 불만을 품기 시작했다.

소출세 폐지와 이자율 조정을 둘러싸고 논란이 끊이지 않았다. 여기에서 츠빙글리가 구상했던 적정한 이자율은 5% 이하였다. 그는 농토를 임대해 준 대가로 받는 이자율은 해마다 가을 수확량에 따라 그때마다 새로 조절해야 한다고 보았다. 가령 농사가 흉작일 경우에, 그 부담을 임대인과 임

---

25) Ernst Saxer, "Einleitung(zur göttlichen und menschlichen Gerechtigkeit)", in: Huldrych Zwingli Schriften I, (Hg.) Brunschweiler, Thomas u. Lutzer, Samuel, Zürich: Theologischer Verlag, 1995: 155-158.

차인이 골고루 나누어 지도록 했다.

1525년 봄에 농민들이 소출세 납부에 저항하는 소요를 일으켰다. 그러나 이 과정에서 폭력 사용은 없었다. 이들은 중세의 농노 제도를 완전히 폐지하자고 요구하면서 들짐승 사냥과 물고기잡이에 대한 규제 해제, 목회자를 자율적으로 선택, 소출세의 대폭 인하, 가난한 자들을 위한 교회 재산의 환원, 용병 제도와 연금 제도의 폐지 등을 요구하였다. 이에 도시 국가 취리히 시의회는 이들의 요구 가운데 일부를 받아들여 제도를 개선했다. 그러나 소출세에 관해서는 명확한 결론을 내리지 못하고 과제로 남겨 두었다가, 결국 시의회는 농민들이 소출세를 계속 납부하도록 결정을 내렸다.

3. 예언(선지)학교(Prophezei)

취리히의 종교개혁이 중세 시대 교회를 종식하고 나서, 1523년 무렵 츠빙글리는 개신교(evangelische Kirche)에서 일할 일꾼 양성이 필요하다고 보았다. 특별히 설교 사역을 위한 교역자 양성이 필요하다고 보았다. 이를 위해 1525년 6월 19일에 '예언(선지)학교'(Prophezei)가 문을 열었다. 이 학교는 18세기까지 운영되었다. 이 학교는 신학교였으며, 목회 동역자 모임이었고, 목회자 계속 교육을 위한 학교였고, 일반 시민에게도 개방하였다. 이 학교에서는 성경의 학문적 연구와 이를 바탕으로 한 설교 준비를 동일한 자리에서 진행하였고, 이 작업의 열매로서 성경이 독일어로 번역되었다. 『취리히 성경』.

예언학교의 주된 줄거리는 성경 함께 읽기와 성경 공동 연구였다. 이 학교는 날마다—금요일과 주일을 빼고—아침 7시에 시작하였고, 겨울에는

8시에 시작하였다. 이렇게 아침 일찍 모인 까닭은 하루의 일과를 하나님의 말씀인 성경 읽기와 연구로 시작하기 위함이었다. 이 작업의 밑바탕에는 "교회가 항상 새롭게 개혁되어야 하되 교회 개혁의 근본 힘이 하나님의 말씀에서 비롯된다."는 인식이 깔려 있었다. 이미 취리히에서는 중세 가톨릭 교회 시절 날마다 드리던 미사가 폐지되었으며, 이전에 미사 집전을 중심으로 한 제도 교회(Institut)가 이제는 하나님의 말씀 선포 중심의 예배 공동체로 바뀌었다. 성직자 중심의 교회, 즉 주교=교회였던 중세 시대의 교회가 폐지되었다.

성경 읽기와 연구는 먼저 성경 본문을 원어로(히브리어, 희랍어) 읽고 이해하고 해석하면서 진행되었고, 이어서 일반 대중을 위해 토착 언어인 독일어로 그 뜻을 풀이하고 말씀을 선포(설교)하였다. 성경 본문 주석에서 설교까지 한달음으로 이어졌다. 이 과정을 한 사람이 아니라 여럿이 함께 진행하되 마치 릴레이 달리기에서 배턴을 주고받듯이 라틴어 성경−원어 성경−다시 라틴어 성경−주석과 뜻풀이−말씀 선포(설교)의 순서로 진행되었다. 성경 연구의 원리는 Lectio continua였는데 낱낱의 성경 구절과 성경의 낱장은 성경 전체를 관통하는 맥락 속에서 파악하고자 하였다. 또한 전문 신학자들과 일반 사람들이 한자리에 모여, 학자들은 성경을 원어로 깊이 연구하되 이 연구가−일자무식(一字無識)의−대중도 잘 이해하도록 알아듣기 쉽게 전달되고 선포되었다. 종교개혁 이전에는 일반 대중이 라틴어 성경 구절을 아무런 뜻도 모른 채 그저 의미 없는 중얼거림으로 반복하였는데, 이제는 이러한 헤묵은 관습이 폐지되었고 예언학교를 통해 성경의 내용이 귀에 쏙쏙 들어오도록 전달되었다.

츠빙글리는 성경이 성령의 감동으로(inspirierten) 기록된 점을 언급하였다.[26] 그는 성경을 문자적으로 이해하는 것을 경계하고 성령의 빛 속에서 이해하도록 했다. 그래서 성경 이해를 위해 성령의 인도하심을 간절히 기도드렸다. 성경의 예언자들과 사도들이 성령의 빛 가운데서 말씀을 선포하고 기록하였던 것처럼, 오늘날에도 동일한 성령께서 동일하게 인도해 주시기를 기도드렸다. 기도는 성경을 바르게 이해하는 전제였다.

예언학교는 아래와 같이 제1부와 제2부로 나뉘어 진행되었다.

제1부

- 시작 기도(라틴어로)

- 성경 읽기와 연구: 그날 읽어야 할 성경 본문을 라틴어 성경(불가타) 으로 낭독하고, 그리고 나서 같은 본문을 원어 성경(히브리어 성경, 희랍어 성경)으로 낭독한다. 역시 같은 본문의 구약성경을 70인역(희랍어)으로 낭독한다. 낭독한 성경 본문을 라틴어로 주석하고, 이것을 라틴어로 풀이하고 해석한다.

  이 작업에 이어서, 오늘 설교를 맡은 목회자가 방금 하였던 라틴어 주석과 풀이를 일반 대중 언어인 독일어로 '되풀이'하고(번역) 그리고 나서 독일어로 그 내용을 설명한다. 이것이 설교를 위한 명상(meditation)이다. 그리고 나서 목회자와 청중들 사이에 질문과 대답이 오가며 대화의 시간을 가진다.

- 기도

  사람들이 예배드리러 예배당 안으로 들어온다. 방금 설교 명상을 맡았던 목회자가 설교 강단으로 올라간다. 그가 예배 참석자에게 인사하며 평화를 기원한다.

제2부

- 시작 기도(제1부의 시작 기도를 독일어로 반복)

- 다 함께(신앙 공동체) 한 목소리로 '주님이 가르쳐 주신 기도'

---

26) Z III 206, 2-3. S. Lutz, 225에서 재인용.

- 설교(제1부에서 다룬 성경 본문으로 말씀 선포)

- 설교자의 중보 기도

- 다시 한 번 더 모두 다 한 목소리로 '주님이 가르쳐 주신 기도'

이렇게 하여 그날 그날의 선지학교가 진행되었다. 제2부의 시작 기도를 제1부의 시작 기도로 반복함으로써 제1부와 제2부를 의식적으로 연결시켰다.

선지학교가 개교된 이래로 츠빙글리가 함께 참여한 구약성경 주석과 강해는 창세기, 출애굽기, 시편, 욥기, 이사야, 예레미야, 에스겔, 소선지서 등이었다. 1526년 3월에서 1527년 9월까지 참여한 구약성경 주석은 모세오경, 여호수아, 사사기, 룻기, 사무엘상하, 열왕기상하인데, 아쉽게도 이 것은 전해 내려오지 않는다. 1526년 여름부터 프라우뮌스터 교회에서 작업한 신약성경 주석은 요한1서, 데살로니가전후서, 골로새서, 빌립보서, 히브리서, 고린도전후서, 로마서, 마가복음, 요한복음, 마태복음, 야고보서, 누가복음이었다. 이 작업은 다음 세대의 종교개혁자 칼뱅에게 본이 되었다.

선지학교는 성경 주석 작업과 함께 성경 번역도 하였다. 1529년에 구약과 신약의 번역을 완성하였다. 1531년에 독일어로 번역된 신구약성경이 취리히에서 인쇄되었다.

4. 요약과 정리, 제언

스위스 취리히의 종교개혁은 예배 개혁으로 시작되어—중세 가톨릭 교회의 전통을 폐지하면서—신학 교육 개혁, 성경 주석과 성경 번역의 순서로 추진되었다. 또한 교회 갱신과 사회 변혁이 병행되면서, 1525년 무렵에는 중세의 수도원이 병원이나 사회 복지 기관으로 바뀌었다. 취리히 시 당국은 종교개혁자 츠빙글리를 따라 가난한 자와 병든 자를 돌보는 복지 정책을 펼쳤다.

츠빙글리의 종교개혁은 성경을 바탕으로 차근차근 다져진 '선지자적-사도적 경건'에 원동력이 있다고 볼 수 있다. 1519년 취리히 그로스뮌스터 교회에 부임하면서부터 1525년 선지학교를 설립하기까지 시종일관 하나님의 말씀인 성경을 깊이 이해하며 그 말씀에 순종하는 가운데서 그는 종교개혁을 추진하였다. 그런데 이 과정에서 그에게 획기적인 변화가 있었다. 처음에 그는 에라스무스의 영향 아래 인문주의자의 눈으로 성경을 이해하였으나 흑사병을 앓는 가운데서 예언자적 눈을 뜨게 되었다.

츠빙글리가 교회개혁을 추진하는 과정에서(1519-1525) 그때마다 쓴 그의 글을 연대기적 순서대로 살펴본 바로는, 그의 성경 이해는 몇 단계의 발전이 있었다고 본다. 흑사병을 앓기 전에는 에라스무스의 가르침에 따라 학문적으로 성경을 연구하며 윤리적 이상을 추구하였고, 그렇지만 여기에 대한 한계성에도 고민하면서 성령의 빛을 구하였다. 병을 치유한 이후에는—에라스무스와 결별하고—교회 전통과 권위의 정점에 있는 교황에 맞서서 성경의 권위를 내세웠다. 그러면서 성경에 기초하지 아니한 전통, 규범, 규례를 폐지해야 한다고 주장했다. 1522년에는 성경을 하나님의 말씀으로 확신하면서, 인간이 죄인이므로 인간 스스로 그 말씀을 이해할 수 없다는 점, 오직 그리스도 안에서 은총을 베푸시는 하나님의 성령이 비추는 빛으로 그 말씀을 이해할 수 있다는 점을 파악하였다. 그리스도 이외에는 그 어떠한 것도(특히 중세 성직자의 가르치는 직책) 하나님의 말씀을 이해하는 데 중보의 역할을 할 수 없다고 강조했다. 1523년에는 복음 곧 예수 그리스도의 구원과 화해 사역을 중심으로 성경을 이해하였다. 이와 함께 종교개혁의 원리인 '오직 성경, 오직 그리스도만'이 크게 부각되었다. 동시에 예수 그리스도의 뒤를 따르는(Nachfolge) 성화와 윤리가 강조되었다. 이 점은 루터의 종교개혁과 차별성을 띤다. 또한 성경을 하나님 나라의 관점에서 파악하되, 성경을 단지 기록된 말씀 문서가 아니라 '지금 여기'에서 일어나는 말씀 사건으로 파악하였다. 이것은 성경이 기록된 당시에 성경의 사람들에게 일어난 복음의 능력이 지금도 여전히 하나님 나라의 사건으로 일어난다는 뜻이다. 이를 바탕으로 하나님 나라를 위한 책임 윤리 의식이 교회 갱신과 사회 변혁의 과정에서 표출되었다. 1525년에 설립된 예언학교에서는 성경 주석이 곧바로 설교에 적용되었고 또 성경의 번역 작업이 활발하게 진행되었다. 예언학교에서는 성경 안에서 생명의 말씀을 깨닫고 난 이후에 학문적 주석 작업이 그 뒤를 따랐다.[27]

예언학교의 교육 전반은 일차적으로 츠빙글리의 성경 연구에 열매가 맺힌 것으로 볼 수 있고, 또한 교회 개혁과 더불어 근원적으로 달라진 예배를 위해 교역자 양성이 시급하였던 상황에서 시작되었다. 중세 시대 예전 중심의 미사가 폐지되면서 설교 중심의 예배가 형성되었는데, 이에 따라 설교자 양성이 시급하였다. 그래서 츠빙글리가 그로스뮌스터에 부임하면서부터 시작한 Lectio continua에 따라 성경 본문의 원어(히브리어, 희랍어) 이해에 충실한 주석, 이를 기반으로 한 성경 해석과 설명, 이어서 설교가 진행되었다. 그 결과물로서 성경 주석이 출판되었고, 또한 성경이 토착(대중) 언어인 독일어로 번역되었다. 『취리히 성경』.

---

27) Gottfried W. Locher, *Im Geist und in der Wahrheit. Die reformatorische Wendung im Gottesdienst zu Zürich*(Neukirchen Kreis Moers, 1957), 30.

취리히 예언학교의 성경 연구는 오늘 종교개혁 기념 주간을 맞이하는 우리에게 교회 개혁의 중요한 유산이 무엇인지 몇 가지 점에서 일깨워 준다고 본다.

1. 스위스 베른 대학 교회사 교수 로흐(G. W. Locher)의 지적대로,[28] 교회 개혁의 원천은 '성경 곧 하나님의 말씀'에 있다. 성경 이해와 연구가 교회 개혁의 기초이고 이를 바탕으로 가장 먼저 예배가 갱신되었고, 예배 시간 말씀 선포(설교)를 통해 신앙 공동체의 심령이 새롭게 변화되었고, 예배 이후의 일상(日常) 속에서 하나님의 자녀들은 하나님의 뜻이 땅에서도 이루어지도록 교회와 사회를 개혁하였다. 따라서 성경 이해—예배 설교—책임 윤리는 하나님 나라를 위해 마치 한 몸처럼 한데 엮어졌다.

스위스 바젤 대학 교회사 교수 막스 가이거(Max Geiger)는 1968년의 '종교개혁 제450주년' 기념 강연회에서 잃어버려서 잊혀진 종교개혁의 유산을 지적하였는데, 그는 스위스 개혁교회가 하나님의 말씀을 잃어버렸다고 개탄하였다.[29] 가이거는 츠빙글리의 말을 인용하면서 "(개혁)교회는 하나님의 말씀으로 생성되었고 이 교회는 하나님의 말씀이신 그리스도의 몸을 이룬다."고 강조했다. 하나님의 말씀은 예수 그리스도 안에서 선포된 '생명의 말씀'인 바, 이 말씀은 신앙 열정을 불러일으키고 구원을 선포하고 자유와 해방을 선물로 주시며 심지어는 죽은 자를 다시 살리신다. 생명의 말씀은 '구원 사건'을 일으키는 하나님의 말씀이다. 예수 그리스도 안에서 '어제나 오늘이나 영원토록' 동일하게 역사하시는 하나님의 말씀인 생명

---

28) Gottfried W. Locher, *Testimonium internum. Calvins Lehre vom Heiligen Geist und das hermeneutische Problem*(Zürich: EVZ-Verlag, 1964).

29) Max Geiger, "Was not tut. Reformatorisches Erbe im Umbruch der Gegenwart", in: *Zwei Reden zum 450. Gedenktag der Reformation*(Zürich: EVZ-Verlag, 1968), 27 -47.

의 말씀이다. 그런데 오늘날 스위스의 개혁교회가 이 생명의 말씀을 잃어버렸다는 것은 예수의 뒤를 따라 생명 길을 걷지 않는다는 뜻이다. 이 길은 그리스도의 부활을 확신하며 소망하는 가운데서 그분의 뒤를 따라 십자가를 지는 것이다. 그런데 가이거의 언급대로, 예수의 십자가는 결코 성전 안에 세워진 것이 아니라 골고다 언덕에 세워졌으며 그 언덕은 예루살렘 성문 밖에 있었다. 이 역사적인 사실을 은유적으로 표현한 것을 귀담아 들으면, 생명의 말씀에 힘입어 예수의 뒤를 따르려는 하나님의 자녀는 세상 속에서 가난한 자 눌린 자 나그네와 연대해야 한다는 것이다. 이러한 가이거의 말은 1960년대 스위스 개혁교회의 현실을 지적한 것인데, 지금의 한국 개혁교회(장로교회)의 현실에도 거의 동일하게 적용할 수 있다고 본다.

2. 중세 교회의 설교를 위한 성경일과표(Perikope)를 따르지 않은 츠빙글리는 Lectio Continua(연독·連讀으로 번역할 수 있음)를 새로이 시작하였다.[30] 그는 강단에서 신약성경 마태복음 첫 장 첫 절부터 차례대로 설교 본문으로 잡아 하나님의 말씀을 선포(설교)하였다. 성경 전체를 균형 있게 골고루 설교 본문으로 채택하면서 예배 공동체를 성경 전체의 맥락을 꿰뚫는 균형 잡힌 성경 이해로 이끌었다. 그렇게 함으로써 중세 교회가 교리 체계와 교회의 유익에 따라 성경의 한 부분을 가려 뽑아 설교하는 관습을 폐지한 것이었다. 예컨대 중세의 Lectio Divina는 영성 훈련에 도움이 되는 성경 본문을 가려 뽑아 아침에 읽는 성경, 점심때 읽는 성경(주로 구약 시편) 등으로 선별하였다. 여기에서 성경을 부분적으로 이해하게 되는 치우침, 교회 교리와 가르침에 맞추는 설교를 하려고 성경 본문을 채택하는 의도

---

30) 김충환, "성서일과", 호남신학대학교 편, 『성서란 무엇인가?』(서울: 한국장로교출판사, 2005), 251–269. 성경을 차례대로 읽어 가는 Lectio Continua는 창세기 1장 첫 절부터 요한계시록 마지막까지 읽든지, 성경 66권 가운데 한 권을 그 첫 장부터 차례로 읽어 내려간다.

성, 영성 훈련에 도움이 되는 성경 본문을 가려 뽑는 편식성이 지적되지 않을 수 없다. 그런데 성경을 차례대로 읽어 가는 Lectio Continua는 그 기원을 유대교 회당에서 찾을 수 있으며 또 이것을 초대 그리스도교가 이어갔는데, 이 방법을 츠빙글리가—중세의 Perikope를 거부하면서—새로이 다시 시작하였다. 그러나 츠빙글리와 달리, 루터는 중세 교회의 성경일과표에 따라 설교하였다. 츠빙글리가 Lectio Continua에 따라 설교함으로써 성경 주석이 연이어 출판되었는데, 중세의 성경일과표를 따른 루터는 츠빙글리처럼 꾸준하게 주석 작업을 하지 않았다. 츠빙글리의 주석 작업은 칼뱅에게 이어졌고, 이것이 하나의 개혁교회 전통으로 세워졌다고 본다.[31] 따라서 Lectio Continua는 츠빙글리가 물려준 개혁교회의 유산이라고 본다. 이 유산을 17−18세기 경건주의자들이—루터교 정통주의의 Perikope를 반박하면서—물려받았다고 한다.[32] Lectio Continua는 앞으로 계속해서 신학의 여러 인접 분야(성경 본문 이해에서 설교까지)가 공동으로 연구해야 할 주제임을 인식하면서, 앞으로의 연구 과제로 남겨 두고자 한다.

3. 성경 주석에서 설교까지 한 자리에서 실시된 선지학교의 교육은 오늘날 세분화된 신학의 가지들을 하나의 유기체로 묶어 주는 근거를 제공하고 있다. 선지학교의 교육을 오늘날의 상황에 비추어 보자면, 신학 전(全) 분야는 하나님의 말씀에 기초해 있고 이를 바탕으로 하여 신학 각(各) 분야가 마치 한 몸처럼 하나의 유기체를 이루어야 할 것이다. 오늘날 파편

---

31) 예컨대 17세기의 『웨스트민스터 예배모범』(1645)에도 다음과 같이 서술되었다. "정경으로 인정받은 모든 책들은 사람들이 성경의 전체 구조를 더 잘 인식하도록 하기 위하여 읽힐 필요가 있다. 그리고 대개 어느 주일날 읽고 끝난 말씀은 그 다음 주일에 다시 거기서부터 시작하여 읽게 된다." 김충환, 260.

32) Lectio Divina와 Lectio Continua에 대하여 강치원 박사와 유익한 대화를 나누며 그에게서 많은 것을 배웠다. 이 분야에 대하여 그는 루터와 경건주의 연구 전문가로서 연구 경력과 업적을 쌓았다.

조각처럼 세분화된 학문 세계를 반성하는 가운데서 활발히 일어나고 있는 신학 각 분야 사이의 대화와 상호 협력은 취리히의 선지학교에서 좋은 본보기를 얻을 수 있다고 본다.

4. 우리나라 개신교(장로교)가 2007년을 바라보며 1907년 평양 신앙 대각성 운동의 재각성(Re-Awakening)을 위해 기도하며 애쓰고 있다. 당시 신앙 각성 운동의 중요한 기반이 사경회였던 점을 떠올리면, 이 성경 배우기에 바탕을 둔 한국 장로교회의 경건이 성경 연구를 통해 형성된 츠빙글리의 경건과 내적으로 연결될 수 있다고 보며, 개혁교회의 이름 아래 2007년의 한국 장로교회에서 "하나님의 말씀 곧 복음의 능력으로 하나님 나라를 향한 성경적 경건"이 다시 부흥하기를 기원한다.

| 참고 문헌 |

Huldrych Zwinglischriften I,II,III,IV. (Hg) Brunnschweiler, Thomas; Lutz, Samuel, Zuerich, Theologischer Verlag, 1995.

Gaebler, Ulrich. *H. Zwingli. Leben und Werk.* Muenchen: C.H. Beck, 1983.

Locher, Gottfried W. *Im Geist und in der Wahrheit. Die reformatorische Wendung im Gottesdienst zu Zürich.* Neukirchen Kreis Moers, 1957.

_____. Testimonium internum. Calvins Lehre vom Heiligen Geist und das hermeneutische Problem. Zürich: EVZ–Verlag, 1964.

Lutz, Samuel. Ergib dich im ganz. H. Zwinglis Gebet als Ausdruck seiner Froemmigkeit und Theologie, Zuerich, Theologischer Verlag, 1993.

Geiger, Max. "Was not tut. Reformatorisches Erbe im Umbruch der Gegenwart." in: *Zwei Reden zum 450. Gedenktag der Reformation.* Zürich: EVZ-Verlag, 1968.

이형기 외. 『16세기 종교개혁과 개혁교회의 유산』. 대한예수교장로회 총회 교육자원부. 서울: 한국장로교출판사, 2003.

이재천. "츠빙글리의 복음적 사회 윤리: 목회적 현실주의". 『말씀과 교회』 제38권. 2005. 1.

2

츠빙글리(H. Zwingli)의 사회 윤리, 아투어 리히(A. Rich)의 시장 경제론[1]

1. 이 글을 시작하면서

한국의 장로교회가 개혁교회의 전통을 이어받고 있다는 점은 우리에게 자명(自明)하다. 개혁교회의 전통 확립에 16세기 스위스 제네바의 종교개혁자 칼뱅(J. Calvin, 1509-1564)이 크게 공헌하였다는 점도 우리는 잘 알고 있다. 그런데 칼뱅보다 한 세대 앞서 종교개혁자 츠빙글리(H. Zwingli, 1484-1531)는 취리히와 스위스 전역의 개혁을 위해 헌신하였는데, 츠빙글리는 스위스의 첫 세대 종교개혁자로서 자신의 후계자인 불링거(H. Bullinger, 1504-1575)에게는 물론이고 칼뱅에게도 신학적으로 영향을 크게

---

1) 이 글은 "16세기 츠빙글리의 사회 윤리에 조명해 본 오늘의 시장 경제"라는 제목으로 장로회신학대학교 논문집 『장신논단』 제18집(2002)에 실렸다. 비슷한 내용의 논문이 "정의로운 시장 경제 질서를 위한 아투어 리히(A. Rich)의 경제 윤리", 『로고스경영연구』 제1권 제1호(2003), 23-40에 실렸다.

끼쳤다.[2] 이 점에서 츠빙글리는 개혁교회의 조상이라 불릴 수 있다. 그는 독일의 종교개혁자 루터(M. Luther, 1483-1546)와 동시대 인물이었다. 취리히의 개혁 운동은 교회 갱신과 사회 개혁이 함께 추진되었다. 이것은 당시에 도시 국가였던 취리히의 지정학적인 상황과 사회 윤리가 강하게 배여 있는 츠빙글리의 신학 사상이 한데 어울려 개혁이 추진되었기에 그러한 성격이 형성되었다고 본다. 이 같은 취리히 종교개혁의 역사에 관해서 이 글의 앞부분에 다루어 보고자 한다.

츠빙글리의 사회 윤리 사상은 20세기 스위스의 경제 윤리학자 아르투어 리히(A. Rich, 1910-1992)에게 계승되었다. 리히는 1947년 취리히 대학에서 츠빙글리의 신학 사상과 정치 윤리에 관한 연구로 신학박사 학위를 받았다.[3] 이 논문 서술을 통하여 그는 츠빙글리의 사회 윤리를 이해하였고, 이 학위 논문은 그의 경제 윤리학에 초석이 되었다.[4] 1951년부터 그는

---

2) 개블러(U. Gäbler)에 따르면, 불링거는 츠빙글리의 계약 사상, 기독론, 예정론, 성만찬론 등을 잘 계승하였다. 특히 '제2 스위스 신앙고백'(Confessio Helvetica Posterior, 1566)에서 그는 츠빙글리의 신학을 훌륭하게 반영하였고 또 개혁교회(스위스와 유럽 여러 나라) 신학 전통의 터를 닦았다. 이와 달리 츠빙글리의 신학에 대한 칼뱅의 입장은 일관된 것이 아니라 생애의 전기(轉機)에 따라 변화가 있다. 예컨대 1540년 이전의 칼뱅은 츠빙글리의 성만찬론에 대하여 대단히 부정적인 견해를 보였다. 1549년부터 칼뱅은 츠빙글리에 대한 입장을 달리하게 되었고, 츠빙글리의 성만찬론에 동의하게 되었다. 이와 함께 그는 율법 이해, 회개, 신앙(칭의)과 행위(성화)의 관계 등에 대해서 츠빙글리의 입장을 따르게 되었다. 이 점에서도 츠빙글리는 개혁교회 전통의 원조라고 볼 수 있다. 그러나 그렇다고 해서 칼뱅의 신학 사상 전체가 츠빙글리의 그늘 아래로 들어갔다는 뜻은 아니다. 칼뱅의 예정론은 여전히 츠빙글리의 입장과 달랐다. 교회와 국가의 관계에 대해서도 칼뱅의 견해는 츠빙글리의 입장과 달랐다. U. Gäbler, H. Zwingli(München: C.H. Beck, 1983), pp. 140-142.

3) A. Rich, *Die Anfänge der Theologie H. Zwinglis*(츠빙글리 신학의 출발점)(Zürich: Zwingli-Vlg., 1949).

4) A. Rich, "Mein Weg in der religiös-sozialen Bewegung," in: *Zeitschrift fur Kultur,*

취리히 대학의 신학부에서 강의하기 시작하였고, 1954년부터 에밀 브룬너 (E. Brunner)의 교수직을 이어받아 조직신학과 실천신학 분야의 교수로 일하면서 교의학과 기독교 윤리학을 가르쳤다. 그의 경제 윤리학은 항상 윤리적 실천을 지향하였는데, 자신의 이론을 스위스 기업체들의 기업 윤리에 실제로 적용시키고자 노력하였고 그 반대로 산업 현장에서 일하는 전문 경영인들과 자주 만나서 현장의 소리를 열심히 들었다. 이에 따라 경제 현장이 그의 경제 윤리학에 반영되었다.

이 글을 쓰려는 주된 목적은 츠빙글리의 사회 윤리가 리히의 경제 윤리학에 어떻게 반영되고 계승되었는지 살펴보는 데 있다. 이를 위하여 츠빙글리가 자신의 사회 윤리를 서술한 글 "하나님의 의와 인간의 의" (göttliche Gerechtigkeit und menschliche Gerechtigkeit)를 분석하고, 그 다음에 리히가 이해한 츠빙글리의 사회 윤리를 살펴보고,[5] 그리고 나서 리히의 『경제 윤리학』(Wirtschaftsethik) 1, 2권에 서술된 시장 경제 체제를 분석하면서 이 책에 반영된 츠빙글리의 사회 윤리 사상을 찾아보고자 한다.[6] 16세기에 쓴 츠빙글리의 글이 1988년과[7] 1995년에[8] 독일과 취리히에서 현대

Politik, Kirche, Reformatio(42. Jahrgang, 1993), 19-32.

5) Arthur Rich, "Zwingli als sozialpolitischer Denker", in: Zwingliana Bd. XIII(1969-1973), 67-89.

6) Arthur Rich, Wirtschaftsethik. Grundlagen in theologischer Perspektive, Gütersloh: Gütersloh Verhagshaus, 1984; Wirtschaftsethik, II. Marktwirtschaft, Planwirtschaft, Weltwirtschaft aus sozialethischer Sicht, Gütersloh: Gutersloh Verhagshaus, 1990; "Marktwirtschaft- Möglichkeit und Grenzen", in: 『Zeitschrift für Kultur, Polik, Kirche(Reformatio)』(42. Jahrgang, 1993), 6-18.

7) Zwingli, Huldrych, "Von göttlicher und menschlicher Gerechtigkeit", in: 『H. Zwingli. Ausgewählte Schriften』(Hg.) Obermann, H.A., Ritter, A.M., Krumwiede, H.-W., Neukirchen-Vluyn : Neukirchener Verlag, 1988, 63-97.

독일어로 번역 및 출판되었다. 이 번역에 힘입어서 이 글은 1988년에 독일에서 번역된 1차 자료를 사용하고자 한다.

2. 16세기 취리히의 종교개혁과 츠빙글리[9]

1) 취리히 종교개혁의 배경

스위스는 높은 산맥과 넓은 호수가 각 지역의 경계선을 자연스럽게 만들어 주는 작은 나라이다. 옛날에는 세계적으로 잘 알려진 높고 거대한 산맥과(알프스 산맥) 넓고 큰 호수가(보덴 호수) 사람들의 왕래를 가로막는 걸림돌이었던 까닭에, 13세기 중엽까지만 해도 스위스의 언어, 문화, 정치, 경제는 하나로 통일되지 못하였다. 그때까지 이 나라는 국가의 형체도 갖추지 않았다. 그러다가 1291년에 각 지역의 대표들이 모여서 하나의 '계약(선서) 공동체'(Eidgenossenschaft)를 만들면서 비로소 스위스라는 하나의 나라를 이루었다.

16세기 초반에 이르러 스위스는 계약 공동체 조직(Bündnissystem) 아래 13개 '지역'(Orte 혹은 Stände)으로 구성되었다. 이 계약 공동체는 각 지역의 자발적인 참여로 이루어진 만큼 결코 중앙 집권 체제로 가지 않았다. 이

---

8) Zwingli, Huldrych, "Göttliche und menschliche Gerechtigkeit 1523", in: Huldrych Zwingli Schriften I, (Hg.) Brunschweiler, Thomas u. Lutzer, Samuel, Zürich: Theologischer Verlag, 1995, 159-213.

9) 이 부분의 서술을 위하여 주로 사용한 도서는 아래와 같다. Ulrich Gäbler. H. Zwingli. Leben und Werk., München: C.H. Beck, 1983; Ökumenische Kirchengeschichte der Schweiz, (Hg.)Vischer, Lukas, Freiburg: Paulusverlag; Basel: Friedrich Reihhardt, 1994; Rudolf Pfister, Kirchengeschcihte der Schweiz, Bd. II, Zürich: Theologischer Verlag, 1974.

체제는 모든 지역의 공동 이익과 안전을 도모하면서 이와 동시에 각 지역의 자치권을 철저하게 보장해 주었다. 이 계약 공동체에 각 지역은 대표자 2명씩 파견해서 일 년에 한두 차례 정기적으로 모였는데, 그 이름을 '회합'(Tagsatzung)으로 불렀다. 이 회합은 의결 기구의 성격을 띠고 있으며 언제나 만장일치제를 채택하였다. 각 지역의 의견이 일치되지 않고 서로 분산되었을 경우에는 다수의 힘으로 소수의 의견을 누르거나 묵살하지 못하였다.

1351년에 도시 국가 취리히는 이 계약공동체에 가입하였다. 그 무렵 이 도시에는 정치적인 변화가 일어났다. 수공업자들이 귀족들과 법적으로 동등한 지위에 올라섰고, 정치와 행정이 귀족들의 손에서 수공업자 조합(Zunft)을 중심으로 운영되기 시작하였다. 당시에 취리히는 수공업자 조합을 중심으로 한 과두(寡頭) 정치를 펴 나갔다. 그러면서 이들을 중심으로 사회 상류층이 형성되었는데, 이들은 정치적 사안의 결정권을 가졌고 행정부서의 관료가 되었고 경제적으로도 기득권과 특권을 누렸다. 반면에 취리히 근교의 농촌 마을 사람들은 이 도시의 행정 관료가 될 수 없었다. 츠빙글리의 종교개혁은 취리히의 시 당국과 긴밀하게 결속된 관계에서 추진되었다.

도시 국가 취리히의 의회는 대의회(Der grosse Rat)와 소의회(Der kleine Rat)로 구성되어 있었다. 대의회에게 입법권이 있었고, 위원회는 직종의 대표자들(이를테면 군인(기마병), 상인, 지주, 금융업자 등) 약 162명으로 구성되었다. 소의회에게는 행정권이 있었고, 동업조합 대표 25명이 소의회를 구성하였다. 대의회의 위원이 소의회의 위원으로 겸직할 수 없었다. 소의회의 위원장이 시장이 되었다. 그 당시에 대의회의 주된 관심은 경제 발전에 있었고, 그 반면에 소의회는 사회의 도덕 질서를 바르게 세우는 일에 제일 큰 관심을 가졌다. 이렇게 양쪽 의회의 서로 다른 관심이 종교개혁이 추진되는 동안에 종종 팽팽한 긴장 상황을 만들었다. 안건 처리는 정치적 사안은 물론이거나 교회 관련 안건도 소의회와 대의회가 함께 모여서 전체 회의를 통하여 결정하였다. 그런데 전체 회의를 열기 전에 소위원회가 모였는데, 소위원회는 전체 회의에서 다룰 안건을 검토하였고, 그 결과를 의견서로 작성하여 전체 회의 앞으로 제출하였다. 취리히의 종교개혁이 시작되면서, 츠빙글리는 주로 이 소위원회에 참석해서 서면으로나 구두로 자신의 의견을 제시하고 이를 통하여 자신의 영향력을 불어넣었다. 이것이 취리히에서 종교개혁이 추진되는 방식이었다. 따라서 이 도시 국가의 종교개혁은 시의회를 통한 츠빙글리의 영향력으로 전개되었다.

16세기에 취리히의 인구는 약 5,000명이었다. 다른 도시인 바젤과 제네바의 인구는 약 10,000명이었다. 오래 전부터 취리히는 스위스 내륙 지역과 독일·오스트리아·프랑스 등지의 여러 이웃 나라와 국제 무역을 하던 도시였다. 여기에서 교역되는 품목은 가축, 소금, 곡물 등이었다. 취리히에서 비단을 짜는 수공업이 일찍부터 발전하였다. 그런데 16세기 초반에 이 도시는 경제적으로 위기에 처해 있었다. 인구는 빠른 속도로 증가했고, 수공업이 사양길에 들어서 있었다. 주민들은 근근히 살아갔고, 농사지을 땅이 없는 농민들이 늘어났고, 도시에는 날품팔이가 늘어나서 빈민층이 두껍게 형성되었다. 이러한 상황에서 스위스의 많은 젊은이들이 남의 나라로 가서 그 나라의 왕이나 지배층을 위해 용병으로 자원하였다.

2) 도시 국가 취리히의 종교개혁

1519년 1월 1일에 츠빙글리는 취리히의 그로스뮌스터(Grossmünster) 교회의 주임 목회자(Leutpriesteramt)로 부임했다. 전통적으로 이 교회의 주임 목회자는 사회에 큰 영향력을 행사했다. 목회자 츠빙글리의 우선적인 과제는 설교였다. 그는 마태복음 1장 1절부터 설교하기 시작하였다.

가톨릭 교회의 전통(금식 규례, 성자 숭배 등)을 공개적으로 비판하면서 시작된 츠빙글리의 교회 갱신 운동은 시의회의 지원 아래 1523년부터 본격적으로 전개되었다. 그해의 1월과 10월에 공개 신앙 토론회를 각각 두 번 개최하는 동안에 츠빙글리의 개혁 추진은 확실하게 자리를 잡아 갔다. 그러나 이때부터 그를 따르던 사람들 가운데는 개혁을 추진하는 방식에 불만을 품기 시작하였다. 이들은 좀 더 과격하게 개혁이 추진되기를 원하였는데, 츠빙글리의 개혁은 언제나 기대 이하에 머무르고 있었다. 츠빙글리의 교회 갱신은 예배 개혁, 신학 교육 개혁, 성경 번역 등으로 추진되었다. 1525년부터는 중세의 수도원이 병원이나 사회 복지 기관으로 바뀌었고, 이와 함께 교회 갱신 운동과 사회 개혁 운동이 병행되었다. 시 당국 또한 종교개혁자와 함께 가난한 자 병든 자를 돌보는 복지 정책을 펼쳤다.

취리히에서 교회 갱신과 사회 개혁이 추진되는 가운데, 이자율 조정과 소출세 납부 여부를 둘러싸고 논란이 끊이지 않았다. 츠빙글리가 생각했던 적정 이자율은 5% 이하였다. 그는 또한 농토를 빌려 준 대가로 받는 이자율은 해마다 가을 수확량에 따라 형편에 맞게 조절해야 한다고 보았다. 농사가 흉작일 경우에, 그 부담을 임대인과 임차인이 골고루 나누어 지도록 하기 위함이었다.

종교개혁이 추진되는 도시는 빠른 속도로 변혁되는데 여기에 반해서 농촌은 아직도 낡은 관습을 그대로 지키고 있었다. 그러나 도시 국가인 취리히가 근처의 농촌 마을들을 지배해 오던 구조는 조금도 달라지지 않았다. 농촌은 이제 이러한 지배 구조에서 벗어나고 싶었다. 그러기 위해서는 가을 수확의 1/10을 도시의 지주에게 세금으로 바치는 소출세 납부를 폐지시켜야 한다고 보았다. 농민들의 입장에서는 이 세금 제도가 농촌을 도시에 예속되게 하고 또 마을의 자치권도 빼앗아 가는 악법이었다. 그래서 이들은 세금 제도를 폐지하자고 요구하였고, 이와 관련하여 도시의 행정 감독으로부터 벗어나서 마을 자치권(목회자 선출 권리)을 얻어 내고자 하였다.

그로스뮌스터 교회에게 소출세를 납부하는 농민들은 이미 1522년에 이것을 거부하였다. 그 이듬해에는 6개의 농촌 마을이 단합하여 집단 행동을 하였다. 이 때 츠빙글리는 '하나님의 의와 사람의 의'(Von göttlicher und menschlicher Gerechtigkeit, 1523)를 통하여 이 문제에 뛰어들었다. 츠빙글리의 설득이 농민들 사이에서 별반 영향력이 없는 가운데서,[10] 1525년 봄에 농민들이 소출세 납부에 저항하는 소요를 일으켰다. 그러나 폭력을 휘두르지는 않았다. 이들은 아직도 남아 있는 중세 농노 제도를 완전히 폐지하도록 요구하였다. 한 걸음 더 나아가서 이들은 들짐승 사냥과 물고기잡이에 대한 규제를 풀고, 목회자를 자유롭게 선택하게 하고, 소출세를 대폭 줄이고, 교회 재산을 가난한 이웃을 구제하는 데 쓰고, 용병 제도와 연금 제도의 폐지를 요구하였다. 이에 취리히 시의회는 이들의 요구를 받아들여서 여러 가지 점을 고쳤다. 그러나 소출세에 관해서는 명확한 결론을 내리

---

10) Ernst Saxer, "Einleitung(zur göttlichen und menschlichen Gerechtigkeit)", in: Huldrych Zwingli Schriften I, (Hg.) Brunschweiler, Thomas u. Lutzer, Samuel, Zürich: Theologischer Verlag, 1995, 155-158. 그의 입장을 요약하면, 이 세금은 하나님이 내리신 계명이 아니고 농민들이 지주에게 약정한 계약에 따라 납부하는 것이다. 또한 이 세금은 도시 국가 취리히의 경제 유지에 중요한 몫을 차지하고 있다. 따라서 이 조세 제도의 존폐 여부는 적법 절차에 따라 결정되어야 할 문제이고, 또 이 납세 제도를 당장에 쉽게 폐지할 수는 없는 것이다. 이러한 츠빙글리의 견해는 그를 따르는 몇몇 추종자들을 멀어지게 하였다. 이들은 소출세를 무조건 빠른 시일 안에 폐지하자고 주장하였다. 이들과 달리 츠빙글리는 이 세금 제도를 천천히 한 걸음씩 개선해 나갈 것을 주장하면서, 이 세금을 만들게 된 본래 의도는 가난한 사람들을 돕고 또 성직자의 생활비를 지원하는 것이었던 만큼 이 세금 속에 담겨 있는 본래 의도는 선한 것이라고 설명하였다. 다만 본래 의도에서 벗어난 현실적인 폐단을 조금씩 천천히 고쳐나가야 함을 그가 강조하였다.

지 못하고 과제로 남겨 두었다. 그해 여름에 시의회는 농민들이 소출세를 계속 납부하도록 결정지었다.

이상이 츠빙글리의 사회 윤리 사상이 나오게 된 역사적 정황이었다.

3. 츠빙글리의 사회 윤리: 하나님의 의(göttliche Gerechtigkeit)와 인간의 의(menschliche Gerechtigkeit)

1) 하나님의 의

이 글에서 츠빙글리는 맨 먼저 '하나님의 의'에 관하여 설명하였다. 그의 생각에 따르면, '하나님의 의'는 하나님의 말씀 곧 성경을 통해서 계시되었다.[11] 이 말씀은 인간과 세상에 빛으로 비취었고, 이와 더불어서 하나님의 의로우심도 선포되었다. 이 말씀은 인간에게 하나님의 뜻을 분명히 전달하였는데, 그것은 인간으로 하여금 하나님처럼 의롭게 살라는 것이다. 그러나 인간은 비록 그가 하나님의 말씀을 들으면서 '하나님의 의'에 관하여 깨닫기는 하지만(시 11:7), 그 본성이 악하고 어둡고 침침한 성향이 있다. 아담의 타락 이래로 인간은 이기적이고 사사로운 욕심에 이끌려 행동한다. 이렇게 인간 존재의 부패함(Urverdorbenheit)이 빚어 낸 결과, 인간은 이성 없는 들짐승처럼 악한 존재가 되었다. 따라서 인간이 하나님처럼 의롭게 되기가 불가능하다(unmöglich). 인간은 '하나님의 의'를 따라 살 수 없는 무능함과 그렇게 살도록 노력조차 할 수 없는 무력함 속에서 탄식하며 지낼 수밖에 없었다. 이러한 인간의 탄식을 굽어살피신 하나님은 아들을 통하여 당신의 의를 이 세상 한가운데서 실현하고자 하셨다. 그래서 하나

---

11) Zwingli, 66, 79.

님은 독생자 예수 그리스도를 이 세상에 보내셨다. 사람으로 태어난 예수는, 죄가 없으신 분이 우리 죄인을 위하여 십자가에서 고난을 당하고 죽으셨고, 이를 통하여 그는 '하나님의 의'를 위하여 값을 지불하셨다(bezahlt). 이것이 복음(기쁜 소식)이다. 복음은 예수 그리스도를 통한 하나님의 구속의 은혜를 선포하는 기쁜 소식이다. 츠빙글리는 이런 식으로 구속사의 굵은 줄기를 잡으면서 기독론 중심으로 '하나님의 의'에 관하여 설명하였다.[12]

그런데 예수 그리스도 안에서 온전해지고 이제는 흠이 없어야 함에도 불구하고 인간은 아직도 여전히 죄인으로서 하나님의 말씀에 순종하지 못하고 있다. 따라서 인간은 '하나님의 의'에 이를 수 없는 불가능성의 존재로 머물고 있다. 다만 하나님의 의로우심을 성취한 (중보자) 예수 그리스도를 통하여 인간은 하나님께 나아갈 수 있다. 이와 함께 츠빙글리는 복음의 율법적인 기능을 언급한다. 즉 복음은 율법으로서 우리 인간의 죄와 무능함에 대하여 지적하는 것이다. 이와 함께 츠빙글리의 복음 이해에 양면성이 있음을 살펴볼 수 있다. 즉 예수 그리스도로 말미암아 하나님의 의로우심이 성취된 이 복음은 인간에게 두 가지 기능으로 작용하는데, 곧 인간의 죄악을 지적하는 율법의 기능과 하나님의 은혜를 선포하는 은총의 기능이 있다는 점이다.

예수 그리스도로 말미암아 성취된 하나님의 의를 기반으로, 이제 츠빙글리는 예수께서 선포하신 하나님의 의에 관하여 좀 더 자세하게 서술하였다. 특히 그는 '산상수훈'을 부각시키면서 이것을—마치 10계명처럼—10가지로 요약하였다. 예컨대 "사람을 죽이는 살인죄뿐만이 아니라 이 범

---

12) Peter Winzeler, "Zwinglis sozialökonomische Gerechtigkeitslehre-heute wiedergeben", in: Das reformierte Erbe. Festschrift für G.W. Locher zu seinem 80. Geburtstag, Bd. 1, (Hg.) Obermann, H.A., Saxer, E., Schindler, A., Stucki, H., Zürich: Theologischer Verlag, 1992, 428.

죄의 씨앗인 화를 품지도 말라"(마 5:21-22), "간음 행위뿐만이 이 아니라 여자(남자)에게 음욕을 품는 것도 이미 마음으로 간음한 것이라"(마 5:27-28)고 말하였다. 이것은 사람의 행위뿐만이 아니라 마음까지 의로워야 한다는 내용을 담고 있으며, 겉으로 드러나는 행위보다도 그 행위를 낳게 하는 마음의 의로움을 더욱 강조하였다. 또한 "속옷을 요구하는 자에게 겉옷도 아낌없이 내어 주라"(마 5:40)고 말하면서 적극적이고 능동적인 의로움을 강조하였다. 이것은 곧 사랑이라고 말할 수 있다. 사랑하는 사람에게는 속옷뿐만이 아니라 겉옷도 주고 싶고 이보다도 더 큰 것도 내주고 싶기 때문이다. 그리고 이 사랑은 일정한 한계선을 긋지 않고 무한하게 나아가는 바, 경건한 자뿐만이 아니라 경건치 못한 자에게도, 사랑하는 자에게뿐만이 아니라 원수에게도, 신앙인뿐만이 아니라 불신앙인에게도 두루 보편적으로 미친다고 보았다(마 5:43-48). 또한 이 사랑은 사람에게뿐만이 아니라 모든 피조 세계에 두루 우주적인 차원으로 뻗친다고 보았다(마 6:26).

'하나님의 의'는 이처럼 예수 그리스도를 통하여 새롭게 선포된 사랑의 계명이다. 그러나 사람이 스스로 이 계명을 따르고 지킬 수 없으며 하나님의 의에 이를 수가 없다.

2) 인간의 의(義, menschliche Gerechtigkeit)

자신의 무능함과 무력함으로 말미암아 사람이 '하나님의 의'에 이를 수 없으며 더욱이 인간 존재의 부패함(Urverdorbenheit)으로 말미암아, 츠빙글리는 하나님이 '어쩔 수 없이' 사람에게 아주 낮은 차원의 의(niedrigste Gerechtigkeit)를 주셨다고 보았다. 예수님의 말씀대로, 마치 모세가 유대 백성들의 "마음의 완악함 때문에"(마 19:8) 어쩔 수 없이 이혼을 허락한 경우처럼, 하나님은 인간들이 서로 사이좋게 지내게 하시려고 이 계명을 주셨다. 따라서 이 계명은 올바른 사람을 위하여 주신 것이 아니라 오직 하나님을 모르는 자, 하나님의 뜻에 복종하지 아니한 자, 불법을 일삼는 자, 거짓되고 망령된 자 등 모든 악한 자들을 위하여 세운 법이다(딤전 1:9-10). 하나님이 이 인간에게 이러한 법(즉 사람의 의)을 주신 까닭은, 인간이 이 법을 잘 지켜서 하나님 앞에서 경건해지는 데 있는 것이 아니라 인간들끼리 좋은 공동체를 이루게 함에 있었다.

인간의 불순종과 근본적인 부패함 때문에 어쩔 수 없이 '인간의 의'를 주신 하나님. 그러나 하나님은 이 의를 지킴으로써 사람들 사이에 좋은 공동체를 이루도록 하셨다. 예를 들어 네 이웃의 물건을 탐내지 말라, 네 이웃의 아내를 탐내지 말라, 살인하지 말라, 거짓 증언하지 말라.

이를 위해서 하나님은 파수꾼(Wächter)을 세우셨는데, 이 파수꾼은 합법적인 정부(Obrigkeit)이다. 따라서 정부의 임무는 세상 만사가 하나님의 계명이 잘 지켜지도록 질서를 잡는 데 있으며, 인간의 사악함을 다스리기 위하여 정부는 '칼'(공권력)을 사용할 수 있다.

3) 하나님의 의와 인간의 의

이제 츠빙글리는 두 개의 의(법)를 얘기한다. 곧 '하나님의 의와 인간의 의'이다. '하나님의 의'는 '온전'하고 '완전'하고 '지고'(至高)한 의로서 '속 사람'(den inneren Menschen)을 향하여 "네 이웃을 네 몸과 같이 사랑"하라고 명령하면서 행위의 동기(사랑)에 초점을 맞추고, '사람의 의'는 '겉 사람'(den äusseren Menschen)을 향하여 "네 이웃의 소유를 훔치지 말라"고 명령하면서 겉으로 드러나는 행위에 초점을 맞추고 있다. 사랑의 계명인 이러한 하나님의 의에는 어떤 사람도 이를 수가 없으며, 다만 예수 그리스도를 통하여 하나님의 은혜로 말미암아 믿음으로 거기에 나아갈 수 있다. 반면에 겉으로 드러나는 행위의 의로움을 강조한 의는 사람이 지킬 수가 있다.

츠빙글리에 따르면 '하나님의 의와 인간의 의'는 구별되지(unterscheiden)

만 분리되지(trennen) 않는다. 둘 다 하나님이 주셨다는 점에서도 이 둘이 따로 분리될 수 없다. 그러나 그 둘의 내용과 성격은 서로 구별이 된다. 만일 사람이 '하나님의 의'를 지킬 수 있다면, 하나님이 그에게 인간의 의를 주실 필요가 없었을 것이다. 다시 말해서 "네 이웃을 네 몸과 같이 사랑하라"는 '하나님의 의'를 인간이 잘 지킨다면, "도적질 말라", "살인하지 말라", "거짓 증언하지 말라"는 '인간의 의'는 더 이상 필요 없게 된다. 그러나 인간의 불순종과 부패함으로 말미암아 사람이 '하나님의 의'를 지킬 수 없으므로 '인간의 의'는 계속 존속되어야 한다. 그러나 가령 어떤 사람이 이웃 사람의 소를 탐내지만 훔쳐가지 않는다면, 그는 사람들 앞에서는 죄가 없으나 하나님 앞에서는 악한 사람이다. 왜냐하면 그의 탐심이 실제로 훔친 행위 이상으로 악하기 때문이다. 그러나 그가 실제로 소를 훔쳐가지 않았으므로 도둑으로 몰릴 까닭이 없다. 이처럼 하나님은 인간의 중심을 살피시고 사람들은 인간의 행위를 살피기에, '하나님의 의'에 비추어 본 사람의 모습은 모두 다 악한 죄인이고 '인간의 의'에 비추어 본 사람의 모습은 많은 경우에 의롭고 경건하다. 이처럼 '인간의 의'는 하나님이 주신 것이므로 이 의를 잘 지켜야 함이 물론이고, 그렇지만 이것을 잘 지킨다고 해서 하나님이 요구하시는 그만한 수준의 사랑의 계명에 이를 수가 없다.

그러나 만일 어떤 사람이 이웃 사람의 소를 훔쳐갔다면, 그는 '하나님의 의'를 어긴 것은 물론이고 '인간의 의'를 깨뜨리고 사회의 질서를 어긴 죄인으로서, 그의 범죄 행위 때문에 그는 재판에 회부되어야 하는데, 이 재판은 정부의 공권력으로 집행된다. 그러므로 '인간의 의'는 사람이라면 최소한 이것만큼은 지켜져야 한다고 주신 하나님의 계명이다. 따라서 이 계명은 하나님이 내리신 기본적인 행동 규범이자 '벌칙'인 것이다.[13]

---

13) Zwingli, 78.

4) 하나님의 의와 인간의 의에 상응하는 사람

만일 사람이 '인간의 의'를 지키는 데 만족하면서 '하나님의 의'를 추구하지 않고 계속해서 그 단계에 머물고자 한다면, 츠빙글리는 이것을 '위선'(Heuchelei)으로 규정하였다.[14] 왜냐하면 그가 자신의 속사람을 살피지 않고 사람들의 시선만 의식해서 남들 보기에 별 잘못 없이 지내려고 하기 때문이다. 그렇게 되면 겉으로 잘 지켜지는 '인간의 의'가 '하나님의 의'를 오히려 무시하게 되고, 결국 '하나님의 의'를 선포하는 하나님의 말씀이 침묵하게 된다.

여기에서 츠빙글리는 자신의 기독론을 바탕으로 이 문제를 다시 정리하였다. 예수 그리스도는—인간에게 실천하도록 요구되었으나 그에게는 전혀 실천이 불가능한—'하나님의 의'를 성취하였고, 이로써 그는 우리 사람들이 하나님께 나아갈 수 있는 보증서를 제공하였다는 것이다. 이 성취와 함께 예수 그리스도는 사람을 '새로운 인간'(den neuen Menschen)으로 이끄셨는데, 새로운 존재로 갱신된 사람은 자신의 무능함과 하나님의 은혜를 동시에 깨달으면서 '인간의 의'를 지키는 데 만족하지 않고 계속해서 '하나님의 의'를 추구해 간다. 츠빙글리는 이렇게 해서—앞에서 언급한 기독론을 조금 더 발전시켜서—예수 그리스도로 말미암아 갱신된 사람은 '인간의 의'를 지킬 뿐만이 아니라 계속해서 '하나님의 의'를 추구한다고 서술하였다. 여기에서 츠빙글리는 윤리가 강조된 성화 과정을 언급하였다.

츠빙글리는 이처럼 사람이 '인간의 의'를 지키면서 '하나님의 의'를 향해 계속 나아가야 한다고 강조하였다. 가장 낮은 차원의 의를 지키면서 가장 높고 티가 한 점 없이 깨끗한 의를 추구하는 것이다. 또한 '인간의 의'는 국가의 법 제정을 통하여 세워졌고 이 법은 행정을 통하여 집행되는데, 이

---

14) 위의 책, 79.

법의 기본 정신과 원리는 '하나님의 의'에서 비롯된 것이다. 츠빙글리는 구체적으로 로마서 13장 1-7절을 해석하면서 '하나님의 의'를 추구하는 '인간의 의'에 관하여 서술하였다. 국가의 공권력은 하나님을 위해 섬기는 종으로서 하나님의 선한 뜻을 추구해야 한다. 이 과정에서 국가(정부)는 주로 악한 행동을 한 자들을 엄하게 다스리고 벌을 준다. 그렇게 함으로써 국가(정부)는 '인간의 의'를 지켜 내면서 사회의 공동 선(善)을 유지하고 모든 개인의 권리를 찾게 한다. 이 공권력에 대해서 선한 이들은 별로 두려움을 느끼지 않는 반면에, 이웃을 해치는 자들은(도둑질, 강도, 살인 등) 정부의 손에 있는 칼을 두려워한다. 일반 사람들은 국가(정부)의 공권력에 순종해야 하는데, 국가(정부)의 손에 쥔 칼이 두려워서가 아니라 양심을 위하여 순종해야 한다. 이와 관련하여 국가(정부)의 공권력에 순종하는 것은 결국 멀리 내다보면 하나님의 말씀에 순종하는 것이다. 국가(정부)는 또한 무엇보다도 맨 먼저 하나님을 섬기는 종으로서 자신에게 주어진 임무를 수행해야 한다. 이러한 정부에게 세금을 내는 것이 마땅하다.

그러나 만일 국가(정부)가 '하나님의 의'를 따르지 않고 하나님을 섬기는 종의 역할을 담당하지 않게 되면, 구체적으로 공권력이 악행을 저지른 사람을 벌 주지 않고 오히려 선한 사람을 괴롭히면, 사람들의 양심이 상하게 될 것이다. 이러한 상황에서 국가(정부)가 집요하게 세금을 징수하고 공과금 납부를 강요하면 사람들은 정부를 향한 원성의 고삐가 풀리게 될 것이다.[15]

하나님의 종으로서 마땅히 하나님을 섬겨야 함에도 불구하고 이것을 제대로 실행하지 않는 성직자들과 기성 가톨릭 교회를 츠빙글리는 날카롭

---

15) 위의 책, 89. 츠빙글리의 로마서 13장 이해를 살펴보면, 루터와 달리 불의한 권력 기관에 항거하는 저항권이 나타난다.

게 비판하였다. 교황, 수도사, 수녀는 이제—섬기는 종이 아니라—사람들 위에 군림하고 인간 영혼을 지배하는 자리를 차지함으로써 하나님의 말씀을 거슬리고 있으므로, 츠빙글리는 이러한 악습을 강하게 지적하였다.

5) 소유, 이자, 토지세에 관하여

'하나님의 의'를 추구하는 사람에 관하여 서술한 츠빙글리는 이제 보다 더 구체적으로 소유, 이자, 소출세에 관하여 언급하였다. 먼저 '하나님의 의'에 비추어 볼 때 개인 소유는 허용되지 않는다고 보았다. 왜냐하면 땅에서 생산되는 모든 것과 토지는 본래 하나님의 소유이고 또 하나님은 우리 인간에게 대가를 받지 않고 무상으로 사용하게 하셨기 때문이다. 따라서 인간은 하나님의 소유를 일정 기간 동안 한시적으로 사용하는 청지기(Verwalter)로서 하나님의 말씀에 따라 사용해야 한다.[16] 이것이 인간에게 부과된 과제이다.

그런데 악한 본성으로 말미암아 인간이 바람직한 청지기 노릇을 할 수 없음과 또한 "삼가 모든 탐심을 물리치라"는 '하나님의 의'에 이를 수 없는 인간의 실존을 의식한 츠빙글리는 사람들이 최소한 지켜야 할 인간 품위와 사회 질서 유지를 위하여 개인 소유를 허용하였다. 그러면서 그는 '인간의 의'가 지켜지는 범주 안에서 개인의 소유를 허용하되, 경제적인 강자의 소유도 보호되어야 하고 또 경제적인 약자의 소유도 마찬가지로 보호되어야 한다고 보았다.

이자에 관한 문제도 마찬가지였다. '하나님의 의'에 비추어 볼 때 츠빙글리는 돈을 빌려 주고 이자를 받는 것이 허용될 수 없다고 보았다. 이자소득은 하나님의 의를 거슬리는 것이기 때문이다. 그러나 이자가 없이는

---

16) 위의 책, 91.

전주(錢主)가 돈을 빌려 주지 않으려고 하므로, 다른 방도가 없이 이자를 받게 하되, '인간의 의'를 지키는 범주에서 이자를 받고 돈을 빌려 주도록 하였다. 이 같은 차원에서 츠빙글리는 이자율이 5%가 넘지 않도록 규제하고, 이 규칙을 잘 지키도록 국가(정부)가 잘 감시하고 통제해야 한다고 서술하였다.

교회와 수도원이 소유한 토지에서 농사를 지은 농민들이 생산한 소출 가운데서 세금을 떼는 소출세(1/10)를, 많은 농민들이 이 세금 납부를 거부함에도 불구하고, 츠빙글리는 이 세금을 폐지하지 말도록 하였다. 그 대신에 이 세금을 새롭게 조정하도록 권하였다. 즉 소출세를 해마다 가을 수확량에 따라 형편에 맞게 새롭게 조절하는 것이었다. 만일 흉작일 경우에는 거기에 대한 부담을 땅 임자와 농민이 골고루 나누어 지도록 하기 위함이었다. 츠빙글리는 또한 이 세금을 만든 본래 의도가 가난한 사람들을 돕고 또 성직자의 생활비 조달이었던 만큼 이 세금 속에 담겨 있는 본래 의도는 선한 것이라고 설명하였다.

4. 아르투어 리히가 이해한 츠빙글리의 사회 윤리

리히는 츠빙글리의 사회 윤리가 하나님 말씀에 대한 이해에서 시작된다고 보았다. 그래서 그는 츠빙글리의 하나님 말씀 이해를 서술하였는데, 성경에 기록된 하나님 말씀은 그저 단순히 전해 내려오는 기록 문서가 아니라 '지금 여기'에서 사건(Geschehen)으로 일어나는 '기쁜 소식 곧 복음'이고, 이 복음은 '구원을 일으키는 권능'(heilsschaffende Macht)으로 우리들 가운데서 역사한다. 이 말씀 사건 속에서 하나님은 인간에게 다가오신다. 하나님 나라 또한 이 말씀 사건 속에서 지금 여기에 임하고, 이 말씀은 세상을 변화시키는 권능으로 역사한다. 이와 함께 이 사회 현실 속에서 '하나님의 의'를 이루게 된다.[17] 리히는 츠빙글리가 이해한 하나님 말씀은 이 땅 위에 '하나님의 의'로 열매를 맺는다고 보았고, 이러한 차원에서 그는 츠빙글리가 "신앙인인 동시에 정치가"라고 이해했다.[18] 그러면서 리히는 다시 한 번 반복했다. 츠빙글리의 사회 윤리는 무엇보다도 하나님 말씀에 관한 이해에서 비롯되었으며, 하나님 말씀은 지금 여기에서 '역동적인 힘으로' (lebendig, kräftig) 역사하시고 그 결과 이 세상에서 하나님의 의로 열매를 맺는다는 확신 속에서 그는 현실 정치에 관여하였다.

이처럼 리히는 츠빙글리의 사회 윤리가 지금 여기에서 사건으로 역사하시는 '하나님의 말씀' 이해에서 출발한다는 점을 파악하였고, 이를 바탕으로 리히는 하나님 나라가 이 세상 한가운데서 '하나님의 의'를 이루어 가는 것으로 파악하였다.[19] 하나님의 의는 개인과 사회 전체를 향한 하나님의 도덕적인 요구이다. '하나님의 의'는 '절대적'(absolut)인 척도며 기준으로서 여기에다가 모든 사실과 사물을 맞추어 보아야 한다. 그리고 '하나님의 의'는 '사랑의 계명'으로 요약된다. 이에 비해서 '인간의 의'는 '상대적' (relativ)인 의로서 부차적(senkundär)인 것이다. 또한 '인간의 의'는 하나님이 주신 사랑의 계명을 실천할 수 없는 인간의 불가능성을 위하여 하나의 잠정적인 대안으로 주어진 것이다.

이 점에서 '하나님의 의와 인간의 의'는 서로 '구별된다'(unterscheiden). 그러나 양자는 서로 분리될 수 없다.[20] 즉 '인간의 의'가 '하나님의 의'로부터 떨어져 나가서 따로 존재할 수 없다는 뜻이다. '인간의 의'는 그 규범

---

17) Zwingli I, 353, 365; Zwingli II, 182.
18) A. Rich, "Zwingli als sozialpolitischer Denker," 68, 71.
19) 위의 책, 72쪽.
20) 위의 책, 83.

(Norm)을 '하나님의 의'(성경에 계시된 하나님의 의)에서 찾는다. 이런 점에서 '인간의 의'는 '하나님의 의'를 향해 나아가고, 세상 나라는 하나님 나라를 향해 나아간다.

이제 리히는 츠빙글리의 사회 윤리가 귀착되는 곳을 파악하였다. 즉 츠빙글리는 기존의 사회 질서를—설령 이상적인 사회가 이루어졌다고 할지라도—결코 절대화시키지 않고, 그 사회 질서를 '상대화'(Relativierung)시켰다고 이해했다.[21] '하나님의 의'가 '이미-지금'(schon-jetzt)과 '아직-아님'(noch-nicht)의 사이에서 인간과 세상을 움직이는 힘으로 역사하되, '항상-여전히'(immer-noch) 불의와 악의 세력이 신앙인에게는 물론이고 불신앙인 가운데서 역사하기 때문이다. 츠빙글리는 기존의 사회 질서를 '인간의 의'라는 잣대로 재면서 그것을 인정할 만큼 인정하였는데 그러나 그것을 결코 절대화시키지 않았다.

츠빙글리가 '인간의 의'로 기존 사회 질서를 재어서 그것을 인정할 만큼만(상대적, relativ) 인정한다고 이해한 리히는 인간이 세운 제도와 사회 질서는 항상 '바뀔 수 있고'(variabel) 또 '바꿀 수 있는'(veränderbar) 것으로 파악하였다. '인간의 의'를 기준으로 사회의 질서를 지키고 유지하는 국가(정부)의 권위는 결코 절대화될 수 없으며, 또 국가(정부)가 유지하는 사회 질서는 결코 사랑의 계명을 실천할 수 없다. 오히려 국가(정부)는 대체로 공권력(칼)을 사용하여서 사회 질서를 유지한다. 그러나 국가(정부)는 공권력 사용에 만족하지 말고 사랑의 나라를 이루기 위해 애쓰고 노력하여야 한다. 그래서 최소한 '인도적'(人道的, human)인 법치 국가를 이루어야 할 것이다.

리히는 '하나님의 의(절대)와 인간의 의(상대)' 사이에 항상 '역동적인 긴장'(dynamishce Spannung)이 형성되어 있다고 보면서, 이것은 항상 끊임

---

21) 위의 책.

없이 새로운 가능성을 향해 좁은 길을 걸어야 하는 신앙의 과제로 파악하였다.[22] 이러한 입장은 과격한 사회 비판 세력에 대응하는 것으로서, 자신의 입장을 절대화시키면서 기존 사회 질서를 혁명으로 뒤엎으려다가 실패하고서 오히려 사회적 영향력을 상실한 재세례파에 대응하는 것이었다. 또한 동시에 이 입장은 내면적·개인적인 신앙 차원을 강조한 나머지 사회적 영향력을 간과한 루터의 입장에 대응하는 것이었다. 츠빙글리는−위 양자와 달리−'신앙의 바탕 위에서 하나님 나라를 위한 사회 윤리적인 책임성을 강하게 느끼는 가운데서 현실 교회와 사회를 실제로 갱신하기 위하여 정치적인 행동으로 옮긴 것'이라고 리히는 평가하였다.[23]

5. 츠빙글리의 사회 윤리와 아투어 리히의 경제 윤리

1) 하나님의 의와 인간의 의가 요구하는 경제 윤리

츠빙글리의 사회 윤리를 '절대적'인 '하나님의 의', '상대적'인 '인간의 의', 그리고 양자의 '역동적'인 관계성으로 파악한 리히는 이를 바탕으로 그의 경제 윤리 이론을 발전시켰다. 그의 경제 윤리는 신학 윤리의 관점에서 현대 산업 사회에서 타당한 경제 체제와 경제 질서의 형태를 모색하는데 주력하였다. '하나님의 의' 곧 하나님 나라에 상응하는 경제 질서를 파악하면서, 리히는 믿음·소망·사랑에서 비롯된 순수한 박애(Humanität)를 경제 윤리의 원리로 파악하였다.[24] 이 박애는 인간이 스스로 '만들 수 있는 것

---

22) 위의 책, 87.

23) 위의 책, 88-89.

24) Arthur, Rich, Wirtschaftsethik, II. Marktwirtschaft, Planwirtschaft, Weltwirtschaft aus sozialethischer Sicht(Gütersloh: Gütersloh Verhagshaus, 1990), 13. 이제부터는 이

이 아니라' 예수 그리스도 안에서 하나님으로부터 '주어진 것'이다. 불가능의 가능성.[25] 그러므로 박애는 믿음·소망·사랑에서 비롯되었다. 박애는 구체적으로 자유와 정의의 추구, 사람됨의 권리 추구, 타자에 대한 인식과 인정, 타자를 위한 책임성(Verantwortlichkeit), 자발적인 연대성(Solidarität)과 의무감을 뜻한다. 그런데 이 경제 윤리의 원리는 하나님의 절대적인 요구로서, 여기에 도달할 수 있는 경제 체제는 현실적으로 존재할 수가 없다. 다만 끊임없이 쉬지 않고 '하나님의 의'를 향한 경제 체제를 추구해야 하는 바, 최선(Maximen)을 다해 기존의 불완전한 경제 체제를 개선해 나가야 한다. 이 과정에서 절대적인 하나님의 요구를 향해 상대적으로 이룰 수 있는 '인간의 의'에 상응하는 경제 체제를 모색할 수 있다. 그리고 인간의 의에 부합되는 경제 체제와 경제 질서는 '사람의 권리'(Menschengerecht)와 '경제적 효율성'(sachgemäss)을 동시에 만족시키는 것이다.

현실로 이룰 수 있는 '인간의 의'에 상응하는 경제 윤리를 모색하면서 리히는 (개인의) 자유와 (타자를 위한) 책임성의 역동적이고 변증법적인 관계를 '상대화'(Relationalität)로 설명하였다.[26] 개인의 자유는 사람됨의 권리를 찾는다는 점에서 충분히 인정되어야 하는데, 그런데 이것은 자칫 이기적이고 자기 중심적인 성향을 치우치게 하므로 이것이 절대적인 요구가 될 경우엔 인간에게서 박애가 없어지게 된다. 따라서 자유를 인정하되 상대적으로 인정해야 한다는 것이다. 이러한 리히의 생각에는 '하나님의 의와 인간의 의'에 나타난 츠빙글리의 인간 이해(죄인)가 반영되었다고 본다.

책을 WE, II로 표기하고자 한다.

25) '불가능의 가능성'(unmögliche Möglichkeit)은 본래 19세기 독일 목회자 블룸하르트(Blumhardt) 부자(父子)가 변증법적으로 하나님 나라를 이해하면서 파악한 것인데, 이 인식이 그 다음 세대의 신학자 라가츠(L. Ragaz), 바르트(K. Barth) 등에게 전수되었다.

26) WE, II, 174-176.

또한 같은 맥락에서, 경제 행위는 구체적인 생활 현장에서 진행되면서 인간의 기본 욕구를 충족시키는 것이다. 여기에서 개인의 경제적인 욕구 충족과 타자에 대한 책임 윤리가 역동적이고 변증법적인 관계 속에서 상대적으로 적용된다. 이에 관련해서 리히는 경제 질서가 저절로 생겨난 것이 아니라 인간이 인간을 위해 만든 제도라고 파악하였다.[27] 인간을 위한 경제 질서의 기본은 사람의 권리 곧 사람의 근본 욕구(의식주 등)를 충족케 하고 정의를 바탕으로 만사(萬事, 소득, 일, 교육 등)를 공평하게 나누게 하는 데 있다. 그런데 인간을 위한답시고 경제 질서가 인간 중심적인 틀 속으로 갇히지 말아야 한다. 경제 질서는 피조 세계(동물, 식물 등)의 근본 욕구도 배려해야 한다. 그 까닭은 인간이 다른 모든 피조물과 더불어 함께 살아가야 할 하나님의 피조물이기 때문이다. 태초에 하나님께서 만물을 지으시면서 인간도 함께 지으셨다는 점은, 인간이 다른 모든 피조물과 피조 공동체로서 이들과 더불어 함께 살아가야 한다는 뜻을 포함하고 있다. 그러나 다른 피조물과 달리 인간은 하나님의 형상(Imago Dei)대로 지은 존재로서 다른 모든 피조 세계를 하나님의 뜻에 따라 다스려야 한다. 다스림은 곧 섬김이다. 그러므로 경제 질서의 근본 목적은 인간과 더불어 함께 살아가는 모든 피조 세계의 '생명을 섬기는 것'(Lebensdienlichkeit)이다.

2) 시장 경제의 이론과 현실

19세기 이래로 세계의 경제 체제는 자본주의 시장 경제와 공산주의 계획 경제로 양분되어 있었다. 그러다가 1989년에 동부·중부 유럽의 공산 정권 국가들이 몰락하자 계획 경제 체제도 함께 무너졌다. 따라서 시장 경제는 이제 세계에서 유일한 경제 체제이다. 이 점을 파악한 리히는 시장 경

---

27) WE,II, 15f.

제가 계획 경제보다 더 나은 점이 무엇인지, 또 시장 경제엔 문제점이 없는지, 만일 문제점이 있다면 개선해야 할 점이 무엇인지 살펴보았다.[28]

리히에 따르면, 시장 경제의 장점과 우수한 점은 개인의 자유와 책임성을 기반으로 한 경제 질서이다.[29] 자유를 기반으로 각 경제 주체들은(생산자, 소비자 등) 자발적으로 경제 질서에 참여하고, 생산자는 무엇을, 언제, 어디서, 어떻게 생산할 것인지 결정하며, 소비자는 무엇을, 언제, 어디서, 어떻게 살 것인지 결정한다. 생산자의 공급과 소비자의 수요가 만나는 곳이 시장이다. 이곳에서 수요가 많고 공급이 딸리면 가격이 올라가고, 반면에 공급이 많고 수요가 적으면 가격이 내려간다. 생산자와 소비자가 각각 경제 주체로서 자율적으로 경제 행위를 하면, 결정한 결과에 대해서도 성공하든 실패하든 스스로 책임지게 된다. 이것을 리히는 '최선의 삶'(Lebensmaxime)으로 표현하였다.[30] 그리고 생산자는 생산에 드는 원료와 원가, 생산 수단, 수익성 등에 관심을 갖는 반면에, 소비자는 생산품의 가격, 구매력, 구매 효과와 만족도 등에 관심을 갖는다. 이렇게 양쪽의 경제 주체가 자기 관심을 최대한 이루는 것을 리히는 '최선의 유용성'(Nutzenmaximierung)으로 표현하였다.[31]

그런데 개인의 자유를 기반으로 성립된 시장 경제 질서에서, 생산자와 소비자의 자유는 쉽게 이기주의적이고 자기 중심적인 방향으로 작용하게 된다. 이 점은 츠빙글리가 인간의 본성을 죄인으로 규정한 사실을 떠올리게 한다. 즉 생산자는 이윤의 극대를 추구하고 자본의 증식을 추구하는

---

28) Arthur Rich, "Marktwirtschaft-Möglichkeit und Grenzen," in: Zeitschrift für Kultur, Polik, Kirche(Reformatio)(42. Jahrgang, 1993), 6.

29) 위의 책. 이에 비해서 몰락한 계획 경제 체제는 공산당의 독재 지배 아래 모든 경제 계획을 중앙 권력층이 수립하였다. 국민들은 이 경제 계획 속에 타율적이고 강제적으로 동원되었다.

30) 위의 책, 7.

31) 위의 책.

것이 당연한 것으로 받아들인다. 생산자가 생산 요소(자본, 노동)를 투입하면 '최소의 비용으로 최상의 효과'(Allokation)을 추구하게 마련이다(optimale Effizienz der Wirtschaft). 만일 생산자가 이윤을 적게 남기다가 한 걸음 더 퇴보해서 적자 운영을 지속할 경우엔, 한동안 허덕이다가 시장에서 퇴출당하고 만다. 이 점을 잘 알고 있는 생산자는 자신의 이윤 극대화를 위해 일하게 되고 또 그렇게 해야만 한다. 소비자 또한 자신의 입장에서 구매력의 극대화를 위해 최선을 다한다. 이렇게 각자 자신의 유익을 위한 '최선의 유용성'을, 특히 생산자는 이윤의 극대화(Gewinnmaxime)를 추구하게 된다. 그런데 이렇게 되면, '인간의 의'에 상응하는 경제 윤리의 원리인 생명의 섬김이 들어올 여지가 없게 된다. 더욱이 자신의 권리만 추구하고 다른 이의 권리는 무시하게 된다.

이 문제를 해결하는 과정에 관하여 리히는 시장의 법칙(Mechanisme)으로 설명한다. 즉 생산자와 소비자가 각각 최선의 유용성을 위하여 노력하는 시장에서 '경쟁의 법칙'이 일어난다는 것이다.[32] 생산자는 '모자랄 정도로 빠듯하게'(knapp) '가장 적절한 분량의 생산품을 공급'(optimale Güterversorgung)해서 되도록 높은 가격을 받고자 한다. 반면에 소비자는 질 높은 생산품을 되도록 낮은 가격에 사려고 한다. 양자는 이렇게 각각 자기의 이득과 이윤을 추구하고, 이러한 자기 중심적인 경제 행위는 사회 모든 구성원의 공공 복리를 고려하지 않게 하고 심지어는 시장에서 종종 비도덕적 일도 발생한다. 이러한 자유방임적인 시장 현실이 아담 스미스(Adam Smith)의 '보이지 않는 손'(unsichtbare Hand)을 통하여 조정될 것으로 기대하였다. 즉 개별 경제 주체들이 이기적이고 자기 중심적으로 경제 행위에 여념이 없긴 하지만 보이지 않는 손이 시장에 개입하여서, 이들이 전

---

32) 위의 책, 8.

혀 의도하지 않았지만, 자기도 모르게 모두에게 좋은 공공 복리가 일어난다는 것이다.[33] 이렇게 경제 주체들이 각각 서로 상충되고 상반된 이윤을 추구하는 가운데서, 보이지 않는 손이 개입하고, 이에 따라 '모두에게 혜택이 돌아가는 최상의 공공의 복리'(optimale Wohlfahrt)가 실현되는 것, 이것이 고전적인 의미에서 시장의 법칙에 따른 시장 경제 체제의 모델이다.

이어서 리히는 위에서 서술한 시장 경제 체제의 모델이 잘 실현되려면 몇 가지 전제 조건이 충족되어야 한다고 제시하였다.[34]

첫째, 시장 경제 질서는 강물이 흐르듯 자연스럽게 흘러가야 하는데, 여기에 보이지 않는 손(아담 스미스)이 개입하여 조정하기를 기대한다. 비록 시장의 현실에서는 경제 주체들이 제각기 상충된 이윤과 상반된 이득을 추구하느라 충돌과 갈등이 늘 일어나지만, 이 현실을 보이지 않은 손이 조정하여서 모두에게 유익한 공공의 복리로 나아가기를 기대한다. 이러한 아담 스미스의 생각에는 계몽주의 시대의 신론이 반영되었다. 즉 세상 모든 일이 창조주 하나님의 섭리에 따라 운용되므로 경제 법칙 또한 이 섭리대로 움직인다는 것이다.

둘째, 도덕성을 갖춘 인간이 경제의 주체가 되어야 한다. 인간에게는 한편 이기적이고 자기 중심적인 성향이 있고 또 다른 한편 남의 슬픔에 대한 동정심과 고통을 함께 나누는 연대감도 있다. 이렇게 인간 심성의 양면성을 인정하면서, 경제의 주체인 인간은 이윤 추구 외에 도덕성도 추구할 수 있다고 본다.

셋째, 완전한 경쟁(vollkommene Konkurrenz) 곧 기회 균등의 원칙이 실

---

33) 위의 책.
34) 위의 책, 9-10.

천되어야 한다. 시장 경제는 경쟁의 법칙을 통하여 그 질서가 잡히는데, 이 것이 제 기능을 발휘하려면 상생(相生)을 추구하는 경쟁이어야 한다. 이것 이 완벽한 경쟁이다. 시장에서는 수많은 공급자들이 서로 다투는 상황이 일어나는데, 이 상황에서 완벽한 경쟁을 이루려면, 독점과 카르텔을 철저 하게 막고, 모든 이에게 동등한 기회를 부여해야 한다.

넷째, 기회 균등의 원칙은 소비자에게도 주어져야 한다. 소비자의 구 매력은 소득에 따라 좌우되는 점을 염두에 두면서, 소비자들에게 소득과 관련하여 균등한 구매 기회가 주어져야 한다.

다섯째, 최근까지는 자연(공기, 물, 오촌증 등)을 무한정 공급받을 수 있 는 재화로 취급했으나 이제는 자연도 '모자랄 듯 빠듯한'(knapp) 생산 요소 로 인정해야 한다. 즉 고전적인 의미에서 생산의 3대 요소인 노동, 자본, 토지를 재고(再考)해야 한다. 최근까지는 자본과 노동이 모자랄 듯 빠듯하 다고 인식된 생산 요소였다. 자본은 이자를 물어야 하고 노동의 대가로 임 금을 지불해야 하므로 자본금을 빌려 쓰고 근로자를 고용하는 데는 절약 과 절제가 요구되었다. 그런데 환경 오염과 생태계의 위기에 직면한 인류 는 자연도 모자랄 듯 빠듯한 생산 요소임을 깨달아야 한다.

이제 리히는 스위스의 경제 윤리학자로서 유럽 시장을 중심으로 세계 시장 경제의 현실을 분석하였다. 그 결과 그는 현실 시장 경제 체제에 대하 여 대단히 부정적인 평가를 내렸다. 현존하는 시장 경제 질서는 기대와 달 리 강물 흐르듯 자연스럽게 운영되지 않는다는 것이다. 시장에 개입하리 라 예견하였던 보이지 않는 손은 전혀 나타날 기미조차 없는 현실이다. 정 반대로 시장의 질서는 몇몇 사람의 의도에 따라 조작(Manipulation)되고 있 다. 그래서 완전한 경쟁이 이루어져야 할 시장의 법칙은 한갓 이론에 불과 하고 모든 경제 주체들에게 공정하고 균등한 기회가 주어지지 않고 있다.

이렇게 불완전한 경쟁을 통하여 이득을 보는 몇몇이 독점과 카르텔을 형성해서 시장 가격에 절대적인 영향을 끼치고 그들의 이윤 추구가 절대화됨에 따라, 시장이 제 기능을 발휘하지 못하고 있다. 이렇게 되면서 '경제적 다윈의 법칙'(Wirtschaftsdarwinismus) 곧 경제 질서에 적자 생존의 법칙이 적용되고 있다.[35] 결국 개인의 자유를 기반으로 경쟁의 법칙을 통하여 공공 복리로 나아가야 하는 시장 경제의 이론은 현실성이 없는 하나의 '허상'(Illusion)이라는 판명이 나고 있다.[36] 따라서 현실 시장 경제는 자본주의적 시장 경제의 형태를 띠고 있으며, 시장의 기능이 자본의 지배 아래로 묶이고 있다. 자본을 많이 가질수록 시장에서 더욱 큰 힘을 발휘하고 있는 실정이다.

여기에서 리히는 자본주의와 시장 경제를 뚜렷하게 구분하고자 한다. 막시스트와 자유주의 경제 이론가들은 자본주의와 시장 경제를 동일시하는데, 리히는 자본주의를 시장 경제의 체제 가운데 하나라고 보면서 양자를 구분시킨다.[37] 시장 경제 체제에서 자본 없이는 생산이 불가능하므로, 그는 자본을 부정적으로 보지 않고 결코 자본주의를 섣부르게 부정하지는 않는다. 그러나 다만 산업화 시대 이래로 이제까지 자본주의적 시장 경제 체제에 내재해 있는 불공정한 경쟁으로 말미암아 경제 주체들 사이에 심각한 충돌과 갈등이 일어나고 있으므로, 이것을 그가 문제점으로 보는 것이다. 예컨대 기업주와 노동자 사이에 존재하는 불공정과 불공평을 살펴볼 수 있다. 대다수 노동자의 경우, 자본가와 소수 전문 경영인(자본가에게

---

35) 위의 책, 11.
36) 위의 책.
37) 위의 책. 리히는 19세기에 영국의 맨체스터에서 발전된 경제 체제를 자본주의의 전형으로 파악한다. 바로 이 자본주의를 칼 마르크스가 분석하고 비판하였다고 본다. 참고, WE, II, 181.

위탁을 받은)을 제외하고는, 그가 생산 활동에 직접 참여함에도 불구하고 생산과 관련된 기업 경영에 소외되어 있고 또 생산 결과에 따른 이익 분배의 결정 과정에서도 소외되어 있다. 이처럼 노동자는 이윤에 따른 자본의 소유와 축적과 분배에서 소외되고 있고 더 나아가서 기업의 가치 창출과 자본 확장에도 제외되어 있다. 이러한 현실 속에서 생산의 주체인 노동자는 경제의 주체이기는커녕 동역 주체(Mitsubjekt)마저 되지 못하고 단지 노동력을 제공하는 대가로 임금만 받고 있다. 상황이 이러하므로 노동자는 시장 경제의 기본 원리인 자유를 누리지 못하고 부자유한 노동자로서 생산 활동에 참여하고 기업주나 자본가에게 예속되어 있는 실정이다. 심지어 산업체의 일자리가 부족한 현실을 기업주가 이용하여서 노동자의 임금을 삭감하고 노동력을 착취하는 경우가 허다하다. 이렇게 하여서 결국 현실 자본주의적 시장 경제 체제에는 분배 과정(자본, 노동 등)에서 정의의 결핍이 중요한 문제점으로 등장하였다. 이 문제는 최근 들어 환경 오염과 생태계의 위기와 함께 그 심각성이 더욱 깊어지고 있다.

3) 인간의 의에 상응하는 시장 경제를 위하여

현실 시장 경제는 맨 처음에 세웠던 원리대로 실행되지 않고 있다. 그래서 많은 사람들이 현재의 자본주의 시장 경제에 대하여 우려하면서 회의적인 반응을 보이고 있다. 그러나 리히는 시장 경제 외에 다른 마땅한 대안이 없다고 보면서 이 경제 체제의 좋은 점은 계속 장려하고 잘못된 점은 고치면서 현실 시장 경제를 보완하고 개선해 나갈 것을 주장한다.[38] 그는 자본주의 시장 경제에서 드러난 가장 심각한 문제점이 정의의 결핍에 있다고 파악하였다. 이것은 공공의 복리를 위해 시장에 개입하고 조정의 역

---

38) 위의 책, 14.

할을 맡아야 할 보이지 않는 손이 나타나지 않는 것과 경제의 주체인 인간이 시장의 법칙대로 운영하지 않는 데 가장 큰 원인이 있다고 보았다. 그리고 나서 리히는 츠빙글리의 사회 윤리인 '하나님의 의와 인간의 의'를 향한 시장 경제 체제의 새 '틀'(Rahmenordnung)을 짜야 한다고 강조했다.[39] 이 틀은 시장의 법칙이 지켜지는 시장 경제 체제인데, 최소한 '의간의 의'에 상응하는 세계 경제 질서라야 하며, 구체적으로 사람의 권리와 경제의 효율성이 동시에 이루어져야 한다.

이제 리히는 자본주의 시장 경제 대신에 '사회적 시장 경제'(Soziale Marktwirtschaft)를 제안한다. 이 경제 체제는 자본주의 시장 경제의 약점을 고치고 모순을 극복하면서 정의를 실현하며 친환경적인 성격을 강하게 띤다.[40] 이와 함께 리히는 보이지 않는 손의 역할을 '보이는 국가'(정부)가 맡아야 한다고 제안한다. 이 구상은 츠빙글리의 현실주의(Realismus)에서 빌려 온 것이 분명하다. 즉 국가는 시장의 규칙을 만들어서 이를 시행하되 시장 경제의 원칙인 기회 균등을 실천케 하여 경제 주체들 사이에 경쟁이 공정하게 이루어지고 모든 불평등을 없애야 할 것이다. 물론 이 과정에서 독점과 카르텔도 사라져야 할 것이다. 이와 함께 사회적 시장 경제는 이제까지 자본과 노동을 분배하는 과정에서 불공정한 대우를 많이 받은 중소기업을 살려 내고 또 임금 노동자에게도 어떤 형태로든 기업 경영에 참여할 수 있는 제도 장치를 마련해야 한다. 그래야만 이들도 경제의 주체로서 사람의 권리를 찾을 수 있게 된다.

구체적으로 리히는 사회적 시장 경제 체제가 분배의 문제와 생태계 위기와 환경 오염 문제를 잘 해결할 수 있기를 기대하였다. 먼저 분배의 문제

---

39) 위의 책, 15.
40) 리히는 사회적 시장 경제의 모델이 이미 독일에서 잘 추진되고 있다고 본다.

와 관련해서, 현실적으로 기업가의 관심은 자본에 집중하고 그 반면에 노동자의 관심은 복지 향상에 크게 쏠린다. 이러한 상황에서는 임금 투쟁을 둘러싸고 양자의 힘 겨루기가 잦다. 이렇게 되면 시장 경제는 대단히 위험한 상황으로 치닫게 되는데, 그 까닭은 힘을 휘두르는 곳에는 언제나 그 힘을 자기 편에 유리하게 이용하려는 세력이 존재하기 때문이다. 이것은 기업가 편에서나 노동자 편에서나 모두 다 마찬가지로 적용된다. 이 문제를 해결하기 위하여 리히는 경제학자 오타 시크(Ota Sik)[41]의 제안을 받아들였다. 그의 제안은 재단법인의 형태로 노동자(사원) 조합을 만드는 것이다. 그리고 이 재단은 회사의 자본을 최소한 51% 이상 갖고 있어야 하고, 재단의 자본은 사원들의 모금과 기업 이윤을 통해서 형성되는 것이다. 이 자본으로 재단은 경영 위기를 이겨 내는 투자 수단으로 활용할 수 있고, 최고 경영진에게 적법한 절차를 밟는 기업 경영을 주문할 수 있고, 경영 정책의 기본 노선을 결정할 수 있다. 재단 자본과 관련하여, 기업 이윤이 높아지면 그 이윤을 사원들에게 분배하고, 반면에 기업 손실이 오면 그 손실도 사원들에게 나눈다. 이를 통하여 회사의 모든 구성원(자본가, 경영인, 노동자 등)이 생산 계획, 이윤 분배, 자본의 증식과 확충 등에 참여할 수 있게 된다. 그리고 노동자의 관심(임금, 근로 복지, 사회 안전망)과 경영인의 관심(이윤, 자본)이 대화와 양보를 통하여 조화를 이루게 될 것이다. 만일 이것이 실현된다면, 그 무엇보다도 분배의 정의가 이루어지게 될 것이다. 그 다음, 환경 친화적인 사회적 시장 경제 체제를 위하여 리히는 생산 요소인 자연의 귀중한 가치에 대하여 다시 한 번 강조한다. 이제까지 경제 주체들이 자연을 너무 저렴한 가격으로 무한정 사용해 왔는데, 이제는 자연을 모자랄 정도로 빠듯하게(knapp) 소중히 아껴서 사용해야 한다는 것이다. 그러기 위해서는 자

---

41) 오타 시크는 스위스 쌍 갈렌(St. Gallen) 대학의 경제학 교수로 일하였다.

연 사용의 가격을 높이고 이를 현실화시켜야 한다고 리히는 제안한다. 그렇게 되면 원료 수출을 주로 하는 개발 도상국에게도 유익을 주게 되고, 또 세계 경제의 분배 정의에 어느 정도 기여할 수 있다고 본다. 사회적 시장 경제 체제는 이렇게 해서 지구촌의 모든 인류와 모든 피조물에게 유익을 줄 것으로 기대한다.

6. 이 글을 마치면서

16세기에 일어난 스위스의 종교개혁이 개혁교회 전통의 초석인 점을 의식하면서, 우리는 이 전통의 출발점이 되는 취리히의 종교개혁과 츠빙글리의 사회 윤리를 살펴보았다. 또한 개혁교회의 전통이 20세기에 계승되고 있는지 살펴보고자, 우리는 아르투어 리히의 경제 윤리 이론이 츠빙글리의 사회 윤리를 기반으로 세워졌음을 살펴보았다. 이로써 분명해지는 것은, 개혁교회의 전통은 오늘날에도 여전히 계승되고 있다는 점과 또 츠빙글리의 사회 윤리 사상의 골격이 오늘날 리히의 경제 윤리학에 그대로 반영되어 있다는 점이다. 리히의 경제 윤리학 방법론을 통하여 우리가 배운 점은, 개혁교회의 전통은 문자적으로 계승되고 유지되는 것이 아니라 이 전통의 근본 정신이 새 시대에 새롭게 조명되어서 지금 다시 살아난다는 것이다.

츠빙글리의 사회 윤리 사상은 종교개혁을 추진하는 과정에서 일어나는 다양한 사회 상황에 대처하면서 형성되었다. 물론 그의 사상은 갑자기 형성된 것이 아니라, 이 글에서는 밝히지 않았으나, 그가 종교개혁자의 길로 들어서기까지는 오랫동안 스위스의 상황을 냉철하게 고찰하면서 신학적인 연구와 고민을 거듭하였다. 리히의 경제 윤리학 역시 그는 일생 동안

개혁교회의 전통 위에서 지금의 산업 사회 속에 하나님 나라가 어떻게 임하시는지를 기독교 윤리학의 분야에서 연구해 오다가, 1989년 유럽의 변혁과 공산주의 사회 체제의 몰락을 겪으면서 이제 세계 유일(唯一)의 경제 체제인 시장 경제를 비판적으로 분석하고 그 대안을 모색하였다.

리히는 현실 시장 경제를 자본주의 경제 체제로 파악하면서 그 한계점을 지적하였다. 그리고 그는 하나의 대안으로서 '사회적 시장 경제'(Soziale Marktwirtschaft)를 제시하였다. 그는 자본주의 시장 경제를 비판하면서, 본래 고안된 시장 경제의 기본 원리는 개인의 자유인데 그러나 이것이 이기적이고 자기 중심적인 방향으로 나아갔고, 그 결과로 경쟁의 원칙이 무시되고 불공정한 시장 독점이 난무함을 지적하였다. 이러한 현실을 극복하는 방안으로서 리히는 '정의'로운 시장을 강조하였다. 또한 그는 자본주의 시장 경제 체제를 통해 전개되는 억압과 지배와 착취의 구조를 지적하였고, 그리고 이 구조가 인류뿐만이 아니라 모든 피조 세계도 예속시켜서 오늘날 전 지구적인 환경 오염과 생태계의 위기가 초래되었다고 지적하였다. 그러면서 그는 친환경적인 시장 경제 곧 만물의 생명을 위해 섬기고 그 생명을 살리는 경제 체제를 제시하였다. 이를 위한 전제 조건으로 피조 세계에 대한 인간의 회개를 강조하였다. 이로써 리히의 사회적 시장 경제는 하나님 나라를 위하여 경제적 정의를 구현하고 지구 모든 생명체의 생명을 살리는 경제 체제라고 요약할 수 있다.[42] 이와 함께 우리는 정의와 생명을 위한 사회적 시장 경제 체제를 기대한다.

그런데 리히가 일한 현장은 서유럽 스위스였고 또 그의 경제 윤리학은 대체로 그곳의 현실을 반영하였다. 따라서 그의 경제 윤리 이론이 얼마나 세계 보편성을 갖고 있는지를 비판적인 눈으로 파악해야 한다. 예컨대 그

---

42) H. Küng, Projekt Weltethos(Muenchen: Piper, 1990), 31-34.

는 츠빙글리의 생각을 그대로 가져와서, 자유방임적 시장 경제 체제를 통제하는 기관으로서 국가(정부)를 지명하였다. 그런데 이 국가는 기독교 전통에 젖어 있고 복음의 정신을 잘 아는 정부로서 하나님을 두려워하고 그분의 뜻이 이 세상 속에 이루어지도록 채찍으로 독려하는 역할을 한다. 이점을 파악하는 우리는 기독교 바깥 세계와 유럽 바깥의 국가에도 리히의 경제 윤리 이론이 과연 얼마나 적용될 수 있겠는지 따져 보아야 한다.

| 참고 문헌 |

Zwingli, Huldrych. "Göttliche und menschliche Gerechtigkeit 1523", in: *Huldrych Zwingli Schriften* I, (Hg.) Brunschweiler, Thomas u. Lutzer, Samuel, Zürich: Theologischer Verlag, 1995.

_____. "Von göttlicher und menschlicher Gerechtigkeit", in: *H. Zwingli. Ausgewählte Schriften*,(Hg.) Obermann, H.A.; Ritter, A. M.; Krumwiede, H.–W., Neukirchen-Vluyn : Neukirchener Verlag, 1988.

Rich, Arthur. "Zwingli als sozialpolitischer Denker", in: 『Zwingliana Bd. XIII』 (1969–1973).

_____. "Marktwirtschaft-Möglichkeit und Grenzen", in: 『Zeitschrift für Kultur, Polik, Kirche(Reformatio)』 (42. Jahrgang, 1993).

_____. "Mein Weg in der religiös-sozialen Bewegung", in: 『Zeitschrift für Kultur, Politik, Kirche(Reformatio)』 (42. Jahrgang, 1993).

_____. *Wirtschaftsethik. Grundlagen in theologischer Perspektive.* Gütersloh: Gütersloh Verhagshaus, 1984.

_____. *Wirtschaftsethik, II. Marktwirtschaft, Planwirtschaft, Weltwirtschaft aus sozialethischer Sicht.* Gütersloh: Gütersloh Verhagshaus, 1990.

Gäbler, Ulrich. Huldrych Zwingli. Leben und Werk, München: C.H. Beck, 1983.

Ökumenische Kirchengeschichte der Schweiz, (Hg.)Vischer, Lukas, Freiburg: Paulusverlag; Basel: Friedrich Reihhardt, 1994.

Pfister, Rudolf. Kirchengeschcihte der Schweiz, Bd. II, Zürich: Theologischer Verlag, 1974.

Saxer, Ernst. "Einleitung(zur göttlichen und menschlichen Gerechtigkeit)", in: Huldrych Zwingli Schriften I, (Hg.) Brunschweiler, Thomas; Lutzer, Samuel, Zürich: Theologischer Verlag, 1995.

Winzeler, Peter. "Zwinglis sozialökonomische Gerechtigkeitslehre – heute wiedergeben", in: Das reformierte Erbe. Festschrift für G.W. Locher zu seinem 80. Geburtstag, Bd. 1, (Hg.) Obermann, H.A., Saxer, E., Schindler, A., Stucki, H., Zürich: Theologischer Verlag, 1992.

3

츠빙글리 종교개혁의 유산과
한국(평양) '장로회신학교' 신학 교육[1]

1. 시작하면서

스위스 도시 국가 취리히(Zuerich)의 종교개혁은 1523년 10월에 본격적으로 진행되었고, 이 종교개혁을 통해 개혁교회(Reformed Church)가 탄생했다. 취리히 종교개혁자 츠빙글리(H. Zwingli, 1484-1531)는 이 도시의 그로스뮌스터(Grossmuenster) 교회 주임 목회자로서―시의회와 긴밀하게 협력하여―종교개혁을 주도해 나갔다. 이미 9월 말에 츠빙글리는 그로스뮌스터 교회의 재단(Stift)을 신학교 체제로 바꾸는 작업을 완료했다. 거의 날마다 이 교회에서 규칙적으로 성경 번역과 성경 주석 작업이 학

교 교실 체제를 갖추어 진행되었다. 그러다가 1525년 6월 19일 '예언학교'(Prophezei)가 정식으로 개교했다.[2] 이 학교는 1833년 개교한 취리히 대학교의 모체(母體)였고 또 전 세계에 흩어져 있는 개혁교회 신학교들의 모범(模範)이 되었다.[3]

츠빙글리 종교개혁은 신학 교육 기관(신학교)인 예언(선지)학교를 중심으로 전개되었고 이것이 확산되어서 개혁교회가 탄생했다. 우리는 이 글을 통해 먼저 개혁교회 신학 교육의 기원을 살펴보고 또 그 신학 교육의 핵심 내용이 무엇이었는지 살피고자 한다. 이를 통하여 개혁교회 신학 교육의 역사성과 정체성을 파악할 수 있으리라 기대한다. 그 다음 한국 평양에서 1901년 창립된 '장로회신학교'(1901-1938)의 신학 교육이 츠빙글리 종교개혁의 유산을 계승했는지 살펴보고자 한다.[4] 이와 더불어서 현재의 장로회신학대학교 신학 교육 갱신을 기대하고자 한다.

2. 취리히에서 시작된 개혁교회의 신학 교육

1) 츠빙글리의 종교개혁

취리히 시의회의 청빙을 받아들인 츠빙글리는 1519년 1월 1일 이 도시의 한복판에 있는 그로스뮌스터 교회의 목회자(주임 신부, Leutpriester)로

---

2) Christoph Sigrist, "《sola scriptura》-Allein die Schrift: Zur Bedeutung der Bibel damals und heute", in *Die Zuericher Bibel von 1531. Entstehung, Verbreitung und Wirkung*, hg. Christoph Sigrist(Zuerich: Theologischer Verlag, 2011), 11.

3) Fritz Buesser et al. hg., *Zwingli und die Zuericher Reformation*(Zuerich: Theologischer Verlag, 1984), 24.

4) 평양 장로회신학교는 한국 장로교 총회(제27차, 1938년)가 가결한 신사참배의 여파로 무기한 휴교하게 됨으로써 그 역사의 첫 장을 마감했다.

부임했다. 그는 신약성경 마태복음 1장부터 강해했다. 이를 통해 선포되는 하나님의 말씀이 종교개혁의 원동력이었다. 츠빙글리는 그로스뮌스터 교회에서뿐만이 아니라 여러 교회에서 정기적으로 하나님의 말씀을 증언했다. 금요일에는 그가 그로스뮌스터 교회와 마주 서 있는 프라우뮌스터(Fraumuenster) 교회에서 말씀을 선포했다. 마태복음 강해를 마친 그는 사도행전을 강해하였고, 1521년에는 갈라디아서와 베드로전후서 그리고 디모데전후서를 강해하였고, 1522년에는 히브리서를 강해했다. 1523년에는 누가복음을, 1524년에는 요한복음을, 그리고 계속해서 바울 서신을 강해했다. 그 다음 그는 구약성경 강해로 들어갔다. 츠빙글리의 성경 강해는 성경 주석에다 그 바탕을 두었다. 또 신구약성경을 차례차례 규칙적으로 강해한 그의 설교는 개혁교회의 성경 강해 전통인 렉시오 콘티누아(Lectio Continua) 전통을 세우는 기초가 되었다.5)

츠빙글리는 하나님의 말씀이, 마치 강물이 그 물길을 따라 흐르듯, 설교자를 통해 자유롭게 선포되도록 했다. 설교자 자신은 그 말씀이 선포되는 통로가 됨으로써 하나님의 주권과 자유하심이 드러나도록 했다. 설교자의 주관적 생각과 판단이 하나님의 말씀이 선포되는 데 훼방꾼 노릇을 하지 않도록 늘 조심하고 경계했다. 그래서 그는 성경을 깊이 묵상하며 하나님의 말씀에 귀를 기울였다. 츠빙글리는 말씀 선포를 통해 일상 생활에서 부딪치는 삶의 문제와 사회 현실에서 일어나는 사회 정치적인 현안을 다루

---

5) Ulrich Gaebler, *Huldrych Zwingli. Eine Einfuehrung in sein Leben und sein Werk*(Muenchen: C.H. Beck, 1983), 45. 츠빙글리가 창시한 렉시오 콘티누아는 요즘 시대엔 설교학에서 사용하는 용어가 되었는데 설교 본문을 교회력에 정해진 페리코페(Pericope)를 따르는 것이 아니라 신구약성경의 순서대로 강해하는 것을 뜻한다. 강치원 교수는 "렉시오 콘티누아로서 렉시오 디비나(Divina)"에 관하여 논문을 발표했다. 강치원, "그리스도의 말씀을 너희 가운데 풍성하게 하라-렉시오 디비나(Lectio Divina) 전통과 루터의 관점에서 슈페너 읽기", 『장신논단』 41집(2011. 7), 89-111.

었다. 취리히 시 당국의 청빙에 따라 처음부터 교회와 사회를 개혁하도록 위탁된 그의 과제는 교회 갱신과 사회 개혁을 함께 추진하는 것이었다.

츠빙글리의 성경 강해 및 설교는 원어(Urtext) 성경 연구에 바탕을 두었다. 그는 글라루스(Glarus)에서 교역하던 1513년부터 신약성경을 원어(희랍어)로 읽기 시작했다. 희랍어 신약성경 읽기는 인문주의, 특히 에라스무스에게 영향을 입은 것이었다. 그렇지만 그는 구약성경의 원어인 히브리어를 배우는 데 애를 먹었다. 1522년 3월경부터 그는 비로소 히브리어를 배우게 되었다.

교회 갱신과 사회 개혁에 대한 츠빙글리의 설교가 1522년 후반부에 공개적인 여론의 장에서 공론(公論)화되기 시작했다. 그 시작과 과정은 이러했다. 그의 설교에 감화를 받아 그를 따르던 시민들이 기성(중세) 교회의 전통을 공개적으로 비판하며 거부하기 시작했다. 예컨대 사순절에 지켜야 할 금식 규례(육식 금식)를 의도적으로 깨뜨렸고(소시지를 보란 듯이 시위하며 먹은 사건), 성자 숭배와 마리아 숭배를 비판했고, 수도원의 추한 현실에 관하여 공개적으로 비방했고 또 성직자 독신 제도에 내포된 문제점을 지적했다. 이로 말미암아 취리히 시민들 사이에서 분란이 일어났고, 기성 교회와 사회의 변혁을 주장하는 자들과 중세의 전통을 고수하자고 주장하는 자들이 서로 대립하였다. 이 도시 국가가 긴장과 불안으로 소란스러워졌다. 그러자 이런 상황이 벌어지게 된 까닭이 츠빙글리의 설교 때문이라고 지적하는 사람들이 더러 나타났다. 이 와중에서 적지 않은 사람들이 참된 권위가 도대체 어디에서 오는가라는 물음을 제기했다. 기성 중세 교회의 세력은 전통(교리, 공의회, 교황)을 고수하고 그 전통에 기반한 권위를 고수하려는 입장이었다. 인문주의자들은 그 권위를(특히 교황의 권위) 한편 인정하면서 또 다른 한편 교회의 개혁을 추진하려는 입장이었다. 츠빙글리는 중세 교회의 권위를 거부하고 오직 성경의 권위만을 인정하는 입장이었다. 예컨대 그는 사순절 금식 규례를 비롯하여 중세의 교회 전통은 성경적 근거가 없다고 주장했다.

츠빙글리는 신앙의 근거가 하나님의 말씀에 있다고 강조했다.[6] 그 말씀은 예수 그리스도인데, 오직 그분을 통해서만 인간이 하나님의 뜻을 깨달아 알게 되는 것, 그것이 신앙이다. 말씀이신 예수 그리스도를 성경에서 발견하는데, 지은 죄로 말미암아 어두워진 인간의 이성에 성령께서 밝은 빛을 비추어 성경의 그리스도를 깨달아 알게 한다는 것이다. 츠빙글리는 아우구스티누스(Augustinus)의 가르침 아래, 인간이 본디 하나님의 형상으로 지음받았기에 당신의 말씀을 사모하고 듣고 이해할 수 있었으나 (아담의) 죄 지음으로 말미암아 그 능력이 산산이 깨지고 부서졌다고 보았다. 그런데 하나님은 죄 지은 인간을 위해 예수 그리스도 안에서 은혜를 베푸셨고, 하나님은 그 은혜를 입은 자에게 (보혜사) 성령을 보내셔서 성경을 하나님 말씀으로 깨달아 알게 하셨다. 그 말씀을 깨우치기 위하여 중세 교회의 전통과 가르침은 전혀 도움이 되지 않고, 오직 예수 그리스도 안에서 은혜를 입은 자에게 성령께서 빛을 환히 비추신다.

2) 예언(선지)학교 개교

츠빙글리는 1520년 여름부터 몇몇 동역자들과 그로스뮌스터 교회에서 개별적으로 설교를 위한 성경 주석을 시작했다.[7] 이 주석 작업실이 1523년부터 가르치고 배우는 하나의 학교 교실 형태로 자리를 잡았다. 이

---

6) 이 단락에서는 1522년에 츠빙글리가 작성한 원고를 정리한 글을 요약했다. H. Zwingli, "Die Klarheit und Untrueglichkeit des Wortes Gottes," in Thomas Brunnschweiler u. Samuel Lutz, hg. *Huldrych Zwingli Schriften I*(Zuerich: Theologischer Verlag, 1995), 105-54.

7) Christoph Sigrist, "sola scriptura: Allein die Schrift: Zur Bedeutung der Bibel damals und heute," 11.

와 나란히, 츠빙글리는 기성 중세 교회의 제도와 관습을 하나씩 둘씩 폐지해 나갔다. 그해 연말부터는 중세 교회 관련 전통 명절(축제)과 금식 규례가 중단되었고, 그 이듬해(1524년)에 미사가 폐지되었고 그리고 예배당에 걸린 성화(聖畵)를 제거했다. 1525년 초반부터 예배당의 제단이 있던 자리(Chor)에서 본격적으로 신학교가 시작되었다.

이 학교의 수업 내용은 주로 성경 고전어(헬라어, 히브리어)를 가르치며 성경을 주석하였다. 학교 운영자(교장)인 츠빙글리는 세포린(Jakob Ceporin)을 히브리어와 헬라어를 가르치는 교사로 초빙했고 계속해서 고전어에 탁월한 여러 교사들을 초빙했다. 예컨대 프란치스칸(Franziskan) 수도원의 수도사였던 펠리칸(Konrad Pellikan)을 교사로 청빙했는데, 그는 이미 히브리 문법책을 출판했고 또 에라스무스의 동역자로 그 명성을 떨치고 있었다. 이와 더불어 츠빙글리는 교과 과정의 틀을 새로 짰다. 이제까지는 주로 라틴어로 수업이 진행되면서 성경 원어 교육은 하나의 부수적인 수업이었는데, 이제부터는 주(主)·부(副)가 뒤바뀌어서 성경 원어 교육이 수업의 중심에 오도록 했다.

1525년 6월 19일 예언학교가 그로스뮌스터 교회의 코어(Chor)에서 정식으로 개교하였다.[8] 신약성경 고린도전서 14장 26-33절(특히 29, 30절)을 바탕으로 학교의 이름을 '예언학교'(Prophezei)로 지었다.[9] 츠빙글리와 여

---

8) Chor는 예배당 앞부분 제단이 있던 곳이며, 중세 시대에 이곳은 수도사들이 찬양하던 곳이었고 또 성직자들만 출입하던 그들의 전용 공간이었다.

9) 고린도전서 14:26-33. 그런즉 형제들아 어찌할까 너희가 모일 때에 각각 찬송시도 있으며 가르치는 말씀도 있으며 계시도 있으며 방언도 있으며 통역함도 있나니 모든 것을 덕을 세우기 위하여 하라(26) 만일 누가 방언으로 말하거든 두 사람이나 많아야 세 사람이 차례를 따라 하고 한 사람이 통역할 것이요(27) 만일 통역하는 자가 없으면 교회에서는 잠잠하고 자기와 하나님께 말할 것이요(28) 예언하는 자는 둘이나 셋이나 말하고 다른 이들은 분별할 것이요(29) 만일 곁에 앉은 다른 이에게 계시가 있으면 먼저 하던 자는 잠잠할지니라(30) 너희는 다 모든 사람으로 배우게 하고 모든 사람으로 권면을

러 선생들은 이 성경 구절이 성경 이해와 성경 연구의 열쇠 말이라 보았다.
이들은 또한 고린도전서 14장 26-27절에 따라, 성경 원어(히브리어, 헬라어)
학습을 방언 은사에 해당된다고 보았다. 츠빙글리는 특별히 설교자가 성
경 원어에 통달하고 있어야만 성경에 대한 그릇된 이해를 방지할 수 있다
고 보았다. 이러한 견해는 한편으로 중세의 전통을 기준으로 성경을 해석
하는 기성 교회의 관습에 맞서는 것이었고, 또 다른 한편으로 성령의 역사
에 대한 주관적 확신에 따라 성경을 해석하려는 열광주의자(재세례파)에
맞서는 것이었다.

츠빙글리는 예언학교의 교장으로서 계속해서 유능하고 신실한 선생
들을 초빙하였다. 암만(Johann Kakob Ammann), 암뷜(Rudolf Ambuehl), 콜리
누스(Collinus) 등이었다. 콜리누스는 수도사 출신으로서 헬라어에 능통했
고 신약성경을 원어(헬라어)로 해설했다. 금요일과 일요일(주일)을 제외한
월요일부터 목요일까지 날마다 예언학교에서 세미나가 진행되었다. 여기
에는 그로스뮌스터 교회 교역자, 도시 국가 취리히의 성직자, 기존의 라틴
어 학교 상급반 학생, 그리고 다른 지역에서 방문한(유학 온) 학자들이 참석
했다. 츠빙글리는 학생들 한 사람 한 사람에게 지극한 정성으로 공부의 진
전을 돕고 또 그들의 건강과 일상 생활에도 관심을 가졌다.

이 학교는 인문주의 학습 방식을 크게 도입했는데, 오전 수업에는 주
로 옛 교부들의 작품을 읽는 고전 연구에 우선점을 두었다.[10] 예를 들어 키
케로(Cicero)의 편지글을 읽었다. 고전 읽기는 고전어(헬라어)에 대한 지식

받게 하기 위하여 하나씩 하나씩 예언할 수 있느니라(31) 예언하는 자들의 영은 예언하
는 자들에게 제재를 받나니(32) 하나님은 무질서의 하나님이 아니시요 오직 화평의 하
나님이시니라(33)

10) Gottfried W. Locher, *Die Zwinglische Reformation im Rahmen der europaeischen
Kirchengeschichte*(Goettingen; Zuerich: Vandenhoeck & Ruprecht, 1979), 671-672.

과 더불어 학생(목회자)의 품성 개발과 인격 도야에 이바지하는 훈련이었
다. 또한 목회자가 되려는 학생들에게 대중 설교와 강연을 대비시키는 글
쓰기 문장 연습을 많이 시켰다. 그래서 선생이 학생들에게 날마다 편지를
쓰거나 시를 짓는 숙제를 내주었다. 학생들의 문장을 콜리누스가 교정해
주었다. 또 학생들은 장차 설득력 있는 설교와 강연을 구사하기 위하여 또
박또박 큰 소리로 글을 읽는 발음 연습과 어휘 구사법과 말하는 법(웅변)도
연습했다.

예언학교의 수업은 고전어(성경 원어) 훈련, 인격 도야를 위한 교양 교
육, 그리고 설교 연습과 연설 실습 등으로 구성되었다. 요즘 식으로 표현하
면, 교역자 및 사회 지도자를 양성하는 전인(全人) 교육이었다. 그런데 이
모든 교과 과정은 신학 수업을 위한 준비 과정이었다. 또 신학 수업의 핵심
과 중심은 성경 연구와 성경 주석이었는데, 성경 주석은 설교를 위한 준비
작업이었다.

예언학교는 아래와 같이 제1부와 제2부로 나뉘어 진행되었다.

제1부
- 시작 기도(라틴어로)
- 성경 읽기와 연구

  그날 읽어야 할 성경 본문을 라틴어 성경(불가타)으로 낭독하고, 그리
  고 나서 같은 본문을 원어 성경(히브리어 성경, 희랍어 성경)으로 낭독한
  다. 역시 같은 본문의 구약성경을 70인역(희랍어)으로 낭독한다. 낭독
  한 성경 본문을 라틴어로 주석하고, 이것을 라틴어로 풀이하고 해석
  한다.

  이 작업에 이어서, 오늘 설교를 맡은 목회자가 방금 하였던 라틴
  어 주석과 풀이를 일반 대중 언어인 독일어로 '되풀이'하고(번역) 그
  리고 나서 독일어로 그 내용을 설명한다. 이것이 설교를 위한 명상

(meditation)이다. 그리고 나서 목회자와 청중들 사이에 질문과 대답이 오가며 대화의 시간을 가진다.

• 기도

교인(회중)들이 예배드리러 예배당 안으로 들어온다. 방금 설교 명상을 맡았던 목회자가 설교 강단으로 올라간다. 그가 예배 참석자에게 인사하며 평화를 기원한다.

제2부

• 시작 기도(제1부의 시작 기도를 독일어로 반복)

• 다 함께(신앙 공동체) 한 목소리로 '주님이 가르쳐 주신 기도'

• 설교(제1부에서 다룬 성경 본문으로 말씀 선포)

• 설교자의 중보 기도

• 다시 한 번 모두 다 한 목소리로 '주님이 가르쳐 주신 기도'

이렇게 하여 그날 그날의 예언학교가 진행되었다. 제2부의 시작 기도를 제1부의 시작 기도로 반복함으로써 제1부와 제2부를 의식적으로 연결시켰다.

예언학교가 개교된 이래로 츠빙글리가 함께 참여한 구약성경 주석과 강해는 창세기, 출애굽기, 시편, 욥기, 이사야, 예레미야, 에스겔, 소선지서 등이었다. 1526년 3월에서 1527년 9월까지 참여한 구약성경 주석은 모세오경, 여호수아, 사사기, 룻기, 사무엘상하, 열왕기상하인데, 아쉽게도 이것은 전해 내려오지 않는다. 1526년 여름부터 프라우뮌스터 교회에서 작업한 신약성경 주석은 요한1서, 데살로니가전후서, 골로새서, 빌립보서, 히브리서, 고린도전후서, 로마서, 마가복음, 요한복음, 마태복음, 야고보서, 누가복음이었다. 이 작업은 다음 세대의 종교개혁자 칼뱅(J. Calvin)에게 본이 되었다.

츠빙글리가 예언학교의 책임자로 일하는 동안에는 성경 주석이 구약
성경에 집중되었다. 주석 작업은 대체로 오전에 세미나로 진행되었다. 세
미나는 다음과 같이 진행되었는데, 먼저 시작 기도를 드린 후 히브리어를
가르치는 선생이 구약의 히브리어 본문을 해설하고, 이어서 츠빙글리가
헬라어 구약성경인 70인역(Septuaginta)으로 그 본문을 라틴어로 강해하였
다.[11] 그의 강해에 이어서 설교자가, 대부분 레오 유드(Leo Jud)가, 취리히
의 대중 언어인 독일어로 설교했다. 오후에는 그로스뮌스터 교회 맞은편
에 있는 프라우뮌스터(Fraumuenster) 교회에서 뮈코니우스(Myconius)가 신
약 헬라어 성경을 강해했다. 이렇게 성경 주석에서 설교에 이르는 몇 단계
의 과정을 거치면서, 전문 신학자(고전어학자)들이 주석하고 강해한 성경 본
문을 고전어를 배우지 못한 보통 사람들이 잘 이해하도록 전달했다.

그리하여 중세 시대 그로스뮌스터 교회의 제단이 있던 코어(Chor)가
성경 원어(히브리어, 헬라어)를 대중 언어(독일어)로 번역하고 주석하고 강해
하는 신학교로 바뀌었다.

3) 성경 주석을 바탕으로 한 설교

1526년 여름에 그로스뮌스터 교회에서 한 번 더 급진적인 변화가 일
어났다. 지난번에는 기성 중세 교회의 제단을 없애고 성화를 철거한 변
화였는데, 이번에는 이제까지 존재하지 않았던 새로운 것을 설치하는 변

---

11) 처음에는 탁월한 고전어(히브리어, 헬라어) 학자요 선생이었던 세포린(Ceporin)이 구약
히브리어 성경을 설명했고, 그가 사망한 다음 1526년부터 펠리칸(Pellikan)이 구약 히
브리어 성경을 라틴어로 설명하되 불가타 성경과 히브리어 성경의 본문을 비교해 가
며 설명했다. 이어서 츠빙글리가 70인역으로 동일한 본문을 주해했다. Fritz Buesser,
Huldrych Zwingli. Reformation als prophetischer Auftrag(Zuerich: Frankfurt: 1973),
42.

화가 일어났다. 즉 하나님의 말씀을 선포하는 설교단(Kanzel)을 설치하였다.[12] 중세 시대 예배당 제단의 기초석을 가져와서 그것으로 설교단을 설치했다. 이 설교단에서 츠빙글리가 취리히에서 가장 중요한 전통 축제일인 성인 펠릭스(Felix)와 레굴라(Regula)를 기리는 축제인 9월 11일에 첫 설교를 했다. 이 설교는 옛 신앙이 폐지되고 새 시대 새로운 신앙이 시작되는 상징이었다.

예배에서 미사(희생 제사)가 사라졌고 이제부터는 창세기로부터 요한계시록까지 신구약성경을 차례차례 강해하는 말씀 선포가 확립되었다(Lectio Continua). 전문 신학자들이 성경을 주석하고 해석한 작업이 설교단에서 말씀 선포를 통해 하나님의 백성에게 전달되었는데, 설교단은 하나님의 말씀이 선포되는 곳으로 예배당의 중심 공간이 되었다. 하나님의 백성은 하나님께 예배드리는 신앙 공동체로서 예배에 참석하여 목회자를 통해 하나님 말씀을 듣고, 그 말씀은 예배 공동체의 신앙을 잘 세워 주고 삶의 기준이 되게 했다. 이것이 츠빙글리 종교개혁의 유일무이한 신학적 프로그램이었다. 하나님의 말씀이 일반 대중의 언어로 번역, 주석, 강해되고 그 말씀이 설교를 통해 선포되어서 하나님 백성의 신앙과 삶에 기준으로 되었다.

취리히 종교개혁은 이런 점에서 성경 번역 운동이라 말할 수 있다. 하나님의 말씀(Text)을 오늘(16세기) 취리히의 상황(Kontext)에서 이 도시 국가의 대중 언어(독일어)로 번역하는 작업이 종교개혁의 중심 내용이었다. 하나님의 말씀인 성경을 독일어로 번역한 것은 '말씀이 육신이 되셨던'(요한복음) 성육신이 16세기 독일어권 취리히에서 재현된 사건이라 해석할 수 있

---

12) Christoph Sigrist, "sola scriptura: Allein die Schrift: Zur Bedeutung der Bibel damals und heute," 12–19.

다. 하나님의 말씀은 오직 예수 그리스도 안에서 선포되어 구원 사건이 일어나며, 그 말씀은 오직 성경을 통해 구원 말씀으로 중언된다. 설교단에 선 츠빙글리는 성경이 새 시대에 새롭게 하나님의 말씀으로 들리도록(깨달아 알게 되도록) 중언했다. 신구약성경의 모든 본문은 예수 그리스도 복음의 빛으로 그 뜻이 밝혀져야 하는데, 이 성경 곧 하나님의 말씀은 당신의 주권과 자유하심 속에서 성령의 역사로 그 뜻이 환히 밝아 온다.[13]

취리히 종교개혁과 더불어 3가지가 새롭게 시작되었다. 성경 번역과 주석에 집중된 신학 교육, 성경 주석에 기반한 설교, 그리고 성경에 근거하여 진행된 학문적·실천적 신학 논쟁(Disputation)이다. 이 모든 곳에 성경이 항상 중심에 있었다.

원어 성경을 번역하는 작업은 하나님의 말씀을 일반 대중이 잘 이해하는 언어(독일어)로 번역하여 널리 반포하려는 의도가 전제되어 있었다. 그래서 번역된 성경(독일어 성경)을 출판했다. 1531년에 독일어로 완역된 신구약성경이 『취리히 성경』이란 이름으로 출간되었다. 이를 통하여 새로운 변화가 일어났는데, 이제까지는 예배 공동체의 모두가 한 자리에서 하나님의 말씀을 들었는데, 이제부터는 예배 공동체의 각자가 개별적으로 그 말씀을 토착 언어(독일어)로 읽게 되었다. 취리히 성경은 그 이후로 그로스뮌스터 교회의 세례대 위에 비치되었다.[14] 취리히 종교개혁의 실상이자 상징인 『취리히 성경』은 최근 20년 동안(1987-2007) 새로운 번역 작업을 거쳐서 2007년에 새롭게 출판되었다. 원어(히브리어·헬라어) 성경이 21세기의

---

13) H. Zwingli, "die Klarheit und Gewissheit des Wortes Gottes," 128.
14) 이 성경을 1691년 게스너(David Gessner)가 출판했다. 또한 세례대는 성만찬을 베풀때 주님의 식탁이 된다.

독일어로 새롭게 번역된 것이다. 이것은 "개혁된 교회는 항상 새롭게 개혁되어야 한다."는 개혁교회의 정신을 이어가는 큰 작업이었다. 그로스뮌스터 교회는 지금 21세기 『취리히 성경』을 예배 성경으로 사용하고 있고 또 성경 통독(Lectio continua) 전통에 따라 매주일 성경을 강해하며 하나님의 말씀을 선포한다.

3. 대한야소교장로회신학교 개교(1901년), 신학 교육(1924년까지)

1) 개교

'대한야소교장로회신학교'(장로회신학대학교의 전신)[15]는 1901년 평양에서 개교했다. 1916년에 처음으로 발간된 학교의 『요람』에 보면 약사(略史, historical sketch)가 기록되었는데, 그 약사에는 "장로회신학교는 원래 성경을 전문으로 교수하던 사경회(查經會, the Bible Class) 중에서 자연한 결과로 산출하여 점차 조직된 것이라."로 첫 문장을 기록했다.[16] 장로회신학교는 성경을 가르치고 배우는 '사경회'가 전국 여러 지역으로 확산되고 또 계속 발전하던 가운데서 '자연스럽게' 설립되었다는 것이다.

사경회는 한국 장로교회의 산실(産室)이었다. 내한(來韓) 선교사들은 19세기 말 당시의 한국 사람들이 항상 모이는 '사랑방'과 정기적으로 모이는 '장날'(주로 5일장)을 이용하여 복음을 전했는데, 사랑방에서 성경을 가르

---

15) 이 신학교는 사실상 한국 장로교회에 속한 신학대학들의(총신대학교, 고신대학교, 한신대학교 등) 모체이다.
16) "本神學校略史," 『朝鮮耶穌教長老會神學校要覽』(1916).

치며 복음을 전했고 또 장날에 쪽 복음(성경)을 팔며 복음을 전했다. 사경
회는 1890년경 선교사 언더우드의 집에서 시작되었다고 한다.[17] 선교사
게일이 관찰한 대로,[18] 사경회는 한국인의 천성과 기질에 잘 부합되었다.
그래서 교회 설립의 기초 단계인 사경회는 전국 여러 곳에서 시작되어 인
근 지역으로 확산되었다. 사경회는 참석 대상과 참석 범위에 따라 그 종류
가 매우 다양하였다. 예를 들어 개(個)교회의 사경회, 같은 지역 여러 교회
들이 함께 모이는 시찰 사경회, 지역의 중심 도시(평양, 서울 등)에서 모이는
연합 사경회, 남성들만 참석하는 남자 사경회, 여성들만 참석하는 사경회,
남녀가 함께 참석하는 사경회, 교회 지도자(예, 조사)들만 참석하는 사경회
등이 있었다. 사경회는 짧게는 4일 길게는 15일(보름) 정도 개최되었다.

사경회가 발전하며 한국 장로교회가 이 땅에서 자리를 잡아 가는 가운
데서 토착인(한국인) 교회 지도자들이 배출되었다. 이들은 학습 교인, 입교
인(세례교인), (선교사의) 어학 교사, 조사, 장로의 단계를 거치며 교회 지도자
가 되었다. 특히 조사는 안수 받지 않은 교역자로서 사경회를 인도하며 성
경을 가르쳤다. 규모가 큰 연합 사경회는 선교사가 인도하며 가르쳤고, 중
간 규모의 사경회에서는 선교사와 조사가 함께 가르쳤고, 개 교회별로 모
이는 사경회는 조사가 처음부터 끝까지 가르쳤다. 개 교회별로 모이는 사
경회의 횟수가 훨씬 더 많았으므로, 대부분의 사경회는 토착인 교회 지도

---

17) 1890-1991년에 선교사 기포드가 언더우드의 집에서 사경회(bible class)를 열었
다. Herbert E. Blair, "Fifty Years of Development of the Korean Church," in *The
Fiftieth Anniversary Celebration of the Korea Mission of the Presbyterian Church
in the U.S.A.*(June 30-July 3, 1934) (Seoul: Post Chapel, John D. Wells School, 1934),
120.

18) James S. Gale, *Korea in Transition*(1909), 신복룡 옮김, 『전환기의 조선』(서울: 집문당,
1999), 110-12. 그는 한국 사람들이 "책 읽기를 좋아하고" "학문을 좋아하는 심성"을
가졌으며 "높은 교육열"을 가졌다고 파악했다.

자인 조사가 인도하며 가르쳤다.

토착인 교회 지도자요 성경을 가르치는 선생인 조사와 장로를 안수 받은 목회자로 양성하고자 신학교를 설립하게 되었다. 이것이 오늘 장로회신학대학교의 모체인 평양 '대한야소교장로회신학교'였다. 1890년 언더우드(H. G. Underwood)의 집에서 시작된 사경회가 10년 동안 전국으로 확산되고 발전한 결과, 1901년 평양의 선교사요 장대현교회(central church)의 담임 목사 마포삼열(S. A. Moffett)의 집에서 신학 교육이 시작되었다. 이와 함께 장로교회공의회(Presbyterian Council, 1893년)의 관리 감독 아래 신학교(Seminary)가 시작되었고, 첫 입학생은 장대현교회의 '장로' 김종섭과 방기창이었다. 우리는 여기에서 입학생이 장로라는 점에 주목할 필요가 있다.[19] 즉 그동안 오랜 세월 교회 지도자로 양육된 성인(成人)을 신학생으로 받아들였다는 점이다.

2) 신학 교육

1901년 개교한 장로회신학교는 성경을 가르치는 '조사들을 위한 학습'으로 신학 교육을 시작했다. 1901년 가을에 열린 장로교회연합공의회는 신학교육위원회를 선정하여 이 위원회에게 교과 과정을 만들어 제출토록 했다. 이에 위원회는 5개년 교육 과정을 제시했다. 1903년에 장로교회연합공의회는 5개년 신학 교육 과정을 확정하였고, 학생(조사)이 매년 3개월 동안 교실에서 수업하고 나머지 9개월 동안에는 시무 교회에서 교역하며 자습으로 독서 과제를 수행하게 했다. 이때부터 신학 교육이 정식으로 시작되었다. 신학교 입학 자격에는 "신구약성경을 다 공부한 자, 성경 학교나

---

19) 이 당시 한국 장로교회에서 장로는 전국에서 4명뿐이었다. 김종섭, 방기창, 길선주, 서경조.

도(都) 사경회를 4개월 공부한 자"로 명시되었다.[20]

5개년 신학 교육의 교과 과정은 매년 3개월 교실 수업과 9개월 자습(열람)에 맞추어서 짜여졌다. 1916년의 『요람』에 따르면, 학생들은 5년 동안에 성경 과목(구약·신약)이 20개, 이론신학 과목(교회사·조직신학·윤리)이 13개, 실천신학 과목(예배·설교·목회·선교·교육)을 12개 배워야 했다.[21] 이를 통해 파악되는 점은, 신학교 설립 이전에 실시한 조사 교육이 학교 설립 이후에도 여전히 지속되면서도 심화되었다는 것이다. 학교 설립 이전, 교회 지도자 교육을 겸한 사경회에서는 조사들이 그리스도교 교리를 배우고 또 교회의 행정과 정치를 배우고 실습했으며 또 시시때때로 회의에도 참석했다.[22] 학교 설립 이후, 신학교는 이제까지의 조사 교육을 포함하는 체계적

---

20) 장로교회연합공의회는 평양공의회가 신학 교육을 주도하게 했고, 각 지역의 공의회로 하여금 평양 장로회신학교에 입학생을 보내게 했으며, 평양공의회의 마포삼열을 교장으로 임명하도록 했다. 이때 신학교의 선생은 마포삼열을 비롯하여 배위량, 소안론, 이길함, 한위렴, 편하설이었다. 이와 함께 연합공의회는 북장로회 선교부의 언더우드, 남장로회 선교부의 전위렴(W. M. Junkin), 그리고 호주 장로회 선교부의 G. Engel을 신학 교육에 참여하도록 했다. 이것은 장로회신학교가 미국 북장로회, 미국 남장로회, 영국·캐나다 장로회 그리고 호주 장로회가 연합하여 에큐메니칼 정신으로 설립되었음을 말해 준다. 『朝鮮耶穌敎長老會神學校要覽』(1916). 그런데 당시 교수(선교사)들이 학교의 요람을 본디 영어로 작성하였고 이 영어 요람은 한국어로 번역했다고 본다. 영어 요람의 제목은 다음과 같다. *Catalogue of the Presbyterian Theological Seminary of Korea*(1916, 1923, 1928, 1931). 본교 교회사 분야 교수들이 『역사화보집』 제1권을 제작하는 과정에서 변창욱 교수가 미국 프린스턴 신학교 도서관에서 영어 요람을 찾아 내어 가져왔다. 장로회신학대학교 편집위원회 편, 『장로회신학대학교 역사화보집』 제1권(장로회신학대학교, 2008).

21) 이 글의 맨 뒤에 학교 요람(1916, 1923)에 수록된 교과 과정을 부록으로 싣는다.

22) 이 점에서 장로교회의 사경회는 감리교회의 사경회와 그 성격이 구별되었다고 보는데, 감리교회의 사경회는 대중의 계몽(개화를 포함)에다 크게 역점을 두었다. 임희국, "신앙 각성 운동을 통한 갱신과 부흥, 토착 교회의 형성: 1907년 평양 대각성 운동을 중심으로", 장신근 책임편집, 『한국 교회의 영적 부흥과 리더십』(서울: 장로회신학대학교 출판부, 2006), 454−56. 또한 이덕주에 따르면, 장로교회의 사경회는 1906년 여름까지 감리교회적 부흥 운동에 별로 관심이 없었다고 한다. 이덕주, 『한국 토착 교회 형성사

인 교과 과정을 수립했다. 각 학년마다 성경 각 권을 공부하는 과목이 개설되었는데, 그만큼 신학 교육에서 성경 과목의 비중이 높았다. 또 교역자인 신학생이 교역 현장에서 당장 필요한 '강도법'(설교학)을 입학 직후부터 3년 동안(1-3학년까지) 배웠고, 4-5학년(고학년)에서는 '목회지법'(목회학)을 배웠다. 특이한 점은 교회음악과 국어를 5년 내내 배웠다. 교회음악 과목은 교역자가 교회에서 찬송 지도와 풍금 반주를 하도록 가르쳤고 또 설교를 위한 발성법도 가르쳤다. 국어 과목은 한글 성경을 잘 이해하게 하고 또 설교 문장을 위한 글쓰기를 가르쳤을 것으로 짐작한다.

1920년에 신학교의 학제가 1년 1학기제에서 2학기제(봄·가을)로 개편되었다. 수업 연한도 5년에서 3년으로 바뀌었다. 봄학기는 3월 11일-6월 10일까지로 하고, 가을 학기는 9월 2일-12월 2일로 하였다. 이에 따라 교과 과목에도 변동이 생겼다. 1학년 입학 학기부터 3학년 졸업 학기까지 3년 동안 학생들은 성서신학, 이론신학(교회사·조직신학·기독교윤리), 실천신학(설교학·목회신학·기독교사회봉사·종교교육·선교학)을 두루 배웠다. 헬라어, 영어, 일본어는 선택 과목이었다(1923년 『요람』).

실천신학 가운데서 설교 실습이 크게 강조되었다. 일주일에 한 번, 상급반(3학년) 학생들 가운데서 두 명이 전교생이 함께 드리는 예배에서 설교했고, 이 설교에 대하여 교수 3명이 비평했다. 경건 훈련 역시 매우 중요했다. 교수와 학생들이 일주일에 한 번(하루 밤) 함께 기도 모임을 가졌다. 1923년의 『요람』에 따르면, 평양 사방 60리 정도의 범위에 70개의 예배당이 있었고, 이 교회들마다 학생들이 봉사하도록 각각 지도 교수의 지도 아래 배정되었다. 상급반(3학년) 학생들은 여러 교회를 돌면서 봉사하고 한

연구』(서울: 한국기독교역사연구소, 2000), 113, 115.

학기에 두 번 정도 교회에서 설교했다. 주말(토요일 오후부터 월요일 오전까지)은 학생들이 교회에서 봉사하고 목회를 실습하는 시간이었다.

선교사들이 서양에서 들여온 운동도(축구, 탁구, 정구(테니스), 배구, 농구 등) 크게 강조되었다. 학교는 늦은 오후 시간인 대략 5시 전후로 모든 학생들이 자유롭게 운동하도록 장려했다.

1923년의 『요람』에는 신학교의 (존재) 목적이 기술되었다. 그 목적은 "하나님이 계시하신 말씀인 성경을 참되게 믿고 바르게 이해하여 온 맘으로 사랑하고 명확히 해석하며 성경에 표현된 구원의 복음을 순전하고 열심히 전하고자 노력하는 복음 사역자를 양성하는 데 있다."고 했다.[23] 그래서 신학교는 학생으로 하여금 성경을 연구하여 진리의 말씀을 나누기에 합당한 목회자로 양육되어 교회를 섬기도록 교육시켰다. 그리스도의 양 무리를 돌보는 영적, 지적, 도덕적, 그리고 사회적 책임 의식을 가진 목회자를 양성하는 신학 교육이었다. 그리고 장로교회의 신경, 요리문답, 정치·권징 조례와 예배모범을 배우고 익히는 목회자를 양성하였다.

1923년의 『요람』에는 전공 교과목 해설이 수록되었다.[24] 조직신학 교과목 해설이 맨 먼저 수록되었는데, 해설자는 조직신학 교수 이눌서(W. D. Reynolds)였다. 그는 성경이 조직신학의 교과서(Text-Book)이고, 그런 점에서 조직신학 수업은 본질적으로 성경적이라고 했다.[25] 이와 함께 그는 교

---

23) *Catalogue of the Presbyterian Theological Seminary of Korea*(1923), 12.
24) 위의 책, 33–36. 이때부터 교과목의 종류가 많아졌고 또 과목의 분류가 세분화되었는데, 여기에 대한 자세한 내용은 다음의 책에 서술되었다. 박상진, 『장로회신학대학교 110년 교육과정 백서: 1901–2011』(장로회신학대학교출판부, 2011), 36–46. 이 교육과정 백서는 개교 110주년을 맞이하여 본교 연구지원처가 기독교교육학 박상진 교수에게 집필을 의뢰하여 발간하였다.
25) 이것을 잘 이해하기 위하여 한국 장로교회에서 초기부터 형성된 성경관을 살펴보고

재를 인쇄물로 만들어 학생들에게 나누어 주었는데, 교재 내용은 서양의 신학생들에게 익숙한 주제를 가져와서 그것들이 한국 사람의 사고 방식 (Modes of Thought)에 적용되도록 했고, 또한 동양(아시아)의 상황에서 생성되어 긴요하게 다룰 만한 주제도 신학적으로 다룬다고 설명했다.

구약성경 수업에 대한 교과목 해설은 교수 어도만(W. C. Erdman)이 서술했다. 그는 이 과목의 학습 목표가 학생으로 하여금 구약학에 대한 주석적(exegetical) 신학적인 연구의 유용성을 스스로 터득할 수 있게 함으로써 구약성경에 학문적 접근 방법으로 다가서도록 한다고 설명했다. 학생들로 하여금 구약과 신약의 관계를 잘 파악하도록 하는 것도 주요한 학습 목표라고 설명했다. 비평(학)적 연구 방법은 영감으로 기록된 구약성경의 메시지를 더욱 분명하게 밝히거나 구약성경에 관한 교리 발전에 기여하는 범주 안에서만 주목하여 살필 것이라 했다.[26] 구약성경 주석 이외에 구약성

자 한다. 그것은 "신구약성경이 하나님의 말씀이니 신앙과 본분에 대하여 정확무오한 유일한 법칙"이란 성경관이었다. 이 성경관이 1907년 제정된 조선(한국)예수교장로회 신조와, 1931년 번역 출판된『기독교증험론』(基督教證驗論)을 통해 한국 교회 목회자에게 각인되었다. 이 책을 교수 이눌서(李訥瑞, William D. Reynolds)가 오랫동안 교재로 사용했다. 이 책은 중국인 가옥명(賈玉銘, Chia Yu Ming)이 지은 *Evidences of Christianity*를 한국어로 번역하여 출판된 단행본이다. 이 책은 미국의 정통주의 신학자로 잘 알려진 A. H. Strong이 쓴 *Systematic Theology*와 A. A. Hodge가 지은 *An Outline of Theology*를 토대로 저술되었다. 이 책에는 19세기 미국 장로교회의 정통주의 사상이 포함되어 있다고 한다.

26) 어도만은 한국 장로교회에 고등비평을 처음으로 소개한 선교사였다. 그는 미국 북장로회 소속 선교사로서 1916년부터 평양 장로회신학교 성서 주해 교수로 일했다. 김중은에 따르면, 그는 1921년 평양 장로회신학교의 잡지『신학지남』(제3권 제4호, 1921년 5월, 423-431쪽)에 "고등비평"이란 논문을 기고했다. 이 논문은 자신이 직접 지은 글이 아니고 번역 논문인데 여기에다 고등비평에 관하여 상세하게 소개했다. 그렇게 소개하려는 의도는 성서학 연구에 고등비평을 도입하려는 것이 아니라 그것의 내용을 정확하게 소개함으로써 불필요한 오해와 부작용을 예방하려는 데 있었다고 한다. 즉 고등비평을 무조건 금기시하거나 배척할 것이 아니라 그것을 (필요할 때 적절히 활용하되) 주의 있게 (사용)하라는 취지를 담은 논문이었다. 김중은은 어도만의 성경관이

경 개론과 성서고고학도 가르친다고 했다.

신약성경 수업의 교과목 해설은 교수 라부열(S. L. Roberts)이 서술했다. 그는 이 과목의 학습 목표가 학생으로 하여금 신약성경의 내용을 파악하고 연구 방법을 습득케 하는 데 있다고 설명했다. 1학년은 공관복음을 배우는데, 구체적으로 공관복음서의 연대기, 지리, 그 시대의 역사, 그리고 주석을 배운다고 했다. 2학년은 요한복음, 사도행전과 사도 시대에 관하여, 사도 바울의 서신 7개와 요한계시록을 주석적으로 배운다고 했다. 신약성경 총론 과정에서는 신약성경 언어(희랍어), 본문 비평, 사본들, 성경역본, 교부 인용문, 비평 원리, 성경 본문과 정경(Canon)의 역사를 다룬다고 했다.

실천신학 분야의 교과목이 이 시기에 괄목하게 발전했다. 담당 교수는 곽안련(Chas. Allen Clark)이었으며, 이 과목에는 설교학, 목회신학, 기독교 사회봉사, 종교(기독교) 교육, 실습(교회 설교, 주일학교, 노방 전도), 연장 수업 등이 포함되었다.

학생들의 강의 시간표는 한 주간에 18-19시간으로 구성되었다. 교회 봉사를 위해 토요일 오후와 월요일 오전을 비워 두는 것 외에, 강의가 날마다 진행되었다. 첫 강의가 오전 8시 30분에 시작되었고, 마지막 강의가 오후 4시부터 5시 사이에 진행되었다. 오전에 3개 과목의 강의와 예배(30분) 그리고 체조 시간(10분)이 있었고, 오후에 2개 과목의 강의와 선택으로 어학 2개 과목(헬라어, 히브리어, 일본어, 영어 가운데서 두 개)이 있었다.[27] 어학 과

박형룡의 "경직된 근본주의적 입장과는 차이가 나는 복음주의적" 성경관이라고 평가했다. 김중은, 『구약의 말씀과 현실: 深川 김중은 구약학공부문집』(한국성서학연구소, 1996), 367.

27) 1923년의 학교 요람에 따르면, 성경을 원어로 읽도록 훈련하는 희랍어가 선택 과목으로 개설되었다. 희랍어 수업은 영어 교재를 사용하기 때문에 영어 해독이 가능한 학생

목은 성경을 원어로 읽고 또 신학 원서(영어)를 읽을 수 있도록 훈련하였다. 한 주간에 음악 수업이 2시간이었고, 학생들이 오르간(풍금) 연습을 날마다 해야 했고 또 이들에게 성악 수업도 강조되었다. 장차 목회자가 되어 매주일 교회에서 예배를 인도하며 찬송을 불러야 하는 학생들에게 음악 수업이 필수적이었다.

1925년 10월 30일 제1대 교장인 마포삼열이 사임했고, 40대 나이의 열정적인 교감 라부열(S. L. Roberts)이 교장직을 이어받았다. 제2대 교장 라부열의 취임과 더불어 장로회신학교는 더욱 내실 있게 발전했다. 이때부터(1925년) 본교 졸업생들 가운데서 교수가 되어 강의하기 시작했다.[28]

4. 정리, 신학 교육의 갱신을 위한 오늘의 과제

16세기 스위스 취리히에서 일어난 츠빙글리 종교개혁은 개혁교회의 출발점이었다. 그 이후의 역사가 진행되면서 19세기 후반에 미국·캐나다·호주 장로교회가 각각 파송한 선교사들이 한국에 와서 복음을 전하였고, 이 땅에 장로교회가 탄생했다. 16세기 스위스 취리히에서 시작된 개혁교회와 19세기 말 한국에서 출발한 장로교회를 동시에 떠올려보면, 양자(兩者)를 이어 주는 역사적 연결점은 없다. 시간적으로 약 400년의 시차가

들이 이 과목을 수강했다. 히브리어 과목은 아직 개설되지 않았다. 헬라어 교재: J. H. Huddilston, *Essentials of New Testament Greek*.

28) 1925년 가을 학기에 남궁혁(제15회 춘기 졸업생) 교수가 한국인 최초의 조교수로 강의를 시작하였다. 1924년 가을부터 김선두 목사가 출강하였다. 1926년 가을 학기부터 이성휘 교수가 임시 교수로 강의하다가, 1929년 6월 정식 조교수가 되었다. 박형룡 교수가 1928년 봄 학기에 임시 교수로 취임했으며, 1937년 9월 7일 정교수가 되었다.

있고 또 공간적으로도 서로 접촉점이 없다. 그런데 스위스 개혁교회의 유산이 우회적으로 영미권 선교사들을 통해 한국으로 전래되었다.

한국의 장로교회는 처음부터 사경회를 통해 '성경 기독교'로 형성되었는데, 이것은 본래 경전(經典) 전통을 중시해 오던 한국인의 정신 유산과 성경(경전) 곧 하나님의 말씀에 기초한 서구 개혁교회의 전통 유산이 서로 만나서 어우러진 조화였다고 볼 수 있다. 그래서 한국 (장로)교회는 일찍부터―취리히 종교개혁의 위대한 유산을 이어서―성경을 대중 언어인 한글로 번역했고(한글 성경), 또 신구약성경 창세기부터 요한계시록까지 통독하는 전통이 형성되었고(Lectio Continua), 그리고 성경 주석에 근거한 설교가 예배의 중심이었다. 이러한 성경 기독교의 정신과 실제가 장로회신학교(평양)의 설립과 더불어 신학 교육 과정(커리큘럼)에 들어왔으며, 성경 곧 하나님의 말씀은 신학 교육의 초석이자 중심이었다.

그런데 많은 이들이 오늘의 세계 기독교가 '위기의 시대'를 맞이했다고 우려한다. 만일 그것이 사실이라면 개혁교회 역시 그 위기를 비켜 갈 수 없을 것이다. 유럽의 개혁교회는 이미 18세기 계몽주의 시대 이래로 "기독교의 사회적 절대성"이 무너진 사회에서 생존하고 있으며,[29] 미국의 교회 또한 주류 교단들이 계속 쇠퇴의 길을 걷고 있고, 한국의 교회는―교회 부흥을 물량적 성장으로 측정하던 산업화 시대를 지나―한동안 웰빙 시대의 건강한 교회를 추구하다가 사회의 신뢰를 상실했다는 평판 속에서 새로운 길을 모색하고 있다. 이와 같은 때에, 온 세상에 흩어져 있는 개혁교회는

---

29) 스위스 바젤 대학교 신학대학 교수 하인리히 오트(H. Ott)의 절규였다. H. Ott, "Ein neues Paradigma in der Religionstheologie," in *Horizontueberschreitung Die Pluralistische Theologie der Religionen, hg. R. Bernhardt*(Gerd Mohn: Guettersloher Verlagshaus, 1991), 35.

개혁교회의 원리인 교회 갱신("개혁된 교회는 항상 새롭게 개혁되어야 한다.")을 통해 거듭나야 할 것이다.

위기 상황에 처한 한국 교회가 교회 갱신을 위해 고뇌하고 있는데, 신학교는 이러한 교회를 위해 무엇을 어떻게 해야 하는가? 우리가 먼저 생각할 것은, 교회의 위기는 곧 신학교의 위기이고 또 교회 갱신을 위하여 신학교도 동참해야 한다는 점이다. 그 까닭은 신학 교육의 일차적인 과제가 교회를 섬길 교역자 양성에 있기 때문이다. 즉 예수 그리스도의 몸 된 교회를 섬기며 그의 양 무리를 치는 교역자 양육이 신학교의 존재 목적이다. 이렇게 신학 교육의 일차적인 과제를 의식하고, 16세기 종교개혁 정신인 "근원으로 돌아가자"(Ad fontes)는 모토를 상기하며, 우리는 개혁교회 신학 교육의 근원인 취리히 예언학교와 평양 장로회신학교의 신학 교육을 지금 이 시대에 다시 새겨 볼 필요가 있다. 그것은 성경 번역, 성경 주석과 강해에 힘쓰는 설교자와 교역자를 양성하는 신학 교육이었고, 이 신학 교육 안에는 교역자 품성 계발을 위한 교양 교육(오늘의 인문학 교육)도 매우 주요한 커리큘럼이었다.

이미 20세기 초반에 유럽 교회의 위기를 예민하게 파악하며 교회 갱신에 진력(盡力)으로 헌신했던 스위스의 목회자와 신학자들이 있었는데, 이들은 성경을 통해 교회가 나아갈 새로운 길을 발견하였다. 이 가운데서 칼 바르트(K. Barth)를 그 예로 들 수 있다. 1914년 제1차 세계 대전이 일어났을 때 그는 스위스 자펜빌(Safenwil)의 개혁교회에서 담임 목사로 교역했다. 이때 독일 자유주의 신학자들이 신문지면(광고)을 통해 이 전쟁을 지지하였는데, 이 사실에 그는 하늘이 무너지는 듯 엄청난 충격을 받았다. 세계 평화를 선포해야 할 신학자들이 공개적으로 전쟁을 지지하다니? 이로 말미암아 그는 교역의 신학적 기반이었던 자유주의 신학 사상이 와르르 무너지는 경험을 했다. 그러자 매주일 규칙적으로 강단에서 말씀을 선포해야 하는 담임 목사의 정황이 절박해졌다. 설교단에서 도대체 무슨 말씀을 선포해야 하며(sollen) 또 무슨 말씀을 선포할 수 있겠는가(koennen)? 이 답답한 현실에 질식당할 것 같은 바르트는 새로운 길을 찾아 나섰다.

1915년 4월에 바르트는 노년의 목회자 블룸하르트(Chr. Blumhardt)를 방문했다. 블룸하르트는 그에게 "세상은 세상이고 하나님은 하나님"(하나님은 하늘에 계시고 세상은 땅에 있다.)이란 말로 새로운 길을 가리켰다.[30] 이 말을 마음에 담고 집에 돌아온 바르트는 방금 출간된 블룸하르트의 아침 기도회 설교집(Haus-Andachten, 1916년)을 읽었고, 그러면서 그는 성경을 새롭게 이해하기 시작했다. 즉 성경 안에 있는 하나님 나라를 발견했다. 바르트는 성경이 하나님 나라로 들어가는 '문'(die Tuer)으로 파악하게 되었다.[31] 그 문을 열고 들어서자 아브라함을 비롯하여 신구약성경의 인물들을 만나게 되었는데, 그들을 통해 "새로운 세계, 즉 하나님의 세계"를 만날 수 있었다. 그 새로운 세계에서 살아 계신 하나님, 말씀하시고 행하시는 그 하나님을 만났다. 그리고 새로운 세계는―하늘 저편에 있는 것이 아니라―우리의 일상 속으로 들어오는 하늘의 능력이었다. 즉 우리의 낡은 세계 속으로 하나님의 새로운 세계가 임하여서 당신의 역사(Geschichte)가 일어난다. 그 역사는 이 세계를 다스리시는(통치) 하나님을 드러내고(선포하고), 그 역사를 통해 일어나는 새로움은 예수께서―예수님의 비유 말씀대로―겨자씨로 땅에 심어 놓으셨고 그 겨자씨가 싹트고 자라나서 큰 나무로 가지를 뻗었다. 이에 새로움은 세상 한복판에서 자라고 성숙하는 생명의 역

---

30) E. Thurneysen, *Karl Barth. Theologie und Sozialismus in den Briefen seiner Frühzeit*(Zuerich: Theologischer Verlag, 1973), 8 이하.

31) Karl Barth, "Die neue Welt in der Bibel," in *Das Wort Gottes und die Theologie* (Muenchen, Chr. Kaiser Verlag, 1925), 18.

사이다(겨자씨가 싹트고 자라서 큰 나무가 되듯이). 이를 통해 바르트가 크게 깨우친 점이 있는데, 신구약성경은 "하나님에 대한"(ueber, 하나님을 대상으로 보는) 인간의 생각과 사상이 기록된 책이 아니며 또 하나님을 찾아가는 구도(求道)자의 경전이 아니라, 성경은 하나님이 인간을 찾아오시고 그 인간에게 당신을 계시하신 하나님의 말씀이다. 성경 안에 있는 새로운 세계는 그러므로 하나님의 다스리심, 하나님의 영광, 하나님의 한량없는 사랑, 하나님의 역사이다. 하나님은 '생명의 원천'(die Lebensquelle)이시므로, 불의한 세상 한복판에서 하나님의 의로운 생명의 역사가 시작된다. 사망 권세가 지배하던 이 세상에서 그 사망 권세를 이기고 부활하신 예수 그리스도, 그분이 성취하신 생명의 역사를 통해 죽어 있는 모든 존재를 다시 살리시되 새 하늘과 새 땅이 완성되기까지 계속하신다.

이렇게 성경 안에서 또 성경을 통해 '하나님의 Reality'(하나님 나라의 Wirklichkeit)[32]를 발견한 20세기 초반의 바르트처럼, 오늘 21세기 장로회신학대학교의 신학자(교수, 학생)는 성경을 통해 예수 그리스도 안에서 하나님의 Reality를 성령의 역사로 다시 발견하고 그 역사를 온 세상에 증언해야 할 것이다. 이를 통해 한국 장로교회(개혁교회)의 유산인 성경 기독교가 회복되고 계승되기를 소망한다.

---

32) F.-W. Marquardt, *Von Elend und Heimsuchung der Theologie. Prolegomena zur Dogmatik*(Muenchen, Kaiser Verlag, 1988), 8.

1차 문헌

Zwingli, H. "Die Klarheit und Untrueglichkeit des Wortes Gottes." In *Huldrych Zwingli Schriften I*, (Hg) Brunnschweiler, Thomas; Lutz, Samuel. Zuerich: Theologischer Verlag, 1995.

Catalogue of the Presbyterian Theological Seminary of Korea(1916). 『朝鮮耶穌教長老會神學校要覽』. 1916.

Catalogue of the Presbyterian Theological Seminary of Korea(Pyengyang Korea, 1923)

Catalogue of the Presbyterian Theological Seminary of Korea(Pyengyang Korea, 1928)

Catalogue of the Presbyterian Theological Seminary of Korea(Pyengyang Korea, 1931). 『長老教會 神學校要覽』. 朝鮮平壤, 1931.

2차 문헌(secondary source)

『장로회신학대학교 역사화보집 Ⅰ』 장로회신학대학교편집위원회 편. 서울: 장로회신학대학교출판부, 2008.

Gale, James S. *Korea in Transition*. 번역 신복룡. 『전환기의 조선』. 서울: 집문당, 1999.

강치원. "그리스도의 말씀을 너희 가운데 풍성하게 하라—렉시오 디비나(Lectio Divina) 전통과 루터의 관점에서 슈페너 읽기". ["Let the Word of Christ richly dwell within you": The Tradition of the Lectio Divina, Martin Luther and Philipp Jakob Spener]. 『장신논단』. 41권, 2011. 7.

김중은. 『구약의 말씀과 현실』. [The Word of Old Testament and Reality]. 서울: 대한기독교서회, 1996.

박상진. 『장로회신학대학교 110년 교육과정 백서: 1901–2011』. [White book of Educational Curriculum of Presbyterian College and Theological Seminary in 110 years: 1901–2011]. 서울: 장로회신학대학교출판부, 2011.

이덕주. 『한국 토착 교회 형성사 연구』. [Research on History of Formation of Korean Indigenous Churches]. 서울: 대한기독교서회, 2000.

임희국. "신앙 각성 운동을 통한 갱신과 부흥, 토착 교회의 형성: 1907년 평양 대각성 운동을 중심으로". [Renewal and revival through awakening movement]. 『한국 교회의 영적 부흥과 리더십』. 편집 장신근. 서울: 장로회신학대학교출판부, 2006.

_____. "1907년 무렵, 한국 장로교회의 토착 지도력 형성 과정". [A Study on the Formation of native Leadership around the Year 1907]. 장로회신학대학교 제7회 국제학술대회. 2007. 5. 8.

Barth, Karl. "Die neue Welt in der Bibel", in *Das Wort Gottes und die Theologie*. Muenchen, Chr. Kaiser Verlag, 1925.

Blair, Herbert E. "Fifty Years of Development of the Korean Church", *The Fiftieth Anniversary Celebration of the Korea Mission of the Presbyterian Church in the U.S.A.*(June 30–July 3, 1934). Seoul: Post Chapel, John D. Wells School, 1934.

Buesser, Fritz et al., hg. *Zwingli und die Zuericher Reformation*. Zuerich: Theologischer Verlag, 1984.

Buesser, Fritz. *Huldrych Zwingli. Reformation als prophetischer Auftrag.* Zuerich: Theologischer Verlag, 1973.

Gaebler, Ulrich. *Huldrych Zwingli. Eine Einfuehrung in sein Leben und sein Werk.* Muenchen: C.H. Beck, 1983.

Locher, Gottfried W. *Die Zwinglische Reformation im Rahmen der europaeischen Kirchengeschichte.* Goettingen; Zuerich: Vandenhoeck & Ruprecht, 1979.

Marquardt, F.–W. *Von Elend und Heimsuchung der Theologie.* Prolegomena zur Dogmatik. Muenchen, 1988.

Ott, H. "Ein neues Paradigma in der Religionstheologie", in *Horizontueberschreitung Die Pluralistische Theologie der Religionen,* (Hg) Bernhardt, R. Gerd Mohn: Guettersloher Verlagshaus, 1991.

Sigrist, Christoph. "〈sola scriptura〉–Allein die Schrift: Zur Bedeutung der Bibel damals und heute," in *Die Zuericher Bibel von 1531. Entstehung, Verbreitung und Wirkung,* hg. von Christoph Sigrist. Zuerich: Theologischer Verlag, 2011.

Thurneysen, E. Barth, Karl. *Theologie und Sozialismus in den Briefen seiner Frühzeit.* Zuerich: Theologischer Verlag, 1973.

IV
강연 모음

1

생명을 살리는 목회[1]

하나님의 은총을 색깔로 표현해 본다면, 붉은색과 녹색으로 표현할 수 있습니다. 붉은색 은총은 예수 그리스도의 붉은 피로 말미암아 우리에게 구원을 베풀어 주신 하나님의 은총입니다. 녹색 은총은 우리에게 삶의 터전과 녹색 공간을 주신 하나님의 은총입니다. 하나님이 우리에게 베풀어 주신 나무와 숲과 들판 등이 녹색 은총입니다.

하나님의 붉은색 은총을 깨닫기 위해서는 말씀을 '듣는 귀가' 필요합니다. 예수 그리스도로 말미암은 구원의 말씀을 귀로 들으면서 깨닫기 때문입니다. 하나님의 녹색 은총을 깨닫기 위해서는 '보는 눈이' 필요합니다. 하나님이 베푸신 녹색의 산과 들판을 눈으로 바라보면서 느끼기 때문입니다. 하나님의 붉은색 은총은 듣는 말씀을 통해서 깨닫습니다. 하나님의 녹

---

1) 이 글은 서울 덕수교회(담임 목사 손인웅) 수련회(2002. 8. 6) 강의 원고, 또 2007년 여름 전국 여교역자(대한예수교장로회, 통합) 수련회에서 강의한 원고입니다.

색 은총은 눈으로 보고 뺨에 와 닿는 신선한 바람으로 느낍니다. 이 두 가지 은총 곧 말씀을 들으면서 깨닫는 붉은색 은총과 보고 느끼는 녹색 은총은 서로 다른 별개의 것이 아니라 하나인데, 그것은 우리에게 생명을 베푸시는 하나님의 은총입니다.

그런데 사람들은 언제부터인가 이 녹색 은총을 하나님의 은혜로 깨닫지 못하고 오해하기 시작했습니다. 믿음의 사람들은 자연을 보며 "주 하나님 지으신 모든 세계 내 마음속에 그리어 볼 때" 이렇게 찬송합니다만, 믿지 않는 사람들은 '저 푸른 초원 위에 그림 같은 집을 짓고' 즐기며 살아가는 자연을 생각하고, 많은 사람들은 자연을 한갓 정복의 대상으로 여겼습니다(창 1:28). 심지어 자연을 투기의 대상으로 여겼습니다(산을 바라보며 쉽게 이 산이 평당 얼마짜리인가를 먼저 계산). 이러한 사람들이 '개발과 발전'이란 이름으로 산을 깎아 내고 들판을 파헤치며 그 자리에다 회색 도시를 만들어 왔습니다. 산과 들에서 살던 짐승들과 산새들을 다른 곳으로 쫓아내 버리고 그 자리에다 아파트 단지를 만들었습니다. 땅에 뿌리를 박고 사는 나무를 베어 내고 거기에다 공장을 지었습니다. 땅 속에 사는 온갖 생명체를 무시하고 땅 표면을 시멘트로 포장하고 아스팔트로 덮었습니다. 더욱이 우리나라는 1960년대에 시작된 산업화와 함께 '빨리빨리' 문화가 들어오면서 녹색의 은총이 빠른 속도로 사라졌고 그만큼 회색 도시가 빠르게 성장해 왔습니다.

하나님의 녹색 은총을 몰아 내고 그 자리에 회색 도시를 건설한 사람들은 한동안 문명의 편리함과 안락한 생활에 취해 있었습니다. 그런데 어느 날 아스팔트 위로 달리는 자동차가 뒤로 내뿜는 배기가스로 인해서 숨쉬기가 거북해졌습니다. 공장에서 쏟아 내는 폐수로 인해서 수돗물이 오염되고, 이젠 안심하고 마실 물이 없어져 버렸습니다. 이런 상황에 이르자 비로소 우리는 자연이 무엇인지 깨달아 알기 시작했습니다. 아하, 자연을 무시해서 우리가 살 수 없고, 자연은 정복의 대상이 아니라 마치 어머니의 품과 같구나!

하나님의 녹색 은총인 자연이 이렇게 즐김의 대상으로, 정복의 대상으로, 심지어 투기의 대상으로 오해되면서 환경 오염 등 여러 가지 문제들이 일어났습니다. 그러자 회색 도시에 사는 많은 사람들이 녹색을 찾아 등산길에 나서고, 생명샘물을 찾아 약수터로 나서고, 화학 비료를 쓰지 않는 쌀로 밥을 지어 먹습니다만, 등산하는 산은 이미 쓰레기로 몸살을 앓고 있고, 약수터 주변의 지하수는 이미 오염이 되어 있고, 농사짓는 땅도 이미 농약으로 황폐하게 된 경우가 허다합니다.

또 다른 심각한 문제점은 사람들이 건설한 회색 도시에서 살아가는 인간의 심성 또한 회색으로 칠해졌다는 것입니다. 특히 아이들과 청소년들이 전자 오락실에서 놀고 컴퓨터 게임을 즐기면서 그 의식이 기계화되었고, 또 백화점의 상품에 현혹되다가 그 심성이 물화되는 현상이 심각하다고 합니다. 이런 청소년의 상황을 염려한 윤구병 선생이 쓴 글이 있습니다. 이분은 과거에 대학에서 철학을 가르쳤고 지금은 충청도 변산에서 농사를 짓고 있습니다. 이분이 이런 글을 썼습니다. "인류 역사에서 오늘날 도시 아이들처럼 불행한 환경에서 아이들이 자란 적이 없었다. 자연과 동떨어진 인공의 외딴 섬에서 수많은 아이들의 감각과 의식이 잠들거나 죽어 가고 있다. 늘어나는 청소년 범죄는 아이들을 자연과 격리시켜서 살벌한 시멘트 벽에 가두어 놓은 어른들의 범죄 행위에 대한 보복으로 보아야 한다." 여기에서 '살벌한 시멘트 벽'은 회색의 도시 문화를 은유적으로 비판한 말입니다. 이 도시 문화에 젖어서 사는 사람의 심성이 회색으로 도배되었고 의식이 기계화되고 물화되었음을 한탄했습니다. 또한 윤구병 선생이 "오늘날 도시 아이들"을 들먹인 것은 지금의 회색 도시 문제가 우리 어른들의 세대로 그칠 일이 아니라 앞으로의 세대가 더 큰 문제라는 암시입니다.

서울 송파의 연립주택에 사시는 어느 할머니가 따스한 4월에 집 모퉁이 한쪽 공간에 고추 모종을 심었습니다. 어린 고추가 파릇파릇 잘 자랐습니다. 그러던 어느 날 골목의 개구쟁이들이 이 고추 잎과 줄기를 손으로 다 뜯어 버렸습니다. 아이들은 할머니를 놀리려고 일부러 그렇게 못된 장난을 한 것이 아니었습니다. 파릇한 고추 줄기가 그냥 심심풀이로 장난감처럼 여겨졌던 것이었습니다. 플라스틱 장난감과 고추 줄기를 구별하지 못하고, 고추 줄기를 마치 플라스틱 장난감처럼 갖고 놀다가 망가뜨리게 되었습니다. 이처럼 도시의 아이들은 이제 생명에 대한 감각마저 잃어 가고 있는 현실입니다.

이렇게 인간 의식이 물화되어 가는 현실이 우리로 하여금 생명 문제를 심각하게 물어 보게 합니다.

생물학자들의 보고에 따르면, 흙은 생명체 덩어리라고 합니다. 흙덩어리 1세제곱센티미터에 살고 있는 생명체의 수가 약 5000만 정도 된다고 합니다. 창세기 1:11-13, 24-45에는 세상 만물이 땅에서 나왔다고 말씀합니다. 땅은 생명체의 어머니로서 생명체를 품고 생명체가 태어나게 합니다. 모든 생명체(동식물)가 땅에서 나왔습니다. 식물은 땅에서 뿌리를 내리고 살고, 동물은 땅에다 발을 딛고 살아갑니다. 이렇게 땅은 모든 생명체의 생명을 유지시켜 주는 어머니입니다. 삶과 생명의 기본 바탕입니다. 이러한 생명체 덩어리인 흙에 대해서 무지했던 사람들은 개발을 한답시고 흙 위에 회색의 시멘트와 시꺼먼 아스팔트로 덮어 버렸습니다. 사람들이 이 땅이 평당 얼마짜리인가라며 상업화된 개발 논리로 계산하는 동안에 지금 해마다 약 2만 5천에서 5만 종의 생물이 멸종해 간다고 합니다. 이대로 가다간 30년 이내에 지구에 사는 생명체의 약 20% 정도가 멸종한다고 합니다.

지구 생명체의 생존 위기입니다. 이러한 시점에서 우리는 생명의 성령이 임하시기를 기도드립니다.

생명의 원리가 본래 무엇이었는지 알아보겠습니다. 생명의 원리는 기쁨입니다. 구약성경 창세기 첫 장에 보면, 하나님께서 세상 만물을 지으시면서 창조의 한 과정이 끝날 때마다 감탄을 하십니다. "참 좋다!" 참 곱다, 참 멋지다, 아름답다. 이 감탄사 속에는 생명 창조의 기쁨이 함께 있습니다. 이처럼 태초에 생명이 창조되던 때에는 하나님의 북받치는 기쁨이 있었습니다. 신약성경 요한복음에는 특별히 생명이란 단어가 자주 나옵니다. 요한복음에서 생명이란 뜻은 '기쁨'입니다. 생명의 기쁨! 마치 활짝 피어나는 개나리를 연상하는 생명의 기쁨입니다. 이른 봄에 아직도 차가운 꽃샘추위를 이기고 노랑 꽃망울로 생명의 싹을 틔우는 개나리를 보는 순간에 느끼는 희열이 곧 생명의 기쁨입니다. 지난달에 제가 섬기는 교회(동신)의 한 가정에 아기가 태어났습니다. 그리고 나서 한 달 만인 지난 주일에 엄마 아빠가 아이를 안고 교회로 왔습니다. 주변의 모든 교우들이 세상에 갓 태어난 이 생명덩이를 기쁨으로 맞이하고 축하했습니다. 이처럼 생명의 원리는 기쁨입니다.

그런데 이러한 생명의 기쁨은 사람으로 말미암아 깨져 버렸습니다. 역시 구약성경 창세기 처음에 보면, 선악과를 따 먹는 사람의 행위에 대해서 하나님과 뱀은 서로 상반된 얘기를 했습니다. 여호와 하나님은 동산에 있는 선악과를 먹지 말라. "네가 먹는 날에는 반드시 죽으리라"(창 2:17) 하셨는데, 반면에 뱀은 "너희가 결코 죽지 아니하리라 너희가 그것을 먹는 날에는 너희 눈이 밝아져 하나님과 같이 되리라"(창 3:4-5)고 했습니다. 선악과를 따 먹은 사람에게 하나님의 말씀과 뱀의 말이 동시에 이루어졌습니다. 먼저, 뱀의 말대로 사람의 눈이 밝아져 무화과 나뭇잎을 엮어 치마를 만들어 입었습니다. 이리해서 사람은 의복 문화를 창조했습니다. 즉 눈이 밝아져서 하나님처럼 창조 능력을 가졌습니다. 그리고 이와 동시에 사람에게는 하나님의 말씀대로 죽음이 찾아왔습니다. 물론 아담과 하와의 목숨이 끊어진 것이 아니었습니다. 여기에서 죽음은 에덴의 상실 곧 에덴 동산에서 쫓겨난 것을 뜻합니다. 사람의 목숨이 다해서 숨을 거두고 몸이 싸늘하게 식는 죽음이 아니라, 하나님과 맺은 약속을 파기하고 죄로 말미암은 죽음입니다. 이러한 죽음은 창세기에 기록된 대로, 사람과 하나님, 사람과 사람, 사람과 자연의 관계성이 뒤틀리고 굽어지고 비뚤어지고 단절된 현실입니다. 이리해서 사람은 이중적인 존재로 살아가게 되었습니다. 하나님처럼 창조의 능력을 가진 존재로 살아가는데, 그런데 단절된 관계 속에서 뒤틀리고 굽어지고 비뚤어진 현실을 안고 살아가게 되었습니다. 이것이 죽음의 현상입니다. 한 번 더 말씀드리자면, 죽음은 사람의 목숨이 다해서 숨을 거두고 몸이 싸늘하게 식는 죽음이 아니라, 하나님과 맺은 약속을 파기하고 죄로 말미암은 죽음입니다. 뒤틀리고 굽어지고 비뚤어진 현실 속에서 살아가는 것이 죽음이란 뜻입니다. 요한계시록 3장에서 사데 교회에게 하신 말씀을 기억합니다. "내가 네 행위를 아노니 네가 살았다 하는 이름은 가졌으나 죽은 자로다."

죽음 현상이란 이런 것입니다. 앞서 말씀드린 것처럼, 사람의 심성이 기계화되고 물화된 상태입니다. 그러한 사람은 모든 생명을 '상품 가치의 유무'로 판단합니다. (이 땅은 평당 얼마인가. 이 젖소가 하루에 우유를 몇 리터 생산하는가.) 그러한 사람은 사람도 상품 가치의 유무로 판단합니다. (이 축구 선수는 몸값이 얼마인가. 이 사람은 회사에서 연봉 얼마짜리인가.) 그러한 사람은 생명을 소유로 착각하는 것입니다. "사람의 생명이 소유의 넉넉함에 있지 않다."(눅 12:6) 이뿐만이 아니라 요즘의 과학과 기술은 생명을 소유하고 독점하려고 합니다. 과학 기술이 최고로 발전된 선진국들은 이제 생명을 소유하고 독점해서 후진국이나 개발 도상국을 또 다른 의미에서 식민지로 만들어 가려고 한다는 점입니다. 생명 공학 기술을 앞세운 다국적 기업들이 유전자 조작 농산물을 자기네 마음대로 통제하고 상품화해서 이를 국제적으로 무역하려고 추진하고, 생명체에 대한 특허를 내려 하고 있고, 아시아나 아프리카에 널려 있는 유전자 자원을 자기네 나라로 가져가서 이 자원에 지적 소유권을 행사하도록 해 놓고 만일 이 종자를 사용하려는 사람이 나타나면 돈을 지불하게 합니다. 이렇게 되면 식물의 씨앗은 물론이고 모든 농산물 종자는 이들의 통제 아래 들어가서 이들이 세계 식량 공급을 독점하게 될 것으로 내다봅니다. 이런 무서운 일을 위해서 지난번 시애틀 회의 때 지적 재산권 협약(TRIPS)이란 이름으로 국제적 조약을 맺으려고 했답니다. 약 100년 전에는 힘센 나라가 힘 약한 나라를 힘으로 굴복시켜서 식민지로 만들었습니다. 그리고 석유나 지하 자원을 많이 가져갔습니다. 최근에는 경제적으로 힘센 나라들이 온 세상을 경제적으로 착취하는 경제 구조를 만들고 있습니다. 그러다가 이제는 생명 공학 기술로 다국적 기업들이 생명을 사유화하고 독점해서 온 세상의 생명체를 마음대로 조정하려고 합니다.

오늘날엔 지리적이고 정치적인 식민 통치 시대가 더 이상 없고 이 시대는 지나갔습니다만, 여전히 경제적인 차원에서 식민 지배의 야심이 몇몇에게 이글거리고 있습니다. 경제적 식민 지배의 형태는 자연을 착취하고, 생명을 소유하고, 종자와 씨앗을 독점해서 세상을 지배하려 들고 있다는 것입니다.

이 죽음의 현실을 예수님이 극복하셨습니다.

조금 전에 말씀드린 대로, 신약성경 요한복음에는 '생명'에 관련된 예수님의 말씀이 여러 번 나옵니다. 이 가운데서도 요한복음 전체를 통틀어서 가장 핵심적인 본문이 11장 25절이라고 봅니다. "나는 부활이요 생명이니" 이 본문의 줄거리는 이러합니다. 예수님이 평소에 잘 알고 지내시던 오누이 3남매가 있는데, 어느 날 오빠가 죽었습니다. 이 소식을 들은 예수님이 그 집으로 찾아가서 죽은 오빠를 다시 살려 내셨습니다. 이 과정에서 예수님은 부활에 대한 마르다의 이해를 바르게 고쳐 주십니다. 마르다는 세상 마지막 날에 부활의 때가 온다고 말하자, 예수께서는 "내가 부활이요 생명이니 나를 믿는 자는 죽어도 살겠고 무릇 살아서 나를 믿는 자는 영원히 죽지 아니하리라"고 말씀하십니다. 예수님은 지금 여기 현재의 시점에서 일어나는 부활을 말씀하셨고, 마르다는 마지막 날 언젠가 일어날 미래의 부활을 믿었습니다. 이러한 마르다에게 예수님은 말씀하신 대로 직접 보여 주셨습니다. 죽은 지 나흘이나 지난 오빠 나사로를 다시 살리신 것입니다.

이 사건은 우리로 하여금 부활을 다시 생각해 보게 합니다. 첫째로 이 사건이 일어난 시점은 예수님이 부활하시기 전이었습니다. 자신의 부활이 있기 전에 죽은 나사로를 살리셨습니다. 이런 시점을 생각하면, 본문 25절에 "나는 부활이요 생명이다"라고 선포하신 말씀이 중요하다고 봅니다. "나는 부활이다"라고만 말씀하시지 않고 나는 부활이요 생명이라고 말씀하셨습니다. 두 번째로 예수님의 말씀 "부활과 생명"은 따로 나눌 수 없습니다. 예수께서 죽은 나사로를 다시 살리셨기 때문입니다. 이 나사로 사건을 바탕으로, 예수님이 요한복음에서 뭇 생명을 살리신 수많은 사건들, 이를테면 소경의 눈을 뜨게 하고, 38년이나 병치레를 하는 환자를 고치시고, 보리떡 다섯 개와 물고기 두 마리로 5000명을 먹이시는 등, 이러한 사건은 나사로의 부활 사건을 향하여 있고, 나사로 사건은 수많은 생명 사건의 정점으로 이해됩니다.

이처럼 예수님의 기적 사건이 부활 생명의 관점에서 새롭게 보이되,

생명을 살리고 회복시키고 온전하게 하신 사건으로 파악됩니다. 이리해서 예수님의 부활은 십자가에 달리사 3일 만에 비로소 일어난 단 한 번의 일회성 사건이 아니라 이미 그 이전에 무수한 생명 사건으로 일어났습니다. 이로써 예수님은 모든 죽음의 현실을 생명으로 회복하셨습니다. 이런 점에서 우리는 "나는 부활이요 생명이니 나를 믿는 자는 죽어도 살겠고 무릇 살아서 나를 믿는 자는 영원히 죽지 아니하리라"는 말씀을 다시 새깁니다.

부활이요 생명이신 예수님으로 말미암아 우리와 만물은 생명을 회복했습니다. 즉 우리와 만물이 영원한 생명으로 회복하게 되었습니다. 생명 공학과 의술이 이대로 계속 발전하면, 사람의 장기를 마치 기계(자동차)의 부품을 갈아 넣듯이 복제해서 끼워 넣을 수 있다고 합니다. 죽지 않고 영원히 목숨을 연장하려는 인간의 의지와 노력은 옛 중국 진나라의 시황제가 불로초와 불사약을 백방으로 찾았다는 고사를 생각나게 합니다. 그런데 성경에는 전혀 다른 차원에서 영생에 관해 말씀하십니다. 성경에서 말씀하시는 영생은 의학적으로 사람의 목숨을 한없이 연장시키는 것이 아니라 하나님과 사람, 사람과 사람, 사람과 자연의 올바른 관계를 회복케 하는 것입니다. 영생은 곧 회복입니다. 태초에 하나님이 하늘과 땅을 지으시면서 참 좋다, 참 멋있다, 참 아름답다고 말씀하시는 그 생명을 회복하는 것입니다. 이 회복의 시작은 죄 용서입니다. 사람의 죄로 말미암아 모든 관계가 뒤틀어지고 죽음의 현실이 들어왔으므로 죄 용서를 통해서 하나님의 사랑과 은혜를 깨닫는 것이 영생의 출발입니다.

영생의 시작이 올바른 관계의 회복인 까닭에, 이 영생 곧 영원한 생명은 아주 멀리 있는 미래의 차원이 아니라 지금 여기 우리의 삶 속에서 이미 시작되었습니다. 사람들이 우리의 목숨이 다하고 죽음이 찾아오면 비로소 영생이 시작되는 것으로 짐작합니다만, 영생은 이미 지금 여기 우리의 삶 속에서 시작되었습니다. 영생에 대한 오해는 이것입니다. 영원과 시간은 단절된 것이며 시간의 마지막 순간이 지나야 비로소 영원이 시작된다고 말하거나, 영원은 시간의 연장으로서 사람이 죽는 순간부터 영원이 시작된다고 말합니다. 그러나 그것이 아니라 영생은 이미 시간 속에 있습니다. 영생이 시간 속으로 들어오면 무언가 변화가 일어납니다. 이 변화와 함께 시간의 의미가 달라지는 것입니다. 요한복음 1장에, 영원하신 "말씀이 육신이 되어 우리 가운데 거하셨습니다"라고 하셨듯이 영원과 시간은 서로 단절된 것이 아닙니다. 시간의 연장이 영원도 아닙니다. 영원이 시간 속으로 들어왔습니다. 가령 이 탁자 위에 한 잔의 수돗물이 있다고 가정하면, 아무 것도 집어넣지 않은 맹물입니다. 여기에 설탕을 집어넣고 휘저어 보면 달콤한 설탕물이 됩니다. 그렇듯이 영원이 시간 속에 들어오는 순간부터 시간의 의미가 새롭게 와 닿고 삶의 의미도 새로워집니다. 예수 그리스도가 이 땅에 오시기 전엔 이 세상엔 맹물처럼 맛이 없고 의미 없는 것으로 가득했습니다. 그러나 부활이요 생명이신 예수 그리스도가 이 땅에 오시면서 이 세상은 생명으로 충만해지고, 세상의 의미가 새로워졌습니다. 맛이 없던 맹물에 설탕을 넣으면 달콤해지듯이 세상은 맛이 있는 세상이 됩니다. 그래서 예수님은 영생이란 "유일하신 참 하나님과 그의 보내신 예수 그리스도를 아는 것"이라고 말씀하셨습니다(요 17:3).

그 한 예가 요한복음 4장에 등장하는 사마리아 지방 수가성에 살던 여인에 관한 얘기입니다. 이 여인은 평소에 영혼의 목마름과 생의 갈증을 해소하지 못했습니다. 결혼을 다섯 번이나 했습니다. 그런데 우물가에서 예수를 만난 뒤로는 영원히 목마르지 않는 생수를 발견했고 또 생의 의미를 비로소 찾았습니다. 이처럼 그리스도 안에서 삶의 의미를 제대로 발견한 사람에게 이미 영원한 삶이 시작되었습니다. 체코의 철학자요 초대 대통령을 지낸 토마스 마싸릭은 "사람의 실존에 영생에 대한 확신이 없고 또 영원을 향한 소망을 잃어버리면, 사람의 만사는 물신화될 것이고 마치 석고 처럼 단단하게 굳어질 것"라고 했습니다.

영생의 소망을 확실하게 붙잡은 신앙인은 고린도후서 4:16의 말씀대로 신앙을 고백합니다. "겉사람은 후패하나 우리의 속은 날로 새롭도다." 부활하신 그리스도의 몸에 접붙임을 한 성도로서 '이미' 영원한 생명에 참여한 사람입니다. 영원한 생명이 저만치 먼 장래에 있는 것이 아니라 이미 내게 주어진 영생입니다. 그리고 동시에 임박한 장래에 영생을 누리게 됩니다.

영원한 생명에 참여한 성도는 자연스럽게 이 세상의 일에 집착하지 않습니다. 그 심성이 기계화되지 않고 물화되지도 않습니다. 소유와 생명을 혼돈하지도 아니합니다. 왜냐하면 그는 성육신하신 예수 그리스도 안에서 영원한 생명을 발견하고 그 생명의 가치를 알기 때문입니다. 지금 이 순간이 지나가면 이 순간과 함께 사라지고 없어질 것들에 대해서 집착하지 않습니다. 그는 이 세상 너머에 있는 영원한 세상을 바라봅니다. 이 세상에서는 "나그네(벧전)와 순례자"로 살아갑니다. 그러나 그렇다고 해서 땅의 것이 모두 다 무가치하고 허무하다는 뜻은 아닙니다. 땅도 하나님의 창조세계요 하나님 나라의 영역이라는 점을 잘 터득하면서도, 다만 땅의 일에 욕심을 부리지 않고 거기에 집착하지 않는다는 뜻입니다.

이러한 영생이 있는 사람은 "그리스도 안에서 새로운 피조물"이 되었습니다(고후 5:17, 5:14). 그런데 그의 몸값이 얼마일까요? 축구 선수들 가운데서 몸값이 가장 비싸다는 프랑스의 지단보다 훨씬 비싸고 포르투갈의 피구보다도 훨씬 비싼 몸값입니다! 왜냐고요? 우리의 몸을 다시 살리기 위해 하나님이 당신의 외아들을 십자가에 죽도록 내주셨기 때문입니다. 우리의 몸값은 이제 도저히 값으로 따질 수 없습니다. 왜냐하면 예수님이 자기의 생명을 드려 그 피값으로 그와 우리를 사셨기 때문입니다. 상품 가치로 따질 수 있는 내가 아니라, 천하보다 귀한 생명입니다! 이로써 우리는 갈라디아서 2:20로 우리의 믿음을 고백합니다. "그런즉 이제는 내가 사는 것이 아니요 오직 내 안에 그리스도께서 사시는 것이라 이제 내가 육체 가운데 사는 것은 나를 사랑하사 나를 위하여 자기 자신을 버리신 하나님의 아들을 믿는 믿음 안에서 사는 것이라" 그러므로 '나'는 그리스도와 함께 죽고 그리스도와 함께 부활한 나로서 이 세상에 둘도 없는 높고 귀한 나입니다.

이러한 '나'는 결코 상품 가치로 따질 수 없는 귀한 존재이므로 나 외에 다른 사람들도 "세속적인 표준"(공동번역, 육체)으로 판단하지 않고, 사람을 사람으로 알게 됩니다(고후 5:16). 즉 사람을 상품 가치로 따지지 않고, 사람을 생명으로 알게 된다는 뜻입니다.

사람을 장난감처럼 다루지도 않고 사람을 물건 취급하지 않으며, 사람을 사람으로 귀하게 대접하고 그리스도 안에서 함께 새 생명을 얻은 형제로 서로 존경합니다. 물화된 인간 심성이 회복되고, 기계화된 인간 심성이 회복되어서, 부활하신 예수님 안에서 사람을 사람으로 알아 주고 신분이 높은 사람이건 낮은 사람이건 어떤 사람이든지 사람을 사람으로 인정하게 됩니다. 이리하여 그리스도 안에서 새로운 피조물이 된 나는 세상의 가치관을 그리스도의 가치관으로 바꾸어 갑니다(고후 5:18).

만주 용정에 가면 김약연 목사님의 묘비가 있다고 합니다. 그 묘비의 글귀에 '동만 대통령 김약연'이라고 적혀 있습니다. 이 김약연 목사님은 본디 고향이 함경북도 종성이었는데 1899년에 간도 화룡면 장재촌으로 이주하셨습니다. 그는 함께 한 여러 사람들과 중국인의 임야를 사들여 명동촌이란 한인 마을을 일구었습니다. 이 마을에 명동학교를 세우고 기독교 신앙을 받아들이면서 김약연 선생도 기독교 신앙인이 되었습니다. 마을 전체가 예수를 믿으면서 마을 사람들은 사람이 천하보다 귀한 목숨을 가졌으며 모든 사람이 차별 없이 모두 귀하다는 신앙의 진리를 깨달았습니다. 그러면서 여성의 사회적 신분에 대한 자각 의식이 생겼습니다. 이제까지는 여자 아이에게 정식 이름을 지어 주지 않았는데(끝순, 분녀), 모든 마을 처녀에게 믿을 신(信)자를 돌림자로 써서 각각 이름을 지어 주었습니다(김신묵). 이 마을은 그리스도의 가치관으로 해묵은 사회적 통념을 깨고 정신적으로 새롭게 태어난 마을이 되었습니다. 김약연 선생님은 나중에 목사님이 되셔서 이 마을에서 목회하셨습니다.

"누구든지 그리스도 안에 있으면 새로운 피조물이라 이전 것은 지나갔으니 보라 새 것이 되었도다"(고후 5:17) 이처럼 부활하신 주님은 우리에게 새 생명을 주셨습니다. 우리는 부활하신 주님의 새 생명을 받은 하나님의 자녀입니다.

예수님 안에서 영생을 회복한 사람은 '하나님의 형상을 회복'합니다. 창세기 1장 2절 이하를 죽 읽어 내려가면서 하나님의 창조 순서를 살펴보면 그 창조는 생태학적으로 공동체성을 이루게 하셨음을 알 수가 있습니다. 이를테면 물을 창조하신 다음에 물에 사는 물고기를 지으신 점입니다. 만일 물고기를 물보다 먼저 지으셨다면 아마도 물고기는 물이 없으므로 생명을 유지할 수가 없었을 것입니다. 이런 식으로 하나님의 창조 순서는 마치 건축가가 집을 짓는 것처럼 우주의 기초부터 질서 있게 순서대로 이루어졌습니다. 이러한 순서로 본문 26절 이하에, 하나님이 사람을 우주만물을 지으신 순서 가운데서 맨 나중에 지으셨습니다. 사람 창조의 특징은 하나님의 형상을 따라 그 모양대로 사람을 지으셨습니다. 이제까지의 모든 창조는 '세상의 겉'(바깥 세계)을 만드는 과정이었습니다. 그런데 이제 사람 창조와 함께 하나님의 '세상의 속'(내면 세계)을 만드셨습니다. 다시 말해서 인격적인 하나님께서 당신의 형상대로 인격을 가진 존재(Person)인 사람을 지으셔서 하나님과 교통하고 대화를 나눌 수 있는 피조물을 지으셨습니다. 이리하여 사람은 하나님의 뜻을 파악하고 하나님과 더불어 대화를 나눌 수 있는 인격적인 존재로 지음받았습니다. 사람 외에 그 어떤 피조물도 하나님과 대화할 수 없고, 사람만이 그렇게 할 수 있다는 점에서 사람의 창조는 다른 모든 피조물의 창조와는 질적으로 달랐음을 파악합니다. 그런데 인격적인 존재로서 지음받은 사람은 하나님과 대화하는 것말고 수평적인 관계에서 대화를 나눌 수 있고, 그래서 자신의 속마음까지 털어놓을 수 있는 인격적인 존재가 필요했습니다. 그래서 하나님은 아담의 짝꿍을 지어 주셨습니다. 이것이 한 남자와 한 여자의 결혼이고, 따라서 결혼은 본래 창조 질서에 속한 것이며, 이 결혼을 통해서 사람은 본래 공동체적인 존재임을 확인합니다.

본문 27절에 창조라는 단어를 '바라'로 표현했는데, 이것은 무(無)로부터 창조를 뜻합니다. 그래서 인간의 창조는 무로부터의 창조 곧 다른 어떤 피조물의 창조와 연결되지 아니한 독특한 창조로 이해됩니다.

그런데 창세기 2:7을 보면, 하나님께서 사람을 흙으로 지으셨습니다. 이것은 이미 만드신 피조 세계인 흙을 재료로 사용해서 사람을 지으셨다는 말입니다. 그래서 1: 27과 2:7 사이에 차이점이 있습니다. 흙으로 만들어진 사람의 몸은 땅의 일부입니다. 그리고 이 세상과 우주에서 살아 숨쉬는 모든 생명체(동·식물)가 땅의 일부입니다. 창세기 1:24 이하에 땅이 생물의 모든 종류 곧 동식물을 내었다고 기록되었듯이. 이를 통해서 보면, 사람의 몸은 다른 모든 피조물과 유기적(organisch)인 관계에 있습니다. 다른 모든 생물과 함께 더불어 살아가는 피조 공동체이며 생명 공동체란 뜻입니다. 흙으로 빚어진 사람의 몸은 땅에서 나왔고, 그러한 존재로서 사람은 땅에서 생산되는 것을 먹고 살아갑니다. 땅이 건강하면 사람의 몸도 건강하고 반대로 땅이 병들면 사람의 몸도 시들시들 병들게 된다는 것입니다.

오늘날의 환경 오염과 생태계 위기 문제도 이런 관점에서 살펴볼 수 있습니다. 사람의 삶을 둘러싼 환경이 오염됨에 따라 사람의 몸도 시름시름 앓기 시작했습니다.

창세기 1: 27과 2:7을 연결지어서 우리는 이렇게 정리합니다. 사람은 하나님의 형상을 따라 지음받은 인격적인 존재로서 하늘 향해 두 팔을 들고 있는 존재, 동시에 사람은 흙으로 지음을 받아서 다른 모든 피조물들과 피조 공동체요 생명 공동체를 이루는 존재로서 그 발을 땅을 딛고 사는 존재입니다. 하늘을 향해 하나님과 대화하는 존재로서 땅에 사는 모든 피조 세계를 몸으로 잘 이해할 수 있는 사람입니다.

생명 공동체를 이루는 모든 피조 세계 안에서 사람에게 주어진 위탁과 약속이 있습니다. 다른 모든 피조물과 달리 사람만이 하나님의 말씀을 이해하고 그 뜻을 파악할 수 있으므로 하나님은 사람을 통해서 피조 세계를 다스리기를 원하셨습니다. 창세기 1: 26에 "우리의 형상을 따라 사람을 만들고 … 그로 모든 것을 다스리게 하자"는 말씀에 따라, 하나님은 사람을 통해 피조 세계를 다스리고자 하셨습니다. 그리고 그 다음 구체적인 내용이 나옵니다. 창세기 2:19-20에 보면, 아담이 모든 생물들에게 그 이름을 붙여 주는데 이것은 하나님께서 아담을 통해 피조 세계를 다스리시는 하나의 실례라고 볼 수 있습니다. 마치 아기가 태어나면 부모가 이름을 지어 주듯이, 아담이 모든 생물들에게 소 말 딱정벌레 장미 개나리 사과 배 딸기… 이름을 지어 주었습니다. 이름을 지었다는 말은 그 생명체에게 존재의 의미를 부여했다는 뜻입니다. 또한 모든 생명체는 그 이름대로 각기 존재 방식과 의미를 가지게 되었습니다. 또한 이 성경 구절에서 재미있는 점한 가지를 발견할 수 있는데, 하나님은 아담의 곁에서 아담이 생물들의 이름을 어떻게 지어 주는지 보고 계셨습니다. 한 번 상상해 보십시오! 아담을 지으신 하나님께서 이제는 아담이 각 피조물의 이름을 짓게 하시면서 하나님의 동역자가 되게 하신 점입니다. 그리고 아담은 하나님의 뜻을 살펴서 각 생물들의 이름을 지어 주었습니다. 이로써 우리는 주님이 가르쳐 주신 기도가 생각납니다. "하나님의 뜻이 하늘에서 이룸같이 땅에서 이루어지이다." 이것이 하나님의 위탁인 줄 믿습니다. 하나님의 형상대로 지음받은 사람에게 하나님께서 피조 세계를 다스리라고 하셨습니다. 사람이 다른 짐승들과 달리 하나님과 대화하고 하나님의 뜻을 알아서 그 뜻대로 피조 세계를 다스리는 위탁을 받았습니다.

이렇게 사람을 하나님의 대리자로 내세우신 하나님의 뜻은, 창조하신 세계의 생명을 유지하고 번성케 하기 위함이었습니다. 그래서 사람의 손이 닿는 곳마다 하나님의 창조 섭리가 분명히 드러나야 하고 창조의 내용이 되는 생명이 더욱 풍성해져야 할 것입니다.

이처럼 하나님의 형상을 회복한 사람은 하나님의 뜻에 따라 모든 피조 세계와 생명 공동체를 이룰 소명이 있습니다.

이러한 생명 공동체를 이 땅에 이루기 위하여 생명의 영이신 성령께서 역사하십니다. 로마서 8:11, "예수를 죽은 자 가운데서 살리신 이의 영이 너희 안에 거하시면 … 너희 죽을 몸도 살리시리라"는 말씀대로, 예수님의 부활에 역사하신 성령이 우리 안에 거하시면 죽을 몸을 살리십니다. 이와 함께 우리는 성령의 성육신을 생각합니다. 그리스도 예수께서 성육신하셨듯이, 사도행전 2:44-45에 보면, 성령도 성육신하셨습니다. 오순절에 성령께서 역사하시면서 예루살렘에 첫 신앙 공동체를 이루었는데, 이것이 바로 성령의 성육신 사건입니다. 성령은 우리 눈에 보이지 않습니다. 손으로 만질 수도 없습니다. 그런데 44-45절에 보면, 성령의 역사하심으로 변화를 받은 사람들이 마음을 비워서 모든 물건을 서로 통용하고 소유를 포기하고 재산을 다 팔아 각 사람의 필요를 따라 나눠 주고 성전에 모이기를 힘쓰고, 집에서 떡을 떼며 기쁨과 순전한 마음으로 음식을 먹고 이웃 사람들에게 칭송을 받았습니다. 이것이 성령의 성육신입니다. 그리고 그 결과 신앙 공동체를 이루었습니다. 이것은 예수님의 생명 사건을 이어가는 것이었습니다. 실제로 사도행전 3장에 보면, 예루살렘 성전 입구에서 구걸하던 앉은뱅이 장애인이 성령의 역사로 일어나 걷게 되었습니다. 베드로가 가로되 "나사렛 예수의 이름으로 일어나 걸어라" 하고 오른손을 잡아 일으키니 그가 발목에 힘을 얻고 뛰어 서서 걷고 함께 성전에 들어갔습니다. 이러한 성령의 성육신으로 교회가 탄생했습니다.

이제까지 대체로 성령에 대한 이해는 개인의 영혼 구원 차원에 머물렀습니다. 그러나 이제는 성령도 예수님처럼 성육신하셔서 사람의 몸을 새롭게 하시고 사람의 몸과 생명 공동체를 이루는 모든 피조 세계를 새롭게 하십니다. 그런데 성령이 모든 피조 세계에 역사하실 때에는 그 질서에 따라 일하십니다. 즉 성령은 사람을 통해서 모든 피조 세계에 역사하십니다 (롬 8:19-26, 고후 5:18). 사람이 인격적인 존재로 지음을 받아서 하나님의 뜻을 파악하고 그 뜻에 따라 모든 피조 세계를 다스리므로, 성령 역시 인격적인 하나님의 영으로서 모든 피조 세계에 사람을 통하여 새 생명을 불러일으키십니다.

따라서 이제는 이러한 사람이 중요합니다,

곧 성령의 역사로 새 생명을 받은 성령의 사람이 중요합니다. 이 사람은 생명의 영이신 성령의 역사로 그 의식이 바뀌었습니다. 그래서 그는 이제 일반 사람과 달리 자연이 정복의 대상이 아니라 하나님이 지으신 창조 세계임을 깨닫습니다. 이 사람은 짐승 새 물고기 나무 풀이 그와 함께 지음받은 피조 공동체요 생명 공동체임을 깨닫습니다. 땅이 결코 투기의 대상이 아니라 마치 어머니의 품 같은 우리 삶의 고향임을 깨닫고, 땅은 단순한 물질이 아니라 생명덩어리이고, 사람과 모든 피조물이 땅을 의지하고 거기에 뿌리를 내리고 살고 있음을 깨닫습니다. 그리고 하나님이 베푸신 구원의 영역이 사람뿐만이 아니라 모든 피조 세계와 우주 전체에 이른다는 점을 깨닫습니다. 하나님께서는 사람은 물론이고 사람과 함께 살아 숨 쉬는 모든 생명체를 구원하시고, 공중 나는 새도 구원하시고, 들에 핀 꽃도 구원하시고, 땅 속을 기어다니는 벌레도 구원하심을 깨닫습니다. 따라서 살아 계신 하나님은 산 자의 하나님이시고, 하나님의 녹색 은총은 생명의 은총임을 깨닫습니다. 바로 이런 사람이 중요하고, 이런 사람이 모인 곳이 교회 곧 생명의 은총을 함께 받은 신앙 공동체입니다. 우리 모두 이런 사람이 되기를 기원합니다.

이렇게 성령의 역사로 새 생명으로 거듭난 사람은 생명을 살리는 운동에 참여합니다.

① 생명의 영이신 성령의 역사로 새 생명을 받은 이 사람은 이제부터 생명 살림 운동에 동참할 것입니다. 대부분의 사람들이 서로 저마다 자기가 잘났다고 스스로 고개를 쳐들고 서로 높은 자리에 오르려고 으르렁거리고 서로 내가 많이 가지겠다고 다투고 있는 현실 속에서, 이 사람은 성육신하신 성령을 따라 수많은 생명체들이 사람의 편리함을 위해서 얼마나 많이 희생되었는지 살피고, 개구리와 풀벌레의 울음에 귀를 기울입니다. 그리고 지구 생명 공동체를 이루도록 기도합니다.

② 생명의 영이신 성령이 함께 하는 이 사람은 기계적이고 도식적으로 살아가야만 하는 삶의 방식을 거절합니다. 예컨대 요즘에는 병원에 성형 수술하려는 사람들로 붐빈다고 합니다. 눈 쌍거풀 수술과 콧대를 세우는 수술은 아주 흔한 현상이고 키를 높이고 턱뼈를 예쁘게 깎아 내리는 수술을 흔하게 한답니다. 아름다운 얼굴에 대한 기준이 도식화되었기 때문에

태어날 때 가지고 나온 얼굴을 인공적인 성형 수술로 바꾸려고 합니다. 또 사람들이 살아가는 방식이 한 가지 방식으로 도식화되어 갑니다. 이렇게 사람들은 남들처럼 그렇게 살아가려는 평준화를 지향하면서 남들처럼 되지 아니하면 불안 심리에 사로잡혀서 한 가지 방식에로 쏠려 있습니다. 결혼식을 올린 다음에 신혼 여행은 어디로 가야 하고, 냉장고는 어떤 것을 사야 하고, 또 어린이날 어버이날 등의 이름 있는 날이 닥쳐오면 백화점에는 비슷한 상품을 사려는 사람들로 만원입니다. 이렇게 사람들은 무의식적으로 고정관념 속에 사로잡혀서 한 가지로 형태로 살아갑니다. 그렇게 살지 아니하면 소위 '왕따'를 당할까 봐 남들처럼 살고자 합니다. 이것도 어떤 의미에서 전체주의라고 봅니다.

이것은 가치관의 획일화입니다. 남들이 모두 다 이렇게 하니까 나도 이렇게 해야지, 싫든 좋든 간에 남들이 하는 대로 스스로 따라 하는 것입니다. 남들이 자기 아이를 영어 조기 교육을 시킨다니, 불안해진 엄마들이 우르르 아이들을 영어 학원으로 내몰고 있는 현실입니다. 뉴스 보도에서 본 대로, 많은 엄마들이 자기 아이의 영어 발음 R자를 잘 내게 하기 위해서 이비인후과에 데려가서 혀를 수술시킨다고 합니다. 한국 아이에게 억지로 혀 수술을 시켜서 미국 아이 만들기로 작정한 엄마들의 모습입니다. 많은 청소년들이 학교 수업을 마치고 저녁에 우르르 학원으로 몰려가는데, 여기에 뒤처지고 성적이 떨어질까 봐 불안한 나머지 너도나도 학원에 갑니다. 이런 식으로 남들이 하는 대로 맞추지 않으면 불안하고 남들이 하는 대로 따라 하지 않으면 뒤처질까 봐 두려워하는 심리가 우리 사회에 크게 번져 있습니다.

이렇게 개인의 소질이 묵살되고 특성이 무시되어서 남들이 서 있는 줄에 억지로 끼어들어가야 하는 현실에서 '인간 물화 현상'도 심각합니다.

③ 21세기가 시작되면서 20세기의 문명이 그 수명을 다해 가고 새로

운 문명이 일어나고 있는 조짐이 보이기 시작했습니다. 지금까지 세계를 지배해 왔던 문명이 차츰 쇠퇴하고 있고 이제부터 새로운 문명이 시작되고 있는 조짐이 보이기 시작했습니다. 몇몇 학자들의 얘기를 빌리면 20세기의 마감과 함께 '철기 문명'이 이제 그 수명을 다했다고 합니다. 철기 문명은 힘센 (남성적인) 문명이라고 말할 수 있습니다. 굵은 철근으로 집을 높이 짓고, 강한 쇠붙이에 인간의 의지를 새겨 넣어서 이것으로 기계를 만들고 자동차와 비행기를 발명하고, 그러면서 이 문명은 '더 빨리! 더 높이!'의 이데올로기를 외치면서 발전을 거듭해 왔고, 이 철기 문명으로 만든 총과 대포와 핵무기로 무장한 힘센 나라는 남의 나라를 침략하고 정복하고, 최근에 이 문명은 자연까지 정복해 왔습니다. 이렇게 무기가 발달한 20세기를 두고 흔히들 '전쟁의 세기'라고 합니다. 왜냐하면 20세기 동안에 일어난 전쟁에서―1·2차 세계 대전, 한국 전쟁, 베트남 전쟁, 아프리카 내전, 걸프만 전쟁, 코소보 사태 등―사망한 사람의 수가 그 이전 모든 세기의 사망자 수보다 훨씬 더 많기 때문입니다. 철기 문명의 형태는 국가와 사회 조직은 물론이고 보통 사람의 일상 생활에도 절대적인 영향을 미쳤습니다. 그래서 사람 사는 곳 어디든지 이 문명의 형태를 지닌 힘의 논리가 지배해 왔습니다. 그런데 모순되게도 이렇게 강한 철기 문명이 이제 그 수명을 다했다고 합니다. 쇠가 산화해서 녹이 슬듯이, 철기 문명도 그렇게 수명을 다해 가는 것입니다. 그 이유 가운데 하나는, 쇠붙이가 강하기는 하지만 차갑기 때문입니다. 사람이 기계 곁으로 다가서면 차가운 냉기가 돌고 그 차디찬 기계가 사람을 언제 다치게 할지 두려움과 공포를 느끼게 합니다. 그리고 쇠붙이의 결정적인 약점은 쇠붙이 자체 속에서 생명이 피어나지 못합니다. 이뿐만이 아니라, 철기 문명은 이제까지 이런저런 많은 생명체를 다치게 하고 죽여 왔음이 사실입니다.

이런 식의 철기 문명은 이제 더 이상 미래가 없음이 분명합니다. 날이 갈수록 심각해지는 환경 오염과 생태계의 위기는 철기 문명의 위기를 말해 주는 하나의 실례가 됩니다. 철기 문명을 개발하기 위해서 인류는 석탄과 석유를 사용하는 화석 연료로 기초 에너지를 만들었습니다. 이 에너지를 바탕으로 인류는 공업을 발전시켰고 산업 사회를 이루어 왔습니다. 그런데 산업화는 사람의 삶을 둘러싸고 있는 지구 환경을 오염시켰고 살아 숨쉬는 모든 생명체의 먹는 일과 숨쉬는 일에까지 지장을 주는 결과를 낳았습니다. 이를테면 지구 온난화, 공기와 마실 물의 오염, 생물 종의 감소, 환경 호르몬, 오존층 파괴, 이상 기후 등. 이 가운데서 가장 심각한 어려운 일이 지구의 온도가 자꾸 올라가는 지구 온난화 문제입니다. 지구 온난화에 결정적인 요소가 되는 대기 중의 이산화탄소 농도가 1999년에는 16만년 이래로 최고 수치에 이르렀습니다. 이 수치는 100년 전과 비교해도 30% 이상 늘어났습니다. 이런 식으로 수치가 계속 올라가게 되면 앞으로 2100년엔 지구의 온도는 평균 1-4도 올라가고, 바다의 수면은 최대 1m까지 높아진다고 예견합니다. 지구 온난화 현상은 이미 지구의 습지를 자꾸 줄어들게 하고, 습지가 줄어드니 거기에 살던 생물들이 멸종되고, 이 생물들을 먹고 사는 또 다른 생물들이 멸종되고 혹은 이 생물들에게 먹히는 생물들의 수가 늘어나게 되면서 먹이사슬이 깨지고 생태계 질서가 뒤죽박죽 무너질 것입니다. 이러한 가운데 세계 인구는 이미 60억을 넘어섰고, 식량은 부족한데 2050년에는 세계 인구가 90억으로 늘어난다고 예견합니다. 특히 개발 도상국에서 인구가 급격하게 늘어나는데, 가뜩이나 어려운 경제가 인구 증가로 말미암아 먹고 사는 일이 더욱 어려워지고 있습니다. 현재 세계 인구 약 12-13억이 굶주리고 있습니다. 그런데도 지구의 다른 한쪽에서는 일 년에 약 40만 명이 살을 빼느라 지방을 제거하는 수술을 받고 있는 현실입니다.

이 같은 현상 속에서 철기 문명은 끝없이 강한 것 같지만 이 문명에 생명력이 없는 까닭에 그 수명이 다해 간다고 봅니다. 철기 문명의 한계점과 그 폐해를 충분히 본 사람들은 이제부터 시작되는 새로운 문명은—많은 사람들이 디지털 문명으로 생각합니다.—이 한계를 극복하고 이러한 폐해를 더 이상 반복하지 않기를 바랍니다. 그래서 새로운 문명은 부드러움과 생명력이 넘치는 여성적(혹은 여성성) 문명이기를 기대해 봅니다. 또 이 문명은 친환경적인 문명이기를 기대하고 있습니다. 이제 세계는 탈공업화 시대를 맞이하였고, 그렇지만 앞으로도 한동안은 이제까지 지속되어 온 철기 문명이 계속 큰 힘을 발휘할 것인데, 이러한 가운데서 인간의 야만성과 독재에 저항하고 부드러움과 생명을 지향하는 새로운 여성적 문명이 조금씩 발전되어 가리라 기대합니다. 이 문명은 요즘 세계 NGO(비정부 조직) 활동, 환경 운동(기독교 환경 운동 포함), 비판적 소비자 운동, 생태적 여성 운동 등에서 조금씩 드러나고 있음을 봅니다. 여기에 인류의 밝은 미래가 보입니다.

철기 문명의 한계점을 살펴보면서, 우리는 교회의 과제를 다시 생각합니다. 교회는 이제 산업화 시대의 물량적 '성장' 위주가 아니라 '생명을 살리는 교회'여야 합니다. 양적이고 외형적이고 물리적인 성장이 아니라 생명의 치유와 영생의 회복에 힘을 쏟는 교회입니다. 많은 사람들이 기계 문명에 익숙해지고 그 의식마저 기계화되어서 쇠 조각처럼 '딱딱함과 싸늘함'을 토해 내고 있을 때, 교회는 그 딱딱함을 부드럽게 만들고 싸늘함을 따스함으로 녹여야 할 것입니다. 일부 과학자들이 생명을 제 마음대로 '조작'하고 돈 많은 갑부들이 그 생명을 사유화하려고 할 때, 지구 온 생명을 살리기에 힘쓰는 성도들은 생명의 근원이 하나님께 있음을 선포해야 할 것입니다. 세상 많은 사람들이 갖고 있는 가치 판단의 성향이 능률과 효용성을 따지면서 이윤 극대화를 추구하는 데 반해서, 교회는 오히려 비(非)이윤적인 측면에 관심을 가지고 노인들과 장애인들과 외국인 근로자들을 돌보아야 할 것입니다. 많은 사람들이 경제 제일주의를 내세울 때, 교회는 삶의 질을 먼저 생각하고 썩은 물과 썩은 공기로 오염된 도시 살리기를 모색할 것입니다. 적지 않은 사람들이 물신주의에 매몰되어서 편함과 편리함과 풍요를 추구하는 동안에, 교회는 건강한 정신 문화를 추구해야 할 것입니다. 그래서 교회는 "한 생명이 천하보다 귀하다"는 예수님의 말씀을 좇아 사람의 가치와 영원한 생명의 회복을 추구해야 할 것입니다.

이리하여 이 땅에서 하나님의 일꾼으로 부르심을 입은 우리 교역자들은, 특별히 여교역자, 성령의 능력 속에서 목마른 뭇 영혼들에게 생명의 말씀을 풍성하게 나누어 주고 또 생명의 영이신 성령의 역사로 지구 온 생명을 살리면서 "새 하늘과 새 땅"(계 21:1, 5)을 향해 달음질하기를 기원합니다.

2

한국 교회 부흥 운동의 역사와
예장 300만 성도 운동[1]

---

1. 전도의 당위성, 전도해야 할 상황

"땅 끝까지 이르러 내 증인이 되리라"(행 1:8)는 예수님의 말씀을 좇아서 '전도는 그리스도인 누구나 마땅히 해야 할 일'입니다. 증인은 '순교자'와 동일한 뜻입니다. 신약성경 사도행전의 초대 교회 성도들은 부활하신 예수 그리스도를 주님으로 고백하면서 순교를 각오하며 그리스도의 증인으로 나섰습니다. 순교자=증인은 온전히 그리스도를 본받아 그분을 따르며 닮아 갔습니다. 이에 따라서 '예장 300만 성도 운동'은 복음을 증언하는 전도 운동입니다. 교단의 총회가 이 운동을 시작한 지 벌써 6개월이 지났고, 이 운동을 추진하고자 12지역 본부와 64개 노회 조직이 완료되어서 발

---

1) 이 글은 대한예수교장로회총회(예장통합) '예장 300만 성도 운동 신학 심포지엄'(2009년 6월 22일, 연동교회) 강의 원고이다.

대식과 전진 대회를 마쳤습니다.

그러나 300만 성도 운동에 대하여 교회들이 뜨겁게 호응하지만은 않습니다. 비판적 호응이 있는가 하면, 더러는 구경꾼의 입장에서 바라보고 있고, 더러는 냉소적이고, 어떤 이는 매우 부정적입니다. 생각하는 바 관점에 따라 다양한 반응을 보입니다. 젊은 세대 가운데는 '300만'이란 숫자를 앞세운 이 운동은 이미 지나간 세대의 물량적 교회 성장을 지속시키자는 것이 아닌가 냉담한 반응을 보입니다. 교단의 지도자들은, 한국 교회의 성장이 멎어 있고 이제부터는 마이너스 성장을 염려해야 하는 상황에서, 교단에 소속된 교인 수가 268만 명 조금 더 되므로 향후 2년 동안 10% 교인 증가를 염두에 둔 300만 성도 운동이 매우 시의적절(時宜適切)한 전도 운동이라 보고 있습니다.

교회를 향한 사회의 시선이 곱지 않다고 합니다. 지난해 11월에 기독교윤리실천운동(기윤실)이 설문 조사 결과를 보고하면서 "개신교에 대한 사회적 신뢰도가 매우 낮다."고 발표하면서 드러난 사실입니다.[2] 이와 관련

---

2) 이 설문 조사를 실시한 기독교윤리실천운동(기윤실)은 한국 교회의 사회적 신뢰도를 높일 방안을 찾으려는 목적으로 진행하였고, 설문 조사를 전문 기관(글로벌리서치)에게 의뢰하여 진행하였다. 그 결과 개신교에게 매우 충격적인 보고서가 발표되었다. 개신교의 사회적 신뢰도가 아주 낮다는 것이다(신뢰한다는 응답이 18.4%인 반면, 불신한다는 응답이 48.3%). 천주교에 대한 신뢰도(35.2%)와 불교에 대한 신뢰도(31.1%)에 비하여 형편없이 낮은 개신교에 대한 신뢰도(18%)였다. 이런 결과를 보면서 질문이 앞선다. 설문 조사에 응한 사람들이 현재 수많은 교회들이 벌이고 있는 다양한 사회 봉사(병원-호스피스, 노숙자, 장애인, 어린이와 여성 보호 시설, 소년소녀 가장 돌보기, 대안학교, 교도소 봉사 등)에 관하여 잘 알고 있지 못한 것이 아닌지? 일반 대중 매체가 보도하고 알려 주는 개신교의 모습을 보고 단순하게 판단한 대중들의 피상적인 평가에 동의한 것이 아닌가? 수박의 겉모습만 훔쳐보고서는 그 속의 진짜 색깔을 어찌 알 수 있겠는지? 개신교는 예수님의 말씀대로 '오른손이 한 일을 왼손도 모르게' 봉사하느라 그 봉사 활동을 생색내지도 않고 또 밖으로 알리지도(홍보) 않았기에 신뢰도 조사가 수박 겉핥기로 진행된 것이 아닌지? 그러나 기윤실의 설문 조사 결과는 교회를 향한 쓴 소리와 예언자의 목소리로 인정하며 받아들일 수 있다. 입에는 쓰지만 삼키고 소화하면 양약이 된다는 뜻이다. 그런

해서 어떤 이들은 교단이 300만 성도 운동을 펼치려면 이보다 앞서서 교회가 사회의 신뢰를 회복하는 데 우선해야 할 것이라고 주장합니다. 그러나 따지고 보면, 최근의 10년을 잠깐 돌아보아도, 1997년의 경제 위기(IMF 경제 환난) 이후에 교회의 사회 봉사가 전국적으로 크게 활발하였고 또 강화되었습니다. 약 2년 전 태안 반도에서 기름 유출 사고가 발생했을 때 전국의 교회들이 파괴된 창조 질서와 환경 재앙의 심각성을 우려하면서 적극 봉사 활동에 나섰습니다. 그런데 그럼에도 불구하고 교회에 대한 사회의 인식이 왜 이렇게 부정적인지요? 교회의 사회적 신뢰도가 왜 그렇게 낮은지요?

그 까닭을 반성하면, 지극히 일부 목회자와 교회 지도자들의 상식선에서 벗어난 비윤리적 행위가 대중 매체를 통해 사회에 크게 부각되었고, 또 종교 집회를 이용한 정치성 대규모 집회가 일반 대중에게 기독교에 대한 부정적인 이미지를 심어 준 것이 아닌지 반성해 봅니다. 또 가끔은 맹신적 교인들의 공격적인 전도(예수 천당, 불신 지옥)가 도리어 대중에게 기독교에 대한 배타적인 이미지를 심어 준 것이 아닌지 반성해 봅니다. 기윤실의 보고서는 이렇게 마무리되었습니다. "교회가 사회의 신뢰를 회복하려면 교회가 사회와 소통해야 하고, 더더욱 교회 지도자와 목회자가 정직성을 회복해야 한다."고 했습니다. 정직성의 우선 순위는 언행일치(言行一致)입니다.

300만 성도 운동은 교회 밖 세상 사람들에게 예수 그리스도의 복음을 전하자는 운동인데, 그들과 교회 사이에 높은 담장이 가로막혀 있어서 '소통'이 되지 않는 현실입니다. 사회로부터 단절되어 고립된 교회라는 지적

데 1년 후, 2009년 11월 13일에 기윤실이 다시 새로이 조사하여 발표한 보고서(2009년 한국 교회의 사회적 신뢰도 여론 조사 결과 발표)에는 한국 교회의 사회적 신뢰도가 다소 높아졌다.

을 받고 있습니다. 더더욱 사회의 신뢰도가 매우 낮은 이미지를 가진 교회 현실이므로 이러한 이미지를 혁신적으로 바꾸어야만 300만 성도 운동이 제대로 전개될 전망입니다.

300만 성도 운동을 시작한 우리 교단(예장통합)은 예수님의 말씀을 좇아서 땅 끝까지 그분의 증인이 되어야 한다는 '전도의 당위성'을 먼저 확인합니다. 그러나 사회와 소통이 부재한 현실 교회로는 전도의 문을 열기가 매우 어렵습니다. 그래서 먼저 교회에 변화가 와야 할 것입니다. 이 변화는 교회 갱신입니다. 교회 갱신이 전도의 문을 활짝 열 것이며, 교회 갱신이 300만 성도 운동의 첫 걸음이라고 봅니다.

2. 한국 교회 부흥의 역사

교회 갱신을 알아보기 전에, 한국 교회가 부흥한 역사를 살펴보고자 합니다. 교회 부흥은 개신교 120년 역사 속에서 '신앙 각성 운동'(Awakening Movement, Revival, Erweckung)으로 일어났고, 각 세대마다 새로운 신앙 각성 운동이 일어났습니다.

1. 1903년 원산에서 시작되어 1907년 평양에서 절정을 이룬 부흥 운동이 한국 개신교 제1세대의 신앙 각성 운동이었습니다. 이것은 성경공부를 하는 사경회를 바탕으로 하여 성령의 역사 속에서 지은 죄를 회개하는 신앙 각성이었습니다. 또한 당시의 한반도는 세계 열강들이 힘겨루기를 하던 끝에 일본의 식민 지배로 끌려가는 운명이었습니다. 청일 전쟁(1894)과 러일 전쟁(1904), 그리고 을사늑약(1905)이 체결된 국가적 '위기' 속에서 "도무지 의지할 곳이 없다."는 절규가 쏟아졌습니다.

위기는 하나님의 때(Kairos)였습니다. 위기 의식 속에서 성령의 역사로 지은 죄를 철저하게 회개하였습니다. 죄 용서에 기초한 신앙 각성을 바탕으로 한국의 토착 기독교가 형성되었습니다. 평양 대각성 운동이 일어난 그해 6월에 이 도시의 신학교(장로회신학교)가 첫 졸업생 7명을 배출하였습니다(한석진·양전백·방기창·송인서·이기풍·길선주·서경조). 신학 교육의 책임자인 교장 마포삼열(S. A. Moffett)이 다음과 같이 감회를 밝혔습니다.[3]

(한국의 장로교회에는) 이미 15,000명 이상의 학습교인이 있고 또 약 75,000명의 교인이 있는 바, 이 교회에서 그들은(목사 후보생들) 최초의 토착인 목사가 될 것이다. (한국) 교회는 한국에 이식된 이국적이고 서구적인 교회가 아니다. 복음이 선포된 때부터 이 교회는 한국인의 삶에 적합하며 한국인의 삶과 관습이 성경과 갈등을 일으키지 않는 범위 내에서 한국적인 토대를 둔 한국의 교회로 발전했다. 예배당은 한국적인 건축 방법으로 짓되 과시하기보다는 한국인 스스로 감당할 수 있는 규모로 지었다. 내가 알기에는 600개 이상 되는 예배당 중에서 단지 20개 이하만 미국으로부터 지원을 받아 지었다. 성례를 집행할 때는 한국의 떡과 포도즙을 사용했다. 동일한 생각을 가능한 모든 일에 적용해서, 한국인들은 교회가 한국의 기관이라고, 곧 교회는 한국인의 교회이고 그 교회를 돌보고 지원하는 것이 한국인의 의무라고 느끼게 되었다.

---

3) S. A. Moffett(마포삼열), "한국의 교육 사역", 『인테리어』(1907년 2월 14일), 1-4. 책임 편집 서원모, 『한국 교회 대부흥 운동: 1903-1908』(서울: 장로회신학대학교출판부, 2007), 109.

그해 9월 17일에 '조선예수교장로회 독노회'가 성립하였고, 첫 졸업생 7명이 목사로 안수 받아 장립했습니다.

2. 1920년대에 또다시 부흥 운동이 일어났습니다. 이번에는 장로교회의 총회가 추진한 '진흥 운동'(振興運動, The Forward Movement)으로 일어났습니다. 이 부흥 운동은 매우 다양하게 전개되었습니다. 탁월한 영적 지도자 부흥 강사들이(길선주, 김익두 등) 부흥 운동에 나섰습니다. 무엇보다도, 유년주일학교의 부흥이 크게 돋보였는데 '조선주일학교 대회'(1921년)를 개최하였고 '하기아동성경학교'(1923년)를 시작하였습니다. 이 운동을 통하여 개신교 여러 교단들이 '조선주일학교연합회'를 조직하였습니다. 그 시절, 아직도 여전히 유교적 위계 질서의 사회에서 아이들이 인격적인 대접을 받지 못하던 당시에, 주일학교의 시작과 발전은 세대를 뛰어넘고 시대를 선도(先導)하는 사회 운동 차원이기도 했습니다.

진흥 운동은 교회의 청년 운동도 지원했습니다. 1920년 경북 안동에서 시작된 청년 '면려회'(勉勵會)가 장로교회 제10회 총회(1921년)의 결의에 따라 전국으로 확산되는 청년 운동이 되었습니다. 이를 통하여 청년 세대가 교회의 중심으로 들어왔고 또 다음 세대의 주역이 되었습니다. 1930년 8월에 '제8차 기독청년면려회 세계대회'가 독일 베를린에서 개최되었는데, 이 대회에 우리나라 면려회연합회의 대표들이(안대선, 조희염 등) 참석하였습니다. 교회 청년들은, 비록 일제의 식민 지배를 받는 상황 속에서도, 국제적인 에큐메니칼 운동을 경험하였습니다.

장로교회 총회는 다른 여러 개신교 교단 및 기독교 기관들과 연합하여 협력 사업을 벌이는 '조선예수교연합공의회'를 조직하였습니다. 총회는 해외에서 개최되는 국제 회의에 대표를 파송하여 세계 교회와 유대를 돈독하게 하였습니다. 또한 총회는 농촌 운동(1928-1937)을 전개하였고, 질병

(한센병, 결핵) 퇴치 운동을 전개했고, 절제 운동(금주, 금연)과 공창 폐지 운동을 전개했습니다. 사회 선교 및 사회 봉사가 크게 두드러진 부흥 운동이었습니다.

장로교회 제19회 총회(1930년)는 '교회진흥방침연구위원회'를 설치하고 교회의 진흥(부흥)을 모색하였습니다. 제20회 총회는 진흥 운동 3개년 계획안을 발표하였습니다. 제1차 연도엔 헌신·성경 보급·특별 기도회를 강조하였고, 제3차 연도는 기독교 문화 운동에 역점을 두었습니다. 1935년까지 문화 운동을 추진하였습니다. 이 기간에 벌인 주요 사업은 평신도를 위한 도서문고를 설치했고, 교역자를 위한 이동도서관을 설치했습니다. 또한 현대 사상과 기독교와의 관계를 설명한 책을 손쉽게 구해 볼 수 있는 문고판으로 출판하여서 보급했습니다. 이처럼 지성과 교양을 겸비한 기독교 신앙을 만들어 가기 위해 노력했습니다.

3. 일제의 식민 지배에서 해방되던 8·15 광복과 함께 한국 교회는 완전히 새롭게 시작해야 했습니다. 1950년에 6·25 전쟁이 일어났고, 전화(戰禍)의 잿더미 속에서 부흥 운동이 피어났습니다. 전쟁으로 말미암은 고난과 역경을 견디고 이겨내면서 일어난 부흥 운동이었습니다. 약 3년 동안 한반도에서 세계 강대국들이 벌인 전쟁은 자칫 제3차 세계 대전으로 확전(擴戰)될 뻔했습니다. 북한에서 모든 것을 잃어버리고 맨몸으로 간신히 빠져나온 교역자들과 평신도들은 매섭게 추운 겨울을 기차 지붕 위에서 견디며 서울에서 부산으로, 또다시 부산에서 제주도나 거제도로 유리방황해야 했습니다. 도무지 어디에도 의지할 곳 없는 상황에서 하늘을 향해 기도하는 것 이외에 달리 해 볼 것이 없었습니다. 이런 상황에서도 남은 힘을 다 짜내어 교회를 설립하였고, 마치 황무지에 장미꽃이 피어나듯이 교회가 부흥하였습니다. 이 당시 전국 곳곳에서 피난민이 세운 교회들이 오늘

날까지 건실하게 발전해 왔습니다.

이때의 교회는 고달픈 삶과 절박한 상황에서 눈물과 한숨으로 살아가는 사람들을 위로하고 함께 기도했으며, 배고프고 헐벗은 사람들을 먹이고 입혔고, 배움에 굶주린 피난민 청소년들에게 신앙 교육과 학교 교육(성경구락부, 고등공민학교 등)을 시켰습니다.

이런 배경에서 일어난 부흥 운동은 역설적인 성격을 가졌습니다. 6·25 전쟁이 한편으로는 동족 상쟁의 비극이었으며 그 전쟁으로 말미암아 한반도의 허리가 잘려서 남북 분단이 고착되었고, 그때 생겨난 이산 가족이 지금도 생이별의 아픔을 안고 살아갑니다만, 또 다른 한편으로는 기독교 신앙인들에게는 전쟁의 고난을 통하여 오히려 집단적인 신앙 연단의 기회가 되었습니다. 이것이 또한 교회 부흥의 밑거름이 되었습니다. 이 과정에서 걸출한 한국 교회의 지도자들과 목회자들이 배출되었습니다. 전쟁 경험은 우리에게 이중적이었습니다. 우리는 우리 민족이 당한 처절한 비극의 역사 속에서 복음의 역사를 일으키신 하나님의 섭리를 고백하게 되었습니다.

4. 1960년대 이후에 교회가 크게 부흥했습니다. 산업화 시대에 대도시 중심으로 진행된 교회 부흥이었습니다. 이때의 교회 부흥은 흔히들 얘기하는 교회 성장이었습니다. 교회 성장의 주역은 교회를 헌신적으로 섬긴 목회자와 평신도들이었습니다. 이들은 6·25 전쟁 속에서 고통과 고난을 통해 받은 신앙의 연단으로 신앙 절대 우선의 가치 체계를 가졌습니다. 평신도들은 하루의 일상을 새벽 기도회 참석으로 시작했고, 하루 종일 힘들게 일해 얻은 수입에서 십일조 헌금을 가장 먼저 떼어 놓고, 교회일을 다른 어떤 일보다도 가장 우선 순위에 두었습니다. 이런 평신도가 신앙의 모범을 보여 주었습니다. 목회자들 역시 고난을 뼈저리게 경험하며 "그리스

도의 남은 고난을 그의 몸 된 교회를 위하여" 바쳤습니다. 죽을 병에 걸렸다가 하나님의 은혜로 나은 목회자, 전쟁 속에서 삶과 죽음의 갈림길을 오가며 실존적 신앙 체험을 한 목회자들은 심한 고난 속에서 체득한 신앙으로 그리스도의 십자가를 앞세우고 목회했습니다. 날마다 이른 새벽에 이들이 강단에서 기도드리면, 북한에 남아 있는 가족 역시 같은 시각에 기도드린다고 확신했습니다. 이렇게 신앙 절대 우선의 가치관으로 목회하고 교회를 섬기는 가운데서 교회가 부흥하고 성장했습니다.

교회 부흥의 또 다른 원인이 사회적 환경에 있었습니다. 1960년대 초반에 시작된 산업화였습니다. 산업화로 말미암아 사회가 근원적으로 변화되었는데, 이 가운데서 도시의 확대와 확장이 가장 큰 변화였습니다. 농촌 인구가 대거 도시로 이주해 왔습니다. 그런데 농촌 출신 대도시 사람들에게는 농촌 시절 이웃 사촌이 아쉬웠습니다. 도시의 사무적이고 삭막한 인간 관계 속에서 농촌의 마을 공동체에 대한 '향수'를 가졌습니다. 그러다가 이들이 교회에 다니면서 농촌 시절 공동체의 대안을 찾을 수 있었습니다 (소그룹 성경공부 모임, 구역 모임, 찬양대, 주일학교 교사 봉사 등). 이것이 농촌 출신 도시인들이 교회 다니는 사회적 요인 가운데 하나였습니다.

산업화 시대의 교회 부흥은 대도시 중심으로 크게 성장했습니다. 이를 통하여 한국 교회의 부흥을 온 세계에 알렸습니다. 1972년에 장로교회의 총회가 부흥 운동을 시작했는데, 1984년 무렵 이 운동이 가시적인 결실을 맺었다고 합니다. 계속해서 총회는 '만사 운동'(1만 교회 4백만 성도 운동), '생명 살리기 10년 운동', '100만인 전도 운동', '어린이·청소년 전도 운동'을 전개했습니다. 교회 성장을 바탕으로, 한국 교회는 해외에 선교사를 파송하였습니다. 오대양 육대주 어디에서나, 험준한 오지(奧地)에서나 외딴 섬에서도 한국 교회가 파송한 선교사들이 헌신적으로 사역했습니다.

한국 교회의 부흥을 정리하면 이렇습니다. 한국 교회는 120년 역사 속에서 각 시대마다 새로이 일어난 신앙 각성 운동으로 새롭게 부흥해 왔습니다. 그때마다 사회 정치적 위기가 있었는데, 그 위기 상황이 오히려 부흥 운동을 일으키는 환경으로 작용했습니다.

3. 산업화 시대의 교회 성장에 대한 반성과 성찰

한국 교회의 부흥을 얘기하면, 지금도 여전히 1960년대 이래로 형성된 산업화 시대의 교회 성장 모델을 선뜻 떠올립니다. 이 성장 모델은 교인 수의 증가와 교회 재정의 증대가 그 핵심인 물량적 교회 성장입니다. 20세기의 산업화 시대가 이미 지나갔음에도 아직도 그 시대의 성장 모델에서 벗어나지 못한 것이 아닌지 반성해 봅니다.

1) 경제 성장의 성장 이데올로기와 교회의 성장

1960년대 이래로 전개된 산업화 시대의 교회 부흥은 교회의 성장으로 대변되었습니다. 교회의 성장은 또한 우리 나라의 경제 성장과 맞물려 있었습니다. 이때 시작된 국민적 구호인 "우리도 한 번 잘 살아 보세"는 사회 구성원에게 '물질적 번영을 추구하는 성장 이데올로기'를 주입시켰고, 이 이데올로기가 교회에도 스며들었다고 봅니다. 실제로 정부의 경제 개발 정책이 성공을 거두며 경제 성장을 일으키자, 우리 사회의 경제 사정이 점차 가난에서 벗어나게 되었고, 덩달아 교인들의 경제 사정도 나아지자 교회 부흥이 외형적 성장으로 정착되어 갔습니다. 개발 시대와 더불어 건설업이 크게 일어났고, 이와 함께 교회 건축이 여기저기에서 활발히 시작되었습니다.

경제 개발과 부흥은 교회가 외형적으로 성장할 수 있는 물적 토대를 마련해 주었습니다. 특히 1970-1980년대 서울이 한강을 건너 팽창되면서 강남 지역과 강동 지역이 개발되자 이 지역에서 급성장한 몇몇 교회들이 경제 개발 시대의 교회 성장을 대변해 준다고 봅니다. 이리하여서 한국 교회의 부흥은 외형적이고 물량적 성장과 동일시되었습니다. 그리고 이 성장 모델이 지금도 여전히 교회의 부흥을 대변하고 있습니다. 부흥과 성장은 서로 구별되어야 하는데도 말입니다.

경제 성장에 맞물려서, 경제 성장의 가치 체계인 물질적 성장 이데올로기가 교회 안으로 스며들어왔다고 봅니다. 그 결과 적지 않은 교인들이 물질적 축복을 기원하는 기복 신앙으로 저도 모르게 빠져들었다고 봅니다. 하나님의 축복이 물질적 축복과 경제적 번영으로 이해되었습니다. 하나님의 축복은 또한 사회적 성공(경제, 권력, 지위 등)으로 이해되었습니다. 이러다 보니 교인들의 신앙 체계가 저도 모르게 자기 중심적이고 이기적인 영역으로 좁혀들었고, 신앙이 개인의 사적(私的)인 영역으로 국한되었으며 그것이 공공성을 띤 공적(公的) 영역으로 나아가지 못하였습니다. 물론 많은 교회들이 교회 차원에서 가난한 이웃을 돕고 소외된 계층을 나름대로 힘껏 돌보았습니다만, 1920년대 장로교회의 총회가 펼친 만큼의 사회 봉사와 사회 선교가 되살아나지 못하였습니다. 또한 '내 교회의 발전과 성장'에 주로 매달리다 보니 서로 이웃해 있는 교회들이 함께 사회 선교나 사회 봉사에 서로 협력할 만한 여유가 없었습니다. 개교회 중심의 교회 성장. 이것 역시 한국 교회의 초창기 역사에서 이웃 교회들이 함께 모여서 사경회를 개최하였고 또 이웃 교회들이 아동 여름 성경학교를 함께 열었던 공공성의 유산을 되살려 내지 못하였습니다. 그저 부활절 새벽 연합예배가 옛날의 명맥을 겨우겨우 이어갔습니다.

이러한 외형적이고 물량적 교회 성장의 시대에, 다른 입장을 가진 소수의 목회자들이-산업 사회의 구조적 모순을 직시하면서-'작은 교회 운동' 또는 '민중 교회 운동'을 시작했습니다. 이들은 산업화의 그늘에 있는 도시 빈민과 노동자들을 찾아가서 그들을 돌보고 보살폈습니다. '도시 산업 선교'와 '빈민 선교 운동'이 일어났습니다.

2) 대도시 중심의 교회 성장, 농어촌의 희생

산업화 시대의 교회 성장이 대도시 중심으로 전개되다 보니 농어촌 교회의 부흥에 관하여는 상대적으로 관심이 적었습니다. 농어촌 지역의 교인들이 도시로 나왔기에, 대도시 교회의 뿌리가 농촌 교회인데도 고향 교회를 잘 돌아보지 못했습니다. 이에 관하여 경북 의성 농촌 마을에서 한평생 교회를 섬긴 김영원 장로님이 자신이 쓴 책에다 이렇게 적었습니다.[4]

> 근대화와 산업화의 시대를 맞아 농촌 사회는 급격하게 해체되었다. 많은 농촌 교회 신자들이 도시로 떠나갔다. 농촌 사회의 해체, 농업의 위기와 농촌 교회의 문제는 분리될 수 없다. 마찬가지로 도시 사회의 모순, 고도 성장과 천민 자본주의와 도시 교회의 문제도 같은 맥락 속에 있다. 특히 그간의 한국 경제의 성장, 도시의 성장, 도시 교회의 팽창이 농업과 농촌과 농촌 교회의 희생 위에서 이루어진 것이었지만, 이제는 더 이상 일방적인 희생과 수탈이 가능하지 않은 현실을 목도하면서 한국 교회 전체의 위기를 생각하지 않을 수 없다.

---

4) 김영원, 『효선교회 100년의 숨결』(서울: 대한기독교서회, 2006), 170-171.

4. 교회 부흥과 전도의 새로운 패러다임 모색

1) 21세기의 변화

21세기 지금의 세계는 마치 지각 변동을 일으키는 대지진처럼 커다란 변화 속에 있습니다. 그 변화는 1989년 유럽에서 사회주의 체제의 국가들이 붕괴되면서 일어났습니다. 이렇게 시작된 변화는 작은 것에서부터 문명의 전환까지 내다보게 하는 엄청난 폭으로 진행된다고 합니다. 이 변화에 상응하여 이제는 교회 부흥과 전도의 패러다임도 바뀌어야 할 것입니다. 지난날 산업화 시대의 교회 성장 모델에 안주하지 말고 전도의 새로운 패러다임을 찾아야 하겠습니다.

(1) 냉전 시대(1945-1989) 이후의 세계 질서,
정치적 대립에서 경제적 양극화

1989년에 유럽에서 사회주의 체제 국가들이 붕괴되자, 공산 진영과 자유 진영 사이의 이념 대립과 군사적 대립이 종식되었고, 냉전 시대도 종식되었습니다. 국제 정세는 미·소 중심의 양극 체제에서 한동안 미국 중심의 일극 체제로 유지되었습니다. 세계의 관심은 이제부터 정치 문제에서 경제 문제로 옮아 갔습니다. 구 소련의 경제 체제는 당(공산당)의 독재 지배 아래 중앙에서 통제하고 국민은 타율적이고 강제적으로 참여하는 계획 경제 질서였는데, 이 나라가 몰락하고 그 경제 체제도 몰락하자 자유로운 시장 경제 질서가 훨씬 우수하다고 판명되었습니다. 이와 함께 소위 신자유주의 시장 경제 질서가 미국의 주도 아래 더욱 탄력을 받았습니다.

신학자(경제윤리학) 아투어 리히(Arthur Rich)가 시장 경제 질서에 관하여 이렇게 설명했습니다.[5] 시장 경제 질서의 장점과 우수한 점은 개인의 자유와 책임성을 기반으로 한 경제 질서입니다. 자유를 기반으로 하여서 경제의 주체인 생산자와 소비자가 자발적으로 시장에 참여하고 또 자율적으로 경제 행위를 하면, 그 결과에 대해서도 스스로 책임지게 됩니다. 그러나 문제는, 자유를 기반으로 한 시장 경제에서 생산자와 소비자의 자유는 쉽게 이기주의와 자기 중심적인 방향으로 간다는 점입니다. 그것은 인간의 본성이 죄의 속성에 매여서 거기에서 벗어나지 못하기 때문입니다. 이러한 인간인 까닭에, 생산자의 입장에서는 이윤의 극대를 추구하고 자본의 증식을 추구하는 것이 당연한 것이며 또 소비자의 입장에서는 구매력의 극대화를 위해 최선을 다합니다. 대립하는 양자의 사이에서 '보이지 않는 손'(Unsichtbare Hand)이 시장을 조정하도록 기대하게 됩니다. 경제의 주체들은 이기적이고 자기 중심적인 경제 행위에 여념이 없지만, 보이지 않는 손이 시장에 개입하여서, 이들이 전혀 의도하지는 않았는데도 모두에게 좋은 공공복리가 일어날 것으로 기대했습니다.

그런데 리히는 1990년대 초반에 세계의 시장 경제 질서를 분석하였습니다. 그 결과 그는 대단히 부정적인 평가를 내렸습니다. 지금의 시장 경제 질서는 시장에 개입하리라 기대했던 보이지 않는 손이 전혀 나타날 기미가 없다는 것입니다. 이와 반대로 시장의 질서가 몇몇 사람의 의도에 따라 "보이는 손에 의해서 조작(Manipulation)되고 있다."고 했습니다. 현실적으로, 시장에서 공정하고 균등한 기회가 주어지지 않고 있으며 불완전한 경쟁을 통하여 이득을 보는 몇몇이 독점과 카르텔을 형성해서 시장 가격에 절대적인 영향을 끼치고 있으며, 그들의 이윤 추구가 극대화됨에 따라, 시장이 제 기능을 발휘하지 못하고 있다는 것입니다. '경제의 다원 법칙'

---

5) Arthur, Rich, *Wirtschaftsethik, II. Marktwirtschaft, Planwirtschaft, Weltwirtschaft aus sozialethischer Sicht*(Gütersloh: Gütersloh Verhagshaus, 1990). 아투어 리히는 스위스 취리히 대학 신학부 교수로서 교의학과 경제 윤리를 가르쳤다.

(Wirtschaftsdarwinismus) 곧 경제 질서에 적자생존의 법칙이 있다는 것입니다.[6] 결국 개인의 자유를 기반으로 경쟁의 법칙을 통하여 공공복리로 나아가야 하는 시장 경제의 이론은 현실성이 없는 하나의 '허상'(Illusion)이라고 판명했습니다.[7]

리히의 판단과 예측이 현실로 드러났습니다. 그동안 투자 금융 중심의 거대한 독점 자본이 아무런 견제 장치가 없이 시장을 지배해 오다가, 지난해 연말에 미국 발 경제 위기(금융 자본의 위기)가 전 세계로 확산되었습니다. 이에 따라 오늘의 세계는 신자유주의 시장 경제 질서 대신 새로운 시장 경제 질서가 나와야 한다며 고심하고 있습니다. 그동안 우리나라도 글로벌 스탠더드의 이름으로 국제 금융 자본과 신자유주의 시장 경제 질서에 편입되었고, 일부 대기업 중심으로 경제를 운영하면서 마치 파이를 키우듯 경제를 크게 키우면(성장) 분배가 뒤따라온다고 주장했는데, 이것이 현실화되지 못했습니다. 수출은 해마다 최고치를 경신하고 있지만 내수 소비가 전혀 살아나지 못하고 중소기업이 침체되었습니다. 경제력의 양극화 현실은 빈부의 격차뿐만이 아니라 이제는 세대 간의 갈등으로 번지고 있습니다.

'예장 300만 성도 운동'은 사회의 양극화 현실을 고찰하면서 추진되어야 할 것입니다.

(2) 포스트모던 시대, 문명의 전환

최근 약 20년 동안 우리 사회의 변화는 '세계화'와 '포스트모던(post-modern) 시대'로 대변할 수 있습니다. 세계 곳곳의 소식을 안방에서 볼 수

---

6) 위의 책. 11.
7) 위의 책.

있는 방송 매체의 발전, 인터넷의 개발, 자유로운 해외 여행은 경험의 범주를 전 세계로 넓혀 주었고 세상을 보는 시각 또한 그만큼 확대되었습니다. 거꾸로 우리나라 안으로 들어오는 세계화도 경험했습니다. 외국인 근로자의 증가와 국제 결혼을 통한 다문화 가정의 증가 역시 우리에게 세계화를 경험하게 했습니다. 단일 민족을 내세우던 우리나라가 이제 서서히 문화적 다양화(세계화)와 다인종화를 경험하고 있습니다.

이제는 15-16세기 이후로 발전에 발전을 거듭해 왔던 문자(활자) 문명이 퇴조하고 있고 영상 시대의 디지털 문명이 부상하였습니다. 문명의 전환이 시작되었습니다. 디지털 문명(인터넷, UCC 등)은 삶의 모든 것을 새로 다시 구성하게 하였으며, 이것이 상대주의(Relativism)와 다원주의(Pluralism)의 물결에 맞물려서 쌍방 소통(Intercommunication)이 강조되고 있습니다.

쌍방 소통의 새로운 환경이 조성되면서 교육의 영역에서도 기존 교육의 획일화를 반성하게 되었습니다. 우리나라의 교육계는 그동안 소홀하였던 개성·심미감·감성·실천적 지식에 큰 관심을 갖고 있습니다. 첨단 정보 통신 수단이 빠른 속도로 발전하고, 지식 기반 사회로 이행되면서 교육 현장에도 큰 변화가 일어나고 있습니다. 교육 현장에서 요즘 시도되는 것들 가운데는 사이버 교육, 대안 교육, 평생 교육 등이 있습니다. 특히 정보 기술(IT)이 발달한 덕택에 유비쿼터스(Ubiquitous) 시대의 새로운 학습이 개발되고 있습니다. 이제는 개별적으로 인터넷에 자유로운 접속을 통해 학습이 이루어지므로 시공의 제한 없이 교육이 이루어지게 되었습니다. 쌍방 통행의 학습을 통하여 기존의 획일적인 주입식 교육 방법에 변화가 일어나고 있으며, 학생 스스로 주체적으로 배우는 수업 환경이 마련되고 있습니다.

문명의 전환은 여러 방면으로 진행되고 있습니다. 몇몇 학자들의 얘기를 빌리면, 인류의 '철기 문명'이 이제 그 수명을 다했다고 합니다. 철기 문명은 힘센 (남성적인) 문명이라 할 수 있습니다. 굵은 철근으로 집을 높이 짓고, 강한 쇠붙이에 인간의 의지를 새겨 넣어서 이것으로 기계를 만들고 자동차와 비행기를 발명하고, 그러면서 이 문명은 '더 빨리! 더 높이!'의 이데올로기를 외치면서 발전에 발전을 거듭해 왔습니다.[8] 철기 문명의 강한 무기로 무장한 힘센 나라가 약한 나라와 민족을 정복하고, 또한 자연까지 정복해 왔습니다. 그런데 모순되게도 이렇게 강한 철기 문명이 이제 그 수명을 다했다고 합니다. 쇠가 산화해서 녹슬듯이 철기 문명도 그렇게 수명을 다해 가는 것입니다. 철기 문명의 결정적인 약점은—은유적인 표현으로—쇠붙이 자체 속에서 생명이 피어나지 못한다는 것입니다. 뿐만이 아니라, 철기 문명은 이제까지 이런저런 많은 생명체를 다치게 하고 죽여 왔음이 사실입니다.

이런 식의 철기 문명은 이제 더 이상 미래가 없다고 판명되었습니다. 날이 갈수록 심각해지는 환경 오염과 생태계의 위기는 철기 문명의 위기를 대변하는 사례입니다. 철기 문명을 개발하기 위해 인류는 화석 연료(석탄, 석유)로 기초 에너지를 만들었습니다. 이 에너지를 바탕으로 인류는 공업을 발전시켰고 산업 사회를 이루어 왔습니다. 그런데 산업화는 지구 환경을 오염시켰고 모든 생명체의 먹거리와 숨쉬는 것까지 지장을 주는 결과에 이르렀습니다(지구 온난화, 공기와 마실 물의 오염, 생물 종의 감소, 환경 호르몬, 오존층 파괴, 이상 기후 등). 이 가운데서 가장 심각한 일이 지구 온난화 문제입니다. 이로 말미암아 남극과 북극의 빙하가 녹고, 유럽의 알프스 산맥과 아시아의 히말라야 산맥의 만년설이 녹고, 지구의 습지가 자꾸 줄어들고, 그러자 습지에 살던 생물들이 멸종되고, 이 생물들을 먹고 사는 또 다

---

8) 참고, Hans Kueng, *Projekt Weltethos*(Muenchen: Piper Verlag, 1991), 32–33.

른 생물들이 멸종하고 혹은 이 생물들에게 먹히는 생물들의 수가 늘어나게 되니, 앞으로 먹이사슬이 깨지고 생태계 질서가 뒤죽박죽 무너질 것으로 봅니다. 남태평양의 어느 섬은 바닷물의 높이가 상승하면서 물밑으로 가라앉는다고 합니다.

이 같은 현상 속에서 철기 문명은 끝없이 강한 것 같지만 이 문명에 생명력이 없는 까닭에 그 수명이 다해 간다고 합니다. 철기 문명의 폐해와 한계성을 관찰한 사람들은 이제부터 시작되는 새로운 문명은(많은 사람들이 디지털 문명으로 생각합니다.) 부드러움과 생명력이 넘치는 문명이기를 기대합니다. 하나님의 창조 질서를 회복하고 생명을 살리는 문명을 기다리고 있습니다. 요즘 세계 NGO(비정부 조직) 활동, 환경 운동(기독교 환경 운동 포함), 비판적 소비자 운동 등에서 이 문명이 조금씩 진전되고 있음을 봅니다.

(3) 세계의 기독교, 그 무게 중심이 북에서 남으로

전 세계 기독교의 상황이 빠른 속도로 바뀌고 있습니다. 지난날에는 유럽과 북미가 세계 선교의 중심이었고 기독교의 중심축이었는데, 이제는 그 중심축을 더 이상 그곳에서 찾을 수 없게 된 현실입니다. 더욱이 유럽에서는 지난날 찬란한 국가 교회였던 기독교가 빠른 속도로 쇠퇴하고 있으며, 북미에서는 주류 교단들이 쇠퇴하고 있는 현실입니다. 탈(脫)-근대 시대에 기독교의 탈-서양 중심, 탈-국가 교회가 뚜렷한 현상입니다. 이와 더불어 새로운 형태의 교회들이 생겨나고 있습니다. 이 현상에 관하여 세계교회협의회(WCC) 제9차 총회(2006, 포르투알레그리)에서 심도 있게 논의되었는 바,[9] 제도(Institute)로서의 교회가 쇠퇴하는 동안에 교파 색채가 희박

---

9) 참고, 대한예수교장로회 총회 에큐메니칼위원회 엮음, 『21세기 한국 교회의 에큐메니칼 운동』(서울: 대한기독교서회, 2008), 282.

한 대형 교회(mega-Church)들이 등장하였고 유사 교회(para-Church)들도 새로이 등장하고 있다는 것입니다.

유럽 교회의 지도자들도 이러한 변화에 대해서 이미 감을 잡았습니다. 더욱이 과거에 복음을 전해 주었던 자기네 교회들은 쇠퇴해 가는 반면에 아프리카, 아시아, 남미의 신생 교회들이 계속 활발하게 자라나는 현실을 보고 있는 이들은 세계 기독교의 무게 중심이 '북쪽에서 남쪽으로' 옮겨 갔음을 시인하고 있습니다.[10]

포스트모던 시대의 물결 속에서 이제는 세계의 중심과 주변의 구분이 없어지고 중앙과 변두리가 폐지되는 현상이 잦습니다. 전지구적(global) 환경이 강조되면서도 지역성도 함께 강조되고, 이에 따른 세계의 다양성과 차이가 부각됩니다.

이렇게 변화된 세계 기독교의 현실에서, 한국 교회는 그동안 하나님의 축복으로 부흥하고 성장한 열매로 하나님 나라를 위해 세계 기독교와 더불어 '나누고 섬기는' 때가 되었습니다. 세계 교회를 위한 한국 교회의 나눔과 섬김은 하나님의 은혜에 대한 한국 교회의 응답이며 또 하나님의 축복에 대한 한국 교회의 책임이라고 봅니다. 한국 교회는 지금 오대양 육대주 세계 교회를 섬기도록 요청받고 있습니다. 은혜의 복음을 온 세계에 전하는 한국 교회가 되리라 전망합니다.

2) 계속되어야 할 교회 부흥,
그러나 산업화 시대의 교회 성장 모델은 이제 그만

'예장 300만 성도 운동'은—방금 앞에서 살펴본—21세기의 시대 상황

---

10) 참고, K. Koschorke, "Kotextualitat und Universalitat als Problemstellung der Kirchengeschichte", in: Evangelische Theologie(52. Jg., Heft 3) 209-224, 221.

에 상응하는 전도의 패러다임을 새로이 찾아가는 것입니다. 전도의 주체는 하나님이시고, 우리는 성령의 능력으로 하나님의 말씀에 순종하며 복음을 증언할 따름입니다. 그러므로 하나님의 선교에 동참하려는 신앙 운동입니다.

그런데 하나님의 선교에 참여하려면 맨 먼저 성도 한 사람 한 사람이 신앙의 본질을 회복해야 합니다. 마치 운동 선수가 시합하러 나가기 전에 체력을 단련하고 체중을 조절하듯이, 우리도 전도하러 나서기 위하여 먼저 우리 자신을 살피며 신앙을 단련해야 할 것입니다. 성부 성자 성령 하나님에 대한 신앙고백을 점검하고, 하나님의 말씀에 대한 이해가 올바른지 점검한 다음에 전도하러 나서야 할 것입니다. 이러한 점검을 생략한 채 전도에 나선다면, 300만 성도 운동은 교회로 사람 데려오기에 국한될 공산이 큽니다.

신앙의 본질 회복이 교회 차원에서는 교회 갱신입니다. 교회의 갱신은 교회의 체질 변혁이라 말할 수 있습니다. 그동안 산업화 시대의 성장 모델에 푹 젖은 나머지 성장 제일주의, 세속적 성공과 번영을 기원하는 기복 신앙과 물신주의, 배타적인 개교회 중심주의 등에 익숙한 교회의 체질을 바꾸어야 할 것입니다. 이를 위하여 '하나님의 존전에'(Coram Deo) 섰던 선지자 이사야같이 우리도 그렇게 서야 할 것입니다. 하나님의 은혜로 지난날에 대하여 낱낱이 회개하는 가운데서 교회의 체질을 바꾸어야 할 것입니다(시 51:10-12). 농사짓는 농부가 비료 농사를 지어 오다가 생산량에 한계를 발견하고서 고심하던 끝에 논밭의 토양을 바꾸듯이(객토), 교회의 체질이 그렇게 근원적으로 변화되어야 할 것입니다(롬 12:1-2). 변화의 초래는 사람의 힘과 능력으로 불가능한데, 전적으로 하나님만 의지하는 가운데서 성령의 능력으로 교회가 근원적으로 갱신되어야 할 것입니다.

신앙의 본질 회복과 교회의 갱신을 위하여 우리는 예수님의 비유 말씀에 귀를 기울이고자 합니다.

(1) 누가복음 12장 16–21절, "사람의 생명이 소유의 넉넉함에 있지 않다"

예수님이 이 비유를 말씀하시게 된 동기는 부모의 유산을 분배하는 문제로 다투는 형제의 갈등에 해결사 노릇을 해야 할 처지에서 비롯되었습니다. 예수님은 이 부탁을 거절하셨습니다. 그 대신 이 갈등 속에 숨어 있는 사람의 탐심을 지적하셨습니다. "삼가 모든 탐심을 물리치라." 그것은 "사람의 생명이 그 소유의 넉넉함에 있지 아니하기 (때문이라)"고 깨우치셨습니다. 이 말씀은 지금 당장 유산 상속 문제로 갈등하는 형제뿐만이 아니라 모든 사람의 마음속에 있는 탐심을 지적하신 것이었습니다.

이어서 예수님은 '어느 한 어리석은 부자'에 대하여 비유로 말씀하셨습니다. 그런데 이 부자는 사람들이 보기엔 결코 어리석은 사람이 아니었습니다. 오히려 탁월한 농사 기술을 가진 부지런한 농사꾼이었으므로 가을에 "소출을 풍성하게"(16절) 거두었습니다. 또한 "곳간을 헐고 더 크게 지으며"(18절) 미래를 대비할 줄 알았고 또 앞을 내다볼 줄도 아는 지혜로운 부자였습니다. 그런데 예수님은 이렇게 부지런하고 영리한 부자를 향해 왜 어리석다고 하셨는지 궁금합니다.

예수님이 지적하신 부자의 어리석음을 이렇게 정리할 수 있습니다. 부자는 소유와 존재를 동일시하였고, 이기적이고 자기 중심적인 즐거움을 위한 소유를 추구했으며, 결국 자기의 생명과 목숨이 끊어지면 가진 소유도 끝장난다는 점을 의식하지 못한 채 그의 생명을 허락하신 하나님을 잊어버렸습니다. 생명이 먼저고 소유는 그 뒤에 따라온다는 이 순서를 뒤바꾸었습니다. 그래서 예수님은 "자기를 위하여(이기적, 자기 중심) 재물을 쌓아 두고 하나님께 대하여 부요하지 못한"(21절) 어리석은 부자라고 지적하셨습니다.

이 비유 말씀을 우리는 오늘날 소비 만능 풍조에 푹 젖어 있는 현대인의 삶에 적용해 봅니다. 소유가 본디 사람의 생명을 유지하고 그의 품위를 유지하게 하는 필수 '수단'이건만, 많은 사람들이 소유에 눈이 멀고 그 속으로 빠져들어서 그것의 노예가 되고 맙니다. 본말이 전도된 현실입니다. 소유가 곧 힘이고, 소유가 곧 안전 장치이며, 소유로 삶을 즐기고, 돈으로 생명도 살 수 있는(장기 이식 수술 등) 시대를 예측하면서, 소유=존재로 인식하게 됩니다. 그래서 사람이 물질을 평가하는 것이 아니라 사람이 물질(가진 것)에 의해서 평가받는 세상이 되었습니다. 물신 지배의 사회가 되었습니다. 이 사회에서 사람들은 인간의 길을 포기하고 한갓 경제 동물로 만족하려 합니다.

이러한 현실에서 예수님의 비유 말씀은 오늘 우리에게 여전히 신앙의 가치관에 관하여 선포하십니다. "사람의 생명이 소유의 넉넉함에 있지 않다."는 말씀은 신앙의 본질 회복에 해당됩니다. 그리스도의 부활 생명이 물신 지배를 단호히 물리쳐야 할 것입니다. 이것이 오늘의 교회 갱신이라고 봅니다.

오늘의 사회는 경제 회생에 온통 커다란 관심이 쏠려 있습니다. 그런데 우리 신앙인들은 경제 회생보다도 생명의 가치를 회복하는 일이 훨씬 더 시급하고 중요하다고 봅니다. 지금이야말로 맘몬의 지배에서 벗어나고 물신주의에서 해방되어야 할 때입니다. 경제 제일주의 가치관에 물든 상업주의 문화를 생명 존중의 문화로 바꿀 기회입니다. 교회와 사회의 가치관을 바꿀 기회입니다. 생명의 신앙을 회복하고자 우리는 성령의 역사를 간절히 기다립니다. 성령은 생명의 영으로 역사하십니다.

(2) 누가복음 16장 19-31절, "부자와 거지의 소통"
이 비유 말씀에서 예수님은 사회의 양극화를 지적하셨습니다. 부자와 거지 사이의 단절과 인간 소외를 말씀하셨습니다. 저택에서 날마다 최고의 옷과 음식으로 저 혼자만 즐기는 부자, 그 집 대문 앞에서 노숙자로 "버려진 채" 굶주려 몸에 병까지 든 거지 나사로, 이 두 사람은 대문을 사이에 두고 가까운 거리에 있지만 서로 단절된 채 지내고 있습니다. '양극화 현상', 둘(두 계층) 사이의 양극화는 곧 소통의 부재를 뜻합니다. 부자와 거지 사이에 말 한 마디 건네는 대화조차 없는 꽉 막힌 단절이었습니다. 거지 나사로에게 다가오는 유일한 존재는 강아지들인데, 그나마도 부자의 밥상에서 떨어진 부스러기를 저 먼저 먹으려고 달려온 것이었습니다. 거지는 날마다 부자의 밥상을 애타게 쳐다보며 거기에서 떨어지는 부스러기를 간절히 바라고 있으므로, 부자가 거지에게 손짓만 하여도 반갑게 응수할 터인데, 부자는 거지가 자기네 대문 밖에 누워 있는지 없는지 전혀 무관심하였습니다.

고생스럽게 살던 거지가 죽어 천사들에게 받들려 아브라함의 품으로 들어갔고, 부자는 죽어 고통 속에서 최후의 심판을 기다리는 음부로 내려갔습니다. 이곳에서는 부자가 누렸던 영화와 재산이 아무런 소용이 없었습니다. 돈으로 물 한 모금도 살 수 없는 곳이었습니다. 이제 부자와 거지의 상황이 정반대로 바뀌었습니다(22-25절).[11] "부자가 음부에서 고통 중에" 저 멀리 "아브라함과 그의 품에 있는 (거지) 나사로"를 보았습니다. 이 비유에서 이 대목이 중요한데, 고통 속에서야 비로소 부자가 이웃에게 관

---

11) 여기에서 피해 가야 할 오해가 있다. 즉 이 비유의 주된 내용은 사람이 죽은 다음에 뒤따라오는 심판과 또 그가 가야 할 저 세상에 대한 설명이 아니다. 이 세상에서 불쌍하게 살던 거지는 저 세상에서 안락하게 되고, 이 세상에서 호화로이 살던 부자는 저 세상에서 고통에 처하게 되므로, 결국 세상살이는 공평하다는 해석은 삼가야 한다. 이 비유를 그렇게 받아들이게 되면, 이 비유는 자칫 부자를 공격하려는 의도로 비치게 되거나 가난한 자에게―이 세상의 소망을 접고―저 세상만 바라고 소망하라는 뜻으로 들리게 된다.

심을 갖게 되었다는 점입니다. 아쉬운 일이 전혀 없었던 때엔 나사로의 존재에 무관심했는데, 이제 물 한 모금조차 해결할 수 없는 상황이 되자, 부자는 비로소 나사로의 존재를 인식하게 되었습니다. 이뿐만이 아니라 이제는 부자가 거지에게 부탁하고 애원하는 처지가 되었습니다. 그래서 부자는 나사로에게 "손가락 끝에 물을 찍어 내 혀를 서늘하게" 적셔 달라고 애원하였습니다. 그러나 아브라함은 부자의 부탁을 거절했습니다. 이미 기회가 지나갔기 때문입니다. 세상 사는 동안에 더불어 함께 나눌 수 있는 기회가 있었는데 그 기회를 잃었다는 지적이었습니다. 더욱이 부자와 나사로 사이에 "큰 구렁텅이가 놓여 있어"(26절) 이곳에서 그곳으로 건너갈 수도 없고 그곳에서 이곳으로 건너올 수도 없다는 것입니다.

이 비유 말씀에서, 부자란 자기 중심적인 생활 방식과 이웃에 대한 무관심으로 저 혼자서 호화판 즐기는 사람에 대한 상징적 표현입니다. 이웃에 대한 무관심과 무지함이 결국 사회의 양극화 현실을 낳게 된다는 점을 암시합니다. 그런데 큰 고통 속에서 부자는 이제야 비로소 나사로의 존재를 알게 되었습니다. 그리고 그에게 물 한 모금 얻어 마시려 했습니다. 역지사지(易地思之)의 지혜가 진작 아쉬웠습니다.

이 비유 말씀은 양극화 현상이 깊어지는 우리 사회의 소통 부재를 지적하면서 그것을 깨는 소통의 중요함을 깨우치십니다. 이 말씀 역시 신앙의 본질 회복에 관한 선포라고 봅니다. 교회가 사회(특히 뒤쳐져 있는 사람들)와 소통하고자 노력하고, 사회의 다양한 계층들 사이에 소통이 있도록 교회가 기여하며, 세대 간 갈등과 지역 갈등을 해소하도록 헌신하는 일도 교회 갱신의 차원입니다.

(3) 누가복음 15장 4-7, 8-10절, '잃은 양, 뒤쳐진 자를 찾아서'
자기 중심적 생활 방식과 이웃에 대한 무관심으로 저 혼자서 호화판 즐기는 부자와는 전혀 다르게 사는 사람에 대한 비유 말씀이 있는데, 그것은 '길 잃은 양을 찾아 나선 목자'와 '잃어버린 은전을 찾는 여인'에 관한 예수님의 비유 말씀입니다. 양 일백 마리를 치는 목자가 어느 날 양 떼의 수를 헤아려 보니 한 마리가 없어졌다는 사실을 알았습니다. 그래서 찾아 나섰고, 그 양을 찾기까지 온 들판을 헤매고 누볐습니다. 또한 은전 열 개를 갖고 있던 여인이 한 개를 어디에선가 잃어버려서, 그것을 찾으려고 등불을 환히 밝히고 집안을 샅샅이 쓸었고, 드디어 그 은전을 찾아 내었습니다.

이 비유 말씀은 바리새인과 서기관들이 예수님의 등 뒤에서 수군거리며 흉을 보는 본문에 이어서 나오는데, 이때 예수님은 '세리와 죄인들과' 음식을 나누고 있었습니다(눅 15:1-2). 당시의 유대 사회에서 세리는 사회의 지탄을 받는 직업이었습니다. 따라서 세리는 가까이 대하지 말고 만나지도 말고 가능하면 멀리 피해야 할 대상이었습니다. 그러나 예수님은 오히려 세리에게 친절히 대하고 함께 음식을 나누었습니다. 이러한 정황에서 예수님이 비유로 지칭하신 '잃은 양'이나 '잃어버린 은전'은 누구를 가리키는지 얼른 감이 잡힙니다. 이 비유의 범위를 넓게 벌려서 이해하자면, 세리는 남들 앞에 떳떳하게 나서지 못하고 위축되어 뒤로 숨고자 하는 사람들의 총칭이라고 봅니다.

특별히 오늘날의 '잃은 양' 속에는 무한 경쟁 사회에서 '뒤쳐져 있는 사람'들이 있다고 봅니다. 노인, 실업자, 환자, 장애인 등입니다. 이와 대조적으로 아흔아홉 마리의 양에 속하는 사람들, 곧 경제 제일주의 가치관에 따라 능률과 효율성을 따지며 이윤의 극대화를 추구하며 살아가는 사람들은 잃은 양을 찾아 나서는 데 별로 관심을 두지 않습니다. 무시합니다. 그리하여 사회에서 뒤쳐진 사람은 계속해서 뒤로 처지다가 결국 잊혀진 사람이 되고 맙니다.

'잃은 양'에 대한 예수님의 비유 말씀은 '잃어버렸으나 아직도 기억되고 있는 사람' 곧 '잃어버렸기에 곧 잊혀질 사람'을 찾아 나서라는 말씀으로 이해됩니다. 우리는 예수님의 비유 말씀을 통해 뒤쳐진 사람을 배려하는 경건을 깨우칠 수 있습니다. '예장 300만 성도 운동'으로 전도할 사람은 바로 잃은 양과 같은 사람들이란 점을 깨닫습니다.

예수님의 비유 말씀에 따르면, 뒤쳐진 자를 배려하는 교회에게 하나님은 반드시 상을 주십니다. 잃은 양을 찾아 낸 목자의 '즐거움'과 잃은 은전을 찾아 낸 여인의 '즐거움'이 바로 그것입니다. 이러한 즐거움은—앞에서 살펴본 부자의 비유에서 언급된 바—잘 먹고 좋은 옷 입고 많이 쓰는 즐거움과 질적으로 다릅니다. 땅에서 찾는 즐거움이 아니라 위에서 선물로 내려오는 즐거움입니다. 이것은 뒤쳐진 자를 배려하는 사람에게 하나님이 주시는 즐거움이며, 이런 뜻에서 '즐거운 경건'입니다. 따라서 우리에겐 '즐거운 경건, 즐기는 경건'이 있습니다.

이것은 교회 갱신의 즐거움이고 갱신하는 교회의 즐거움입니다.

하늘로부터 내려오는 즐거움은—앞에서 살펴본 부자의 비유와 비교되는 바—저 혼자서 즐기는 것이 아니라, "벗과 이웃들과 함께 잔치를 벌이며 즐거워하는 것입니다." 나누는 즐거움! 흔히들 말하듯이, 기쁨을 함께 나누면 그 기쁨이 두 배 세 배로 커지게 됩니다.

여기에서 우리는 '즐거운 교회, 잔칫집 같은 교회'를 새로이 의식하게 됩니다. 그저 교인들이 많이 모이고 헌금과 예산이 차고 넘쳐서 즐거운 교회가 아니라 잃은 양을 찾아 내고 잃은 은전을 찾아 낸 즐거움으로 기뻐하는 교회입니다. 물량적 성장을 추구해 온 교회들이 깊이 새겨봄직한 '잔칫집 즐거운 교회'입니다. 웃음과 기쁨 그리고 즐거움으로 소통되는 교회입니다. '예장 300만 성도 운동'의 즐거움과 기쁨이 바로 여기에 있다고 믿습니다.

5. 정리

'예장 300만 성도 운동'은 21세기의 시대 상황에 상응하는 교회 부흥과 전도의 패러다임을 새로이 찾아가는 것입니다. 약 6개월 전(2008년 11월) 교단의 총회가 이 운동을 시작할 때, 전도하는 방법을 미리 완벽하게 마련해 놓고 전략적으로 시작한 전도 운동이 아니었고, 전도는 예수님의 지상 명령(행 1:8)이므로 마땅히 해야 하는 것이고 또 성령의 역사 속에서 하나님의 선교(Missio Dei)에 동참하는 일로 시작했습니다. 전도의 주체는 하나님이시고, 우리는 성령의 능력으로 하나님의 말씀에 순종하며 복음을 증언할 따름입니다. 그러므로 300만 성도 운동은 교세 확장을 위한 세 불리기가 결코 아닙니다. 하나님의 선교에 동참하려는 신앙 운동입니다.

전도 운동의 첫 걸음은 교회 갱신입니다. 갱신을 통하여 한국 교회가 사회의 신뢰를 회복하게 되리라 기대합니다. 이를 위하여 우리는 예수님의 비유 말씀으로 새롭게 거듭나는(갱신) 한국 교회를 기대합니다. 이 말씀에 따라 한국 교회는 이제부터 생명과 소통의 교회로 거듭나기를 기도드립니다. 구체적으로 맘몬의 지배에서 벗어나고, 물신 지배에서 벗어나고, 상업주의 문화를 생명 존중의 문화로 바꾸어 가야 할 것입니다. 또한 교회와 사회가 소통하고, 사회 계층 사이의 소통과 세대 간의 소통을 위하여 교회가 헌신해야 할 것입니다.

'예장 300만 성도 운동'으로 새롭게 부흥하는 한국 교회의 모습, 그 교회는 '생명, 소통, 기쁨과 즐거움'으로 충만한 교회입니다. 산업화 시대의 물량적 교회 성장에서 벗어나서 21세기가 요청하는 신앙 경건(영성)으로 충만한 건강한 교회입니다.

3

세계 교회 에큐메니칼 운동에서 본
'생명 살리기 운동 10년'(2002-2011)[1]

1. 시작하면서

　대한예수교장로회(예장통합) 총회가 '생명 살리기 운동 10년'을 시작한
지(2002년도) 벌써 10년이 다 되어 가는 시점에서, 이 글은 이 운동을 세계
교회 에큐메니칼 운동과 연계하여 살펴보고자 한다. 세계 교회 에큐메니칼
운동을 살피되 각 시대의 상황에서 교회가 증언한 예언자적 선포를 중심으
로 파악하고자 한다. 이와 연계하여 본 교단의 총회가 실천해 온 '생명 살리
기 운동' 역시 교회의 예언자적 선포에 속한다는 점을 알아보고자 한다.
　세계교회협의회(WCC) 제10차 총회가 2013년도에 부산에서 개최되는
데, 이 대회의 준비에 동참하는 본 교단(대한예수교장로회, 예장통합)은 세계

---

1) 이 글은 대한예수교장로회(예장통합) 총회 기획국이 주관한 세미나(2010. 4. 29)에서 발
　제한 원고이다.

교회 에큐메니칼 운동에 깊숙이 참여해 왔다. 이러한 맥락에서, '생명 살리기 운동'은 이제 세계 에큐메니칼 운동에 더욱 활발하게 기여하면서 세계 교회를 선도해 나갈 것으로 예견한다. 세계 교회가 모두 함께 세상에 임하는 하나님 나라를 위해 동참하도록 섬기는 '생명 살리기 운동'이다.

이 원고에서 서술하게 될 '잠정 정리'에서는, 한편 이제까지 전개된 '생명 살리기 운동'을 회고하고, 또 다른 한편 앞으로도 계속 이어지는 이 운동을 위해 한 가지 제안하고자 한다.

2. 대한예수교장로회 총회의 '생명 살리기 운동'과 세계 교회 에큐메니칼 운동

1) 20세기가 남긴 과제-개발과 성장을 위해 희생당한 생명의 권리

(1) 20세기 초반의 세계 변화

제1차 세계 대전(1914-1918)은 최소한 두 가지 점에서 인류 역사에 커다란 변화를 가져다 주었다. 먼저는 유럽이 세계를 지배하던 시대가―마치 태양이 서쪽으로 기울어지듯―기울기 시작했다. 이제부터는 미국과 러시아가 유럽의 세계 지배권을 나누어 갖게 되었다. 그 다음에, 이 전쟁은 모든 유럽인에게 엄청난 충격을 안겨다 주었다. 사람들이 그 충격에서 좀체 벗어날 수 없었는데, 이제까지 쌓아 올린 물질 문명이 전쟁으로 말미암아 하루 아침에 잿더미가 되는 현실을 경험했기 때문이다. 이와 함께 사람들은 과학과 기술이 대량 파괴와 인명 살상의 수단으로 악용되는 데 충격을 받았다. 과학과 기술의 발전이 근대 문명의 형성에 디딤돌인 줄 알고 이대로 발전해 나간다면 이 세상에 이상 세계(유토피아)가 건설될 것으로 굳게 확신하던 사람들이 이제는 이런 형태의 발전에 관하여 회의를 품으며 심각하게 물음을 던졌다. 도대체 무엇을 위한 과학 기술의 발전인가? 수많은 과학 발명품이 전쟁의 도구로 이용되는 이 현실에서 과학 기술은 무엇을 위하여 발전을 거듭해 왔는가?[2]

(2) 1945년 이후에 전개된 세계 개발[3]

제2차 세계 대전(1939-1945) 직후부터 1970년대 초반까지 전 세계적으로 소위 '브레턴우즈 체제'가 시행되었다. 경제학자들은 이 시기를 산업 자본주의의 황금기로 본다. 이 체제는 전쟁 중인 1944년 7월 브레턴우즈 호텔에서 세계 경제 지도자들이 국제 통화 금융 질서를 세우기 위한 모임에서 조성되었다. 세계의 평화와 번영을 위한 국제 통화 금융 질서를 모색하였다. 의장은 미국 재무장관 헨리 모겐소였다. 이 모임에서 세계은행과 국제통화기금(IMF)의 설립이 결정되었다. 이것이 나중에 관세와 무역에 관한 일반 협정(GATT)의 토대가 되었다.

1949년 1월 20일에 미국 대통령 트루먼이 국회에서 성명을 발표했는데, 그는 식민주의 시대가 이제 종식되었음을 선언했고 또 인류의 더 나은 발전과 번영을 위한 전 세계의 경제 성장 계획을 공표했다. 이 자리에서 서양 바깥의 세계가 '개발 도상국'으로 지적되었다. 특별히 이제까지 강대국의 식민 지배를 받다가 이제 막 정치적으로 독립한 나라들이 경제적으로

---

2) 참고, 임희국, "19세기 모더니즘 시대를 향한 니체와 블룸하르트의 비판", 『장신논단 제15집』(1999), 195-222.
3) 이 부분을 쓰는 데 참고한 논문은 다음과 같다. 권혁범, "발전을 다시 생각한다—발전, 환경, 행복", 김종철 엮음, 『녹색평론선집 2』(녹색평론사, 2008), 172-199. 볼프강 작스, "개발-파멸로 가는 길", 『녹색평론선집 2』, 200-218. 오토 울리히, "개발과 기술 제국주의", 『녹색평론선집 2』, 219-236. 데이비드 코튼, "세계 경제와 지속 가능한 사회: 브레턴우즈 체제를 넘어서", 『녹색평론선집 2』, 237-252.

개발하는 발전 계획을 제시했다. 개발의 주안점인 경제 개발의 핵심은 생산성 증대였다. 그런데 신생 독립 국가들을 경제 개발의 주체로 선포하는 순간부터 이 나라들은 자동적으로 미국의 품 안으로 들어갔다. 이와 관련하여 트루먼의 연설은 지구상의 헤아릴 수 없이 수많은 다양한 문화를 오로지 하나의 유일한 가치 기준으로 몰아넣는 핵심 개념이었다. 지구상의 모든 나라와 국민을 오직 하나의 유일한 목표인 '개발' 곧 경제 개발을 향해 움직이게 했다. 개발이 '보다 많은 생산을 통해 번영과 평화로 나아가는 열쇠'라고 천명했다. 이것은 일종의 유토피아를 천명한 것이다. 이제부터 세계 모든 나라들이 선두주자인 미국과 서구(西歐)의 뒤를 따라가야 했다. 실제로 인도의 지도자 네루는 경제 개발을 국가의 최우선 목표로 잡았다. 생산 증대를 위해 온 나라가 동원되었다. 그 청사진은 미국식 생활 방식을 모방하는 것이었다. 모든 것을 개발이라는 이름으로 계산하고 추진하였고 이에 따라 전통 문화와 생활 관습이 낡은 것으로 치부되었다.

이런 식으로 개발의 기준과 표준을 서구(西歐)와 미국에서 가져왔다. 서구의 기준으로 일인당 연소득에 대한 통계(GNP)를 비교해서 그 통계가 대변하는 물량적 수치로 빈곤의 여부를 측정했다. 서구의 기준이 표준이었고, 그런 점에서 서구의 기준은 세계 보편 기준으로 통하게 되었다. 서구의 기준에서 볼 때 그 바깥의 세계(아시아, 아프리카, 남미 등)는 저(底)개발 국가로 경제적으로 가난한 나라들이었다. 저(底)개발 국가에서 개발 국가로 도약하려면 서구의 모든 것을 따라가며 본따고 모방해야 했다. 그러자 전(全) 지구적으로 하나의 질서 체제가 지배하기 시작했다. 나라들이 자기 자신의 방식이 아니라 서구의 기준으로 모든 것을 규정하게 되었다. 앞에서 살펴본 대로, 제1차 세계 대전 직후에 서구 사람들 스스로가 서구식 과학 기술 개발과 산업화에 관하여 커다란 물음표를 던졌는데도 이러한 발전 양상이 멈추기는커녕 더욱더 확산되어서, 저개발국들은 서구처럼 개발되기 위하여 산업화(도시화)를 추진하였다. 한국의 산업화도 이 범주에 속하였다.

그런데 1960년대에 이러한 개발 전략에 뭔가 차질이 일어나고 있다는 점을 느끼기 시작했다. 경제 성장 정책이 계획을 세운 대로 작동하지 않는다는 점을 발견했기 때문이다. 세계의 가난한 국가와 빈곤 계층이 이전보다 오히려 더 늘어났고, 실업자도 날로 늘어났고, 세계의 식량 사정 또한 이전보다 더욱 나빠졌다는 통계가 나왔다. 1973년에 세계은행 총재 로버트 맥나마라는 "10년 동안에 국민총생산이 유례없이 증가되었음에도 불구하고 … 전체 인구 가운데서 가장 빈곤한 계층은 상대적으로 아무런 혜택도 받지 못했다."고 말했다. 트루먼의 개발 정책이 실패했다는 점을 인정한 발언이었다. 이뿐만이 아니었다. 산업화된 서구가 개발 도상국의 경제 발전을 위해 과학 기술을 이전해 주고 도와 주었어야 했는데, 현실은 그 반대였다. 서구의 산업 사회는 개발 도상국의 희생 위에서 번영을 누리고 있었다. 산업화된 서구는 지구의 자원을 마구 쓰고 여기에 드는 비용을 대부분 외부(개발 도상국)로 떠넘겼다. 그 결과 소위 제3세계에는 단작(單作), 대규모 도시 빈민, 토착 문화의 파괴, 인간성 피폐 등의 문제가 크게 드러났다.

이뿐만이 아니었다. 화석 연료(석탄, 석유 등)를 사용해야 하는 거대한 공장, 원자력 발전소, 비행기와 자동차, 중화학 공장, 플라스틱 제품 생산, 편리한 가전 제품 생산(세탁기, 설거지 기계 등) 등으로 말미암아 지구의 환경이 오염되고 생태계의 파괴가 가중되었다. 이제 서구에서 발전한 과학 기술이 경제 개발과 번영을 위한 필수 기초라는 찬양이 비판의 대상으로 바뀌었다. 1972년 '로마 클럽'은 이러한 비판을 외면한 채 끝없이 나아가려는 개발과 성장 때문에 하나뿐인 지구의 장래가 암담하다는 점을 지적하면서 개발과 성장의 속도를 늦추도록 요청했다.[4] 그러나 산업화를 이룬 국가들은 지구의 자원을 영원히 무상(無償)으로 공급받을 수 있다고 착각하면서 그 자원을 대량으로 쓰고 소비하였다. 그러자 자연이 황폐해졌고, 공장의 굴뚝이 내뿜는 연기와 산업 쓰레기에서 악취와 독성 물질이 흘러나왔다. 효율적 생산성을 내세우는 산업 개발이 자연을 마구 파헤치고 개발 도상 국과 다음 세대(후손)에게 엄청난 비용을 떠넘겼다. 저 혼자서 번영을 누리 려는 대가를 주변의 모든 이웃에게 전가시켰다. 산업화는 토양 오염에서 온실 효과까지 다양한 문제점을 노출시키면서 막다른 골목을 향해 치달렸 다. 이리하여 트루먼의 비전인 개발 정책은 추락하게 될 운명에 놓였다.

(3) 1989년 이후, 신자유주의 경제 체제

흔히들 1989년 동독 정권의 붕괴와 동서독의 통일이 20세기를 마감 한 사건이라고 본다. 연이어서 전 세계는 공산주의 국가들의 붕괴를 경험 했다. 공산 정권의 붕괴와 함께 반세기 이상 지속되어 온 동서 냉전과 이념 대립이 종식되었다(한반도는 제외). 그런데 새로운 장벽 곧 지구의 남북을 가로지르는 장벽이 크게 부각되었다. 이것은 경제적으로 힘있고 앞선 나 라들과(선진국) 여기에 뒤쳐진 나라들(후진국) 사이를 갈라 놓는 높은 장벽 인데, 경제적으로 부유한 나라들 대다수가 지구의 북반부에 있고 그 반면 에 가난한 나라들은 지구의 남반부에 많이 있다. 그래서 세계의 정세는 동 서의 문제가 해소되었으되 남북의 문제로 한층 더 복잡해졌다. 남북 사이 에는 수입, 무역, 교육, 에너지 사용, 투자 등 모든 점에서 평등하지 못하고 정의롭지 못한 구조가 이미 오래 전부터 굳어져 왔기 때문이다.[5] 세계의

---

4) D. Meadows, *Die Grenzen des Wachstums. Bericht des Club of Rome zur Lage der Menschheit*, Stuttgart, 1972.

5) 1992년도에 발표된 통계에 따르면, 북반구에 있는 부자 나라들의 인구가 전 세계/지구 의 약 20%인데, 이들이 세계의 부를 83% 이상 소유하고 있고, 세계 무역 양의 81%를 차지하며, 지구촌의 에너지 70%를 소비하고, 전 지구에서 생산되는 목재의 85%를 가 져가고, 전체 투자액의 81%를 차지하고, 한 해 생산되는 식량의 60%를 소비한다. 세

경제 구조는 불평등한 국제 교역을 바탕으로 이루어져 왔다.

동서 냉전 체제의 종식과 더불어 세계는 두 강대국(미국, 소련)의 힘의 대결로 양분되었던 시대가 마감되었고, 이제부터는 미국을 중심으로 세계의 질서가 새롭게 편성되기 시작했다. 그리고 정치 이데올로기에 기반을 둔 세계 질서가 종식되었고 미국이 이끄는 소위 신자유주의 시장 경제 체제를 중심으로 세계의 질서가 재편성되었다. 그런데 스위스의 종교 사회주의자들은 신자유주의 시장 경제 체제를 비판했다.[6] 신자유주의 시장 경제가 빈익빈 부익부의 세계를 고착화시키고 심화시킬 것으로 예견했기 때문이다. 이들은 1989년 공산주의 국가들의 몰락이, 칼 마르크스가 본래 내세웠던 사회주의 이상이 모두 다 무너졌다는 의미는 결코 아니라고 주장했다. 이들은 또한 '한 시대의 종결' 곧 냉전 체제의 종결은 단지 냉전 시대에 공산주의 국가에 실현된 '빗나간'(오류를 범한) 사회주의에 대한 자본주의의 승리에 국한된다고 보았다. 이 승리는 미국을 중심으로 새롭게 형성된 전체주의(Totalismus)적 제국주의 시대가 시작됨을 알리는 것이라 주장했다. 이 제국주의는 세계를 돈의 힘으로 지배해서 지구상 많은 사람들을 배고픔과 헐벗음으로 몰아넣을 것이라 우려했다.

그 이후 대략 30-40년 동안 세계의 경제 질서를 지배해 오던 신자유주의 경제 체제가 2008년에 전 세계적으로 불어닥친 금융 위기로 말미암아 난관에 봉착했다.[7] 미국은 레이건 정부 이래로 작은 정부와 규제 완화

계 인구의 20%에 해당되는 잘 사는 나라 국민의 수입은 세계 인구의 20%에 해당되는 못 사는 나라 국민의 수입보다 약 60배이다. 근거 자료: United Nations Development Programme: Human Development Report 1992.

6) Willy Spieler, *"Religioeser Sozialismus heute"*, in: 〈Widerspruch. Beitraege zur sozialethischen Politik 26〉(Dezember 1993), 43-55.

7) 1929년 세계적인 대공황이 몰아치자 근대 경제학의 아버지인 애덤 스미스의 경제 이론이 적용되지 못했다. 그가 지은 책『국부론』에서 그는 '보이지 않는 손'에 의해 인간의

를 골격으로 하는 신자유주의 경제 체제를 시행해 왔는데, 이 경제 체제가 이제 비판의 도마에 올랐다. 정부가 시장 개입을 극도로 줄이며 자제하고 시장의 자정 작용에 절대적으로 의지했던 정책이 오류였다고 판명되었다. 그동안 투자 금융 중심의 거대한 독점 자본이 아무런 견제 장치가 없이 시장을 지배해 오다가, 2008년도 말에 미국 발 경제 위기(금융 자본의 위기)가 전 세계로 확산되었다. 신자유주의 경제 체제를 일반인들도 따갑게 비판하는 점은 다음과 같다. 최근 수십년 동안 진행된 신자유주의 시대에는 대중의 소비 생활과 투자를 자극해서 투기와 과소비를 부추기는 사회 풍조가 만연되었다는 것이다. 그러면서 인문학적 가치를 사회 생활에서 축출해 왔고 일하고 벌고 쓰는 데 바빠서 인류의 역사 속에서 축적된 삶의 지혜를 망각하게 했다고 본다. 성장과 풍요에 취해 있고 또 불로 소득과 사치에 매료된 사람들은 이것을 제어하는 규제와 규범 그리고 제도의 필요성을 망각했다. 신자유주의 시대는 그 쾌락의 절정에서 파열음을 내며 추락

자유로운 경제 활동이 균형적인 효율을 가져다 줄 것이라 주장했다. 수요-공급의 원리에 의해 자연스럽게 가격과 생산량이 결정되고 시장이 균형을 이룬다는 것이다. 이러한 경제 이론이 제대로 작동하지 않게 된 대공황 상황에서, 경제학자 케인즈가 그의 책 『일반이론』에서 고전학파의 한계를 지적하며 시장에 정부가 개입해야 한다고 주장했다. 정부가 인위적으로 수요를 창출해야 한다는 것이다. 이때부터 케인즈 이론이 30년 이상 주류 경제학 이론이 되었다. 또 그러다가 1970년대에 국제 석유 값이 폭등한 오일 쇼크가 왔고 이와 더불어서 스태그플레이션이 발생했다. 그러자 케인즈 이론이 한계에 부딪혔다. 높은 물가를 잡으려고 정부 지출을 줄이면 경기가 더욱 침체되었고, 그 반대로 경기를 부양시키려고 정부가 지출을 늘리면 물가가 상승했다. 이때 '통화주의 학파'가 등장했다. 밀턴 프리던먼이 정부의 시장 개입은 결국 시장을 교란케 한다고 비판하면서 화폐의 중요성 강조했다. 시장의 안정을 위하여 정부가 일정한 통화 증가율을 유지하고 가능한 시장에서 손을 떼야 한다는 주장이 그의 입장이었다. 이와 함께 '합리적 기대 이론'이 등장했다. 이 이론은 경제 주체들이 모든 정보를 활용해서 합리적으로 행동하므로 정부 개입이 불필요하다는 주장을 펼쳤다. 이 주장이 1980년대 미국 경제학의 근간으로 채택되었다.

하기 시작했다.[8] 그로부터 2년 조금 못미친 지금은 이 경제 위기에서 조금씩 벗어나는 과정에 있는데, 그렇지만 여러 국가들이 경기 회복을 위해 짊어진 채무가 점점 더 무거워지고 있다.

이러한 때에 사람들은 그동안 '효율성'과 '경쟁력'에 의지해 온 삶의 존재 방식을 반성하게 되었다.[9] 이미 신학자 한스 큉이 지적한 대로,[10] 소위 발전 이데올로기의 마술인 "더 빨리, 더 많이, 더 높이!"에 심취했던 인류는 '무한 발전'(양적 팽창)을 위해 '유한한 지구 자원'을 마구 소비하여 먹고 쓰고 버리는 통에 생태계 질서를 무너뜨리고 심지어는 후손들의 자원까지 끌어다가 먹어치우는 일을 서슴지 않았다는 것이다. 인간의 존재 방식이 비인간적인 모습으로 전락했고, 또 이러한 인간의 행위가 자연과 창조 질서를 파괴해 왔다는 점을 자성했다.

이러한 반성과 더불어 20세기 철기 문명에 관하여 지식인들이 비판하

---

8) 세계 각국의 정부는 시장에 적극적으로 개입하여 무차별적으로 돈을 푸는 양적 팽창 정책을 펼쳤고, 정부는 국가 간의 자본 이동을 규제하는 정책을 시행하기 시작했다. 이와 더불어 신(新) 케인즈 학파(폴 크루거먼)의 주장이 힘을 받았다. 그런데 일부 경제학자들은(현성진 교수 등) 신 케인즈 학파의 한계성을 지적하였다. 신 케인즈 학파 역시 아직도 여전히 "경제 주체들의 이성적이고 합리적으로 행동"한다는 전제를 갖고 있으므로, 그 학파의 주장에는 한계성이 있다는 것이다. 그러면서 경제학이 이제는 경제의 주체인 '인간'의 경제 행위를 이해하고 설명해 내야 한다고 했다. 즉 인간의 경제 행위가 경제학의 대상이라는 것이다. 그리고 이것을 '신경제학'이라 불렀고, 이 경제학은 인간의 행위와 의사 결정을 연구하는 신경과학, 경제학, 심리학을 연결지어 연구한다고 밝혔다.

9) 이 점에 관하여 사단법인 '참된 평화를 만드는 사람들'이 여러 신학자들의 원고를 모아서 단행본으로 발간했다. 『신자유주의 시대, 평화와 생명 선교』(도서출판 동연, 2009). 집필자는 장윤재, 황홍렬, 김용복, 정종훈, 조용훈, 박홍순, 한경호 등이다.

10) Hans Kueng, *Projekt Weltethos*(Muenchen; Zuerich: Piper, 1990), 32-36. 참조 : G. Liedke, *Im Bauch des Fisches. Oekologische Theologie, 3. Aufl.*(Stuttgart, 1985). G. Altner, *Die Ueberlebenskrise in der Gegenwart*(Darmstadt, 1987). C. Amery, *Das Ende der Vorsehung. Die gnadenlosen Folgen des Christentums*(Reinbek, 1972).

였다. 몇몇 학자들의 얘기를 빌리면, 인류의 '철기 문명'은 이제 그 수명을 다했다고 한다. 이 문명은 힘센 남성적인 문명이라 할 수 있다. 굵은 철근으로 집을 높이 짓고, 강한 쇠붙이에 인간의 의지를 새겨 넣어서 이것으로 기계를 만들고 자동차와 비행기를 발명하고, 그러면서 이 문명은 '더 빨리! 더 높이!'의 이데올로기를 외치면서 발전에 발전을 거듭해 왔다.[11] 철기 문명의 강한 무기로 무장한 힘센 나라가 약한 나라와 민족을 정복하고, 또한 자연까지 정복해 왔다. 그런데 모순되게도 이렇게 강한 철기 문명이 이제 그 수명을 다했다고 한다. 쇠가 산화해서 녹슬듯이, 철기 문명도 그렇게 수명을 다해 가는 것이다. 철기 문명의 결정적인 약점은—은유적인 표현으로—쇠붙이 자체 속에서 생명이 피어나지 못한다는 것이다. 뿐만이 아니라 철기 문명은 이제까지 이런저런 많은 생명체를 다치게 하고 죽여 왔음이 사실이다.

이런 식의 철기 문명에는 이제 더 이상 미래가 없다고 판명되었다. 날이 갈수록 심각해지는 환경 오염과 생태계의 위기는 철기 문명의 위기를 대변하는 사례이다. 철기 문명을 개발하기 위해 인류는 화석 연료(석탄, 석유)로 기초 에너지를 만들었다. 이 에너지를 바탕으로 인류는 공업을 발전시켰고 산업 사회를 이루어 왔다. 그런데 산업화는 지구 환경을 오염시켰고 모든 생명체의 먹거리와 숨쉬는 것까지 지장을 주는 결과에 이르렀다 (지구 온난화, 공기와 마실 물의 오염, 생물 종의 감소, 환경 호르몬, 오존층 파괴, 이상 기후 등). 이 가운데서 가장 심각한 일이 지구 온난화 문제이다. 이로 말미암아 남극과 북극의 빙하가 녹고, 유럽의 알프스 산맥과 아시아의 히말라야 산맥의 만년설이 녹고, 지구의 습지가 자꾸 줄어들고, 그러자 습지에 살던 생물들이 멸종되고, 이 생물들을 먹고 사는 또 다른 생물들이 멸종하고

---

11) 참고, Hans Kueng, *Projekt Weltethos*, 32-33.

혹은 이 생물들에게 먹히는 생물들의 수가 늘어나게 되니, 앞으로 먹이사슬이 깨지고 생태계 질서가 뒤죽박죽 무너지고 있다. 남태평양의 어느 섬은 바닷물의 높이가 상승하면서 물밑으로 가라앉고 있다.

철기 문명은 끝없이 강한 것 같지만 이 문명에 생명력이 없는 까닭에 그 수명이 다해 간다고 한다. 철기 문명의 폐해와 한계성을 관찰한 사람들은 지금의 인류 문명이 죽음의 문명 죽임의 문명이라고 비판했다. 이 문명은 결국 인간과 자연의 생명권을 박탈해 갔으며, 지금 현재의 생명권뿐만이 아니라 다음 세대 후손들의 생명권까지 박탈시켜 왔다고 볼 수 있다.

2) 생명의 권리를 위해 헌신한 세계 교회의 에큐메니칼 운동[12]

에큐메니칼 운동의 어원인 '오이쿠메네'는[13] 신약성경에서 대체로 '사람들이 거주하는 온 세상(세계)'으로 사용되었다. 흥미로운 점은 생태계(ecology), 경제(economy)도 에큐메니즘과 같이 '거주하다'(oikeo) 혹은 '집(oikos)과 공통의 어원을 갖고 있다는 점이다. 이렇게 상호 연관된 단어들의 뜻을 바탕으로 하여서, 세계 교회의 에큐메니칼 운동은 '전 지구라는 인류의 집'의 살림살이를 다루어 왔다.

---

12) 이 부분은 필자의 글에서 발췌했다. 임희국, "세계교회협의회(WCC)의 시작과 여정", 대한예수교장로회총회 에큐메니칼위원회 엮음, 『21세기 한국 교회의 에큐메니칼 운동』(서울: 대한기독교서회, 2008), 263-286.

13) 배현주에 따르면, 에큐메니즘의 어원이 되는 헬라어 오이쿠메네(oikoumene)는 '거주한다'는 뜻의 '오이케오'(oikeo)의 수동분사형에서 유래한다. 오이쿠메네는 본디 지리적, 문화적, 정치적, 그리고 우주적 지평을 뜻했다. 지리적으로는 '사람들이 거주하는 전 세계'를 지칭했고, 문화적으로는 헬라 문화적 이상을 담고 있는 세계 시민의 영역을 말했고, 정치적으로는 로마 제국을 뜻했고, 우주적으로는 인간의 세계를 넘어 자연 그리고 영적 존재들과 천사의 세계까지 포함하는 영역을 뜻했다. 신약성경에서는 주로 지리적 오이쿠메네를 지칭했다(마 24:14, 눅 4:5, 21:26, 행 11:28, 17:31, 19:27, 롬 10:18, 히 1:6, 2:5, 계 3:10). 배현주, "신약성서에서 살펴보는 에큐메니칼 운동", 『21세기 한국 교회의 에큐메니칼 운동』, 185-202.

WCC 제1차 총회가 네덜란드 암스테르담에서 열렸는데, 이 시점에 전 세계적으로 '냉전 체제'가 구축되기 시작했다. 이와 관련하여서 미국 장로 교회의 총대 덜레스(John Foster Dulles, 나중에 미국 국무장관이 됨)와 체코슬로 바키아 신학자 로마드카(Josef Hromadka)가 논쟁하였는데, 덜레스는 자본 주의의 우월성을 주장했고 로마드카는 공산주의를 변호했다. 회의 장소에 긴장감이 팽팽해졌다. 그러나 총회는 공산주의와 자본주의 사이에서 양자 택일을 고려할 필요가 없다고 보면서 어떠한 체제에서든 그 속에서 교회 가 감당해야 할 책임성 곧 '(교회의) 사회적 책임'을 촉구하였다.

1966년에는 영국 스완위크(Swanwick)에서 교회의 사회 봉사(diakonia) 방법과 개선책에 관하여 논의했다. 교회의 사회 봉사가 단순히 '시혜'의 범 주를 넘어서서 사회 발전에 실제로 기여할 수 있는 프로그램을 마련해야 한다는 점에 공감대를 형성했다. 같은 해에 제네바에서 '교회와 사회 협의 회'(Conference on Church and Society)가 조직되었다. 이 협의회는 급격한 변 화 속에 있는 세계의 문화, 정치, 경제, 과학 기술에 대한 소상한 분석을 맡 았다. 참석자 420명 가운데 대다수는 전문 영역의 평신도들이었다.

1968년 웁살라에서 열린 WCC 총회는 경제 정의와 사회 정의를 집중 적으로 다루었다. 이와 관련된 당시의 세계는 산아제한과 식량 증산 그리 고 분배에 커다란 관심을 두었다. 이 관심은 당시의 국제 정세에 대한 반 성적 작업이었다. 총회는 또한 '개발'에 관하여 집중적으로 토의하였다. 개 발의 목표를 정의, 자기 신뢰(self-reliance), 경제 성장에 두어야 한다고 보 았다. 이를 위한 교회의 과제는 가난한 사람들과 눌린 사람들이 이 3가 지 목표를 위해 분투 노력하는 현장으로 가서 그들과 연대하는 것이라고 보았다. 이를 위하여 세계교회협의회는 교회의 개발참여위원회(CCPD= Commission on the Churches' Participation in Development)를 만들었다. 이 위 원회는 현장 연구 조사를 바탕으로 자료집을 출판하였고 또 개발 현장에서 기술 지도와 재정 지원을 하였다. 그러면서 세계 곳곳에서 진행되고 있는 지역 에큐메니칼 운동을 위해 기여하였다.

1975년 나이로비 WCC 총회 이후, 세계교회협의회(WCC)는 "공정하게 (누구나) 참여할 수 있고 또 지속 가능한 사회"(JPSS=Just, Participatory and Sustainable Society)를 추구하였다. 이 주제 속에 들어 있는 관심사는 과학과 기술의 발전이 사회에 미치는 영향을 알아보는 데 있었다. 3년 동안 신학자들과 과학자들이 예비 연구를 하였다. 그리고 나서 1979년 7월에 미국 보스턴 MIT 공과대학에서 '신앙, 과학 그리고 미래'라는 주제를 내걸고 국제 회의를 개최하였다. 이번 회의에서는 오랜 세월 끌어오던 '신앙-과학'에 관한 논쟁이 새롭게 전개되었다. 제3세계에서 온 참석자들은 산업화된 국가들이 과학과 기술을 "군비 확장과 무기 개발을 위하여 또 경제적 이득을 위하여" 사용한다고 비판하였고, 결국 이것은 인류에게 "커다란 고통"을 안겨다 줄 것이라 경고했다. 다수의 과학자들은, 이들 가운데서 일부는 핵무기 개발에 참여하였는데, 핵무기 개발 경쟁을 중지해야 한다고 호소하였다. 이 호소는 핵무기 군비 축소에 대한 국제적 여론을 주지시켰다. 본회의가 1981년 11월에 암스테르담에서 개최되었다. 이 자리에서 다양한 분야에서 일하는 사람 40명 곧 신학, 과학 기술, 정치, 군사 분야에서 일하는 전문가들이 각각 '증언'하였다. 그 내용이 "돌이킬 수 없을 정도로 너무 늦기 전에"(Before It's too Late)라는 제목으로 출판되었는데, 이 책은 핵무기의 생산과 사용이 인류에 대한 범죄 행위라고 결론지었다. 그 동안에 온 세계 가난한 사람들의 수가 자꾸 늘어났다. 이 현실은 가난에 대응하는 개발 참여위원회(CCPD)의 프로그램을 바꾸어야 한다는 도전을 주었다. 1980년에 호주 멜버른에서 이 문제에 대한 회의가 열렸다. 가난이 선교와 복음 전파의 초점으로 채택되었고 "선교의 방향에 변화를 가져와야 한다."는 의견을 모았다.

1983년 밴쿠버 WCC 총회의 주제는 "예수 그리스도-세상의 생명"이었다. 사망 권세가 생명을 위협하는 현실에서, WCC는 정의를 위한 투쟁과 평화를 위한 투쟁이 서로 분리되지 않는다고 강조했다. 이 투쟁에 교회가 참여하는 일이야말로 예수 그리스도에 대한 신앙고백과 동일하다고 강조했다. 정의와 평화를 위하여, 교회는 핵무기의 개발과 생산이 인류에 대한 심각한 범죄 행위라고 보았다.

1980년대의 WCC는 이제까지 긍정적으로 평가해 오던 '개발'에 대하여 심각한 질문을 제기했다. 이 문제를 다루기 위하여 1986년 11월에 키프로스의 라르나카(Larnaca)에서 협의회가 열렸다. 이 자리에서 가난한 사람 눌린 사람들이 세상 관심의 주변으로 밀려나 있는데, 이 관심을 교회 봉사의 중심으로 가져와야 한다고 강조하였다. 이에 따라 이번 협의회는 교회의 사회 봉사(diakonia)를 깊이 다루었는데, 사회 봉사란 "해방을 통한 변화, 또 고통을 함께 나누고 이것을 이겨 내도록 용기를 불어넣어 주는 것"이라 보았다. 교회의 사회 봉사는 정의와 평화를 위한 투쟁과 분리될 수 없는 것이라 강조했다. 1987년에는 스페인의 엘에스코리알(El Escorial)에서 협의회가 열렸다. 주요한 의제는 "자원의 나눔"이었다. 돈과 물질의 나눔도 필요할 뿐더러 교회의 영적, 신학적, 문화적 유산도 나누어야 한다고 강조했다. 그런데 이보다 더 중요한 나눔은 고통 분담이라고 보았다. 이와 함께, 사회의 주변으로 맴도는 사람들도 중심에 서 있는 사람들과 동등하게 의사 결정에 참여하는 방안에 대하여 토론하였고, 불의함의 뿌리와 구조가 무엇인지 토론하였고, 이분법적으로 분리된 복음 전파와 사회 참여를 통합하는 길을 모색하였다.

이러한 주제가 세계 모든 교회들로 하여금 "정의, 평화 그리고 창조 질서의 보존"(JPIC)으로 나아가게 했다. 정의와 평화는 언제나 에큐메니칼 운동의 중요한 주제였고, 그런데 창조 질서의 보존은 새로이 채택된 주제였다. 처음에는 JPIC 운동이 작은 규모의 지역 단위로 시작되었다. 전 지구적 차원에서 시작하지 않았다. 1990년 3월 대한민국 서울에서 JPIC 국제대회를 개최하였다.

1991년 호주 갠버라에서 열린 WCC 총회는, 당시에 페르시아의 걸프만에서 벌어지고 있는 전쟁 때문에, '전쟁'에 특별한 관심을 보였다. 이와 관련해서, WCC는 피조 세계가 생존의 위협을 받고 있다는 사실을 중요하게 보았다. 가난, 불의, 전쟁, 공해로 말미암아 지구상의 생명체가 생존의 위협을 받고 있는 것이다. 이러한 위협에서 건져 주실 분은 오직 하나님 한 분이신데, 하나님께서 이 모든 피조물을 창조하셨고 또 이제는 성령을 통하여 지으신 피조 세계의 생명을 보존하신다고 믿었다.

1998년 하라레에서 열린 WCC 총회는 서구의 물질적 풍요로움이 다른 대륙의 희생을 대가로 치르며 누리는 것이라 회개하였다. 나미비아에서 온 목회자는 이전에 눌린 자였으나 이제는 누르는 자가 되었다고 회개하였다. 아프리카에도 부당 이득을 취하는 자들이 드물지 않다는 것이다. 이와 함께 세계의 정의로운 경제 구조를 위해 기도드렸다. 이번 총회의 각별한 관심은 빚을 많이 지고 있는 국가들의 빚 탕감 문제였다. 이미 개막 환영사에서 짐바브웨 교회 총회장은 이 나라의 경제 위기, 착취, 부정부패로 말미암은 그리스도인들의 고통을 토로하였다.

2006년 포르투알레그리에서 열린 WCC 총회의 주제는 "하나님, 당신의 은총 가운데서 세상이 변화되게 하소서"였다. 세상이 바뀌어야 한다는 강한 열망과 의지에서 주제가 상정되었다. 지금의 세계가 정치, 경제, 과학 기술, 사상과 신념 체계 등에서 새로운 패러다임으로 변혁되어야 한다는 확신이 주제 설정에 담겨 있었다. 총회는 또한 지난번 하라레 총회에서 정한 "폭력 극복 10년" 운동을 점검하면서 "화해와 평화를 추구하는 교회"(2000-2010)로 재정립하였다.

2013년 한국 부산에서 열리는 제10차 총회를 바라보는 WCC는 6가지 프로그램을 설정했다. "정의, 섬김, 그리고 창조 세계에 대한 책임"이 여기에 포함되어 있다. 인간의 곤궁을 해결하고 불의를 철폐시키며, 창조 질서의 파괴에 대응하는 교회의 노력을 강조했다. "기후 변화, 물, 에너지, 핵 문제 그리고 새로운 기술의 사용과 남용과 오용에 관한 일"을 논의하고자 했다.

　　WCC의 에큐메니칼 운동과 나란히, 세계개혁교회연맹(WARC)의 에큐메니칼 운동은 보다 더 분명하게 경제 개발이 환경 오염과 생태계의 위기를 초래한다고 경고했다. 즉 마구잡이 난개발이 하나님의 창조 질서를 훼손하고 있으므로 이 땅에 하나님의 공의를 세우는 새 언약이 시급하다고 선포했다. 이러한 선포가 2004년도 제24차 총회에서(아프리카 가나의 아크라) 소위 '아크라 신앙고백'(경제와 창조 세계의 정의를 위한 계약)으로 나왔다.[14] 여기에서는 빈부 격차에 따른 양극화 현상과 가난한 나라의 외채 문제는 불의한 경제 구조 때문이라고 경고했다. 또 신자유주의 경제 체제를 비판하면서 "무한 경쟁, 소비주의, 부의 무제한 축제, 투기 자본, 시장의 탈규제화, 공기업의 민영화, 규제 없는 외국 자본의 투기, 통제받지 않는 자본의 자유 이동" 등을 공격했다. 그러면서 정의에 기초하여 평화로 나아가는 생명 공동체를 위한 계약(하나님과 모든 피조물 사이의 계약)을 제안했다.

---

14) 세계개혁교회연맹(WARC) 제24차 총회(2004. 7. 30-8. 12, 가나의 아크라)에서 채택된 신앙고백문: 아크라 신앙고백, 박성원 번역, "경제와 창조 세계의 정의를 위한 계약", 『농촌과목회 제24권』(2004년 겨울호) 게재.

3) 총회가 실천한 '생명 살리기 운동'

본 교단의 제84회 총회는 생명 죽임의 현실에 대응하는 새로운 세기의 선교적 비전을 담아 교단 21세기 정책 제안서인 "하나님의 영광을 위하여 모든 피조물이 더불어 살아가는 지구 생명 공동체"를 확정·발표하였다. 교단의 총회는 생명 살림의 선교 정책을 지역 노회와 교회에 확산시키고자 2000년도에 '한국장로교회대회'를 개최했다. 제85회 총회는 생명 살리기 운동 추진 계획안을 허락하였다. 2002년도 제87회 총회는—총회 창립 90주년을 기념하여—'생명 살리기 운동'을 결의하고 이제부터 10년 동안 (2002-2012) 이 운동이 시작되는 그 원년을 선포했다. 이 운동은 오는 2012년 총회 창립 100주년까지 10가지 주제 아래 다양한 프로그램으로 진행하되 5년씩 2단계로 나누어 전개하기로 했다. 즉 2007년도에 1단계를 마감하기로 했고 또 2012년에 제2단계를 마무리짓기로 했다.

생명 살리기 운동의 기조를 이루는 신학은 생명신학이다. 이 신학은 지나온 20세기 이래로 '죽임의 문화'가 인류의 삶을 지배하고 있다는 반성에서 비롯되었다. 이 가운데서 특별히 세계가 동(東)과 서(西)로 나뉘어 대립했던 냉전 시대엔 정치적 이데올로기의 대립으로 사상과 표현의 자유가 억압받았다. 또한 세계화된 자본주의 경제 체제는 맘몬의 지배 아래 인간 심성이 물화되고 물신을 숭배하는 노예 의식에 사로잡히게 했다. 산업화의 개발로 말미암아 환경 오염과 생태계의 파괴가 심각해졌고, 살아 숨쉬는 모든 생명체가 생존의 위기에 처하게 되었다. 이에 새로운 세기인 21세기의 최대 과제는 생명 살리기가 되었다. 생명 살리기 운동은 생명 죽임의 현실에 맞서서 예수 그리스도의 생명 복음을 증언하는 것이다. 이 운동은 일회적인 운동이 아니라 영속적인 운동으로서 새 하늘과 새 땅(계 21:1-8)을 소망하며 증언하는 신앙 운동이다.

생명 살리기 운동을 구체적으로 전개하는 사업을 10가지 주제 영역으로 정했는데, 이것은 상호 연관성을 가진 다양한 영역이다. ① 일치와 갱신 ② 민족 복음화 ③ 사회 선교 ④ 세계 선교와 에큐메니칼 연대 ⑤ 교육 목회 및 훈련 ⑥ 신앙과 경제 ⑦ 한반도에서 나눔과 평화 ⑧ 기독교와 문화 ⑨ 정보화 시대의 언론 홍보 ⑩ 지탱, 지속 가능한 성장을 위한 기본 정책 등.

생명 살리기 운동은 총회가 결의한 대로 "정책 총회, 사업 노회"의 원칙에 따라 실천되었다. 총회는 제90회기(2006년도)부터 2년 동안 43개 노회와 1개의 지역노회선교협의회가 이 운동을 실천하는 사업을 전개했다. 노회별로 진행된 이 운동은 매우 다양하게 전개되었다. 한정된 지면 때문에 그 이름만 나열하면 다음과 같다. 광주동노회, 안양노회, 영주노회, 그리고 전남노회는 세계선교협의회(CWM)의 선교 프로그램 지원 기금의 지원을 받아 환경 프로젝트를 실시했다.[15] 또한 전서노회의 생명 살리기 학교, 경기노회 고등교회의 건강한 환경 만들기, 강원동노회 황지중앙교회의 하나님 사랑·생명 사랑 운동, 장성백운교회의 먹을거리와 생명 살리기 운동, 포항노회 포항제일교회의 청지기 운동이 전개되었다. 평화 교육을 위한 "피스메이커 지도자 양성 프로젝트"에는 경북노회, 경서노회, 광주노회, 서울서북노회, 평북노회, 여수노회가 참여했다. 미자립 교회 목회자를 위한 프로그램에는 부천노회, 충북노회, 강원동노회, 전북동노회, 충청노회, 대전서노회, 강원노회, 진주노회가 참여했다. 외국인 노동자 선교에는 서울서남노회(안산외국인노동자센터), 서울강북노회(의정부외국인노동자센터), 전북노회(전주외국인노동자센터), 경기노회(오산외국인노동자센터), 경북노회(대구외국인노동상담소), 대구동노회(경산벧엘외국인근로자교회), 부산동노회(부산기독교이주노동자센터), 서울서노회(엘림미션센터), 서울서북노회(봉일천교

---

15) CWM의 선교 프로그램 지원 기금으로 실천한 환경 선교에 관하여 노영상 교수가 『하나님 나라와 생명살림 실천』 39쪽에서 도표로 상세하게 정리했다.

회)가 참여했다. 교회의 사회 봉사를 위한 장애인 복지 프로젝트에는 용천노회, 충남노회, 강원노회, 강원동노회, 인천노회, 서울서노회, 그리고 서울노회가 참여했다. 특별히 부산장신대학교는 2009학년도부터 신학대학원(M.Div) 과정의 필수 과목(목회실습)인 "생명 목회와 생명 선교"를 개설하여서 미래 교회와 미래 목회의 주역인 신학생들에게 생명 신학, 생명 목회, 생명 선교에 대한 교육을 실시했다.[16] 이 과목은 교수들이 함께 동참하는 팀-티칭(Team-Teaching)으로 진행된다.

총회산하연구단체협의회(이하 연단협)는 총회 생명 살리기 운동에 동참하여서 3권의 단행본을 출판하였다. 2005년도에 『하나님 나라와 생명 살림』을 출판했다.[17] 이 책은 생명 살리기 운동 10년의 신학적 방향과 비전을 제시하면서 이 운동의 역사적 근거를 에큐메니칼 운동의 역사에서 찾았고 또 운동의 목표를 하나님 나라의 구현으로 보았다. 이 책에서 정리한 생명의 개념은 인간의 모든 삶과 생태계의 모든 생명체가 서로서로 생명의 관계망 속에 있다고 지적했다. 2007년도에 『하나님 나라와 생명 목회』를 출판했으며,[18] 그리고 2009년도에 『하나님 나라와 생명살림 실천』을 출판했다.[19] 마지막 세 번째로 발간된 단행본에는 여러 신학자들이 각 노회

---

16) 학생들이 사용하는 교재가 발간되었다(A4 364쪽). 『생명목회와 생명선교자료집』(부산장신대학교, 2009).

17) 대한예수교장로회 생명살리기운동10년위원회/대한예수교장로회총회산하연구단체협의회 편, 『하나님 나라와 생명살림: 생명 살리기 운동 10년의 신학적 기초와 방향』(한국장로교출판사, 2005).

18) 대한예수교장로회 생명살리기운동10년위원회/대한예수교장로회총회산하연구단체협의회 편, 『하나님 나라와 생명 목회: 생명 목회 실천을 위한 신학적 길라잡이』(한국장로교출판사, 2007).

19) 대한예수교장로회 생명살리기운동10년위원회/대한예수교장로회총회산하연구단체협의회 편, 『하나님 나라와 생명살림 실천: 노회의 사례와 신학적 평가』(대한예수교장로회총회, 연대미상).

의 실천 사례를 서술하면서 신학적으로 평가했다.

4) 잠정 정리와 제언

지금까지 살펴본 대로, 2002년도부터 전개된 본 교단 총회의 '생명 살리기 운동'은 세계 교회의 에큐메니칼 운동에 그 역사적 배경이 있고 또한 땅에 임하는 하나님 나라의 역사에 동참하는 신앙 운동이다. 에큐메니즘의 어원인 '오이쿠메네'에 담긴 뜻이 그대로 살아 있는 폭넓은 신앙 운동이다. WCC의 중앙위원인 박성원 목사의 견해에 따르면, 이 운동은 "예언(자)적이고 통전적인 프로그램으로서" 세계 여러 지역에서 전개된 에큐메니칼 운동이 이렇게 10년 동안 집중적으로 펼치는 경우는 매우 드물었다고 평가했다.[20] 본 교단 총회의 생명 살리기 운동은 그 시작 단계부터 운동의 실천 원칙도 분명히 정했는데 '정책 총회, 사업 노회'였다. 이 방향 설정에 따라 생명 살리기 운동이 각 노회별로 실천되었다. 노회별로 계획을 세워서 체계적으로 추진되었다. 또한 이 운동을 시작하면서 세웠던 시간표대로, 2007년도에는 생명 살리기 운동에 대한 중간 평가를 하였다.[21] 그리고 이 모든 과정에서 연단협이 함께 참여하면서 신학적인 작업을 수행했다. 여기에서 '하나님 나라의 생명신학'이 정립되고 있다.

앞으로도 계속해서 이 땅에 임하는 하나님 나라에 동참하는 생명 살리

---

20) 박성원, "신학적 반성과 제안", 『하나님 나라와 생명목회』(2008. 5. 14), 총회생명살리기 운동10년위원회·총회연구단체협의회/영남신학대학교, 24.

21) '생명 살리기 운동 10년' 중간 평가 세미나는 2007년 6월 5일 한국교회백주년기념관에서 열렸다. 이 세미나에서 총회의 입장에서 사무총장 조성기 목사가, 신학적 관점에서 고용수 교수가, 목회적 관점에서 손인웅 목사가 각각 평가와 제안을 했고, 이어서 이 운동의 실무 책임자인 국내선교부 총무 진방주 목사, 사회봉사부 총무 김종생 목사, 전서노회 손은하 목사, 대구남노회 한종현 목사가 각각 추진 내용과 실적에 대하여 발제했다. 이 세미나 자료집을 출간했다. 『생명 살리기 운동 10년 중간 평가 세미나』.

기 운동이 전개되어야 할 것이다. 이를 위하여 한 가지 질문이 떠오른다. 이 운동이 교단 산하 전국 7,000여 교회들과 성도들 개개인에게 얼마만큼 어떻게 전달되고 있을까? 생명 위기의 시대에 살고 있는 우리가 얼마나 절실하게 생명 살리기를 소명으로 느끼고 있을까?

이 점은 이미 2년 전의 '신학 심포지엄'(생명 살리기 운동 10년 활성화를 위한 신학 심포지엄, 2008. 7. 3)에서 거론되었는데, 연단협의 회장인 고용수 목사는[22] "(생명 살리기 운동의) 다양한 사업과 연구 성과가 나왔다. 그렇지만 아직은 많은 교회, 목회자들과 교인들이 이 운동에 대해 잘 모르거나 관심이 없다."고 지적했다. 그러면서 그는 이 운동을 잘 확산시키기 위하여 평신도 여러 단체에게(남선교회, 여전도회, 청년회 등) 생명 살리기 교육을 실시하자고 제안했다. 고용수의 지적을 더욱 살려서, 이제까지 총회의 주관으로 '위에서부터 아래로 내려온' 생명 살리기 운동이 이제부터는 '아래에서 위로 올라가는' 운동이면 바람직할 것이다. 즉 총회 → 노회 → 교회(목회자, 평신도)의 순서만이 아니라 개(個) 교회 → 노회 → 총회의 단계도 병행되면 바람직할 것이다. 그렇다면 생명 살리기 운동을 프로그램 중심으로만 실천할 것이 아니라 성도·교인들 개개인의 생명 의식 각성과 생태적 감수성을 깨우치게 하는 일도 함께 해야 한다고 본다. 때로는 전자보다도 후자에다 우선 순위를 두어야 할 것이다.

---

22) 고용수, "생명 살리기 운동 10년 제2차 제안서", "생명 살리기 운동 10년 활성화를 위한 신학 심포지엄"(2008. 7. 3), 총회생명살리기운동10년위원회/총회산하연구단체협의회, 38-47.

4

한국 교회,
연합과 일치의 역사와 미래 패러다임[1]

1. 역사 회고

    한국 교회(개신교)는 약 130년 역사 속에서 처음부터 '상호 협력과 연합 사업'이 활발했다. 이 사실은 내한(來韓) 선교사들이 공동으로 추진한 성경 번역 사업과 출판 사업으로 증빙된다.[2] 평양 장대현교회에서 절정을 이룬 신앙 각성 대부흥 운동(1903-1908) 기간에도 선교사들이 서로 긴밀하게 협력했는데, 이 기간인 1905년에 이들은 한국에서 하나의 단일 개신교를 탄생시키고자 '공의회'(The General Council of Evangelical Missions in Korea)

---

1) 이 글은 한국기독교교회협의회(NCCK) '한국교회발전연구원' 창립 1주년 기념 포럼 (2012. 10. 16.)에서 강의한 원고이다.
2) 1905년에는 장로교회와 감리교회 내한 선교사들이 연합하여 선교 잡지 *The Korea Mission Field*를 발간하였다. 장로교회의 『그리스도신문』(1897년 4월 창간)과 감리교회의 『조선그리스도인회보』(1897년 2월 창간)를 합쳐서 『대한그리스도신문』이 발간되었고, 또 1908년에는 장로교회와 감리교회가 함께 『합동찬송가』를 출간했다.

를 조직했다. 공의회는 "선교 사업에 서로 협력하고 궁극적으로 단일 개신교를 조직한다."는 목표를 세웠고, 장차 단일 개신교가 실현될 것을 대비하여 그 명칭을 '대한예수교회'로 미리 정해 놓았다. 선교사들은 공의회 안에서 기독교 학교(서울, 평양)와 병원을 공동으로 운영했다.

이 공의회는 그러나 여러 가지 사정상 그 목표치를 낮추어서 개신교 교단들의 상호 협력과 연합 사업에 만족하기로 했다. 이에 새로운 '공의회' (The Federal Council of Protestant Evangelical Missions in Korea)가 1911년에 조직되었고, 이 공의회의 권한을 '(각 교파의) 자문 역할'로 제한하였다. 공의회는 이에 개신교 교파들 및 교단들의 연합 사업에 역점을 두었다.

1924년 10월 24일 '조선예수교연합공의회'(Korean National Christian Council)가 창립 총회를 가졌고,[3] 이 기구는 오늘날 한국기독교교회협의회의 모체였다. 이 기구의 명칭이 퍽 흥미로운데, '예수교'는 1905년에 가졌던 '단일 개신교'의 꿈을 아직도 갖고 있다는 뜻이고 또 '공의회'는 이제까지 실시해 온 상호 협력과 연합 사업을 지속한다는 뜻으로 풀이된다. 연합공의회가 다양한 형태의 사회 봉사(Diakonie) 운동을 주관했다. 예를 들어 금주(禁酒) 운동(1930년대), 농촌 경제 살리기 운동(1929-1937), 국산품 애용

---

3) 창립 총회에 이르기까지 그 과정이 다음과 같이 진행되었다. 1917년 장로교회와 감리교회(장·감)의 대표들이─외국 선교부의 주도로─'조선예수교장·감(선교사)협의회'를 조직하였다. 1918년 3월 26일에는 양 교단의 대표들이─한국 교회 지도자들이 주도하여─'조선예수교장·감연합공의회'를 창립하였다. 1923년 3월에 두 연합회가 합쳐 '조선예수교연합공의회'가 조직되었다. 이에 따라 공의회는 해산하였고 그렇지만 협의회는 존속했다. 1924년 10월 24일 새문안교회에서 창립 총회를 가진 조선예수교연합공의회의 회원 단체는 조선예수교장로회, 미감리교연회, 남감리교연회, 미국 남·북장로교회, 캐나다 장로교회, 호주 장로교회, 미국 남·북감리교회의 선교부, 영국성서공회, 조선기독교청년회(YMCA), 캐나다연합교회선교회, 조선여자기독교청년회, 조선주일학교연합회 등이었다. 1930년에는 조선예수교서회(기독교서회)가, 1931년에는 기독교여자절제회가 가입했다. 조선예수교연합공의회는─1935년에 조선예수교장로회가 탈퇴하기까지─한국 개신교 에큐메니칼 운동의 중심 기구였다.

운동, 공창 폐지 운동 등이었다. 이를 통하여 기독교의 사회 공공성이 확립되었고 또 교회의 사회 공적 책임도 각인되었다. 1925년에 조선예수교연합공의회가 국제선교협의회(IMC)에 가입했는데, 이 공의회를 통하여 한국 개신교 교단들이 해외에서 개최되는 국제 회의에[4] 대표를 파송하며 세계 교회와 교류하였다.

그러나 1930년 후반에 개신교의 연합 사업이 일제의 압력과 몇몇 교단(특히 장로교회)의 내부 문제 때문에 위축되었고, 장로교회 총회(제27회)가 신사참배를 가결하던 1938년에, 일제의 압력으로 조선예수교연합공의회가 강제로 해산되었다. 1945년 7월에 한국 개신교 교단들은 '일본조선기독교조선교단'으로 통폐합되었다.

1945년 우리 민족이 8·15 해방을 맞이했다. 1948년에 세계교회협의회(WCC) 제1차 총회가 암스테르담에서 개최되었을 때, 한국 장로교회는 이 공의회(Council)에 가입했다. 이를 통해 한국 교회는 일제 강점기 말기부터 단절된 국제 교류를 회복했다. 그러나 1954년부터 장로교회 총회 안에서 세계교회협의회가 단일 교회(Super Church)를 지향한다는 의혹이 일어났고, 1957년 총회(제42회)는 세계교회협의회의 지향점이 세계 교회들의 친선과 연합이라고 확인하며 에큐메니칼 운동에 적극 참여하기로 결의했다. 그러나 2년 뒤에 장로교회는 이 문제로 말미암아 교단이 분열되었다(합동, 통합).[5]

---

4) 예를 들어 제2차 국제선교대회(1928), 세계주일학교대회(1928), 만국장로교회 및 개신교협의회(1929), 만국장로회연합회(1932), 세계장로교회총회(1937) 등이다.

5) 1959년도 장로교회 제3차 교단 분열의 원인에 대한 교단 당사자들의 입장이 각각 나뉘어 있다. 합동측은 세계교회협의회(WCC)의 참여 문제로 야기된 '신학적 차이'가 분열의 주된 원인이라는 입장이고, 통합측은 장로회신학교 박형룡 교장과 관련된 '3,000만 환 사건'이 분열의 직접 원인이라는 입장이다. 합동측은 소위 "3,000만환 사건은 어디까지나 분열의 2차적인 원인일 뿐"이라는 입장이고, 통합측은 "WCC 문제는 분열을 위한 명분"이었을 뿐이라는 입장이다.

이 시기에 에큐메니칼 운동에 앞장섰던 한경직 목사의 활동이 매우 두드러졌다. 그는 1955년 한국기독교협의회(NCCK) 회장으로 선출되어 초교파적 연합 운동을 주도했다.[6] 1957년 인도네시아에서 '동아(東亞)기독교협의회'가 결성되자, 그는 한국 교회의 참여를 앞장서서 추진했다.[7] 그는 동(東)아시아 기독교 교회들의 연대와 연합에 관심이 깊었다. 아시아 대륙에는 제2차 세계 대전 직후에 정치적으로 독립한 신생 국가들이 많았는데, 이 가운데서 적지 않은 나라들이 여전히 정치적으로 안전하지 못했고 또 경제적으로도 불안정하였다. 이러한 상황은 한경직의 판단에 공산주의자들이 쉽게 민심을 동요시키고 그들의 세력을 확장하기가 쉬운 환경이었다. 한국 전쟁에서 북한의 현실 공산주의를 경험한 한경직은 이 세력의 확장을 막아내기 위해 아시아 교회들이 함께 연대해야 한다는 소신을 가졌다.

1960년대 중반 이래로 한국 교회의 상호 협력과 연합 사업은 서로 대별되는 두 개의 길로 갈라졌다. 하나는 교회의 부흥과 성장에 집중했고, 또 다른 하나는 인권 선교와 사회 민주화 그리고 한반도의 평화 통일을 위해 힘썼다.

① 1965년에 시작된 '민족 복음화 운동'은 개신교 교단들이 서로 협력하여 연합 사업으로 추진되었는데, 이 운동이 1970-1980년대에 대규모

---

6) 이때 임원진은 부회장 김활란(감리교) · 강송수(성결교) · 장운용(구세군), 서기 김중환(성결교) · 조요섭(구세군) · 싸우(선교사)였다. 4년 임기의 총무는 유호준(장로교)이 재선되었다.
7) 동아기독교협의회는 14개국의 아시아 교회들이 서로 교제하며 공동의 관심사를 의논하고 함께 협력하여 당면한 제반 문제를 해결해 나가자는 취지로 모였다. 14개국은 한국, 일본, 중국, 태국, 말레이시아, 미얀마, 인도, 실론(스리랑카), 파키스탄, 인도네시아, 필리핀, 호주, 뉴질랜드, 홍콩 등이었고, 교파별로는 장로교 · 감리교 · 침례교 · 루터교 · 성공회 등이 참여했다. 한국에서는 감리교회, 장로교회, 그리고 한국기독교협의회가 여기에 가입했다.

전도 집회로 발전하면서 전국적으로 확산되었다. 이 운동은 한국 교회의 영적 부흥과 양적 성장에 크게 기여했고 또 오늘의 한국 개신교를 형성했다. 전도 집회는 빌리그래함 전도 대회(1973),[8] 엑스플로(Explo) '74(1974), '77민족복음화성회(1977), '80세계복음화대성회(1980), 한국교회100주년기념사업(1984), 그리고 '88세계복음화대성회(1988)로 이어졌다. 이 운동은 그러나 산업화 시대 도시 빈민과 산업 근로자의 인권 선교에 소홀했고 또 농어촌 교회의 쇠퇴와 몰락을 외면했다는 비판을 받고 있다.

② 1965년 정부가 한일 국교 정상화를 단행하자 수백 명의 교회 지도자들이(김재준·강원용·한경직 등) 이를 반대하는 성명을 발표했고, 1969년 박정희 정부가 정권 연장을 위한 삼선개헌을 발표하자 교회 지도자들이 개헌 반대 운동에 참여했다. 1971년 한국기독교협의회가 한국기독교교회협의회(NCCK)로 명칭이 바뀌었고, 이에 기독교 기관과 선교 단체가 떨어져 나갔다. 1973년 4월 12일 부활절 연합 예배 사건이 일어났는데, 이것은 유신 체제를 거부하는 첫 기독교 항거 운동이었다. 한국기독교교회협의회는 1974년 5월 인권위원회를 조직하고 시국 기도회를 통해 긴급 조치 철회와 유신 체제 폐지를 요구했다. 이 시국 기도회가 민청학련 사건 등으로 검거된 자를 위한 목요 기도회로 발전했고, 이 기도회는 1974년 7월부터 민주 회복과 인권 회복을 위한 정기 예배로 정착되었다.

---

8) 한국 개신교 안에서 극단적인 보수주의와 반공 노선을 표방하는 ICCC(International Council of Christian Churches) 노선을 따르는 교회들은 이 전도 대회에 참석하지 않았다. 빌리 그래함이 공산주의에 대하여 반대 목소리를 분명하게 내지 않는다고 보았기 때문이다. 또한 개신교 안에서 진보주의 노선의 교단들도 참석하지 않았다. 그 이유는 국내의 정치 상황과 맞물려 있었는데, 한 해 전(1972년) 소위 '10월 유신'이 선포되어서 박정희 정권이 기독교의 민주화 운동을 탄압하고 있는데, 빌리 그래함 전도 대회를 주관하는 교회 지도자들은 유신 체제를 비판하고 반대하기는커녕 오히려 그 체제에 협조한다고 보았기 때문이다. 진보적인 교회 지도자들은 빌리 그래함의 설교에 예언자적 선포가 결여되었다고 비판했다.

1980년에 군사 독재 정권이 다시 등장하였다. 1981년 한국기독교교회협의회와 독일 교회(EKD)가 협의회(제4차)를 개최하여 한반도 통일 문제를 다루기 시작했다. 그러나 국내 정황이 통일 논의 자체를 허용하지 않았기에, 1984년 10월 세계교회협의회(WCC)가 '동북아시아 정의·평화협의회'를 개최하여 남한 교회의 통일 운동에 활력을 주었다. 이듬해(2월 28일) 한국기독교교회협의회가 '한국 교회 평화 통일 선언'을 발표했는데, 통일은 정치 집권 세력의 전유물이 아니며 교회도 통일 운동에 참여할 자유와 권리와 의무가 있다고 발표했다. 이때 남한 정부는 남북 이산 가족 찾기와 고향 방문 등을 추진했다. 1986년 9월 세계교회협의회가 스위스 글리온에서 '제1차 남북기독자협의회'를 주관했고, 여기에서 용기를 얻은 한국기독교교회협의회는 2년 동안 준비하여 1988년 2월 29일 제37차 총회에서 '민족 통일과 평화에 대한 한국 기독교회 선언'(88 선언)을 발표하여 채택했다.[9] 88 선언문의 핵심은 죄책 고백과 희년 선포 운동이었다.[10]

1990년에 세계교회협의회의 정의·평화·창조질서보존대회(JPIC)가 서울에서 개최되었다. 이 대회는 한국의 분단 상황에 맞물린 세계 평화 문제와 한반도 통일 문제, 경제 정의 문제, 생태계 위기와 환경 오염 문제를 크게 다루었다. 2002년 이래로 세계교회협의회, 세계개혁교회연맹

---

9) 민족의 화해와 통일을 위한 88 선언은 7·4 남북 공동 성명에 나타난 자주, 평화, 사상·이념·제도를 초월한 민족 대단결의 3대 정신과 인도주의 원칙, 민주적 참여 원칙을 포함시켰다.
10) 세계기독교한반도평화협의회(1988. 4. 25-29)는 88 선언문을 지지했다. 그러나 개신교 교단 대다수는 이 선언문을 반박하거나 비판했다. 17개 개신교 교단이 연합하여 3월 23일 이 선언문을 비판했다. 40여 개 평신도 기관 단체 대표가 3월 26일 비판에 가세했다. 23개 개신교 교단 대표 기구인 '한국기독교남북문제대책협의회'(1988. 4. 4-5)가 이 선언문을 비판했다.

(WARC), 그리고 아시아교회협의회(CCA)가 함께 하나님 나라를 위한 '폭력 극복 운동 10년'을 추진했고 또 신자유주의 세계화를 강하게 비판하면서 '풀뿌리 에큐메니칼 운동'(아래로부터의 에큐메니칼 운동)을 추진했다.[11]

1990년대 후반에 한국 교회가 기구(Institut)와 협의체(Council) 중심의 에큐메니칼 운동 이외에 '사람과 사람'의 협력과 연합 운동을 시작했다. 1998년 11월 26일 서울 사랑의교회에서 '한국기독교목회자협의회'(한목협) 가 목회자 갱신 운동을 위해 창립되었다. 한목협은 한국 교회의 분열로 말 미암은 상처를 치유하고, 민족이 분단 현실을 극복하여 화해케 하고, 세계 경제의 양극화를 혁신하여 더불어 사는 공동체로 가꾸고, 생명 경시의 풍 조를 바꾸어 하나님의 창조 질서를 회복하며, 땅에 임하는 하나님 나라를 추구하였다(일치, 갱신, 섬김).

정리하면 한국 교회의 에큐메니칼 운동은 협의체(Council)를 통해 상 호 협력과 연합 사업으로 진행되었다. 교회 연합 사업은 교회 울타리 안에 머물러 있지 않았고 사회 안에서 그 역할과 기능을 감당했다. 이를 통해 교 회는 사회의 공공성과 사회 공적 책임을 확인했다. 그러나 산업화 시대 대 도시 교회의 양적 성장에 기여한 상호 협력과 연합 사업에는 교회의 사회 공공성을 찾아보기가 어렵다.

2. 새 패러다임을 위한 전망

지금 한국 교회는 세계교회협의회 제10차 부산 총회(2013년 10월)를 준

---

11) 2002년 이래로 한국 장로교회(통합) 총회는 '생명 살리기 운동 10년'을 전개하였다.

비하고 있다. 그 이듬해에 개최되는 세계복음주의연맹(WEA) 총회도 한국 교회가 유치해 놓았다. 이러한 때에 한국 교회는 외국 손님을 맞이하는 차원에서도—한국 교회 에큐메니칼 운동의 전통에 따라—상호 협력하고 연합해야 할 것이다.

그런데 아직도 한국 개신교 여러 교단이 세계교회협의회가 종종 초대형 단일 교회(Super Church)를 지향한다고 생각하고 있으므로 이 점을 분명히 정리해야 할 필요가 있다.[12] 세계교회협의회의 헌장에 보면 "WCC는 (온 세계에 흩어져 있는) 교회들의 '교제'(Fellowship)"라고 했다. WCC는 교회들의 코이노니아(교제)이며 초대형 단일 교회를 지향하지 않는다(not to build a global 'Super-Church')고 명시해 놓았다. 1950년에 세계교회협의회 중앙위원회는 교회가 무엇인지 발표했다("The Church, churches and WCC: the ecclesiological significance of WCC"). 교회란 신약성경에 있는 "예수 그리스도의 교회", "하나님의 백성", "그리스도의 몸" 그리고 "성령의 전"을 뜻하며 니케아-콘스탄티노플 신조(주후 381년)가 고백하고 있는 "하나의 거룩하며 보편적이고 사도적인 교회"라고 밝혔다. 이것은 교회의 통일성(Unity)을 뜻하는 바, 온 세계에 흩어져 있는 다양한 교회들을 전제로 하고 그 다양한 교회들이 지향하는 통일성을 뜻한다. 여기에서 말하는 교회의 통일

---

12) 세계교회협의회(WCC) 부산 총회에 대하여 부정적으로 반응하는 교단들의 입장은 WCC의 신학 노선이 "다원주의와 혼합주의이며 이것은 성경과 배치되는 인본주의"라고 비판해 왔으며 더욱이 '교회론'에 심각한 문제점이 있다는 입장을 견지해 왔다. 그런데 이와 비슷한 비판은 이미 1950년대 말 장로교회가 분열되던 때에 제기되었다. 김광현 목사에 따르면, 당시의 승동측은 "그동안 홍보해 오던 에큐메니칼 운동에 대한 부정적 이미지(용공, 신신학, 단일 교회 지향)를 더욱 강조하며 홍보했다. 6·25 전쟁을 겪어 본 반공 국가에서 용공 이미지는 적대감을 조성하는 최고의 무기였다. 신신학을 이단시하는 한국 교회의 정서가 있는데, 거기에다 단일 교회를 지향한다는 그릇된 홍보는 한국인의 당파심을 자극했고, 여기에다 하나 더 얹어서 천주교파와도 합하자는 것이라고 홍보하였다."

성은 (예수 그리스도 안에서 나누는) 코이노니아(교제)를 뜻한다. 1993년에도 세계교회협의회 신앙과 직제 위원회는 세계 모든 교회들이 공동으로 고백하는 '사도적 신앙'을 확인하며 코이노니아를 추구한다고 했다. 코이노니아는 신약성경과 교부들과 종교개혁자들의 글에서 밝힌 것으로서 "성만찬, 공동체, 연합, 참여, 사귐, 나눔, 연대성"을 뜻한다.

이러한 교회론을 바탕으로, 세계교회협의회의 회원이 된 세계 교회들은 각자의 다양성을 서로 인정하는 가운데서 코이노니아를 추구하고 있다. 이를 통해 가시적(可視的) 통일성을 추구하고 있는데, 가시적이란 사도들이 선포한 예수 그리스도의 복음과 니케아-콘스탄티노플 신조로 표현된 사도적 신앙을 온 세계 다양한 교회들이 다 함께 고백하는 가운데 하나의 협의체(Council)를 만들어서 세상(오이쿠메네)을 향해 복음을 전하며 삼위일체 하나님의 선교에 동참한다는 뜻이다.

한국 장로교회의 공동 신앙 유산의 원조인 칼뱅도 동일한 내용을 언급했다. 그는 1541년—독일 레겐스부르크(Regensburg)에서 가진 신앙 대화(Religionsgesprach) 모임 직후에 쓴 글에서—교회란 어느 시대 어느 곳에서나 하나님 백성의 모임(에클레시아)인데, 그 백성은 참되고 보편적인 사도들의 신앙 가르침에 따라 다 함께 하나의 신앙을 고백하고 하나의 가르침을 받으며 하나의 성만찬에 참여하는 부르심을 입었다고 했다. 칼뱅이 강조한 '하나'(일치)는 조화의 일치(Condordia)를 뜻한다.

2012년 지금 한국 교회는 세계 개신교 양대(兩大) 총회 유치(2013년, 2014년) 이후에 전개될 에큐메니칼 운동을 미리 상정하여 준비해야 할 것이다. 지금은 2013년 이후를 생각하며 미래 에큐메니칼 운동을 준비해야 할 시점이다. 이를 위하여 세계 교회의 현주소를 먼저 살펴보고자 한다. 최근 100년 동안에 세계 교회는 엄청난 변화를 경험하고 있다. 유럽·북미의 교회가 급격하게 쇠퇴하고, 상대적으로 아프리카와 아시아의 교회가 급성장하였다. 기독교의 무게 중심이 '북(北)에서 남(南)으로' 옮겨졌고, 유럽·북미가 세계 선교의 중심이던 기독교 패러다임은 이제 지나갔다. 기독교의 중앙이 없어졌고, 각 지역의 교회가 저마다 저 나름대로 중심인 시대가 되었다. 유럽·북미의 제도 교회(Institut, 교구 중심의 교회)가 전통 기독교임에도 불구하고 쇠퇴하는 현상을 이미 세계교회협의회 제9차 총회(2006년, 포르투알레그리)가 심도 있게 논의했다. 아시아, 아프리카, 남미, 미국 등지에서는 교파의 색채나 교단의 소속감이 희박한 대형 교회(mega-Church)들이 등장하였고 유사 교회(para-Church)들도 등장했다. 오순절교회가 전 세계적으로 크게 부흥했다. 한국에서도 제도 교회를 젊은 세대가 기피하거나 외면하는 현상이 확산될 듯하고, 제도 교회에 대한 충성심이 적은 다음(젊은) 세대를 어떻게 인도해야 할지 교회 지도자들의 고민이 깊어 가고 있다.

포스트모던 시대에 중심과 중앙(기독교의 중심 지역, 주류 교회)이 없어지는 현상, 지역마다 그 지역의 지역성에 따른 다양성과 차이의 부각, 다양성의 인정에 따른 다원화 상황에서 상대주의(Relativism)를 승인, 다양성과 차이에서 요청되는 쌍방 소통(Intercommunication)의 강조, 문자(활자) 문명 시대의 퇴조와 시각(visual)적 영상 문화의 부상, 그리고 디지털 문명(인터넷, 유튜브, UCC 등)은 삶의 모든 방면을 다시 구성하고 새로이 조직하게 한다. 이러한 시대 흐름에 상응하는 교회의 자기 인식이 요청되며(교회론 재고), 교회의 연합과 일치 운동도 또한 재고(再考)를 요청받고 있다.

세상 곧 오이쿠메네(Oikumene)의 변화도 살펴보고자 한다. 2013년 전후로 세계 여러 나라에서(한국, 북한, 미국, 중국, 프랑스, 러시아) 국가 지도자가 교체되고 있다. 이에 따라 세계의 경제와 정치 등 여러 방면에서 새로운 지도력이 요청되고 있다. 최근 수년 동안 세계 경제가 불안한 상태를 이어

왔는데, 드디어 올해 1월 세계 경제 포럼(다보스포럼)에서는 자본주의 체제의 위기를 인정하였다. 이번 포럼에서는 그 위기 해결과 지속 가능한 발전을 위해 '사회 혁신'이 강조되었다.[13] 성장 일변도 경제보다는 협력(協力)과 상생(相生)의 경제로, 또 소유보다는 공유(共有)에 기반을 둔 '사회적 경제'(사회적 기업, 협동조합 등)가 요청되고 있다. 경제 체제의 새로운 패러다임이 형성될 전망이다. 정치적으로는 특별히 아시아의 평화 공존이 요청되고 있다. 아시아에는 지금 영토 분쟁으로 말미암아 긴장감이 높아지고 있는데,[14] 분열과 대립을 극복하고 더불어 사는 아시아 공동체를 모색해야 한다는 목소리도 높아지고 있다.

세계(Global+Local)의 이러한 변화를 읽으면서 2013년 이후 한국 교회의 에큐메니칼 운동은 어떤 패러다임으로 어떻게 진행될 것인가?

먼저 확인되는 점이 있는데, 제도(Institut) 교회의 쇠퇴와 관련하여 에큐메니칼 협의체(Council) 기구들도 쇠퇴하려는 위기 상황에 처해 있다. 세계교회협의회를 비롯하여 여러 협의체들이 직원과 재정 등 여러 방면으로 심각한 위기를 맞이하였다. 한국 교회 에큐메니칼 운동은 협의체(Council)

---

13) 사회 혁신은 노후한 경제, 실업, 기후 변화, 고령화, 사회적 소외와 배제 등의 문제에 직면해서 정부와 시민의 자발적 참여로 사회 공공 부문을 개혁하여 새로운 발전 기회를 조성하는 것이다. 예를 들면 미국은 2009년 백악관에 '사회 혁신과 시민 참여'를 담당하는 부서가 설치되었다. 이 부서는 사회 혁신 펀드(1억 400만 달러)를 조성했다. 영국은 '사회은행'을 설립해서 사회적 기업, 자선 단체, 자원 활동 단체를 재정적으로 지원하고 있다. 스웨덴은 낙후된 주택 환경을 재생하고, 쇠퇴한 공장 지역을 문화 용지로 거듭나게 하고, 대중 교통을 개선하는 등 문화와 환경을 주제로 도시 재생 사업을 벌였다.

14) 중국과 일본이 다오위다오(센카쿠 열도)를 둘러싸고 분쟁 중이고, 한국과 일본의 독도 분쟁이 격해지고 있고, 남중국해에서는 중국이 필리핀·말레이시아 등 6개국과 영토 분쟁을 벌이고 있다.

기구·조직 중심의 연합 사업을 130년 전통으로 간직해 왔는데, 이 협의체 기구 중심의 에큐메니칼 운동이 위축되고 있다. 그래서 이 점을 극복할 수 있는 대안을 구상해야 한다.

첫째로 한국 교회(개신교)의 협의체 연합 기구인 한국기독교교회협의회(NCCK)는 이제부터 포럼(Forum) 중심으로 교회 협력과 연합을 추진하면 바람직할 것이라 본다.[15] 이를 위하여 '한국교회발전연구원'이 매우 적절한 때에 조직되었다고 본다. NCCK는 이제부터─산업화 시대와 민주화 열망 시대의 패러다임을 넘어서서─좀 더 교회 현장 속으로 깊이 들어가야 할 것이고, 그리고 교회 현장에서 제기되는 다양한 문제들을 공론의 장으로 끌어와야 하는데, 한국교회발전연구원이 이 공론의 장을 포럼으로 주관하면 좋다고 본다. 예컨대 최근 목회자 납세 문제에 대한 공청회를 개최했는데 이것이 하나의 실례가 될 것이다. NCCK의 한국교회발전연구원이 주관하는 공론의 장은 요즘 식으로 표현하면 쌍방 통행 시대(웹2.0/3.0, UCC)의 열린 광장이라 할 수 있다.

둘째로 포럼 중심의 에큐메니칼 운동과 관련하여 이제는─기구와 조직 중심이 아니라─사람과 사람의 연대와 연합 활동이 에큐메니칼 운동의 주류가 되리라 전망한다. 사람들이 서로 머리를 맞대어 의논하고 손을 맞잡고 함께 나가는 연대와 연합 활동인데, 공동의 비전(Vision, 믿음-소망-사랑)이 연합 활동을 이끌어 간다. 여기에는 교파 의식, 교리 논쟁이 끼어들어 올 여지가 없다. 이것이야말로 1925년 스웨덴 스톡홀름에서 루터교회 대주교 죄드블롬(Nathan Soederblom)이 제창하여 결성된 에큐메니칼 '삶과

---

15) 세계 기독교의 Global Christian Forum이 이미 결성되었다. 여기에 참여하는 기관들을 열거하면 Pentecostal World Fellowship, WCC, WEA, Pontifical Council for promoting Christian Unity at the Vatican 등이다.

봉사'(Life & Work)의 정신 곧 "이론과 논쟁은 분열을 일으키지만 섬김(디아코니아)은 서로 연합하게 한다."는 정신을 계승하는 것이다.

셋째로 한국 교회 연합 활동의 전통인 교회의 공공성과 사회 공적 책임을 계승하는 에큐메니칼 운동이 더욱 강화되어야 할 것이다. 이를 위하여 교회가 지역 사회 현장 속으로 깊이 들어가서, 그리스도의 사랑이 교회 밖 이웃에게 복음의 능력으로 드러나고 이와 함께 하나님 나라가 세상 속에서 증언되어야 할 것이다. 그리하여서 교회의 지역이 되고 또 지역의 교회가 되어, 교회와 지역이 상호 쌍방 소통하는데, 이제부터는 지역 주민들을 교회로 데려오는 전도의 대상으로 보는 것이 아니라, 교회와 지역이 복음 안에서 더불어 사는 이웃이 되는 것이다.[16] 또한 지역의 현안을 해결하기 위하여 그 지역의 교회들이 함께 연대하면 바람직할 것이다. 교회가 지역의 교회로 거듭나는 과정에서, 교회가 관공서나 공공 기관과 협력하여 인적 자원과 물적 인프라 및 정보를 '공유'하여 지역의 현안을 해결할 수 있다고 전망한다.[17]

그런 점에서 에큐메니칼 교회론인 코이노니아(Fellowship)가 디아코니

---

16) 현재 이렇게 지역을 섬기는 교회들이 더러 있는데, 서울의 성암교회(서울 은평구 녹번동, 담임 조주희 목사)와 충남 농촌 지역 송악교회(충남 아산 송악면, 담임 이종명 목사)를 꼽을 수 있다. 성암교회는 현재 카페, 어린이 도서관, 방과후 교실, 노인 섬김 등으로 지역 사회 봉사를 하고 있으며, 교회가 지역 주민들과 함께 의논해서 이 지역이 필요로 하는 사역을 충분히 연구하고 준비해서 실천하고 있다(교회와 지역 주민의 소통이 있는 섬김). 송악교회는 약 10년 이상 하나님의 창조 생명을 증언하면서 죽어 가는 농촌 농토를 살려 내고 고령 사회가 되어 사람이 사라지는 농촌에 사람들이 다시 들어오도록 선도했다. 그 결과, 유기농 농촌 마을이 되어 자연을 창조 질서 그대로 잘 보존하고 학교 교육 환경이 크게 개선되었는데, 그러자 귀농인들이 이 마을을 찾아오고 학생들이 이 마을의 학교를 찾아오고 있다. 이 교회는 생명력이 넘치는 녹색 교회로서 마을 혁신의 중심에 서 있다. 이 교회들을 소개해 주신 한국일 교수님께 감사드린다.

17) 지금의 박원순 서울시장이 서울을 양적 성장이 아니라 행복을 중시하고 경쟁보다 연대를 중시하며 지속 가능한 발전을 모색하는 '공유 도시'에 주력하고 있다.

아(섬김·나눔의 Diakonia)와 함께 갈 것이다. '사람과 사람의 연대'인 코이노니아와 '교회와 지역의 소통'인 디아코니아는 동전의 양면과 같기도 하고 상호 내주(內住)하기도 하는 한 몸이다.

마지막으로 해외에 파송된 한국 선교사들이 한인 교회 목회의 울타리를 넘어(경계를 넘어) 그곳 현지 교회 및 교단과 에큐메니칼 동역 활동을 강화할 때가 되었다고 본다.[18] 물론 해외 한인 교회는 한국 교회를 부흥케한 경건 전통(성경공부, 새벽·새벽 기도회, 치유 등)과 한국 교회의 사회 공적 책임의 전통(민주화 운동, 통일 운동 등)을 통해 신앙의 잠에 깊이 빠져 있는 그곳 현지(유럽, 북미, 아시아, 아프리카 등) 교회를 흔들어 깨워야 할 것이다 (Awakening Movement). 이를 통해 한국 교회가 2013년 이후에도 계속해서 세계 교회들을 섬길 것으로 전망한다.

---

18) 필자는 체코 프라하에서 사역하는 이종실 선교사가 현지 체코 교회와 매우 훌륭하게 동역하고 있고, 또 프랑스 파리의 선한장로교회 담임 성원용 목사가 프랑스 개혁교회 교단 지도자들과 좋은 관계 속에서 동역하고 있는 사실을 목격했다.

공감, 교회 역사 공부

ⓒ 장로회신학대학교출판부 2014

초판 1쇄 발행 / 2014년 2월 28일
초판 2쇄 발행 / 2014년 7월 15일

지은이 / 임희국
발행인 / 김명용
펴낸곳 / 장로회신학대학교출판부
주소 / 143-756 서울시 광진구 광장로5길 25-1(광장동)
전화 / (02) 450-0795
팩스 / (02) 450-0797
E-mail / ptpress@puts.ac.kr
디자인 / 생각비행

ISBN 978-89-7369-343-6 94230
       978-89-7369-319-1 (세트)
값 29,000원

파본은 바꾸어 드립니다.

Study of church history for mutual understanding

Written by Hee-Kuk Lim, Dr. theol.
Publisher Myung-Yong Kim, Dr. theol.
ⓒ Presbyterian University and Theological Seminary Press 2014
25-1 Gwangjang-ro 5-gil, Gwangjin-ku, Seoul, 143-756, Korea
Tel. 82-2-450-0795 Fax. 82-2-450-0797
Printed in Korea

이 도서의 국립중앙도서관 출판시도서목록(CIP)은 서지정보유통지원시스템 홈페이지
(http://seoji.nl.go.kr)와 국가자료공동목록시스템(http://www.nl.go.kr/kolisnet)
에서 이용하실 수 있습니다. (CIP제어번호 : CIP2014006027)